无锡保险年鉴

（2016）

无锡市保险学会
无锡市保险行业协会 编

方志出版社
Publishing House of Local Records

图书在版编目（CIP）数据

无锡保险年鉴. 2016 / 无锡市保险学会，无锡市保险行业协会编. -- 北京 ： 方志出版社，2016.11
ISBN 978-7-5144-2200-9

Ⅰ. ①无… Ⅱ. ①无…②无…Ⅲ. ①保险业—无锡—2016—年鉴 Ⅳ. ①F842.753.3-54

中国版本图书馆CIP数据核字(2016)第282011号

无锡保险年鉴（2016）

编　　者：无锡市保险学会 无锡市保险行业协会
责任编辑：王笃银 陈菁

出 版 人：冀祥德
出 版 者：方志出版社
地址　北京市朝阳区潘家园东里 9 号（国家方志馆4层）
邮编　100021
网址　http://www.fzph.org
发　　行：方志出版社发行中心
电话（010）67110500
经　　销：各地新华书店
印　　刷：无锡市江溪书刊印刷厂

开　　本：787×1092　　1/16
印　　张：31.5
字　　数：579千字
版　　次：2016年11月第1版　　2016年11月第1次印刷
印　　数：0001～1000册

ISBN 978-7-5144-2200-9　　定价：380.00元

编辑说明

一、《无锡保险年鉴》是一部按年度编印的、全面反映无锡保险市场状况、记载无锡保险事业发展历程的资料性工具书。《无锡保险年鉴2016》所记载的内容是2015年1月至12月间的无锡保险业情况，“2016”为年鉴编纂年份。

二、《无锡保险年鉴》是由无锡市金融工作办公室主办的专业性地方年鉴。无锡市保险学会、无锡市保险行业协会具体负责编辑。

三、《无锡保险年鉴》中各保险机构的排列顺序按照产、寿险在无锡设立机构的时间先后或行业惯性而定。

四、《无锡保险年鉴（2016）》是根据无锡市内各保险机构和编辑部收集相关资料的基础上编辑而成。其中有关保险业务统计数据是经各公司最后核定与调整后的数据，因此与文字叙述部分提及的某些数据可能会有所差异，请在采用时注意。

五、《无锡保险年鉴（2016）》旨在全面系统翔实地记载2015年无锡保险业的发展情况，为各级领导决策和管理提供可靠依据，为社会各界了解无锡保险业提供最新信息，也为编修无锡保险业史志积累资料。

六、《无锡保险年鉴》按照分类编辑法，设类目、分目、条目3个层次，条目为记述的基本形式。本年鉴共设特载、大事记、经济情势、行业组织、财产保险、人身保险、中介机构、人物、统计资料、文件选编10个类目。书后设附录，同一时间用“△”表示。

七、年鉴中的条目，由各保险机构指定专人撰写，并经各机构领导审阅。其中有关保险业务的统计数据是经各公司最后核定和调整后的数据。

八、本年鉴的检索方法有目录和索引两种。目录在卷首，编排至条目；索引在卷末，采用主题分析法编制。

九、《无锡保险年鉴》的编辑，得到各保险机构的热情支持，在此，深表感谢。由于我们水平有限，难免存在疏漏之处，恳请读者批评指正。

《无锡保险年鉴》编辑部

二〇一六年八月

《无锡保险年鉴》编委名单

采编人员：

胡炯义　缪红慧　刘颖颖　于 群　葛翠英　陆洵瑜　戴 晴
胡 洁　吴海军　冀 倩　陈海岭　毛苗霞　张 璐　刘 宾
陈 璐　肖瑞春　黄 薇　仇 杰　李 坤　时佳丽　陆丹萍
袁 婷　崔寒冰　邱清晏　马振武　赵 坚　冯志强　徐 霞
柳景花　许亚萍　单淑慧　吴 奕　杨红娟　毛嬬娇　顾勰骅
严星一　张 清　吴翠萍　朱佩漪　钱孟希　凌 芸　张自源
李东革　游 洁　贾 晔　董晶晶　李 扬　能势文博　屠枫霞
姚利婷　王娟文　路 洁　刘万利　吴洋阳　夷 怡　唐 洋
张 娜　李苏凯　陈美霞　张南苹　宗贤娟　王菊蓉　龚 辉
唐娇娇　黄晨阳　王乐天　马 玥　任立志　张天六　蓝天月
李继东　顾琪东　储志云　沈海芹　吴颖莹　王菊英　陈 静
尤弘峰　曹 洁　董 莹　陈 兵　杨薇琳　周晶雪　徐元泉
朱凌玲　王 威　周进剑　刘 俊　管 萧　蒋飒飒　王小明
徐 璐　张般奕　杨 雪　俞晓滨　郭惠君　周蓓蓓　刘晓鸣
王 利　李妍颖　季伟君　冯炜栋　田 丽　严 晗　冯 淼
蒋 芳　陆海峰　粘章琳　梁闻齐　王丽君　刘兰兰　陆蓝克
丁一斐　华含白　李 苇　王正丹　陈海燕　陈佑风　潘海虹
成 果　周曹文　潘冰琦　杨 娟　钱云雯　朱 俭　于 伟
党慧碧　刘红霞　周小红　李荣燕　宋 杰　周梦兰

2016年5月10日，江苏保监局局长亓新政一行调研无锡保险市场。驻锡保险机构的主要负责人参加了调研座谈会。

2015年3月17日，无锡人保财险总经理尤力人（左一）与无锡市民政局副局长钱晓东（右一）为全市养老机构综合责任保险签约。

2016年5月26日，江苏保监局副局长王宝敏（左排左四）在锡主持召开商车险改革督导会。

2015年9月23日，残疾人民生保障与商业保险研讨会 在无锡召开，无锡市副市长刘霞（前排左七）同与会专家、学者合影。

2016年11月3日至4日，国家环保部政策法规司政策处处长陈默（左排左四）一行就环境污染责任保险理赔定损的实际情况及存在的主要问题，在无锡与我省、市环保部门、无锡人保财险和部分投保企业代表进行座谈调研。

2015年3月20日，何文炯来锡指导“民生与保险苏南年会”筹建工作时与苏南四市保险学会领导合影留念。

无锡市保险学会

2016年3月10日，无锡市保险学会召开八届四次理事会。市社科联主席李祖坤、市史志办副主任郭明出席会议并讲话。市保险学会会长尤力人作了题为《谋事苦干求实效 凝心聚力谱新篇》的学会工作报告，总结回顾了学会2015年的工作，部署安排了2016年的任务。

2016年9月5日，民生与保险苏南年会组委会工作会议在无锡召开，会议研究第二届“民生与保险苏南年会”筹备事项。年会的发起单位——苏南五市保险学会的领导、顾问及组委会顾问单位的代表出席了当天的会议。

2016年9月23日，学会参加无锡市第十三届社会科学普及周活动。

无锡市保险行业协会

2016年5月10日，江苏保监局亓新政局长一行来锡调研保险市场运行情况并召开行业座谈会。

2016年10月17日，由公安部交通管理科研所、江苏保监局、江苏省公安厅交警总队主持召开的互联网道路交通事故在线快速处理平台试点协调会在锡召开，将开启快处快赔工作新模式。

2015年7月3日，无锡市保险行业协会与市经侦支队联合召开打击保险欺诈“安宁2015”专项行动启动大会。

目 录

特 载

大事记

经济情势

行业组织

无锡市保险学会

无锡市保险行业协会

财产保险

中国人民财产保险股份有限公司无锡市分公司

中国太平洋财产保险股份有限公司无锡分公司

中国平安财产保险股份有限公司无锡分公司

天安财产保险股份有限公司无锡中心支公司

中华联合财产保险股份有限公司无锡中心支公司

永安财产保险股份有限公司无锡中心支公司

中国大地财产保险股份有限公司无锡中心支公司

华安财产保险股份有限公司无锡中心支公司

安邦财产保险股份有限公司无锡中心支公司

阳光财产保险股份有限公司无锡中心支公司

华泰财产保险有限公司无锡中心支公司

太平财产保险有限公司无锡中心支公司

都邦财产保险股份有限公司无锡中心支公司

中国人寿财财产保险股份有限公司无锡市中心支公司

民安财产保险有限公司无锡中心支公司

渤海财产保险股份有限公司无锡中心支公司

安盛天平财产保险股份有限公司无锡中心支公司

安诚财产保险股份有限公司无锡中心支公司

长安责任保险股份有限公司无锡市中心支公司

三井住友海上火灾保险（中国）有限公司江苏分公司

紫金财产保险股份有限公司无锡分公司

英大泰和财产保险股份有限公司无锡中心支公司

信达财产保险股份有限公司无锡中心支公司

浙商财产保险股份有限公司无锡中心支公司

永诚财产保险股份有限公司无锡中心支公司

人身保险

中国人寿保险股份有限公司无锡市分公司

中国太平洋人寿保险股份有限公司无锡分公司

中国平安人寿保险股份有限公司无锡中心支公司

新华人寿保险股份有限公司无锡中心支公司

泰康人寿保险股份有限公司无锡中心支公司

太平人寿保险有限公司无锡中心支公司

民生人寿保险股份有限公司江苏分公司无锡中心支公司

富德生命人寿保险股份有限公司无锡中心支公司

同方全球人寿保险有限公司江苏分公司无锡中心支公司

合众人寿保险有限公司无锡中心支公司

信诚人寿保险有限公司无锡中心支公司

中宏人寿保险有限公司江苏分公司无锡中心支公司

中意人寿保险有限公司江苏省分公司无锡中心支公司

陆家嘴国泰人寿保险有限责任公司江苏分公司无锡营销服务部

农银人寿保险股份有限公司无锡中心支公司

恒安标准人寿保险有限公司江苏分公司无锡营销服务部

友邦保险有限公司江苏分公司无锡中心支公司

瑞泰人寿保险有限公司江苏分公司无锡营销服务部

中国人民健康保险股份有限公司无锡中心支公司

光大永明人寿保险有限公司无锡中心支公司

平安养老险股份有限公司无锡中心支公司

华泰人寿保险股份有限公司无锡中心支公司

英大泰和人寿保险股份有限公司无锡中心支公司

华夏人寿保险股份有限公司无锡分公司

中美联泰大都会人寿保险有限公司江苏分公司无锡营销服务部

君康人寿保险股份有限公司无锡中心支公司

中国人民人寿保险股份有限公司无锡中心支公司

国华人寿保险股份有限公司无锡中心支公司

幸福人寿保险股份有限公司无锡中心支公司

中德安联人寿保险有限公司江苏分公司无锡营销服务部

利安人寿保险股份有限公司无锡分公司

招商信诺人寿保险有限公司江苏分公司

交银康联人寿保险有限公司无锡市中心支公司

东吴人寿保险股份有限公司无锡分公司

建信人寿保险有限公司无锡中心支公司

国联人寿保险股份有限公司无锡分公司

中介机构

江苏统一保险代理有限公司

江苏首信保险代理有限公司

江苏华美保险代理有限公司

无锡诚安保险代理有限责任公司

无锡新天地保险代理有限公司

无锡市瑞达信保险代理有限公司

江苏康安保险经纪有限公司

江苏东沅保险代理有限公司

人　物

无锡市保险行业协会第六届理事会领导班子成员

先进人物

统计资料

文件选编

中国保监会

江苏保监局

附 录

江苏保险市场

南京市保险市场

常州市保险市场

苏州市保险市场

南通市保险市场

扬州市保险市场

镇江市保险市场

通 讯 录

特 载

2015年保险监管改革成效显著[①]

项俊波

中国保监会主席项俊波在2016年全国保险监管工作会议上指出，2015年保险监管工作围绕贯彻落实保险业“新国十条”，坚持抓服务、严监管、防风险、促发展，着力增强行业发展动力，推进改革创新，防范化解风险，服务经济社会发展，维护保险消费者权益，夯实保险监管基础，各项工作取得显著成效。

项俊波指出，2015年，按照放开前端、管住后端的总体思路，坚定不移推进关键领域保险改革，持续释放改革红利。一是继续加大简政放权力度。全年共取消和下放行政许可事项14项。发布深化保险中介市场改革的意见。规范保险机构高管人员任职资格考试。上海航运保险产品注册制改革正式实施。二是推进费率市场化改革。分两批推进黑龙江等18个地区商业车险改革试点。取消万能险最低保证利率限制，放开分红险预定利率上限，人身险费率实现了完全市场化。三是不断深化资金运用市场化改革。进一步拓宽保险资金运用领域和业务范围。继续深化基础设施投资计划等产品发行注册制度改革，完善注册流程、标准和运作机制。支持资金运用方式创新，推进股债结合、资产支持计划、保险私募基金等产品发展。探索建立保险资产交易机制。四是推动互联网保险规范发展。制定出台《互联网保险业务监管暂行办法》，有序增加专业互联网保险公司试点机构，鼓励互联网保险产品创新。五是创新保险组织形式。设立中国保险投资基金，初期1000亿元重大项目已基本落实。加快建设上海

① 本文系中国保监会主席项俊波在2016年全国保险监管工作会议上的讲话。

保险交易所。发布相互保险监管办法，探索发展相互保险等新型保险组织。

项俊波指出，2015年，保险监管坚持把防范风险作为工作的重中之重，不断完善风险防范体系，促进保险市场安全稳健运行。以“两个加强、两个遏制”专项检查为重点加大市场秩序规范力度。专项检查累计调阅保单80万份、赔案6.9万份、凭证14.4万份。一年来，共派出2695个检查组，对2598家保险机构和保险中介机构进行了现场检查。一是防范偿付能力不足风险。发布偿二代17项监管规则，开展偿二代过渡期试运行。加大偿付能力监管力度，行业整体偿付能力溢额9382.8亿元。建立健全行业资本补充机制，拓宽资本补充渠道。2015年保险公司共发行次级债、资本补充债券700亿元。二是防范化解满期给付和退保风险。加强退保风险的监测预警和应急处置，全年非正常给付与退保群体性事件较上年大幅减少83%。三是防范保险资金运用风险。建立保险公司资产配置审慎性监管制度，加强保险资金运用相关风险排查，加大投资管理能力现场检查力度和资金运用信息披露力度。调整保险资金投资蓝筹股的监管比例，为稳定资本市场发挥了重要作用。四是防范风险跨境传递。建立再保险登记制度，截至2015年底，全球共有468家再保险接受人和134家再保险经纪人进行有效登记。研究建立离岸再保险接受人保证金制度，构筑国际再保险交易风险防控体系。五是加强风险处置。保险保障基金持有的中华保险股份成功转让，溢价140%，风险处置任务顺利完成。完善保险业非法集资风险防控体系和工作机制，加强对非法集资风险的防范和处置。

项俊波指出，2015年，保险监管坚持为民监管，着力解决消费者最关心最直接最现实的利益问题，依法全面推进保险消费者权益保护。一是改进保险服务质量。出台保险公司服务评价管理办法，发布保险小额理赔服务指引，开展人身保险失效保单清理工作，督促保险公司加强和改进保险服务。各保监局积极创新工作方式，提升行业服务质量。二是妥善解决保险消费纠纷。与最高人民法院联合推进保险纠纷诉调对接机制建设，联合最高人民法院、公安部，研究开发交通事故人伤损害赔偿计算系统。监管系统共处理各类保险消费投诉3万余件。三是加强保险宣传教育。提示保险消费风险，加大政务公开力度。

项俊波指出，2015年，保险监管立足当前，着眼长远，不断加强保险监管自身建设。一是扎实开展“三严三实”专题教育。会党委班子成员严格落实中央要求，紧贴保险行业实际，认真准备和讲授专题党课，深入开展学习研讨，切实加强调查研究，将“三严三实”体现到保险监管的行动上，落实到保险业发展的实践中。系统各单位也按照要求认真组织开展专题教育。二是积极配合做好巡视工作。把配合中央巡视组的工作作为重要的政治任务，坚决服从巡视安排，自觉接受中央巡视组和干部群众的监督。对巡视中发现的问题，即知即改、立行立改、全面整改，对违反纪律的同志严肃处理，并在全系统进行通报。三是加强监管基础建设。制定保险公司经营评价指标体系，完善监管评估和市场评估机制。积极运用信息披露、第三方内控审计等监管手段，不断丰富保险资金运用事中事后监管工具。加强公司治理监管，制定保险法人机构公司治理评价办法，发布保险机构内部审计工作规范。加强监管信息化基础设施建设，丰富和完善保险监管数据信息系统。加强保险文化建设，大力宣传保险业先进典型。四是加强监管组织体系建设。推进监管机构延伸，监管组织体系得到进一步完善。五是加强监管人才队伍建设。加大干部选拔力度，进一步优化班子结构，统筹推进干部交流工作。加强干部考核，对领导班子进行全面考核和综合评价。加强培训工作。

扎实抓好监管自身建设

做好保险监管工作，关键在人。

中国保监会主席项俊波在2015年全国保险监管工作会议上指出，当前和今后一个时期保险监管任务繁重，监管系统要更好地履行党和国家赋予的职责，必须切实加强队伍建设，不断强化作风建设，深入推进党风廉政建设。

项俊波指出，要深刻领会习近平总书记系列重要指示精神，加强监管干部队伍建设，为保险监管事业发展提供有力的人才支撑和坚强的组织保障。一是加强监管干部队伍建设。加强会机关部门、保监局领导干部的调整配备，大力推进会机关和保监局领导干部交流任职，鼓励干部到复杂环境和基层增长才干。二是全面加强干部监督管理。进一步加强对领导干部、领导班子及干部选拔任用的监督，继续抓好整治超职数配备，做好“一报告两评议”和党员领导干部报告个人有关事项工作。做好综合考核评价工作，统筹做好养老保险制度改革及工资标准调整工作。三是加大教育培训力度。认真抓好干部调训、干部选学、集中培训、境外培训、党校培训等工作。研究制定保监会干部教育培训管理办法，完善保险监管重点人才库。

要按照中央的统一部署，结合保险监管工作实际，扎实稳步推进，确保作风建设取得新成效。一是坚持不懈巩固党的群众路线教育实践活动成果。切实抓好教育实践活动后续工作。研究制定《保监会系统深化“四风”整治、巩固和拓展党的群众路线教育实践活动成果的实施意见》，定期督促系统各单位开展“回头看”，适时对各单位开展专项检查，抓好持续整改工作。二是深入开展“三严三实”专题教育。根据中央统一部署，在系统处级以上领导干部中，扎实推进“三严三实”专题教育。通过组织系统各级党组织书记讲一次党课、领导班子开一次专题民主生活会等抓手，推动系统形成落实“三严三实”要求的浓厚氛围。三是不断加强民主集中制建设。抓好《中国保监会系统党员领导干部民主生活会实施细则》落实工作。继续抓好对系统各单位党委会议事程序规范化的督促检查。扎实做好发展党员和党建研究工作。四是加强思想政治建设。全体保险监管干部特别是党员领导干部要不断加强思想和理论武装，严守政治纪律和政治规矩。进一步加强党委中心组学习，深入践行保险监管和保险行业核心价值理念。

要继续下大力气加强保监会系统党风廉政建设，为保险监管事业健康发展提供有力的制度保证。要深入贯彻十八届中央纪委五次全会精神，认真学习习近平总书记关于党风廉政建设和反腐败斗争论述摘编，坚定不移地把保监会系统党风廉政建设和反腐败斗争推向深入。全面做好廉政风险防控，扎实推进保监会系统惩治和预防腐败体系建设，充实纪检监察力量。

主动适应新常态 引领保险业实现新发展

对于经济新常态，必须深入理解，主动适应，认识保险业的新变化，做好新时期的保险监管工作。

中国保监会主席项俊波在2015年全国保险监管工作会议上指出，习近平总书记关于经济发展新常态的重要论述深刻揭示了我国当前经济发展的本质特征和运行规律，指明了经济工作的方向，保险业必须深入理解，主动适应，认识保险业的新变化，做好新时期的保险监管工作，引领保险业实现新发展。

要主动适应行业发展从自身意愿向国家意志的转变。党中央国务院从国家治理体系和治理能力现代化的角度，对保险业提出了许多新要求，为保险业提供了进一步大发展的广阔平台。“新国十条”和商业健康保险发展意见的贯彻落实，全方位政策红利的逐步释放，将引领保险业进入更高水平的快速发展通道。社会各界对保险业寄予很大期待，社会公众保险意识不断增强，将催生更深层次更广领域的保险需求。经济环境提供了良好条件和基础，我国经济向形态更高级、分工更复杂、结构更合理的阶段演化，新型工业化、信息化、城镇化和农业现代化等重大战略的实施，将对保险业发展产生强大的刺激和带动作用。我们必须担负起历史和时代赋予保险业的使命与责任，更加奋发有为地推进改革发展和监管工作，努力开创现代保险服务业发展的新局面。

要主动适应监管方式从强调管制向放管结合的转变。保险资源配置将依据市场规则、市场价格、市场竞争实现效益最大化和效率最优化，资本实力雄厚、经营管理严密、风险防范到位、服务和效益好的保险公司将在市场竞争中胜出，偿付能力不足、经营管理不善、风险隐患严重的保险公司将从市场中退出，优胜劣汰、有盈有亏、市场分化，将在保险业体现得更明显，市场监管的难度更高。金融业的发展实践表明，越是放松对市场的管制，越要加强对市场的监管。事前审批转向事中事后监管，通过管住后端确保保险市场的安全稳健运行，给监管机构带来了前所未有的挑战，迫切需要监管制度和流程的更新再造。市场经济是法治经济，依法监管的要求更高。放管结合必须依法进行，迫切需要不断提升监管工作的法治水平。

要主动适应竞争格局从分业经营向产业融合的转变。各种金融产品之间的界限逐渐模糊，交叉性金融产品越来越多，金融业的融合发展成为大势所趋。“新国十条” 鼓励保险业参与健康、养老、安保等产业链整合，为保险业发展延伸了产业链条，拓展了新的业务领域。互联网技术的高速发展，各种产业都在按照互联网的特点进行重构，各种新兴业态正在不断涌现。在新的竞争格局面前，保险业必须发挥好自身的比较优势，更新发展理念，创新发展模式，着力巩固传统业务领域，积极培育新的业务增长点，不断强化行业核心竞争力和发展底蕴，才能在激烈的竞争中立于不败之地。

要主动适应发展方式从粗放经营向集约经营的转变。当前，要更多依靠新技术、新产品、新业态，从资产和负债两端推动行业发展，让创新成为驱动发展新引擎。从负债端看，要把握消费需求升级带来的保险产品创新。国际经验表明，人均国内生产总值在1000美元至1万美元之间，保险业将会经历加速发展阶段。当前我国人均GDP已达7500美元，居民在医疗健康、养老、休闲娱乐以及个人财富保值增值等各方面的需求呈现出与传统业务不同的趋势。从资产端看，要把握新投资机会涌现带来的资产管理创新。未来的保险资产管理，将在投资领域、投资地域和投资工具方面实现更多突破。重大项目和新兴投资双轮驱动，保险资产全球配置稳步推进，多元化资产管理工具广泛应用，将促进保险资产管理水平不断提升。

要主动适应风险因素从相对简单向错综复杂的转变。保险监管放开管制和推进市场化，对风险的跟踪监测、预防处置等都提出了更高要求。过去一段时间一些短期业务较快发展，未来可能面临资金调拨不到位、客户投诉处理不当引发群体性事件的风险，个别公司可能产生现金流风险，满期给付和非正常退保风险需要高度重视。经济金融领域的风险变化将更加直接地影响保险资金运用。经济去杠杆化必然导致信用风险加大，固定收益类投资的风险隐患将显著增加。地方政府进行债务甄别工作，导致地方融资平台风险变数加大。近一个时期，国际大宗商品价格和我国资本市场波动性增大，保险投资也面临一定挑战，资金运用风险也在积累。保险与实体经济、与其他金融业的接触面和渗透度大幅提高，来自宏观经济运行和其他金融市场的风险因素，可能通过多种形式和多种渠道交叉传递，对保险业造成影响。部分保险机构内控不严、公众风险防范意识薄弱，部分地区、部分领域保险案件多发，行业防范违法犯罪风险的压力日益加大。网络信息技术在发挥积极作用的同时，也会带来一些风险隐患和负面影响，保险业要将网络与信息安全风险防范摆到重要位置。

大　事　记

2015

1月

1月13日，国寿无锡市分公司与无锡市南长区政府联合举办赠送90周岁以上老人“安康关爱”保单仪式。此次活动，全区共有1754名90岁以上老人收益，合计保额达2.631亿元。

1月19日至22日，无锡市政协、人大分别召开十三届四次会议、十五届四次会议，太平洋寿险无锡分公司为无锡市“两会”人员会议期间提供人身意外保险。为每位参会代表承保了保额为2万元意外伤害和2000元意外医疗的人身意外伤害保险。

2月

2月9日，无锡地铁集团董事会主席徐政及无锡太保财险副总经理范帆、田群一行，走访无锡地铁控制中心，慰问一线员工。

2月11日，无锡太保财险团委在无锡市民防科普教育体验馆启动并举行2015“青春自护　平安春节”青少年自护教育暨“暖冬行动”青少年关爱服务日活动。

2月15日，无锡市2014年度大病保险工作总结大会在中国人寿保险有限公司召开。市人力资源与社会保障局副局长洪雅、市社会保险基金管理中心医疗保险部部长陈文晞出席会议。

2013年9月4日，SK Hynix Semiconductor（China）Ltd.发生爆炸，在人保财险无锡市分公司倡议下，第一次全体再保人会议组建了一个由5家共保人及10家再保人组成的理赔委员会，并定期召开电话会议，积极有效地促成了案件处理，最终确定赔款金额为8.6亿美元，人保财险无锡市分公司按比例赔付3.01亿美元，并于2015年2月中旬，支付了最后一笔赔款1.96亿美元。

3月

3月初，江苏保监局发布《关于2014年江苏保险行业创新成果的报告》，人保财险无锡市分公司实施的“无锡市区城乡户籍居民住房财产保险项目”“无锡环境污染责任保险项目”，被江苏保监局列为“创新成果推广”。

3月9日，紫金财险无锡分公司成功承保无锡市在职职工住院医疗互助保障项目，覆盖无锡市20余万名已参加当地社会保险的在职职工，参保企业近2000家，是无锡知名度较高的民生工程，市场保费规模和潜力巨大。

3月11日，紫金财险无锡分公司与宜兴市城乡户籍居民住房财产保险合作协议正式签订，此次共有110万户宜兴户籍居民纳入保险范围。

3月12日，全国老龄办副主任鲍学全、政研部调研处处长李霞、省老龄办主任张建平、保监会养老保险处廖晓飞等一行在中国人寿总公司团体业务部总经理贾广涛、省分公司副总经理俞德本的陪同下，到无锡调研“安康关爱行动”。

3月17日，无锡市养老机构综合责任保险签约仪式在人保财险无锡市分公司举行，人保财险无锡市分公司总经理尤力人与无锡市民政局、经纪公司相关领导出席签约仪式。

3月20日，中国社会保障学会副会长、中国保险学会副会长、浙江大学教授何文炯，应邀到无锡市保险学会，就“民生与保险苏南年会”的筹备工作，与筹备小组领导进行座谈指导。

3月20日，在无锡市新一轮（2015.3~2018.3）环境污染责任保险项目招标中，人保财险无锡市分公司成功中标成为该项目首席承保人。

3月，“民生与保险苏南年会”组委会与江苏省民政厅商议决定联合举办首届“民生与保险苏南年会”，并确立年会主题为“养老与保险”。

4月

4月16日，无锡市保险行业协会组织人保财险、太保财险、平安财险、中国人寿、太保寿险、平安寿险中华联合、阳光财险等8家驻锡机构的主要负责人参与了由中共无锡市纪律检查委员会、中共无锡市委宣传部共同主办，融广播、电视、报纸、网站、微博和手机“六位”一体的大型全媒体问政直播栏目“政风面对面”。热情耐心细致地为观众、听众朋友们解难释疑。

5月

5月6日，江苏保监局处长刘长宏一行到人保财险无锡市分公司，就环境污染责任保险进行专题调研。调研组充分肯定了“立法推动、市场运行、企业参与、专家服务”的环污险“无锡模式”。

5月10日，中国人寿杯“未来之星”江苏省少儿才艺大赛无锡赛区正式启动。无锡市委宣传部、共青团无锡市委、滨湖区委等单位领导，江苏教育频道，无锡美术、舞蹈家协会等领导出席启动仪式，无锡文艺界文化名人特邀参加启动仪式。

5月15日，国联人寿保险股份有限公司无锡分公司正式取得营业执照。

5月22日，友邦江苏无锡中心支公司正式获批成为无锡市保险学会团体会员。

5月29日，由无锡市市委市政府、金融办组织举办的两岸三地金融合作（无锡）恳谈会在君来世尊酒店隆重举行。紫金保险无锡分公司也受邀参加了此次会议。

6月

6月4日，中国人寿江苏省分公司业务总监、无锡市分公司总经理张建平陪同省分公司主要负责人俞德本前往市政府拜会了市长汪泉和常务副市长黄钦，双方就推进政保合作进行了深入交流。

6月6日,中国人寿无锡市分公司在市区、江阴、宜兴三地同时成功举办了“徒行天下 · 步步为赢”牵手国寿万人公益健走活动，省、市分公司相关领导、营销员及客户代表共1200多人出席了活动。

6月15日—21日，2015斯诺克世界杯决赛在无锡举行，人保财险无锡市分公司作为本届赛事的独家保险合作伙伴，为比赛提供全面的保险保障服务，为本届赛事量身定制了包括人身意外伤害保险和公众责任险产品在内的全套保险方案，保额高达3亿元。

6月25日，由江苏省保险学会、江苏省民政研究院主办，无锡市保险学会承办，苏州市、常州市、镇江市保险学会协办的首届“民生与保险苏南年会”在无锡成功召开。江苏省民政厅副厅长章大李、省老龄办主任张建平、江苏保监局局长宋志华、江苏省保险学会会长华山、无锡市副市长刘霞等领导出席活动。中国社会保障学员副会长、中国保险学会副会长、全国养老服务业专家委员会委员何文炯和江苏省现代民政研究院副院长、南京大学政府管理学院副院长林闽钢作了精彩的主题演讲。来自江苏各市民政局、保险学会，苏南五市社科联 、保险机构的负责人、大学教授、论文学者、无锡市金融办领导和华东友邻省市的保险学会代表共 200余人出席了会议。

7月

7月初，无锡市保险行业协会和市经侦支队联合召开了打击保险欺诈“安宁2015”专项行动启动大会。

7月7日，无锡太保财险副总经理范帆带领保险宣讲团参加由无锡市保险行业协会、无锡市放心消费创建活动办公室、无锡市消费者委员会和无锡电视台生活频道联合主办的“一键保险，呵护无限”保险宣传活动。

7月10日，无锡市经信委召开了有各区县经信局和25家企业代表，以及财险公司参加的重大装备首台（套）保险试点工作座谈会。

8月

8月19日，中国保监会稽查工作调研会在锡召开。

8月19日，无锡市保险行业协会召开交通事故人民调解工作座谈会。无锡市保险行业协会、无锡市交警支队事故科、市区各交警大队事故中队保险理赔服务工作室、人保财险、太保财险、平安财险、国寿财险、中华联合相关负责人出席了会议。

8月，无锡市委政法委印发《关于深入贯彻省综治委创新发展社会矛盾纠纷大调解机制指导意见的通知》，要求积极推广市保险行业协会与市中级人民法院“庭前联合调解”模式。

9月

9月15日，人保财险无锡市分公司会同无锡市、江阴市民政局在长泾镇召开“6·26”暴雨灾害民生保险理赔兑现大会，集中向长泾镇9个受灾村委（社区）受灾户支付85.45万元救助慰问金和理赔款。

9月16日，在无锡市民政局实施的“无锡市区70岁（含）以上老人持免费卡乘坐公交车团体人身意外险”项目招标中，无锡国寿中标两年,预计每年保费80万元。

9月23日，由中国残疾人研究会、中国残疾人事业发展研究会社会保障分会、中国残疾人社会保障与商业保险课题组主办，紫金财产保险股份有限公司无锡分公司协办的“残疾人民生保障与商业保险研讨会”在江苏无锡举办。

9月，无锡市新一轮环境污染责任保险共保体签约大会召开，人保、太平洋、阳光、长安、紫金等五家驻无锡财产险公司组成无锡市环境污染责任保险共保体,新一轮环境污染责任保险工作全面启动。

10月

10月26日，紫金保险董事长黄东峰专程到无锡拜访市委、市政府领导并参加无锡商会大厦的入驻仪式。黄东峰在无锡分公司总经理房恒陪同下，拜访了省委常委、无锡市委书记李小敏和无锡市人民政府市长汪泉、常务副市长黄钦。

11月

11月12日上午，由《中国保险报》《金融时报》等组成的中央媒体采访团在中国人寿总、省分公司有关领导的陪同下，赴宜兴调研采访“新农合和大病保险”工作。

12月

12月30日，无锡市区退休职工住院医疗互助保险项目公开招标，无锡国寿中标该项目两年。

12月30日，太平洋产、寿险无锡分公司出资30万元为无锡市民举办第21年届“太平洋新年音乐会”。

无锡经济形势

无锡市政府工作报告

——2016年1月12日在无锡市第十五届人民代表大会第五次会议上

市长 汪 泉

各位代表：

现在，我代表无锡市人民政府向大会报告工作，请予审议，并请市政协委员和其他列席人员提出意见。

2015年工作回顾及“十二五”发展成就

2015年是“十二五”规划的收官之年。面对复杂宏观经济形势和严峻挑战，在中共无锡市委的正确领导下，全市上下深入学习贯彻习近平总书记系列重要讲话特别是视察江苏时重要讲话精神，认真落实中央和省委、省政府决策部署，牢牢把握稳中求进总基调，积极适应经济发展新常态，统筹做好改革发展稳定各项工作，预计全市地区生产总值同比增长7.1%，一般公共预算收入增长8.1%，城镇和农村常住居民人均可支配收入分别增长8%、8.5%，居民消费价格涨幅控制在省定范围内，经济社会实现平稳健康发展。

（一）突出稳增长工作重点，经济运行稳中有进。坚持把稳增长作为紧要任务，全力促进经济运行稳定在合理区间。突出稳定工业经济。积极开展“稳心留根”和“暖企行动”，预计全市规模以上工业总产值和增加值分别增长1.8%、4.4%，规模以上工业企业利税和利润分别增长4.5%、5%。着力改善投资结构。加大产业投资力度，固定资产投资增长7%，其中工业投入增长13%，180个重大项目当年完成投资1000亿元。实际到位外资32亿美元，其中制造业占比达55%，三星SDI偏光板等60个超3000万美元项目成功落户。积极扩大消费需求。努力稳定传统商贸业，加快培育新的消费增长点，积极发展电子商务等新兴消费模式，社会消费品零售总额增长9%，电子商务交易额超3800亿元，增长18%。预计全市商品房成交面积和成交金额分别增长15%、18.5%。大力推动外贸发展。制定并落实外贸扶持政策和贸易便利化措施，对外贸易基本稳定;服务外包执行总额、离岸执行金额均增长30%。有效稳固金融支撑。成功举办省级金融机构支持无锡转型发展政银企合作恳谈会，预计社会融资规模新增1455亿元，其中新增本外币贷款496.3亿元，企业直接融资858.7亿元，同比分别增加135亿元、32.5亿元、334.8亿元；为1343家中小企业提供转贷应急资金126亿元;新增境内外上市公司6家、新三板挂牌企业67家。多措并举处置不良贷款248亿元、三年来累计处置不良贷款768亿元，银行业不良贷款余额和不良率同比实现“双下降”。加强政府性债务风险管控和存量债务置换，融资平均成本同比下降3个百分点左右。

（二）明确调结构主攻方向，转型升级步伐加快。确立并实施产业强市战略，加快打造以“四化”为引领，以新兴产业为先导、先进制造业为主体、现代服务业为支撑的现代产业发展新高地;加快构建以市场为导向、企业为主体、高校院所为支撑的产业科技创新体系，并制定出台促进现代产业发展的系列配套政策。增强科技创新驱动力。组织实施苏南国家自主创新示范区建设三年行动计划，加快推进国家传感网创新示范区建设，加强高层次人才引进和培育，预计全社会研发投入占地区生产总值比重达2.8%，全市科技进步贡献率达62%。积极推进产学研资用协同创新，累计建成国家级国际科技合作基地9家、省级以上工程技术研究中心502家，支持实施超级计算机等一批国家重大科技专项，华中科技大学无锡研究院、华进半导体封装技术研究所入选省产业技术研究院预备所。大力实施人才强企工程，推动开发园区引资与引智并举，一批民营企业与10位诺奖得主、11位外国院士牵手合作。高标准推进国家知识产权示范城市建设，万人有效发明专利拥有量25件，获第十七届中国专利奖5项。实施“创新之家”培育计划，开展“众创空间”建设六大行动和“智汇无锡”大学生创业系列活动，建成“众创空间”14家，新增大学生创业园10家。深入推进智慧城市建设，“一中心四平台”上线运行，成为全国首个高标准全光网城市，无锡（国家）智能交通产业园成立。推动先进制造业提质增效。大力发展“互联网+”经济，促进信息化和工业化深度融合，省级两化融合示范试点企业达249家。加快传统产业改造升级，深入实施“千企技改”工程，技改投入占工业投资比重达69%。积极推动企业兼并重组，长电科技等一批企业成功实现跨国并购。全面深化质量强市建设，支持企业品牌创建、标准创新，承担和参与制修订国内外标准93项，一汽锡柴荣获“全国质量奖”，阳光集团、兴澄特钢荣获“中国质量奖提名奖”。壮大新兴产业发展规模。新增高新技术企业353家，高新技术产业产值占规模以上工业总产值比重提高到41.5%，新兴产业产值增长10%。推进现代服务业提档升级。生产性服务业加快发展，新增省级制造业服务化示范企业10家。大力发展旅游业，预计实现旅游总收入增长10%，江南古运河、翠屏山和江阴徐霞客旅游度假区获批省级旅游度假区，无锡游客满意度全省第一。加快服务业集聚区建设，无锡食品科技园建设全面启动、人力资源服务产业园开园运营，苏南快递产业园成为全国首个国家级快递示范园区，无锡国家数字电影产业园实现销售增长170%。服务业增加值占地区生产总值比重达49.1%，提高0.7个百分点。提升农业现代化水平。扎实推进国家现代农业示范区建设，新增高标准农田1万亩、高效设施农业（渔业）2.75万亩，预计农业园区化比重提高到46%。江苏无锡国家农业科技园获批，洛社尚田农庄探索建设全省首家六次产业园。

（三）增强内生型发展动力，改革开放全面深化。坚持问题导向和需求导向，扎实抓好各项改革任务落实落地。深化行政审批制度改革。协同推进简政放权、放管结合、优化服务，向社会公布政府部门责任清单，完善行政权力事项清单管理办法，集中清理涉企服务收费。“一办三中心”政务服务平台在全省率先实现行政审批、为民服务、公共资源交易一体化规范运行。全面实施“三证合一”、“一照一码”登记制度，新登记内资企业和注册资本分别增长15.3%、46.5%。加强事中事后监管，建立健全“证照联动”监管和信用约束机制。深化经济体制改革。有序推进国资国企改革，加快国有资产证券化步伐，大力发展地方金融机构，国联证券在香港联交所成功上市，三房巷集团财务公司挂牌运作，北京银行、苏州银行、常熟农商行落户无锡，“苏民投”在锡筹备工作取得阶段性进展。积极推进滨湖区省级服务业综合改革试点。加快投融资体制改革，设立产业引导股权投资基金，推进南长滨河新城等一批PPP项目试点。大力推进中韩（无锡）科技金融服务合作区、中法（无锡）智慧城市先行示范基地建设，争取设立更多的中外合作园区和示范区。加快航空物流园建设。进一步扩大内河港口和机场开放效能，加快推进跨境贸易电子商务、进口肉类指定口岸、药品进口口岸、国际邮件互换局建设。鼓励更多企业“走出去”，支持办好柬埔寨西港特区。大力推进城市国际化进程，建设一批国际化的教育、医疗、体育和文化服务机构，努力打造国际化和谐人居环境。

（四）加强城市建设管理，着力推进区域协调发展。扎实推进新型城镇化，推动产城融合发展，提升城市管理内涵，强化“一体两翼”基础设施互联互通，促进城乡发展一体化。加强历史文化保护，彰显国家历史文化名城底蕴。

提升城市建设和管理水平。适应于行政区划调整，积极实施梁溪区、新吴区资源整合，优化功能和产业布局，推进太湖广场北侧中信大厦和南丰汇等项目建设。大力发展楼宇经济，着力盘活一批闲置商业楼盘，促进主城区商业繁荣。积极开展老城更新改造，继续实施背街小巷综合改造和主要道路包装出新。推进城市精细化管理，完善数字化城管建设，争创省优秀管理城市。完善太湖新城、锡东新城、惠山新城等重点区域功能，加快产业和人口导入。进一步完善综合交通体系。增强苏南硕放国际机场服务能力，实现旅客吞吐量500万人次、货邮吞吐量10万吨。推进无锡火车站南广场综合改造工程。开工建设地铁3号线一期、1号线南延工程，扎实做好地铁4号线一期前期工作。推进蠡湖大道、江海高架西延等一批城市道路快速化改造，打通钱皋路、环山东路、桐桥港路等一批“断头路”。优化公交线网布局，新辟调整公交线路10条以上。完善城市配套设施，改造自来水管网60公里、自来水水表出户改造4000户，新增天然气用户5万户，新建污水管网14公里。加快“世界一流电网”建设，推广智能用电小区建设和水电气一体化采集，建成电动汽车充电桩1500个以上。加强海绵城市建设，提升防洪减灾能力。

大力推进锡澄宜一体化。全力做好锡澄、锡宜重大交通基础设施建设对上争取工作，启动实施一批重大项目，扎实推进南沿江铁路、盐泰锡常宜铁路、常宜高速、宜长高速公路建设前期工作，开工建设苏锡常南部高速公路，加快新锡澄路等重点道路建设，推进跨市（县）、区道路沟通。实施锡澄运河市区段整治工程，启动建设宜兴丁蜀通用机场，开展江阴通用机场前期工作。充分发挥江阴、宜兴区位和资源优势，增强副中心城市功能，支持江阴建设国际化现代化滨江名城、增强宜兴对苏浙皖交界地区的辐射功能。

促进城乡统筹协调发展。强化城市规划引领，做好城市总体规划修编研究工作，完善城乡一体化发展规划，推动城镇建设、土地利用、产业发展、生态建设等规划有机融合，促进“多规合一”。落实大市范围内户口通迁制度，稳妥有序推进农业转移人口市民化。推动公共财力向农村倾斜，提升城乡公共服务均等化水平。优化城镇规模结构，高标准推进一批重点镇和特色镇建设，改善城镇整体面貌。完善现代农业生态涵养和农村文化传承功能，促进古镇、古村落保护和发展，打造一批具有江南水乡特色的美丽乡村。

加强旅游名城建设。加强旅游资源整合，完善旅游基础设施和配套服务体系，改善城市旅游环境。加快旅游休闲集聚区发展，推进旅游景区、度假区转型升级，充分利用新媒体提升旅游营销水平。加强旅游与乡土风情、山水资源、文化创意和休闲产业等融合，加快推进万达文化旅游城等一批重点旅游项目建设，塑造旅游城市品牌形象，着力打造国际知名、国内一流的休闲度假旅游目的地。

加快智慧城市建设。积极实施“互联网+”行动计划和大数据战略，加速城市大数据中心数据汇聚、分析和应用，完成智慧城市运营体验中心建设。充分发挥云计算、物联网、移动互联网等新一代信息技术在城市管理、经济发展和民生服务领域的支撑作用。加快实施智慧政务、交通、健康、社区等重点提升工程。实现光纤宽带在全市住宅小区、乡镇农村全覆盖。扩大政府数据公开规模，探索政府数据与社会数据的大融合。

（五）搞好生态文明建设，着力保护青山绿水环境。顺应人民群众对良好生态环境的热切期盼，切实加强生态文明建设，积极推进绿色发展，着力抓好群众反映强烈的水污染、大气污染、黑臭河道、酸雨等突出环境问题的整治，努力建设天蓝地绿水清的美丽无锡。

加强环境综合整治。落实国务院《水污染防治行动计划》，开展新一轮太湖治理，完成2家工业园区、13家污水处理厂整改或提标，92家涉水企业提标、整治或淘汰搬迁;完成20块排水达标区创建和30%已建成区复查;关闭禁养区养殖场80家，整治适养区小型养殖场445家、规模畜禽养殖场313家;对38条河道实施综合整治，重点治理前胡村浜、创业河等6条黑臭河道。全面施行《大气污染防治法》，完善大气质量监测预警体系，将细颗粒物等环境指标列入约束性指标，确保PM2.5平均浓度降幅达到国家考核要求，空气质量达标天数比例好于上年。严格执行全市煤炭总量控制方案，建成西区燃气热电项目，加快建设东亚电力（无锡）燃气电厂一期项目。继续实施燃煤小锅炉整治，强化工业废气、机动车尾气、建筑扬尘等污染治理，加强秸秆综合利用。加大新能源汽车推广应用力度。扩大生活垃圾分类收集试点，启动餐厨垃圾处理设施建设，完成桃花山垃圾填埋场技改工程和气体资源化利用项目，推进垃圾焚烧飞灰填埋场规划建设，争取群众支持锡东垃圾焚烧发电厂复工。深化关停搬迁工业企业原址场地的环境管理，积极开展工业企业退出场地土壤修复试点。推进城乡美化绿化，新增绿化面积1万亩。

加大生态保护力度。严格落实主体功能区计划，出台生态红线区域保护规划。加强资源节约集约利用，实施“百万吨节能量工程”和五大节能改造行动计划。坚持最严格的节约用地制度，切实保护耕地和基本农田，盘活存量土地，加强低效用地再开发。强化节能降耗刚性调控，加快推进清洁生产、循环经济和资源综合利用。严格执行环境准入和污染物排放标准，完成年度节能减排任务。完善主要污染物排污权有偿使用和交易试点制度，继续推行环境污染责任保险，完善生态补偿制度，深入推进水环境区域补偿。探索领导干部自然资源资产离任审计试点。加强环境监管执法队伍建设，依法从严打击环境违法行为。倡导市民合理消费和绿色生活，推动形成勤俭节约的社会风尚。

（六）践行共享发展理念，着力提高人民生活水平。全面落实惠民举措，围绕推进基本公共服务均等化，积极实施一批重大民生工程，扎实办好10件80项民生实事，做好项目推进工作，加强每月跟踪监测，努力为人民群众多办实事、好事，使全体市民在共建共享发展中有更多获得感。

积极促进就业创业。坚持就业优先战略，新增城镇就业8万人以上。鼓励企业稳定用工，实施就业质量提升工程，着力解决结构性就业矛盾。做好高校毕业生等重点群体就业工作，积极开发公益性岗位，帮助困难就业人员就业。实施技能人才振兴工程，提升农村转移劳动力素质，新增高技能人才1.5万人，办好省第三届技能状元大赛。鼓励大众创新创业，年内扶持自主创业1万人。积极构建和谐劳资关系。多渠道增加居民收入，完善工资收入分配制度，继续提高低保家庭人均收入，确保居民收入增长与经济增长同步。

完善社会保障体系。积极推进全民参保，重点解决好本地户籍人员断保问题，实现企业职工养老、医疗保险分别扩面5万人以上，失业、工伤和生育保险分别扩面3万人以上。强化社保欠费清缴联动机制，完善基础养老金合理调整机制，推进机关事业单位养老保险制度改革，完善城乡统一的居民医疗保险制度。继续实施“阳光医保工程”，加强医保支出管理。建立健全现代工伤保险制度。有效应对人口老龄化挑战，提高居家、社区、机构养老服务水平，新增养老床位2000张，城乡社区居家养老机构基本实现全覆盖，为2.5万户特定困难老人家庭提供居家养老援助服务。积极用好国家棚户区改造政策，推进棚户区（危旧房）改造30万平方米，整治旧住宅区185万平方米、城中村60个。加强经适房、廉租房、拆迁安置房项目续建和物业长效管理，有序推进农村住房改造。帮助1500户以上各类住房保障对象解决住房困难。

繁荣发展教卫文体事业。加快发展教育事业。新建、改扩建幼儿园30所，新增学额5000个。推进义务教育学校标准化建设，培育建设25所“新优质学校”，深化普通高中课程基地建设。加快推进太湖新城国际学校、和畅小学、信成小学和市少年宫新宫建设。提升教师队伍素质，实施乡村教师支持计划。重视做好外来务工人员随迁子女义务教育工作。加快发展高等教育，扩大本科层次办学规模，支持太湖学院争取通过教育部本科教学水平评估。完善现代职业教育体系，实施现代学徒制试点。健全民办教育扶持政策，支持和规范民办教育发展。加快发展医疗卫生事业。进一步深化公立医院改革，完善覆盖城乡的基本医疗卫生制度。实施改善医疗服务行动计划，积极开展预约和分级诊疗服务。加快推进江南大学无锡医学院和附属医院建设，强化医学人才培养和专（学）科建设。引进国内外优质医疗资源，完善多元办医格局，推进医疗养老融合发展。推动中医药事业加快发展。提高人口出生素质，实施全面两孩政策。加快发展文体事业。探索建立公共文化服务标准体系，完成市文化馆新馆和非遗展示馆改造工程，扩大公共文化设施免费开放范围，开展各类公益文化活动，争创国家公共文化服务体系示范区。推进惠山祠堂群、荡口古镇申报世界文化遗产，加强锡绣、吴歌等非物质文化遗产保护传承和开发利用，振兴惠山泥人、宜兴均陶等传统手工艺。贯彻全民健身国家战略，积极发展青少年校园足球，争创第二批国家级科学健身示范区。精心办好环太湖国际公路自行车赛、国际马拉松赛、亚洲击剑锦标赛等重大体育赛事。

切实做好扶贫帮困工作。全面落实社会救助制度，努力实现对困难群众的精准救助。高度重视残疾人救助扶持，不断拓展社会化助残新领域。加大对经济薄弱村帮扶力度，启动实施新一轮帮扶工作，坚持走开发式扶贫之路，积极盘活集体资产，促进联合开发经营，增强经济薄弱村“造血”功能，实现全市经济薄弱村脱贫转化30个以上。继续做好南北挂钩和对口支援工作。

加强社会治理创新。巩固全国文明城市创建成果，加强对广大市民尤其是青少年的社会主义核心价值观教育，进一步提升城市文明程度。深化城乡社区“五化”治理，推进政社互动、“三社”联动，严格社区事务准入，切实减轻基层负担。促进基层社会治理精细化，鼓励和引导社会组织参与社会事务管理。健全群众利益表达、协调和保护机制，加强和改进信访工作，有效预防化解矛盾纠纷。落实安全生产责任制，加强市民安全意识教育，提高网络与信息安全保障水平。健全应急管理机制。加强放心消费环境建设，完善社会信用体系，创建社会信用体系建设示范城市。强化食品药品监管，实施食品安全行动计划，食品抽检率达到3批次/千人以上。深化平安无锡建设，严密防范、依法惩治违法犯罪活动，完善立体化现代化社会治安防控体系，完成主城区530万平方米老小区技防设施建设。做好民族、宗教等工作，发挥工会、共青团、妇联等群众团体作用。增强市民国防意识，推进“双拥”共建活动，提高优抚安置水平。

（七）遵循“三严三实”要求，着力

加强政府自身建设。围绕“为民、务实、清廉”和“忠诚、干净、担当”的要求，切实加强和改进政府工作，不断创新管理方式，提升服务效能，为经济社会发展提供坚强保障。

全面依法行政。增强各级行政机关工作人员法律意识，严格按照法定权限和程序行使权力、履行职责。健全依法科学民主决策机制，完善政府法律顾问制度，加强和改进行政复议、行政应诉工作。深入推进政务公开，及时向社会公开经济社会发展重大决策。认真落实市人大及其常委会决议决定，自觉接受人大法律监督和政协民主监督，坚持重大事项向人大报告和政协通报，主动听取民主党派、人民团体和社会各界意见建议，自觉接受司法监督、新闻舆论监督和社会公众监督。

持续改进作风。深入落实领导干部挂钩联系工作机制，创新工作思路，健全协调服务机制，更多深入基层帮助解决实际困难，特别是要把为企业服务作为天职，以企业需求为导向，以企业满意为标准，让企业办事更方便、更快捷、更舒心，为企业营造优质的发展环境。坚决反对做表面文章、搞形式主义，大力弘扬主动作为、勇于担当精神，增强“不进则退、无功即过”意识，坚决克服不作为、慢作为和“慵懒散”现象。大力弘扬“定了干、马上办、办到底”精神，深入开展执行力监督检查，切实打通工作落实“中梗阻”。始终保持反“四风”高压态势，严格执行厉行节约、反对浪费各项规定，加强对部门预算与支出的规范管理，严格控制“三公”经费。

强化廉政建设。完善惩治和预防腐败体系，全面落实“一岗双责”，严格执行廉政规定，着力打造风清气正的政府工作队伍。加强对权力运行的监督制约，严肃纠正重点领域不正之风，完善12345政府公共服务热线，加强政风面对面平台建设，推动基层站所公共服务标准化全覆盖，不断提升政风行风建设水平。强化监察工作，健全行政执法监督机制。加强审计监督，对公共资金、国有资产、国有资源和领导干部履行经济责任情况实行审计全覆盖。

各位代表，潮起海天阔，扬帆正当时。让我们紧密团结在以习近平同志为总书记的党中央周围，在中共无锡市委的坚强领导下，解放思想、凝心聚力，克难奋进、扎实工作，为高水平全面建成小康社会、开创“十三五”发展新局面、建设“强富美高”新无锡而努力奋斗!

2015年无锡市国民经济和社会发展统计公报

2015年，全市上下以“四个全面”战略布局为统领，围绕建设“强富美高”新无锡总目标，坚持稳中求进工作总基调，统筹做好稳增长、促改革、调结构、惠民生、防风险各项工作，全市经济社会发展各项事业取得了新进步。

一、综合

国民经济总体平稳。全市实现地区生产总值8518.26亿元，按可比价格计算，比上年增长7.1%。按常住人口计算人均生产总值达到13.09万元。

产业结构升级加快。全市实现第一产业增加值137.72亿元，比上年下降0.1%；第二产业增加值4197.43亿元，比上年增长5.0%；第三产业增加值4183.11亿元，比上年增长9.6%；三次产业比例调整为1.6:49.3:49.1。

就业和再就业有效推进。全年新增城镇就业14.85万人，各类城镇下岗失业人员实现就业再就业7.42万人，帮助就业困难人员再就业1.99万人。全市城镇登记失业率为1.89%。

大众创业动力强劲。年末全市工商登记各类企业20.83万户，其中，国有及集体控股公司1.54万户；外商投资企业0.61万户；私营企业18.68万户，当年新登记各类企业3.2万户。年末个体户28.23万户，当年新增4.9万户。

消费品价格水平涨幅较低。全年市区居民消费价格指数（CPI）为101.8，比上年回落0.4个百分点。其中服务项目价格指数为102.1，消费品价格指数为101.6，商品零售价格指数为100.0。

表1　2013年居民消费价格指数情况

指　标	市 区
居民消费价格总指数	101.8
食品	102.8
烟酒	101.4
衣着	101.8
家庭设备用品及维修服务	104.4
医疗保健和个人用品	101.7
交通和通信	97.7
娱乐教育文化用品及服务	101.1
居住	102.0

二、农业

农业生产小幅下降。全年粮食总产量72.28万吨，比上年下降6.4%；油料总产量8634吨，比上年下降8.1%，其中油菜籽6866吨，比上年下降8.9%；茶叶总产量6710吨，比上年增长2.6%；水果总产量17.69万吨，比上年下降4.9%。主要畜产品中，肉类总产量7.60万吨，比上年下降14.0%，其中猪牛羊肉5.33万吨，比上年下降15.7%；禽蛋总产量2.77万吨，比上年增长3.4%；奶牛存栏0.71万头，与上年持平；全年水产品产量12.53万吨，比上年下降3.6%。

种植业结构继续调整。全年粮食种植面积为102千公顷，比上年减少6.99千公顷；油料种植面积为3.8千公顷，比上年减少0.36千公顷；蔬菜种植面积49.09千公顷，比上年增加1.69千公顷；水果种植面积15.94千公顷，比上年减少0.24千公顷。

表2 2015年主要农产品产量及其增长速度

单位：吨、%

产品名称	产量	比上年增长
粮食	722755	–6.4
油料	8634	–8.1
#油菜籽	6866	–8.9
蚕茧	2.7	–96.3
茶叶	6710	2.6
水果	176902	–4.9
肉类	76036	–14.0
水产品	125271	–3.6

三、工业和建筑业

工业生产小幅增长。全市规模以上工业企业实现增加值2953.34亿元，比上年增长4.4%。分经济类型看，国有企业总产值下降11.2%，集体企业总产值增长0.4%，股份制企业总产值增长2.9%，外商及港澳台商投资企业总产值增长0.8%，其他经济类型企业总产值下降4.5%。全市统计的279只主要工业产品中，产品产量比上年增长的有132只，占全市统计产品数的47.3%。在全市跟踪统计的22种重点产品中，有9种产品的产量实现增长。

表3 2015年主要工业产品产量及其增长速度

产品名称	单位	产量	比上年增长（%）
家用洗衣机	万台	697.03	35.1
发动机	万千瓦	3448.14	−16.8
电动自行车	万辆	365.69	−0.7
家用电热水器	万台	108.45	−15.8
电力电缆	万千米	380.32	19.2
塑料制品	万吨	124.72	7.4
纱	万吨	56.53	−0.9
布	万米	88385.48	2.2
呢绒	万米	11400.02	−0.4
服装	万件	55739.02	1.7
合成纤维	万吨	378.89	12.4
锂离子电池	万只	47271.45	−5.0
半导体分立器件	亿只	987.09	6.5
集成电路	亿块	233.52	11.4
数码照相机	万台	372.84	−24.9
硬盘存储器	万台	5472.44	−11.5
微型计算机设备	万台	101.85	−2.0
电子元件	亿只	118.78	−17.3
印制电路板	万平方米	1550.01	−3.1
粗钢	万吨	1378.94	2.7
钢材	万吨	2217.42	−0.6
发电量	亿千瓦时	362.77	−0.9

工业效益保持平稳。全市规模以上工业实现主营业务收入14113.97亿元，比上年下降0.1%；工业产销率97.2%，比上年下降0.6个百分点；工业企业实现利税1247.75亿元，比上年增长0.1%；实现利润886.22亿元，比上年增长2.0%。

建筑业稳步发展。全年全社会建筑业完成增加值360.60亿元，比上年增长7.6%；实现建筑业总产值601.62亿元，比上年下降7.5%。施工房屋建筑面积3530.38万平方米。1个建设工程项目获得鲁班奖，22个建设工程项目获江苏省优质工程奖“扬子杯”（房屋建筑工程），95个建设工程项目获无锡市“太湖杯”优质工程奖。

四、固定资产投资

固定资产投资小幅增长。全年固定资产投资完成4901.19亿元，比上年增长7.0%。分产业投向：第一产业投资10.21亿元，比上年下降22.7%，第二产业投资1976.53亿元，比上年增长13.2%，第三产业投资2914.45亿元，比上年增长1.4%。

商品房销售回升。全年房地产业实现增加值405.95亿元，比上年增长7.5%。完成房地产开发投资991.66亿元，比上年下降21.9%，商品房施工面积为6589.02万平方米，比上年下降3.5%，竣工面积1180.03万平方米，比上年增长23.1%。全年商品房销售面积986.91万平方米，比上年增长14.4%，商品房销售额776.32亿元，比上年增长19.2%。

五、国内贸易

消费品市场发展良好。全年实现社会消费品零售总额2847.61亿元，比上年增长9.2%。其中，批发和零售业零售额2632.96亿元，比上年增长9.3%，住宿和餐饮业零售额214.65亿元，比上年增长8.3%。按经营地统计，城镇社会消费品零售总额2429.70亿元，比上年增长9.3%;乡村社会消费品零售总额417.92亿元，比上年增长8.6%。在限额以上批发和零售业零售额中，通讯器材类增长14.2%；粮油、食品类增长7.6%；家具类增长6.8%；文化办公用品类增长6.1%；书报杂志类增长6.0%。

六、开放型经济

对外贸易呈现下降。全年实现对外贸易进出口总额684.67亿美元，比上年下降7.7%。其中，进口总额262.35亿美元，比上年下降12.4%；出口总额422.32亿美元，比上年下降4.5%。一般贸易实现出口额218.34亿美元，总量占比达51.7%。

表4　2013年对主要国家和地区进口、出口总额及其增长速度

单位：亿美元

出口国家和地区	2015年	增长（%）	进口国家和地区	2015年	增长（%）
美国	661559	2.5	日本	512308	-18.6
中国香港地区	595471	-1.6	韩国	437311	-10.0
日本	391613	-9.3	中国台湾地区	210485	-6.2
韩国	300471	-9.0	美国	160856	-3.0
德国	175333	5.8	澳大利亚	139150	-14.8

利用外资总量稳定。全年批准外资项目358个，协议注册外资55.33亿美元，到位注册外资32.11亿美元，增长3.0%。制造业利用外资占到位注册外资比重达到58.7%，全年完成总投资超3000万美元的重大外资项目65个。至2015年年底，全球500强企业中有96家在无锡市投资兴办了182家外资企业。

服务外包产业快速增长。全市服务外包产业接包合同总额152.5亿美元，比上年增长26.6%，执行金额127.1亿美元，比上年增长28.9%；离岸外包合同总额101.1亿美元，比上年增长28.1%，离岸执行金额81亿美元，比上年增长27.5%。

对外经济合作势头良好。全年完成境外投资项目115个，中方投资额达到17.47亿美元，比上年增长20.3%，其中1000万美元以上项目33个。

七、交通运输、邮政电信和旅游业

交通运输能力持续提升。年末，全社会拥有车辆168.23万辆，比上年增长9.1%。其中汽车143.38万辆，比上年增长12.2%。私人汽车拥有量年末达到117.90万辆，比上年增长14.9%。

客货运量小幅增加。全年完成客运量9983.56万人次，比上年增长2.4%；完成货运量16136.80万吨，比上年增长5.3%。全市港口吞吐量19864.24万吨，比上年下降5.0%。全年空港旅客吞吐量460.93万人次，比上年增长10.3%。

邮政通信发展快速。全年邮电业务总量158.41亿元，发送函件4602.57万件。全年规模以上快递服务企业业务量完成26662.38万件，比上年增长44.1%。率先建成国内高标准全光网城市，覆盖用户超过526万户，城域网出口带宽3.44T。建设4G基站累计达到15610个。全市移动电话年末用户数达到883.47万户，其中4G手机用户达到389.55万户。固定互联网宽带接入用户245.92万户，移动互联网宽带接入用户665.79万户。

旅游业发展趋稳。全年共接待国内游客8043.33万人次，比上年增长6.2%；接待旅游、参观、访问及从事各项活动的入境过夜旅游者39.13万人次，比上年下降2.9%。旅游总收入达1389.29亿元，比上年增长10.0%。全市拥有年接待游客10万人以上的景区50个，国家AAAAA级景区3家，国家AAAA级景区26家，AAA级景区13家，AA级景区16家。省星级乡村旅游区78个。年末全市拥有星级宾馆48家，其中五星级宾馆14家，四星级宾馆14家。全市拥有旅行社170家，其中出境游组团社19家。

八、财政和金融业

财政收入稳步提高。全年一般公共预算收入830亿元，比上年增长8.1%。财政支出结构继续调整。一般公共预算支出820.85亿元，比上年增长9.7%。

表5　2015年全年财政分项情况

单位：亿元

指　标	2015年	比上年增长（%）
一般公共预算收入	830.00	8.1
#税收收入	668.18	7.7
#增值税(25%)	152.04	7.7
营业税	210.55	23.4
企业所得税(40%)	98.81	7.7
个人所得税(40%)	40.90	6.4
城市维护建设税	52.72	12.6
房产税	31.10	6.5
印花税	10.55	-2.0
契税	24.61	-22.5
上划中央四税收入	592.84	7.7

金融存贷款持续增加。年末金融机构各项本外币存款余额达13181.25亿元，比上年增长6.1%；各项本外币贷款余额9525.99亿元，比上年增长5.5%。存款中，非金融企业存款余额5965.25亿元，比上年增长6.1%；住户存款余额4693.94亿元，比上年增长2.7%。贷款中，非金融企业及机关团体贷款7955.49亿元，比上年增长3.9%；住户贷款1561.57亿元，比上年增长14.2%。全年现金净投放348.2亿元。

保险业收入较快增长。全年实现保费收入218.53亿元，比上年增长17.3%。其中财产险收入81.11亿元，比上年增长9.3%；人寿险收入137.42亿元，比上年增长19.5%。保险赔款支出70.35亿元，比上年增长50.4%。保险给付支出20.84亿元，比上年增长10.7%。

证券交易市场规模扩大。全年证券市场完成交易额5.34万亿元，比上年增长1.45倍。本年新增企业境内上市公司6家，累计94家；全市证券交易开户总数133.58万户，托管市值2507.91亿元，增长75.9%。年末全市共有证券公司2家，证券营业部90家。本年新三板企业挂牌67家，累计挂牌104家。

九、科学技术和教育

科技人才不断加强。全市共有国家、省级工程技术研究中心506家，国家、省级高技术研究重点实验室10家，国家级国际合作基地9家，省级外资研发中心41家，省级国际技术转移中心8家。2015年，入选国家“千人计划”8人，累计培育国家“千人计划”专家79人，目前全市共有“千人计划”人才226人。

科技产出水平提高。全市高新技术产业产值占规模以上工业总产值比重达到42.3%，比上年提高1.1个百分点。全年按新标准认定高新技术企业352家，省级高新技术产品946个。

科技创新成绩明显。全市发明专利申请量达24197件，比上年增长6.2%；发明专利授权量达5480件，比上年增长95.6%。全市获国家、省科技计划到位经费4.88亿元。

质量检验能力增强。全市共有国家级检测中心10个，国家级型式评价实验室1个，国家级检测重点实验室7个，全年省级监督抽查无锡市产品786批次，强制性产品认证获证企业1067家，法定计量技术机构3家，强制检定计量器具72.34万台件，2015年新增主导和参与制修订国际、国家、行业标准93项。

教育事业协调发展。全市共有普通高校12所，普通高等教育在校生11.53万人。中等职业教育在校生6.7万人。九年义务教育巩固率100%，学前教育、高中阶段教育毛入学率100%，普及高中阶段教育。特殊教育学校在校生949人。全市共有幼儿园370所，在园幼儿17万人。

表6 各类教育招生和在校生情况

单位：所、万人

指标	学校数	招生数	在校生数	毕业生数
普通高等学校	12	3.66	11.53	3.33
普通中等专业学校	21	1.50	4.20	1.38
普通中学	179	7.14	21.1	6.69
职业高中	2	0.14	0.60	0.33
小学	197	6.19	34.84	4.95

十、文化、卫生、体育和民族宗教

文化事业和文化产业加快推进。年末共有艺术表演团体53个，文化馆10个，公共图书馆10个，文化站80个，博物（纪念）馆60个。全市人民广播电台节目8套，电视台节目10套，有线电视总用户达165万户。电视人口总覆盖率和广播人口覆盖率均达100%。全年规模以上文化企业575家，动漫企业176家。全市档案馆10个，已向社会开放档案15.77万卷（件、册）。

卫生事业健康发展。全市拥有卫生医疗机构2243个，其中综合医院84家，社区卫生服务中心（卫生院）89家，社区卫生服务站（村卫生室）710家，护理院11家，疗养院7家。年末全市共有卫生技术人员4.45万人，其中执业（助理）医师1.67万人；拥有医疗床位3.74万张，其中医院、社区卫生服务中心（卫生院）3.62万张。全市实际参合农民55.05万人，人口覆盖率100%。全市各级医疗机构全年完成诊疗5005.98万人次，比上年增长5.6%。

体育事业蓬勃发展。全市新增公共体育设施面积34.90万平方米，新增各级社会体育指导员1023人。国民体质总体达标率达96.8%。创建成全省首批公共体育服务体系示范区，成功举办无锡国际马拉松赛等一批大型国际赛事。全年无锡籍运动员在全国以上各级各类比赛中共取得48个冠军，其中2项世界冠军。全市体育彩票销售达到22.78亿元，增长14.9%。

民族宗教领域和谐稳定。年末有宗教活动场所270处，教职人员785名（不含散居道士)。

十一、人口、人民生活和社会保障

人口规模逐步扩大。年末全市户籍人口480.90万人，比上年增长0.8%。全年出生人口40571人，出生率8.47‰；死亡人口33769人，死亡率7.05‰，人口自然增长率为1.42‰。年末全市常住人口651.10万人，比上年增长0.2%，其中城镇常住人口490.93万人，比上年增长1.4%，城镇化率75.40%。

居民收入稳步增加。全体居民人均可支配收入39461元，比上年增长8.2%。城镇常住居民人均可支配收入45129元，比上年增长8.1%。农村常住居民人均可支配收入24155元，比上年增长8.5%。全体居民人均消费支出25954元，比上年增长7.9%，城镇常住居民人均消费支出29466元，比上年增长7.7%。农村常住居民人均生活消费支出

16469元，比上年增长9.0%。

社会保障统筹实施。全市企业职工基本养老保险人数达到236.27万人，扩面6.53万人。全市参加城镇职工基本医疗保险人数达到307.53万人，扩面7.66万人。全市参加失业保险职工人数为200.37万人，扩面4.27万人。全市参加工伤保险人数198万人，扩面4.18万人。全市参加生育保险人数197.29万人，扩面6.81万人。市区月低保标准提高至700元。年末在领失业保险金人数为4.28万人。企业离退休人员养老金社会化发放率达100%。

社会福利事业不断提升。城乡居民最低生活保障对象34574人；全年共发放低保金1.82亿元。实施城乡医疗救助25.35万人次，支付救助金7755.87万元；实施临时救助43704人次，发放救助金4527.95万元。全市重点优抚对象6592人。保障性安居工程建设有序推进，全市新开工保障性住房10922套，基本建成11375套（户）。

十二、资源、环境和安全生产

用地分配更趋务实。全年全市国有建设用地供应总量1810.29公顷，其中，工矿仓储用地626.54公顷；房地产用地531.39公顷，基础设施等其他用地652.36公顷。

水资源充分利用。预计年末全市水资源总量40.1亿立方米，比上年增长38.7%，全年总用水量25.30亿立方米，比上年下降33.1%。其中，生活用水下降10.2%，工业用水（不含火电用水）增长10.6%，农业用水下降12.9%，生态补水下降11.2%。

环境保护力度加大。市区环境空气达标天数比例（AQI）为64.1%，集中式饮用水水源地水质达到国家和省考核标准，全市功能区昼间和夜间噪声达标率分别为87%和73%。PM2.5平均浓度较2013年下降18.7%。

城市绿化不断扩大。市区新增绿地面积500公顷，预计人均公园绿地面积14.91平方米，建成区绿化覆盖率达到42.98%。

安全生产“双下降”。全年发生各类事故1616起，死亡499人，各类事故起数、死亡人数连续第14年实现“双下降”。亿元GDP生产安全事故死亡率0.059人/亿元。

注：1. 公报中地区生产总值和各产业增加值绝对值按现行价格计算，增长速度按可比价格计算。

2. 本文为初步统计数。部分数据因四舍五入的原因，存在着与分项合计不等的情况。

3.资料来源。本公报中就业、社会保障数据来自人社局；工商登记数据来自工商局；蚕茧、茶叶、水果、水产品数据来自农委；开放型经济数据来自商务局；车辆数据来源于公安局；公路、水路交通数据来源于交通局；铁路运输数据来源于火车站；民航运输数据来源于苏南机场；邮政、电信业务数据来源于邮政管理局、各通信公司；城市信息化数据来源于市信电局；旅游数据来自旅游局；财政数据来自财政局；金融数据来自人民银行；证券数据来自金融办；科技数据来自科技局；人才数据来源于组织部；质检数据来自质监局；教育数据来自教育局；文化数据来自文广新局；档案数据来源于档案局；卫生数据来自卫计委；体育数据来自体育局；宗教数据来自民宗局；户籍人口数据来源于公安局；社会福利数据来自民政局；保障性住房数据来自住建局；用地数据来自国土局；水资源数据来自水利局；环保数据来自环保局；绿化数据来自园林局；安全生产数据来自安监局。

2015年无锡保险业概况

2015年，全市共实现保费收入218.16亿元，同比增长14.04%，保费规模位居全省第三。其中，财产险保费收入80.93亿元，同比增长9.11%;人身险保费收入137.23亿元，同比增长17.16%，产寿险规模均位居全省第三。

全市赔款和给付95.82亿元，同比增长29.94%。其中，财产险赔款支出59.98亿元，同比增长42.07%；人身险赔款和给付35.84亿元，同比增长13.71%。

按无锡市2015年GDP8518.26亿元计算，无锡保险深度2.56%，同比增加9.87%。按照无锡市户籍人口480.9万人计算，无锡保险密度4536元,同比增加527元。

全市共有保险主体74家，其中，产险公司29家（含出口信用保险），寿险公司45家。其中总公司1家（国联人寿），外资公司17家。保险专业中介机构15家，其中经纪公司2家、代理公司11家、公估公司2家。全行业从业人员3.65万人。

无锡财产保险业共承担了5.17万亿元的风险保障。无锡保险业上缴营业税4.72亿元，上缴个调税4.92亿元，代扣代缴车船税5.39亿元。

行业组织

无锡市保险学会

【概况】2015年，无锡市保险学会在江苏保监局的关心指导下，根据无锡市社科联的工作部署，坚持以中共十八届三中、四中全会精神为指导，以苏南现代化建设示范区实际为基准，以民生保险研究为重点，全面贯彻落实新“国十条”和江苏省、无锡市人民政府出台的相关《实施意见》，紧紧围绕学会年初制定的年度规划目标扎实工作，较好地完成了各项任务。一年来，学会在平台搭建、课题研究、鉴刊编纂、活动开展和自身建设等方面取得了新的进步，主要体现在以下五个方面。

一、顺应时势，主动谋划，保险智库建设有序推进

随着国务院新“国十条”的颁布，中国保险业进入了新的历史发展期，新的机遇、新的挑战给保险理论工作提出了新的目标、新的任务。为了积极顺应这一发展形势的迫切需求，更好发挥市级保险学会的研究功能，学会认真学习习近平总书记关于加强现代新型智库建设的重要论述，深入分析苏南各市保险学会的客观现状，在此基础上，市保险学会发起筹建更高层次的学术研究交流平台:民生与保险苏南年会，并为之组织召开苏南保险学会合作研讨会、成立年会组织委员会，无锡市保险学会为主任单位，主持制定年会“实施办法”。年会成功将苏南五市民政、社科部门、六所大学、五家学会的有关专家学者云集一起，成为苏南现代保险智库建设的一个创举。

二、确立主题，积极筹办，首届苏南年会成功召开

根据江苏保监局领导关于“首届年会一定要办成功”的指示要求，市保险学会全力以赴投入筹备工作。一是确立年会研讨主题。在年初广泛征集的基础上，经过专家学者的研究筛选，决定“养老与保险”为首届年会主题。5月5日正式发布后，受到各地专家学者和保险理论工作者的赞同。二是广泛征集研讨论文。截至六月初，共收到课题4篇，论文43篇。三是周密安排年会会务。6月25日，年会开幕，来自中国保险学会、江苏省民政厅、江苏保监局、江苏省保险学会主要领导，无锡市副市长，江苏各市民政局、保险学会，苏南五市社科联、保险机构的负责人，大学教授、论文学者、无锡市金融办领导和华东友邻省市的保险学会代表共 200余人出席了会议。

三、聚焦民生，借力发力，民生保险研究成效显著

中共十八大开启了中国民生建设的新时代，民生保险便呼之欲出。近年来，无锡市人民政府推出系列民生保险项目。继新农合、新农保之后，大病保险、自然灾害公众责任险、养老机构责任保险、农房保险、电梯责任保险等项目正式施行，广大人民群众普遍受益，全市公共服务水平明显提升。但是，民生保险毕竟起步较晚，有许多理论和实践问题需要深入研究和探索。这是保险理论工作者必须面对的新课题、新使命。学会从2014年以来把研究工作的重点聚焦到民生保险，取得了很好的成果。一是整合研究资源。为解决紧迫的研究任务和匮乏的研究资源之间的突出矛盾，一方面在业内加强培养。建立理论研究人才库，举办理论骨干培训班；要求各会员单位高度重视、采取有效措施加以推进；强调常务理事以身作则，主动带头。在微观层面上解决认识不足、能力不强和氛围不浓问题。另一方面在业外加强合作。学会重点与江南大学金融研究所联动，选聘两名教授出任学会常务理事和理事职务，建立了定期联系制度，互相交流，深入调研，在宏观层面上把握大势、确立方向、突出重点。实践证明，坚持两条腿走路，分层次突破是破解理论研究困局的有效方法。二是坚持借力发力。近年来，学会与江大的合作逐步向深度发展，先后完成了四个有关民生保险的研究课题，成效可佳。

四、增强能力，注重质量，鉴刊编纂水平不断提升

《无锡保险年鉴》的编纂，在无锡市史志办的悉心指导下，自2010年起，连续公开出版了五部，约350余万字。是目前全国地市级公开出版的行业年鉴中体例完整性、编辑规范性、装祯美观性最好的，受到史志界和业界的肯定。《保险与民生》会刊，自2012年7月创刊至今已出版21期，与全国近30家省、市级保险社团会刊进行交流，受到广泛好评。2015年，学会自加压力，在能力和质量上狠下功夫，使编纂能力得到进一步增强，编辑质量有了新的提升。一是加大培训力度。二是细化采编要求。2015年，学会对鉴刊工作的要求，克服了往年比较原则和粗放的做法，力求具体细致。对年鉴的编写要求细化到体例、条目、文字、审核和时限等方面。三是提高编辑能力。通过几年的实践和积累，2015年，学会首次尝试由学会秘书处自主独立编辑，得到专家和读者的肯定。

五、主动配合，广泛发动，宣传调研工作得到加强

2015年，学会坚持“协同协力、有序有效”的原则积极开展各类宣传调研活动，展示了行业形象，扩大了学会影响力。一是积极参与地方组织的大型活动。二是认真组织对会员单位的调研活动。8月初，学会联合江南大学金融研究所赴会员单位走访调研。

（吴微芳）

【重大活动】3月20日，中国社会保障学会副会长、中国保险学会副会长、浙江大学教授何文炯，应邀到无锡市保险学会，就“民生与保险苏南年会”的筹备工作，与筹备小组领导进行座谈指导。

6月25日，由江苏省保险学会、江苏省民政研究院主办，无锡市保险学会承办，苏州市、常州市、镇江市保险学会协办的首届“民生与保险苏南年会”在无锡成功召开，来自江苏各市民政局、保险学会，苏南五市社科联 、保险机构的负责人、大学教授、论文学者、无锡市金融办领导和华东友邻省市的保险学会代表共 200余人出席了会议。

（吴微芳）

【公益活动】3月14日，有无锡市消费者协会、无锡电视传媒分公司举办的“3·15”国际消费者权益日大型广场宣传活动在南禅寺广场举行。无锡市保险业积极响应，无锡人保财险、人保健康、无锡国寿、国寿财险、无锡太保产、寿险、无锡平安产、寿险、无锡中华联合、无锡紫金、无锡友邦、新华人寿等公司组织力量，放弃休息日，带上宣传资料、小礼品走上街头，现场向市民宣传保险知识。

9月19日，无锡市第十二届社科知识普及周广场宣传活动在锡山区东亭馨和苑市民广场举行。无锡市保险学会组织会员单位积极参加本届社科活动。无锡市委常委、宣传部部长王国中，副市长商波涛、市社科联主席李祖坤等领导亲临保险学会展区，看望参展员工，向他们表示慰问，并同学会副秘书长亲切交谈。王国中希望无锡保险业要整合资源，充分利用智慧无锡这个平台，在进行保险宣传的同时，设计出更多老百姓需要的民生保险险种，在平安无锡、幸福无锡建设做出更大贡献。

（吴微芳）

【教育培训】4月9日下午，市保险学会举办“保险年鉴编纂和保险理论骨干培训班”，驻无锡各保险机构年鉴编纂人员、理论骨干、通讯员70余人参加了培训。副会长兼秘书长华晓通报了各单位2015版年鉴资料的整理和报送情况，2014年度《保险与民生》稿件的投稿和录用情况，对2015版《无锡保险年鉴》的编纂进行了部署，华晓还对2015年的保险理论研究工作进行了部署和安排，希望全市各保险机构要抓住首届“民生与保险苏南年会”六月底在无锡举办的契机，围绕“养老与保险”这个主题，领导积极带头，充分发动群众，认真调查研究，组织专人撰写，使无锡地区的保险理论研究工作达到一个新的高度。

（吴微芳）

【其他】《无锡市政府在民生保险中的职能研究》作为政府立项课题，继2014年获得全省社科学术大会二等奖后，2015年申报江苏省社科应用研究精品工程奖；完成的2015年度江苏省保险学会立项课题《构建养老保险服务体系研究》，获得优秀奖；完成了2015年度无锡市哲学社会科学招标课题《保险业在推进无锡医养结合养老机制发展中的作用研究》并获省社科学会部二等奖；另外，完成的《基于委托代理模型分析我国环境责任保险》一文参与全国第十二届金融理论征文活动。这些成果的取得，赢得了广泛好评。

无锡市保险学会从8月3日起，联合江南大学金融研究所，对各会员单位进行走访调研，就新形势下如何加强学会建设，提高服务会员单位的能力，听取各单位对学会工作的意见和建议，把企、学、研三者的力量整合起来，做大做强无锡的保险市场，这是新形势下如何做好学会工作的一个尝试，本次走访调研有以下几个特点：一是这是学会首次与高校研究机构联合走访。二是领导重视。本次调研直接与各单位一把手面对面交流。三是重点突出。本次调研紧紧围绕贯彻落实保险“新国十条”、改革创新、险企管理、险种创新、民生保险以及如何更好地服务经济社会发展和民生保障等议题开展。四是探讨交流气氛热烈。由于走访对象都是各单位一把手，他们掌握政策、了解全面，反映的都是各自单位的真实情况。五是成效明显。本次调研，在企、学研之间的紧密合作达成了很多共识，特别在理论研究、人才培养、业务发展等各个方面都有合作共赢的空间。

（吴微芳）

【无锡市保险学会组织机构设置】

会　长：尤力人

第一副会长：张建平

副会长：华　晓　鲁　强　陈爱国　侯　勇　许　威　徐　芳

秘书长：华　晓

常务理事：

尤力人　张建平　鲁　强　陈爱国
侯　勇　许　威　邓永东　华永康
华　晓　赵　勇　孟　军　吴园一
周振冬　狄秀英　杨　伟　郑　采
房　恒　沈晓明　徐春一　徐　芳
曹红菊　陈　祺　袁宗翰　谢　丹
穆　睿　徐　锋　汤成伟　宋秀龙
吴小平　罗蔚文　蔡哲惟　弓艺兵
朱玲玲　钱　烽　宋晨光

（吴微芳）

【学会秘书处机构设置】

秘书长：华晓（兼副会长）

专职副秘书长：王锡兴

兼职副秘书长：马大伟　杨燕兰　朱玲玲　宋晨光　赵　奕　弓艺兵

会员单位：

中国人民财产保险股份有限公司无锡市分公司

中国人寿保险股份有限公司无锡市分公司

中国太平洋财产保险股份有限公司无锡分公司

中国太平洋人寿保险股份有限公司无锡分公司

中国平安财产保险股份有限公司无锡分公司

中国平安人寿保险股份有限公司无锡中心支公司

中华联合联合保险股份有限公司无锡中心支公司

阳光财产保险股份有限公司无锡中心支公司

天安保险股份有限公司无锡中心支公司

永安财产保险股份有限公司无锡中心支公司

新华人寿保险股份有限公司无锡中心支公司

泰康人寿保险股份有限公司无锡中心支公司

太平财产股份有限公司无锡中心支公司

安邦财产保险股份有限公司无锡中心支公司

都邦保险股份有限公司无锡中心支公司

中银保险股份有限公司无锡中心支公司

中国人民健康保险股份有限公司无锡

中心支公司

中国人民人寿保险股份有限公司无锡中心支公司

中国人寿财产保险股份有限公司无锡市中心支公司

华泰人寿保险股份有限公司无锡中心支公司

安盛天平财产保险股份有限公司无锡直属中支

正德人寿保险股份有限公司无锡中心支公司

紫金财产保险股份有限公司无锡分公司

英大泰和财产保险股份有限公司无锡中心支公司

友邦保险有限公司江苏省分公司无锡营销服务部

（吴微芳）

无锡市保险行业协会

【概况】2015年，无锡保险行业深入贯彻落实新“国十条”和省、市政府关于加快发展现代保险服务业的实施意见，在服务社会民生，促进地方经济发展，推进“四个无锡”建设中发挥了积极作用。

全市共实现保费收入218.16亿元，同比增长14.04%，保费规模位居全省第三。其中，财产险保费收入80.93亿元，同比增长9.11%;人身险保费收入137.23亿元，同比增长17.16%。

全市赔款和给付95.82亿元，同比增长29.94%。其中，财产险赔款支出59.98亿元，同比增长42.07%；人身险赔款和给付35.84亿元，同比增长13.71%。

按无锡市2015年GDP8518.26亿元计算，无锡保险深度2.56%，同比增加9.87%。按照无锡市户籍人口480.9万人计算，无锡保险密度4536元,同比增加527元。

全市共有保险主体74家，其中，产险公司29家（含出口信用保险），寿险公司45家。其中总公司1家（国联人寿）；外资公司17家。保险专业中介机构15家，其中经纪公司2家、代理公司11家、公估公司2家。全行业从业人员3.65万人。

无锡财产保险共承担了5.17万亿元的风险保障。无锡保险业上缴营业税4.72亿元，上缴个调税4.92亿元，代扣代缴车船税5.39亿元。

一、构建民生保险保障网，为百姓生活提供强大后盾

政府出资购买服务，保险公司精准定位、专业服务，成为政府的“管家”。无锡保险业积极配合地方政府，努力开拓创新，民生系列保险发展势头迅猛，大病保险、慈福民生系列保险、残疾人意外伤害保险等险种继续发挥重要作用，江阴“新农合”及其补充医疗保险，宜兴“新农合”“新农保”服务水平再上新台阶。

（一）雪中送炭，大病保险继续帮助缓解群众因病致贫问题

中国人寿无锡市分公司继2013年中标并成为无锡市大病保险首席承保商后，

2014年又独家中标宜兴市大病保险。2015年，无锡市区参保人数达285.93万人，共有35773人次、9993人实时享受大病保险补助待遇，受益金额为7192.99万元（含儿童统筹人次及金额），作为无锡政府为民办实事项目，有效提高了参保人员的医疗补助待遇，大大缓解了因病致贫、因病返贫的问题，取得良好社会效益。

（二）创新“慈福”品牌，推进“救急难”工作

近年来，无锡创新打造“慈福民生系列保险”品牌，初步形成了“政府主导、市场运作、风险共担、普惠于民”的民生保障新模式。一是建立自然灾害公众责任险。对城乡户籍居民及在抢险救灾中遭遇人身伤害的非户籍居民给予相应赔付；二是建立城乡户籍居民住房财产险；三是建立低保对象人身意外伤害险；四是建立养老机构综合责任险。另外，推出了个人购买、政府补贴的入住养老机构老人意外保险。对入住养老机构老人因自身原因导致的意外伤害给予救助。

2015年6月中下旬，无锡、江阴地区短时间内连续遭遇三次强降雨袭击，给广大群众造成损失。人保财险无锡市分公司仅江阴地区就接到报案1.7万起，支付各类赔款近1260万元。在“6.26”暴雨水灾中，人保财险无锡市分公司共处理2.5万余起住房财产险赔案，累计赔款近2500万元，为广大受灾群众安居乐业做出了积极贡献，也促进了社会的和谐稳定。

（三）创新服务民生项目，残疾人意外伤害保险保障残疾人基本生活。

紫金保险无锡分公司积极参与无锡本地民生项目，2014年首次与无锡市滨湖区残疾人联合会合作，以“政府委托、保险运作”的模式为滨湖区持证的6393名残疾人及959名监护人购买了团体人身意外伤害保险。该项目的成功运作，切切实实为无锡市滨湖区残疾人构建了一项“惠民、创新和爱心”工程，对进一步提升和完善无锡市滨湖区残疾人保障，构建和谐社会，具有十分重要的意义。2015年3月，该公司再次成功中标“崇安区残疾人人身意外伤害保险项目”，对进一步提高和完善残疾人保障，保障残疾人的基本生活发挥了保障作用。

（四）巩固优化，进一步提升江阴“新农合”及其补充医疗保险，宜兴“新农合”“新农保”服务水平

由政府主导推动、卫生部门监管、太平洋寿险无锡分公司经办服务的江阴“新农合”持续健康发展。2015年，服务人数已达55.65万人。其中住院结报9.3万人次，结报金额3.43亿元；大病救助1万人次，结报金额4182万元，群众满意度逐年提升。

为了切实解决老百姓因病致贫、因病返贫的问题，太平洋寿险无锡分公司推出了专门为江阴新农合参合群众量身定制的补充医疗保险，建立启用远程会诊中心，免费为参合病人现场和远程会诊5293人次，为江阴市民普及相关疾病知识及预防常识。

中国人寿无锡市分公司积极做好新农合、新农保业务管理工作。2015年，宜兴新农合全市门诊结报125万人次，结报金额2576万元，受益覆盖面达100%；特殊病种门诊结报1.4万人次，结报金额1008万元；住院结报6.9万人次，结报金额2.55亿元，人均结报3698.6元；至2015年年底，“新农

保”累计服务38.3万人次，累计给付养老金4.63亿元。2015年12月，中央媒体采访团专程赴宜调研采访宜兴“新农合”工作，对宜兴支公司的专业和积极为民、惠民的做法给予了肯定和赞赏。

（五）积极协调做好长江湖北石首段游轮倾覆事件排查和安抚工作

2015年6月1日夜发生长江湖北石首段游轮倾覆事件后，协会根据江苏保监局的统一部署，迅速成立工作小组，一方面积极与市政府应急办保持联系，了解无锡籍旅客的登船情况、人员数量、伤亡名单，另一方面组织各保险公司迅速开展旅客投保险种的排查，做好家属的安抚工作，迅速开通绿色理赔通道，特事特办，切实做好理赔工作，本次事件中，无锡地区共有7家寿险公司，1家产险公司承保的36名被保险人，共计赔付225.86万元。

（刘　高）

二、服务地方经济发展，为“四个无锡”建设添砖加瓦

坚持科学发展观，打造中国经济升级版，需要加强社会管理，需要政府整合各种社会资源，运用市场机制和手段，不断推进公共服务创新。专业化、精心设计的各类责任保险，成为平安无锡一道亮丽的风景线。充分发挥好环境污染责任保险、农业保险、出口信用保险、重大装备“首台套”保险、电梯责任保险、中小企业贷款保证保险等险种的经济保障功能。

（一）环境污染责任保险为无锡经济发展护航

2015年9月，无锡市第二轮环境污染责任保险共保体签约，这是继2011年引入共保体机制后，签署的第二个环境污染责任保险3年合作协议（2015年3月至2018年3月），这标志着无锡市新一轮环境污染责任保险工作全面启动。

（二）农业保险应对自然灾害的保障作用明显

农业保险覆盖面进一步扩大，2015年，全市农业保险共处理案件8300件，农险赔款1235万元。2015年前三季度，无锡地区先后遭遇了“4·28”冰雹、春季冻灾、连续暴雨、台风“灿鸿”等多次自然灾害。面对大灾，无锡市各财险公司采取各项措施，及时支付保险赔款，让保户早日恢复正常生产生活，切实为保户和政府减轻了负担。

（三）出口信用保险为企业抓订单扩大出口提供有力保障

根据中国出口信用保险公司无锡办事处提供的数据，2015年，该办出口信用保险累计承保金额94.4亿美元，累计接到报损案件204件，同比增长31.6%；涉案金额6039万美元,同比增长39.4%。

2015年7月，江苏人保财险获得省商务厅小微企业出口信用保险统保业务的承办资格，无锡人保财险迅速反应、周密部署，抓住开展该项政策性业务的有利时机，全面启动了小微企业出口信用险项目，2015年赔付1000多万元。

（四）无锡重大装备“首台套”保险启动助力无锡制造闯天下。

无锡市作为重大装备首台（套）保险的试点城市，2015年7月10日，无锡市经信委牵头组织了有各区（县）经信局和25家企业代表、财险公司参加的重大装备首台（套）保险试点工作座谈会。保险公司与各区县经信局、企业代表建立了沟通对接

渠道，对全辖重大技术装备企业的保险需求进行全面梳理，为该保险产品落地打好了基础，实现了装备制造业与保险业的紧密对接。2015年，无锡人保财险与3家企业签订了协议，共承担了6366万元的风险保障。

（五）电梯责任保险有序推进

2015年8月，人保财险、平安财险、长安责任三家共保体成员单位联合无锡质监局、特检院电梯专家开展了全市第二次电梯行业安保互动、防灾防损现场走访服务，对部分商场的自动扶梯进行了全面“体检”，主要检查投保的在用电梯是否注册登记、定期检验，是否张贴安全检验合格标志、安全注意事项与警示标志，各项安全管理制度是否有效执行等。

无锡电视台、《江南晚报》《无锡商报》等媒体对活动进行了报道。2015年，无锡市区承保电梯数量2.4万台，覆盖率达到61%。

三、发挥保险社团协调作用，促进社会和谐稳定发展。

无锡保险业主动承担社会责任，参与社会管理，将行业工作融入政府大工程，主动与政府部门联系、沟通，充分发挥保险的社会服务功能。

（一）积极组织广大会员单位参加“政风面对面”栏目，为广大客户解难答疑，拉近了保险业与消费者的距离

“政风面对面”是由中共无锡市纪律检查委员会、中共无锡市委宣传部共同主办，融广播、电视、报纸、网站、微博和手机“六位”一体的大型全媒体问政直播栏目。人保财险、太保财险、平安财险、中国人寿、太保寿险、平安寿险中华联合、阳光财险等8家公司的主要负责人参与了现场互动，热情耐心细致地为观众、听众解难答疑，拉近了消费者与保险业的距离，解除了客户心中的困扰。与此同时，随着栏目的播出，越来越多的消费者通过给协会打电话或者登门等多种形式进行咨询和投诉，围绕寿险满期给付、退保和财险理赔等和老百姓息息相关的问题，协会工作人员给予了详细、专业的解答。

（二）在原庭前联合调解模式的基础上，进一步将调解环节前置

2015年4月，协会与惠山区人民法院民一庭联合召开涉保纠纷庭前联合调解座谈会。会议围绕涉保纠纷庭前联合调解过程中出现的问题、工作衔接、流程改造等方面进行了广泛的交流，与会各方一致认可在庭前联合调解模式的基础上，进一步将调解环节前置。当事人矛盾在庭外得到化解，减轻了当事人诉累。2015年，共受理案件760件，成功调解623件，调解成功率81.97%，涉及金额5345.24万元。各财险公司也相继成立保险纠纷调解绿色服务站多渠道化解理赔纠纷，成效显著。

2015年上半年，无锡市委政法委、江苏省委政法委先后两次来协会就“诉调对接”工作作专题调研，并充分肯定了协会在这项工作中发挥的重要协调作用。市委政法委于8月印发了《关于深入贯彻省综治委创新发展社会矛盾纠纷大调解机制指导意见的通知》，文件要求积极推广市保险行业协会与市中级人民法院“庭前联合调解”模式。

（三）依托人民调解，理赔服务前移

为完善交通事故保险理赔服务工作，无锡市保险行业协会会同市公安局交警支队推行交通事故损害赔偿调解保险理赔服

务提前介入新模式，下发了《关于在道路交通事故处理中进一步完善交通事故保险理赔服务工作的通知》和《无锡市道路交通事故人身损害赔偿简化理赔手续工作办法》，依托交通事故人民调解员第一时间调处保险纠纷，有效维护双方当事人的合法权益，促进社会和谐稳定。2015年，在全市普遍建立了保险理赔服务工作室。2015年，共成功调解5985件，调解金额5703.2万元，在缓解社会矛盾，节约司法资源和社会资源都有积极意义，这一工作被无锡市政府列为2015年12件为民办实事工程之一。2015年，市委政法委在表彰积极推动工作理念思路、方法举措、制度机制创新的创新成果工作中，将协会与市交警支队联合推出的交通事故损害赔偿保险理赔服务提前介入新模式确立为创新二等奖。

（四）联合市汽车维修行业协会开发建立了机动车维修与保险理赔信息平台

为贯彻落实国务院十部委《关于促进汽车维修业转型升级，提升服务质量的指导意见》，推动汽车维修业规范、健康、持续发展，有效遏制汽车维修服务市场的乱象，最大限度地服务经济社会发展，也为保险事故车理赔透明、公开提供前提条件，协会协同汽车维修行业协会在无锡市政府金融办的大力支持下，创新工作思路和方法，在全省率先开发建设了机动车维修与保险理赔信息平台。机动车维修与保险理赔信息平台，旨在以信息化手段为基础，通过行业间协作与资源共享，推动车险理赔更加公开透明，维修行业、配件行业转型升级，促进整个汽车后市场良性发展，切实保护保险消费者的合法权益，同时也对整个社会诚信体系的建设影响深远。

（五）开展打击保险欺诈“安宁2015”专项行动，维护良好的经济社会发展秩序

根据江苏保监局、江苏省公安厅“安宁2015”反保险欺诈专项工作的部署，协会在接到文件后第一时间与市经侦支队会商相关事宜，并与市公安局联合印发了《开展打击保险欺诈犯罪专项行动的工作方案》，2015年7月初，协会和市经侦支队联合召开了打击保险欺诈“安宁2015”专项行动启动大会。在该专项行动中，协会在《无锡日报》和协会官网刊登消息和公开举报电话，还在无锡电视台《今日财经》栏目制作专题报道；协会借助行业力量，成立了一支既懂法律知识又有业务技能的案情研判队伍，召开公安经侦、协会、保险公司的三方或两两专题会议28次；在江苏保监局的指导下，协会引入第三方公估机构，助力反欺诈工作的开展；2015年，全行业共处理减损挽损案件1400多起，金额2000多万元。通过此次专项行动的开展，有力的打击了犯罪分子的嚣张气焰，加强了警保双方的合作互动，为行业发展提供了良好的环境。

（刘　高）

四、积极维护保险消费者合法权益

根据江苏保监局的有关精神，无锡保险业紧紧围绕2015年保险业消费者权益保护主题，创新服务模式，净化消费环境，努力让消费者放心消费。

协会着重做了以下几项工作：

（一）做好放心消费创建活动启动一周年总结，扎实推进第二阶段各项工作

2015年年初，协会召开了六届二次理事会全体会议暨2015年保险工作会议，会上，全体理事签署了《无锡保险业消费者权益保护自律公约》，为保护消费者合法权益达成了行业共识。4月，协会联合无锡市放心消费创建活动办公室等部门开展无锡市“保险杯最美瞬间”放心消费创建摄影作品征集评选活动，将放心消费创建工作的点滴通过镜头记录下来，人保财险的作品在本次比赛中获得了二等奖。为充分利用好“7·8保险公众宣传日”这一宣传契机，协会联合无锡市放心办、无锡市消委会联合举办2015年“7·8保险公众宣传日”活动。活动当天，部分会员单位在现场设摊宣传，拿出自己的公益类险种、服务承诺与观众分享。

2015年5月，全省保险业深入开展放心消费创建活动，在这统一行动下，无锡市保险公司涌现了一批标杆，协会在《金周刊》上开辟了“放心消费创建”专栏，刊登放心消费先进单位在维护消费者合法权益方面的做法和经验，截至2015年12月，已经连续报道了人保财险无锡市分公司、中国人寿无锡市分公司、太平人寿无锡中支、紫金财险无锡分公司4家无锡市保险业放心消费先进单位有关创建纪实。人保财险推进环境污染责任险，主动参与环境治理，持续抓好“慈福综合民生保险”品牌建设，为群众有效应对自然灾害、减少财产损失撑起“保护伞”；中国人寿“成己为人，成人达己”，贴心服务百姓获赞，大病保险为群众雪中送炭；太平人寿创新服务，创新性地推出“无站式”自助服务，客户获得“卓越体验”；紫金保险“路救基金”保证了困难群众受救助的权利，积极探索创新残疾人保险保障。

为总结自2014年6月无锡市保险业放心消费创建活动启动大会以来无锡保险行业放心消费创建主要工作，加强创建工作经验的交流，部署2016年创建计划和任务，2015年12月，协会召开了无锡保险行业放心消费创建活动推进工作会议，把创建工作继续推向深入。

（二）积极开展机动车辆理赔查勘服务模拟测评工作

2015年，根据江苏保监局的要求，协会分别于上半年、下半年共组织两次机动车理赔查勘服务模拟测评工作，通过测评现场查勘时效和公司理赔制度安排等情况，督促各产险公司加大对理赔工作投入，切实提高现场查勘时效，推进行业理赔服务标准化、规范化进程，进一步提高顾客的满意度。

从2015年的两次测评结果来看，服务规范一项大多财险公司得分较高。此外，各保险公司客服坐席人员和保险查勘人员的服务态度均比较好，查勘员到场时效都比较快。整体而言，无锡市车险理赔查勘规范服务水平明显提升。

（三）在全行业扎实开展“两个加强，两个遏制”专项活动

根据江苏保监局的统一部署，协会协助对保险机构进行“两个加强，两个遏制”的督导和协调，督促各单位认真查摆问题，摸清自身存在的突出问题和风险隐患，针对检查重点之一的损害消费者权益问题，在召开的“两个加强，两个遏制”专项督导会议上，协会多次强调必须把维护消费者合法权益放在至关重要、影响公司生死存亡的高度上来，各单位必须借助

于本次自我摸底的机会，理顺工作思路，发现存在的损害消费者权益问题。

（四）与银行业协会联合召开合规销售联席会议，惩治销售误导行为

为切实维护保险消费者的合法权益，确保行业平稳运行，维护地方金融稳定和社会安定，协会与无锡市银行业协会于2015年10月召开了合规销售联席会议。会议一致认为要加强销售行为全过程的管理、包括宣传材料、产品培训、风险提示、客户回访、品质管理、责任追究等方面，并对销售人员的合规培训及销售行为监督检查，发现销售误导的，应严肃追究相关人员的责任。

（刘　高）

五、加强保险宣传工作，营造良好行业文化

协会密切与新闻媒体的联手和互动，在行业舆论宣传上，在创造和优化行业发展环境上做文章，不断提高消费者对行业的认知度和忠诚度，为行业发展创造良好的外部环境。

（一）加强与无锡电视台、《无锡日报》、《消费指引》杂志等新闻媒体的合作，倡导消费者科学理性地进行保险消费

2015年，协会继续与无锡电视台合作，连续播放公益广告，全国保险公众宣传日前后，多次播放宣传日主题、吉祥物等公益广告和报道无锡市保险业全国保险公众宣传日广场活动。在《无锡日报-金周刊》这一平台上，协会和各会员单位继续密切结合无锡本地区实际，抓住保险业的亮点和典型事例，及时总结撰投文稿。2015年，太平洋人寿无锡分公司、泰康人寿无锡中支、平安人寿无锡中支、太平人寿无锡中支、平安财险无锡分公司这5家单位在《金周刊》投稿比较积极，获得了2015年度《无锡日报·金周刊》“优秀组织奖”。

继续加强与《消费指引》杂志的合作。一方面，为进一步维护保险消费者合法权益，为他们提供相关的消费参考，2015年开年之际，协会在《消费指引》杂志继续开设保险维权案例分析专题，全年共有人保财险、平安人寿、中华联合、泰康人寿、太平人寿5家单位投稿16篇。2015年，专题部分增加到两个版面，该专题不仅宣传保险形式多样的知识、展示保险行业优质的服务，而且更注重倡导消费者科学理性地进行保险消费，增加专家点评，提高他们维护自身权益的能力；另一方面，新增公益广告宣传版面，努力提升保险业的行业形象和美誉度。

（二）开展全国保险公众宣传日活动

协会联合市放心消费创建活动办公室、市消费者委员会、无锡电视台生活频道在茂业广场成功举办无锡2015年全国保险公众宣传日活动，全体会员单位参加了活动，有21家会员单位参与了现场的设摊宣传。无锡电视台全程摄制报道了本次活动。现场的展板通过宣传漫画、问答的形式生动形象地展示了反保险欺诈、公益类险种、反非法集资、反洗钱等内容，工作人员耐心细致地为观众解难答疑。

（刘　高）

【重大活动】1月22~23日，无锡市保险行业协会先后召开无锡市保险行业2014年度优秀统计员、优秀信息员表彰暨业务培训会议。

1月26日，在无锡市保险行业协会秘书

长的陪同下，中国社会科学院专家调研无锡保险业环境污染责任险。

1月30日，根据苏保监发〔2015〕9号文《江苏保监局关于印发〈江苏省保险专业中介机构“两个加强、两个遏制”专项检查自查整改阶段工作方案〉的通知》和苏保监发〔2011〕128号文《关于进一步规范保险专业中介机构年度外部审计有关事项的通知》的要求，无锡市保险行业协会召开中介机构“两个加强、两个遏制”自查整改暨专业中介法人机构2014年度外部审计工作会议。

2月13日，无锡市保险行业协会秘书长参加2015年无锡市全市金融机构座谈会。

3月6日，无锡市保险行业协会召开六届二次理事会全体会议暨2015年保险工作会议。

3月14~15日，无锡市保险行业协会会同13家会员单位参加了无锡市消费者委员会举办的“无锡市纪念3·15国际消费者权益日”大型广场活动。

3月18日，江苏省委综治委领导在无锡市综治委相关领导的陪同下到无锡市保险行业协会就诉调对接工作作专题调研。

3月25日，无锡市保险行业协会、市公安局交警支队联合出台《关于进一步规范道路交通事故快速处理流程的通知》。

4月2日，无锡市保险行业协会、市公安局经侦支队联合召开2015年保险反欺诈工作总结表彰会议。

4月16日，无锡市保险行业协会组织广大会员单位参加“政风面对面”栏目，“政风面对面”是由中共无锡市纪律检查委员会、中共无锡市委宣传部共同主办，融广播、电视、报纸、网站、微博和手机“六位”一体的大型全媒体问政直播栏目，为广大客户解难答疑，拉近了保险业与消费者的距离。

4月30日，无锡市保险行业协会与惠山区人民法院民一庭联合召开涉保纠纷庭前联合调解座谈会。进一步将调解环节前置，当事人矛盾在法庭外得到化解，减轻了当事人诉累。

5月20日，无锡市保险行业协会全体党员赶赴常州，参加党支部集中学习“三严三实”活动。

5月25日，受市公安局交警支队邀请，无锡市保险行业协会和部分财险公司参加了市交警支队推行快速撤除道路交通事故现场座谈会，为道路通行顺畅提供有效保障。

6月3日，无锡市保险行业协会组织全市财产保险公司开展了2015年上半年机动车理赔服务现场模拟测评。

6月23日，为进一步贯彻落实“新国十条”和省政府关于加快发展现代保险服务业的实施意见，无锡市人民政府出台了《无锡市人民政府关于加快发展现代保险服务业的实施意见》（锡政发〔2015〕197号）。

6月26日，江苏保监局稽查处处长王春平一行在无锡召开苏南地区反保险欺诈工作座谈会，无锡、苏州、常州、镇江市保险行业协会秘书长及相关部门负责人参加会议。

7月3日，为贯彻落实江苏保监局和江苏省公安厅《关于印发〈联合开展打击保险欺诈犯罪专项行动的工作方案〉的通知》文件精神，无锡市保险行业协会、无锡市公安局经侦支队联合召开打击保险欺诈“安宁2015”专项行动启动大会，从而吹响了打击保险欺诈犯罪行动的冲锋号。

7月8日，无锡市保险行业协会、市放心消费创建活动办公室、市消费者委员会、无锡电视台生活频道在茂业广场成功举办无锡2015年“全国保险公众宣传日”活动。

7月16日，无锡市保险行业协会召开“安宁2015”反保险欺诈专项行动案情分析会。会议邀请市公安局经侦支队二大队警官王恋芳给部分财险公司的反欺诈岗人员作具体案情分析。

7月17日，江苏省人民政府金融工作办公室、江苏保监局联合召开全省贯彻落实新“国十条”和省政府关于发展现代保险服务业的实施意见工作情况交流会，无锡市人民政府金融工作办公室副主任鲁振平、无锡市保险行业协会秘书长尤玲娜参加了会议。

7月28日，无锡市保险行业协会借助全行业的力量，成立了一支既懂法律知识又有业务技能的案情研判队伍。

8月19日，中国保监会稽查工作调研会在无锡召开。

9月2日，无锡市保险行业协会、市公安局交警支队事故科在人保财险无锡市分公司召开交通事故人民调解工作座谈会，各财险公司人伤调解工作负责人参加了会议，进一步推动了道路交通事故损害赔偿人民调解工作的深入开展。

10月30日，无锡市保险行业协会组织全市财产保险公司开展了2015年下半年机动车理赔服务现场模拟测评。

11月23日，无锡市保险行业协会顺利通过无锡市民政局的AAAAA级社会组织申报初审。

12月18日，为做好2015年全行业宣传工作总结和交流，表彰过去一年在宣传工作方面表现突出的单位和个人，研究下一年计划，无锡市保险行业协会召开了无锡市保险业2015年宣传工作会议。

12月25日，为切实提高全行业维护保险消费者合法权益意识，加强创建工作经验的交流，部署2016年创建计划和任务，无锡市保险行业协会召开了无锡保险行业放心消费创建活动推进工作会议。

（刘　高）

【公益活动】为进一步弘扬扶贫济困、乐善好施的传统美德，传递慈善正能量，在寒冬到来之际，无锡市保险行业协会秘书处于2015年11月举办了“送温暖，献爱心”捐赠衣物活动，11名工作人员捐赠了共计70余件衣物，为帮助困难群众度过寒冬尽微薄之力。

2015年，中国人寿无锡市分公司在1月份与无锡市南长区政府联合举办赠送90岁以上老人“安康关爱”保单仪式，本次由南长区政府赠送、中国人寿无锡市分公司经办的“安康关爱”保单，全区共有1754位90岁以上老年人受益，合计保额达2.631亿元；11月，人保财险无锡市分公司参加“2015为爱行走”大型徒步公益活动，公司作为该项活动的唯一保险供应商，向活动提供公众责任险，并向工作人员、志愿者提供保额30万元的人身意外伤亡责任险保障；6月，为纪念第68个“世界红十字日”，太平洋寿险无锡分公司、中华财险无锡中支、国联人寿无锡分公司等公司响应无锡市委、文明办等开展的“红十字人道万人捐”活动，三家公司分别募得善款近万元；平安人寿无锡中支在9月前往无锡滨湖区社会福利中心，看望那里的孤寡老人，为他们送上价值2.5万元的慰问品及平安人最真挚的祝福；6月1日，无锡太保产、寿险分公司的领导一起到新建的市儿童福利院，看望在这里生活的孤残儿童，询问脑瘫等先天性疾病儿童的医疗、生活、康复等情况；中国人寿财险无锡中支自2012年年初以来，通过无锡团市委希望工程办公室与胡埭中心小学及立人小学10名品学兼优、但家境贫寒的“希望之星”结成了爱心助学对子，4年来，该公司先后捐献助学金7万多元，并在每年春节或儿童节到来前接这些受助小学生上门联欢；5月，华夏保险无锡分公司携手锡山新村社区共同开展了“六一圆梦助学”活动，公司的爱心志愿者向困难儿童送上了5500元的爱心助学金和学习用品，8月该公司联合市委宣传部等部门举办“弘扬伟大抗战精神　培育社会主义核心价值观”无锡市纪念抗战胜利暨世界反法西斯战争胜利70周年主题展览，启动向全市抗战老兵赠送书籍活动，并向展览开幕现场的6位老兵送上慰问金和抗战题材的书籍。

（刘　高）

【教育培训】

1.保险实务法律知识讲座成功举办。

2015年8月，为进一步普及保险实务方面的法律知识，提高广大保险从业人员在实际工作中运用法律知识的能力，由无锡市保险行业协会主办，国联人寿协办的保险实务法律知识讲座成功举办。讲座以现实中的保险合同案例为依托，结合保险法等相关法律法规对案例的审判结果进行了深入浅出的点评和分析，为大家讲解了许多实际工作中经常会遇到的问题，收到了良好的效果。

2.召开无锡市保险业2015年宣传工作会议。

2015年12月，无锡市保险行业协会召开无锡市保险业2015年宣传工作会议。对过去一年在宣传工作中表现优异的单位和个人进行了表彰，并邀请《无锡日报》有关专家作了新闻写作培训。

（刘　高）

【组织机构设置】

会　长：陈爱国

副会长：尤力人　侯　勇　徐　芳　谢　丹

秘书长：尤玲娜

常务理事：尤力人　鲁　强　许　威　徐　芳　徐　锋　徐竹逸　张建平　陈爱国　侯　勇　谢　丹　狄秀英　王廷宏　尤玲娜

秘书处机构设置：

综合管理部　梁小兴

产险联络部　殷丽华

寿险联络部　万林敏

中介联络部　梁小兴（兼）

消费者权益保护部　殷丽华（兼）

考试中心　万林敏（兼）

（刘　高）

【会员单位花名册】

一、财产保险(28)

1.中国人民财产保险股份有限公司无锡市分公司

2.中国太平洋财产保险股份有限公司无锡分公司

3.中国平安财产保险股份有限公司无锡分公司

4.天安财产保险股份有限公司无锡中心支公司

5.中华联合财产保险股份有限公司无锡中心支公司

6.永安财产保险股份有限公司无锡中心支公司

7.中国大地财产保险股份有限公司无锡中心支公司

8.华安财产保险股份有限公司无锡中心支公司

9.安邦财产保险股份有限公司无锡中心支公司

10.阳光财产保险股份有限公司无锡中心支公司

11.华泰财产保险有限公司无锡中心支公司

12.太平财产保险有限公司无锡中心支公司

13.都邦财产保险股份有限公司无锡中心支公司

14.中国人寿财产保险股份有限公司无锡市中心支公司

15.民安财产保险有限公司无锡中心支公司

16.渤海财产保险股份有限公司无锡中心支公司

17.中银保险有限公司无锡中心支公司

18.安盛天平财产保险股份有限公司无锡中心支公司

19.安诚财产保险股份有限公司无锡中心支公司

20.长安责任保险股份有限公司无锡市中心支公司

21.紫金财产保险股份有限公司无锡分公司

22.三井住友海上火灾保险（中国）有限公司江苏分公司

23.英大泰和财产保险股份有限公司无锡中心支公司

24.信达财产保险股份有限公司无锡中心支公司

25.浙商财产保险股份有限公司无锡中心支公司

26.永诚财产保险股份有限公司无锡中心支公司

27.安信农业保险股份有限公司无锡中心支公司

28.泰山财产保险股份有限公司无锡中心支公司

二、人寿保险(45)

1.中国人寿保险股份有限公司无锡市分公司

2.中国太平洋人寿保险股份有限公司无锡分公司

3.中国平安人寿保险股份有限公司无锡中心支公司

4.新华人寿保险股份有限公司无锡中心支公司

5.泰康人寿保险股份有限公司无锡中心支公司

6.太平人寿保险有限公司无锡中心支公司

7.民生人寿保险股份有限公司无锡中心支公司

8.富德生命人寿保险股份有限公司无锡中心支公司

9.同方全球人寿保险有限公司江苏分公司无锡中心支公司

10.合众人寿保险股份有限公司无锡中心支公司

11.信诚人寿保险有限公司无锡中心支公司

12.中宏人寿保险有限公司江苏分公司无锡中心支公司

13.北大方正人寿保险有限公司江苏分公司无锡中心支公司

14.中意人寿保险有限公司江苏省分公司无锡中心支公司

15.陆家嘴国泰人寿保险有限责任公司江苏分公司无锡营销服务部

16.农银人寿保险股份有限公司无锡中心支公司

17.恒安标准人寿保险有限公司江苏分公司无锡营销服务部

18.友邦保险有限公司江苏分公司无锡中心支公司

19.瑞泰人寿保险有限公司江苏分公司无锡营销服务部

20.中国人民健康保险股份有限公司无锡中心支公司

21.光大永明人寿保险有限公司无锡中心支公司

22.平安养老保险股份有限公司无锡中心支公司

23.华泰人寿保险股份有限公司无锡中心支公司

24.和谐健康保险股份有限公司无锡中心支公司

25.长城人寿保险股份有限公司无锡中心支公司

26.英大泰和人寿保险股份有限公司无锡中心支公司

27.华夏人寿保险股份有限公司无锡分公司

28.工银安盛人寿保险有限公司江苏分公司无锡营销服务部

29.中美联泰大都会人寿保险有限公司江苏分公司无锡营销服务部

30.阳光人寿保险股份有限公司无锡中心支公司

31.君康人寿保险股份有限公司无锡中心支公司

32.中国人民人寿保险股份有限公司无锡中心支公司

33.信泰人寿保险股份有限公司无锡中心支公司

34.国华人寿保险股份有限公司无锡中心支公司

35.中英人寿保险有限公司江苏分公司无锡营销服务部

36.幸福人寿保险股份有限公司无锡中心支公司

37.中德安联人寿保险有限公司江苏分公司无锡营销服务部

38.利安人寿保险股份有限公司无锡分公司

39.招商信诺人寿保险有限公司江苏分公司无锡营销服务部

40.交银康联人寿保险有限公司无锡市中心支公司

41.东吴人寿保险股份有限公司无锡分公司

42.建信人寿保险有限公司无锡中心支公司

43.国联人寿保险股份有限公司无锡分公司

44.太平养老保险股份有限公司无锡中心支公司

45.安邦人寿保险股份有限公司无锡中心支公司

三、中介机构（15）

1.江苏统一保险代理有限公司

2.江苏首信保险代理有限公司

3.江苏华美保险代理有限公司

4.无锡诚安保险代理有限责任公司

5.无锡新天地保险代理有限公司

6.无锡市瑞达信保险代理有限公司

7.恒泰保险经纪有限公司无锡分公司

8.江苏康安保险经纪有限公司

9.大童保险销售服务有限公司江苏无锡营业部

10.江苏华邦保险代理有限公司无锡市惠山分公司

11.上海恒量保险公估有限公司无锡分公司

12.平安保险代理有限公司无锡分公司

13.紫金保险销售有限公司江苏无锡分公司

14.江苏万舜保险代理股份有限公司

15.江苏宁价保险公估有限公司无锡市分公司

（刘　高）

财产保险

中国人民财产保险股份有限公司无锡市分公司

【概况】2015年，人保财险无锡市分公司秉承“聚焦民生、服务社会”的宗旨，按照做强城区、提振“两翼”、建好“三网”、驱动“四轮”的思路，强化产品创新，推进服务升级，加快发展转型，推进商业保险发展，开拓政策性险种，进一步增强了PICC的市场竞争力，经营业绩持续提升。

2015年，全险种实现保费27.15亿元，其中，车险21.12亿元，成为无锡首家车险年度保费突破20亿元的财险公司。持续推进农业保险、住房保险等民生类、政策类保险，扎实做好首台套、出口信用保险等新兴业务，积极服务地方经济社会发展。创新服务手段，拓宽服务渠道，成功开发并推广微信理赔客户终端，服务能力有了明显提升。连续六年被市委、市政府授予金融工作“年度贡献奖”。

机动车辆保险：2015年，车险保费收入21.12亿元，同比增长13.44%。处理车险理赔案件近23.31万件，为全市车主提供总额高达上千亿元的保险保障。

企业财产保险：2015年，企业财产保险实现保费收入23605万元，同比增长11.76%。

家庭财产保险：2015年，家庭财产保险实现保费收入1876万元，同比增长17.26%。

工程保险：2015年，工程保险实现保费收入783万元，同比增长11.51%。

船舶险与货物运输保险：2015年，船舶险实现保费收入1949万元，同比增长11.36%；货物运输保险实现保费收入2664万元，同比下降3.31%。

责任险与信用保证保险：2015年，责任险保费收入13584万元，同比增长18.12%；信用保证保险保费收入4193万元，同比增长251.8%。

农业保险：2015年，农业保险保费2122万元，比上年增长84.49%。全年各类赔案结案8100件，赔款总额1096.51万元，同期增长100.50%，惠及农户10万余户。创新开发农险产品，高效农险保费较上年同期提高5个百分点。

（胡炯义）

【经营业绩】公司全年保费收入27.15亿元，同比增速15.88%。其中，车险保费21.12亿元，增速13.44%。非车非农险保费5.82亿元，同比增速23.88%。农业保险保费2122万元，比上年增长84.49%。全险种市场份额32.69%，同比提升1.89个百分点。累计承担市场风险超过2.66万亿元，处理各类报案28.75万件，支付赔款27.5亿元，上缴各类税费3.38亿元。

（缪红慧）

【渠道建设】持续推进以和谐家园、住房财险保险等民生类保险，认真抓好首台套、出口信用保险等新兴业务，积极服务地方经济社会发展。深入抓好乡镇服务网点建设，通过服务升级、模式创新等，积极开拓农村市场。

（刘颖颖）

【内部管控】扎实开展“两加强、两遏制”专项检查工作，围绕虚假承保、虚挂保费、虚假退保、虚假理赔、虚列费用、虚假中介、不严格执行条款费率、私刻印章、违规资金使用等九大类自查重点，自下而上，层层组织自查整改，及时堵塞各种漏洞。2015年3月，在集团公司内控体系建设调研中，公司坚持依法合规经营的做法得到中国人民保险集团公司副总裁庄超英的充分肯定。

积极推进信息系统建设，年内，县支公司信息化应用建设通过省分公司验收，信息技术部/流程管理部和出单中心联合开发的“投保资料预借管理系统”获得总公司创新创效大赛“最具人气创意奖”。

（于 群、葛翠英）

【党建工作】扎实抓好“三严三实”专题教育，突出专题学习、党委专题民主生活会和组织生活会、整改落实和立规执纪关键环节落实，进一步强化了各级党组织功能。积极抓好党建协调委员会制度落实，促进了队伍建设和业务发展。

（陆洵瑜）

【文化建设】围绕打造“乐业、敬业、爱业”的公司文化，持续推进幸福企业建设。结合公司发展需要及员工个人愿景，积极研究制定“2015年员工承诺践诺项目”，先后组织了健康知识系列讲座、“为爱行走”等活动，慰问困难职工家庭85人次；结合春节、“八一”等时机，开好“八一”军转干部座谈会、重阳节离退休职工等各类座谈会，进一步融洽了内部关系。

（马大伟）

【重大活动】1月18日，江苏省分公司党委委员、副总经理李旭率人力资源部总经理刘玉国，到公司宣布无锡市分公司主要领导任职的决定：尤力人任无锡市分公司党委书记、总经理。

1月28日，江阴支公司收到江阴市行政事业单位2015—2016年度公务用车定点保险项目中标书，该司以总分第一的优异成绩成功中标。

2月底，在中国保护消费者基金会打假工作委员会投诉举报办公室、中国消费者维权网、中国《商品与质量》周刊社联合开展的“诚信单位”评选活动中，江阴支公司被评为“全国重质量守信誉诚信服务单位”。

3月初，江苏保监局发布《关于2014年江苏保险行业创新成果的报告》，人保财险无锡市分公司实施的“无锡市区城乡户籍居民住房财产保险项目”“无锡环境污染责任保险项目”，被江苏保监局列为“创新成果推广”。

3月11日，宜兴市城乡户籍居民住房财产保险签约仪式在人保财险宜兴支公司举行，这标志着城乡户籍居民保险制度在无锡大市范围市实现了全面覆盖。无锡市民政局领导、无锡市分公司及无锡恒泰保险经纪公司、共保体成员等出席仪式。

3月17日，无锡市养老机构综合责任保险签约仪式在人保财险无锡市分公司举行，市分公司总经理尤力人与无锡市民政局、经纪公司相关领导出席签约仪式。

3月20日，在无锡市新一轮（2015年3月—2018年3月）环境污染责任保险招标中，人保财险无锡市分公司成功中标首席承保。自2009年无锡市环境污染责任保险启动试点工作以来，无锡市环境污染责任保险承保数量、责任限额、发展速度在全国地级市中位列第一。

4月16日，中国人民保险集团公司庄超英副总裁一行在无锡市分公司调研内控体系建设工作，听取了无锡市分公司相关工作情况的汇报后，对无锡公司的内控合规工作及成效给予了充分肯定。

5月6日，江苏保监局处长刘长宏一行到无锡市分公司，就环境污染责任保险进行专题调研。调研组充分肯定了“立法推动、市场运行、企业参与、专家服务”的环污险“无锡模式”。

5月18日，无锡市分公司率先在省内推广“i保养”项目。符合条件的车主在指定服务网点及通过网销渠道成功投保人保车险，即可享受全年不限次数的免费保养。

6月15日~21日，2015斯诺克世界杯决赛在无锡举行，人保财险无锡市分公司作为本届赛事的独家保险合作伙伴，为比赛提供全面的保险保障服务，为本届赛事量身定制了包括人身意外伤害保险和公众责任险产品在内的全套保险方案，保额高达3亿元。

6月25日，以“养老与保险”为主题的首届“民生与保险苏南年会”在无锡举行，160余位专家、学者和保险机构领导与会交流和研讨。本届年会由江苏省保险学会、江苏省民政研究院主办，人保财险无锡市分公司、无锡市保险学会承办，苏州、常州、镇江市保险学会协办。

7月7日，无锡市国家保密局局长孙志坚率国有企业保密管理专项检查组到人保财险无锡市分公司检查指导工作。检查组对公司领导高度重视保密工作、保密人员认真履责，以及涉密文件、政府内网等方面的管理给予了充分肯定。

8月5日，冒着高温，市分公司总经理尤力人赴无锡地铁集团慰问一线员工。无锡地铁运营公司副总经理朱军对人保财险无锡市分公司全力以赴助力地铁建设表示感谢。

8月下旬，无锡市分公司首批“首台套”保险签约，分别与无锡力马化工机械有限公司和无锡振华机械有限公司成功签单，保额总计366万元。

8月底，无锡人保财险成功签出专利保

险大单，为无锡阿法迪科技有限公司带电容式触摸屏智能快件箱等36个产品专利，提供144万元保险保障。这是公司开展专利保险试点3年来，承保企业单个产品最多的专利保险大单。

9月15日，人保财险无锡市分公司会同无锡市、江阴市民政局在长泾镇召开“6·26”暴雨灾害民生保险理赔兑现大会，集中向长泾镇9个受灾村委（社区）受灾户支付85.45万元救助慰问金和理赔款，至此，无锡人保财险对全市6月中下旬暴雨灾害理赔工作基本结束。

9月24日，无锡市第二轮环境污染责任保险共保体签约仪式在无锡市分公司举行。这是自2011年引入共保体机制后，无锡市签署的第二个环境污染责任保险合作协议（2015年3月至2018年3月）。人保财险、太保财险、阳光保险、长安保险、紫金财险等承保公司及宏达通泰、恒泰经纪公司现场签约。无锡人保财险继续作为主承保人，占共保体份额68%。

9月25日，中国人民财产保险股份有限公司副总裁兼江苏省分公司总经理华山在无锡市分公司会见无锡市长汪泉一行，双方就加强合作进行了交流。无锡市人大常委会副主任吴枫峰、副市长刘霞，无锡市分公司总经理尤力人陪同会见。

10月初，在无锡市分公司支持下，锡山支公司签下全市“大陆游客赴台旅游保险”第一单。该险种投保保费为每人40元，期限8天，赔付标准为死亡伤残限额50万元，突发意外事故医疗费用12.5万元。

11月11日，人保财险无锡市分公司在全国首推“环境污染责任保险手机微信端”服务。这一“互联网+”创新成果，将有效提高无锡人保财险对无锡环境污染责任保险的服务能力，进一步丰富提升了绿色保险“无锡模式”。

12月23日，无锡人保财险举行“车险年度保费跨越20亿元平台客户体验活动”。无锡市金融办、市文明办、市保险行业协会、市消委会、市保险学会、市交警支队、市运管处等单位领导，新闻媒体、公司大客户及个人客户代表100多人参加了客户体验活动。

（胡炯义）

【险种创新】1.机动车延长保修保险：为满足广大汽车消费者以及汽车经销商的需求，2015年下半年，人保财险开发了“机动车延长保修保险”，主要承保机动车的延长保修责任，分担机动车超过质保期后的质量维修风险。

2.重大装备首台套保险：根据财政部、工信部和保监会三部门文件，对于目录内的产品，主要产品名称和技术指标符合文件要求，不同型号的产品可作为首批次装备产品集中投保。主要承保相关设备的质量风险、责任风险以及法律风险。作为江苏省重大装备（首台套）保险试点工作前期唯一的经办机构，人保财险无锡市分公司成功推出了首台（套）重大技术装备保险。

3.诉讼财产保全责任保险：是一种新型便民的担保方式，当事人向法院申请财产保全时，投保诉讼财产保全责任保险，法院即可根据保险公司提供的保函为当事人进行财产保全，可维护当事人的合法权益。

（胡炯义）

【重大承保】

1.企财险部分

（1）承保SK海力士半导体（中国）有限公司财产险级机损险项目，保险金额990.49亿元，人保财险无锡市分公司份额33%。

（2）无锡地铁集团有限公司财产一切险项目，保险金额80.37亿元，人保财险无锡市分公司份额30%。

（3）江阴兴澄特种钢铁有限公司财产一切险项目，保险金额77.62亿元，人保财险无锡市分公司份额50%。

2.工程险部分

（1）“海力士NXT1970Ci”项目，保险金额5.53亿元，人保财险无锡市分公司份额100%。

（2）“无锡西区燃机热电联产项目一期工程”项目，保险金额11.94亿元，人保财险无锡市分公司份额50%。

（3）“无锡地铁1号线南延线工程”项目，保险金额16.58亿元，人保财险无锡市分公司份额40%。

（4）“无锡万达城一期项目C3地块”项目，保险金额5.6亿元，人保财险无锡市分公司份额35%。

（刘颖颖）

【重大赔付】1.2012年8月7日，无锡尚德电力控股有限公司（SUNTECH POWER HOLDINGS CO. LTD，纽交所代号：STP）在美国遭受两笔集体诉讼（Anna Henisz和Scott Bruce），起诉该公司及其现任、前任高管与董事因发布关于公司财务和经营状况的误导性错误信息而违反了美国联邦证券法，导致股价下降，损害投资者权益，索赔金额约1000万美元，主承保XL保险公司通过聘请律师进行应诉调解，本案最终调解金额为500万美元，已于2015年12月支付。

2.2015年6月9日，无锡洛社印染有限公司短期出口信用保险保单项下买方ANNA’SLINENS因破产出现279.78万美元欠款，被保险人提交《可能损失通知书》向无锡市分公司申请索赔。经人保财险无锡市分公司审核后，确认该买方破产属于本公司短期出口信用保险项下的保险责任。经理算确认，最终赔付金额240.27万美元，为被保险人补偿了大部分货款损失，保障了企业正常运营。

3.2013年9月4日，SK Hynix Semiconductor（China）Ltd.发生爆炸，在人保财险无锡市分公司倡议下，第一次全体再保人会议组建了一个由5家共保人及10家再保人组成的理赔委员会，并定期召开电话会议，积极有效地促成了案件处理，最终确定赔款金额为8.6亿美元，人保财险无锡市分公司按比例赔付3.01亿美元，并于2015年2月中旬，支付了最后一笔赔款1.96亿美元。

4.2015年，人保财险无锡市分公司完成了对民生类险种2233件的赔付，赔款金额1717.06万元，其中养老服务机构责任险63件，赔款金额91.41万元；自然灾害公众责任险35件，赔款金额145.87万元；政策性农村住房保险2135件，赔款金额1479.78元。

（刘颖颖）

【公益活动】1.无锡人保财险与无锡市儿童福利院建立了长期的合作关系，人保青年志愿者定期开展志愿者公益活动，让无锡人保财险员工的爱心通过市儿童福利院“星光班”绵延长远。

2.积极参与无锡市灵山慈善组织的“为爱行走”大型公益徒步活动，并发动身边的人共同献爱心、捐善款，无锡人保财险被灵山慈善基金会授予“为爱行走突出贡献奖”。

3.开展2015年度慈善“一日捐”，无锡市分公司全体员工共捐款6.5万元，对生活困难的市民开展送温暖活动。

4.开展“保险进社区”活动，每周组织一次，进行保险知识普及、保险法规咨询解答，同时发放有关保险公众教育、反保险欺诈常识、微信服务平台等宣传资料。

5.为了切实帮助困难残疾家庭，组织青年志愿服务队与困难家庭对接，募集善款集中用以解决他们生活和子女学习上的困难。

6.公司总经理室领导赴无锡地铁、市急救中心等进行高温慰问，为地铁、急救中心员工送去夏日清凉。

（马大伟 陆洵瑜）

【教育培训】无锡人保财险根据公司发展目标和员工需求，加大了培训的力度和频次。2015年全年共完成培训项目137个，培训10597人次，分别较2014年增长8.7%和11.7%，初步建立了新老员工的“传帮带”机制。

1月28日，公司政府项目部邀请环境污染责任保险资深展业员、无锡市弘复环保科技有限公司两位化工高级工程师/注册安全工程师，助力卡特彼勒（中国）机械部件有限公司2015年度环境应急专题培训，帮助外企在环境保护方面借助外部企业专业技术资源，共享成功经验。

2月5日，公司农险部负责人赴宜兴支公司，协同该司一起组织中心乡镇门店主任和农险专员就政策性农险实务进行了专题培训，助力年度农险承保工作。

3月17日，无锡市养老机构综合责任保险签约之后，公司与民政部门积极沟通协调，组织对惠山、锡山、南长、北塘、新区、崇安、滨湖等地区养老机构负责人进行了2015年度养老机构综合责任保险系统培训。

3月22日，市分公司人力资源部和出单中心联合举办了“人保财险无锡市分公司第一期员工共享课堂”培训会，县支公司运营支持部负责人及分管领导、出单中心、县支公司专职出单员、经营单位驻点出单员、城区经营单位与出单中心对接人共200多人参加培训。

4月30日，公司信息技术部/流程管理部和教育培训部联合举办了“手机网页DIY制作工具——“易企秀”培训会，无锡市分公司各部门、各单位共30多人参加了培训。

6月12日，市分公司政府项目部在北塘区政府组织开展了民生保险业务培训，各街道“和谐家园”综合保险负责人、社区经办人等参加了培训。

11月6日，“11·9”消防日前夕，市分公司组织消防安全知识培训演练，邀请崇安消防大队警官进行消防知识培训，并现场指导消防演练。

（陆洵瑜）

【其他】2015年，无锡市分公司工会认真按照总、省公司系统工会的工作部署，紧紧围绕“员工成长、员工幸福、员工健康、基层服务”的工作主题，以深入开展劳动竞赛为主线，激发员工争先创优的工作热情，丰富职工精神文化生活，积极维护职工合法权益，营造和谐奋进的发展局面，有效推进公司持续跨越发展。

一是通过设立无锡市分公司劳动竞赛领导小组，在夺取开门红、双过半、冲刺年度目标等关键节点，积极开展形式多样的劳动竞赛活动，有效推进全体员工立足岗位、奋勇争先，营造了“比学赶超”的浓厚氛围,促进了公司业务更好更快地发展。

二是充分发挥职代会作用，积极推进民主管理。一方面，通过召开了工会委员会委员代表大会，进一步建立和完善职工代表大会制度。另一方面，通过定期组织职工进行体质健康检查、按时足额发放了防暑降温费等，让职工们切实感受到公司的温暖与关怀，构建和谐的劳动关系。

三是开展形式多样的主题活动，不断丰富企业文化建设新内涵。以庆司庆为载体，开展登山励志健身活动、“浓情化墨书人保”员工书画比赛、消防安全知识培训演练等系列文体活动。积极开展送温暖和献爱心系列公益活动。

四是全面落实员工幸福承诺践诺项目。2015年，关于“提高薪酬福利，增加员工福祉”“关爱员工健康，丰富业余生活”以及“提供学习机会，加大培训力度”三个方面员工幸福承诺践诺项目均已得到全面落实。

（马大伟）

【领导班子成员】

尤力人　总经理

彭　军　副总经理

罗蔚文　副总经理

吴晓羚　副总经理

朱　勇　副总经理兼江阴支公司总经理

（陆洵瑜）

【机构（部门）主要负责人】

谢　稚　高级主管兼人力资源部/教育培训部/监察部经理

陈　荣　高级主管兼车辆保险部经理

黄　建　新高级主管兼宜兴支公司经理

马大伟　办公室主任

赵向东　财产保险部副经理（主持工作）

吕　挺　农业保险事业部/三农保险部经理

王　琮　客户服务部经理

夏　宏　销售管理部经理

葛翠英　信息技术部/流程管理部经理

于　群　法律部/合规部经理

徐　诞　重要客户部经理

徐　琴　财务会计部经理

杨正君　出单中心主任

陈少军　理赔中心副主任（主持工作）兼车险分部经理

虞　晅　营业部副经理（主持工作）

盛　雷　国际保险部经理

张　晓　代理业务部经理

张　磊　营销业务部经理

翟海军　电子商务业务部副经理

方　哲　个人贷款保证保险业务部副经理（主持工作）

唐志明　崇安支公司经理

朱　鸣　新区支公司经理

陶　忠　太湖国家旅游度假区支公司经理

殷　武　南长支公司兼政府项目业务部经理

周勇彪　滨湖支公司经理

张宏峰　锡山支公司副经理（主持工作）

张　军　惠山支公司经理

（陆洵瑜）

【先进集体】人保财险无锡市分公司被无锡市放心消费创建活动领导小组评为无锡

市“2014年度全市保险行业放心消费创建先进单位”。

人保财险无锡市分公司荣获无锡市道路交通安全协会颁发的2015年度安全行车先进单位。

人保财险江阴支公司、宜兴支公司分别获得“全国重质量守信誉诚信服务单位”称号。

江阴支公司被江阴市政府授予“2014年度服务地方先进单位”称号。

江阴支公司车商业务一部、周庄营业部被总公司授予“人保财险保险服务示范团队”称号。

宜兴支公司荣获宜兴市政府“2014年宜兴市服务业先进集体”的称号。

锡山支公司荣获共青团无锡市委员会2014年度市级“青年文明号”称号。

无锡市分公司理赔中心在省分公司二季度常态化指标考核中，取得了全省系统唯一的A级评价。

在2014年度全省系统优秀青年集体和个人、优秀志愿者团体和个人等评比表彰活动中，锡山支公司获“青年文明号”荣誉称号；崇安支公司团支部获“红旗团支部”荣誉称号；市分公司团委荣获“优秀青年志愿团体”称号。

人保财险无锡市分公司《6·26暴雨灾害后，人保财险无锡市分公司总经理尤力人同志亲临受灾一线，现场指导抢险救灾工作》摄影作品荣获无锡市放心消费创建活动办公室“无锡保险杯最美瞬间”二等奖。

（胡炯义）

【先进人物】江阴支公司华士营业部赵新伟被无锡市政府金融办、无锡市保险行业协会联合授予“展业明星”称号。

江阴理赔分部陈峰被无锡市政府金融办、无锡市保险行业协会联合授予“服务明星”称号。

戴松泉被无锡市道路交通安全协会评为2015年度安全行车管理先进个人。

在2014年度全省系统优秀青年集体和个人、优秀志愿者团体和个人等评比表彰活动中，无锡市分公司农险事业部/三农保险部凌昊被评为“优秀共青团干部”，无锡市分公司营业部安炜烨获“青年岗位能手”称号，农险事业部凌昊、崇安支公司卢烁华获“十佳青年志愿者”称号。

（胡炯义）

中国太平洋财产保险股份有限公司无锡分公司

【概况】2015年，太平洋产险无锡分公司坚持可持续价值增长的发展理念，实施“以客户需求为导向”的转型发展战略；以“聚焦提质增效、坚持问题导向、强化能力建设”为发展方针，以“创新驱动，转型发展，合规经营，服务社会”为引领，大力推进新技术应用和“星级门店”建设，进一步改善服务界面和客户体验，着力为客户提供专业、便利、亲和的保险服务。总部位于无锡的18家中国500强企业中，已有16家与公司建立了稳定合作关系；在无锡市轨道交通1、2、3号线以及无锡市相关政策性重点项目上，公司以“首席承保”展示了专业技术优势和综合服务能力；此外，还独家为中国1.1万米级载人深渊器“彩虹鱼”提供全面保险保障，有力地支持了国家重点科技项目的研究发展。

（戴 晴）

【经营业绩】2015年，太平洋产险无锡分公司全年保费收入为15.41亿元，同比增长5.06%，市场份额18.87%，位居行业第三。2015年，公司继续提升理赔时效，全年赔款支出10.77亿元。

（胡 洁）

【渠道建设】太平洋产险无锡分公司以渠道建设为抓手，促进发展方式转型，加快发展新兴渠道，改造升级传统渠道，积极拓展车险、非车险业务。

车险方面，一是加强风险选择，注重精细化管理，实现承保盈利。二是强化推动职能，多措并举促提升，实现业务稳定增长。三是合理评估渠道价值，通过差异渠道定位，提升渠道经营能力。四是聚焦专业化能力建设，促进机构的规划能力、落实能力的“双”提升。五是积极推进服务转型，关注服务痛点，改善服务界面，提升客户黏度。

非车险方面，针对市场竞争日益激烈的严峻形势，通过调整非车险承保政策、加强保前风险查勘、开拓新领域、提升服务品质等措施积极应对。创新业务发展成为非车险业务新的增长亮点，I09财富U保项目稳步进行、信用险全年累计保费661.25万、码上保等网销渠道初见成效。

（吴海军 冀 倩）

【内部管控】2015年，太平洋产险无锡分公司围绕“两个加强、两个遏制”“重监管、强执行、重合规、强自律”“三反五清”开展内部风险管理控制工作。主要内容包括五项：一、深入开展内控自查，协同推进缺陷整改工作。二、落实“四反—反舞弊、反欺诈、反洗钱、反非法集资”具体工作。三、整改内部审计中存在的问题。四、开展全员法制合规专题教育系列活动。五、传导落实监管政策，防范监管风险，督导监管政策执行情况。

（陈海岭）

【党建工作】太平洋产险无锡分公司各党支部围绕“聚焦价值增长、强化专业能力、推进转型发展”的工作方针，全面推进党建工作开展，2015年度共发展了4名预备党员，及时认真做好5名预备党员的转正工作。2015年年底，全司共有171名共产党员，起到了模范带头作用。

（毛苗霞）

【完善机构建设】2015年，分公司以总体发展战略为指引，进一步推进战略转型，完善机构及网点建设。全年完成了惠山支公司前洲营销服务部、江阴中心支公司祝塘营销服务部、锡山支公司安镇营销服务部的迁址工作；完成了锡山支公司鹅湖营销服务部、新区支公司硕放营销服务部的开业工作；完成了江阴市临港支公司的改建工作；完成了江阴中心支公司云亭营销服务部的撤销工作，进一步充实了人员和设备配置，有效引导机构合理布局。

（胡 洁）

【科技创新模式】太平洋产险无锡分公司大力推进新技术应用，车险移动报价系统“车e保手机版”正式发布，车险报价准确，系统性能稳定，可支持与平板电脑版车e保、承保等多个系统的数据共享，形成手机、平板电脑移动设备报价全覆盖，有效解决业务一线的移动报价难题。

随着互联网时代的迅速发展，APP应用日益普及，年内推出的“中国太保”APP集一键续保、一键报案、自助查勘、非事故道路救援和查询等功能于一身，为终端客户提供全方位、全自主的自助服务。2015年，分公司在无锡地区的累计注册人数近2万人次。“中国太保”APP通过资源共享和合力推动，共同打造千万能级、面向终端客户的移动应用生态系统。后续进一步加载“健康服务”等专业系列APP，努力形成“中国太保”APP的生态集群效应和粉丝规模效应，为终端客户提供“在你身边”的专业服务。

（吴海军）

【提升客户服务体验】门店不仅仅是一个简单的保险业务承办场所，更是展示公司综合服务能级的窗口。分公司加大对客户服务的投入力度，完善窗口服务规范，以“冬日温暖月，进门有理由”为主题，诚邀锡城广大私家车主参观太保锡山、崇宁路门店，体验门店的服务功能区设置、服务人员服务礼仪，感受太保贴心服务。通过活动，使客户对公司“一个太保　一门式”综合服务的理念有了全面的感性认识和理性认识，有利于提升分公司全辖的服务水平，打造优质服务品牌，扩大公司影响力。

（胡 洁）

【健全员工管理体系】加强绩效文化建设。以“结果导向，关注过程，持续优化，责任到人”为核心理念，薪酬、绩效方案更加注重业务发展、市场对标、效益型险种拓展，完善有效激励奖惩机制，充分调动员工的工作积极性。

建立并完善考核制度。围绕年度经营工作目标，传导和明确公司经营理念，出台各类绩效考核办法，完善绩效评估内容，加大考核力度，强化人力成本的价值导向和绩效导向。

优化上岗机制。对部分岗位采取司内竞聘上岗，建立内部人才流动平台，拓宽员工职业发展通道，优化人力资源配置。

（毛苗霞）

【重大活动】1月15日，分公司举行锡山“五星级示范门店”揭牌仪式。

2月9日，无锡地铁集团董事会主席徐政及分公司副总经理范帆、田群一行，走访无锡地铁控制中心，慰问一线员工。

2月11日，分公司团委在无锡市民防科普教育体验馆启动并举行2015“青春自护平安春节”青少年自护教育暨“暖冬行动”青少年关爱服务日活动。

3月10日，分公司崇宁路门店开展“倾听您的声音 服务您的需求”总经理接待日活动。

4月 22日，分公司总经理鲁强走进无锡大型全媒体问政栏目《政风面对面》直播现场，与市民群众面对面交流。

5月9日，分公司冠名的“太平洋保险”杯“医疗器械健康直通车暨体外诊断试剂质量万里行”系列活动启动仪式举行，分公司党委书记、总经理鲁强出席活动并发表讲话。

5月30日，分公司举办消防安全培训和应急逃生演练。

6月1日，分公司副总经理、工会主席范帆前往无锡市儿童福利院，看望孤残儿童，送去关爱和温暖。

7月7日，分公司副总经理范帆带领保险宣讲团参加由无锡市保险行业协会、无锡市放心消费创建活动办公室、无锡市消费者委员会和无锡电视台生活频道联合主办的“一键保险，呵护无限”保险宣传活动。

8月5日，分公司副总经理胡柯丹在无锡地铁集团运营分公司常务副总经理周茂庆的陪同下前往无锡地铁工程慰问一线工作人员。

11月30日，分公司携手无锡公安交警滨湖大队开展“送头盔、送安全”活动。

11月，分公司开展“让太保温暖你的冬季”爱心衣物捐赠活动。

12月14日，分公司宜兴支公司门店被授予五星级门店称号。

12月，分公司积极开展慈善“一日捐”活动，共筹得善款5万余元。

（张 璐）

【重大承保】分公司独家承保金南物流集团股份有限公司物流责任险项目。

分公司独家承保深渊科学与技术研究中心“彩虹鱼”项目。

分公司独家承保江苏三木集团项目。

分公司独家承保乐依文半导体企财险项目。

分公司主承保2015—2016年度无锡市公务用车定点保险项目。

分公司主承保无锡市公共交通股份有限公司和无锡客运有限公司保险项目。

（吴海军 刘 宾 冀 倩）

【重大赔付】分公司赔付无锡德华彩印包装有限公司火灾案 547万元。

分公司赔付DSM Trading (Shanghai)Co.Ltd.(DTC)火灾案 481.88万元。

分公司赔付华能国际电力股份有限公司海门电厂台风案172.08元。

分公司赔付无锡裕纶针纺织品有限公司暴雨案 147.40万元。

分公司赔付江阴市富豪包装材料有限公司暴雨案136.01万元。

分公司赔付广西河池化工股份有限公司爆炸案102.78万元。

（肖瑞春）

【公益活动】分公司多年来持续为社会公益事业做贡献，积极参与社会志愿服务和慈善捐助活动，发扬中华民族的传统美德，践行社会主义核心价值观，连续21年举办新年音乐会、连续16年为“希望之星”捐资助学、连续20年为社会福利院孤残儿童捐资捐物，并先后开展无偿献血、“送温暖、献爱心”等活动，弘扬了太保真情回馈社会的优良传统。

分公司与无锡交通台、无锡交巡警支队开展三方合作，独家冠名无锡交通广播“1069微路况”的公益宣传活动，免费、及时为广大车友提供即时路况，方便大家出行。

（戴　晴）

【教育培训】1月24日，分公司人力资源部组织开展精深化内训师培训。

2月28日，分公司车险业务管理部组织开展车险业务管理培训。

3月28日，分公司非车险业务管理部组织开展责任险承保实务培训。

4月18日，分公司理赔部组织开展车险事故的成因及处理培训。

5月16日，分公司航运保险事业部组织开展货运险承保及理赔实务培训。

6月13日，分公司理赔部组织开展透过理赔看服务（车险理赔）培训。

7月26日，分公司客户服务部组织开展了客服实务专题培训。

8月15日，分公司非车险业务管理部组织开展非水险承保实务及展业注意事项培训。

9月19日，分公司理赔部组织开展雇主责任险理赔实务培训。

10月24日，分公司重大客户部组织开展了出口信用险业务交流培训。

10月24日，分公司非车险业务管理部组织开展意健险承保实务培训。

11月21日，分公司非车险业务管理部组织开展责任险新险种培训。

12月19日，分公司非车险业务管理部组织开展风险查勘实务培训。

（陈　璐）

【文体活动】2月，分公司团委组织开展“学习雷锋，从我做起”主题活动。

3月，为丰富职工业余文化活动，推进企业文化建设，分公司工会举办太极健身培训。

3月，分公司开展“地球一小时”活动。

4月起，分公司开展“一站到底”综合知识系列竞赛。

5月，分公司开展“弘扬五四精神，放飞青春梦想”健康徒步活动。

5月，分公司开展乒乓球选拔比赛。

5月，分公司开展产、寿险棋牌联谊比赛。

5月，分公司开展消防安全培训和演练。

8月，分公司组织员工观看记录电影《美丽乡愁》，深入开展学习宣传道德模范活动，弘扬真善美，传播正能量。

8月，分公司举办厨艺烹饪技能培训讲座。

10月，分公司在青山公园开展“勇攀高峰”登山活动，丰富员工业余生活，锻炼身体，陶冶情操，提升企业凝聚力。

12月，分公司联合寿险举办“第二十一届太平洋保险2016无锡新年音乐会”。

（戴 晴）

【领导班子成员】

姓　名	职　务
鲁　强	总经理
范　帆	副总经理
田　群	副总经理
胡柯丹	副总经理
何欣育	财务总监

（毛苗霞）

【荣誉表彰】

2月，分公司被无锡市人民政府金融办、无锡市行业协会授予“2014年度无锡市保险行业先进集体”。

4月，分公司被无锡市国税局、地税局授予“2012—2013年度A级纳税信用等级”。

4月，江阴中支公司被江阴市人民政府金融办授予“2014年度全市金融服务工作先进集体”。

7月，分公司工会获总公司工会委员会2014年度“先进职工之家”荣誉称号。

8月，分公司被无锡市放心消费创建活动办公室评为“2014年度无锡市保险行业放心消费创建先进企业”。

11月，宜兴支公司门店被中国质量协会授予“五星级门店”称号。

12月，分公司被无锡市道路交通安全协会评为“道路交通安全管理先进单位”“安全行车先进单位”。

12月，分公司获无锡市金融学会第十三届青年论坛优秀组织奖。

12月，分公司获集团公司2015年度中国太平洋保险客户资源共享“车险客户加保率排名奖”。

12月，分公司工会被集团工会委员会评为“优秀工会集体”。

12月，分公司办公室获无锡市保险行业协会2015年度信息工作“优秀组织三等奖”。

（张 璐）

中国平安财产保险股份有限公司无锡分公司

【概况】2015年年末，平安产险无锡分公司有营业网点29个，其中1个市级分公司、4个支公司、5个营业部以及17个营销服务部，从业人员514人。

中国平安财产保险股份有限公司无锡分公司（以下简称平安产险无锡分公司）是中国平安财产保险股份有限公司的下属二级机构。中国平安财产保险股份有限公司无锡支公司成立于1997年，成立之初仅有几十人，保费规模1300万元，2005年升级成为二级分公司，百余名员工，创造保费1.5亿元，到2015年年底，分公司历经18年的发展，2015年保费规模达到16亿元，三地人力总计600多人，市场份额逐步攀升。这是一代又一代无锡平安人拼搏奋斗出的骄人战绩。今后，将继续秉承平安“专业创造价值”的文化理念，致力打造全国车险第一品牌，做最专业的保险，做最专业的服务，与公司共同成长、共同前行，将平安精神永久传承。

（黄 薇）

【经营业绩】全年保费收入1599.13百万元，增速16.3%。其中：车险保费收入1471.12百万元，占比92.0%，比上年同期增加0.5%；非车险保费收入1280.1百万元，占比8.0%，比上年同期减少0.5%；承保利润比上年减少3.96百万元，处理赔给付案204317件，支付赔给付款832.88百万元。

2015年，财产险理赔累计受理报案6041笔，结案5698笔，结案率94.32%，结案金额3582万元。

（仇 杰）

【渠道建设】为了更好的服务客户，提升NPS，2015年产险无锡分公司在本部增设两个支公司——南长支公司、惠山支公司。两个支公司的建立，旨在打造销售、服务于一体的综合门店。建立后，不仅可以更好的开展当地业务，维护当地合作伙伴，且与东门店形成“东、南、北”三足之势，能为客户提供更加便捷的上门咨询、投保、理赔等服务，同时，对提升公司在形象、品牌更有深远的意义。

无锡分公司践行平安集团“行”门户建设，推动互联网金融战略落地。2014年，平安集团、平安产险联合推出了好车主APP，APP将以车主为核心，致力打造移动车主生态圈，包括优惠购买车险，全国违章实时查询、代办，一键理赔等更多车服务、车生活和车娱乐功能，帮助车主实现省钱、便捷、安全、好玩四大价值主张。2015年，无锡产险成立创新发展室，结合线上线下推广渠道，全力推广这款APP，致力让锡城车主尽早享受移动金融带来的便捷，真正实现指尖上的好车生活。

此外，无锡分公司在各渠道人才培养方面，也加大力度，通过引进应届毕业生、组织前后线员工轮岗等方式充实队伍。

（李 坤）

【内部管控】2015年，平安产险无锡分公司以“风险为本 价值导向”为原则，各项工作有序开展，全员合规意识明显提升，风险管理水平持续提升。

合规工作主要从完善合规组织架构、制度管理提升、深入开展合规文化建设、风险排查及合规经营自查等层面开展。根据总公司的要求，分公司制订年度合规内控管理工作方案，明确各部门各岗位合规工作，并每季度进行跟踪通报。在总公司的引导下，开展专项“合规100”活动，通过邮件群发、制作宣传页、内部网页张挂、专题培训、全员合规考试等形式积极宣导内控合规和高效廉政理念，打造专业、廉洁的管理和工作队伍。同时在反洗钱工作方面，积极配合人民银行及保监局，按时准确的上报反洗钱报表及其他各项信息及数据。将反洗钱及合规内控项目性工作融入到分公司日常的工作之中，将内控管理变成公司日常工作。除此之外，风险排查也已深入到日常经营管理工作中，通过各条线各模块的自查自检发现经营管理中已存在或潜在的问题，及时落实整改，确保分公司合规工作健康有序开展。

（时佳丽）

【党建工作】公司坚持围绕中心，狠抓党建，内强素质，外树形象，与时俱进，开拓进取；以创建学习型党组织和建设和服务型党组织为契机，切实开展各项党建工作。2015年，无锡平安产险在册党员人数67人，共设4个支部。党员在公司发展、尤其是业务开展活动中发挥了模范带头作用，以点带面，党员引导销售队伍，促进了公司业务、员工个人的全面发展，实现了基层党建与公司生产经营，与单位品牌建设，与队伍素质提升的有效结合与促进推动。

（陆丹萍）

【文化建设】2015年，平安产险无锡分公司在组织旅游、联谊、比赛等各项有益员工身心的活动的基础上，重视关爱体系建设，着力对困难员工进行帮扶、参与市文明办组织的结队共建、开展工会组织的劳动权益培训及维护工作，各项举措立足基层、有效落地。同时分公司在尽量满足个人兴趣、需求的基础上，建立了篮球、羽毛球、乒乓球、徒步、瑜伽、等工会俱乐部，各俱乐部自主选举领队、制定章程，活动开展有声有色，有效地增强了公司的凝聚力、生产力。

（黄 薇）

【重大活动】2015年，无锡分公司推广平安诉讼财产保全责任保险，成功与无锡法院对接，获得法院全面认可。通过与无锡市律师行业协会对接，面向全市律所推广新险种。将保险公司引入诉讼财产保全担保过程，可以利用保险机制来创新提供公共服务方式，并运用保险的杠杆功能降低诉讼门槛、化解民事责任纠纷，更好地体现司法为民、利民、惠民宗旨。

根据三部委下发的的《关于开展首台（套）重大技术装备保险补偿机制试点工作的通知》，无锡分公司快速响应，积极排摸当地客户资源，与当地经信委保持良好沟通，成功签单双良节能系统股份有限公司首台（套）项目，并成功帮助企业成功申请财政补贴。

2015年，平安成功与一汽大众、斯巴鲁开展总对总汽车延保业务，12月19日在无锡成功举行了“平安产险一汽大众延保业务研讨会议”，产险无锡分公司团体业管部和车意理赔部负责主讲延保产品的销售流程及话术、索赔流程机释疑，本次会议共有江浙沪皖地区162位一汽大众经销商服务总监和金融经理参与。

（袁 婷）

【重大承保】2014—2016年，平安无锡分公司中标无锡市安全生产责任险共保项目，交通运输行业中标20%，危化行业中标14%，建筑工程行业公众责任险中标25%，15年承保保险金额17亿元。

2013—2016年，平安无锡分公司中标自然灾害公众责任险，份额10%，15年承保保额50亿元。

2014—2017年，平安无锡分公司中标无锡市城乡户籍居民住房财产保险项目，份额10%，15年承保保额145亿元。

2014—2017年，平安无锡分公司中标无锡地铁一号线运营项目首席承保人，份额45%，保额74亿元。

2014—2017年，平安无锡分公司中标无锡地铁二号线运营项目，份额30%，保额47亿元。

2015年，平安无锡分公司中标无锡地铁一号线南延线工程保险项目，份额15%，保额2.5亿元。

2015年，平安无锡分公司中标无锡地铁三号线一期工程保险项目，份额20%，保额20亿元。

2015年6月，平安无锡分公司成功承保双良节能系统股份有限公司首台套综合保险，保额3.5亿元。

（袁 婷）

【重大赔付】8月6日，平安产险无锡分公司合计赔付无锡市长安高分子材料厂有限公司235万元。无锡市长安高分子材料厂有限公司曾于2015年1月投保财产一切险。2015年2月3日早上7点左右，无锡市长安高分子材料厂生产区导热油输出管开裂，高温导热油遇空气后起火，并迅速延燃设备、存货、厂房，属一切险火灾责任。平安产险无锡分公司为解决被保险人流动资金问题，于4月10日预付赔款100万元。后经双方共同确认:存货损失赔付208.28万元、设备维修损失赔付26.72万元，于8月6日支付赔款差额135万元，房屋损失另案处理。

（袁 婷）

【公益活动】1—2月，平安产险无锡分公司开展“春节护航”行动，护送出行市民平安到达目的地。分公司在无锡东和江阴南出口分别设立护航点，每个护航点均配有统一的配置和标识，专业的平安查勘员可为车主提供简易救援、快速理赔等服务。同时，护航点针对所有车主提供饮用水、干粮、药箱等补给品。获得广大车主高度好评。

3月14日—15日，平安产险无锡分公司参与由消费者协会举办的无锡名企名品广场展示活动，深入宣传贯彻“携手共治 畅享消费”年主题。客服部联合个渠管理部、新渠道在南禅寺广场设立平安临时服务点，宣导消费者合法权益；推广平安新服务，指导客户关注机构官微，下载好车主APP，参与活动的市民获赠一份平安纪念品；提供业务咨询、宣传新渠道女神节营销活动。

9月30日—10月8日，平安产险无锡分公司开展“国庆护航活动”。客服部联合理赔部在无锡、江阴高速出口设置平安服务点，为广大车主提供事故快速处理，理赔服务咨询，指导客户注册官微会员，并为车主赠送饼干、方便面等物资。

（黄 薇）

【教育培训】2015年，平安产险无锡分公司积极组织各级干部员工参加多种培训，着眼于员工综合技能、创新思维、合规意识、服务精神等方面的有效提升。

分公司领导班子4位成员亲力亲为，全年分四次对分公司中层以上干部开展别开生面的课程培训。通过“高管一堂课”，有力助力了分公司干部队伍在经营管理、创新发展、业务拓展和运营管理等方面能力的全面提高。

四季度，分公司通过组织“技能大比武”知识竞赛，发动全体员工认真学习商车费改，重新研习《中华人民共和国保险法》、保险行业和公司内部各项合规管理制度等内容。通过组织分批培训、各部门例会学习和员工自发学习等方式，知识竞赛取得了全员通过的优异成绩。

全年针对业务销售人员、客户服务人员等各系列员工，持续开展形式多样的以“提升客户服务体验”为核心内容的各项培训，使各级员工在日常工作中切实贯彻客户至上的保险业服务精神，有力推动分公司客户服务水平的不断发展。

（崔寒冰）

【领导班子成员】

许　威　分公司副总经理（主持工作）
钱　烽　分公司副总经理
黄　亮　分公司副总经理
乔志佳　分公司副总经理

（邱清晏）

【机构（部门）主要负责人】

王海峰　江阴中心支公司总经理
张双喜　宜兴中心支公司总经理
陈德海　个人业务管理部负责人
秦　华　团体业务管理部副经理
虞佳民　车意理赔部经理
秦聪慧　客服运营管理部经理
许志新　财产险理赔部负责人
陈　彬　企划部副经理兼财务部经理
刘广平　人力资源部副经理
赵　奕　办公室副经理

（邱清晏）

【先进集体】2015年被无锡市教育局、无锡市体育局评为无锡市青少年校园足球冠军赛特别贡献奖。

2015年被无锡市保险学会评为通联工作‘先进单位’奖。

2015年被无锡市保险学会评为《无锡保险年鉴》编撰工作‘先进单位’奖。

（黄　薇）

【先进人物】平安产险无锡分公司在2015年行业表现优异，其中，客服部顾琦、车意理赔部周鸣喜获“无锡市保险行业服务明星”奖，直销业务部许燕、锡山支公司张睿浩喜获“无锡市保险行业展业明星”奖。

（黄　薇）

天安财产保险股份有限公司
无锡中心支公司

【概况】天安财产保险股份有限公司是中国第四家财产险保险公司，也是第二家按照现代企业制度和国际标准组建的股份制商业保险公司，成立于1994年12月，至今已有22年历史。总部设在上海浦东，注册资本99.31亿元人民币。主要经营责任保险、信用保险、水险、意外伤害保险、健康保险、金融服务保险、经营中国保险监督管理委员会核准的人民币、外币的各种财产保险、责任保险、信用保险、水险、意外伤害保险、健康保险、金融服务保险等业务，办理各种再保险、法定保险和资金运用保险等业务。天安财产保险股份有限公司无锡中心支公司（以下简称天安财险无锡中支）作为下辖的第一家三级机构。2015年，认真贯彻落实总部、公司精神，坚持“效益、管理、改革、创新”的经营方针，坚持“双轮驱动”的战略不动摇，以“四项关键性工作”为措施，真抓实干，整体推进、要点突破、精细经营、科学管控，实现了保费收入加快发展、经营效益较好提升的工作目标。

（马振武）

【经营业绩】2015年，天安财险无锡中支共实现保费收入11767.04万元，同比增长4.63%，其中，车险83520.27万元，同比下降9.95%；非车险3416.77万元，同比增长73.09%。2015年综合赔付5478.4万元，同期7886.09万元。当年件数结案率92.25%，当年金额结案率60%，万元以下车险理赔周期11.54天，案件处理率105.78%，万元以下车险内部流转时效74.23小时。

（赵　坚）

【渠道建设】天安财险无锡中支坚持渠道创新改革。一是为提前应对商车改革可能带来的变化，通过实施《“创盈平台，共启赢未来”业务推动方案》，加快了网销业务平台的推广。同时，加强了与“最惠保”等第三方互联网的合作，并取得了预期效果。二是通过加大与车行、团购渠道的拓展力度，加快了散单类业务向渠道类业务有效转型的进程。三是在非车险渠道方面，天安财险无锡中支新上线货运险E-cargo承保出单系统，并取得较好的效果。

（赵　坚）

【内部管控】2015年，天安保险无锡中支先后顺利通过了行业协会、上级公司多次各类专项检查和内部专项审计，并获得监管部门、同业公司和上级领导的充分肯定。同时，连续多年未受到保险监管部门等相关机构的任何处罚。在费用管控方面，结合公司经营管理改革要求，以变动费用和销售费用为管控重点，合理配置资源，向销售、向大项目、向能出产能的团队和渠道倾斜。在人事管理方面，严格执行考核制度，完善福利制度。在财务管理方面，做好费用预算，严控各项非生产性费用支出。

（马振武）

【党建工作】中支党总支认真组织开展“三严三实”学习活动，将“三严三实”精神与公司各项经营管理工作紧密结合起来，统一党员意识，并影响和带动全体员工，帮助牢固确立党员意识。中支党总支组织党员召开了总支党员民主生活会，按照“四对照”的要求，开展了批评和自我批评，同时对总支书记和所有党员进行了民主评议。另外，做好重点培养对象的推优工作。

（马振武）

【文化建设】天安财险无锡中支积极组织有效销售活动，制订全年及阶段性竞赛活动方案，贯穿全年销售工作，在公司内营造“比、学、赶、超”的竞赛氛围。通过开展季度性竞赛活动，激励达成指标的机构，同时增加员工的季度奖励，提升一线员工的销售热情。一是明确销售目标，根据公司下达的全年销售目标，结合无锡中支实际，层层分解、细化销售指标，责任明确，落实到人，绩效挂钩。二是营造竞赛氛围，业绩上墙，在员工中开展“每周之星”“每月之星”评选活动，对于每周、每月保费收入第一名的员工进行公示；对大项目、大保单业务签约及时进行通报予以表彰。

（马振武）

【险种创新】2015年年初，天安财险总公司上线了雇主责任保险、医疗责任险、产品责任险、道路客运承运人责任保险、产品质量保证保险和食品安全责任保险等6个产品条款。7月，上线了诉讼财产保全责任保险。

（赵　坚）

【重大活动】3月15日，天安财险无锡中心支公司在无锡南禅寺广场设立展位，开展“3·15主题宣传活动”。

5月1日，天安财险无锡中支积极响应总分公司节假日营销活动，在总经理室的正确指导下，积极组织推动了相关车行渠道的营销活动。

为了庆祝无锡中支成立18周年，增强员工凝聚力，天安财险无锡中支组织全体员工进行体检，并且在5月9日组织“超越自我 环保毅行”渤公岛徒步行走活动。

5月31日，天安财险无锡中支在无锡新马太生态农庄举行大型团队拓展培训。

7月1日，正值中国共产党建党94周年之际，天安财险无锡中支党总支组织全体党员来到常熟沙家浜革命纪念馆参观学习，开展了一次学习革命精神，重温入党誓词活动。

7月7日晚，天安财险无锡中支安排相关工作人员参加了在无锡茂业百货举行的“一键保险，呵护无限”全国保险公众宣传日活动。

9月21日上午，天安财险无锡中支召开第四届工会会员代表大会，推选产生中支公司新一届工会委员，工会经审员侯选人。

12月23日，天安财险无锡中支召开2016年销售工作会议暨开门红启动大会。

（马振武）

【重大承保】9月14日，无锡中支以投标总分第二名的成绩成功中标“无锡地铁3号线”建筑工程一切险，工程总保额107亿元，承保份额20%，预计保费800万元。

（赵　坚）

【公益活动】2015年1月，为响应市慈善总会开展“送温暖、献爱心”的号召，天安财险无锡中支积极行动，立即向全辖广大干部员工发出倡议，投入到捐款活动中来，为无锡市困难群众奉献爱心，共写无锡情，共谱中国梦。

（马振武）

【教育培训】2015年，无锡中支前后六次参加了分公司组织的“周末课堂”培训，培训内容包括：战略经营与人力资源管理；一带一路”全景解读；经济中的互联网+保险；发挥市场决定性作用；担负起全面建成小康社会额历史使命；当前中国经济形势与走势分析。这些培训极大地拓展广大干部员工的工作视野、有效提升综合素质和管理技能。

（马振武）

【领导班子成员】

徐　芳　总经理

吴高翔　副总经理

朱孔超　副总经理

（马振武）

【机构（部门）主要负责人】

马振武　综合部经理

赵　坚　销售推动部经理

康晓亮　　理赔服务部副经理（主持工作）

谢春裕　营业部经理

白洪鑫　宜兴支公司经理

朱孔超（兼）江阴支公司经理

梁庆华　锡山支公司经理

卫　民　滨湖支公司经理

张春涛　开发区支公司副经理（主持工作）

李　楠　惠山支公司经理

王从庆　车商部经理

薛晓东　银保部经理

（马振武）

【先进人物】天安财险无锡中心支公司理赔部朱涛荣获无锡市人民政府金融工作办公室无锡市保险行业协会2015年度“服务明星”称号。

天安财险无锡中心支公司滨湖支公司盛维林荣获无锡市人民政府金融工作办公室、无锡市保险行业协会2015年度“展业明星”称号。

天安财险无锡中心支公司总经理徐芳荣获江苏省分公司授予的2015年“优秀经理人”称号。

（马振武）

中华联合财产保险股份有限公司无锡中心支公司

【概况】2015年，中华联合财产保险股份有限公司无锡中心支公司（以下简称“中华财险无锡中支”），围绕总公司“339”战略规划总目标，坚持“稳健致远，厚德载物”的核心价值理念，在上级公司的领导与支持下，努力克服经济下行、车商销量下降的压力，坚守底线目标，坚持价值发展，在保持稳定发展的同时，积极践行企业社会责任，服务地方经济社会发展。

（冯志强）

【经营业绩】2015年，中华财险无锡中支累计实现保费收入33848万元，其中机动车辆保险28870万元，财产保险3045万元，意外保险与健康保险1933万元。全年保费占无锡市场份额4.3%。全年累计接报案57297件；已结案件47344件（不含0结案）；已决赔款22768万元。全年综合成本率99.5%。

（冯志强）

【渠道建设】以拓展业务渠道广度和延伸业务渠道深度为目的，无锡中支着力加强与政府部门协调沟通，配合主承保商全力运行好大病保险业务，提高保费充足率；加大与银行合作力度，新签宁波银行、恒丰银行、南京银行合作业务；继续推进基层机构建设，完成3家营销服务部建设，延伸服务网点；结合业务团队建设，重点开展电销业务“二促”团队建设，推动电销业务发展。

（冯志强）

【内部管控】在坚持价值发展的导向下，无锡中支开展一系列内部管控工作，一是遵循“两率联动”优质优价的费用业务政策，重点发展政府采购车险项目、企业团单车险业务和非车险业务。二是根据历年赔付数据，进一步调优业务结构。三是建立启用理赔实时定位呼叫系统，加强理赔现场管理，提高理赔工作时效。四是通过规范问题案件审批流程，实施疑案会审制，对历史赔案开展反验，积极与无锡保险行业协会与交警部门对接，配合“2015安宁行动”打击假骗赔案9件。五是分阶段集中开展历史未决赔案的清理。六是制订员工编制规划，做好人力资源管控，提高人均产能。七是贯彻落实“两个加强、两个遏制”工作要求，围绕业务、资金、财务、消费维权、信息管理、案件风险等开展专项自查，深入做好合规管理工作，较好地保持业务质量与经营效益。

（冯志强）

【党建工作】中华财险无锡中支贯彻落实年度党建工作要求，开展“三严三实”专题教育活动，由党委书记为全体党员干部讲党课，在全体党员中开展谈体会、写心得学习征文活动，每一名党员撰写“三严三实”学习心得。开展党员干部廉洁自律教育，党委“一把手”签订“党风廉政建设主体责任书”，全体党员进行廉洁自律排查，签订“廉洁自律承诺书”，开展“讲党性守党规严党纪”专题学习测试活动。健全和完善纪委组织，制订廉政建设活动推动方案，加强党员廉洁教育。

（冯志强）

【文化建设】中华财险无锡中支坚持以人为本，关心员工成长，重视为员工搭建良好的发展平台，营造团结奋进的工作氛围。全年在工会组织下慰问生病员工、组织员工体检、开展驿行活动，建设“职工之家”，配备文体用品，同时还积极组织参与上级公司组织的员工运动会、书画作品展等活动，以缓解工作压力，增强员工体质和凝聚力。为适应青年工作需要，中华财险无锡中支成立团委，并以“扬中华文化，展青年风采”为主题开展了包饺子比赛活动，起到促进交流、活跃氛围的作用。

（冯志强）

【重大活动】

3月14—15日，中华财险无锡中支参加无锡消费者协会组织的“携手共治　畅想消费”为主题的大型广场宣传咨询活动。

4月7日，中华财险无锡中支迁入无锡市南长区清扬路228号地铁控制中心配套综合楼并对外营业。

4月25日，中华财险无锡中支参加由无锡市政府组织的“政风行风面对面”节目，总经理徐锋走进无锡新闻台，与观众零距离交流。

7月，在第三个“全国保险公众宣传日”期间，中华财险无锡中支以普及保险知识，提高保险理念为目标，结合业务发展，组织开展保险进商场、进社区等多种形式的保险宣传活动。

9月，中华财险无锡中支围绕金融安全和消费者权益保护在全辖开展反洗钱等主题宣传活动。

12月，中华财险无锡中支与无锡市民卡的消费服务合作正式启动，并于12月16日用市民卡完成首笔车险保费支付，这标志着中华财险无锡中支的“互联网+保险”业务有进一步发展。

（冯志强）

【重大承保】

10月，中华财险无锡中支获得无锡地铁3号线承保资格，承保份额5%。

2015年，中华财险无锡中支承保无锡市大病保险，承保份额10%。

（冯志强）

【重大赔付】无锡银星涂层板有限公司在中华财险无锡中支投保财险综合险。6月，因暴雨导致河水暴涨，该公司车间仓库被淹，机器设备与产成品受损。9月6日，中华财险无锡中支赔付179.07万元。

无锡锦江旅游公司在中华财险无锡中支投保道路承运人责任险。8月25日，该公司一辆旅游大巴在山东日照发生翻车事故，中华财险无锡中支快速查勘现场，慰问伤员，并在上级公司支持下，开通理赔绿色通道，年内预付赔款95万元，以急用于对事故伤亡人员的安抚与救治。

2015年，中华财险无锡中支积极配合主承包商开展大病保险业务，落实专人负责，注重理赔时效，全年为大病保险累计赔付719.30万元。

（冯志强）

【对外交流】8月10日，江南大学金融研究所吴园一教授在无锡市保险学会负责人的陪同下来到中华财险无锡中支进行调研。

（冯志强）

【公益活动】6月，无锡中支以“建设幸福无锡，有我中华保险”为主题，积极响应无锡市委、文明办等开展的“红十字人道万人捐”活动，共募得善款8585元，为无锡慈善事业发展贡献一份力量。

（冯志强）

【教育培训】5月6日，中华财险无锡中支组织开展人伤岗业务培训。

6月19日，中华财险无锡中支举办车险查勘定损员技能等级考试，考试分为理论考试、情景模拟、定损实务操作三个部分。

8月20日，中华财险无锡中支以公司文化和员工管理、车险基础、内控制度、财务基础、客户服务与理赔基础五个板块为内容对24名新员工进行系统化的培训。

10月29日，中华财险无锡中支对照公司《客户服务标准与规范（2014版）》要求对理赔窗口的20余名员工进行客服礼仪培训。

（冯志强）

【领导班子成员】

徐　锋	党委书记/总经理
郭　虞	党委委员/副总经理
魏　力	党委委员/副总经理

（冯志强）

【机构（部门）主要负责人】

陈　磊	综合管理部经理
桑希寅	财务会计部经理
高艳月	客户服务部副经理
陶　悦	销售管理部经理
朱　吉	电子商务部经理
邹富强	车商渠道部经理

（冯志强）

【先进集体】中华财险无锡中支被无锡市保险学会评为“2015年度《保险与民生》

通联工作先进单位”。

中华财险无锡中支被无锡市平安金融创建活动领导小组评为“2015年度平安金融创建活动先进集体”。

中华财险无锡中支被无锡市放心消费创建活动办公室评为“无锡市保险行业放心消费创建先进企业”。

（冯志强）

【先进人物】俞何斌在江苏省保监局组织的“国寿财险杯”江苏省人伤理赔类从业人员岗位技能大赛中，代表中华联合财产保险股份有限公司江苏分公司参赛，获得团体第三名。

华军良被中华联合财产保险股份有限公司评为首届中华财险“最美查勘员”，同时入围由江苏保险协会和江苏保险学会联合举办的“首届江苏保险业杰出人物——服务之星”复评。

（冯志强）

永安财产保险股份有限公司无锡中心支公司

【概况】2015年，永安财产保险股份有限公司无锡中心支公司（简称“永安产险无锡中支”）按照总公司“把握机遇、乘势而上，为实现　公司又快又好发展再加干劲”的要求，坚持以效益为中心，大力推进调整转型，公司经营管理工作取得了较好成绩。公司净利润和投资收益创历史新高，公司精细化管理层层递进，主要表现在效益为先的经营理念渐入人心，绩效考核更加科学和费用管控立体化、集中化和扁平化管理更加协调，理赔服务工作得到较大提升。公司互联网保险创新步伐加快，全年推行共计16款产品，险种涵盖责任险、意外伤害险、健康险和家财险等领域。

（徐　霞）

【经营业绩】2015年，全年共实现保费收入5310万元，其中车险4935.4万元，财产险291.4万元，人身险83.15万元。综合赔付率54.75%，同比下降12.73个百分点；综合费用率39.07%，同比上升0.91个百分点；综合成本率93.82%，同比下降11.82个百分点。

（徐　霞）

【渠道建设】截至2015年12月31日，与永安产险无锡中支合作的银行代理共有6家（其中市级银行5家），专业代理3家，车商代理4家，其他兼业代理3家，个人代理营销员26人。

永安产险无锡中支确立以开拓渠道业务为主攻方向，目前渠道业务已成为永安产险无锡中支的重要组成部分，一方面是专业代理机构的代理业务，另一方面北塘营销服务部汽车城货车保险业务仍是主要车险业务来源，宜兴营销服务部的渠道业务也有较大程度增加。

（徐 霞）

【人才引进】2015年，永安产险无锡中支人员全年办理人员退工9人，择优录用人员19人。按照社保用工要求，认真做好稳岗工作。主要是加大对销售人才的引进，对管理人员及后勤岗位仍进一步优化，大大降低了人力成本，较大地提高了人均产能。

（徐 霞）

【内部管控】公司精细化管理层层递进，主要表现在效益为先的经营理念渐入人心，绩效考核更加科学和费用管控立体化、集中化和扁平化管理更加协调。各机构出单人员全部转为销售编制用半年时间消化过度。以提高出单效率，减少员工编制，很好的实行多劳多得的分配方案。

加强合规管理和责任追究。各管理部门、四级机构、内设团队负责人签订由分公司统一制定的《经营责任状》，进一步开展经营管理问责制，使合规管理、责任追究，明确业务再上台阶，确保制度有效落实。

提高业务质量。严格执行2015年承保政策，每季举行承保质量分析会，反映业务质量情况，及时调整结构，引导业务部门展业方向，降低经营风险。

提高服务品质。公司互联网保险创新步伐加快，年初开通“一指禅”，“天地通保”为客户提供强大的业务服务和用户管理能力，提升公司服务质量和品牌形象。承保管理工作更统一化、规范化、标准化发展，按总分公司承保实务的要求，对承保管理工作作出细化，特别是对承保资料的管理，严格按规定执行，保持承保渠道的畅通。对非车险的终保保单实现每单跟踪，专人负责，实时提醒客户按时投保。通过市场数据分析，提高后续工作质量，方便各机构、团队及时了解、分析业务情况。规范理赔流程和监督检查，加强对各个环节的监督检查，以主动、迅速、合理、简捷、周到为服务要旨。

量化管理提高理赔质量。理赔服务中心就移动查勘远程定损，通过3G、4G技术实现事故现场查勘、事故损失核定或事故维修回勘等工作的前端操作与后台作业的实时连接和数据传输。提高公司理赔服务水平，寓管理于服务之中，减少理赔偏差、防范道德风险、提高定损效率，公司启动移动查勘远程定损项目，理赔服务工作得到较大提升。

（徐 霞）

【党建工作】“七·一”举办“庆祝建党94周年”暨“三严三实”主题活动，党员干部深入学习理解“三严三实”深刻内涵，转变工作作风；把它作为党员干部的行为准则，切实肩负起先锋带头作用，管好自己，带好队伍，用心工作，营造正气，联系公司实际推进公司业务可持续发展。

中心支公司组织党员、共青团员、工会学习中央党的群团工作会议精神，并进行了中央党的群团工作会议精神知识竞赛。通过此次活动，大家充分认识到做好新形势下党的群团工作，关键是提高认识、明确责任、抓好落实。

（徐 霞）

【重大赔付】7月7日10时20分，郑某驾驶轻型普通货车，沿惠山区前洲市镇毛纺厂门口由南向西左转弯小转弯上马路时，与由西向东徐某驾驶的电动自行车发生碰撞，造成双方车损坏，徐某受伤的交通事故，共赔付319508.80元。

（徐　霞）

【重大活动】7月8日，公司举行“一键保险，呵护无限”为主题的保险进社区宣传活动，以普及保险知识、传播保险理念、提升服务品质。让公众了解保险承保、理赔等各环节，切身体验公司“永远为客户着想”的服务理念和人性化的服务举措。

（徐　霞）

【教育培训】

1月28日至2月28日，集中宣传电信防诈骗的平安金融知识。

2月25日，组织人伤、财险理论赔知识视频培训。

10月，反洗钱系列培训。

（徐　霞）

【领导班子成员】

陈　祺　总经理

（徐　霞）

【机构（部门）主要负责人】

李　轩　综合部经理
胡晴佳　业管部经理
周振康　客服部经理
陈　强　宜兴营销服务部经理
陆小平　江阴营销服务部负责人
胡晴佳　兼北塘营销服务部经理
赵吉平　惠山支公司负责人

（徐　霞）

中国大地财产保险股份有限公司
无锡中心支公司

【概况】2015年，中国大地财产保险股份有限公司无锡中心支公司（以下简称“大地产险无锡中支”）始终把“诚信”作为企业的核心价值理念，把对股东、客户、员工和社会负责，实现其价值最大化作为企业的崇高使命。遵循“专业·价值”的经营理念，深化转型，稳健经营，努力提升业务技能和经营管理水平，实现了保费收入加快发展、经营效益较好提升的工作目标。

（柳景花）

【经营业绩】2015年，中国大地财产保险股份有限公司无锡中心支公司全年承保金额4034645 万元，保费收入7437万元，市场份额1%，同比增长3.09%。其中：车险保费收入5763万元，非车险保费收入1422.5万元，意健险保费收入251.5万元。全年支出赔款5136.08万元。

（许亚萍）

【渠道建设】2015年，大地产险无锡中支以渠道建设的宽度及深度为目标，车险方面，在稳定原有业务合作渠道的基础上，持续推进业务发展的新渠道。通过一年的建设，电销、邮政、新华渠道不断壮大。加强电网销宣传，全年电网销达到2812万元，比上年增长1.06%；加大力度，落实专人，邮政、新华业务取得突破性发展。

非车险方面，夯实基础管理，加强各渠道的人才培养。改造升级，拓展企财险、货运险、工程险、意健险业务，积极响应公司非车险业务可持续发展的战略，适应市场竞争。

（柳景花）

【内部管控】1月，公司组织全体员工认真学习中共十八届四中全会精神，重点围绕如何落实依法治国、依法治国和我们的关系进行学习并讨论。大家一致认为，政府是建设法治国家的表率，作为员工，则需要遵守公司各项规章制度，做到诚信展业、客户至上、透明理赔，同时做到坚决不碰红线、合规经营。

2015年，公司范围内全面开展了“两个加强、两个遏制”专项自查整改工作，旨在摸清各机构内部管理存在的突出问题和风险隐患，防范经营风险。“两个加强、两个遏制”专项自查工作是由中国保监会统一部署，分公司在总公司的领导下，成立了“两个加强、两个遏制”工作领导小组，印发了专项自查工作方案和督办抽查工作方案。根据方案要求，公司自查工作分阶段稳步推进，自查范围涉及公司治理及内控、财务、业务、消费者权益保护、信息系统安全及案件风险管控有效性等多个领域。根据自查和分公司检查发现的问题，逐项进行深入整改，确保整改到位。通过该项工作的开展，进一步提升了公司系统合规经营意识和合规管理能力。

2月，无锡中支成功查处一起骗赔案件，避免经济损失6万余元。

3月，无锡中心支公司成功识破一起骗赔案件，避免经济损失3.5万元。

4月，公司举办2015年上半年发洗钱业务视频培训。旨在进一步加强反洗钱工作管理，提高反洗钱工作履职能力。公司产品线部门、理赔部，以及公司反洗钱办公室负责人、反洗钱联系人，四级机构综合柜员参加了培训。

5月至6月，公司组织全体员工开展了防范打击非法集资宣传教育活动。根据江苏保监局、总分公司的统一部署，为严控非法集资风险，公司于5至6月开展了防范打击非法集资宣传月活动，成立工作小组，制订活动方案，明确工作要求。围绕工作重点，通过开设教育专栏、悬挂条幅、张贴海报、置放展板、易拉宝等平台广泛开展宣传活动，向公众发送宣传教育资料，积极营造防范和打击非法集资的浓厚舆论氛围，切实提升社会公众对非法集资的识别、防范能力。

（柳景花）

【党建工作】12月，公司举办《中国共产党廉洁自律准则》《中国共产党纪律处分条例》专题辅导学习会。公司领导提出，一要学深学透，把党规党纪刻在心上，重点要做到“四个一律”：一律要领导带头，一律要大力宣传，一律要通读原文，一律要执行到位。二要修身立德，把廉洁自律践在行上。要在引以为戒中修身，在自律约束中立德，在践行“四有”中树威。三要严管厚爱，把纪律和规矩挺在前面。各级党组织要履行全面从严治党的主体责任，增强制度执行力，纪委要把监督执纪问责做深做细做实。四要奋发作为，把干事成事作为价值体现。要不断提升能力，抢抓机遇、加快发展；要坚决抵制“不干事不出事、少干事少出事”的不良思想倾向和为官不为的消极行为。

（柳景花）

【文化建设】大地产险无锡中支坚持“简单、高效、务实、合规”的大地核心价值观，秉承“包容、通达、务实、诚信”的无锡文化，以“打造中国保险业的百年老店”为战略目标，全面推行内部客户服务导向，营造出各尽其责、和谐共享的工作氛围，形成了独特的企业文化。

坚持“以人为本，科学发展”的企业文化建设指导思想，定期培训员工的专业知识，通过广泛开展读书演讲、拓展训练，激发员工创造性、主人翁精神和团队意识。专注保险，关爱员工，倡导健康生活，大地产险无锡中支组织全体员工在无锡农博园开展了欢乐健康跑活动，之后又分组开展了障碍接力、烧烤等活动，活力健康，精彩纷呈。公司环境整洁、优美，严格执行国家环境卫生法规和管理制度，职工群众生活福利设施完善。

3月，“三八”妇女节前夕，公司组织召开女员工座谈会。公司全体女员工欢聚一堂，畅谈工作体会、感悟生活点滴、分享节日蛋糕，并集体观看了电影《重返20岁》。活动加强了员工之间的沟通交流，增进了友谊，也展现公司女职工的精神风貌。

6月，6月起至10月为公司系统首届员工文化节，为展示员工风采、营造和谐、活泼、团结的工作和生活氛围，推动具有大地特色的企业文化建设，公司开展了“我的大地·我的家”征文等员工系列活动。

8月，公司组织20多员工在影院观看了电影记录片《美丽乡愁》。“用心承诺、用爱负责”，范跃宁17年来雷锋般助人为乐、不求回报、无私奉献的精神深深促动了每一位员工，引起了他们的共鸣。

9月，第八届中国（无锡）国际汽车博览会在无锡太湖国际博览中心开幕。公司作为唯一保险机构，为无锡市宝龙汽车销售有限公司的参展提供保险服务。为其车展活动设计了全套保险服务方案，并组织核保人员及业务人员组成的咨询服务小组，现场为前来观展的客户提供保险咨询服务，并向客户发放交通安全手册、公司宣传折页及产品资讯等宣传资料。服务小组的专业知识和真挚服务赢得了宝龙汽贸和观展客户的一致好评,成为展会现场一道亮丽的风景线。

9月，公司参加分公司工会、团委联合举办的系统第一届羽毛球、乒乓球比赛。

（柳景花）

【重大活动】7月，“7月8日全国保险公众宣传日”之际公司在职场内通过海报、横幅、展板、电子显示屏等工具，开展了户外保险咨询活动，热心向市民宣传保险知识，介绍特色产品和服务，解答相关承保、理赔相关问题，指导客户下载扫描大地通保APP客户端等，并发放保险宣传折页、保险好熊猫卡通玩偶、卡通钥匙扣及公众宣传服务通讯录等宣传物品，展现了行业和公司的良好形象。积极营造全社会“学保险、懂保险、用保险”的浓厚气氛。

8月，经上海保监局批准，上海自由贸易试验区分公司（以下简称“自贸区分公司”）正式开业，为公司在商业模式建立、产品研发、业务创新、渠道开拓等方面提供了新的平台。

9月，第八届中国（无锡）国际汽车博览会在无锡太湖国际博览中心开幕。大地产险无锡新区营销服务部作为唯一保险机构，为无锡市宝龙汽车销售有限公司的参展提供保险服务。公司为其车展活动设计了全套保险服务方案，并组织核保人员及业务人员组成的咨询服务小组，现场为前来观展的客户提供保险咨询服务，并向客户发放交通安全手册、公司宣传折页及产品资讯等宣传资料。

10月，中再集团在香港联交所举办上市仪式，中国再保险（股票代号为1508.HK）在香港联合交易主板正式挂牌交易。

（柳景花）

【公益活动】11月25日，大地产险无锡中支响应无锡市慈善总会号召，开展“送温暖，献爱心”慈善募捐活动，合计捐款金额约2000元。

12月，公司收到客户赠送的一面印有“为民排忧、衷心感谢”的锦旗，对公司热情服务表示由衷感谢。公司理赔人员陈斌尽心尽力为客户排忧解难的精神，使伤者及其家属深受感动，其一再表示：“大地保险服务真好，以后要多为你们宣传。”

（柳景花）

【教育培训】3月，公司举办综合管理培训。培训内容丰富、针对性强，涵盖了综合人员日常主要工作，主要课程包括公文及信息写作基础知识、品牌标志管理、案件管理、机构管理、证照及档案管理，以及人力资源方面的员工管理、劳动纠纷处理、高管管理、薪酬及人力成本管理、新HR系统实务操作等。

5月，公司举办了财意险理赔专题培训，旨在进一步加强财意险理赔管理工作，提高各机构财意险理赔服务水平。

8月，公司举办理赔条线理算核赔培训，通过培训，使理赔条线人员对理算的重要性有了更深刻的认识，提升了理赔人员的专业技能。

（柳景花）

【领导班子成员】

李　军　总经理 (2015年4月止)

林　峻　总经理（2015年5月起）

赵爱莲　党支部书记

（柳景花）

【机构（部门）主要负责人】

柳景花　综合管理部 经理

郑　义　企划财务部 临时负责人

许亚萍　车险部 经理

汤晓晴　财/意险部　经理

盛云浩　客户服务部 经理

刘冬梅　电商业务部 经理

冯士俊　车商业务部 经理

杨　芮　重点客户部 经理

柳建峰　综合业务部 经理

汤月萍　综合业务二部 经理

吴国平　综合业务三部 经理

龚军峰　综合业务四部 经理

蒋亚杰　新区营销服务部 经理

芮伟鸣　宜兴支公司 经理

杨海军　江阴支公司 负责人

（柳景花）

【先进人物】客户服务部陈斌获2015年度无锡市保险行业“服务明星”称号。

重点客户部杨芮获2015年度无锡市保险行业“展业明星”称号。

客户服务部邹律意获2015年度中国大地财产保险股份有限公司江苏分公司“个人打假减损能手”称号。

客户服务部陈斌获2015年度中国大地财产保险股份有限公司江苏分公司“个人打假减损能手”称号。

客户服务部于天祥获2015年度中国大地财产保险股份有限公司江苏分公司“微信理赔达人”称号。

客户服务部陈栋明获2015年度中国大地财产保险股份有限公司江苏分公司“快处标兵”称号。

（柳景花）

华安财产保险股份有限公司无锡中心支公司

【概况】华安财产保险股份有限公司(以下简称华安保险)是经中国人民银行批准，于1996年10月18日正式创立的一家专业性保险公司，总部设于深圳，注册资本21亿元人民币，主要经营各种财产险、责任险、信用保证险、农业险、意外伤害险和短期健康险业务。经过十几年的发展，华安保险已经成长成为资产质量优良，员工队伍蓬勃，创新能力突出的全国性金融机构。

华安保险始终将国家利益放在首位，以社会责任和客户利益为重，坚持“责任、专业、奋进”的经营理念，凭借不断创新的精神及专业开发优势，开拓进取，奋力拼搏，在取得良好经营业绩同时，也为中国保险业的发展做出了积极贡献，赢得了公众的信赖与支持。华安保险坚持“比出险客户的亲人早到三分钟”的服务理念，“95556”全国统一客服热线于2006年正式开通，确保了华安理赔服务更加迅速到位。

（单淑慧）

【经营业绩】2015年度，华安财险无锡中支实现保费收入6383万元，其中车险5987万元，非车险295万元，同比增长20.69%,满期赔付率53.85%，历年制赔付率58.03%，综合成本率101.53%。

（单淑慧）

【渠道建设】2015年拓展了一个渠道，新引进一个业务团队，增加业务人员7名，当年实现保费收入500万元，保费实现较快增长。业务规模一直保持江苏分公司前三位。

（单淑慧）

【内部管控】华安财险无锡中支坚持“两手抓，两手都要硬”的原则，公司在抓市场发展、业务开拓的同时，也积极做好员工队伍建设、管理、培训工作，从政治思想素质及业务技能多方面入手，努力提高每个员工专业化水平，公司在发展中不断充实、提高员工队伍的整体素质、业务水平和风险管控意识，一年来，未发生任何外部违规违纪事件，公司财务管理、理赔管理、承保管理三条线齐头并进，基础内控不断得到完善，得到同业及省级分公司认可，为公司可持续健康发展打下坚实的基础。

（单淑慧）

【文化建设】华安保险始终坚持“责任、专业、奋进”的经营理念，凭借不断创新的精神及专业开发优势，开拓进取，奋力拼搏，面对保险业大发展的机遇和挑战，华安保险将以为国家、为社会提供保险保障为已任，以科学发展观为统领，以战略目标规划为指针，坚持发展为第一要务，坚持结构调整下的协调发展，坚持风险可控下的业务规模扩张，在管理平台、网络布局、业务结构、产品创新、资产管理、盈利水平和保费规模上争取更显著进展，始终将国家利益、社会利益置于首位，实现客户利益、员工利益和企业利益的全面丰收。

2015年度，无锡中支全体员工薪酬水平平均上调15%，部分优秀员工调薪幅度更高，通过公开选拔，优秀员工得到提拔。在“华安保险与您共成长”文化的指引下，中支公司开展各项丰富多彩的活动，组织为员工庆生、员工激励活动，员工关系融洽，全体员工真实感受到华安财险独有的特色文化。

（单淑慧）

【重大活动】1月4日，华安保险无锡中支召开2015年度工作会议，总结2014年度工作，部署2016年度工作，此次会议为中支新一年的发展奠定了基础，指明了方向。

6月，华安保险无锡中支组织员工去重庆旅游，此次活动让大家与大自然亲密接触，使大家在繁重的工作之余彻底放飞了心情，缓解了日常工作的压力，增添了生活的情趣，也进一步拉近了彼此之间的距离。

7月3日，华安保险无锡中支召开2015年上半年度工作会议，总结经验及不足，部署下半年度工作，此次会议为中支下半年的工作指明了方向。

12月18日，华安保险无锡中支进行《反洗钱系统操作实务》专题视频培训，培训由总公司合规部特邀负责本次反洗钱系统开发的工程师进行，大幅度提高了重点岗位员工对反洗钱工作的认知，不断的提升对反洗钱的判断能力，使反洗钱履职人员更有效熟练得操作使用反洗钱系统，以更好的履行反洗钱义务。

（单淑慧）

【领导班子成员】

史　辉　总经理

（单淑慧）

【机构（部门）主要负责人】

丁建权　综合管理部经理

汪亚军　业务管理部经理

华　钢　客户服务部经理

计　宏　江阴支公司总经理

张　元　宜兴支公司总经理

（单淑慧）

【荣誉先进】

客户服务部徐乐获2015年度无锡市保险行业“服务明星”。

（单淑慧）

安邦财产保险股份有限公司无锡中心支公司

【概况】2015年，安邦财产保险股份有限公司无锡中心支公司（以下简称安邦财险无锡中支）秉承客户增值、员工增值、股东增值，以德行定取舍、以能力定职位、以贡献定薪酬，阳光做事、快乐做人，凭借雄厚的实力、贴心的服务、高素质的人才为无锡市民提供完善的保障和服务。

（吴 奕）

【经营业绩】2015年，安邦财险无锡中支加强风险管理，加大业务结构调整和产品品质经营的力度，注重效益、规模的均衡发展，稳步提升服务水平。2015年度，全年保费收入2182.89万元，赔款支出1639.97万元，赔付率75.13%。

（吴 奕）

【服务承诺】2015年，安邦财险无锡中支积极响应总公司号召，在无锡地区围绕“一个客户、综合服务”的经营理念，提供微信自助查勘、简单快赔、人伤案件安心理赔、上门代收索赔资料、非事故道路救援等特色服务，通过多种渠道、采取多种方式，为无锡市民送服务。

（吴 奕）

【内部管控】2015年，安邦财险无锡中支合规工作从明确合规职责、制度管理提升、优化完善反洗钱体系、深入开展合规文化建设、制度检视及合规经营自查等层面开展。在集团及总公司引导下，积极宣导内控合规和高效廉政理念，打造专业、廉洁的管理和工作队伍；同时在反洗钱工作方面，积极配合人民银行及保监局，按时准确的上报反洗钱报表及其他各项信息及数据。将反洗钱及合规内控项目性工作融入到公司日常的工作之中，将内控管理变成公司日常工作。通过自查自检等方式，发现问题，解决问题，确保合规工作健康有序开展。

（吴 奕）

【领导班子成员】

陈 勇 公司副总经理（主持工作）
李 澄 公司总经理助理

（吴 奕）

【机构（部门）主要负责人】

李 澄 江阴支公司机构负责人（兼）
丁克江 宜兴支公司机构负责人
徐长君 无锡锡山营销服务部机构负责人

（吴 奕）

阳光财产保险股份有限公司无锡中心支公司

【概况】阳光财产保险股份有限公司无锡中心支公司（以下简称“阳光产险无锡中支”）下辖江阴、宜兴、太湖支公司、锡山营销服务部等四家机构。2015年，公司始终坚持以“责任和进步”的阳光文化和三大战略为指引，认真贯彻全保会、省保会会议精神，以坚决打赢“团体、个人、渠道、理赔、客服”能力和素质提升战役为根本，坚持“销售兴司、人才强司”不动摇；用客户思想，互联网思维武装头脑、转型变革，快速奔跑，努力实现发展与效益的双赢。2015年是无锡中支实行综合改革、攻坚克难的关键一年，从各项数据来看，中支整体经营状况良好，发展呈上升态势。

（杨红娟）

【经营业绩】2015年，无锡阳光全辖实现保费收入13169.9万元，同比增长7.23%；其中非车险4230.25万元，车险8939.65万元，非车占比32.12%，车险占比67.88%，险种结构合理；全年累计综合赔付率48.53%，经营成本率94.97%，经营状况良好，公司连续7年实现盈利。

（杨红娟）

【机构建设】8月20日,锡山营销服务部正式开业，经过团队的共同努力，全年完成保费548.39万元，其中非车险355.67万元，非车占比为64.9 %。保费主要来源于直管渠道，综拓和车商渠道配备相关业务人员，已正式启动。

（杨红娟）

【渠道建设】2015年，阳光产险无锡中支以渠道建设为抓手，通过做大做强各渠道来实现公司健康可持续发展。网电渠道：持续发力，全年实现保费5122.9万元，增速15.1%，保费规模由2014年的阳光全省系统第三提升至第二；车商渠道：加强合作深度，良好服务促业绩。在2015年车市低靡的大环境下，车商部整合利用了一切可利用的资源，加强了与原有渠道的合作深度，保费总量有提高，份额上也有了极大的提升。重客渠道：重客稳中有升，专业技能树口碑。重客部共完成保费1887.23万元，同比增长3.45%。2015年除承担各项续保工作外，还积极地参与了各项招投标项目，成功中标国联集团纺织类企业财产一揽子保险,并在新一轮环境污染责任保险招投标中，以份额第三、B组第一名成绩入围，专业技能得到了行业认可。

（杨红娟）

【创新服务】为进一步贯彻“保险就是阳光”的服务理念，做好雨季的防灾、防损工作，5月，阳光产险无锡中支在行业内率先推出了《2015年夏季雨季风险提示函》。公司设计的《2015年夏季雨季风险提示函》依据无锡气候变化情况，立足客户实际需求，针对不同的灾害性天气，分别从防护、应急、救援等多个方面指导客户防灾防损，并随函附上机动车辆防灾小贴士、阳光保险移动APP介绍和理赔违章随心查询等贴心增值服务。除此以外，无锡中支竭诚为企业客户提供专业的风险评估服务。先后为无锡一棉、太阳能、光伏站、家具厂等多家企业单位的安全生产出具了专业的风险评估意见与建议，同时为这些项目的顺利承保提供了重要保障。

10月，阳光产险无锡中支在无锡新区交警大队成功设立阳光车险人伤理赔调解点。该调解点通过与交警等相关部门紧密合作，快速协商处理机动车交通事故纠纷案件中人身损害及财产损失赔偿事宜。

（杨红娟）

【内部管控】为进一步提高公司服务质量，激发员工工作热情，阳光产险无锡中支始终在积极探索晨会模式，6月16日，无锡中支首次全辖晨会顺利召开，江阴、宜兴、太湖支公司全体内外勤通过云视频首次参加了中支组织召开的晨会。

一直以来，无锡中支高度重视理赔服务管理工作，对理赔人员高标准、严要求，通过不断的培训与管理，历练了一支训练有素的理赔铁军。6月，在无锡市保险行业协会开展的2015年机动车辆保险理赔服务模拟测评工作中，无锡中支脱颖而出，在全市25家财产保险公司排名第三。

11月，为贯彻总公司合规经营要求以及“理赔做最诚实可靠的人”的要求，树立员工职业敬畏感,营造理赔等关键岗位的廉洁自律的工作氛围，无锡中支组织中层干部、共产党员、理赔财务等关键岗位人员接受预防职务犯罪警示教育。 首批接受教育的理赔服务部全体人员于11月19日前往无锡市检察院雪浪苑廉政警示教育基地参观，接受警示教育。

（杨红娟）

【党建工作】无锡中支发展的同时，无锡中支高度重视党组织的建设，成立了党委，坚持一手抓公司发展，一手抓党组织建设。公司紧紧围绕业务发展开展党建活动。针对公司发展的实际，中支党委紧紧“围绕发展抓党建、抓好党建促发展”的工作思路，把中支党委的工作着力点放在支持和促进中支改革发展上来。

无锡中支党委通过“三抓”，提高员工队伍素质。一抓教育培训，不断提高思想素质。在招收新员工进公司时，首先进行一个星期的轮岗培训，通过阳光文化考试合格才能上岗；每月抽一天时间进行员工培训，从而打造了学习型的企业，务实型的团队，使员工素质得到快速提升；二抓激励机制，激发员工潜能。由人事行政部和团体客户部负责抓好员工的岗位绩效考核，通过严格认真的考核，激励先进，鞭策后进，使员工的工作潜能得到了较大的发挥；三抓树立典型，营造争先创优的氛围。

（杨红娟）

【文化建设】4月，阳光产险无锡中支工会组织全辖员工分两批赴浙江著名景区——莫干山旅游。

8月，阳光产险无锡中支在伟士羽毛球馆举办羽毛球比赛，中支多人参加比赛，经过激烈的角逐，最终太湖支公司副经理吴维成以精湛的球艺技压群雄，拔得头筹。

为了缓解员工压力，增强体质，加强

员工间的凝聚力，公司多次组织开展拓展运动，同时积极参与总省公司组织的“书法、摄影、绘画、写作”等作品竞赛。

为了弘扬正气，树立职场新风，激发公司员工工作的积极性与主动性，无锡阳光多次开展阳光文化学习培训活动，通过多维度多层次的学习与分享，员工们精神面貌焕然一新，在工作中，时刻以阳光文化为指引，充分发挥主观能动性，为公司的各项业务发展添砖加瓦。

（杨红娟）

【重大活动】8月20日，阳光产险锡山营销服务部盛大开业。总经理徐竹逸与锡山营销服务部经理张献忠共同为阳光产险无锡中支下辖第四家机构剪彩揭牌。

为改变传统货运保险模式，提升风险管控能力，积累货运领域创新发展经验和大数据，11月在总公司航运事业部领导的大力支持下，阳光产险无锡中支与第三方货运保险平台顺利签约。

（杨红娟）

【重大承保】3月，成功中标无锡市国联发展（集团）有限公司及其下属企业一揽子统一保险项目。

3月，成功中标无锡市环境污染责任保险项目。

9月，无锡市新一轮环境污染责任保险共保体签约大会召开，人保、太平洋、阳光、长安、紫金5家产险公司组成无锡市环境污染责任保险共保体，无锡阳光以份额第三，B组第一名成绩入围,新一轮环境污染责任保险工作全面启动。

11月，阳光产险无锡中支率先与无锡国旅汽车租赁有限公司签约了首批市政府补贴的新能源保险项目，首批90辆电动大客均为企业接送车。

江阴支公司成功续保医疗责任保险214余万元。

江阴支公司承保驾校学员意外险，保费规模113万。

（杨红娟）

【对外交流】4月，总经理徐竹逸代表阳光产险无锡中支走进无锡新闻电视与广播“政风面对面”直播间，与电台主持人共同解答听众疑问，树立产险行业新风，宣传阳光品牌。直播期间，徐竹逸为听众解答了关于车险理赔服务、阳光保险特色产品、以及电动车能否投保等问题。

阳光产险无锡中支以第三个保险公众宣传日为契机，通过展板、传单、文艺演出等多种方式，大力宣扬公司品牌文化，树立品牌形象。7月7日，公司积极组织参加由无锡市保险行业协会、无锡市放心办、无锡市消委会举办“一键保险，呵护无限——2015年全国保险公众宣传日活动”，其精彩表演博得了满堂喝彩。

7月，阳光产险无锡中支人事行政部工作人员先后两次走进无锡高校进行现场招聘并宣传阳光保险品牌，与两所高校达成了校企合作的意向。

（杨红娟）

【教育培训】5月7日，阳光产险无锡中支组织开展招投标业务实务培训。重客业务部工作人员担纲主讲，为学员们系统阐述了关于招投标的流程、内部签报以及在实战中遇到的一些问题与注意事项。

为了促进产信融合，献礼阳光十年，6月4日，阳光财险无锡中支联合无锡信保举办信保产品知识培训会。阳光信保总部车抵快贷运营技术部的马云飞从阳光信用保证保险的基础知识和“车抵快贷”业务面对的客户群体、销售策略、进件条件、销售流程等方面系统地介绍了“车抵快贷”业务。

为了让每一位员工更加深入地了解消防安全知识，树立起消防意识并具备自救能力，7月20日下午，阳光产险无锡中支特邀消防宣传教育工作委员会吕教官，为全体员工做了一场生动的消防安全知识的专题培训。

（杨红娟）

【领导班子成员】

徐竹逸　党委书记/无锡中心支公司总经理（12月调任江苏分公司）

沈晓明　党委委员/副总经理（12月接任中支负责人）

刘莺莺　党委委员/总经理助理

（杨红娟）

【机构（部门）主要负责人】

黄云华　企划财务部经理

周桃华　客户服务中心经理

潘　博　理赔服务部负责人

晏　欢　团体客户部负责人

黄　列　江阴支公司经理

杨亚新　宜兴支公司经理

刘莺莺　太湖支公司经理（兼）

张献忠　锡山营销服务部经理

（杨红娟）

【先进集体】2015年，阳光产险无锡中支获无锡市“金融改革创新工作奖”。

在阳光保险总公司举办的一季度三级机构“擂台争霸”赛中，无锡中支以二月份小组第一、三月份小组第二的佳绩连续两次获得流动锦旗。

（杨红娟）

【先进人物】2015年，阳光产险无锡中支总经理徐竹逸获总公司“阳光十年卓越经理人奖”。

2015年，阳光产险无锡中支车商团队长沈星佳获“阳光十年销售精英奖”。

2015年，阳光产险无锡中支杨扬获保险行业“服务明星”荣誉称号。

2015年，阳光产险无锡中支沈星佳获保险行业“展业明星”荣誉称号。

（杨红娟）

华泰财产保险有限公司
无锡中心支公司

【概况】华泰财产保险有限公司无锡中心支公司于2006年9月27日获批正式成立，公司成立9年来，坚持走依法合规经营和稳健发展的道路，坚持走质量效益型道路，基础管理和竞争实力得到全面提升，2015年实现保费收入2772.69万元。公司及时、准确、合理的赔偿，受到了客户好评，为无锡地区的经济发展起到了保驾护航的作用，真正体现了华泰的品牌：“专业品质、恒久保障。”

险种	保费（万元）	件数
机动车辆保险	1629.26	9644
企业财产保险	231.69	41
家庭财产保险	0.83	51
工程保险	41.38	3
船舶货物运输保险	19.53	849
责任与信用保险	791.5	506
意健险	58.5	136

（毛嬬娇）

【经营业绩】2015年是华泰财险无锡中心支公司“增效益，控成本，奋力开拓，加快发展”的一年，公司实现保费收入2772.69万元，其中车险1629.26万元，非车险1143.43万元。公司全体员工在总经理室的正确领导下，团结一致，众致成诚，奋力拼搏，业务规模和经营管理均实现良性发展。

（毛嬬娇）

【渠道建设】一、继续深入发展EA渠道

截至2015年年底，华泰财产保险在全省各地区共设立EA门店（营业部）169家，分布在南京、无锡、苏州、镇江、扬州、徐州、南通、泰州、宿迁9个地市和县市。其中无锡地区（含江阴、宜兴）共开设EA门店19家，完成签单保费1629.26万元，满期赔付率59.72%，月店均保费7.45万元。2016年计划在无锡全辖开设10家EA门店，使社区客户购买保险就像在便利店购物一样方便、快捷。

积极组织EA门店进行社区活动，门店主及机构员工的大力参与大大增加人气，提高门店与机构的融合度，未来可吸引更多的门店参与到社区活动中。将个险及赠险通过此类活动的形式推向社区，让“华泰保险”的品牌真正走进社区，成为社区居民的好邻居、好帮手 。

二、拓展传统渠道

截至2015年12月31日，与华泰财险无锡中支合作的有专业代理2家，兼业代理2家，代理业务总保费1043.24万元。

三、制定渠道管理办法

2015年，公司制定《2015版EA渠道管理办法》《EA序列人员活动量管理办法》《EA序列人员管理实施细则》，推动渠道的专业化经营，搭建了以渠道为导向的新型营销组织管理体系架构。

（毛嬬娇）

【内部管控】2015年，华泰财险无锡中支坚持合规经营，认真履行各项监管政策，不断完善内控制度，顺利通过了行业协会、上级公司多次各类专项检查和内部审计，并获得了监管部门、上级领导充分肯定。同时连续多年未受到保险监管部门等相关机构的处罚。

（毛嬬娇）

【险种创新】自华泰财产保险公司成立以来，在企业建设中一直强调以创新促发展，通过管理创新和产品创新推动保险业务健康发展。2014年，为了配合公司大力发展专属代理人（EA）的经营模式，公司产品策划部门针对渠道的特性开发了职工安心团体人身意外伤害保险、老板安心雇主责任险、爱家优选-家财险，并实现了推广，得到了市场的认可。同时公司与国际上主要的再保险公司建立了长期稳定的合作，具备了一流的承保能力，在责任险的领域得到了产品创新，成功承保了部分行业的职业责任保险及出口产品责任保险，在风险保障的多层次、险种配置的多组合方面，全力为客户提供完整的风险管理解

决方案。

（毛嫣娇）

【重大赔付】被保险人潘某2月24日驾驶奇瑞车在无锡市宜兴市凌霞路1号不慎碰撞到对方英菲尼迪车辆，造成本车损失6200元，三者车损失197500元，交警处理本车全责，案件已于4月23日结案支付。

被保险人刘某8月16日驾驶长城车在无锡市宜兴市东坡中路不慎撞到对方别克君越车辆，还涉及路边树木损失，本车损失28700元，三者车损失90500元，树木600元，交警处理本车全责，案件已于9月17日结案支付。

被保险人赵某10月4日驾驶凌派车在湖州市吴兴区劳动路不慎三者追尾造成本车损失37400元，三者车1捷豹损失70300元，三者车2途胜车损失25350元，交警处理本车全责，案件已于11年5月结案支付。

（游 洁）

【公司领导班子成员】

杨 晶 总经理

（毛嫣娇）

【机构（部门）主要负责人】

朱震林 计划财务部经理

毛嫣娇 行政人事部主管

刘 丹 EA管理部主管

吉振国 宜兴支公司负责人

（毛嫣娇）

太平财产保险有限公司无锡中心支公司

【概况】2015年是中国太平实施精品战略的起步之年，一年来，面对高难度的全新课题，太平财险无锡中支凭着“有梦想、敢担当”的激情和热血，依托“三年再造”积累的一点家底，团结奋斗、顽强打拼，坚定的踏上了创新发展的新征程，较好的完成了年初制定的各项经营指标，精品战略实现良好开局。

（顾勰骅）

【经营业绩】2015年是太平集团打造“最具特色和潜力的精品保险公司”开局之年，太平财险无锡中心支公司围绕“精品”战略目标，以“转变模式，坚定信心，做大做强”为抓手，全体员工展现众志成城、使命必达的决心和勇气，无论是对外开拓市场，还是接受内外部检查，无锡中支顶住了双线作战的压力，较好的完成各项任务指标。无锡中支完成保费16235.78万元，同比增长10.08%，行业排名第六，实现承保利润912万元，实现连续六年承保盈利。综合成本率92.78%。

（顾勰骅）

【渠道建设】一是第三方网销平台取得实质进展。“保险荟网”和“最惠保”成功实现出单，并不断在无锡地区拓展互联网平台。二是发展综合开拓、中石化渠道。抓住太平人寿代理人数量快速增长机遇，推动产寿产品和营销一体化；全面推进中石化项目，强化组织职能，匹配管理人力，精细化管理动作，配合太平人寿中石化专员进驻加油站，保费贡献不断提升。三是做大做强战略客户渠道，通过与太平养老、合作银行、集团签约客户的落地，打造战略客户专业销售队伍，落实重点客户活动量管理，坚持定期拜访。四是积极调整车商、团队、代理、电销等传统渠道的发展策略，提升新车和优质险种占比，团队渠道尝试“1+N”业务模式，电销WT业务向网销模式转型。

（顾勰骅）

【内部管控】2015年，中国太平先后接受了国家经济责任审计和中央专项巡视，这是太平集团历史上接受的最高规格的“经济体检”和“政治体检”，也是两场“大考”。太平财险无锡中支按照集团、总分公司要求，主动配合审计、巡视，对发现的问题立行立改。

4月，太平财险无锡中支接受江苏保监局“两个加强、两个遏制”现场检查，面对检查出现的问题及内控管理上的疏漏，通过切实有效的整改全面提升公司内控管理水平。

2015年，太平财险无锡中支深入开展“强管理”专项行动，规范内部治理、强化建章立制等六大方面32项具体行动。扎实推进整改落实“回头看”，深挖问题死角，全面堵塞合规漏洞。强化风险管理部门职能，提高风险管理队伍在管理过程中参与度，协助做好风险的事前管控。

无锡中支每年接受集团稽核中心的常规稽核，主要防范公司运营过程中所存在的风险，针对稽核中出现的问题，及时进行整改，确保无锡中支业务发展的合规性。2015年，无锡中支被稽核中心评为B+级机构。

（顾勰骅）

【文化建设】值第三个“7·8”全国保险公众宣传日来临之际，在“新国十条”的指引下，为拉近保险业与消费者的距离，以及更好的宣传保险业良好形象。7月7日，无锡中支参加2015年“一键保险、呵护无限”“7·8”全国保险公众宣传日活动，为消费者提供现场咨询服务以及答疑解难，积极传播正能量，提升广大消费者对太平财险的认知度。

根据无锡市文明办、无锡市总工会统一部署，8月7日，无锡中支工会组织公司员工前往“华莱坞”保利电影院观看记录电影《美丽乡愁》。

10月，无锡中支开展“远离洗钱，维护金融安全“反洗钱宣活动。

（顾勰骅）

【险种创新】

太平财产保险有限公司推出一款为未成年人安度暑假度身定制的保险产品——“熊孩子全能保险”。该产品面向有未成年孩子（2~17周岁）的家庭，提供了熊孩子监护责任保障和熊孩子意外伤害保障。由未成年子女造成他人伤亡或财产损失，依法应由被保险人承担的经济赔偿责任，由保险公司负责赔偿，减少家长由孩子的过失带来的经济赔偿压力；未成年子女遭受的意外伤害、残疾或者身故，保险公司也负责提供相应赔偿。

（顾勰骅）

【重大承保】

7月22日，江苏明佳电子商务有限公司召开明佳信用平台上线新闻发布会，太平财险无锡中心支公司作为该公司保险业务模块唯一合作商在发布会上签约。

（顾勰骅）

【教育培训】

7月14日，江苏分公司财产险部总经理毛娟陪同科法斯太平专业团队经理蔡爱勇一行3人赴无锡开展信用保证保险培训工作。

（顾勰骅）

【其他】6月，江阴支公司得到江苏保监局批复，正式改建为江阴中心支公司。

（顾勰骅）

【领导班子成员】

周振冬　总经理

丁　玲　副总经理

（顾勰骅）

【机构（部门）主要负责人】

顾勰骅　办公室

刘凤琴　人事部

孙月琴　财务部

朱　硕　车险部

王　斌　非车险部

黄术其　理赔部

朱　硕（兼）　销售管理部

沈朝阳　锡山支公司

丁　玲（兼）　北塘支公司

唐　庆　惠山支公司

蒋文华　宜兴支公司

周新运　江阴中心支公司

（顾勰骅）

【先进集体】2015年，无锡中支被江苏分公司授予优秀管理奖。

2015年，无锡中支被江苏分公司授予特殊贡献奖。

2015年，无锡市惠山支公司被江苏分公司授予优秀四级机构奖、争先进位奖。

2015年，宜兴支公司被江苏分公司授予优秀四级机构奖。

（顾勰骅）

【先进人物】2015年，无锡中支副总经理丁玲被总公司评为优秀员工。

无锡中支黄术其、王斌被江苏分公司评为优秀员工。

（顾勰骅）

都邦财产保险股份有限公司
无锡中心支公司

【概况】2015年，是都邦保险无锡中支成立的第九年，在总分公司的正确领导、关心和支持下，无锡中支业务稳健健康发展，规范管理逐步加强，机构队伍建设不断跨越，企业文化基本形成特色，公司形象显著提升。同时，认真学习总公司“公司利益高于一切”的经营理念，重质量效益、创都邦特色；切实贯彻分公司提出的“明确目标，科学运作，精益求精”的总体要求，在业务发展和品质管控等方面都取得了长足的进步和较快的发展。

机动车辆保险：都邦保险无锡中支

（以下简称中支）车险业务，2015年全年签单保费4666万元，其中交强险1174万元，商业险3492万元，保费同比增长8.62%，满期赔付率57.97%。位列系统内全省12家机构的第三位。

财产险：2015年中支财产险保费收入892万元，同比上升29%，位列系统内全省12家机构的第四位，满期赔付率27.97%。

意健险：意健险签单保费161万元，保费计划达成率85%，保费同比下降40%，位列系统内全省12家机构的第五位，满期赔付率16.88%。

（严星一）

【经营业绩】2015年，中支累计实现保费收入5720万元，综合赔付率51.31%，其中车险4666万元，财产险892万元，意健险161万元，同比增长9%。综合成本率98.15%，三大险种全面盈利，实现承保利润115万元。

（严星一）

【渠道建设】中支自开业以来一直狠抓渠道建设，从运输公司开始，先后与接送车公司、运管、车辆经销商等建立合作关系。在此基础上，2015年中支与华安、紫金、信达组成共保体承保万舜保险代理的雇主责任险、团意险，2015年共承保187笔，保费684万元，中支占25%份额，保费收入171万元，成效显著。

同时，机构在新险种开拓有颇有斩获：不仅开出了全国第一单的诉讼保全责任保险，（2015年共计承保20笔，保费10.47万元），还承保了物业责任险、餐厅经营者责任险等新险种业务。

在维护原有渠道业务的基础上，中支继续扩大营业货车中效益性板块业务，特别是危险品运输车辆业务。2015年度，中支危险品运输车辆承保规模占据较大比例，为无锡安全生产责任保险做出了较大的贡献。

（严星一）

【内部管控】无锡中支充分利用例会、晨会、团队会议、专项会议等各种形式，认真组织全体员工学习领会分公司在成本管控会议上的讲话精神，员工学习面达到100%；广泛开展学习讨论活动，群策群力，集思广益，认真查找机构当前成本存在的“跑冒滴漏”之处，清醒的认识到成本管控的重要性，使机构上下的思想和行动统一到公司发展理念和战略目标上来。

明确费用运作思路。中支根据分公司费用的运作原则，科学规划好本机构的全年费用运作思路，按照险种、板块的业务分布，按照各季度业务发展进度，合理安排好各险种、板块、渠道、团单的费用投入。

明确重点管控举措。中支严格对照分公司提出的六大成本管控重点工作，结合机构、条线自身实际，逐一比对，逐一分析，逐一研究，明确本机构、条线工作的重点，拿出切实可行的办法，下大力气予以解决。

强化过程效果管控。中支具体研究制定当地成本管控落实的具体细则（包括费用运作思路和重点管控举措），严格按照分公司要求及自己制定的管控细则，进一步强化过程管控，以月度、季度、半年度为单位，及时总结分析，认真开展工作“回头望”，全面检视预期与实际效果之间的差距，及时调整工作思路，改进工作方法，确保管控效果。

无锡中支坚持一手抓业务发展，一手

抓内控管理，以基础管理达标工作为重点的标准化建设工作成效显著。本年度，中支没有形成一分钱不良的应收保费，没有一个人发生违规违纪问题，没有一个下属机构受到监管部门处罚。这与中支始终强化内控密不可分：建立健全规章制度、推行寄出管理达标、强化执行力，突出应收、资金、单证、印章等重点环节、重点岗位的管控，使中支基本实现依流程办事、靠制度管理。

在业务发展中，制订、宣导和执行符合无锡市场的核保政策；抓好业务培训，强化销售人员第一核保人技能；推行车险经营精细化；加大非车险风险查勘力度；强化落实理赔品质管控措施；坚决落实清亏业务、加大零出险业务考核激励、提高折扣系数、严控单保交强险、组织推动附加险、拓展目标客户、调整车险内部结构。

中支确保赔付和费用不突破指标，保证达成综合成本率目标，确保销售成本合理投入（销核联动），后线费用预算管控到位，理赔质量“严防死守”。主要把握两个问题：一是销售投入管控要做到科学化、差异化、扁平化和透明化；二是后线成本管控到位，做到精细化、合理化和预算制。落实基础工作达标管理，强化监管文件的执行，完善各项流程制度，加强机构检查指导。以对自己、对客户、对公司、对员工高度的责任感，落实各项规范措施。对不学习、不理解、不执行监管要求的行为、问题，一律从严处理。

（严星一）

【企业文化】9年来，中支企业文化建设不断取得新的成绩。企业文化建设的强烈意识、企业文化建设的浓烈氛围、企业文化建设的项目活动，使中支企业文化建设已经融入日常经营管理之中，成为中支的闪亮特色。企业文化建设已经基本实现日常化、人性化、制度化、大众化，助推着队伍建设、人才成长和公司的健康发展。

2015年，中支继续秉承崭新的文化价值观是：重品德、讲修养；重责任、讲诚信；重执行、讲效率；重人才、讲贡献；重品牌、讲服务；重发展、讲价值。中支积极响应和落实分公司在企业文化方面的要求，继续抓好企业文化“四个一”工程，即一碟、一刊、一报、一册，同时积极推进企业文化纵深发展。通过参与分公司员工技能知识竞赛活动、组织员工爬山、羽毛球健身活动等多种文体活动，进一步提升了公司的凝聚力与向心力，营造了快乐和谐的工作氛围。

（严星一）

【理赔创举】3月，中支开始贯彻实施分公司下达的车险理赔“三清”工程实施方案。车险理赔“三清”指的是：针对纯车物案件损失在3000元以内案件当天清相机照片、当天清理赔材料、当天清系统平台。此项举措进一步提高了定损员现场出单率，实现了现场查勘、定损、单证收集服务一体化，提升了理算、核价核损、核赔、结案时效与服务质量。

同时，中支继续大力推进“客服三有”“理赔三快”工程落实，加大大案核查指导力度，加大资源投入，定损人员接到派工后，实施二次调度，通过查勘手机，确保5分钟之内与客户联系。这些措施的推出，在客户、同业中树立了良好的服务口碑，收到良好的社会效果。

此外，随着人身伤害赔偿在机动车辆保险款中所占的比重越来越大，人伤案件的理赔技术含量也越来越高。结合中支的实际情况：承保营运性货车比重较大，车险案件人涉及人伤案件占比较高，中支理赔服务中心提出“关爱人伤、快速结案”的方针。遵循整体减损原则、快速结案原则和沟通汇报原则，真正做到防范医疗道德风险、减少人伤案件的理赔纠纷，控制治疗费用等。同时，认真实施“关爱人伤，快速结案”，既可以控制理赔指标，并达到减损及降低车险赔付的目的，也可以宣传保险公司的理赔政策，更好地为客户提供服务，提高客户的满意度。

（严星一）

【领导班子成员】

邓永东　总经理

匡海笑　副总经理

（严星一）

【机构（部门）主要负责人】

严星一　人事行政部负责人

朱正斐　财务部负责人

黄　莹　业务管理部负责人

朱宇彪　理赔服务中心负责人

俞江红　市场部负责人

胡　君　江阴支公司负责人

赵　平　宜兴支公司业务经理

（严星一）

中国人寿财产保险股份有限公司
无锡市中心支公司

【概况】2015年，中国人寿财产保险股份有限公司无锡市中心支公司准确把握集团和总公司、省公司的发展战略，解放思想、转变观念，不断拓宽业务渠道，积极扩建业务队伍，强化基础管理工作，大力提升服务能力，公司在2014年4亿元的高平台上，再次实现新的超越,成功站上了5亿元的保费平台，继续保持了较快的发展速度和持续盈利的局面。

（张　清）

【经营业绩】2015年，公司共实现总保费收入5.15亿元，实现了5.1亿元的底线目标承诺，同比增速30.47%，高出行业平均增速近16.81个百分点，其中非车险保费收入6024万元，公司成功进入全国系统前10强。公司经营效益进一步优化，全年完成净利润3220.7万元，其中车险利润 2762.10万元，非车险利润458.60万元。截至2015年12月末，公司市场份额为6.35%，与2014年同期相比高出0.82个百分点，保费规模高出后一位主体1.76亿元，领跑行业第二军团的优势得到进一步巩固。

（张　清）

【机构建设】2015年，江阴支公司在上一年的高平台上继续保持了较快的发展速度，全年保费规模达到了1.59亿元，同比增长16.48%，当年经营利润更是高达1549.79万元，体现了全省系统规模最大、累计经营效益最好的县支公司应有的担当；宜兴支公司在过去的一年也保持较高增速，全年保费规模达到了7068万元，成功站上7000万元保费的平台，同比增长17.84%；滨湖支公司2014年总保费规模基本与上一年持平，全年保费收入4205万元，保费规模位列全市6家支公司第三位；新区支公司以车队业务为发展主要抓手，全年以4119万元的保费规模紧随滨湖支公司之后，同比增长52.48%，增速为各机构之首；锡山支公司稳扎稳打，以3919万元的年保费规模及16.63%的同比增速位列第五位；惠山支公司以2502万元及18.8%的同比增速，取得了不俗的成绩。

（张　清）

【渠道建设】2015年，中国人寿财险无锡中支将渠道建设作为一项重点工程来抓，各渠道保费稳中有升。电销渠道：一方面密切关注市场动向，不断提升电销渠道业务占比，另一方面加大本地外呼力度，不断提高公司电销产品的市场竞争力和吸引力，全年共实现电销渠道保费收入1.73亿元，计划达成率为101.85%，同比增长47.55%，渠道保费占比33.59%，位列市场第四。互动渠道：2015年，互动渠道继续深化产寿联席会议的常态化运作、互动菁英会的政策激励、各职场的产能挖掘，全年互动渠道保费达到了1.06亿元，同比增长25.18%，渠道业务占比24%，规模贡献位列全省第三。车行渠道：公司在深挖合作车行业务潜能的同时，进一步优化专员配置，继续做好二级车商的合作开发，目前签约车商已达到98家，全年共实现车行渠道保费8726万元，同比增长77.45%。银保渠道：公司一方面继续充实银保团队力量，加大各合作银行的跟踪维护力度；另一方面充分利用总部存款资源优势，联合各合作银行适时制定阶段性的业务推动方案，全年，无锡中支银保渠道实现保费收入3163万元，非车险保费占比超过了50%，渠道保费占比位列无锡各财险公司第三位，市场份额13.78%。重客渠道：一方面积极参与市政府重大工程保险项目的招投标，成功入围市政府地铁三号线工程保险项目，另一方面与多家保险经纪公司和专业代理公司保持常态化合作关系，加速推进产代寿工作的督导，全年实现重客渠道保费4270万元，渠道保费增速高于全省平均。

（张　清）

【队伍建设】2015年，中国人寿财险无锡中支公司一方面以有效增员为抓手，加快营销团队建设的步伐，通过内部培养、外部引进双管齐下，进一步提高销售队伍总量；另一方面，以绩效考核为抓手，加快营销团队能力水平的提升，通过业务培训、考核引导、技能比武、劳动竞赛、资格考试等手段，进一步提高销售队伍质量。同时，公司以农村网点建设为突破口，加快中心乡镇网点布局步伐，挖掘潜在市场资源。

（张　清）

【内部管控】理赔/客服中心以“一降一提”为主线，进一步提高第一现场到达率；严控简易赔案权限，加大人员考核力度，进一步挤压理赔水分、提高结案率；认真抓好人伤案件的跟踪和诉前调解工作，进一步降低了赔付成本。2015年，中支本部客服中心成功获评五星级服务网点，这是全省系统首家五星级服务网点，同时被评为全国系统十佳服务窗口；江阴市支公司成功升格为四星级服务网点；新区支公司成功乔迁新职场，公司面貌焕然一新。年内中支还被无锡市消协评为诚信单位，社会形象进一步提高。销售管理部认真抓好各阶段业务竞赛的组织实施，加强经营数据的分析，积极提出合理化建议；加强续保业务的管理和应收保费的清理；认真开展国寿天财的使用推广工作，公司利用天财系统出单人数及有效人数都位列全省第二位。财产险部加强保证保险和诉讼财产保全责任保险的培训，并在诉讼财产保全责任保险方面取得了突破；积极主动协调与各业务单位的关系，加强保前风险评估，为公司严把“进口关”。财务会计部加强费用预算管理，在预算执行过程中，注重对事前、事中的预警和控制。同时准确把握基层经营的真实经营状况，进一步强化了公司的风险管控。办公室在加强反洗钱、反保险欺诈宣导培训的同时，组织开展全员合规知识在线测试，进一步增强了全员合规经营意识；积极会同其他职能部门认真开展“两个加强、两个遏制”的排查和整改工作；加大公司的正面宣传力度，提升了公司的社会形象和美誉度。人力资源部认真抓好公司“三定”方案落实，完成了中支架构调整及重要的岗位人员配置工作，完成了劳务派遣制人员的转签工作，加强对全体劳动合同人员的档案审核工作及SAP系统的人员信息梳理，公司人力资源管理更加规范有序。

（张　清）

【党建工作】2015年，中支公司根据中央和上级公司的统一安排，认真组织开展“三严三实”专题教育，通过中支党委班子成员上专题党课和专题民主生活会的形式，进一步转变工作作风，班子的凝聚力、战斗力得到了进一步的增强。同时，公司根据各机构党员数量的实际情况，合理调配党员，使得各支公司全部建成了独立党支部，并在全辖各机构实现了主要负责人与支部书记的身份统一。另外，公司还建成了高标准的党员活动室，积极开展专题党日和“红专结对”活动。七一前夕，江阴市支公司党支部再次被集团公司党委授予先进基层党组织的荣誉，5名党员和1名党务工作者受到省公司表彰。

（张　清）

【文化建设】2015年，无锡中支围绕“活力无锡”的建设主题，积极开展多种形式的主题活动。公司团委联合工会先后组织团员青年开展了环湖徒步健康行走、广场服务咨询、读书演讲比赛等活动，大力营造积极进取的职场氛围。中支工会加大员工关爱力度，年内组织了全体员工健康体检，建立健全了困难职工帮扶慰问机制，让员工真切感受到公司的关怀与温暖。公司工会还通过开展职工棋牌比赛、包粽子比赛等形式，丰富职工的精神文化生活。年内公司开展了形式多样、内容丰富的劳动竞赛，提高了广大职工的业务技能与专业技能，形成了比学赶帮超的热烈氛围，涌现出了一批爱岗敬业的先进典型

（张　清）

【重大活动】1月24日，中国人寿财险无锡市中心支公司召开了全市系统2015年度工作会议。

1月24日，无锡中支召开了全市系统首届职工代表大会第一次全体会议。

2月，无锡中支推出了损失金额在3000

元以内、仅涉及车损、出险三次以内的简易赔案“理赔四免”服务，即免资料、免上门、免等待、免证明，受到了广大客户的欢迎。

2月15日，无锡中支由总经理室成员带队分别赴各支公司开展“两个加强、两个遏制”全覆盖现场检查工作。

3月9日，省公司总经理邱家洋率省公司办公室、车险部、非车险部负责人亲临无锡中支进行业务督导和工作调研。

3月6日，无锡中支被无锡市金融办和无锡市保险行业协会联合授予“2014年度先进集体”称号。

3月2日，无锡中支江阴市支公司保费完成111.38万元，再次刷新江阴市支公司日保费的历史纪录。

3月18日，无锡中支被无锡市消费者协会授予“2014—2015年度诚信单位”称号。

3月18日，无锡中支邀请6名行风社会监督员上门座谈，认真听取他们对公司在客户服务、消费者权益保护方面的意见和建议。

7月9日，无锡中支召开2015年上半年经营形势分析会，明确提出全辖上下要瞄准全年目标、加快发展步伐，为实现“活力无锡”各项目标而努力奋斗。

8月12日，无锡中支举行“2015查勘车交车仪式”，此次查勘车的配发为进一步提高查勘服务时效、展现国寿财险良好服务形象夯实了基础。

9月22日，无锡中支为网购保险幸运客户颁发中国人寿“网上嘉年华、2015送壕礼”活动超级大奖。

9月29日，无锡中支会同3M中国有限公司组织无锡新区佳达货运公司驾驶员开展了安全驾驶专题教育课，这标志着“星光守护”货车安全驾驶专题培训（无锡站）活动圆满收官。

9月14日，江阴市支公司顺利搬迁至江阴市长江路213号新职场。搬入新职场后，公司办公环境明显改善，门厅宽敞，相关功能区域一应俱全，客户满意度以及公司品牌形象得到进一步提升。

10月19日，无锡中支召开三季度经营形势分析会。

10月30日，无锡中支借助新媒体平台，在全辖开展了2015年“牵手有礼”微信推广活动。

11月11日—12日，省公司总经理助理宋爱琴等一行专程赴无锡中支进行业务督导。

12月10日，宜兴支公司成功签下了全省系统诉讼财产保全责任险第一单。

12月23日，无锡中支召开2016年业务启动大会。

（张 清）

【公益活动】2月4日，中国人寿财险无锡市中心支公司开展主题为“助力梦想、放飞希望”的爱心助学座谈交流见面活动，来自无锡市滨湖区胡埭镇中心小学和立人小学的10名与无锡中支爱心助学结对的小学生参观了公司新职场，并接受了公司赠送的学习用品等礼物。

3月，无锡中支借助新职场专门为环卫工人设立了“爱心驿站”，让户外工作的环卫工人有了休憩的处所，体现了无锡公司的一片爱心，进一步彰显了城市文明。

4月26日，无锡中支40多名员工与寿险公司员工一道参加“核心价值，你我共筑”2015年无锡市网民公益体育大会暨

"无锡工商银行杯"网民环太湖徒步大会，通过本次环湖徒步活动，积极倡导绿色健康的生活方式。

12月8—11日，无锡中支邀请中医学院医生来公司开展免费义诊活动，从而更好地服务VIP客户，增强公司员工及VIP客户对健康的关注。

（张 清）

【党群活动】4月1日，无锡中支近40名党员在中支公司党委书记杨伟的带领下，在烈士陵园内开展凭吊烈士陵园、重温入党誓词活动。

5月28日，由无锡中支工会和团委联合组织2015年"青春在岗位上闪光读书演讲比赛"。

6月16日，无锡中支组织开展"万水千山粽是情"2015年端午包粽子比赛，用这一传统方式迎接即将到来的端午佳节。

7月4日，无锡中支党委班子为全体党员及非党员部门负责人分别上了一堂"三严三实"专题党课，从而为公司"好中求好、快中求快"发展提供了思想和组织保障。

8月6日，无锡中支组织党委班子成员开展了"三严三实"第一专题"严以修身"的学习研讨会，省公司党委书记邱家洋亲自到会指导并作了讲话。

8月31日，无锡中支组织党委班子成员以"严守党的政治纪律和政治规矩"为主题开展了"三严三实"第二专题学习研讨会。

10月28日，无锡中支围绕"严以用权，真抓实干，实实在在谋事创业做人，树立忠诚、干净、担当新形象"主题召开"三严三实"第三专题研讨会。

12月23日，国寿财险江苏省分公司总经理邱家洋代表省公司工会慰问基层困难职工。

（张 清）

【领导班子成员】

杨 伟　总经理

丁永磊　副总经理

朱敏刚　副总经理

黄雪琦　总经理助理

【资深业务主管】

邵晓刚　资深业务主管

【机构（部门）及负责人】

无锡市中心支公司（本部）：

孙桂余　办公室 主任

都立新　财务会计部 经理

彭芳芳　人力资源部 经理助理（主持工作）

丁志康　财产保险部 经理

杨 斐　销售管理部 副经理（主持工作）

王永红　区域理赔/客服分中心　副经理（主持工作）

李德祥　区域理赔/客服分中心　经理助理

席 娓　业务处理中心　主任

吴 岚　互动业务部　经理

毛一媛　互动业务部　经理助理

边文斌　责任意外保险部　副经理（主持工作）

倪 咏　重客业务部　副经理

张雪鹏　车行业务部　副经理

周 瑾　银保业务部　经理

何 烨　电子业务部　经理助理

滕晓燕　市区营业部　经理助理

分支机构：

俞　强　江阴支公司　副经理（主持工作）

许　青　江阴支公司　副经理

吴　英　江阴支公司　副经理

陈国林　江阴支公司　副经理

李玉琴　江阴支公司　副经理

谢采亚　宜兴支公司　经理

王　欣　宜兴支公司　经理助理

薛亚明　锡山支公司　经理

李沁人　滨湖支公司　经理

李伟年　惠山支公司　经理

严卫群　惠山支公司　副经理

李　铮　新区支公司　经理

（张　清）

【荣誉先进】 6月，惠山支公司王剑秋被总公司团委评为2014年度“青年岗位标兵”。

江阴、宜兴、新区等三家支公司被国寿财险江苏省分公司评为年度先进四级机构。

王欣、蒋屹新等10人被评为国寿财险江苏省分公司年度先进个人。

公司副总经理朱敏刚被评为全省优秀管理干部。

办公室徐志勇被国寿财险江苏省分公司评为年度信息化工作先进个人。

理赔部丁蒙被国寿财险江苏省分公司评为十大查勘定损人员。

业务处理中心孙美洁被国寿财险江苏省分公司评为十大柜面服务人员。

杨斐、屠秋红、倪咏被无锡市保险行业协会评为2015年度服务明星和展业能手。

（张　清）

民安财产保险有限公司无锡中心支公司

【概况】 民安财产保险有限公司无锡中心支公司于2007年11月经中国保监会江苏监管局批准，无锡工商行政管理局注册登记成立。主要经营范围包括：财产损失保险、责任保险、信用保险、短期健康险和意外伤害保险等业务。公司在习总书记系列重要讲话的指引下，在上级有关部门的正确领导和大力支持下，在各级政府部门及行业协会的直接督导下，认真贯彻落实年初工作会议以及业务推动会议、电视电话会议精神，团结一心、锐意进取、顽强拼搏，在市场竞争日益激烈、工作难度不断加大的情况下，经受住了各种严峻考验，取得了显著成绩。经营业绩和各项工作走在了江苏分公司系统前列，荣获江苏分公司“优秀团队”荣誉称号。

（吴翠萍）

【经营业绩】 民安财险无锡中支2015年实现保费收入2930.51万元，同比增长3.4%；车险与非车险占比为97.73%和2.27%，应收率为零；全险种综合赔付率为74.3 %；品牌形象在发展中得到进一步提升，队伍稳定，管理有序，公司经营持续健康发展。

（吴翠萍）

【渠道建设】民安财险无锡中支认真落实总公司的发展战略和经营管理模式，直销、中介、电网销渠道协调发展，建立了运营、渠道、机构三维协调机制，保证了销售管理基本法的执行，通过积极有效的拓展市场，促进了内部资源的有效整合和品质经营，为2015年的发展提供了渠道支撑。

（吴翠萍）

【内部管理】一、以改革为动力，推进公司内部各项管理制度的创新

2015年，公司在业务发展战略、业务经营规划、业务经营区域、目标客户群体、销售代理渠道等方面，在对公司组织架构和业务经营活动进行计划、监督、评估和管理等方面，进行了许多大胆和有益的改革创新，在防范和化解经营风险和加强公司内部控制管理制度方面取得了显著的成效。

二、以监管为核心，监控和指导公司内控管理制度建设

民安财险无锡中支在平时注重认真检讨和审视公司内部控制管理制度执行的现状，增强对公司内部机构、业务、财务等方面的风险管理，完善和弥补内部控制管理制度方面的缺陷和不足。

公司及时吸取上级公司指导意见，对经营范围和经营规模及时调整，逐步建立科学完善的内部控制管理体系，提高工作效率，确保现有规章制度的执行。

三、以管理为目标，提高公司经营管理整体素质和水平

公司注重合理的组织管理结构可以把分散的、单个的力量聚集成为集中的、强大的集体力量；公司每个员工的工作职权在组织管理结构中以一定形式固定下来，保证公司经营活动的连续和稳定；明确员工的责任和权利，避免相互推诿，克服官僚主义，提高工作效率，克服办事拖拉的弊端；确保公司领导制度的实现，公司领导依靠完善的组织管理制度有效地行使自己的权力。

四、以服务为理念，提升产品创新、服务创新的科技含量

科技创新引导保险公司的服务创新。无锡市保险市场近年来快速发展，民安财险无锡中支在现有的基础上，加快电子化和网络化建设的步伐，采用电子计算机和现代通讯技术设备，促进办公自动化、电子商务和网络保险以及由此延伸的服务手段和领域，提高保险公司的业务处理能力和运作效率，以高效、快捷、优质的服务，积极参与保险行业竞争。

（吴翠萍）

【党的建设】公司认真贯彻落实中共十八大精神。把贯彻落实十八大精神作为首要思想任务，引导公司党员和全体员工进一步深入学习十八大精神和新党章，深刻领会其精神实质和科学内涵，力求学深学透、真懂真信。公司开展了一系列学习活动，组织员工学习交流，深刻领悟，为实现中华民族伟大复兴增强自信心。组织开展党员和入党积极分子培训，学习党的基本知识、基本理论、基本路线、基本方针，把握走中国特色社会主义道路必须始终坚持的基本要求，从而在工作实践中充分发挥先锋模范作用。组织在职员工学习法律法规和公司的规章制度，确保员工诚

实守信、依法履职。结合“平安金融”“3·15”消费者权益日和7月8日全国保险公众宣传日，组织开展“一键保险 呵护无限”为主题的保险知识宣传。组织开展社会公益活动。2015年公司组织开展了“红十字人道万人捐”公益活动，在活动中培养员工感恩社会、报效祖国的社会责任心。

（吴翠萍）

【企业文化】民安财险无锡中支高度重视企业的文化建设，着力打造公司的软实力。

一是加强企业文化理念的学习教育，让公司的“诚信、业绩、创新”和“感恩社会、报效祖国”的文化理念在员工思想上形成共勉；二是建立具有公司特色的晨会制度，加强企业文化的学习交流，在交流中激发员工对公司、对工作的热爱之情，打好企业文化建设的根基；三是以活动为载体，在活动中培养员工的集体主义精神和关爱他人、奉献社会的责任感。四是立足本职开展创先争优，为公司品牌建设增添光彩。

（吴翠萍）

【重大活动】1月31日，公司召开2014年总结暨2015年计划工作会议，对全年工作进行全面的动员部署。

2月，无锡中支被江苏分公司评为2015年度“优秀团队”。

3月15日，开展消费者权益日相关活动。

4月20日，公司召开全体销售员工大会，总经理叶新伟进行销售管理宣导。

5月，宜兴职场搬迁。

6月30日，公司上半年完成保费收入1619.41万元，同比增长22%。

7月8日，公司组织开展保险宣传月活动，向社会公众普及保险知识，感受保险让生活更美好。

9月6日，针对金融风险进行自查并报告。

9月24—26日，总分公司对无锡中支进行常规审计。

10月13日，“关爱老人，从我做起”重阳节“孝心卡”爱心赠礼活动启动。

9—12月，反洗钱岗专职人员参加反洗钱学习培训后考试。

12月26日，公司组织开展机构、员工年度业绩全面考核。

（吴翠萍）

【领导班子成员】

叶新伟　总经理

（吴翠萍）

【机构（部门）主要负责人】

薛水明　运营支持室　经理

沈　贤　宜兴支公司　经理

高书法　江阴支公司　经理

（吴翠萍）

渤海财产保险股份有限公司无锡中心支公司

【概况】渤海财产保险股份有限公司（简称“渤海保险”）成立于2005年10月18日，是首家总部设在天津的全国性财产保险公司。公司由天津泰达投资控股有限公司、天津联津投资有限公司、天津泰达集团有限公司、天津保税区投资有限公司、北方国际信托投资股份有限公司5家天津和滨海新区的国有骨干企业发起设立。2012年，渤海保险与澳大利亚保险集团强强联手，公司承保实力、风险管控和管理水平得到了进一步加强，公司的综合实力迈上一个新的台阶。

渤海财产保险股份有限公司无锡中心支公司成立于2007年9月29日，通过了江苏保监局的验收并于2007年11月8日取得了中国保险监督管理委员会颁发的经营保险业务许可证，获准开业。全体干部员工在上级公司的正确领导下，在无锡中支总经理室的带领下，全面落实总公司的经营方针和工作部署，夯实基础工作，深化内部管理，推动业务发展，防范经营风险，着力解决内、外部环境变化带来的影响，始终坚持以发展为中心，经受了严峻考验，围绕各项工作目标，做了大量艰苦卓绝的工作。

（朱佩漪）

【经营业绩】2015年，渤海财险无锡中心支公司实现保费收入1308.92万元，车险1137.41万元，占比86.90%，意健险118.28万元，占比9.03%，财产险53.23万元，占比4.07%。

（姚俐婷）

【渠道建设】2015年，渤海财险无锡中心支公司以业务结构优化调整，提升业务平台为工作重点。至2014年年底，与渤海财险无锡中心支公司合作的代理公司共有4家，其中保险经纪公司1家，专业代理2家，兼业代理1家。

（朱佩漪）

【内部管控】2015年，渤海财险无锡中心支公司各部门协同，全力推动业务迅猛稳定发展，将加强队伍建设、渠道建设放在首位，大力提高有效产能，加强成本管控，实现效益发展，同时通过严把进口关，改善业务品质，优化险种结构，严控出口关，整肃客服队伍，提升服务质量，以“两个加强、两个遏制”检查为契机，通过采取集中授课和以岗代训相结合的方式，打造一支作风优良、技能良好的员工队伍，力求建成江苏渤海的崭新面貌。

（朱佩漪）

【企业文化】渤海保险秉承“海纳百川、风雨同舟”的核心价值观，以致力于打造中国保险业的精品公司为企业愿景，崇尚和谐、责任、盈利、合规的企业文化，秉持“积极稳健发展、长期稳健盈利”的经营理念，以精英团队治理公司，以企业精神凝聚力量，以精明管理降低成本，以精湛技术服务客户，以精致创新开拓前行，为员工提供发展，为客户分担风险，为股东创造财富，为社会奉献价值。

（朱佩漪）

【重大活动】7月7日，渤海财险无锡中心支公司积极参加由无锡市保险行业协会联合无锡市放心办、无锡市消委会在无锡茂业天地举办的“保险让生活更美丽”的保险公众宣传日文艺汇演，通过文艺演出、有奖问答、现场互动等方式让公众更了解保险，走进保险，通过派发“新国十条”漫画手册，宣传公司品牌形象，回答广大客户对保险的疑虑，展现保险业服务经济社会发展的积极作为，传播保险政策、保险理念和知识，营造 “学保险、懂保险、用保险”的良好氛围。

10月18日，渤海保险为迎接司庆十周年，渤海财险无锡中心支公司积极响应总、分公司活动安排，相继开展了摄影、征文、文艺汇演等活动，进一步增强了企业凝聚力，推广了公司企业文化，营造出渤海保险大家庭的和谐氛围。

（朱佩漪）

【重大承保】2015年，渤海财险无锡中心支公司分批承保了江苏省文化产权交易所有限公司交易物品的财产综合险，保险金额4.3亿元，保费33.94万元。

（黄芸萍）

【重大赔付】被保险人江阴市顺捷汽车运输有限公司，驾驶员高洪波。2015年5月27日投保公司交强险、商业第三者责任险50万元（含不计免赔），保险期限从2015-05-31起2016-05-30止。2015年9月21日18时，高洪波驾驶的苏BF1576在江阴市人民路转弯，由于车上货物钢板严重超长，导致三者驾驶员夏鸠纠驾驶无牌摩托车撞击钢板后送医抢救无效死亡。事故经江阴市交警大队处理，认定我方主责，后经法院调解公司于2015年12月15日保险限额内赔付合计49.27万元。

（鲍长春）

【教育培训】8月，为保证销售管理相关工作的质量及效率，提高四级机构及销售人员销管相关专业技能，渤海财险无锡中心支公司召开了2015年销管培训会议。

12月，为了巩固非车险业务知识、加强非车险承保要求、找准非车险展业方向，渤海财险无锡中心支公司对业管部人员进行了非车险承保相关培训。

（朱佩漪）

【领导班子成员】

冯拥军　总经理

（朱佩漪）

【部门（机构）负责人】

赵云芝　宜兴营销服务部负责人

（朱佩漪）

安盛天平财产保险股份有限公司无锡中心支公司

【概况】安盛天平无锡中支秉承以效益为核心，以客户为导向，坚持专业化经营、集约化管理、品质化发展的经营思想，以精细化管理和差异化竞争，持续探索、丰富、完善安盛天平“专业化、低成本经营模式”为手段，创新发展，全面实现公司业务稳健增长。截至2015年年底，安盛天平在全国18个省市设立了69家分支机构。“让出行更美好”是安盛天平的使命，更是支公司对客户的终极承诺。安盛天平始终以客户为中心，提供最优质、最具价值、最完善、最体贴的产品和服务，以中国经验与全球技能服务于中国车主，使之畅享安心、轻松、智慧的车险服务，从而打造领先、卓越的数字化直销保险公司。

2015年，是安盛天平无锡中支稳健发展的一年，公司按照总分公司的统一要求，始终坚持以服务客户为重点的工作思路，不断推进内控管理精细化，提升客户服务水平，提升企业社会形象，完善深化承保、理赔管理，借助江阴支公司成立的契机，不断优化企业结构、壮大人才储备，以“一个中心、多点推动”为发展目标，在无锡市场不断拓展优质业务、不断提升市场占有率。

（钱孟希）

【经营业绩】安盛天平无锡中心支公司成立于2010年6月，截至2015年年底，无锡中支在全市29家保险主体车险业务中排名第7位，较成立初期的第19位，上升12个位次。

安盛天平无锡中支积极响应总部业务转型的号召，率先启动直销（电销+网销）业务转型，目前直销业务占比93%，传统业务占比7%，2015年全年完成签单保费12682万元。

公司目前以直销业务为主，分销业务为辅，业务结构98%以上为私家车业务，2015年累计承保37283辆，在中、太、平、国寿后排名第五位。

无锡中支目前销售渠道多样化，包括电销、网销、传统分销。针对不同类型的客户可提供差异化的产品。

（钱孟希）

【渠道建设】2015年，无锡中支加快业务渠道的拓展，立足高端客户，截至2015年年底，渠道网点总数6个，实现保费746万元。今后，无锡中支仍然以大力投入渠道创新，不断丰富产品种类为工作重点，积极推进安盛天平和保险中介的共同发展，致力于推动整个汽车保险产业链的健康发展。

（钱孟希）

【内部管控】2015年，无锡中心支公司积极响应中国保监会的“两个加强、两个遏制”专项检查工作，成立以总经理为组长、各部门负责人为组员的专项检查工作小组，全面清查公司内部风险管控工作，做到检查不留死角、不留盲区，不走过场、不流于形式，全面确保自查工作取得实效。坚持公司主体责任导向、查找问题导向和认真务实导向，全面、客观、主动暴露问题。想办法、出重拳，全面揭示存在问题。建制度、立规矩，全面开展整改问责。

（钱孟希）

【文化建设】我们的愿景：以中国经验与全球技能服务于中国车主,使之畅享安心、轻松、智慧的车险服务,从而打造领先、卓越的数字化直销保险公司。

（钱孟希）

【重大活动】3月，契合第33个“3·15”国际消费者权益日”，为继续提升服务品质，切实保障消费者权益，无锡中支积极开展保险消费者权益保护系列活动。

6月17日，安盛天平财产保险股份有限公司江阴支公司正式对外揭牌营业。

10月，为提高员工服务的综合素质，规范理赔服务标准，提升理赔服务水平，无锡中心支公司认真组织开展“寻找2015理赔服务榜样”主题活动，选举理赔人员“服务标兵”。

（钱孟希）

【重大赔付】1月9日17时15分，驾驶员徐某某驾驶标的车在江苏省无锡市江阴市华长路行驶不慎与骑行电瓶车横穿马路的王某某发生碰撞，事故致使标的前部严重受损，三者王某某死亡，交警认定双方同等责任，公司赔付61万余元。

5月12日20时51分，被保险人徐某某驾驶标的车在江苏省无锡市江阴市江苏省无锡市江阴市自来水厂北侧地段行驶不慎与骑行电动三轮车由南向北行使的赵某某发生碰撞，后标的车失控撞树，事故致使标的前部严重受损，三者赵某某与孔某某受伤，交警认定标的负主要责任，公司赔付43万余元。

（钱孟希）

【公益活动】3月，开展了消费者权益保障宣传月系列活动，包括南禅寺广场现场设摊宣传、发放宣传彩页、接受现场咨询、。

7月8日，开展了以“一键保险、呵护无限”为主题的保险宣传公众日系列活动。

8月，开展了防范和打击非法集资宣传月系列活动，包括现场宣传、视频展示、服务承诺专题晨会等活动。

（钱孟希）

【领导班子成员】

曹红菊　副总经理

（钱孟希）

【机构（部门）主要负责人】

梅锦萍　财务部经理
李生华　理赔部经理
周　婕　业务管理部经理
张珣琰　直销业务部经理
钱孟希　综合管理部副经理

（钱孟希）

【荣誉先进】无锡中支理赔部员工高亮，获得“2015年度无锡市保险行业服务明星”称号。

安盛天平助力安盛集团连续蝉联“最具价值的保险品牌”。

（钱孟希）

安诚财产保险股份有限公司无锡中心支公司

【概况】安诚财产保险股份有限公司无锡中心支公司成立于2008年6月，公司位于无锡市滨湖区建筑西路567号宝通大厦15楼F03室，以为客户提供精致的保险服务为宗旨，下设江阴、宜兴2家支公司，公司拥有专业的理赔队伍，标准的查勘车辆，完善的理赔服务配置和网络。

2015年是公司转型发展关键的一年。一年来，在总公司、分公司的正确领导和支持下，无锡中心支公司认真践行“统筹兼顾，突出重点，构建特色，加强保障”的十六字方针，坚持“智慧经营、勇于超越”的经营策略，把有质量的发展作为第一要务，围绕转型发展、创新发展的主题，各项工作取得了新的突破。

（凌 芸）

【经营业绩】2015年，无锡中支保费收入5105.31万元，车险4880.30万元，非车险225.01万元，占无锡市场0.63%。

（凌 芸）

【文化建设】优质的保险服务，是让客户“安心、省心、舒心”的根本，“耐心、关心、责任心”是公司全体员工服务客户的宗旨，强化员工培训、不断提升员工服务客户的技能，从而使客户切实感受到公司“急客户之所急、想客户之所想”的服务理念。过硬的理赔技能、事前完备的风险防范服务，确保了公司业务的健康持续发展。

安诚保险以“安全放心、诚信忠心、仁爱关心、和谐用心”为核心价值观，以“构筑风险预警体系，提供专业安全保障”为使命，以“专业经营，差异服务，集约管理，稳健发展”为经营理念，致力于在中国财产保险领域塑造风险管理顾问与专业服务形象，打造技术领先、服务便捷的保险品牌，为客户提供最适合的保险产品和最优质的服务。

（凌 芸）

【内部管控】安诚无锡中心支公司高度重视合规经营，定期组织员工学医行业自律及相关监管文件。被对相关资料进行自查，排查公司日常工作中存在的问题，并及时整改。

（凌 芸）

【重大理赔】2月5日 19:00左右，卢某驾驶车在无锡惠山区枫杨路由西向东行驶到锡西大道路口准备左转弯时，与沿锡西大道由南向北逆行左转上枫杨路的摩托相撞，造成两车严重受损，摩托司机死亡。经无锡交警大队认定，标的驾驶员，卢某承担事故的次要责任。该标的车在公司投保了交强险及商业险，其中商业险三者责任险500000元，保有不计免赔。经调解，由公司在交强险及商业三者范围内赔付死者继承人：交强险；医疗费部分：3500元；伤残部分：110000元；商业险：扣除交强险后，商业三者险按照事故责任承担30%，赔偿108641.25元。共计222141.25元。事故双方均对调解结果表示满意。

（凌　芸）

【特色服务】墙内开花墙外香，“一对一客户服务”体验被《中国保险报》专题推介。在“一对一的特色服务”上，公司作为试点单位主动为客户提供高附加值服务，推行差异化经营服务初显成效，2015年2月中旬，《中国保险报》配发编者按作了专题经验介绍，在业内产生较大反响。

（凌　芸）

【无锡中支组织架构】

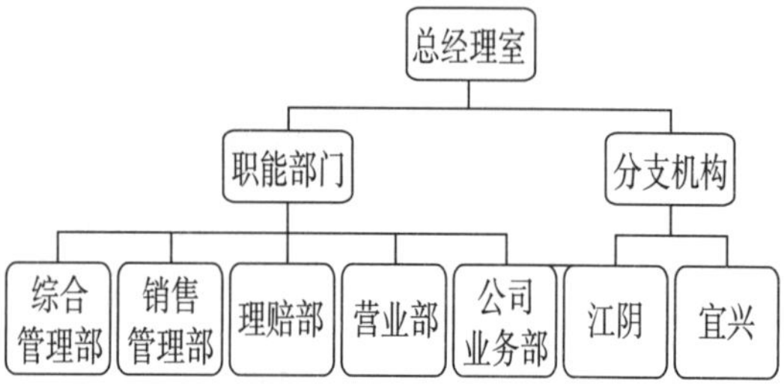

（凌　芸）

【领导班子成员】

总经理：马颖峰

（凌　芸）

长安责任保险股份有限公司无锡市中心支公司

【概况】2015年，在总公司、分公司的正确领导下，长安责任保险无锡市中心支公司紧紧围绕总公司、分公司的发展思路，坚持规范经营、规模发展、效益为先的指导思想，认真贯彻落实上级公司的各项政策，积极拓展销售渠道，充分发挥全体员工的工作积极性，全力发展业务，狠抓内部基础管理及合规管理，较好的完成了上级公司下达的各项目标任务，各方面工作取得了较大的进步。

（张自源）

【经营业绩】2015年，长安责任保险无锡中支积极拓展业务渠道，努力调整业务结构，注重效益、规模的均衡发展，稳步提升服务水平。全年保费收入6682万元，同比增加33%，占无锡市保险市场份额的0.84%。其中车险保费规模5011.9万元，占比75%；财产险保费规模78.08万元，占比1.17%；责任险保费规模1085.67万元，占比16.25%；人意险保费规模506.3万元，占比7.58%。综合赔付率43.99%，综合费用率48.93%，综合成本率92.92%，完成承保利润487万元。

（张自源）

【渠道建设】为了推动业务的不断发展，长安责任保险无锡中支大力加强销售渠道建设。积极参加政府组织的各项招标活动，并成功参与无锡市2015年度公务用车定点保险（共保）、无锡市公安消防支队官兵意外保险及车辆保险（独家承保）、无锡市环境污染责任保险项目（共保）、无锡市交通运输行业安全生产责任保险项目（共保）、无锡市危险化学品等行业安全生产责任保险项目（共保）、江苏省电梯（安全）公众责任险（共保）等保险项目，勇于承担社会责任，为无锡市社会经济的发展及社会稳定发挥了积极作用。

（张自源）

【内部管控】2015年，长安责任保险无锡中支高度重视合规管理工作，明确各部门合规职责，建立合规管理制度，优化完善反洗钱体系，深入开展合规文化建设；公司从建章立制入手，围绕风险管控的关键环节，制定和完善相关的管理制度；在反洗钱工作方面，积极配合人民银行及保监局，按时准确上报反洗钱报表及其他各项信息及数据，将反洗钱及合规内控工作融入到公司日常的工作之中，公司内部管控水平取得了较大进步，年内未发生任何违规违纪事件，基础内控不断得到完善，合规经营水平得到了进一步的提高，受到同业及上级公司的高度认可。

（张自源）

【党建工作】2015年，长安责任保险无锡中支按照总公司党委关于“党的工作与业务发展同步，抓党建、促发展”的方针和要求，加强基层党组织和党员队伍建设，定期召开党建工作会议，组织入党积极分子参加入党培训班，对入党积极分子进行了系统培训，收到了良好的效果，10月有一人光荣加入了党组织。无锡中支重视党员和员工队伍的建设，注重发挥共产党员的骨干带头作用，积极培养积极分子队伍，对公司各项工作起到了积极的推动作用。

（张自源）

【文化建设】2015年，长安责任保险无锡中支注重加强企业文化建设，各项活动丰富多彩。组织开展了“我为责任长安献良言”的建言献策活动，活动围绕对“责任重于泰山，保障始于长安”和“积聚百年动力，打造责任长安”的理解，探讨企业文化建设对促进公司长期健康发展的积极作用。公司建立了系统的培训、培养体系，使得广大员工的文化质素和岗位技能不断提升。公司环境整洁、优美，员工群众生活福利设施完善。

（张自源）

【重大活动】1月21日，江苏省分公司副总经理戎峰带队到无锡中支公司对中支总经理室成员进行年度考评。

7月8日，在无锡市保险行业协会的统一组织下，长安责任保险无锡中支参加了全国保险公众宣传日现场设摊活动，公司组织人员通过问题解答、现场互动等方式集中地进行宣传，提升了“7·8”全国保险公众宣传日的关注度、参与度和保险行业形象，收到了良好的效果；

8月20日，总公司副总裁吴建卫、总公司信息技术部总经理胡玉欣一行到无锡中支公司调研车险发展情况，指导无锡中支的车险业务发展；

11月26日～27日，总公司副总裁吴建卫、总公司信息技术部总经理胡玉欣一行到无锡中支公司调研、指导APP业务的开展。

（张自源）

【重大承保】2015年承保宜兴客运公司项目；

2015年承保江阴客运公司项目；

2015年参与无锡市公务用车定点保险共保；

2015年再次成功中标并独家承保无锡市公安消防支队官兵意外保险及车辆保险；

2015年参与无锡市环境污染责任险共保项目；

2015年参与无锡市交通行业安全生产责任险共保项目；

2015年参与无锡市危化行业安全生产责任险共保项目；

2015年参与江苏省电梯（安全）公众责任险共保项目。

（张自源）

【领导班子成员】

陈锁君　无锡市中心支公司总经理
傅　强　无锡市中心支公司副总经理
唐建华　无锡市中心支公司业务总监

（张自源）

【机构（部门）主要负责人】

唐建华　计划财务部经理（兼）
张自源　行政事业部经理
张　磊　非车险部经理
薛　强　宜兴支公司经理
张自源　江阴支公司经理（兼）

（张自源）

三井住友海上火灾保险（中国）有限公司江苏分公司

【概况】三井住友海上火灾保险（中国）有限公司江苏分公司(以下简称“三井住友海上（中国）江苏分公司”)是三井住友海上火灾保险（中国）有限公司（注册地：上海市）在中国大陆设立的第三家分公司，地址设立在无锡，成为无锡市唯一的外资产险公司和省级分公司。三井住友海上（中国）江苏分公司与此前设立的广东分公司和北京分公司形成了辐射华东、华南、华北三大区域的外资财产保险公司网络格局。三井住友海上（中国）江苏分公司自2011年1月正式开业以来，业务保持了良好发展态势。

（李东苹）

【经营业绩】2015年，全年保费收入71.82百万元，上年比增长14.71%。其中：车险保费收入0.27百万元，占比0.38%，比上年同期增长142.58%，非车险保费收入71.55百万元，占比99.62%，比上年同期增长14.91%。承保利润比上年减少45.92百万元。处理赔案525件，支付赔款10.22百万元，比上年减少36.91%。2015年9月正式开展机动车驾乘人员团体意外保险业务。

（贾　晔）

【渠道建设】三井住友海上（中国）江苏分公司主要采取直接销售的展业方式。为解决销售渠道单一的问题，公司积极通过发展兼业代理网点来弥补直接业务的不足，以便发挥兼业代理机构贴近客户、营业成本低廉、灵活多样、拾遗补漏的特长。

（李东苹）

【内部管控】三井住友海上（中国）江苏分公司不断完善相关的岗位配置，强化组织运营体系，并通过培训、会议、日常业务指导等各种形式，在全体员工中渗透公司的企业品质，贯彻客户满意至上以及合规经营的价值观。公司持续通过一系列业务自查、月度点检、内部审计以及信息安全管理等内部管控工作，确保各种业务的开展符合各项规章制度的要求。

（李东革）

【文化建设】三井住友海上的经营理念为：在财产保险事业中，合规、诚信、为客户提供最佳的风险解决方案和保险服务；稳定经营，持续发展，回报股东；履行企业的社会责任，积极贡献社会。

（李东革）

【重大活动】3月3日—3月6日，三井住友海上（中国）江苏分公司苏州营销服务部员工代表前往日本母公司参加三井住友海上东亚印度本部亚洲员工交流会。

8月29日，三井住友海上（中国）江苏分公司全体员工参加公司工会组织的“同里团队建设活动”。

11月22日，三井住友海上（中国）江苏分公司举办“开业五周年纪念·三井住友海上江苏杯”高尔夫大赛。

12月17日，三井住友海上（中国）在江苏分公司实施2015年度业务持续行动（BCP）演习。

（董晶晶）

【重大承保】1月，三井住友海上（中国）江苏分公司承保南通某公司企财险、责任险、运输险，保费184.51万元。

4月，三井住友海上（中国）江苏分公司承保无锡某公司企财险、责任险、运输险，保费201.65万元。

4月，三井住友海上（中国）江苏分公司承保南通某公司企财险、责任，保费170.95万元。

7月，三井住友海上（中国）江苏分公司承保南通公司企财险、责任险、运输险，保费866.87万元。

7月，三井住友海上（中国）江苏分公司承保丹阳某公司企财险、责任险、运输险，保费301.13万元。

12月，三井住友海上（中国）江苏分公司承保常熟某公司国内信用险，保费624.00万元。

（李　扬）

【重大赔付】南通某公司2014年6月投保安装工程险，2014年11月因石灰窑试运转期间因操作不当导致窑内温度异常上升，致耐火材料等脱落、松动石灰窑窑头的耐火砖等需更换维修，三井住友海上（中国）江苏分公司8月最终赔付349万元。

南通某公司2015年4月投保财产一切险，4月重合生产线的流量计故障导致产品报废，三井住友海上（中国）江苏分公司9月最终赔付212万元。

（能势文博）

【教育培训】5月13日、11月10日，三井住友海上（中国）江苏分公司高管人员参加总公司董事、监事、高管培训。

6月16—18日、11月25—27日，三井住友海上（中国）江苏分公司就有关合规法务、客户之声、信息安全、风险管理等内容分别对江苏分公司全体员工实施半年度合规培训。

6月29—30日、7月8日，三井住友海上（中国）江苏分公司营业全员参加总公司反洗钱专项培训。

11月5—11日，三井住友海上（中国）

江苏分公司财务部经理前往日本母公司参加全球研修。

（董晶晶）

【领导班子成员】

篠原康人　总经理　　2013年4月就任

李东革　　副总经理　2011年4月就任　分管财务部、行政管理部、业务支援部工作，兼任苏州营销服务部负责人

（董晶晶）

【机构（部门）主要负责人】

贾　晔　财务部负责人 2012年10月就任

张　敏　行政管理部负责人 2013年10月就任

李　扬　业务支援部负责人　2015年1月就任

柳泽忠彦　　营业部负责人　2012年4月就任

李东革　（兼）苏州营销服务部负责人 2012年4月就任

（董晶晶）

【荣誉先进】

2015年1月，无锡市保险行业协会进行了“2014年度先进集体、先进个人”的评选活动。经过评选，三井住友海上（中国）江苏分公司获得“先进集体”荣誉、财务部贾晔获得“服务明星”先进个人奖。

3月13日，江苏保监局授予三井住友海上（中国）江苏分公司为2014年度“投诉处理工作先进单位”。

（董晶晶）

紫金财产保险股份有限公司无锡分公司

【概况】2015年，无锡分公司在总公司和苏区的关心领导下，深入贯彻落实总公司发展战略和经营方针，落实好“客户导向、渠道经营”的战略要求；通过“产品销售、渠道扩张、客户开拓及留存”的能力提升，增强公司的竞争实力；加强与政府职能部门的沟通和协调，主动参与政府民生工程，强化政府项目的开拓力度，推动无锡分公司健康有序发展。

2015年，无锡分公司认真落实省政府委托的“道路救助基金”服务工作，围绕“垫付上品质、追偿求突破、宣传全覆盖”的目标，通过建立管理制度，高起点高标准铺设服务平台；规范全流程操作，高效准确及时提供救助；合作共建“绿色通道”，一站式服务显成效；建立协调机制，多部门多机构齐头并进；做好公益宣传，提升社会认知度五个方面，保证了“路救基金”的规范运转，形成了良好社会效益。2015年，无锡路救办完成垫付案件317件，垫付金额供给1125.28万元。其中垫付抢救费案件314件，金额1124.98万元；垫付丧葬费案件3件，金额0.3万元。2015年，共计追回221件路救案件，金额662.81万元。紫金保险无锡路救办将进一步积极推进相关工作，在“基金垫付、追偿管理、内控规范、队伍建设、品牌宣传”方面努力提升路救工作的服务水平，树立无锡紫金的社会形象，传播无锡紫金关

注民生、服务社会的“好声音”。

（屠枫霞）

【经营业绩】2015年，紫金保险无锡分公司完成保费12161.5万元，其中，车险9347.4万元，非车险2814.1万元；市场份额1.5%。

（屠枫霞）

【渠道建设】2015年，紫金保险无锡分公司进一步加强渠道业务拓展，强化管理和推动。深化专、兼业代理渠道的合作，引进配置渠道维护人员，加强专兼代代理业务的推动，积极开拓专业代理公司、经纪公司等合作渠道，为业务的快速发展和结构改善提供后续支持。

直销渠道组织“关爱女性·紫金同行”营销活动。为增强直销渠道直接获取客户的能力，提升销售氛围，无锡分公司举行由总公司直销渠道主导的“关爱女性·紫金同行”营销活动。直销渠道各部门在服务现场开展宣传活动，设置宣传横幅，指定专人负责宣传、咨询工作。着重推销车险、春节促销产品包中的家财、商旅无忧、车主无忧四种卡单以及其他适合的产品，调动销售队伍的积极性，努力打造公司良好形象。

强化经纪重客部门建设，加大重点项目开拓。建立重点项目工作组及招投标工作小组，公司“一把手”牵头负责，落实责任部门，前后线协同配合，全力推进，提升项目攻关能力，为公司业务的稳步发展奠定了基础。

（屠枫霞）

【内部管控】紫金保险无锡分公司在日常工作中严格做好内部管控工作，建立健全规章制度，强化执行力，突出应收、资金、单证、印章等重点环节和重点岗位的管控，依流程办事、靠制度管理。始终将业务品质管控放在第一位，缩短业务品质分析周期，对业务品质进行预见性的动态监测分析，适时调整承保政策，不断优化业务品质，努力改善业务结构。严控赔付成本，严把进口关，进行保前风险查勘、保后防灾防损，降低出现概率，从源头上控制赔付成本；大力拓展效益险种，剥离赔付较差的业务，或提高承保条件来加以控制；在理赔上坚持规范严谨，加强理赔队伍建设，加大理赔管控。

坚持合规经营，通过合规经营的宣导，提高全员的合规意识。提倡将合规工作日常化；即将监管机关的各项检查内容作为日常实物工作的准则和种地；提高员工的责任意识。根据公司发展的实际情况，定期、合理地对公司内部各条线的管理办法进行修订和补充。通过立章建制，完善内控合规工作的依据，切实增强全员合规经营、诚信经营的意识和责任。

（屠枫霞）

【党建工作】2015年，根据总公司党委和苏区机构党委《关于开好“三严三实”专题民主生活会的通知》文件要求，紫金保险无锡分公司党委班子充分认识开展”三严三实”专题教育活动的重大意义，认真按照上级党委的统一部署，以解决“不严不实”问题为目标，以落实中央“八项规定”要求为切入点，在深入学习的基础上，党委班子成员对照党章、对照总公司党委有关规定、对照在一线员工中广泛征求到的意见和建议，认真开展批评和自我批评，深入查摆“不严不实”方面存在的突出问题。通过“三严三实”活动的开展，增强党委班子政治意识，深刻认识加强党对企业领导是重大的政治原则，促进无锡公司全面稳健发展。

（屠枫霞）

【文化建设】加强文化宣导，增强员工凝聚力，营造良好文化氛围。通过多种形式来强化紫金文化的宣导、理念的渗透，秉承

“始于责任，成于精细”的核心价值理念，以“追求价值保障，致力社会和谐”为使命，以“成为最具责任感的保险企业公民”为愿景。坚持服务民生，打造“紫金”价值。增强员工的向心力和凝聚力，真诚帮助员工共同成长，共享发展。

公司始终将“关注民生、紧贴民生、服务民生”作为不懈的追求，努力提高“对社会的保障能力、对经济的支持能力、对管理的参与能力”，千方百计地探索保险服务的新领域，为经济社会发展做出积极贡献。

（屠枫霞）

【重大活动】1月12日，锡山支公司获得行政许可，取得营业执照。锡山支公司积极贯彻落实无锡分公司2015年的部署和要求，有组织、有措施、有目标的发展，积极落实“四增”要求，深化渠道改革，加强团队建设，为锡山支公司的稳健发展而努力奋斗。3月8日，为增强直销渠道直接获取客户的能力，无锡本部、江阴和宜兴机构利用节日营销进一步提升销售氛围，分别在无锡五爱家园、江阴步行街和宜兴森林公园举行由总公司直销渠道主导的“关爱女性·紫金同行”营销活动。无锡分公司高度重视此次宣传活动，认真准备、精心组织、积极参与。直销渠道各部门在服务现场开展宣传活动，设置宣传横幅，指定专人负责宣传、咨询工作。着重推销车险、春节促销产品包中的家财、商旅无忧、车主无忧四种卡单以及其他适合的产品。活动期间共发放宣传材料200余份，保险咨询60余人次，收到良好的效果。

3月20日，江苏保监局同意筹建无锡分公司北塘营销服务部，6月16日江苏保监局同意设立紫金财产保无锡分公司北塘营销服务部，6月26日获得行政许可，7月9日取得了营业执照。北塘区是无锡主要的工业生产运输基地，北塘区内的华东汽车城、神舟国际汽车城，都是无锡重要的汽车销售市场。此次成立北塘营销服务部有利于加大北塘区的市场拓展力度，提升公司服务平台。

5月4日，无锡分公司组织员工齐聚惠山国家森林公园，参加“欢度五四青年节、喜登惠山迎司庆”为主题的登山活动。此次活动，登高望远，陶冶情操，感受体育锻炼的魅力，增进员工之间感情、发挥团队协作精神，享受成功的乐趣，丰富广大团员青年的业余生活

5月29日，由无锡市政府、市金融办组织举办的两岸三地金融合作（无锡）恳谈会在君来世尊酒店隆重举行。来自于无锡人行、银监分局、江苏资产管理公司、国联证券、信托、省再担保无锡分公司、江苏银行科技支行、农业银行科技支行等参加了会议。紫金保险无锡分公司也受邀参加了这次高规格的会议。无锡市金融办介绍了无锡金融发展情况及海峡两岸金融与科技合作试验区建设情况；无锡市金融投资公司介绍了与台湾、香港等金融机构开展业务合作的设想；香港、台湾金融机构代表分别发言，参会公司代表互相交流发言共同谋划两岸三地金融业优势互补、资源共享以及协同发展大计。

6月11日，无锡分公司全体员工，以环湖竞走的绿色环保形式，庆祝分公司成立五周年。通过此次登山活动不仅把增强体质、增进友谊巧妙地结合起来，而且进一步提升了员工的向心力和凝聚力，展示了无锡分公司员工是一支团结奋进、顽强拼搏的高素质团队。活动的开展切实增进了员工相互间的交流，增强了集体凝聚力。

6月11日，无锡分公司开展五周年司庆茶话座谈会。无锡市金融办主任鲁振平、无锡市保险行业协会秘书长尤玲娜、无锡市保

险学会秘书长华晓、江苏分公司副总经理杨勤、紫金销售无锡分公司总经理李汝等与大家一起共叙“一五”发展历程，共谋“二五”宏伟蓝图。

无锡市金融办主任鲁振平代表无锡市政府宣读市长汪泉的贺信，贺信中对紫金保险无锡分公司五年来在开拓创新、规范发展、优化服务，认真履行江苏省道路交通事故救助基金管理人职责，推动社会管理创新方面所取得的成绩表示肯定。江苏分公司副总经理杨勤代表总公司黄东峰、许坚总裁、苏区陈加明总裁宣读贺信；贺信中对无锡分公司围绕“做强商业保险、做大民生保险、做好受托服务”三大发展目标，跃居同期同类公司前列，跻身无锡产险市场第二方阵，多次得到政府褒奖和媒体好评，获得监管部门认可和推广等成绩表示了充分的肯定。总经理房恒与全体员工共同分享了无锡紫金五年来的发展成果，回顾了公司筹建、创业、发展的艰辛历程和取得的成绩，提出了无锡分公司的愿景和抱负，共同展望公司未来发展的美好蓝图。

7月7日，由无锡市放心办、无锡市消委会、无锡保险行业协会在无锡茂业天地购物中心联合举办“7.8”全国保险公众宣传日活动。无锡分公司应邀参加了此次宣传活动。

无锡分公司高度重视此次宣传活动，精心组织、积极参与。客服部、个团渠营销部、路救办、人事行政部派员到现场进行活动宣传。在指定区域设置了宣传展示板，通过问题解答、现场互动等方式集中进行公益类险种和公司形象宣传，并在现场向广大市民发放保险宣传折页，提供产品咨询、倾听公众心声。为配合路救主题宣传活动，现场散发道路救助基金新版宣传折页，扩大道路救助基金政策的覆盖面及知晓度，现场指导群众扫描二维码关注“道路救助基金”公众微信号，开展路救微信接力活动，宣传“紫金保险、人伤无忧”、道路救援等特色理赔服务，进行紫金特色公益险种的宣传和推广，让无锡市民对紫金保险有了更为全面的认识，增进了公众的理解和信任，进一步提升了“7·8”全国保险公众宣传日的关注度、参与度和保险行业形象。

9月23日，由中国残疾人研究会、中国残疾人事业发展研究会社会保障分会、中国残疾人社会保障与商业保险课题组主办，紫金财产保险股份有限公司无锡分公司协办的“残疾人民生保障与商业保险研讨会”在江苏无锡举办。有关专家、保监会领导及部分省（市）残联相关处室负责人近40人参加了研讨会，中国残联副理事长程凯出席了研讨会并作重要讲话。副市长刘霞到会致辞。研讨会主要研究探讨了创新服务形式，利用商业保险促进残疾人小康进程的可行性。幸福人寿原董事长、中国房地产协会理事长孟晓苏教授，中国残疾人社会保障与商业保险课题组组长、副调研员赵全玺，浙江大学社会保障研究所所长何文炯教授分别作了主题报告，介绍了残疾人社会保障与商业保险课题组开展调研，试点开展残疾人商业保险工作的情况。同时肯定了运用商业保险，促进残疾人管理、服务创新的必要性，也指出了其中的困难节点。紫金保险股份有限公司无锡分公司总经理房恒作为本地保险公司唯一代表介绍了运用市场机制与保险杠杆为残疾人提供商业保险的探索与尝试，得到了与会代表的肯定。2015年，无锡市滨湖区残疾人意外伤害保险模式建立和创新深化，在全国残联研讨会上作为模板进行推广，提升了紫金保险无锡分公司在无锡保险市场特别是民生

保险无锡分公司在无锡保险市场特别是民生保险保障领域的影响力。

9月28日，无锡市残疾人联合会邀请紫金保险无锡分公司参观无锡市残疾人南山托养中心。无锡市残疾人联合会副理事长朱永彬在示范基地欢迎受邀各方的到来。参观过程中，首先由朱永彬带领受邀参观人员一起在托养中心工作人员的陪同下一同参观了示范基地荣誉室和残疾人生活区域，工作人员详细生动地为大家讲解了托养中心的发展历程和最前沿的残疾人托养理念和规划。其次，无锡市残联领导和紫金保险公司及方和万金经纪公司进行了深入的交流和互动，在会谈过程中房恒首先对无锡市残联理事长刘翔的邀请表示感谢，同时也表达了对无锡市残疾人事业所取得的成绩的敬意。

10月26日，董事长黄东峰专程到无锡拜访市委、市政府领导并参加无锡商会大厦的入驻仪式。黄东峰在分公司总经理房恒陪同下，拜访了省委常委、无锡市委书记李小敏和无锡市人民政府市长汪泉、常务副市长黄钦，汇报了紫金保险六年来公司经营情况和紫金保险无锡分公司的发展情况，提出了紫金保险将与无锡市委、市政府进一步紧密合作、加强互动、优势互补、共同发展。李小敏、汪泉充分肯定了紫金保险科学稳健的战略规划和六年来取得的经营成果，对紫金保险无锡分公司五年来在无锡地区的经营发展和道路救助基金发挥的救助职能给予了高度评价，并对紫金保险无锡分公司未来的发展寄予厚望，鼓励紫金保险大胆创新、提供优质服务，为服务无锡地方经济发展和社会民生做出新的更大的贡献。

11月26日，公司应邀参加了中小企业贷款保证保险共保单位协商会议。2015年今年以来公司积极响应政府号召，为中小企业提供保驾护航，形成了以阳光保险为主承保，包括紫金在内的8家中小企业贷款保证保险共保体。此次会议，为加强参与中小企业贷款保证保险的各共保单位的沟通与合作，加深对汇洲监管公司的认识并实地参观监管仓库，会议期间，长三角集团、汇洲资产管理公司、万舜代理就相关情况做了介绍，公司总经理房恒就该项目提出了紫金保险作为江苏人自己的保险人，积极参与地方经济建设，积极支持中小企业发展，但就项目本身而言，一定要把好事办好，明确项目小组的各方责任，并认真履行好自己的责任。

（屠枫霞）

【重大承保】1月16日，紫金保险江阴支公司首次成功中标2015—2016年度江阴公务用车定点保险项目。此次中标，是江阴支公司首次在政府采购项目中中标，对江阴支公司意义重大，为江阴支公司2015年新的征程打响了第一炮！江阴支公司将以此次中标为契机，贯彻无锡分公司的发展规划，积极拓展政府蓝海业务。

1月20日，成功中标“宜兴市公安消防大队一揽子保险项目”，参加此次投标的共有四家财险公司，经过专家评委整体考量和评比，最终公司成功击败平安、中保和长安责任保险，赢得了宜兴市公安消防大队的认可。此次中标，是对紫金保险综合实力、技术水平、服务能力的又一次肯定，对进一步借助政府平台，服务保障民生，打造紫金品牌，提升紫金保险的社会影响力有十分显著的推动作用。

3月和6月，凭借承保滨湖区残疾人意外伤害保险项目积累的丰富经验，无锡分公司再次成功中标“崇安区残疾人人身意外伤害保险项目”“新区残疾人人身意外伤害保险项目”，为保障残疾人的日常生活、学习、工作秩序，减轻因意外造成人身伤害而产生的负担，为残疾人提供了责任、精细的保障与服务，对保障残疾人的基本生活，维护社会的稳定，构建和谐社会，具有十分重要的意义。

3月9日，无锡分公司成功承保无锡市在职职工住院医疗互助保障项目，覆盖无锡市20余万已参加当地社会保险的在职职工，参保企业近2000家，是无锡知名度较高的民生工程，市场保费规模和潜力巨大。该项目的成功承保是紫金保险无锡分公司承接政府服务外包的又一次尝试，协助政府履行社会管理职能，在新的渠道、新的领域开拓更广阔的业务空间。同时加大宣传和推动力度，提升服务质量，使该项目惠及更多的职工，以实现地方政府创政绩、保险公司取业绩、百姓居民得实惠、医疗机构控风险为目标，实现多方合作共赢，为构建和谐社会贡献一份力量。

3月11日，宜兴市城乡户籍居民住房财产保险合作协议正式签订，此次共有110万户宜兴户籍居民纳入到保险范围之内。 这是继2014年无锡分公司成功中标“无锡市区、江阴市城乡户籍居民住房财产保险项目”之后的又一成果。“城乡户籍居民住房财产保险项目”作为无锡“慈福”民生系列保险之一，社会影响力很大。

3月23日，无锡分公司成功中标无锡市环境污染责任保险项目，与人保、太保、阳光、长安责任5家公司组成新年度的共保体。此次中标是在政府倡导环境保护的“新常态”下紫金保险“服务保障民生，承担社会责任”的又一笔浓墨重彩，为打造紫金品牌，进一步提升在无锡市场的影响力贡献力量。

6月10日，成功承保市公安局公务保障用车业务和中国人民解放军94926部队军用车辆保险业务，初步统计参保车辆约120台，保费规模约50万元。

10月16日，成功介入无锡市公安局交通巡逻警察支队公务用车保险项目，承保车辆170辆，年保费达60余万元。

（屠枫霞）

【公益活动】6月，为贯彻落实《无锡市人民政府关于进一步促进红十字事业发展意见》，在全市范围内开展以“汇聚人道力量，建设幸福无锡”为主题的“红十字人道万人捐”活动。号召全体员工一起加入“红十字人道万人捐”活动行列。真诚地献出一份爱心，共同创造温馨美丽的幸福家园，为谱写中国梦的无锡篇章、建设经济强、百姓富、环境美、社会文明程度高的新无锡贡献力量。

（屠枫霞）

【教育培训】5月24日，无锡分公司个、团渠营销部利用休息日进行部门业务培训，培训本着提升条线业务技能，更好的服务前线的精神，从MIS系统的操作，非车险系统操作，以及“责任”“精细”方面进行了培训和探讨，为个团渠营销部更好的服务前线，有效的提升工作技能打下了坚实的基础。

6月13日，无锡分公司组织开展新员工培训，36名新员工参加了此次培训。公司分别从保险法、公司管理制度及业务相关知识、企业文化、办公系统操作等方面进行了全面培训，使新员工尽快熟悉了解公司，认同紫金文化、提高自身价值、工作能力和业务水平。总经理房恒详细介绍了总公司和无锡分公司的发展历程。房恒表示，紫金保险自2009年成立以来，发展势头良好，保费收入不断增加，连续3年实现盈利，树立起“江苏有优势、华东有影响、全国有特色”的紫金保险品牌。希望大家珍惜紫金平台，勉励新员工：做保险要勇敢树立信心，要有创新的思维；要有拼博的精神，认同紫金的价值文化，做好职业发展规划，提高岗位技能，努力实现自身价值，与紫金共同成长。

7月1日，由无锡市新区教育局组织的全区校园安全教育会议在新城中学召开，来自新区38所大、中、幼学校校长共60多人参加了会议,紫金保险无锡分公司及无锡市新区交警大队受邀参会。会上，紫金保险无锡分公司总经理房恒作了《政府重托、服务人民》的讲话，并深入介绍了保险进学校的重要意义，表示紫金保险将协助新区交警大队进校园开展道路救助知识的普及专题讲座，开展道路安全及道路救助知识竞赛等相关活动。

7月10日，无锡分公司前往无锡市崇安区崇安寺街道为残疾人代表们进行了残疾人人身意外保险项目的培训。

在培训过程中，针对崇安区残疾人人身意外保险项目进行了险种承保及理赔流程介绍，并结合承保以来发生的各种案例进行解析，与残疾人进行了交流互动，积极回应了残疾人员提出的一系列问题，进一步提升了紫金保险的品牌影响力。

8月28日，公司银保部受邀前往江苏银行南站支行员工培训，此次培训主要是向银行员工宣导紫金的公司品牌，并且详细介绍了公司的车险特点，着重讲解了人伤无忧的优势所在。在这一次的宣导会中，增强了公司与江苏银行南站支行之间相互的了解，为以后进一步的合作，提供了坚实的基础。

（屠枫霞）

【领导班子成员】

房　恒	党委书记	总经理
王志军	党委委员	副总经理
赵梓涵	党委委员	总经理助理

（屠枫霞）

【机构（部门）主要负责人】

房　恒	锡山支公司	经理（兼）
王志军	宜兴支公司	经理（兼）
崔国卫	江阴支公司	经理
王永良	北塘营销服务部	经理
李　俊	客户服务部	副经理
王永良	个渠营销部	副经理
王永良	团渠营销部	副经理（兼）
周　勇	财务企划部	经理
许益刚	人事行政部	副经理

（屠枫霞）

【先进集体】8月，紫金保险无锡分公司在保险行业协会的评选中荣获“无锡市保险行业协会放心消费创建先进单位”称号。

（屠枫霞）

【先进个人】在2015年度无锡市平安金融创建活动中，紫金保险无锡分公司总经理房恒荣获“平安金融创建活动先进个人”称号。

（屠枫霞）

英大泰和财产保险股份有限公司无锡中心支公司

【概况】2015年，英大泰和财产保险股份有限公司无锡中心支公司（以下简称：英大财险无锡中支）在上级公司的正确领导下，全体员工齐心协力、奋力拼搏，紧紧围绕总公司“效益优先，兼顾规模，稳健经营”发展思路，加强市场业务发展，提升机构、渠道和人员产能，优化业务结构，强化成本费用管理，力争渠道差异化配置与管理，注重营销队伍的建设与售后服务，实现保险规模与经营效益双增长，各项KPI考核指标在系统内排名靠前。同时加强6个能力建设，积极开展企业文化活动和党建工作，全面提升公司持续、稳定、健康、协调发展能力。

（华伟琴）

【经营业绩】英大财险无锡中支2015年实现保费收入7845.39万元，较2014年增长50.50%。其中车险为4353.32万元，意健险为175.16万元，非车险为3316.91万元，业务结构为55.49%：2.32%:42.19%。应收率2.59%，续保率65%左右,车险结案率100.76%，非车险结案率95.12%，无锡中支市场业务全险种综合赔付率57.78%，综合成本率为88.43%，实现承保利润794.62万元，全面完成分公司下达的各项经营指标，公司经营持续健康增长。

（华伟琴）

【渠道建设】中介、直销、中间渠道齐头并进、协调发展。保费收入分别达到5198.09万元、1072.44万元和1574.86万元，分别占比66.26%、13.67%、20.07%。其中中间业务渠道中的银保渠道、电销渠道、网销渠道，2015年保费收入分别达到133.20万元、1375.68万元、68.97万元。网销渠道取得了新突破。

（华伟琴）

【机构建设】江阴、宜兴是成立满三年的机构，业务发展和经营效益情况良好。2015年，江阴、宜兴机构分别实现保费收入1085.78万元、1766.55万元。对无锡中支的保费贡献率分别达13.84%、22.52%。2015年5月26日，无锡市锡山支公司获得批筹（苏保监筹建〔2015〕31号），同年11月，筹建工作全面完成，并向江苏保监局提出开业申请（英大财险苏[2015]108号文）。

（华伟琴）

【内部管控】认真落实“两个加强、两个遏制”专项检查工作。根据江苏保监局及江苏分公司工作要求，认真落实自查方案，对机构进行了100%督导，对自查结果进行整改处理，并按要求上报自查报告。通过专项检查工作的开展，一方面提高对当前监管形势的严峻性和复杂性的认识，同时进一步加强了机构风险防范和内控建设，促进公司各项管理水平的提高。

加强对日常经营管理工作的管控。组织开展业务、理赔联合大检查，全员签订了守约承诺书。实施销售业管联动管控。通过深入调研，完善了车险、非车险费用配置和承保政策，组织开展重点项目和渠道推动，加大销售费用、核保政策差异化力度和跟踪考核，推行车险费用跟单规则，开展车险核保授权试点，建立机构问题反馈督办机制，落实执行分公司《2015年绩效考核管理办法》。

对高管执行任内审计。根据上级公司工作安排要求，由中兴华会计师事务所(特殊普通合伙)江苏分所按照中国注册会计师执业准则、《保险公司董事及高级管理人员审计管理办法》及《保险公司董事及高管人员审计指南》等相关规定，对无锡中支总经理郑采进行了任中审计。审计工作范围涵盖开业以来，无锡中心支公司综合、财务、业务、理赔等各个方面。

（华伟琴）

【党建工作】4月，英大财险江苏分公司党总支成立了党员服务队，无锡党支部选举产生了3名服务队成员。

6月，无锡中支全体党员及部分入党积极分子积极参加分公司党总支组织开展的“七一”党员教育纪念活动。

7月1日，英大财险无锡中支党支部组织全体党员开展“三严三实”专题教育活动，并组织了专题座谈会。

11月19日，英大财险江苏分公司党总支召开全体党员大会，增选产生了2名党总支委员。

12月10日，英大财险无锡中支党支部组织全体党员学习“廉洁自律准则”和“纪律处分条例”，并组织全体党员参加了相关考试。

（王娟文）

【文化建设】英大财险无锡中支文化建设多姿多彩。一是注重六个能力建设，全员六个能力提升较快。较好地培养了员工凡事预则立、立则行、行必果的良好工作习惯。良好的整体素质，获得了同业好评；二是组织员工参加各种文体活动，提高员工凝聚力。如组织员工登山、郊游、参加分公司组织的“2015年度精英员工拓展培训”活动、分公司五周年庆组织的演讲、“英大财险杯”乒乓球比赛。丰富有效的文化建设，让公司全体员工精神面貌良好，工作热情高涨，责任性强，真正做到了上下同心，目标同向，行动同步，责任共担。

（华伟琴）

【工作视点】2月10日，英大财险无锡中支组织全员参加分公司举办的“两个加强·两个遏制”考试，共有54名员工参加了本次考试。

6月30日，英大财险无锡中支工会组织开展“2015夏日送清凉”活动，江苏分公司总经理助理谈蓓亲临一线，看望慰问在酷暑中仍坚守岗位的查勘定损人员。

9月18日，英大财险江苏分公司举办“司庆五周年演讲比赛”活动，展现分公司五年来取得的发展成果，无锡中支曹意欣代表公司参加了本次演讲比赛，以《青春的力量，我们勇往直前》为题目，最终获得二等奖。

12月，按照英大财险公司的统一部署，无锡中支举办了“国网职工七周年庆抽奖”活动，活动从宣传、开展至奖品发放完毕持续了2月有余。

12月23日，按照英大财险总公司的统一部署，无锡中支开展“三严三实”专题教育活动，班子成员及全体干部职工参加学习。

（王娟文）

【重大承保】承保了无锡供电公司及多经、三产公务用车保险项目。

承保定南大华新材料资源有限公司财产一切险、公众责任险等一揽子保险项目。

承保江阴加华新材料资源有限公司财产一切险、公众责任险等一揽子保险项目。

承保江阴华宏集团财产综合险、机器损坏险项目。

承保了江苏省电力公司电网财产保险一切险和供电责任险。

（许 佳）

【领导班子成员】

郑 采 英大财险无锡中支总经理

陈 刚 英大财险无锡中支副总经理兼江阴支公司经理

贾志平 英大财险无锡中支副总经理

（华伟琴）

【机构（部门）主要负责人】

华伟琴 综合管理部 经理

施静娜 业务管理部 经理

虞昌明 客户服务部 负责人

殷盘军 宜兴支公司 经理

严 刚 无锡市锡山支公司（筹）负责人

（华伟琴）

【先进集体】在无锡市放心消费创建活动办公室、无锡市保险行业协会2014年共同举办的保险行业放心消费创建活动中，荣获“2014年度无锡市保险行业放心消费创建活动先进单位”。

（华伟琴）

【先进个人】2015年度，公司涌现了一批优秀员工，取得了优良成绩。宜兴支公司经理殷盘军荣获总公司“2015年度个人先进”，公司总经理郑采荣获“2015年度无锡市平安金融创建活动先进个人”，公司马瑛瑛、邹宴宁荣获江苏分公司“2015年度个人先进”，范宏、蒋思雨、周卫民获得江苏分公司“2015年度销售精英”光荣称号，公司虞昌明获“无锡市保险行业2015年度服务明星”称号。

公司员工张池代表省公司参加江苏省第五届“国寿财险杯”人伤技能大赛，荣获“团体三等奖”。在分公司组织的公司五周年庆系列活动之演讲比赛中，公司员工曹意欣荣获“二等奖”。

（华伟琴）

信达财产保险股份有限公司无锡中心支公司

【概况】财产保险股份有限公司无锡中心支公司（以下简称信达财险无锡中支）于2011年经中国保监会批准设立，公司位于无锡市滨湖区隐秀路150号中南发展大厦501~503。总公司在北京，信达财险的经营范围：财产损失保险、责任保险、信用保险、保证保险、短期健康保险和意外伤害保险，及上述业务的再保险业务。信达财险在注重做好传统业务的同时，加强产品创新，先后推出了“著作权交易保证保险”“专利侵权调查费用保险”“中小企业贷款履约保证保险”和“国际贸易短期信用保险”等创新业务。信达财险先后与建设银行、交通银行、中信银行、光大银行、国家开发银行、广发银行等签署了总对总战略合作协议，并与荷兰安卓信用保险集团签署了战略合作联合声明。信达财险的客户群体涉及银行、煤炭、化工、航天、能源、货运、通信等多个行业领域。

信达财险的经营理念是：对客户负责、对股东负责、对员工负责、对社会负责。

信达财险的发展愿景是：经过五至八年或更长时间的努力，打造成为最具内涵价值和很强竞争力的知名财险企业。

（路 洁）

【经营业绩】信达财险无锡中支于2012年3月正式开业，2015年共计完成保费1941万元，其中车险900万元，财产险541万元，意外险50万元。

（路 洁）

【教育培训】2015年，信达财险无锡中支在总经理室的牵头带领下，通过积极开展“平安金融”创建工作，在公司发展、法人治理、安全保卫建设等方面取得了显著成效，主要体现在以下三方面：综合竞争力显著提升、法人治理结构明显加强、安全防范措施显著增强。此外，无锡中支还十分重视“防范和打击非法集资”“反保险欺诈”“反洗钱”的排查和教育工作，结合自身实际，制订无锡中支风险排查方案，落实排查责任，明确排查任务和要求，认真抓好组织实施，摸清有无公司人员涉嫌非法集资、利用保险进行欺诈及洗钱等非法活动，并形成自查报告。

（路 洁）

【领导班子成员】

许 俊 总经理室

（路 洁）

【机构（部门）主要负责人】

朱笑凌 综合管理部
路 洁 业务管理部
包 振 客户服务部
包 振 江阴支公司
匡 兵 宜兴支公司

（路 洁）

浙商财产保险股份有限公司无锡中心支公司

【概况】浙商财产保险股份有限公司无锡中心支公司是经中国保险监督管理委员会批准成立的，公司成立于2012年12月。公司主要经营机动车辆保险、企业财产保险、家庭财产保险、团体意外险等。为客户提供风险管理、保险咨询、保险方案、投保，查勘理赔、保单保全服务。公司专业化的保险业务团队可以按照客户需要将险种的优势进行最佳组合，使客户得到真正的保障。公司成立4年以来，一步一个脚印，为无锡人民的财产安全尽一份责任，为无锡的发展添砖加瓦。

（刘万利）

【经营业绩】2015年，公司完成销售签单保费681万元。

（刘万利）

【渠道建设】2015年，公司的渠道建设未有新的突破。

（刘万利）

【内部管控】2015年度，公司全体员工紧紧围绕相关监管单位的文件精神，深入学习。并把不适应市场发展的内部管控制度进行了修改。

（刘万利）

【企业文化】公司以“稳健经营，效益为先，依法合规，逐步发展”为发展战略。秉承“诚信、创新、专业、奋进”的个业精神，将员工和合作伙伴作为根本，以诚信立足行业，以服务求发展，以专来提升竞争力，专心致力于财产保险行业，稳步发展。

（刘万利）

【领导班子成员】

丁瑞峰　总经理

（刘万利）

永诚财产保险股份有限公司
无锡中心支公司

【概况】永诚财产保险股份有限公司是一家由国内实力雄厚的大型电力企业集团和产业投资集团共同发起组建的全国性股份制财产保险公司。公司于2004年9月10日获中国保险监督管理委员会批准开业，总部设于上海，现注册资本金21.78亿元人民币。公司业务经营范围包括财产损失保险、责任保险、信用保险和保证保险、短期健康保险和意外伤害保险、再保险业务、国家法律法规允许的保险资金运用业务及经保监会批准的其他业务。目前公司有31家省级分公司（其中1家在筹）和近200家中心支公司及营销服务部，基本完成全国主要地区的机构网络布局，为实现业务的快速增长和公司的持续盈利打下坚实的基础。从成立之初到2006年，公司保费收入快速增长，达到4.5亿元，2007年达到11.7亿元，到2009年保费规模超过40亿元，2012年保费规模超过55亿元。2015年度总公司保费总收入66.97亿元，居全国第15位。

近年来，永诚保险以加快转变发展方式为主线，深化经营结构调整，从组织架构、销售模式、管理流程、系统平台等方面不断进行调整和优化，积极主动适应市场环境变化，整体实力和竞争能力持续提升。

永诚保险始终积极履行企业社会责任，充分发挥财产保险公司“社会稳定器”的作用。成立至今，累计赔款支出已超过50亿元，为出险企业恢复生产、促进社会稳定和经济发展发挥了重要作用。与此同时，永诚保险还积极投身社会公益事业，先后出资捐建四川省彭州市通济镇思文永诚中心小学、陕西省汉中市王家岭永诚保险希望小学，以实际行动支援灾区重建，扶持贫困山区教育事业，履行企业公民义务。

永诚保险将继续贯彻落实科学发展观，坚持战略导向，切实转变发展方式，围绕“成本、产品、风控”三大优势，积极打造核心竞争力，持续提升公司价值，以一流的产品、一流的服务、一流的管理和一流的效益为发展方向，奋勇迈进，推动公司持续健康发展。

永诚财产保险股份有限公司无锡中心支公司于2012年7月开始筹建，2013年1月17日取得了江苏省保监局颁发的保险行业经营许可证，2013年2月8日取得了无锡市工商局颁发的营业执照，并于当月开始对外营业，正式入驻太湖新城金融商务区。作为无锡中支的直接上级主管机构——永诚财产保险股份有限公司江苏分公司一直把无锡中支当作标杆的三级机构来经营，重要资源倾斜，努力打造系统内“业绩考核达标、创新能力优良、服务客户满意、合规合法经营”的“第一中心支公司”。无锡中支也秉承“为客户提供优质、快捷、高效”的服务宗旨，为当地政府创造税收的服务平台，创造效益，服务民生。

（吴洋阳）

【经营业绩】2015年度永诚保险无锡中支保费收入规模达成4511万元。

（吴洋阳）

【文化建设】

发展使命

为目标客户提供技术领先的风险管理服务，为中国经济社会的进步做出贡献。在中国保险市场塑造一个代表高效率的运营、专业化的管理、个性化的产品、领先的技术、特色的服务，以电力及能源行业保险业务为主，兼营其他各行业保险业务的专业化综合性财产保险公司。

核心价值观：用心做事

公司以用心做事作为核心价值观，要求每一位员工投入地做事、精明地做事、科学地做事。用心做事既是一种态度，更是一种方法；用心做事体现人的责任感，更体现人的品质；用心做事是永诚人不变的追求。

核心价值理念：诚信 专业 效率 和谐

诚信

内诚于心，外信于人。公司以诚信为准则和信条。坚持诚信是公司的立身之本，无论是售前还是售后、无论是对同事还是对客户、无论是一般客户还是重点客户，我们都应该诚实守信。

专业

因为专注，所以专业。公司注重精细化经营、高品质服务、力求建立有效差异，鼓励管理创新、经营创新、产品创新和服务创新，进而形成公司独特的产品，做到人无我有，人有我优。

效率

公司追求高效率、高节奏运作。高效率要求专业、敬业、乐业。公司倡导雷厉风行、令行禁止、快速补位、紧张有序的工作作风。

和谐

公司积极营造团结合作的工作环境，建立一支同舟共济的团队。公司勉励员工对社会公德、职业道德和家庭美德的追求，从而形成家庭和睦、员工和谐相处、公司与客户和谐交往的良好氛围。

企业精神：以人为本 求实创新 团结协作 锐意进取

以人为本

“以人为本”体现在“以员工为本”。公司为每位员工提供公平的竞争环境和发展机会，提供系统的职业培训和素质教育，以良好的职业道德表现和出色的工作实绩为标准，确保人才成长，使优秀人才脱颖而出。“以人为本”体现在“以客户为本”。“客户第一，服务至上”是我们信奉的理念；“永守一诺，诚信服务”是我们恪守的原则。我们深信，只有首先确保了客户的利益，然后才可能有公司的发展。“以人为本”体现在“以股东为本”。公司将通过先进的理念、精细的管理，独特的产品，不断提升公司的品牌和竞争力，为股东的主业发展提供一流的风险管理解决方案，以优异的业绩实现股东资产长期稳健的增值。

求实创新

求实创新是提倡将脚踏实地的工作作风和勇于创新的开拓精神相结合。求实是工作的前提和基础，创新是成就的动力和保障。没有求实的工作态度，管理不可能有效；没有创新的开拓精神，竞争力无从打造。公司提倡求实，鼓励创新，弘扬求实中的勤勉努力，包容创新中的挫折失败。公司只有持之以恒地求实创新，才能快速发展和壮大，才能基业永存，长盛不衰。

团结协作

团结协作是以现代企业管理中的团队精神为核心，以团队建设为手段，以充分发挥团体的整体优势为目的。团队精神提倡充分发挥成员的比较优势，因此，公司鼓励员工个性化的发展，尊重个人的努力和贡献。公司更关注团队的合作和成长，更重视团队的绩效和成就。团结就是力量，团结就是希望。

锐意进取

锐意进取是公司的精神体现，是公司的活力源泉。公司的发展需要打破常规，敢为人先，不走寻常路；个人的发展需要不惧困难和失败，勇担责任和风险。拒绝平庸，超越自我，不断迎接挑战是锐意进取；渴望成功，追求卓越，争做行业的领先者更是锐意进取。

（吴洋阳）

【领导班子成员】

孙长山　总经理

盛　松　总经理助理

（吴洋阳）

【部门主要负责人】

曹　钦　业务管理部

徐沈翊　客服支持部

吴洋阳　综合管理部

（吴洋阳）

人身保险

中国人寿保险股份有限公司无锡市分公司

【概况】2015年，全市系统认真贯彻上级公司各项决策部署，紧紧围绕“创新创业魅力幸福”无锡国寿建设目标，以“聚精神、稳增长、强实力”九字方针为指导，始终坚持“改革创新、转型升级”发展战略不动摇，始终坚持“争AAA、双领先”不动摇，主动作为、积极竞争，众志成城、攻坚克难，成功夺回“AAA”，被省分公司评为先进市分公司。

（夷　怡）

【经营业绩】全年实现总保费41.45亿元，同比增长11.03%；长险首年保费14.82亿元，同比增长22.16%；首年期交保费7.44亿元，同比增长29.21%；10年期及以上首年期交保费3.79亿元，同比增长21.76%；短险保费2.75亿元，同比增长10.58%；续期保费23.89亿元，同比增长5.14%。长险标保、长险新单、首年期交、10年期及以上首年期交均达成120%以上。总保费、首年保费、首年期交、10年期及以上期交保费均位列全省系统第2。短险保费位列全省系统第3。截至12月31日，公司总保费市场份额为30.16%。

（夷　怡）

【渠道建设】个险渠道把控发展节奏，着力推进业务放量发展和前置发展，提前6个月完成首年期交和长险标保的年度预算，提前4个月完成10年期及以上首年期交，最终三项指标年度达成率均在125%以上；从总量及贡献度上看，首年期交、10年期及以上首年期交、标保、短险保费总量均位列全省系统第2，同比增长分别达到21.85%、32.08%和37.41%。团险渠道主动进攻、积极开拓，短险、意外险、法人员福保险均超额达成年度目标，分别同比增长9.78%、8.6%和17.34%；短险保费规模位列全省系统第3，意外险位列全省系统第2，学平险、建工险全省第1，老人险全省第2；企业年金新增中标基金规模、企业年金到账总规模完成率分别为107.82%和181.48%；养老保障产品到账总规模完成率119.48%。银保渠道抢销“两鑫”、聚集“鑫易宝”、试销“乐行宝”，同时创新渠道合作模式，推进权益发布会项目，全力推动业务转型发展，新单保费、首年期交、短险分别同比增长17%、28%和132%；业务质量快速提升，10年期以上保费达成2025万元，同比增长41%；标保达成3061万元，同比增长53%。

（夷 怡）

【内部管控】扎实开展了“两个加强、两个遏制”专项检查、“防范打击非法集资”专项排查、人身险风险排查和年度监督检查工作，积极做好关键岗位检查、内控标准执行和评估、反洗钱等各项常规检查工作，对全市系统风险状况进行了全面的摸底排查，对存在的问题逐一整改，有效防范了经营风险，年内未发生大的违规违纪案件。加强了各类专题警示及法纪法规教育，建立了风控考核制度，落实了风控主体责任，再造了销售人员违规查处工作流程，治本抓源头，有效提升了风险防范能力。

（夷 怡）

【党建工作】加强了党风廉政建设和反腐败工作，严格落实党委主体责任和纪委监督责任，中央“八项规定”执行情况良好。扎实开展了“三严三实”专题教育，每一个专题学习研讨活动中心突出、目标明确，求真务实、不图形式，并将综合支公司纳入了专题教育范畴；召开了“三严三实”专题民主生活会，对存在的问题进行了深刻剖析，并制订了整改措施。加强了基层党组织建设，建立了党建工作联系点制度，强化了对基层党建工作的指导，至年末全市系统共设立党员活动室6个、党建宣传阵地7个。

（夷 怡）

【文化建设】积极维护员工利益，始终坚持“发展为了员工、发展依靠员工”的工作导向，将提升员工收入作为硬指标，通过努力，实现了年初员工薪酬增长目标。在2014年度荣获无锡市放心消费先进单位的基础上，深入开展了“省级放心消费先进单位”创建活动，着力营造安全放心的保险消费环境，进一步提升了消费环境安全度和消费者满意度。“徒行天下·步步为赢”万人公益健走、“牵手国寿·孝善为先”第五届少年儿童绘画、中医养生专题国寿大讲堂等活动的开展，深受客户的欢迎和好评。工会组织开展的职工之家创建、“健走人生”徒步行走、阳光在路上等活动丰富多彩，积极营造了舒心工作、快乐生活的和谐氛围。宣传工作迈上新台阶，被评为全省系统“信息工作先进单位”，荣获2015年度无锡市保险行业协会“信息工作”三等奖。

（夷 怡）

【重大活动】4月15日，省分公司业务总监、无锡市分公司总经理张建平受邀参加无锡市广播电视台“政风热线”直播栏目，向广大市民解答保险方面的疑惑及部分客户在公司相关产品及业务办理方面的咨询。

5月10日，中国人寿杯“未来之星”江苏省少儿才艺大赛无锡赛区正式启动。市委宣传部、团市委、滨湖区委等单位领导，江苏教育频道、无锡当地美术、舞蹈等协会领导出席启动仪式，无锡当地文艺界文化名人特邀参加启动仪式。

6月4日，省分公司业务总监、无锡市分公司总经理张建平陪同省分公司主要负责人俞德本前往市政府拜会了市长汪泉和常务副市长黄钦，双方就推进下阶段合作进行了深入交流。

6月13日，总公司林岱仁总裁赴基层党建工作联系点江阴支公司，亲切看望柜面员工，专题听取无锡市分公司和江阴支公司工作汇报，并与支公司班子成员和部分中层干部进行座谈交流。

11月12日上午，由《中国保险报》、《金融时报》等组成的中央媒体采访团在总公司、省分公司有关领导的陪同下，赴宜兴调研采访宜兴“新农合和大病保险”工作。采访团听取了宜兴支公司关于经办新农合和开展大病保险的背景及经验做法的汇报，并实地考察采访了宜兴城乡居民基本医疗管理中心。

12月30日，无锡市区退休职工住院医疗互助保险项目公开招标，市分公司从多家强劲的竞争对手中脱颖而出，以绝对的优势成功中标该项目两年。该项目覆盖40多万退休职工，预计年保费规模达7800多万元，两年将超过1.56亿元，是目前省内最大的退休职工健康险项目。该项目入围2015年度“江苏国寿十大新闻”，并获获中国人寿总公司“2015年大中城市分公司团险渠道优秀创新成果奖”。

（夷 怡）

【重大承保】公司于2013年中标并成为无锡市人民政府重大民生项目——大病保险首席承保单位。2015年，无锡市区覆盖293.26万参保人员，共有35773人次、9993人实时享受大病保险补助待遇，受益金额为7192.99万元，最高支付个人达55.89万元。

宜兴支公司于2004年承办了宜兴“新农合”、2005年承办了宜兴“新农保”，截至2015年，“新农合”累计服务457.63万人次，累计赔款金额9.85亿元；“新农保”至今累计服务22.7万人次，累计给付养老金17.62亿元。

9月16日，在无锡市民政局实施的“无锡市区70岁（含）以上老人持免费卡乘坐公交车团体人身意外险”招标项目中，公司中标两年,预计每年保费80万元。

2015年，公司承办的无锡市“安康关爱行动”老人险，承保保费2099.16万元，承保老人49.81万人，承保覆盖率43.48%，较上年度提高一个百分点。

（唐 洋、张 娜）

【重大赔付】被保险人许某，单位为其在公司投保国寿高危人员团体意外伤害保险，2014年8月5日，客户意外身故，2015年1月6日受益人提出申请后，1月9日，公司快速赔付50万元。

被保险人张某，投保公司康宁终身保险，2015年5月16日因疾病身故，6月向公司提出申请后，公司赔付身故保险金30万元。

被保险人陶某，投保公司祥和定期保险、康宁终身保险、鸿寿年金保险，于2015年4月20日突发疾病死亡，5月受益人向公司提出申请后，公司快速赔付身故保险金20万元。

被保险人高某，投保公司康宁终身保险，2015年5月12日确认为胃癌，在公司保险业务人员的帮助下，通过公司“95519”电话报案后，公司安排人员上门收取理赔资料，快速完成理赔审核，赔付重大疾病保险金20万元。

被保险人陈某，投保公司国寿鸿鑫两全保险（分红型）和国寿美满一生年金保险（分红型），2015年5月因胰腺癌身故，在公司保险业务人员的帮助下，通过公司“95519”电话报案后，公司安排人员上门收取理赔资料，快速完成理赔审核，赔付

52.98万元。

被保险人王某，投保公司国寿综合意外伤害保险（2013版），2015年5月19日在工作时因意外身故，6月30日受益人向公司提出申请后，公司运用3G理赔服务， 于7月1日公司赔付50万元。

被保险人马某，投保公司全家福意外伤害保险及国寿康宁终身重大疾病保险（2012版），2015年6月20因车祸身故，8月12日受益人提出申请后，8月13日公司快速赔付22.25万元。

被保险人丁某，投保公司重大疾病终身保险 (98版 利差返还型)、国寿康宁终身重大疾病保险（2012版），2015年5月因慢性淋巴细胞性白血病，受益人向公司提出申请后，公司赔付50万元。

被保险人奚某，在公司投保康宁终身、国寿千禧理财两全保险(分红型)、国寿鸿鑫两全保险(分红型)、国寿鸿寿年金保险(分红型)、国寿福禄双喜两全保险（分红型）、国寿鸿盈两全保险。2015年6月21日，奚某因病身故，7月受益人向公司申请理赔，公司核实确认奚某因病身故情况属实，在收到理赔申请后两个工作日内即向权益人给付身故保险金195万余元。

被保险人赵某，在公司投保递增型养老保险、国寿福禄鑫尊两全保险（分红型）、国寿美满一生年金保险（分红型）、国寿安欣无忧两全保险（分红型），2015年6月，赵某因病身故。公司立即支付身故保险金100多万元。

被保险人承某，在公司投保国寿瑞丰两全保险(万能型)，2015年6月，承某在家中猝死。7月，受益人向公司申请理赔。公司接到申请后，核实确认被保险人身故情况属实，且资料齐全，当日即向权益人给付身故保险金125.49万元。

被保险人顾某，投保公司国寿高危人员团体意外保险（2013版），2015年8月9日在工作时不慎从高处跌落致头部爆裂，经医院抢救无效死亡。9月向公司提出申请后，公司快速展开调查，经核实事故无异议，于次日赔付身故保险金80万元。

（李苏凯）

【对外交流】3月12日，全国老龄办副主任鲍学全、政研部调研处处长李霞、省老龄办主任张建平、保监会养老保险处廖晓飞等一行在总公司团体业务部总经理贾广涛、省分公司副总经理俞德本的陪同下，到无锡调研“安康关爱行动”。

9月10日，国寿投资控股有限公司总裁助理万谊青、资深投资经理陈锦浩等一行赴无锡社保基金管理中心调研医保监控系统，省分公司党委委员王者元、省分公司业务总监、无锡市分公司总经理张建平等一行陪同调研。

11月19日上午，河北省沧县政府办主任、沧县人社局局长、沧县卫生局局长、中国人寿沧县支公司经理等一行8人赴宜兴支公司，交流学习宜兴新农合、新农保相关业务情况并前往宜兴支公司健康保险部办公场所实地参观考察。

（夷 怡）

【公益活动】3月15日，江阴支公司开展客户咨询活动，并发放相关宣传资料，让广大客户在了解如何理性选择适合自身需求的保险产品的同时鼓励广大客户对公司销售人员的展业行为和服务质量进行监督。

5月9日上午，由无锡市体育局、无锡市总工会等单位联合主办，中国人寿无锡市分公司协办的2015年无锡市“文明风尚科学健身”系列活动在蠡湖之光百米高喷处正式启动。

6月6日,无锡市分公司在市区、江阴、宜兴三地同时成功举办了“徒行天下·步步为赢”牵手国寿万人公益健走活动，省、市分公司相关领导、营销员及客户代表共1200多人出席了活动。

8月18日，无锡市分公司组织员工前往无锡市中心血站开展无偿献血活动，成功献血6300毫升。

9月19日，由宜兴市委宣传部主办的宜兴首届网络文化节——“乐跑九如”活动在宜兴森林公园成功举办，宜兴支公司全程赞助了本次活动的意外保险保障。

（夷 怡）

【教育培训】3月26日，开办第十二期职工夜校，邀请市委党校宋田桂教授解读“两会”精神。

4月23日，开办第十三期职工夜校，邀请朱群讲授金融产品知识。

5月21日，开办第十四期职工夜校，邀请市委党校宋田桂教授讲授建设强富美高新无锡专题。

6月25日，开办第十五期职工夜校，邀请太湖工人疗养院主任医师陈亚忠主任讲授家庭常见疾病的突发症状及急救常识。

6月15日，省分公司业务总监、无锡市分公司党委书记、总经理张建平为公司全体干部员工讲授《从严从实、敢于担当，推进“四个无锡国寿”建设再提速》专题党课。

7月23日，开办第十六期职工夜校，邀请中共无锡市委党校党史党建室主任、无锡市中共党史学会副会长尹清亮讲授习近平总书记系列重要讲话精神、理想信念教育、党性党风党纪教育、道德教育和法制教育。

8月27日，开办第十七期职工夜校，观看影片《美丽乡愁》，该片以无锡发改委公务员范跃宁为原型，讲述他持续十七年利用工作之余赴中国西北、西南地区做慈善活动的事迹。

9月24日，开办第十八期职工夜校，组织全体员工观看影片《筑梦中国》。

10月22日，开办第十九期职工夜校，邀请人民银行纪敏讲授反洗钱知识专题讲座。

11月26日，开办第二十期职工夜校，邀请市委党校宋田桂教授讲授中共十八届五中全会专题。

12月23日，开办第二十一期职工夜校，邀请太湖工人疗养院主任医师陈亚忠主任讲授《冬季疾病预防与养生》。

（夷 怡）

【领导班子成员】

张建平　省分公司业务总监、无锡市分公司总经理

毕玉祥　副总经理

季芯宇　副总经理

郁　弟　副总经理

周　明　副总经理

（夷 怡）

【机构（部门）主要负责人】

顾立新　江阴支公司

陈　波　宜兴支公司

黄奕辉　锡山支公司

周书明　惠山支公司

徐荣能　滨湖支公司

周　勃　城区营销一支公司

舒　捷　崇安支公司

金陆平　北塘支公司

周　勃　个险销售部

钱　曦　团体业务部

谭立东　银行保险部

楼　辉　健康保险部

汤晓白　收展发展部

盛炯晓　客户服务中心

薛　燕　财务会计部

姚笑云　监察部

周晓伟　人力资源部

杨燕兰　综合管理部

黄　海　培训部

（夷　怡）

【先进集体】

2015年度无锡市消费者委员会、无锡电视传媒评为"诚信承诺联盟"单位

2015年度被无锡市放心消费创建活动办公室无锡市保险行业放心消费创建先进企业

2015年度被无锡市人民政府评为金融工作"年度贡献奖"

2015年度江苏金融五一劳动奖状

2015年度全省系统先进市分公司

（夷　怡）

【先进人物】

无锡市分公司任佩英获得集团公司"中国人寿离退休干部身边的榜样"荣誉称号

顾立新、陈波、周书明获得总公司"2015年度全国县域百优经纪人"称号

（夷　怡）

【学术研究】

毕玉祥、楼辉、唐洋撰写的调研论文《大力发展老年护理保险　积极应对我市人口老龄化》荣获2015年无锡市金融学会重点招标课题优秀课题评选二等奖。

（唐　洋）

中国太平洋人寿保险股份有限公司无锡分公司

【概况】2015年，中国太平洋人寿保险股份有限公司无锡分公司紧紧围绕"以客户需求为导向"的战略转型，坚持"两个聚焦"、"两个围绕"，创新"双轮驱动"，强化"三建、三新""三看、三是"的执行力度和"目标、责任、大局、执行"意识，狠抓"思想观念、经营模式、销售方式、产品策略、服务理念、培训教育、考核机制"七大转型，突出抓好"业务发展、经营管理、合规与风险管控、服务品牌、民生工程"五件大事，提速打造个人客户经营模式升级版，着力提升内涵发展和外延拓展能力，着力提升市场综合竞争能力，着力提升业务发展和价值增长的续航能力，实现了个人业务的持续快速发展、法人业务的平稳发展、后援营运服务水平的持续提高，圆满达成了年度各项重要预算目标，巩固、提升了分公司在系统内、行业中、市场上的地位。

年内，实现规模保费197919万元，与上年基本持平；总新保78195万元，比上年下降7.1%；总新保期缴52690万元，比上年增长60.2%。极短期意外险赔付率2.65%，

一年期意外险赔付率31.4%，个人短期健康险赔付率46.61%，团体短期健康险赔付率81.78%，学平险赔付率39.05%，综合赔付率44.73%,比上年下降0.52个百分点。

年内，分公司获“无锡市2014年度金融改革与创新奖”“2014年度无锡市平安金融创建活动先进集体”“2014年无锡市保险业金融机构反洗钱工作考核A级”“无锡市保险行业协会放心消费创建先进企业”，被评为“江苏省放心消费创建示范单位”、总公司“2014年度内控管理优秀分公司”“集团价值贡献奖”。

（陈美霞）

【经营业绩】年内，实现规模保费197919万元，与上年基本持平；总新保78195万元，比上年下降7.1%；总新保期缴52690万元，比上年增长60.2%。其中个险：营销新保53537万元，比上年增长55.83%，营销新保期缴46936万元，比上年增长71.66%。团险业务：直销新保18593万元，比上年下降7.87%，直销短意险7949万元，比上年下降1.23%。短期健康险5211元，比上年增长4.91%，非健险8359万元，比上年下降1.3%。

（张南苹）

【渠道建设】个人业务：紧紧围绕“打造个人客户经营模式升级版”的战略方向，深化“两个聚焦”，创新“双轮驱动”，强化内涵发展和外延拓展，团结一致，奋力拼搏，在前三年快速发展的基础上再创新高，为公司价值的可持续增长、公司费用平衡、公司在系统内、行业中、市场上地位的提升做出了重大贡献。法人业务（包含团险和银邮）：坚持经营理念和发展思路创新，坚持渠道拓展和发展模式创新，组织架构优化后，推进队伍整合，优化队伍结构，在激烈的市场竞争中，充分发挥公司创新项目发展优势，维持了市场地位，实现了平稳较快发展。

（张南苹）

【内部管控】分公司围绕“重监管、强执行，重合规、强自律”风险合规工作要求，以合规经营、强化内控、防范风险为中心，以加强风险管控和系统排查为抓手，以夯实合规与内控基础规范为保障，以全面风险管理文化培训督导为依托，聚焦风控前置、聚焦过程管控、聚焦基础规范，强化传导机制，强化问责机制，严守风险底线，严防大案要案，严肃内控规范，继续为公司客户经营模式升级的战略转型保驾护航。实施各类合规检查和风险排查40次以及持续不断的跟踪检查；对804项公司发文和联系函进行评估，废止不适用制度100项；对全体员工及兼职合规人员培训共计148次；组织实施对销售人员合规教材培训工作30期；实施开展“两个加强、两个遏制”自查工作；开展中介市场风险排查；持续治理销售误导综合治理工作和开展　“四反一防范”专项治理工作，将合规文化有效融入各项经营管理活动中，为实现公司价值、利润的可持续增长保驾护航。

（张南苹）

【党建工作】

2015年，分公司共有党员85名。

分公司党委书记：陈爱国

党委委员：陈爱国、王瑛、夏晓东、承文艺

分公司纪委书记：王瑛

纪委委员：王瑛、倪静依、姚立刚

党委工作机构：党委办公室（与行政办公室合署办公），办公室主任宋晨光；党委组织部（与人力资源部合署办公），部长王刚；监察室（与合规与风险管理部合署办公），主任姚立刚。

基层党组织：分公司本部直属党总支，书记王瑛；江阴党总支，书记承文艺；宜兴党总支，书记徐汉良；锡山党总支，书记许士强。

（宗贤娟）

【文化建设】分公司加强企业文化建设，积极营造科学发展、和谐发展和锐意进取、大胆探索、敢于创新的氛围，强化干部员工追求卓越的价值取向。组织全辖人员几年如一日坚持在周二大晨会上唱响《国际歌》、诵读公司晨词，激励广大干部员工热爱祖国，忠诚公司，爱业敬岗。组织干部、员工持续学习贯彻《太平洋保险企业文化核心要素系统》。党委总经理室把2014年、2015年连续两年定义为“培训教育年”，由分公司统一制订、实施科学合理的培训计划。培训内容涵盖职业素养、转型创新、客户服务、专业知识、销售技能、经验分享、政治素养、道德品行等多个方面。班子人员带头授课，引领全体员工唱响“培训教育年”主旋律，打造学习型公司。个人业务条线利用已有的“百人讲师团”，开展现场督导、送训下机构等活动，有力促进个险队伍的健康成长。一年来，累计举办各类培训80余次，参与培训人次达4万人次。公司开办有职工阅览室，在公共场所设置报刊架，为员工订阅各类书报刊。倡导“首问制”“一站式”“无缝隙式”的诚信优质服务，开展“柜面服务礼仪优化活动”，开展放心消费活动，开展客户信息收集确认回访、老年客户和住院客户特别关爱活动。加强销售误导治理，成立由媒体人员和社会知名人士组成的合规监督员队伍。

（陈美霞）

【险种创新】2015年在办险种191各个（其中附加险68个），新开办险种19个（其中附加险7个），停办险种4个。

（陈美霞）

【重大活动】1月19日至22日，无锡市政协、人大分别召开十三届四次会议、十五届四次会议，太平洋寿险无锡分公司为无锡市“两会”人员会议期间提供人身意外保险。为每位参会代表承保了保额为2万元意外伤害和2000元意外医疗的人身意外伤害保险。本次“两会”代表全体人员计1200人次，公司为参会代表们累计承保保额高达2640万元，为当地“两会”的顺利召开提供可靠的风险保障。

3月，分公司开展“3·15”系列活动。一是强化柜面标准化服务，制作“柜面服务礼仪培训视频”学习教材，供柜面人员学习培训；二是成立“3·15”期间服务小组，利用晨、夕会，在机构、条线进行客户维权、理赔案例等服务意识宣导；三是“3·15”当天开展“总经理接待日”活动，分公司总经理亲自在营业大厅接待并回复客户咨询；四是参加市保险协会举办的“3·15”国际消费者权益日宣传咨询活动，现场为广大市民解难答疑。

4月15日，太平洋寿险无锡分公司走进“政风面对面”电台直播室，现场接听和解答广大市民提出的有关保险保障、理赔服务、保全变更等诸多问题。《政风面对面》是一档由中共无锡市纪律检查委员会、中共无锡市委宣传部共同主办，其他相关单位联合无锡广电集团、无锡报业集团承办，融广播、电视、报纸、网站、微博和手机“六位”一体的大型全媒体问政直播栏目，太平洋寿险无锡分公司走进《政风面对面》直播室，既增强了自觉接受社会、舆论监督的意识，听取广大市民对公司提出的意见和诉求，真诚为广大客户解难答疑。

6月4日，太平洋寿险总公司副总经理钱仲华到无锡分公司调研，与分公司个人业务条线人员座谈交流，广泛听取意见和建议。并对个人业务取得的成绩给予了充分肯定和认可。是时他鼓励，无锡分公司个人业务多年来保持着价值可持续增长的良好发展态势，要继续保持系统内人均产能高、专业化运作强、执行力到位的优良传统，继续发挥优秀公司的典范作用，扎实做好各项工作，保持分公司在市场上、系统内、行业中应有的地位，为公司的价值可持续增长多做贡献。

7月1日，太平洋寿险无锡分公司组织全辖党员、预备党员、发展对象、入党积极分子及中层人员计100余人参加“党课教育暨‘七·一’表彰”大会。会上，组织新党员进行了入党宣誓，老党员重温入党誓词。同时对先进基层党组织及优秀共产党员进行了表彰并颁奖。为广大党员授题为《全面从严治党》的党课教育。短片《2015正能量》的播放，通过回顾五千年来中国人民为实现民族复兴走过的历程，大家更加坚定了永远跟党走、实现中华民族伟大复兴“中国梦”的信心和决心。

2015年“7·8”全国保险公众宣传日期间，分公司积极开展了形式多样的系列宣传活动。举办客户送温暖活动，联合当地计生办组织开展了客户送温暖活动，走访20户失独老人、患病投保人等生活困难的家庭，并捐献爱心款1万元。举办保险进社区活动。在人口较多的社区开展金融保险进社区活动，现场宣传和普及保险知识，开展保险知识有奖问答，向市民普及保险知识和理念。参加大型广场活动。参与当地行业协会组织的大型广场宣传活动，现场设摊提供各项保险咨询服务并发放宣传册及形象品。很好地提升了太平洋保险的知名度和美誉度，树立了良好的企业社会形象。

（陈美霞）

【重大承保】1月1日，中国太平洋人寿保险股份有限公司江阴支公司为江阴市居民提供大额住院费用补充医疗保险，约有41万人参保，保险金额达820.77亿元；2015年9月和10月，陆续为江阴市27.3万名在校学生提供学生幼儿短期意外伤害保险和疾病住院医疗费用保险，总保额超过742亿元，进一步完善了江阴市的多层次农村医疗保障体系。

1月1日，中国太平洋人寿保险股份有限公司江阴支公司与中船澄西船舶修造有限公司签订了员工综合保障计划，为4112名员工提供的总保险金额达12.7亿元。

2015年，中国太平洋人寿保险股份有限公司无锡分公司陆续为惠山区和锡山区的66万名居民提供意外保障，总保险金额约为111.46亿元。此外，为提高残疾人士的社会保障水平，充分体现社会各界对困难弱势群体的关心和帮扶，惠山区和锡山区的残疾人联合会还为11801名残疾人提供了综合保障计划，总保险金额近4.25亿元。

7月21日，中国太平洋人寿保险股份有限公司江阴支公司为客户潘某承保利赢年年年金保险（分红型），年缴保费300万元，3年限缴。

9月2日，中国太平洋人寿保险股份有限公司无锡分公司为客户邵某承保荣耀人生终身寿险，趸缴保费4297560元， 保险金额1000万元。

11月10日，中国太平洋人寿保险股份有限公司宜兴支公司为客户周某承保幸福相伴（尊享版）两全保险，年缴保费200万元，3年限缴。

12月28日，中国太平洋人寿保险股份有限公司江阴支公司为客户沈某承保幸福相伴（尊享版）两全保险，年缴保费300万元，5年限缴。

（王菊蓉）

【重大理赔】被保险人承某，于2009年4月9日投保了太平洋寿险无锡分公司《红福宝两全保险（分红型）》500份，身故保额321万元。2015年6月13日被保险人在家中猝死。经调查核实，被保险人在家中猝死身故属实，分公司于2015年7月29日向受益人赔付保险金357.28万元。

被保险人袁某，于2010年10月14日配偶为其投保了太平洋寿险无锡分公司金泰人生（B款）终身寿险（分红型）6.054份，“附加金泰人生重大疾病保险”6份，意外身故保额6万元；2013年1月30日投保了分公司“鸿发年年全能定投年金保险（分红型）”1份，意外身故保额3万元；2014年8月8日投保了分公司“安行宝两全保险”1份，意外身故保额100万元。2015年3月12日被保险人乘坐摩托车发生车祸，于3月26日经抢救无效身故。经调查核实，被保险人乘坐单位同事的摩托车发生交通事故死亡属实。分公司于2015年4月20日向受益人赔付保险金109.68万元。

被保险人路某，于2004年2月7日投保了太平洋寿险无锡分公司“太平盛世·长寿养老保险A款”2份，身故保额28040元；2014年4月30日投保了分公司“安行宝两全保险”1份，意外身故保额100万元。2015年8月25日被保险人路某乘坐苏BA1733号大客车去青岛旅游，行至沈海高速公路青岛方向日照段时发生交通事故死亡。经调查核实，被保险人乘坐旅游客车发生交通事故死亡属实。分公司于2015年9月14日向受益人赔付保险金102.8万元。

被保险人蒋某，于2012年6月8日配偶为其投保太平洋寿险无锡分公司“金享人生终身寿险（分红型）B款”30.21份，“附加金享人生提前给付重大疾病保险B款”30份；2013年6月21日再次投保“金享人生终身寿险（分红型）B款”50.35份，“附加金享人生提前给付重大疾病保险B款”50份，重大疾病累计保额80万元。2015年11月4日被保险人在江苏省江原医院术后确诊患（甲状腺左右叶）左叶乳头状癌。经调查核实，被保险人达到重疾给付标准。分公司于2015年11月27日赔付其保险金84.24万元。

被保险人刘某，于2006年7月18日投保太平洋寿险无锡分公司“小康之家·金玉满堂两全保险（分红型）”12份；于2010年3月18日由配偶为其投保了分公司“鸿利年年年金保险（分红型）”15份；于2014年2月12日由配偶为其投保了分公司东方红·老来福年金保险（分红型）7.5份，附加财富管家年金保险（万能型）1份。2015年8月2日下午2点左右被保险人北京出差途中患特发急性脑血管病，送首都医科大学附属北京朝阳医院抢救无效身故。经调查核实，被保险人突发疾病死亡属实。分公司于2015年8月12日向受益人赔付保险金75.1万元。

（龚 辉）

【公益活动】6月，分公司向市儿童福利院捐款2.5万元。

8月5日，分公司个人业务条线远赴沂蒙山革命老区开展第二期“情系珍珠·大爱无疆”捐资助学活动，设立了由“爱心大使”营销业务精英自愿出资的20万元爱心助学基金，用来资助那里的贫困儿童、留守儿童的生活和学习，帮助他们顺利完成学业。

2013年、2014年、2015年三次累计捐资助学60万元。

6月、11月，公司先后号召员工参加市“红十字人道万人捐”和“送温暖·献爱心”慈善捐款活动，累计捐款44380元。

12月30日，太平洋产、寿险无锡分公司出资30万元为无锡市民举办第21年届“太平洋新年音乐会”。

（陈美霞）

【教育培训】2015年，分公司把2015年持续定义为“培训教育年”，统一制定、实施培训计划。培训内容涵盖职业素养、转型创新、合规防范、诚信服务、专业知识、销售技能、经验分享、政治素养、道德品行等多个方面。班子人员带头授课，引领全体员工唱响“培训教育年”主旋律，打造学习型公司。营销条线组建“百人讲师团”，开展现场督导、送训下乡等活动，有力促进营销队伍的健康成长。一年来，累计举办各类培训80余次，参与培训人次达4万余人次。通过培训，员工的专业技能、服务水平及个人素养都有了较大的提高，公司的凝聚力、创新力、市场竞争力得了到有效提升。

2015年，分公司持续在全辖开展“两加强、两遏制”“四反一防范”“打击非法集资”等活动，全体员工自觉知法守法，一年来，对全体员工及兼职合规员培训共计33次。2015年11月20日，特邀请总公司法律合规与风险管理部总经理黄磊，为全辖营销主管进行保险营销合规合法专题培训，很好地营造了合规经营管理氛围，提升了合规创造价值的能力，为公司的持续健康快速发展提供了强有力的保障。

7月1日，分公司开展庆祝七一党员活动，分公司党委组织部特邀请无锡党校专家为大家授题为《全面从严治党》的党课教育，同时，党委书记带头讲党课，结合爱国主义优秀视频进行了内容务实、感悟深刻的党课，增强了广大党员干部充分认识从严从实治党的重要性、必要性和紧迫性，使广大党员进一步牢记党的宗旨，坚定党的信念，增强自身创先争优意识。

7月20日、9月7日、11月10日分公司党委班子就“三严三实”开展三阶段的学习研讨会，并于党委会、中层干部会议和全司大晨会等会议上先后30余次组织学习、宣讲、宣导“三严三实”相关讲话精神和文件要求，观看了“境界”专题视频资料，开展党支部“三严三实”组织生活会，并撰写学习信息稿。要求党员干部要充分学习并贯彻习总书记系列重要讲话精神，发挥好党组织的领导、党员干部的以上率先作用，按照“三严三实”作风建设要求，切实落实。

11月17日，分公司党委班子要求各党支部结合新修订的《中国共产党廉洁自律准则》《中国共产党纪律处分条例》，开好专题组织生活会，让支部中的党员充分就该准则和条例进行探讨，并展开党内人员民主测评活动，充分地剖析好党员党性，真正发挥党员先锋模范作用，全面落实从严治党理念。

（陈美霞）

【领导班子成员】

陈爱国　总经理

王　瑛　资深副总经理

夏晓东　高级财务总监

承文艺　业务总监（个人业务）兼转型推广总监

（宗贤娟）

【机构（部门）主要负责人】

宋晨光　办公室主任

谭　鑫　人力资源部副经理（主持工作）

沈小兵　财务会计部总经理
陈荣芳　合规与风险管理部总经理
范旭东　信息技术部总经理
刘桂清　营运部副总经理
龚　辉　营运部总经理助理
吕咏梅　个险营销部副总经理
郁　华　个人业务培训部副总经理（主持工作）
邹志强　个人业务企划部总经理助理（主持工作）
田　杰　个人业务销售部副总经理（主持工作）
周　英　服务营销部总经理
朱晓萍　顾问营销部总经理
陈　涤　机构合作部兼雇员福利部副总经理（主持工作）
徐　敏　金融合作部副总经理（主持工作）
范文涛　银行保险部大城区业务部总经理
梅建美　团体业务部大城区业务部总经理
黄云洲　法人渠道综合管理部总经理
陈　娟　江阴支公司总经理
许敏强　宜兴支公司总经理
范旭东　锡山支公司总经理
陈　红　滨湖支公司副总经理（主持工作）

（宗贤娟）

【荣誉先进】

2015年公司光荣榜（先进集体）

获奖单位	授奖单位	奖项名称
分公司	无锡市放心消费创建活动办公室	无锡市保险行业协会放心消费创建先进企业
分公司	无锡市保险行业协会	2014年度《无锡日报·金周刊》“优秀组织奖”
分公司	无锡市保险行业协会	2014年度无锡市保险行业协会先进集体
分公司办公室	无锡市保险行业协会	2014年度无锡市保险行业信息工作“优秀组织二等奖”
分公司	无锡市人民政府	2014 年度金融工作奖-金融改革与创新奖
分公司	中国人民银行无锡市中心支行办公室	2014 年无锡市保险业金融机构反洗钱工作考核等级结果评级为 A 级
分公司	无锡市平安金融创建活动领导小组	2014 年度全市平安金融创建活动先进集体
分公司	无锡市人民政府金融办公室	2015年度《无锡日报·金周刊》“优秀组织奖”
分公司办公室	无锡市保险行业协会	2015年度无锡市保险行业信息工作“优秀组织三等奖”
江阴支公司	无锡市消费者委员会	无锡市消费者委员会
宜兴支公司	宜兴市人民政府	金融改革和创新奖

获奖单位	授奖单位	奖项名称
分公司	集团	集团价值贡献奖
分公司	总公司	2014 年度内控管理优秀分公司
分公司	总公司	车险客户加保率排名奖
分公司	总公司	2010 年至 2015 年度施工质量奖三等奖
分公司个人业务条线	总公司	2015年个险条线“开门红”分公司对抗赛“千里马”奖
江阴支公司党总支	集团党委	先进党组织
江阴支公司个人业务室	江苏省团委	2013、2014年度“青年文明号”称号
江阴新农合经办服务项目	集团	三级总裁奖
锡山支公司团险	总公司	法渠优秀团队二等奖
锡山支公司顾问营销部	总公司	2015 年春季人力发展优秀组织发展推动公司
江阴支公司、锡山支公司、新区支公司	总公司	2014年团险条线“开门红”竞赛“城市机构非健险达标赛奖”
无锡分公司营运部客户服务室	总公司团委	2013—2014年度太保寿险青年文明号

2015年公司光荣榜（先进个人）

获奖个人	授奖单位	奖项名称
陈美霞	无锡市人民政府金融办公室	2015 年度《无锡日报-金周刊》“信息报送优秀奖”
陈美霞	无锡市保险行业	优秀信息员三等奖
袁丹枫	无锡市人民政府	2012—2014年度无锡市劳动模范
夏皎月	无锡市保险行业协会	“2014年度保险行业先进个人—服务明星”称号
苏怡、周婷怡	无锡市保险行业协会	优秀统计员
陈荣芳	总公司	2014年度合规优秀派驻人员
姚立刚	总公司	2014年法务工作“先进个人”称号
姚立刚	太保系统工会	优秀工会个人
马晓娟、徐微嘉	总公司	2014年度“岗位内控自我检视、系统缺陷自我优化”活动“啄木鸟奖”
龚辉、陈美霞	总公司	“保险教育和保险业人才发展征文活动”三等奖
李香阁	总公司	“保险教育和保险业人才发展征文活动”优秀奖
张南苹	总公司	2015 年度品牌建设“企业社会责任”单项奖

（张南苹）

中国平安人寿保险股份有限公司无锡中心支公司

【概况】2015年中国平安人寿保险股份有限公司无锡中心支公司（以下简称“无锡平安人寿”）在集团的领导下，持续贯彻总公司“专业创造价值”的核心理念，响应总公司“讲危机、讲不足、讲创新”的号召，直视市场竞争带来的发展危机，借助“互联网+”“综合金融+”带来的机遇和挑战，运用“科技”和“产品”两大平台，人力得以快速稳健增长，新营销模式突破常规运作，四大节点拉爆加快业务进度，基础管理平台也进一步夯实，个险考核FYP首次突破4亿元大关，人力踏上6000名平台，实现了“业务、人力”双丰收。

（唐娇娇）

【经营业绩】2015年，无锡平安人寿实现总保费收入18.5亿元，同比增长16.6%；年末个险销售人力6262人，同比增长72.4%，个险总保费市场占比22.4%，市场排名第2。2015年，全辖业务员平均年收入6.59万元，全年理赔、生存满期给付18234.21万元，实缴地方各种税收3888.52万元（个人所得税2822.15万元，营业税945.88万元，城建税66.21万元，教育费附加28.38万元，地方教育费附加18.92万元，其他税金6.98万元）。

（唐娇娇）

【渠道建设】无锡平安人寿持续推进业务结构调整，转变发展方式，把发展方向调整到风险保障上，以个险销售作为主要渠道，以银保作为协助渠道，同时实施多元化的交叉销售模式，开发综合开拓、电销等其他综合渠道，借助产品说明会、客户答谢会等方式多角度开拓业务。2015年，银保25个月继续率96.36%，先收费模式100.0%。另外，公司重点突出核心业务及公司价值，由单一的寿险模式转变为综合金融、交叉销售模式。2015年，无锡平安人寿综合开拓保险业务累计签单保费首次突破1.71亿元、信用卡新户达成2.22万张，银行年日均资产3.16亿元，其中个销产年达成率109.2%，个销养年达成率126.2%，信用卡达成111.3%，银行达成129.8%，全面超额达成15年保费任务。

（唐娇娇）

【内部管控】2015年，无锡平安人寿着重加强合规队伍的执行力建设：1.加强人力配置：在原有合规委员会及合规联络人架构下，2015年新增设营业区合规联络人7人，截至12月30日，合规联络人队伍共计18人，涵盖所有职能部门及营业区。2.强化日常交流：除了日常邮件、电话沟通外，于2015年7月建立了合规微信群，通过微信发送法律合规知识，并及时做好合规工作提醒，进一步加强各部门合规工作的沟通交流。2015年通过微信群共计发送法律合规知识11次、通报违规风险10次。3.全年召开6次合规联络人现场培训，内容涵盖合规政策宣导、制度执行、自查排查方案解析及工作部署等，通过高频次的宣导、自查等方式提高了合规队伍的履职能力，从而保证了历次自查的质量。

2015年，根据外部监管及总公司要求，在机构内开展各类自查10次（“两两”排查、常规风险排查2次、个人营销资金案件风险排查、案件风险防范、非法集资广告排查、防范和打击非法集资、“双打”专项排查、内控测试、制度管理等），内容涵盖非法集资、销售活动、人事岗位、保险资金等公司管理和经营等的各方面，覆盖全体内外勤员工。由于机构积极响应监管的工作要求，合规经营良好，被江苏保监局评价为A类监管对象。

2015年，无锡平安人寿开展各类法律合规反洗钱培训29次（现场培训18次、邮件宣导11次），培训共覆盖网点14家、员工332人次，宣导覆盖全体员工14次。内容包含防范和打击非法集资、反洗钱知识宣导、销售误导等。同时，在机构内开展了防范和打击非法集资宣传月、反洗钱宣传月、国家宪法日3个主题活动，并通过悬挂横幅、滚动播放宣传标语、发放宣传彩页、网络考试等方式提高内外勤合规意识。

（黄晨阳）

【党建工作】2015年，在市级机关党委和平安人寿总公司党委的领导下，无锡平安人寿党总支始终以“三严三实”专题教育为契机，以中共十八大、十八届四中、五中全会精神和习近平总书记系列重要讲话精神为主线，紧紧围绕“五好”基层党组织创建等中心工作，深入践行社会主义核心价值观,有效发挥“五个作用”，促进党总支各项工作的全面完成。

一、抓基层组织建设，提升党总支凝聚力和战斗力

（一）强化基础，加强组织建设

搭建党总支党员信息管理平台，及时更新修改，确保党员信息完整、准确。2015年党总支共发展预备党员2人，入党积极分子8人。

（二）凝聚人心，提升党组织活力

党总支积极党员活动，党总支在“七一”党庆期间开展了“颂歌献给党，唱响平安梦”歌咏比赛，组织党员代表参观了“弘扬抗战精神，培育社会主义核心价值观”主题展览。

二、抓思想建设，打造学习型基层党组织

1.做好总结规划，明确工作方向：

2015年2月党总支召开了党务年会，对于2014年的工作进行了总结，并明确了2015年党总支的工作思路。

2.加强理论学习，提升党员队伍思想素质

（1）组织各支部开展“新常态”头脑风暴会：围绕“新常态、新要求、新作为”活动三个主题展开了集中讨论，上报新常态的认识和感想43条。

（2）无锡党总支开展《学习习近平总书记重要讲话精神奋力推进机关党建各项工作》主题报告学习活动，并参加网络百题知识竞赛。

（3）举办“非法集资危害及防范措施”专题讲座,增强全体党员干部防范打击非法集资的意识，强化法律责任的宣传，切实提高公司高管和基层管理干部宣传教育的针对性和有效性。

（马　玥）

【文化建设】为积极响应平安集团“强化危

机意识”和“提升NPS”的号召，结合寿险总公司2015年开展“讲危机、讲不足、讲创新”三讲主题活动的契机，无锡平安人寿第一时间成立“三讲”活动推广小组，制订年度推广方案，旨在寻找危机和不足，强化“高处，也是悬崖”的危机意识，努力将“三讲”转化为生产力。

无锡平安人寿在管理职场及营销职场内利用展板、展架等进行布置，营造学习氛围，帮助员工熟悉了解公司最新的企业文化。各职能部门及各区办利用部门科室例会、营业部早会，向内外勤员工进行宣导。同时，面向全体员工开展“三讲”主题征文活动，号召人人讲危机、讲不足、讲创新，将自身感悟化为文字记录下来；累计收到征文40余篇，并从中评选出十佳进行挂网公示。

（王乐天）

【险种创新】1.平安人寿安君宝/安伊宝男女性高发癌症保障计划

高额保障：较少的保费支出，等待期后，医院确诊初次发生合同所列高发癌症，可获赔最高50万元的高额保障。

保费返还：

保险期满被保人仍生存，且未发生合同所列高发癌症，返还全部保费的110%。

因意外或其他疾病等情况身故，退还所交保费的110%。

男女专属：根据男、女性身体构造、生活方式、情绪管理的差异，专业设计了不同的高发癌症保障。

2.百万任我行

三大亮点：保障全、保额高、返保费

“三个100万”

自驾车意外保障100万、航空意外保障100万元、公共交通意外保障100万元

一般意外保障，保额10万元

满期还返120%

保险期满生存，返还120%所交保费

保险期间，疾病身故/非意外身故，返还120%所交保费

海陆空10项全能

涵盖十种出行方式：自驾、航空、公共交通（火车、高铁、动车、轮船、地铁、轻轨、出租车、公交车）

（王乐天）

【重大活动】1月19日下午，2015年大江苏“贺岁杯”四国足球友谊赛在南京顺利举办。江苏、无锡、苏州、南通的运动健儿们齐聚南京大学绿茵场，本次比赛共分为足球技巧挑战赛、足球对抗赛两个环节，无锡平安人寿获得了技巧挑战赛冠军、团队亚军。

3月4日，为实现无锡平安人寿6060人的人力目标，公司策划了年度大型人力发展活动“风雷行动”，3月4—5日对主管、02级外勤员工举办了风雷增员特训，本次培训班及启动大会以“得民心，聚地气，阔天地”为主题，为四五连动拉开序幕。

3月14日至15日，无锡平安人寿参加由无锡市消费者委员会主办，无锡市保险行业协会协办的为期两天的的无锡市南禅寺广场“3·15”宣传活动，为无锡市民现场解答投保、理赔等相关产品、服务问题，同时发放公司宣传折页等对外宣传信息。

4月14日晚，“无锡平安一家亲羽毛球联谊赛”在体育中心羽毛球场成功开展。本次活动由无锡平安人寿牵头，产险、银行共同参与，共有近四十名羽毛球健儿们参与。经过激烈角逐，无锡寿险一举囊获男单的冠亚季军、女单的冠亚军及混双的亚军。

6月14日，在无锡当地平安寿险、产险、银行、养老险、证券、信保等多家专业子公司的领导、客户及外勤同仁的共同见证下，无锡平安人寿第一届综合金融嘉年华暨第二十届客服节隆重开幕。借助此次平台，展现平安综合金融的实力和提升客户体验，实现客户迁移为目的，共同为陆续到场的1500多名客户提供了细致用心的服务，赢得到场嘉宾对平安集团综合实力的一致好评。为积极响应平安人寿总公司“新生活运动”理念，加强“大江苏”地区寿险专业公司之间交流与沟通，无锡平安人寿于9月11日成功主办“新生活运动杯”四国足球联谊赛。江苏、南通、苏州、无锡四家机构共同参赛，东区事业部总经理李春及四家机构“一把手”均出席本次活动。无锡平安人寿最终荣获KT足球迷你赛亚军以及“最佳啦啦队”称号。

为明确2016年开门红目标，部署业务人力发展节奏，统一全体将士的前进方向，2015年9月1日,无锡平安人寿“2015金秋增员风暴暨2016年开门红启动大会”在古罗马大酒店隆重召开。总经理室领导、前线职能部门长及近1200名优秀内外勤参加此次盛会。本次会议契合大练兵背景，以大决战为主题，号召队伍要有军人一样的执行力和坚决的服从力，在资考新政到来之前，抓住机遇，实现人力大发展，决战2016年开门红。

11月7日，2015年无锡平安人寿第二十届客户服务节“新生活运动”健康讲座活动在江阴温德姆至尊豪廷酒店顺利举办。总经理侯勇、江阴各营业区经理、江阴前后线内勤员工及250位平安客户参加了本次讲座活动。来自北京的健康专家徐文老师以“关注生命，关爱健康”为主题，结合自身多年的工作经验和临床病例，给客户介绍了远离癌症的10个预防措施。

11月7日下午，无锡地区的平安员工齐聚在天一中学的运动场上，开展“平安一家亲”趣味运动会。来自寿险、产险、银行、普惠、信用卡等5家机构共计数百名员工参与了本次运动会。无锡平安人寿最终夺得拔河比赛冠军、百发百中及超级障碍赛亚军、定点投篮项目季军，并荣获了“最佳拼搏”机构的称号。

2015年无锡平安人寿年终联欢晚会于12月22日在宝界商汇酒店隆重举行，300余名内勤员工欢聚一堂。此外，银行、产、养、普惠、信托、证券、信用卡、好车等八家兄弟机构的领导也列席本次盛宴。

（王乐天）

【重大承保】客户朱某，投保平安福300万元+平安福重疾15250万+长期意外131000万元+豁免C加强版+意外医疗B10万元+附加定期500万元+附加意外定期500万元，人身险保额2300万元，期交保费12.7万元。

客户张某，投保平安福300万元+平安福重疾14160万元+长期意外13500万元+豁免重疾C12+意外医疗A5万元+附加定期200万元，人身险保额1000万元，期交保费11.6万元。

客户蒋某，投保护身福800万元+护身福重疾15105万元+长期意外13135万元+豁免C加强版，人身险保额935万元，期交保费18.9万元。

客户汤某，投保平安福300万元+平安福重疾1550万元+长期意外13350万元+豁免C加强版+意外医疗B2万元+附加定期200万元+住院日额0750份，人身险保额850万元，期交保费16.5万元。

客户章某，投保护身福201万元+护身福重疾15200万元+长期意外13300万元+豁免C加强版+意外医疗B50万元+健享人生B15份+住院日额0750份，人身险保额501万元，期交保费12.8万元。

客户张某，投保平安福150万元+平安福重疾15100万元+长期意外13250万元+豁免C加强版+附加定期100万元，人身险保额500万元，期交保费7.4万元。

客户蒋某，投保护身福350万元+护身福重疾1560万元+长期意外1368万元+豁免C加强版+意外医疗A2万元+健享人生A2份+住院日额0720份，人身险保额418万元，期交保费10.4万元。

客户沈某，投保护身福350万元+护身福重疾1562万元+长期意外1350万元+豁免C加强版，人身险保额400万元，期交保费9.2万元。

客户邹某，投保平安福300万元+平安福重疾1450万元+长期意外13100万元+豁免重疾C12+意外医疗B5万元，人身险保额400万元，期交保费12.8万元。

客户倪某，投保平安福60万元+平安福重疾1450万元+豁免重疾C12+健享人生B3份+附加意外13300万元+附加定期10万元+意外医疗B5万元，人身险保额370万元，期交保费3.9万元。

（顾天明、奚婷）

【重大赔付】2015年无锡平安人寿年理赔案件量11652件，较2014年增长19.4%；赔付金额7020万元，较2014年增长25.33%。2015年公司继续践行“标准案件，资料齐全，二日赔付”的理赔服务时效承诺。2015年理赔标准案件时效保持稳定，标准案件2日结案率为95.85%

1.交通意外身故，获赔保险金80万余元

投保状况：客户J先生，39岁。2010年5月投保安行两全0.0685万元，安行意外30万元，2012年5月投保增利两全0.0321万元，乐翔意外15万元。

保险事故：被保险人于2015年4月28日驾驶私家车发生车祸致严重颅脑外伤，于2015年4月29日身故。

理赔情况：客户家属提交理赔材料后，公司快速理赔，共给付身故金80万余元。

2.意外高坠身故，获赔保险金80万余元

投保状况：客户G先生，47岁。2010年4月投保安行两全1.0145万元，安行意外40万元，2011年5月投保智盈人生15万元，智盈重疾10万元，无忧意外10万元，2012年3月投保财富尊享3.5万元。

保险事故：被保险人于2014年1月7日自上海市中山医院消防通道处高坠导致身故。

理赔情况：客户家属提交理赔材料后，公司快速理赔，共给付身故金80万余元。

3.交通意外身故，获赔保险金62万余元

投保状况：客户Z先生，43岁。2011年3月投保安行两全0.0685万，安行意外30万。

保险事故：被保人因驾驶私家车发生车祸于2014年12月23日身故。

理赔情况：客户家属提交理赔材料后，公司快速理赔，共给付身故金62万余元。

4.胆管癌身故，获赔保险金46万余元

投保状况：客户C女士，44岁。2002年4月投保康乃馨1万，2003年3月投保平安鸿盛2.2万元，2004年5月投保平安康顺8万元，2005年9月投保鸿祥04险种1万元，2007年10月投保钟爱一生1万元，2009年2月投保鸿祥04险种1.5万元，2009年6月投保钟爱一生10万元，2009年8月投保鑫祥1.5万元，2009年12月投保幸福A04险种15万元。

保险事故：被保险人于2015年7月18日因胆管癌身故。

理赔情况：客户提交理赔材料后，公司快速理赔，共给付保险金合计46万余元。

5.意外溺水身故，获赔保险金40万元

投保状况：客户某女士，33岁。2015年7月投保平安福20万元，平安福重疾15万元，长期意外13险种20万元，意外医疗A险2万元。

保险事故：被保人因溺水于2015年8月19日抢救无效后身故。

理赔情况：客户家属提交理赔材料后，公司快速理赔，共给付身故金40万元。

6.罹患重疾，获赔保险金39万余元

投保状况：客户J女士，38岁。2007年1月投保智富人生A险2万元，智富重疾A险2万元。2013年11月投保护身福15万元，护身福重疾13万元，护身福意外20万元，豁免重疾C12险1246，附加意外08险10万元，健享人生B险1份，意外医疗B险1万元。2014年3月投保平安福30万元，平安福重疾25万元，长期意外13险20万元，豁免重疾C12险1955，特定疾病25万元。

保险事故：被保险人于2015年12月4日确诊为左肾癌。

理赔情况：客户提交理赔材料后，公司快速理赔，共给付重疾保险金39万余元。

7.疾病身故，获赔保险金38万余元

投保状况：客户L先生，42岁。2011年12月投保安行两全0.0914万元，安行意外40万元，2012年2月投保增利两全0.0855万元，乐翔意外40万元，2012年7月投保安益两全15万元，安益重疾15万元，2013年4月投保安益两全15万元，安益重疾15万元。

保险事故：被保险人于2015年6月1因周围神经病身故。

理赔情况：客户家属提交理赔材料后，公司快速理赔，共给付身故金38万余元。

8.意外溺水身故，获赔保险金36万元

投保状况：客户S先生，32岁。2014年9月投保智胜人生30万元，智胜重疾25万元，无忧意外13险种6万元，无忧医疗B险1万元。

保险事故：被保人因意外溺水于2014年9月14日身故

理赔情况：客户家属提交理赔材料后，公司快速理赔，共给付身故金36万元。

9.罹患重疾，获赔保险金35万余元

投保状况：客户S女士，42岁。2014年2月投保护身福38万元，护身福重疾35万元，豁免重疾C12险种0.0738万元。

保险事故：被保险人于2015年5月8日活检确诊鼻咽恶性肿瘤。

理赔情况：客户家属提交理赔材料后，公司快速理赔，共给付重大疾病保险金35万余元。

10.肺癌身故，获赔保险金32万余元

投保状况：客户S先生，57岁。2002年12月投保世纪理财22.32万元。

保险事故：被保险人于2014年8月20日因肺癌身故。

理赔情况：客户家属提交理赔材料后，公司快速理赔，共给付身故金32万余元。

（任立志）

【公益活动】低碳徒步：无锡平安人寿于4月30日下午开展了第四届机构徒步活动，本次徒步活动分为4公里体验组及8公里达标组，共有上百名员工积极报名参与。

（马玥摄）

中秋送温暖活动：9月14日无锡平安人寿公司领导带领员工及部分VIP客户走访慰问了无锡滨湖区社会福利中心的孤寡老人，看望那里的孤寡老人，为他们送上月饼、牛奶、脱水机等价值2.5万元的慰问品及平安人最真挚的祝福。无锡都市资讯频道《阿喜帮忙》栏目记者全程跟踪报道此次活动。

新生活跑团启动仪式：9月25日，无锡寿险新生活运动跑团启动仪式在无锡市体育公园隆重起航。此次活动从体育中心足球场出发，途径沿河健步道并返回起点。过程中员工借助平安人寿APP计步，全情投入，均坚持跑完全程。

（王乐天摄）

重阳节登高活动：无锡平安人寿组建跑团俱乐部并于重阳节到来之际，在惠山开展了重阳登高暨绿色环保捡垃圾活动。

【教育培训】蟠龙新主任第4期培训：无锡平安人寿于4月初举办“蟠龙新主任第4期培训（第二次）集训”。本次培训为蟠龙新主任培训第二次集训，课程内容包含《主旨报告——启航.扬帆二》《时间管理助我成为蟠龙新主任》《如何打动准增员对象》《产品组合技巧研修》《个性化服务-转介绍之秘诀》等，通过全新的“案例式”教学方式和实战的课程内容，帮助学员真正掌握实用技巧，解决销售增员过程中的技能、实战问题。

1.D类绩优人员技能提升培训班：无锡平安人寿于4月16—17日举办D类绩优人员技能提升培训班，进一步提升了绩优员工的项目管理能力，提高工作效率。

2.《团队协作》培训班：无锡平安人寿于6月26日开办2015年《团队协作》培训班，来自前线、后援、共同资源共30位同事参与培训。

3.兼职讲师技能提升培训暨PTT培训班：2015年7月28日—7月31日，无锡平安人寿前线、后援和共同资源的30名员工参加公司在无锡市木棉花酒店举办的为期三天三夜的内勤PTT培训。

4.高潜技能提升培训班：无锡平安人寿于10月29—30日开办了《2015年高潜技能提升培训班》，旨在加强分公司人才梯队建设，帮助分公司高潜提升项目工作能力和规划能力，拓宽全局视野，28个学员分为7组在两位分管总的指导下利用两个月时间完成课题研究工作。

5.启航平安（NEO）培训班：2015年11月9日—13日，来自无锡、苏州、南通、上海、烟台的42名员工参加了在无锡市木棉花酒店举办的为期四天四夜的启航平安（NEO）培训，本次培训安排了一天机构特色课程、两天NEO制式课程和一天拓展训练。

（王乐天）

【其他】自1月15日接到总公司稽核监察部下发的《关于开展”两个加强、两个遏制”专项自查工作的通知》后，无锡平安人寿高度重视，第一时间成立了以总经理为组长的自查专项小组，负责按照监管要求及总公司下发的工作方案，全面组织中心支公司的风险排查工作，并制订了详细的排查方案，同时行政部利用邮件、电视晨会、会议等方式向全体内外勤宣导了排查工作内容。在此期间江苏保监局领导前来公司堰桥营销服务部开展“两个加强，两个遏制”专项排查情况进行的现场督导，督导显示公司开展排查情况良好，未发现问题。

11月30日下午，无锡平安人寿第四届工会换届选举大会在平安大厦十二楼会议室隆重召开，共有57名员工代表出席大会。大

会成功进行了新一届工会委员会的换届选举，产生了新一届的工会委员。大会经57名工会代表的无记名投票，选举产生了余忠海、弓艺兵、陆云婷、顾天明、马玥、钱嘉骏、洪朝霞、何来、韩燕9名工会委员会委员和胡凉、陆颖琼、周琛珀等3名经费审查委员会委员。余忠海当选为新一届工会主席，弓艺兵当选人新一届工会副主席。

（黄晨阳、马 玥）

【领导班子成员】

侯 勇 总经理

荣申宏 副总经理（负责后援）

余忠海 副总经理（营销总）

（王乐天）

【机构（部门）主要负责人】

张益铭 市区第一营业区

孙 默 市区第二营业区

殷正道 市区第三营业区

马 力 江阴支公司

罗 敏 宜兴营销服务部

叶苏清 培训部

钱 威 销售企划部

方 军 营销管理部

弓艺兵 行政部

孙 漪 人力资源部

谢 盛 财务部

孙 漪 企划部

许菱芳 客户服务部

胡 凉 运营督导部

（王乐天）

【外部获奖】3月6日，荣获“2014年度无锡市行业协会先进集体”奖、“2014年度无锡市保险行业信息工作优秀组织一等奖”及“2014年度《无锡日报-金周刊》优秀组织奖”等三项组织奖。

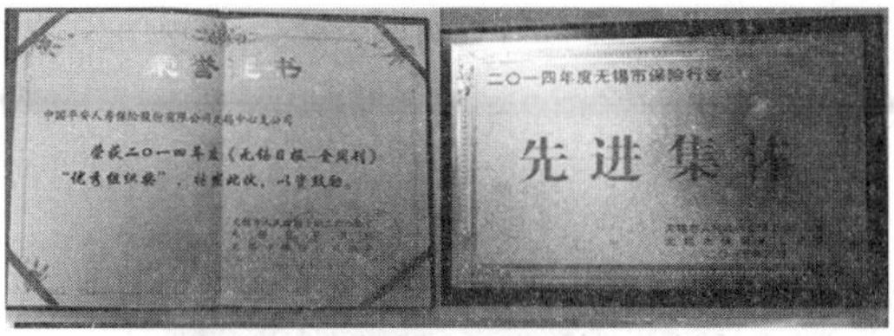

中国平安人寿保险股份有限公司无锡中心支公司荣获2014年通联工作先进单位。

3月20日，无锡平安人寿荣获2014年无锡市保险业金融机构反洗钱工作考核等级A类。

8月7日，无锡平安人寿荣获无锡市保险行业放心消费创建先进单位。

公司2015年12月荣获2015年度《无锡日报·金周刊》优秀组织奖。

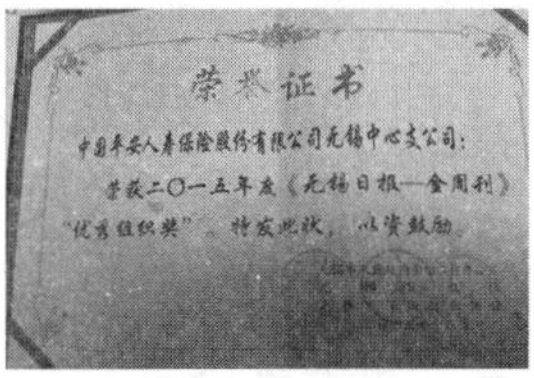

行政部12月荣获2015年无锡保险行业信息工作“优秀组织”二等奖。

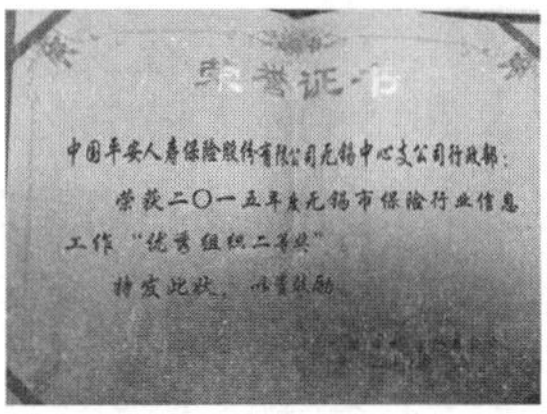

12月30日，中国平安人寿保险股份有限公司无锡中心支公司工会委员会荣获2015年江苏省模范职工之家的称号。

（马 玥）

【内部获奖】5月无锡平安人寿行政部荣获2014年度资产管理知识竞赛优秀单位。

5月无锡平安人寿行政部荣获2014年度职场管理优秀单位。

（马　玥）

【先进个人】内勤仇丽华、陆颖琼获“服务明星”奖，外勤汪丽英、王玉琴荣获“展业明星”称号。

（马　玥）

新华人寿保险股份有限公司无锡中心支公司

【概况】2015年，新华人寿保险股份有限公司无锡中心支公司（简称“无锡新华”）在总分公司的战略引领下，坚守“合规经营”的红色底线，关注价值、规模、渠道均衡发展，实现了公司健康可持续发展，全年新筹机构开业1家（惠北支公司），获筹机构2家（滨湖支公司、惠洲支公司），中支机构数量由年初的4家发展到7家（含在筹2家），以支撑业务持续发展。

（张天六）

【经营业绩】2015年，无锡中支共实现规模保费3.27亿元，当地市场占有率2.38%，市场排名第六。其中整体渠道价值保费4331.75万元，年度达成率为150.5%。整体毛价值2742.21万元，年度达成率135.35%。

个人规模保费4952.73万元，同比增长120.37%;其中价保3703.6万元,同比增长81.6%，达成率167.5%，且连续3年复合增长率在50%以上;

银代业务规模1647.13万元，达成率9.28%；其中期缴161.74万元，财富价保7.02万元；

续期新单规模1009.65万元，新单价值629.2万元，同比增长29.4%，达成率123.4%；

法人业务规模952.5万元，其中短险193.21万元，同比增长19.2%；达成率32.2%。

（张天六）

【渠道建设】个险营销业务新华保险江苏系统首个规模、价保提前完成全年任务，且连续3年复合增长率在50%以上；个险规模人力突破千人大关，绩优建设取得较大突破。

银行代理业务管理架构得到初步完善，各项工作在有条不紊恢复中，共获得各渠道合作网点数85个。

法人业务保费同比正增长，中介渠道2015年新增二条可作业渠道。

续期业务新单规模、价值、队伍高速成长，年底人力达112人，同比增长12.4%。

运营保障干部梯队建设趋向良好，员工队伍稳定，人员结构逐步改善；牢记“合规经营”底线，服务品质强品牌；关注客户感受、提升运营效率，客服中心加大E服务推广力度和深度。

（张天六）

【内部管控】深入开展“两个加强、两个遏制”专项检查工作、组织打击防范非法集资宣导工作、保险代理人违规展业案件警示教育等工作，各层级人员风控意识逐步加强。坚持行政、风控、客服后援部门与各业务渠道间的积极配合及联合检测，全年无重大投诉风险案件发生，监管零处罚。

5月13日，无锡新华召开突发事件应急预案培训与演练，各业务渠道骨干参加，重点围绕非正常退保、满期给付应急预案，防范群诉风险展开，提高公司员工的应急处理能力，保障应急处置流程顺利运行。

（张天六）

【党建工作】8月7日，无锡新华党支部积极响应市文明办、市保协要求，组织全体党员，支部10名党员观看纪录电影《美丽乡愁》，用实际行动践行社会主义核心价值观教育。

（张天六）

【文化建设】

新华保险企业文化理念体系：

愿景：中国最优秀的以全方位寿险业务为核心的金融服务集团。

使命：为客户提供幸福生活的保障，为股东贡献稳定持续的回报，为员工创造成就自我的机会，为社会增添和谐安宁的力量。

价值观：诚信责任公平创新进取

全新客户关系：

创造极致的客户体验，和客户之间建立相识、相知、相信、相依的全新客户关系；

打造责任清晰、持续连贯、全方位的、覆盖客户全生命周期的服务是我们走向全新客户关系的必径之路。

（张天六）

【重大活动】9月5日，无锡新华客服中心牵头组织了“新华保险无锡中心支公司第十五届客户服务节观影活动”，150多名新老客户在幸福蓝海影院观看了电影《滚蛋吧，肿瘤君》，并参加了二维码扫码，关注“新华保险”微信公众号活动。

10月6日，由无锡新华冠名的“新华保险杯”2015年江苏省第十八届体育舞锦标赛暨城市体育舞蹈公开赛在无锡市体育馆落下帷幕。活动当天无锡新华开展了现场咨询和公司宣传，晚上部分内外勤员工代表参加了体育舞大赛开幕式。

（张天六）

【理赔案例】2014年2月20日，客户丁某投保健康福星增额终身重大疾病保险，保额15万元，年交保费8370元，被保险人于2015年3月12日在上海复旦大学附属肿瘤医院确诊为“宫颈癌”，共赔付16.65元。

2010年7月1日，客户黄某为其本人投保红双喜保险，年交保费2万元，交5年。被保险人于2015年6月11日“东方之星”沉船事故中身故。无锡新华于2015年6月26日及时赔付333509.01元。

被保险人王某于2009年投保至尊双利终身寿险，保额12万元，年交保费1万元，交费5年，以及康福增额保险，保额5万元，年交保费2855元，客户于某2015年8月8日因急性心衰,经无锡市第九人民医院抢救后身故,共赔付146336.19元。

无锡某单位于2014年5月31日投保团体意外保险，投保单位职工丁某于2015年4月9日在工作中不慎上半身被卷入机器中,经医院抢救无效身故。受益人于2015年6月23日提出理赔申请，经审核，无锡新华共赔付16万元。

（张天六）

【其他】1月28日，无锡新华惠北支公司获江苏保监局筹建批复（苏保监筹建〔2015〕6号“江苏保监局关于同意新华人寿保险股有限公司江苏分公司筹建惠北支公司的通知”）筹建工作启动。6月10日，获江苏保监局开业批复,（苏保监许可〔2015〕427号“江苏保监局关于同意新华人寿保险股有限公司江苏分公司惠北支公司开业的批复”），7月23日获得工商营业执照正式开业。

7月6日，无锡新华经营场所变更，由无锡市永乐路29号新天地广场5、10、11楼变更为无锡市人民中路139号恒隆广场办公楼第1座8层801~809室。

8月3日，无锡中支滨湖支公司获江苏保监局筹建批复（苏保监筹建〔2015〕61号“江苏保监局关于同意新华人寿保险股有限公司江苏分公司筹建无锡中心支公司滨湖支公司的通知”）滨湖支公司的筹建工作启动。

11月23日，无锡新华惠洲支公司获江苏保监局筹建批复（苏保监筹建〔2015〕101号“江苏保监局关于同意新华人寿保险股有限公司江苏分公司筹建无锡中心公司惠北支公司的通知”）惠洲的筹建工作启动。

（张天六）

【领导班子成员】

谢　丹　新华保险无锡中心支公司总经理

蒋　政　新华保险无锡中心支公司总经理助理

徐　芳　市场总监

张天六　党支部书记

（张天六）

【机构（部门）主要负责人】

黄　斌　江阴支公司负责人

谭新明　宜兴营销服务部负责人

成　龙　惠山营销服务部负责人

王　欢　惠北支公司负责人

（张天六）

【荣誉先进】“3·15”期间，无锡新华荣获由无锡市消费者委员会、无锡电视传媒公司联合授予的“诚信承诺联盟”单位称号。

9月，经市放心消费办、市保协推荐、申报、考核、公示及综合评定，无锡新华被授予“无锡市保险行业放心消费创建先进单位”，并荣获“无锡市放心消费创建先进企业”证书。

（张天六）

泰康人寿保险股份有限公司无锡中心支公司

【概况】 2015年，泰康人寿保险股份有限公司无锡中心支公司（简称“泰康人寿无锡中支”）践行公司“四位一体”大幸福工程、大民生工程及大健康工程的战略，有效地运用各种有利条件，快速提升业务平台，合规健康发展。2015年，泰康人寿无锡中支累计承保各类保费4.3亿元；全年完成理赔赔付536万元，充分实现商业保险“保障风险，弥补损失”的社会保障功能。

入驻锡城12年以来，泰康人寿无锡中支以宜兴支公司、江阴支公司、无锡本部为三大主力，下辖10个乡镇网点，服务区域覆盖整个无锡范围。全力为无锡市民提供全方位、高品质的保险服务。

无锡泰康宜兴支公司已连续十年保持全系统业绩第一，成为宜兴寿险市场的标杆。从繁华的城市，到富裕的乡镇，“泰康人寿”正在为更多的无锡人所熟知，成为其标榜“时尚、富有”的标志之一。

（蓝天月）

【经营业绩】 2015年，泰康人寿无锡中支全年总保费超过4.3亿元，其中公司利润重要来源的个险营销业务，累计承保价值保费4.1亿元，银行保险业务全年累计承保规模保费525万元。2015年，续收保费业务强劲增长，全年续收收入保费3.1亿元，同比增长15%，继续率达93%。良好的续期业务品质确保了公司客户数量和现金流量的稳定，为核心业务快速发展奠定了坚实基础。

团险部自2011年11月起划为江苏分公司养老金公司无锡区域中心，在2015年仍贯彻公司专业规范的宗旨，持续走大客户路线，为集团客户提供优质服务，全年累计完成676万元，其中短险484万元，AB类短险192万元。

2015年，衡量公司业务品质的重要指标:无锡泰康的人均价值保费与件均保费在江苏省系统内名列第一，尤其是宜兴人均标准保费已达到8.2万元，高于全省水平，这也标志着宜兴业务团队已经进入成熟期。

（蓝天月）

【渠道建设】 泰康人寿无锡中支保险业务品质指标持续提升，各项业务指标均达到良好水平以上。公司推行“拥抱互联网”战略，通过微信投保、微信理赔、微信查询等功能的上线，提高服务效率与服务质量，让投保、理赔等客户体验感比较强的环节变得更为高效与便捷。

（蓝天月）

【险种创新】 2015年泰康人寿无锡中支推出涵盖自费药品在内，保额高达300万元“尊享人生”险种，补充了客户在健康险方面的需求空白。

（蓝天月）

【重大赔付】 客户吴某于2009年7月28日投保泰康卓越财富B款终身寿险险种，不幸于

2015年3月25日因急性心梗身故。经公司快速调查确认，该保险事故属实，未发现免责事项。公司当即赔付吴某家属保险金共计36.43万元。

（蓝天月）

【领导班子成员】

狄秀英　总经理
张健　助理总经理

（蓝天月）

【机构（部门）主要负责人】

王字强　养老金公司无锡区域负责人
母晓春　运营部经理
蓝天月　公共资源部经理
俞　锋　计划财务部经理

（蓝天月）

【荣誉先进】2015年无锡市保险行业协会“先进集体”称号。

（蓝天月）

太平人寿保险有限公司
无锡中心支公司

【概况】太平人寿是中国太平保险集团旗下的专业寿险公司，公司拥有87年品牌历史，1929年始创于上海，1956年移师海外，2001年恢复国内经营，是现今中国保险市场上经营时间最长和品牌历史最悠久的中资寿险公司之一。

太平人寿是我国大型寿险公司之一。总部设于上海，注册资本金100.3亿元人民币，总资产超过3100亿元人民币。目前已开设37家分公司和1000余家三、四级机构，服务网络基本覆盖全国。

复业以来，太平人寿坚持专业化经营、体系化运作，在个人代理、银邮代理、电话销售、网络销售等渠道提供涵盖人寿、意外、健康、年金等多种类型的保险产品，并通过高品质、多元化的专业服务，为客户提供周到的健康管理、贴心的养老服务、安全的财富配置。公司业务发展稳健，业务结构良好，具备较好的商誉、管理水平、经营环境和发展前景。随着公司实力增强，太平人寿自2003年首次获得惠誉国际“BBB+”评级以来，财务评级稳步上升。2015年，太平人寿惠誉评级提升至“A”，评级展望为“稳定”。

（李继东）

【经营业绩】截至2015年12月31日，太平人寿无锡中心支公司个险承保标保10062万元，江苏排名第2，全系统排名第6名；银险期缴承保标保1513万元，江苏排名第二，全系统排名第13名，趸交规模保费21534万元，江苏排名第一，全系统排名第5名。同时，无锡中支续期工作再创佳绩，年度累计继续率：个险13个月达到95.8%，25个月达到96.6%；银险13个月达到95.5%，25个月达到97.8%，提前达成四项精算假设，并达到四九平台。

（李继东）

【渠道建设】截至2015年12月31日，与太平人寿无锡中心支公司合作的银行邮政代理共有8家。太平人寿一直秉承“用心经营 诚信服务”的经营理念，以“精准营销项目”为突破点，通过各种形式不断开拓合作渠道，积极维护渠道关系。2015年通过渠道“精准营销项目”“养老社区项目”，不断提升太平人寿的客户层次，同时扩大了太平人寿的品牌影响力。通过与银行的紧密合作，以维护客户权益为根本，真正实现了公司、渠道和客户的三赢。

（顾琪东）

【内部管控】合规管理是保险公司全面风险管理的一项核心内容，也是实施有效内部控制的一项基础性工作。提高经营管理水平，加强合规经营能力，不仅是太平人寿的立司之本，更是太平人寿无锡中心支公司的强司之路。通过加强合规经营，可以提高公司的凝聚力、向心力，降低经营风险，实现公司效益的最大化。

（李继东）

【党建工作】太平人寿无锡中支党支部顺应形势变化和改革发展新要求，注重把党的政治优势和组织优势转化为推进公司业务发展的动力，在创先争优中振奋精神，在管理创新中提升素质，在文化培育中凝聚人心，为推动公司的发展提供了强有力的保证。截至2015年年底，公司有党员18人，后备积极分子10人，其中江阴有4名党员，宜兴有2名党员，本部有12名党员，基本实现全覆盖。党员队伍中有外勤营销员党员，有中层干部，也有前线内勤骨干员工党员，他们在各自的条线和岗位上发挥着模范带头作用。同时中支党支部通过组织生活会或党员会议的形式，深入学习中共十八大、十八届三中全会等会议精神，组织学习了中央“八项规定”和“党章”，通过学习，党员、广大干部职工的思想意识、争优意识有了进一步提高。同时深入持久地宣传党的政策，积极传播公司企业文化，调动党员参与党组织生活的积极性，增强归属感与凝聚力，促进队伍的稳定和发展。

（储志云）

【险种创新】2015年4月，太平人寿推出健康险责任升级服务，符合条件的新老客户能享有指定保单的重疾险病种全部升级至少为55种的健康升级方案。

（沈海芹）

【重大活动】10月22日，太平人寿保险有限公司总经理张可到无锡中心支公司职场督导审计整改工作。

11月21日，无锡中心支公司邀请近1200名VIP高端客户在无锡市人民大会堂观看大型人偶儿童剧《波波萝莉历险记之甜蜜王国》。

（李继东）

【公益活动】太平人寿无锡中心支公司积极参与社会公益活动，始终牢记自身的社会责任与义务。2015年7月7日，无锡中心支公司参加了无锡电视台和无锡市保险行业协会共同举办的“全国保险公众宣传日”活动。9月13日，无锡中心支公司来到锡山区育才学校，为那里的40多名贫困学生送上了爱心礼物，圆了她们一个小小的梦想。10月，无锡中心支公司组织全体内勤员工参加爱心助学活动。全体员工踊跃参与，纷纷慷慨解囊，为贫困学区的孩子献上5000多元爱心捐款。

（李继东）

【领导班子成员】

王廷宏　党委书记/总经理

孙伟君　副总经理

（李继东）

【机构（部门）主要负责人】

李继东　人事行政部经理
李凌虹　财务部经理
顾锦松　运营服务部经理
储志云　保费部经理
陈景超　中支个险本部经理
许伯春　宜兴支公司经理
祝雪骏　江阴支公司经理
张国良　城郊营销服务部经理

（李继东）

【先进集体】太平人寿无锡中心支公司荣获“2014年度无锡市保险行业放心消费创建先进单位”。

太平人寿无锡中心支公司被无锡市人民政府金融工作办公室、无锡日报社、无锡市保险行业协会授予“无锡保险行业2015年度《无锡日报·金周刊》”优秀组织奖。

（李继东）

【先进人物】太平人寿无锡中心支公司周伟、张敏娟被无锡市人民政府金融工作办公室、无锡市保险行业协会分别授予无锡市保险行业先进个人“服务明星”“展业明星”称号。

（李继东）

民生人寿保险股份有限公司江苏分公司无锡中心支公司

【概况】2015年，民生人寿保险股份有限公司江苏分公司无锡中心支公司承保：传统险318.17万元；分红险211.64万元，分红险占比31.87%；人身意外险0.34万元；医疗保险0.06万元。实现个险首期保费534.71万元，续期收费6048.6万元。公司设立了综合室内控审计合规部，加大了内部规范管理力度，减少公司管理风险。

（吴颖莹）

【公司荣誉】2015年12月，中国保险报面向全行业开展了2015中国保险“年度影响力赔案”暨“年度服务创新”专业评选活动，最终评选出“2015中国保险年度影响力”（财险、寿险）十大赔案和年度服务创新三大榜单。民生保险《意外无情，民生有爱》理赔案例入选“2015中国保险（寿险）年度影响力”十大赔案；民生保险“客户变用户线上线下客服有机并轨”项目荣评2015中国保险“年度服务创新”项目。此次评选活动，旨在宣传保险业在刚刚过去的一年里在理赔服务和服务创新等方面取得的新成就，全面展现优秀保险企业高效、优质、人性化的服务品牌形象，传播保险业正能量。活动自开展以来，得到了广大保险企业的支持，参选企业包括保险集团公司、财险公司、寿险公司、以及保险专业代理、专业经纪和专业公估公司等，具有广泛的行业代表性。参选优秀赔案和服务创新项目通过险企推荐、组委会初评和专家票选等环节，最终评选出“2015中国保险年度影响力”（财险、寿险）十大赔案和年度服务创新三大榜单。

（吴颖莹）

【重大赔付】2015年，民生人寿无锡中支累计赔付件数647件，赔付金额136.87万元，其中超过5万的赔付件6件，赔付金额48.8万元.

（吴颖莹）

【领导班子成员】

陆　晶　总经理

（吴颖莹）

【机构（部门）主要负责人】

凌　琦　本部营服负责人

辛洁琦　营销部负责人

黄国强　宜兴营服负责人

（吴颖莹）

富德生命人寿保险股份有限公司无锡中心支公司

【概况】富德生命人寿保险股份有限公司是一家全国性的专业寿险公司，成立于2002年3月4日，总部现位于深圳。股东由富德控股（集团）有限公司、深圳市华信投资控股有限公司等资金雄厚的企业构成。公司现注册资本117.52亿元，总资产已超2700亿元，是国内资本实力较强的寿险公司之一。

公司遵从“内诚于心，外信于行”的经营理念，秉承“富及民众，德行天下”的核心价值观，紧跟市场脉搏，不断求新、求变、求发展。

富德生命人寿一直致力于科学前瞻的人才战略，引进了大批业内外优秀的高端人才。公司经营管理团队由业界知名寿险管理人才组成，有丰富的行业经验和影响力。深谙市场规律、极具战略眼光的管理人才和富有执行力的高素质员工是富德生命人寿专业化经营、稳健发展的有力保证。

富德生命人寿建立了覆盖全国重点省市区域的营销网络和多元化服务平台，目前共拥有35家分公司，1000多个分支机构和服务网点，超过13万人的管理和销售人员。

富德生命人寿致力于为社会不同人群提供包括人寿保险、意外险、健康险和养老保险在内的全方位风险保障解决方案和投资理财计划。目前，公司在售寿险产品有100多款，通过个人营销、银邮代理、团险销售、电子商务、电话销售等多个渠道，面向社会各个年龄、群体的不同客户提供全面专业的人身保障产品。

（王菊英）

【客户服务】通过覆盖全国重点省市的1000多个服务网点、“95535”客服热线24小时的全天候服务，富德生命人寿与客户之间搭建起一座零距离、个性化的沟通桥梁。把客户满意作为企业经营的试金石，将一切为了客户的理念贯穿于整个企业运作之中，客户导向的经营文化为富德生命人寿赢得了良好的社会口碑与极佳的客户认同。

除在业内第一家推出“带息理赔”举

措外，具有富德生命人寿特色的“1234”关爱理赔服务，即“500元以下1天给付、住院客户2天探视、理赔客户3天内给付、预付理赔客户4天内赔款到家”，以其人性化的特色充分体现出富德生命人寿“爱心、服务、创新、价值”的经营理念。

7月，推广“保单电子回执”。得到大幅推广应用，进一步升级优化客户体验。

10月29日全面上线使用新契约电子签名移动APP（安卓版），提高业务员为客户办理业务的服务效率。

（王菊英）

【企业文化】富德生命人寿秉承以“营销”为核心的企业文化，以“培养人”为核心的成长文化，“简单”“和谐”“高效”“务实”的职场文化，不惧挑战，众志成城。生命人寿每一位员工尽职尽责，共同抒写荣耀、崭新的历史篇章。

（王菊英）

【领导班子成员】

高景山　中支负责人 2013年11月8日至2015年6月10日

林文欢　中支临时负责人 2015年8月27日至2015年12月10日

赵鹏涛　中支负责人 2015年12月10日－至今

（王菊英）

【其他】1月16日，随着宜兴工商行政管理局准予分公司名称变更，生命人寿保险股份有限公司无锡中心支公司宜兴营销服务部变更为富德生命人寿保险股份有限公司无锡中心支公司宜兴营销服务部，无锡中支及三个营销服务部名称变更全部结束。

1月20日，宜兴营销服务部由宜兴市荆溪中路296号8楼搬至宜兴市宜城街道人民中路273号物资大厦11楼1101-1104室。

2月8日，无锡中支由无锡市健康路6号搬迁至无锡市县前东街188号19楼。

2月8日，北塘营销服务部搬至无锡市县前东街188号14楼。

【工会成立】2015年10月26日，建立工会委员会。

（王菊英）

【先进人物】无锡个险部业务经理邵霞被评为2015年度无锡市保协行业“展业明星”。

（王菊英）

同方全球人寿保险有限公司江苏分公司
无锡中心支公司

【概况】同方全球人寿保险有限公司原名海康人寿保险有限公司，于2003年5月正式成立，在中国开展寿险业务。总部位于上海，目前注册资本为24亿元人民币。2005年9月同方全球江苏分公司正式成立，是同方全球人寿第一家省级分公司。截至2015年12月31日，同方全球江苏分公司已拥有南京、无锡、南通、常州、镇江、扬州、徐州、江阴、宜兴、溧阳等10家分支机构。

作为同方全球人寿重要战略发展机构，同方全球人寿无锡中心支公司开业10年来，秉承总公司“专业、诚信、开创”的经营理念，坚持依法合规经营，稳步进行业务拓展，积极回馈服务社会，并获得客户良好的口碑。

（陈　静）

【经营业绩】自成立以来，同方全球人寿无锡中心支公司在同方全球人寿江苏分公司机构系统排名中处于领先地位。2015年，同方全球人寿无锡中心支公司以稳健、夯实的业务策略，秉承专业、优质、全面的保险服务理念，实现各机构业务规模的均衡发展。为适应市场发展、满足客户需求，同方全球人寿积极调整产品结构，推出新险种。

2015年年初，同方全球人寿重磅推出“康健一生”终身重大疾病保险，2015年下半年，康健一生不断升级，推出“康健一生”双保险和“康健一生”全保险，一份保单，同时为投保人与被保人提供双重保障，让客户更安心，保障更全面。其中“康健一生”全保险获得上海保险年度大奖“2015值得推荐的重大疾病保险产品年度大奖”和第13届中国财经风云榜保险类奖项“年度值得关注的保险产品”业内两项权威大奖。

（陈　静）

【渠道建设】同方全球人寿无锡中心支公司始终将公司的渠道建设放在重要位置，除了注重各渠道的销售力的增长外，还对渠道员工在法律法规意识、监管文件学习、职业道德修养等各方面加强培训，并针对各渠道自身的特点，建立相应的教育机制并展开工作。

2015年,同方全球人寿无锡中心支公司银保渠道坚持价值业务的持续经营，实现保费收入稳定增长的同时严控业务风险防范；2015年进一步加大与合作渠道的沟通，创新销售工具，合规销售过程，以银行网点全省建设为抓手扩大影响力。

本年度，无锡代理人渠道组织了多场内部培训，内容涉及监管文件精神的传达、销售能力提升、以及增员培训等，并通过多场高峰会及业界的交流，进一步提高代理人的销售服务水准。

（陈　静）

【内部管控】同方全球人寿有限公司法律及合规部下设内控及营运风险管理部、合规部、法务部三个职能部门，全面负责同方全球人寿合规风险管理工作。江苏分公司成立法律及合规部，主要负责省一级分公司及下属机构的合规风险管理工作。

江苏分公司合规部根据总公司合规年度计划编制分公司合规年度计划并积极落实，通过现场及非现场方式开展风险管控。法律及合规部及时搜集最新法律、法规及规章，监管要求，审查公司重要制度和业务流程并根据监管要求及时提出修订内控制度的建议；每季度召开合规联系人及反洗钱联系人会议开展合规培训，根据人力资源安排新员工的入职、转岗、晋升培训；不定期实施合规风险监测，识别、评估及报告合规风险；负责反洗钱制度的制定和实施，负责内控自评估及专项风险排查工作。

江苏分公司通过对下属各机构进行合规现场或非现场检查、开展内部控制自我评估专项工作，对内部管控情况随时监督和检查，以贯彻落实合规政策的推动和执行。负责日常与监管的沟通并指导各机构接受外部监管各类检查、走访和调研。法律及合规部对上述各类检查和自查发现的缺陷持续进行整改推进，确保分公司及下属分支机构经营活动的合规性。

（陈　静）

【文化建设】同方全球人寿秉承专业、诚信、开创的经营理念，在业务发展、产品开发和团队建设等方面取得了一定的成绩，业务稳步上升，保费收入实现稳定增长，通过一次次脚踏实地、认真负责的服务获得社会和客户的广泛认可。

公司愿景——成为中国最值得推荐的人寿保险公司。

公司使命——我们致力于帮助客户未雨绸缪，实现财务保障，安享未来。

核心价值——团队协作、诚信透明、超越期望

（陈　静）

【公司更名】7月，海康人寿江苏分公司无锡中心支公司正式更名为同方全球人寿江苏分公司无锡中心支公司，并完成了相关证照的变更。同方全球人寿保险有限公司由荷兰全球人寿保险集团（Aegon）与同方股份有限公司（THTF）各出资50%组建而成。公司于2003年5月正式获得营业执照，在中国开展寿险业务。同方全球人寿总部位于上海，目前注册资本为24亿元，资产规模超过100亿元。迄今已建立了北京、江苏、山东、浙江、广东、天津、青岛、河北、湖北、福建、四川11家分公司。

（陈　静）

【险种创新】1.同方全球「康健一生」终身重大疾病保险

"康健一生"缴费低但保障全，涵盖了50种重大疾病、轻症赔付、终身保障、质优价廉四大特点。是继2014年"康爱一生"同方全球人寿2015年又一保障全面的产品，该险种缴费低，0（出生满30天）至60周岁之间的客户均可以投保该险。"康健一生"重大疾病保险可提供实用的、针对性的"关爱服务"增值服务。即"一个电话"（拨打专线400-620-1800，十年临床经验主治医师及以上资质专家一对一解惑答疑）；"两次诊断"（根据保额不同，国内外专家二次诊断，由癌症领域的国内外专家出具有详细疾病分析、诊断以及治疗方案的报告）；"三个省心"（根据保额不同，提供全程导医、住院协调、特需专家门诊协调）。

2.同方全球「康健一生」终身重大疾病双保险保障计划及同方全球「康健一生」终身重大疾病全保险保障计划

（陈　静）

【重大活动】2月，同方全球人寿无锡中心支公司在友谊大饭店举行年终总结暨年终盛宴，各领导对上一年工作进行了总结，共同憧憬与展望2015年。

2015年，同方全球人寿无锡中心支公司举办了4次员工庆生会，此项活动主要是加强机构对员工的人文关怀，使员工更好地感受来自公司集体的温暖。

7月，同方全球人寿在全国范围内大力推行了IPAD电子投保业务，IPAD投保较传统的纸质投保更快速、更便捷，给客户带来全新的电子化投保体验，同时也缩减了公司的人力成本和运营成本。

9—10月，江苏分公司组织全省员工进行了宿雾、桂林、三清山旅游，丰富了伙伴们的文化生活，在缓解工作压力的同时又增强了团队凝聚力。

10月，同方全球人寿无锡中心支公司代理人渠道在太湖湖畔举办了大型拓展运动会，全体代理人均积极参加，运动会现场热

闹非凡，比赛竞争激烈。此次活动激发了大家的运动热情，在紧张的工作之余带来了无限的欢乐。

2015年四季度，同方全球人寿无锡中心支公司代理人渠道举办了多场客户答谢活动，有“与清华学子有约”的大型客户服务活动，“拈花湾”客户答谢会活动，还举办了多场“弗兰肯创业沙龙”活动，获得了广大客户朋友的一致好评。

12月，公司内外部通过多种形式开展了国家宪法日暨全国法制宣传日法制宣传教育活动，并对《保险法司法解释三》进行了重点学习和培训。

2015年，同方全球人寿无锡中心支公司共举办了2次消防演习活动，大大提高员工安全意识，通过演习为大家对突发灾情的处置和公司业务的持续发展奠定了扎实基础。

（尤弘峰）

【重大承保】7月27日，同方全球人寿江苏分公司（无锡中心支公司）为客户王某承保同方全球「安心」意外伤害保险，保额400万元，保费收入10000元。

7月30日，同方全球人寿江苏分公司（无锡中心支公司）为客户余某某承保同方全球“安心”意外伤害保险，保额149万元，保费收入3725元。

8月6日，同方全球人寿江苏分公司（无锡中心支公司）为客户陈某承保同方全球“安心”意外伤害保险，保额100万元，保费收入2669元。

11月24日，同方全球人寿江苏分公司（无锡中心支公司）为客户王某承保同方全球“都来保”两全保险，保额98万元，保费收入14210元。

11月20日，同方全球人寿江苏分公司（无锡中心支公司）为客户刘某某承保同方全球“都来保”两全保险，保额88万元，保费收入19800元。

（尤弘峰）

【重大赔付】5月20日，同方全球人寿江苏分公司（无锡中心支公司）向常某家属赔付242522.44元身故保险金，常某曾于2006年5月26日投保海康「卓越理财」终身寿险（万能型），期交保费5000元。2015年3月17日常某不幸猝死。

2月9日，同方全球人寿江苏分公司（无锡中心支公司）向周某某家属赔付154724.45元身故保险金，周某某曾于2008年3月28日投保海康“卓越理财”两全保险（万能型）（B款），期交保费5000元。2015年1月1日周某某因胃癌不幸逝世。

10月20日，同方全球人寿江苏分公司（无锡中心支公司）向李某赔付15万元重疾保险金，李某曾于2007年3月7日投保海康“卓越理财”终身寿险（万能型），附加定期重大疾病保险，期交保费5884元。2015年9月30日李某确诊左乳癌。

11月17日，同方全球人寿江苏分公司（无锡中心支公司）向李某赔付15万元重疾保险金，李某曾于2015年2月5日投保海康“康健一身”终身重大疾病保险，期交保费3030元，保额15万元。2015年10月22日李某确诊左乳浸润性导管癌。

2月4日，同方全球人寿江苏分公司（无锡中心支公司）向王某某赔付10万元重疾保险金，王某某曾于2006年10月20日投保海康“安康无忧”两全保险、海康“安康无忧”重疾养老保险，期交保费3200元。2015年1月16日王某某确诊甲状腺乳头状癌。

（尤弘峰）

【公益活动】2015年同方全球人寿继续推进“1份早餐，满分关怀”企业社会责任项目，2015年11月员工代表及志愿者代表再次前往云南保山对学生们进行回访。此次回访，同方全球人寿除了如约为学生们送上了“1份早餐”外，还向平安寨添富小学和旧乃山完小两所小学捐赠了8台电脑一体机，约40个“微心愿”礼物，以及精心准备的支教课程。另外，同方全球人寿对一些品学兼优的贫困生家庭进行了深入走访，并为他们带去了学习用品和助学金。

（陈　静）

【教育培训】2015年，同方全球人寿无锡中心支公司代理人渠道举办了丰富多样的培训活动。

3月，代理人渠道主管参加江苏分公司举办的讲师授权活动；

9月，举办讲师嘉年华活动；

下半年，代理人渠道主管每月参加分公司举办的主管专项培训。

（曹　洁）

【领导班子成员】

戴安杰　　总经理兼银保业务部负责人
端木礼满　江阴营销服务部负责人
陈加芳　　宜兴营销服务部负责人

（董　莹）

【机构（部门）主要负责人】

戴安杰　　总经理兼银保业务部负责人
端木礼满　江阴营销服务部负责人
陈加芳　　宜兴营销服务部负责人
臧永青　　代理人业务部负责人
陈　静　　综合管理部负责人

（董　莹）

【先进集体】同方全球人寿无锡中心支公司被无锡行业协会授予“2015年度统计工作先进工作单位”。

（陈　静）

【先进人物】2015年，同方全球人寿无锡中心支公司代理人渠道业绩和人力发展迅速，涌现出一批绩优业务人员。4月，有8人参加渠道总部举办的东澳岛峰会；8月，有22人参加渠道总部举办的迪拜高峰会，有2人参加迪拜举办的世界华人保险大会；9月，有50人参加港澳旅游活动。

曹洁被评为2015年度无锡市保险行业“服务明星”。

（陈　静）

合众人寿保险股份有限公司
无锡中心支公司

【概况】合众人寿保险股份有限公司股东由中发实业集团、日本太阳生命保险株式会社等国内外知名企业组成。公司总部位于北京和武汉。合众人寿于2005年2月正式成立，无锡中心支公司于2006年4月正式获批成立。

2015年，在全体员工的共同努力下，合众人寿保险股份有限公司无锡中心支公司（以下简称“合众人寿无锡中支”）秉承总公司“和合各方利益，实现多赢共好”的核心价值理念，坚持依法合规经营，稳步拓展业务，回馈服务社会，基本完成全年任务。

（杨薇琳）

【经营业绩】2015年，合众人寿无锡中支全年共实现保费收入3348.22万元，个险、团险、续期三大系列都取得了较好成绩。个险年累计保费完成967.31万元，达成率140.22%。团险完成7.85万元。续期全年完成保费2557.76万元，其中个险2373.06万元，银保184.7万元，计划任务完成率107.9%，个险13个月保费继续率89.48%，25个月保费继续率93.82%，全面超额完成全年计划任务。

（杨薇琳）

【渠道建设】合众人寿无锡中支非常重视渠道建设与员工发展，培训内容涉及企业文化、员工守则、法律法规、监管文件、财务制度、沟通技巧、养生保健、为人处世、团队管理等各方面。同时，合众人寿无锡中支各业务渠道针对各自的特点，建立相应的教育机制并展开工作。

个险在组织发展及业务推动上取得持续发展，无锡中支全年上岗人力153人，年末人力177人，人力比前一年有较大幅度增长。

（杨薇琳）

【内部管控】合众人寿法律及合规相关部门由法律合规部、内控与风险管理部、运营中心组成，负责公司的合规及内控工作。江苏分公司及下辖中心支公司、营销服务部的合规管理工作主要通过分公司的运营部及法律合规部门来推动落实，总公司法律及合规部直接管理和指导分公司法律合规相关部门的工作。

在总公司法律合规相关部门的指导下，分公司贯彻落实总公司合规、内控、反洗钱等方面的各项政策和制度；分公司法律合规相关部门根据总公司的年度合规计划和监管部门的要求，定期组织合规培训和工作会议，使新入职员工至管理层均能接受到与其职责相适应的培训，使合规政策、重点监管文件得到宣传贯彻，从而有效的对合规风险进行预防、识别、评估和应对。与此同时，为贯彻落实合规政策的推动和执行，分公司不定期地进行合规现场检查，开展内部控制自我评估专项工作，对公司内部管控情况随时监督和检查；并颁布了《印章管理制度》《合同管理制度》《职场管理制度》等，以确保管理机制的有效运作，提升管控成效。

运营管理持续有效：合众人寿无锡中支月度KPI指标考核表现优异；个险端对端出单时效、个银险犹豫期内电话回访成功率、投诉10日结案率、电话回访沟通解释件处理成功率等指标处于全省前列；全年累计受理投保申请719件；完成保全2813件，月均保全量234件；全年共理赔57件，赔付金额636098.94元。理赔各项指标如下：短期险赔付率22.4%，长险赔付率47.95%，长险短期出险率0.07%，小额案件5日结案率100%，得赔率100%，平均支付索赔时效1.03天。满期给付287件，给付金额1056.43万元。

（杨薇琳）

【企业文化】合众人寿以中国传统思想的精髓“和合”文化为企业理念的基石，以“和合各方利益，实现多赢共好”为核心价值理念，倡导一种简单和谐、共同分享的企业文化。“和合”文化用人与自然和谐相处的理念化解人世间的风险，用今天的积善求和应对明天的变化，通过合众人寿数万员工的共同努力，最终达到和睦共生、和谐共事、和美共荣、“司和万事兴”的完美境界。

企业愿景：通过公司全体员工的努力拼搏，相信在不久的将来，随着中国金融保险业的快速发展，合众人寿也必将达成自己的愿景——成为一流的综合金融企业集团。

（杨薇琳）

【重大活动】1月，合众人寿2015年短缴、快返、高收益的理财型保险“大盈家”上市发布会在无锡白金汉爵大酒店举行。

2月6日，合众人寿无锡中支在阳山田园东方举行年终总结暨年夜饭联欢活动，各部门长对上一年工作进行总结，对2016年的工作进行了展望和规划。

3月，正式启动0day项目，邀约无锡市民进公司参观，宣传保险知识。

4月，举办两场预防和打击非法集资的专题讲座，全体内外勤伙伴参加。

4月11日，组织全体内勤员工去宜兴龙池山自行车公园野餐踏青。

4月19—20日，组织内勤员工浙江桐庐二日游。

5月15日—6月15日举办合众人寿“5·15”客服节活动，活动主题为“惠民服务、忠诚客户大回馈”、评选“十周年服务明星”和“种爱心，结孝心”幸运大抽奖。

5月20日—22日，全体内勤参加了反洗钱知识竞赛活动。

5月，针对少儿教育金的新产品“高材生”隆重上市，组织“关爱下一代”活动进入学校、社区，共计发放少儿百科全书1008套。

6月，原无锡中支副总经理李天明任中支总经理，原中支总经理周小军调任泰州。

6月，合众人寿福来宝年金产品升级万能账户活动在本月开展，为新老客户在原来福来宝产品的基础上免费赠送万能账户，让年金二次增值。

6月26日，由证券时报主办的“2015年中国最佳财富机构评选”榜单揭晓，合众人寿珍爱幸福重大疾病保险获得“2015中国最佳创新保险产品（保障类）”殊荣，是榜单中仅有的两个保险产品奖项之一。

7月，合众人寿夏季大型招聘在物产大酒店举行。

7月及全年，积极开展2015年保险公众宣传日活动，在职场醒目处张贴主题海报，收看由保险行业协会和市教育电视台共同打造的微电影，开展总经理接待日等活动。

9月，合众人寿秋季大型招聘在润丰源大酒店举行。

11月，合众人寿第一届电影公益活动在幸福蓝海举行。

11月16日，合寿人寿举办了一系列的VIP客户回馈活动。

11月至年底，合寿人寿举办了以“预防洗钱维护金融安全”为主题的反洗钱宣传活动。

2015年，合众人寿无锡中支举办了预防和打击非法集资的专题活动，对公司相关业务进行相应的风险排查，主要排查公司代理人及内勤参与指使客户将保险资金转入投资平台，通过排查，提前做好风险防范措施。同时，无锡中支还举办了关于防范和打击非法集资的专题讲座。

2015年，中支新人培训体系初见成效，共举办了52期培训班，计1045人次参加培训。

2015年，为了打造学习型团队，公司不定期组织内勤员工学习，由公司各部门骨干员工主讲，内容涵盖监管文件、合规知识、专业讲座、消防安全、总分公司精神、反洗钱、为人处世、保健养生等。

（杨薇琳）

【重大赔付】客户张女士，2011年投保公司幸福人生终身寿险、附加幸福人生提前给付重大疾病保险，保额均为10万元，年缴保费4750元，年龄51周岁，投保告知无异常，既往身体健康。

5月左右，客户感觉下肢乏力，未引起重视，在重阳节前后在一次唱戏时，感觉喉咙疼痛，起初只是吃了点消炎药，疼痛感有缓解，但不久又再次出现疼痛，并在左颈部下方摸到肿块，遂前往江阴市长寿医院拍片检查，发现情况不好后直接前往复旦大学附属肿瘤医院治疗，确诊为左甲状腺癌伴颈部淋巴结转移，术后病理：左甲状腺乳头状癌。2015年11月9日客户向公司提交理赔申请资料，经公司审核，客户所患疾病符合合同约定之重大疾病，于2015年11月11日赔付客户保险金额100402.42元，赔款于次日到账。

（陈　兵）

【领导班子成员】

周小军　（2015年1月—6月）无锡中心支公司总经理

李天明　（2015年7月起）无锡中心支公司总经理

李国军　无锡中心支公司后援服务部经理

杨薇琳　无锡中心支公司人事行政负责人

（杨薇琳）

【荣誉表彰】2015年，合众人寿无锡中支荣获“东区管理部2015年年度考勤计划达成奖”“东区个险管理部标兵中心支公司”“江苏分公司2015年上半年计划任务达标奖”“江苏分公司2015年度标准保费计划达成奖”“江苏分公司2015年度标准保费成长奖”“保险业学雷锋活动先进集体提名奖”。

2015年，合众人寿无锡中支员工钱艳君被评为“总公司优秀员工”“江苏分公司优秀经理”，杨凯被评为“江苏分公司年度优秀员工”，杨薇琳获“江苏分公司持续贡献奖提名奖”，李霞获“总公司五年长期服务奖”，周小军获“江苏分公司十周年员工”称号；丁华荣获“无锡市保险行业协会服务明星奖”。

（杨薇琳）

信诚人寿保险有限公司无锡中心支公司

【概况】信诚人寿保险有限公司江苏省分公司无锡中心支公司（以下简称“无锡信诚”）于2006年4月开业，是一家中英合资人寿保险公司，公司产品涉及保障、储蓄、投资、养老及医疗等诸多领域，为无锡客户提供丰富、快捷、优质的保险和理财服务。

2015年以来，公司在业务拓展、渠道建设、内控合规等方面，以良好的业绩表现、专业的市场运作、成熟的管理机制，活跃在无锡寿险市场。

（周晶雪）

【经营业务】2015年，无锡信诚全年总保费突破3319万元，其中营销员渠道实现总保费1387万元，银行保险渠道实现总保费1718万元，直销渠道实现总保费107万元。

（周晶雪）

【渠道建设】2015年，无锡信诚营销员渠道稳步发展，人力与业务双增长，保费收入较2014年增长显著。银保渠道在积极维护原有渠道的基础上进一步挖掘新渠道资源，积极引进人才、组建优秀队伍。团险渠道保持快速增长势头，提前3个月达成全年任务目标，同比增长近40%。

（周晶雪）

【内部管控】2015年，无锡信诚以提高风险意识、加强合规管理、完善问责机制为纲，以强化合规培训、严格风险检查、狠抓反洗钱工作为本，内控合规不断改善，全年无重大违法违规事件发生。

第一，强化组织领导，落实监管规定。针对各项现场与非现场检查等监管项目，公司第一时间成立了以总经理为组长的领导小组，各部门领导分管各部门工作，同时强化部门间的沟通协调。

第二，完善考核体系，加强制度执行。公司以考核激励机制为切入点，努力引导各部门协调好业务发展与长期品质管理的关系。坚决执行制度约束机制，认真执行“总经理接待日”制度，落实群体性满期给付和退保事件管理办法，坚持运作“消费者权益保护及纪律委员”制度，积极、有效的处理各类投诉事件，将综合治理销售误导落到实处。

第三，持续合规培训，强化合规监督。公司在合规基础知识、销售行为合规、管理团队合规及监管要求等方面，有序开展各类合规培训，持续提高员工合规工作水平及其专业素质。

第四，积极开展合规宣传，组织合规活动。公司积极倡导全体员工参与合规宣传月活动。通过反洗钱宣传月活动、打击非法集资活动等一系列形式多样的活动提高员工合规意识。

（周晶雪）

【文化建设】我们的企业精神：聆听所致，信诚所在。

我们的愿景：成为中国最值得推荐的保险及理财方案的提供者（最专业的、客户最满意的、人才最向往的、最创新进取的）。

我们的核心价值观：卓越成长，尊重差异，信任授权，全心关怀，快乐工作。

我们的使命：让每个家庭安心，让每个客户称心，让每个营销员舒心，让每个员工开心，让每个股东放心，让未来充满信心。

（周晶雪）

【重大活动】8月，无锡信诚开展“行走的力量”大型健身活动，通过环蠡湖徒步，缓解现代社会快节奏生活带来的压力，与客户一同锻炼身体，贴近大自然。

9月，无锡信诚开展“防癌筛查”活动，免费为客户提供防癌体检套餐，为客户的健康保驾护航。

（周晶雪）

【重大承保】1月，詹先生在无锡信诚购买了“智赢金生”保险，保费100万元。

1月，林先生在无锡信诚购买了“智赢金生”保险，保费100万元。

1月，高先生在无锡信诚购买了“智赢金生”保险，保费100万元。

1月，费先生在无锡信诚购买了“智赢金生”保险，保费150万元。

2月，王女士在无锡信诚购买了“智赢金生”保险，保费100万元。

2月，潘女士在无锡信诚购买了“汇金资本”保险，保费300万元。

2月，袁先生在无锡信诚购买了“智赢金生”保险，保费200万元。

4月，丁先生在无锡信诚购买了“智尚人生”保险，保费400万元。

（周晶雪）

【重大赔付】4月22日，信诚人寿保险有限公司无锡中心支公司给付被保险人王某家属20万元。被保险人王某由单位投保员工福利综合保障计划（含意外，定寿，补充医疗），2015年4月王某因肾脏疾病死亡，经调查情况属实，给付身故保险金。

（周晶雪）

【教育培训】3月，开展反洗钱宣传月活动。

5月，开展2015年全面风险排查工作。

7月，开展合规宣传月活动。

（周晶雪）

【领导班子成员】：

那思超　总 经 理

（周晶雪）

【机构（部门）负责人】：

胡　清　营销渠道培训主管

徐佳明　团险渠道主管

杜　鹰　客服部主管

（周晶雪）

中宏人寿保险有限公司江苏分公司无锡中心支公司

【概况】（一）认清形势，更新观念，以“国十条”、“省八条”为发展契机，加快“四个提升”推进步伐。

1.解放思想，实事求是，与时俱进，确保新时期发展战略顺利进行。

2.确保公司改革工作平稳推进。深化改革，时刻保持高度的责任感和使命感，扎实有效的做好公司各项改革工作。

3.确保各项计划指标全面完成。全司上下开拓创新，迎难而上，努力实现速度和结构质量的统一。

（二）抓住机遇，适应市场，加快发展速度。

1.认真做好寿险改革的市场应对工作，实现寿险改革的稳步进行。

2.适时调整展业策略，确保业务稳定增长。

3.从深度和广度上寻求寿险业务的规模和效益，争取在稳健经营的基础上力争有所突破。

4.抓住市场准入契机，开拓业务增长新领域。

（三）加强管理，提高效益。

1.强化业务管理，提高业务质量水平。

2.强化财务管理，坚持精细化管理原则。

3.严格依法合规经营，强化统一法人意识。

4.控制经营风险，确保公司经营效益得以提升。

5.完善“三个中心”建设，促进管理工作规范化。

（四）抓好优质服务，加强企业文化建设。

1.以服务打造品牌形象，形成具有中宏特色的竞争优势。

2.加强企业文化建设，增强公司凝聚力，树立完好的企业形象。

（徐元泉）

【经营业绩】2015年，中宏人寿保险有限公司江苏分公司无锡中心支公司共实现保费收入18746.94万元，其中主要是继续专注于个人营销渠道，该渠道包括个人客户和团体客户，共实现保费收入18531.86万元，同比2014年上升22.07%，其中新单期缴保费收入4430.90万元，同比2014年上升32.77%；本年续期保费收入14298.53万元，2014年续期保费11844.53万元；该渠道所有保费收入中个险保费收入18122.92万元，团险保费收入408.95万元。

按产品类别划分，保费收入主要集中在新型产品上，本年新型产品保费收入12316.3万元，同比2014年同期上升9.52%，占总保费收入65.70%，主要来自于分红产品保费收入；相对于新型产品，健康险产品保费收入4948.91万元，意外险产品保费收入308.11万元，定期等其他产品保费收入1173.63万元。

本年公司赔款及死伤医疗给付共计

1162.40万元，发生年金及满期给付228.89万元，2014年同期赔款给付支出1133.01万元；总体来说，与保费收入相比，公司的退保率维持在相当低的水平上，本期的退保率仅为2.2%，远低于5%的监管风险指标。

从各项业务数据来看，各项收入指标上升幅度较大。公司一直注重优质的新单质量和完善的客户服务，为广大客户提供专业、诚信的保险服务一直是公司秉承的宗旨，正是多年坚持的专业、诚信的服务赢得了广大客户的信任和认可，2015年全年13个月的保单持续率为95%，如此高的保单持续率带来了稳定的续期保费，使总保费收入上升幅度明显。

（徐元泉）

【渠道建设】截至2015年年底，公司共有正式员工22人，其中本科及以上学历的员工占35%，大专学历占65%。公司员工的平均年龄为 35 岁。男女比例为2:3。各部门对于本部门的人才不定期地组织专业培训， 以此来配合公司的文化建设并不断提高员工的专业素质，公司更好地展现其专业的形象。

截至2015年，公司营销人员为565人，持证上岗率一直保持在100%。随着更多保险主体的进入，保险市场竞争日益加剧，对于保险营销员特别是有经验的营销及管理人员的招募与培养也提出了更高的要求。在保险营销员队伍建设管理上，公司并不希望参与到一些不合理的恶心竞争中，因为这对保险业的长期发展是十分不利的，公司更注重于从公司内部物色有潜力的人才来发展及培养，提供大量的职业生涯发展机会给公司内部的营销管理人才，并在其职业发展的各个方面给予最强有力的支持，这样更有助于队伍稳定，达成营销队伍与公司共同发展。

（徐元泉）

【文化建设】公司以文化聚团队，以诚信专业建品牌。在保险业迎来快速发展全新的时代背景下，对于保险品牌的研究和发展，以及对于中国保险文化的深入实践和理论探讨，是推动中国行业建设飞跃性发展的重要动力。

近年来，保险文化日益得到了人们的关注。在中国保险业的发展过程中，推进保险品牌、文化的建设是一项系统工程，需要全行业的共同参与和坚持不懈的努力，才能不断推进，成为行业的灵魂，促进保险业的进一步发展，更好地服务经济社会。

中宏保险是中国首家中外合资寿险公司，在无锡市场10年励精图治稳健发展，为中外合资的模式提供了广泛经验。历年来，中宏保险致力于为中国消费者提供金牌品质的产品和服务，并以此作为基础在中国市场打造品牌。与此同时，伴随中宏不断成长，公司对于文化建设更加重视，更在无锡市场得到了深刻的实践和推广。

诚信基石铸就优质品牌，堆砌企业文化。诚信是保险业的基石，正如中宏的理念“易变的岁月、不变的承诺”，中宏保险携全体员工和营销员致力于追求优质的客户服务。保险产品的推出以客户的需求为中心，先进的信息系统不断提升以提高管理效率和客户服务的品质。在竞争日渐激烈而市场日趋成熟的中国保险行业，中宏深信，专业服务将为公司创造更大的竞争优势。中宏将其成功的运作模式和理念传递到其各个部门，包括营销管理、营销员培训、产品发展、客户服务和信息系统等各方面先进的经验。伴随公司不断发展，中宏的客户将享受到最高品质的客户服务。

中宏坚持不懈，始终以专业精神为客户缔造最好的理财产品和服务。在无锡市场稳健开展品牌建设，锻造知名市场活动品牌深入人心。

真情回报社会，企业文化建设的重要驱动力。中宏非常注重锻造企业文化，使中宏大家庭能够以统一的理念、健康向上的精神凝聚在一起。比如，作为充满社会责任感的企业，中宏保险在十多年里不断通过积极投身各项社会公益事业来关心市民、社会，涉及环保、癌症研究、关怀病儿等各个领域。

品牌是保险公司无形的财产，将为企业长续发展奠定基础；而文化更是在企业发展过程提供核心凝聚力和大量助力。伴随中宏保险稳健发展的进程，中宏将不断加强对于品牌和文化的投入，互相支持和辅助，站在中国保险业快速发展的前端，以文化聚队伍，以诚信专业建品牌，创建和谐发展的新局面。

（徐元泉）

【险种创新】中宏长保安康/长保福星重大疾病保险：三次重疾，递增赔付；豁免保费，后续无忧；额外轻症，更多关怀；生命末期，人性关爱；身价体现，长保安康。

中宏金裕年年A（尊享版）理财保险计划：红利年年享，资金储备添动力；万能复利宝，复利增值享安心；养老金账户，灵活支取随心意；安全现金流，理财传承两相宜；核保免体检，手续简单购买易。

中宏宏悦万家团体医疗保险：社保内外一网打尽，异地理赔省心省力，家庭共享情系万家，高额保障低廉保费。

（徐元泉）

【领导班子成员】

吴公荣　总经理

（徐元泉）

【机构（部门）负责人】

范超伦　营销总监

徐敏丽　营销总监

徐建威　营销总监

贺泽兵　宜兴负责人/营销总监

（徐元泉）

【荣誉先进】2015年中宏团险“宏”系列产品获得由上海市保险同业公会及上海市保险学会指导、第一财经·东方财经主办的“中国（上海）保险品质奖”评选之“行业创新奖”。

中宏保险荣获国内知名财经媒体《理财周刊》主办的“2015上海保险年度大奖”之“最佳品牌建设寿险机构大奖　”，中宏长保福星产品荣获“全方位重大疾病保障产品年度大奖”。

中宏保险荣获新华报业传媒集团《培训》杂志社评选的“2015年度中国企业最佳学习项目奖”，表彰中宏保险对于创建高绩效团队的卓越贡献。

12月19日，中宏团险“宏悦万家团体医疗保障方案”以创新和体现普惠金融两大特性荣获“中国理财论坛2015”颁发的“金理财·2015最具价值产品奖”。

2015年，中宏保险荣获21世纪传媒和《21世纪经济报道》联合评选的“第十一届中国最佳国际品牌建设案例奖”及“第十一届中国品牌建设案例【金象奖】–最佳品牌广告片奖”。

中宏保险荣获第五届中国公益节之“2015年度责任品牌奖”。

中宏保险荣获母婴类知名媒体宝宝树千万用户和专家评审推选的2015年“公益社会责任品牌奖”。

中宏保险凭借良好的公众评价及品牌美誉度，在2015年第四届中国财经峰会上，荣膺“2015最佳品牌形象奖”。

（徐元泉）

中意人寿保险有限公司江苏省分公司无锡中心支公司

【概况】中意人寿保险有限公司成立于2002年，由意大利忠利保险有限公司（ASSICURAZIONI GENERALI）和中国石油天然气集团公司（CNPC）合资组建，是中国加入世界贸易组织后首家获准成立的中外合资保险公司。中意人寿注册资本37亿元，总资产500多亿元，是中国最大的合资寿险公司之一。

截至2015年年末，无锡中支拥有员工31人，客户经理18人，营销员726人。

（朱凌玲）

【经营业绩】2015年，中意人寿无锡中支的总保费36937.1万元，总保费位列外资保险公司第一位。其中营销业务10267.58万元，直销业务507.79万元，银代业务26161.73万元。各项保单运营和客户服务指标均达成公司设定目标。保单5日承保率91.31%、保单15日送达率89.67%，保全5日处理完成率96.51%，理赔2日清洁件结案率93.75%，客户15日投诉结案率100%,平均理赔时效3.61天，理赔获赔率94.13%。

（朱凌玲）

【渠道建设】3月17日至19日，中意人寿江苏省分公司在南京举办2015年首次助理营销经理晋升培训班，全省四十余位 “未来企业家”及部分优秀“知识型经理人”参训。

6月30日，江阴利港营销服务部开业。

（朱凌玲）

【文化建设】9月至10月中旬，江苏省分公司已持续六年的特色文化活动——“读书节”圆满落幕。

（朱凌玲）

【险种创新】6月，在资本市场波动加剧的投资环境下，中意人寿银行保险渠道热销的“中意优享年金综合保障计划”，是公司在保险行业费改后首批推出的新产品，不仅预定利率行业领先，还能为客户提供长达10年的稳健收益，出生满30天至65周岁的人群均可投保。该产品具有如下特点：安心投入收益稳固、高额现价财富保障、保单贷款高枕无忧、生命关爱专项防癌、百万护驾畅行天下。

从9月1日起，中意人寿对“中意一生保重大疾病保险”（简称“中意一生保”）产品进行升级。升级后的“中意一生保”所保障的疾病种类将增加至50种。此次升级涉及的“中意一生保”是深受消费者喜欢的一款明星产品。升级后的产品疾病种类将新增15种重大疾病。为保障客户利益，已投保“中意一生保”的客户只需办理简单手续，无需支付任何额外费用，即可享受升级后贴心保障。

（朱凌玲）

【重大赔付】1月，中意人寿保险有限公司向因交通事故意外身亡的客户吴某（化名）家属赔付保险金600余万元，这也是中意人寿成立以来最大的个人保险理赔案件。

（朱凌玲）

【重大活动】10月，中意人寿通过网络营销平台e-bx.cn，发起“庆国庆 炫旅游”网络有奖征文活动。

10月至12月，中意人寿开展为期两个月的2015年客服节。本次活动“中意人寿客户中心”微信服务平台 (gclife) 将全面升级，以“意服务”“意互动”“意商城”三大板块为客户提供更实用、更便捷的专属服务。伴随着微信服务平台新内容、新功能的上线，中意人寿客户服务也将进入“微时代”。

（朱凌玲）

【对外交流】1月，第九届“全国十佳理财师大赛”总决赛在北京落下帷幕。凭借先进的理财工具和扎实的理财专业知识，“中意理财团队”勇夺大赛团体组冠军。本次大赛中，中意人寿成为总决赛参赛人数最多、获奖名次最好的公司，这也是自2012年参赛以来中意人寿获得的历史最好成绩。此次获奖，不仅展示了中意人寿先进的理财模式和专业的理财实力，也为中意人寿进一步推进综合理财展业模式注入了更大的动力。

（朱凌玲）

【公益活动】3月15日，由江苏省、南京市工商局主办，江苏省、南京市消费者协会及玄武区政府承办的“江苏省暨南京市2015年纪念“3·15”国际消费者权益日大型广场活动”在南京举行。中意人寿江苏省分公司参加了保险现场咨询活动。

（朱凌玲）

【其他】为了满足客户使用移动互联网、随时随地实现自助服务的需求，中意人寿大胆创新，通过手机这个几乎24小时不会人机分离的载体，将丰富、全面的保险服务全流程搭载到手机上，实现保单的管理及自助服务。能让客户简单便捷地完成保险服务的全过程，且不论保障期限多长，都可以随时、随地地查阅自己乃至全家的保险保障。

（朱凌玲）

【领导班子成员】

凌小忠　　无锡中心支公司总经理
周徐霞　　无锡中心支公司副总经理

（朱凌玲）

【机构（部门）主要负责人】

顾宇雯　个人营销业务中心主管
李锋岗　无锡营销服务部(同址)负责人
卢　健　江阴营销服务部负责人
施文东　宜兴营销服务部负责人
胡　政　江阴利港营销服务部负责人
刘旭芸　运作中心主管

（朱凌玲）

【先进集体】在中意人寿2015年度全国评优活动中，无锡中心支公司和江阴营销服务部同时荣获全国优秀团队奖；江阴营销服务部的方胜兵荣获全国优秀员工奖。

（朱凌玲）

【先进人物】在中意人寿江苏省分公司2014年度评优活动中，无锡中心支公司副总经理周徐霞和个人营销业务中心主管顾宇雯荣获特殊贡献奖，江阴利港营销服务部负责人胡政荣获分公司优秀主管奖。

（朱凌玲）

陆家嘴国泰人寿保险有限责任公司江苏分公司无锡营销服务部

【概况】陆家嘴国泰人寿保险有限责任公司是海峡两岸第一家合资寿险公司，总部设在上海。公司注册资本16亿元人民币，于2005年1月正式对外销售保单。开业以来，陆家嘴国泰人寿已顺利筹设江苏、浙江、福建、北京、山东、广东、辽宁、天津、厦门9家分公司，同时在27个城市设立了31个营销据点。

到目前为止，陆家嘴国泰人寿已开发和销售包括寿险、健康险、意外险、年金险在内的百余种商品，其长期看护类产品填补了业内在此方向的空白，荣获多种奖项。同时，不断扩展的营销渠道及服务平台也为保户快速了解产品及享受服务提供了便利。截至2014年6月底，企业总资产增长到28亿元人民币。

股东介绍

上海陆家嘴金融发展有限公司：上海陆家嘴金融发展有限公司（简称“陆家嘴金融”）由上海国资巨头上海陆家嘴(集团)有限公司和上海市浦东土地发展(控股)有限公司共同投资组建，是以优质资产支持的财富管理型金融控股企业。目前企业注册资本金47.45亿元人民币，预期将于2015年之前增至200亿元人民币，通过多元化、证券化、国际化的发展战略再次提升公司的综合经营能力和国际竞争力。

2015年，陆家嘴金融已投资控股爱建证券、陆家嘴信托和陆家嘴国泰人寿，与中国银行和上海百联集团共同发起设立了中银消费金融公司，与专业资深团队发起设立了陆家嘴财富公司，与香港亚洲联合财务有限公司发起设立了浦东亚联财小额贷款公司，与野村控股集团发起设立了陆家嘴野村资产管理公司，并参股黑石投资基金、国和基金、国和投资管理等。

台湾陆家嘴国泰人寿保险股份有限公司：台湾陆家嘴国泰人寿保险股份有限公司为台湾地区最大的寿险企业，目前客户人数超过750万人，总资产近9000亿元人民币。

面对国际化的挑战，台湾陆家嘴国泰人寿将初期市场设定在亚洲。2005年，公司于上海投资成立陆家嘴国泰人寿，2007年成立越南陆家嘴国泰人寿，成为台湾第一家在中国大陆或越南成立保险公司的业者。

除了扩大企业规模，台湾陆家嘴国泰人寿也肩负起社会公益责任，在慈幼福利、学术教育、艺术文化、环境保护等方面常年给予支持，仅历年奖学金金额即近3000万元人民币。

作为亚洲第一家通过Qualicert国际服务验证的保险公司，台湾陆家嘴国泰人寿多年名列FORTUNE杂志全球500强，列位全球第14大保险集团(以陆家嘴国泰人寿为主体的国泰金控公司)，被誉为华人的保险专家。

2015年，在复杂的内外经营环境下，陆家嘴国泰人寿保险有限责任公司江苏分公司无锡营销服务部（以下简称陆家嘴国泰人寿无锡营销服务部）在保监会、行业协会、学会的支持下，在总分公司的指导下，围绕年度经营目标，全体内外勤员工秉承总公司“传播幸福散播爱”的使命，坚持“诚信为本、以客为尊”的价值观，团结奋进，各项业务指标再创新高，业务总量始终走在总分公司系统前列，公司品牌形象和企业声誉获得了客户、员工和全社会的高度认同。

（王 威）

【经营业绩】2015年，陆家嘴国泰人寿无锡营销服务部保持稳健发展，全年共实现保费收入1256万元，其中个险渠道完成保费865万，团险渠道完成保费157万元，银保渠道完成续期保费234万元，个、团、银都取得了较好成绩。各渠道齐头并进，各后勤部门悉心服务，为2015年成绩的取得做了很大努力、也为2016年平稳起步奠定了坚实基础。

（王 威）

【渠道建设】陆家嘴国泰人寿无锡营销服务部个险部以组织发展为主线，狠抓基础管理，不断提升营销经营管理水平，稳健推进个人业务发展。银行保险在不断开拓渠道的同时，一直注重培训与管理并克服了销售渠道较少等问题，在销售环境日益紧张的情况下，通过全体同仁的共同努力，连续五年跨上千万保费平台。

（王 威）

【内部管控】客户服务方面，陆家嘴国泰人寿始终秉承“诚信为本、以客为尊”的价值观，以诚信、热忱、主动、进取的特质服务客户。在客户服务上坚持严格要求，服务措施上也不断推陈出新，同时也陆续推出系列活动，为大众提供诚信专业的服务。

（王 威）

【文化建设】

陆家嘴国泰价值观：诚信为本、以客为尊

陆家嘴国泰使命：传播幸福、散播爱

陆家嘴国泰愿景：民族保险新旗舰

陆家嘴国泰精神：

内在：员工特质——诚信、热忱、主动、进取

外显：员工行为——专业、服务、创新、执行力

（王 威）

【重大活动】

2月15日，总公司迁入东方金融广场。

4月30日，第12届少儿绘画比赛启动。

5月1日，启用新标识，同时电子保单系统上线。

5月28日，“康爱防癌计划”荣获金理财最佳保障产品奖。

（王 威）

【领导班子成员】

张海波　营销服务部负责人

王　威　综合管理处经理

（王 威）

农银人寿保险股份有限公司无锡中心支公司

【概况】农银人寿保险股份有限公司是由中国农业银行股份有限公司、北京中关村科学城建设股份有限公司等公司强强合作打造，并在国家工商行政管理总局注册的全国性人寿保险公司。公司总部位于北京，并在北京、浙江、辽宁、山东、福建、湖南、四川、江苏、陕西、河北、湖北、山西、河南、安徽、宁波、苏州、广东、上海、厦门、黑龙江、江西和广西设立了包括22家分公司在内的逾300家分支机构。

作为中国农业银行的控股子公司，农银人寿依托中国农业银行雄厚的资金实力、庞大的经营网络、完善的金融服务和卓越的社会信誉，为客户提供高品质的保险保障和财富规划服务。

公司挂牌成立以来，一直致力于“建设一家持续创新、品牌领先、有市场影响力的银行系寿险公司”，为客户提供高效、便捷、周到的服务，以高度的热忱回报社会。公司“客户至上　始终如一”的服务理念赢得了社会大众的广泛认可，先后荣获“中国最具发展潜力保险公司”、“中国保险行业最佳客户服务奖”等一系列奖项，品牌知名度和社会美誉度稳步提升。

农银人寿无锡中心支公司于2007年5月12日开业以来，面对日趋激烈的保险市场竞争，注重引进人才，加强对各层级员工的培训，塑造团队凝聚力，强调“务实、拼搏、责任、奉献”的企业文化精神，科学调整业务结构，合理安排业务节奏；以稳健成长为经营基本原则，加强基础管理和风险控制，让公司的发展走上更高的台阶。

（周进剑）

【经营业绩】2015年，无锡中支累计实现规模保费收入11463万元，其中个险新契约规模保费71万元，团险业务169万元，银保新契约规模保费11223万元。

（周进剑）

【内部管控】农银人寿无锡中心支公司一直谨遵“风险控制与合规经营”的经营管理原则，高标准严要求的对待内部管控工作，严格遵守国家各项法律规范，全面执行总公司、分公司各项规章制度，在大力拓展业务的同时，谨防任何违规、违纪事件的发生，力促公司持续、健康、快速的发展。

（周进剑）

【文化建设】企业有道，文化为魂。农银人寿将企业文化建设作为一项长期的战略任务，并以此全面提升公司软实力和核心竞争力。公司正在努力将农银文化、保险文化、社会文化进行交融和磨合，逐步形成具有独特个性、为广大员工普遍接受和遵循的价值观念、行为准则、组织制度。无锡中心支公司一直秉承“以信立业”“以实求健”“以新创绩”“以效争优”的经营服务理念。鼓励广大员工在做好本职岗位工作的同时，不忘坚持学习、努力进取。

我们的使命：面向城乡、服务客户、回报股东、成就员工。

我们的愿景：建设一家持续创新、品牌领先、有市场影响力的银行系寿险公司。

我们的定位：依托农行，突出县域核心竞争优势，为城乡客户提供一站式金融服务，成为农行金融服务体系重要组成部分。

我们的核心价值观/司训：诚信立业、稳健行远。

我们的经营理念：以市场为导向，以客户为中心，以效益为目标。

我们的服务理念：客户至上，始终如一。

我们的风险理念：违规就是风险，安全就是效益。

我们的人才理念：德才兼备，以德为本，尚贤用能，绩效为先。

我们的管理理念：细节决定成败，合规创造价值，责任成就事业。

（周进剑）

【领导班子成员】

任百川　临时负责人

（周进剑）

恒安标准人寿保险有限公司江苏分公司无锡营销服务部

【概况】恒安标准人寿保险有限公司（简称“恒安标准人寿”）于2003年12月开业，股东双方为天津市泰达国际控股（集团）有限公司和英国标准人寿保险公司。2014年公司注册资本为30.37亿元人民币，双方股东各出资50%。总部设在天津。

公司成立10年，机构拓展覆盖全国，已设立天津、青岛、北京、山东、江苏、辽宁、四川、河南、广东、大连等10家分公司，中心支公司、营销服务部等销售机构达到74家。

恒安标准人寿作为一家合资寿险公司，一直秉承以客户为中心立足市场，建立涵盖客户全生命周期的保险产品体系，满足客户在风险保障和养老等多方面的需求，是公司致力追求的服务宗旨。

恒安标准人寿无锡营销服务部于2007年6月在无锡开业，目前下设宜兴营销服务部。

（刘　俊）

【经营业绩】2015年是恒安标准人寿开始实施新五年发展战略的第四年，在全体员工的共同努力下，公司主力渠道业绩实现了逆势增长，各项经营指标稳中有升，同时，公司通过大力开展基础能力建设，紧抓企业文化建设等手段，逐步培育公司核心竞争力，并为公司长期战略的实现积蓄了力量。

2015年，无锡总保费收入1747.97万元，同比减少 41.4 %（主要为银邮代理渠道业务下降）。其中，新单业务保费收入

468.47万元，续期业务保费收入1279.5万元。各渠道保费收入情况：个人代理渠道保费收入1365.13万元，占比78.1%；直销渠道保费收入89.24万元，占比5.1%；银邮代理渠道保费收入293.6万元，占比16.8%。

（刘 俊）

【渠道建设】恒安标准人寿无锡营销服务部自2007年成立以来，始终致力于提升行业形象和专业水准，希望成为消费者尊重和信赖的合资寿险品牌。公司构建了个险、银保、团险三大营销渠道，力求全方位为客户提供服务。2015年公司在“以个险为主，团、银为辅”的经营战略调整下，业务结构大幅优化、业务品质持续提高、经营效益逐步好转。

（刘 俊）

【内部管控】恒安标准人寿历来强调对经营风险的有效管控，是企业健康、快速、可持续发展的基础，并根据该原则陆续制定和不断完善各级机构内控制度及流程，通过多种形式强化工作人员的风险防控意识，提升各级员工识别、控制风险的能力，保证各项工作有序进行。

总公司设置合规及运营风险委员会，总、分公司均设有合规与运营风险部，对无锡营销服务部定期进行相关政策培训，对合规经营情况进行监督和定期检查。江苏分公司在总公司内控制度基础上，结合江苏监管机构的要求和公司发展需要，对制度、标准、流程等不断改进和完善，并定期对各分支机构执行情况进行检查、评估和总结。严格贯彻和落实责任追究制度，明确风险事件上报的时限和要求，严防机构出现与监管及总公司要求不一致的行为和现象。无锡营销服务部致力于与同业公司一起共同创造当地市场平等的竞争环境。为客户提供多样化的保障选择和服务，为繁荣当地保险市场做出越来越大的贡献。

（刘 俊）

【企业文化】恒安标准人寿深知，没有文化引领的企业是短视的，更无法凝聚人心创造伟大事业。公司在努力推动业务发展的同时，也非常重视企业文化的建设，确立了“诚信、稳健、创新”的价值观，要求对客户、员工、股东诚信不欺，始终将稳健经营作为第一准则，并在各个业务环节致力于创新。

公司愿景：使公司成为富于创新和值得信赖的寿险与财务规划专家；

公司使命：为客户提供诚信的服务，为股东创造价值，为员工提供全面发展的成长平台；

公司价值观：诚信、稳健、创新；

品牌口号：生活比生存更广阔；

·对消费者：一种感悟和理解生活丰富含义的生活方式；

·对员工：一份高尚的和追求专业价值的职业；

·对社会：一个负有社会责任感的企业。

（刘 俊）

【重大活动】1月—4月，公司持续开展“两个加强 两个遏制”专项检查工作。

2月，新产品“稳赢智选累积式分红保险”上市，总公司产品市场部总经理赵峰至无锡机构为全体内外勤讲解新产品。

5月，恒安标准人寿开展“防范和打击非法集资宣传月”活动。

7月8日，恒安标准人寿开展“7·8”全国保险公众宣传日活动，活动主要包括：

全省内、外勤参与“保监微课堂”活动，参加行业协会组织的大型广场活动，举办以“一键保险　呵护无限”为主题的人文论坛，走进社区宣传保险等活动。

9月20日，恒安标准人寿开展非正常退保与满付风险应急处置演练。

9月、11月，恒安标准人寿分别开展“预防洗钱 维护金融安全”“点滴行动 助力反洗钱”反洗钱宣传月活动。

11月，分公司总经理刘剑锋到无锡机构督导“11·26零点行动”。

11月27日至28日，第十届21世纪亚洲金融年会在京举行。恒安标准“幸福金生卓越计划”获得“最佳创新产品奖”

12月15日，标准人寿兼恒安标准人寿董事长Gerry Grimstone、标准人寿首席运营官Sandy Begbie、恒安标准人寿总经理刘振宇、标准人寿中国区负责人兼董事会秘书万群、恒安标准人寿江苏分公司总经理刘剑锋等一行拜访江苏保监局局长宋志华、副局长刘昇。

12月17日上午，恒安标准人寿董事长Gerry Grimstone、总经理刘振宇拜访江苏省委常委、省政府常务副省长李云峰。参与会见人员包括：江苏省政府副秘书长徐劼、省发展改革委副主任赵建军、省外事办副主任孙轶、省金融办副主任聂振平、恒安标准人寿副总经理贾孝林、江苏分公司总经理刘剑锋等。

（刘　俊）

【重大承保】9月—11月，恒安标准人寿江苏分公司无锡营销服务部为客户唐某承保恒安标准恒爱年年终身年金保险两单，年缴保费22.2万元。

（刘　俊）

【公益活动】8月13日，天津滨海8·12爆炸事故后，公司迅速成立“天津滨海8·12爆炸事故”重大紧急理赔应急处理领导小组，推出针对本次重大灾害事件的应急举措，包括领导小组和理赔人员全天值班、对外公布紧急报案方式、电话中心专人专线24小时不间断接听报案电话、开通理赔绿色通道、简化理赔流程、在滨海新区设置临时理赔服务网点等。

10月17日，恒安标准人寿启动了公司VIP客户回馈活动暨“阳光心态成就幸福人生”大型专题健康讲座，为客户提供全方位、多元化、个性化的服务。更好地支持公司业务发展，提升公司高端客户的满意度，树立公司优质服务品牌。

（刘　俊）

【教育培训】5月19日至5月29日，恒安标准人寿江苏分公司对全体内外勤员工开展了“拒绝诱惑　抵制非法集资”的防范和打击非法集资专题培训，此次培训提高了公司员工对非法集资的敏感度和警惕性。

6月，恒安标准人寿组织了“偿二代”培训，江苏分公司根据总公司要求，制定分公司培训课件及培训安排，对全省范围内员工进行了“偿二代”风险管理培训，无锡机构参与了相关培训学习。

8月20日，天津塘沽爆炸事件后，为加强公司应急与安全管理，恒安标准人寿要求各分公司开展一次应急突发管理培训，江苏分公司无锡营销服务部于9月11日进行了培训工作。

10月，恒安标准人寿江苏分公司更新了《恒安标准人寿保险有限公司江苏分公司突发事件应急管理政策》及分预案，同时对公司全体员工进行了宣导和培训，无锡机构参与了相关培训学习。

（刘 俊）

【领导班子成员】

施 开 无锡营销服务部总经理

（刘 俊）

【机构（部门）主要负责人】

邵加云 无锡营销服务部个险负责人

郝红君 无锡营销服务部个险企划主管

徐 青 宜兴营销服务部经理

陈建华 无锡营销服务部综合管理部经理

（刘 俊）

友邦保险有限公司江苏分公司无锡中心支公司

【概况】友邦保险有限公司江苏分公司无锡中心支公司（以下简称友邦江苏无锡中心支公司）成立于2007年8月，2012年8月底正式由原营销服务部改建为中心支公司。2013年4月，友邦江苏无锡中心支公司由原来的“美国友邦保险有限公司江苏分公司无锡中心支公司”正式更名为“友邦保险有限公司江苏分公司无锡中心支公司”。2015年，友邦江苏无锡中心支公司在 “真生活 真伙伴”的品牌定位基础上，致力于打造精英营销员渠道，确立差异化的市场定位和产品策略，逐力成为客户、员工和营销员的首选。公司大力推行“易计划”，构建“以服务为驱动力”的企业文化，通过优化内部流程，改进客户体验，提升服务意识和专业能力，不断创新增效，以提升核心竞争力，继续在无锡市场中稳步发展。截至2015年年底，友邦江苏无锡中心支公司设有江阴、江阴长泾、江阴华士、宜兴、宜兴丁蜀及无锡安镇6家营销服务部，业务范围遍及无锡全辖。公司拥有内勤员工44人；营销员245人，持证率100%。

（管箫/蒋飒飒）

【经营业绩】2015年，友邦江苏无锡中心支公司各渠道稳步发展，全年保费收入10896.9万元，比上年增长54.85%。其中个人代理销售渠道仍旧是公司保费收入的主要销售渠道，2014年个人代理保费（包括个险和团险产品）收入7970.39万元，比上年增长66.34%；银行保险渠道保费收入2629.04万元，比上年增长27.67%；其他渠道保费收入297.47万元，比上年增长59.74%。

2015年，友邦保险有限公司无锡中心支公司首年保费收入5685.53万元，其中，首年期交4446.72万元，10年期及以上期交保费3664.64万元；首年趸交保费1238.81万元；短期险保费1109.71万元，其中意外伤害险保费468.06万元，支付赔给付款548.84万元。总保费收入中，保障性保险（包括意外、健康和传统寿险）的保费收入6290.8万元，比上年增长48.43%。

（蒋飒飒）

【渠道建设】2015年，友邦江苏无锡中心支公司强化精英营销员队伍建设，同时通过渠道整合，优化资源，以更为统一的业务战略相应市场与客户的需求，协同发展银行保险和团险业务，力求推动组织架构升级，向客户提供更灵活、高效、便捷的保险服务。

个人营销渠道：个险渠道仍然为友邦江苏无锡中心支公司的主要营销渠道。2015年，公司深化落实“卓越营销员”策略，坚持职业化、专业化、信息化及制度化的发展方向，根据“优增优选”的原则，严格把控营销员招募标准，并持续加强营销员的日常教育和合规培训，致力于培养高素质的精英销售团队。同时，随着“EODB易计划”的推进，公司着力于营销员服务意识和服务能力的建设，并通过进一步完善iPad展业工具、改善硬件、软件设施，为客户提供更为高效、便捷、专业的保险服务。

银行保险销售渠道：2015年，友邦江苏无锡中心支公司银保渠道致力于成为行业翘楚，在专业、产能和价值上造就业界典范。通过与花旗银行的独家合作项目，公司完善了针对银行“高净值客户”资产保全保障需求的保险产品，形成了多元化的财富管理、专业化的银保销售和服务体系。同时，通过改进网络、手机APP等线上形式，规范业务操作，提升银行保险销售人员的专业服务意识，深入银行保险销售转型，实现银保渠道健康有序地发展。

团体保险销售渠道：2015年，友邦江苏无锡中心支公司团险渠道经营管理成效显著，在新单报价成交率、新单件均保费、客户续保率等方面均取得明显提升，公司累计协助超过5500家企业客户完善保障规划。2015年，公司成立团险客服小组，明确岗位职能和服务标准，为企业客户提供更加高效、专业、有价值的保障服务。此外，团险渠道积极组织、参与公益活动，以实际行动践行保险行业核心价值理念，体现企业的社会责任。

（管　箫）

【内部管控】内部管控稳步推进。2015年，友邦保险有限公司江苏分公司严格落实“做对事，行对路，用对人，成功自会到来”的核心运营理念，加强渠道建设、业务发展、流程管理等各方面的合规意识，进一步完善内控制度体系、强化风险管理手段。通过签署营销员合规声明及承诺书、指示业务渠道定期开展自查工作、设立总经理信箱增进与管理层的沟通等一系列举措，将合规意识贯彻于公司的日常流程和工作职责。在内控完善方面，公司建立了“三道防线”的内控管理架构，即业务部门为第一道防线，合规部门、风险管理部门及内审部门组成第二、三道防线。根据风险评价结果，及时完善各项内部控制制度，形成动态、持续的内部管控过程。此外，为进一步加强收付费管理，公司全面禁止现金收付费及现金领款业务。在各项举措并行下，公司2015年度内部管控工作得以稳步推进。

风险控制取得成效。2015年，在风险管理方面，公司借鉴先进的数据分析方法，建立了风险预警系统，实现对销售人员不合规行为的提前识别和持续监控。友邦江苏无锡中心支公司及下辖各机构未发生任何一起监管处罚案件，也未发生任何一起重大风险事故。

（管箫/蒋飒飒）

【企业文化】友邦保险立志“成为您的首选”，以专业、诚信与爱，帮助家庭和企业，抵御风险、积累财富、实现梦想。为实现这一目标，友邦保险秉持“做对事，行对路，用对人，成功自会到来”的经营理念。2015年，友邦保险有限公司江苏分公司构建“以服务为驱动”的企业文化，倡导以客户需求为导向，持续服务创新，建设精英销售团队，优化产品设计和结构流程，不断提升核心竞争力，力争成为引领行业的个中翘楚。

（管　箫）

【险种创新】4月，“友邦全佑一生（倍健康）重大疾病保险”正式上市，友邦保险首次推出“多次给付重疾”保障概念，突破了传统产品重疾保障只赔一次的局限，为客户提供更具延续性的周全保障。

12月，友邦保险重磅推出一款针对高净值人士的终身健康保障计划——友邦传世无忧高端医疗保险。该产品甄选全球尖端医疗资源，提供千万级医疗保障，涵盖住院、门诊、护理和牙科等多个方面，其保障额度之高、保障范围之广均属业界领先。除此之外，该产品更针对高端人群需求，提供私人定制的一站式就医服务，全面护佑被保人一生健康。

（蒋飒飒）

【重大活动】2月11日，友邦江苏无锡中心支公司内勤员工以及在为期两个月的年终晚宴特别业务竞赛中获胜而出的营销员，一起参加在无锡君来洲际酒店举办的“2015年友邦江苏无锡中心支公司迎新年会”，表演、游戏、抽奖，大家欢聚一堂。

3月14、15日，友邦江苏无锡中心支公司参加了由无锡市消委会和保险行业协会联合举办的“三一五”消费者权益日南禅寺广场活动。为期两天的活动中，不仅受理往来路人们的咨询投诉，还宣传了公司品牌和产品，普及了保险理念和知识。

5月22日，友邦江苏无锡中心支公司正式获批成为无锡市保险学会团体会员。

7月7日，友邦江苏无锡中心支公司参加由无锡市保险行业协会和放心办、消委会联合举办的2015年全国保险公众宣传日活动茂业百货现场设摊宣传活动。

8月20日，友邦江苏无锡中心支公司在金陵大饭店举办“友邦无锡八周年庆暨“梦想开启 未来绽放”友邦寿险事业说明会。

（蒋飒飒）

【重大承保】2月9日，友邦江苏无锡中心支公司客户匡某投保“传世经典乐享版终身寿险（分红型）”，保额400万元，期缴保费10.08万元，总保费201万元。

3月20日，友邦江苏无锡中心支公司客户陈某投保“传世经典悦享版终身寿险（分红型）”，保额500万元，期缴保费13.65万元，总保费273万元。

3月23日，友邦江苏无锡中心支公司客户王某投保“传世经典悦享版终身寿险（分红型）”，保额500万元，期缴保费17.8万元，总保费356万元。

3月26日，友邦江苏无锡中心支公司客户包某投保“传世经典乐享版终身寿险（分红型）”，保额400万元，期缴保费28.12万元，总保费281万元。

3月26日，友邦江苏无锡中心支公司客户孙某投保“传世经典乐享版终身寿险（分红型）”，保额400万元，期缴保费25.52万元，总保费255万元。

5月27日，友邦江苏无锡中心支公司客户朱某投保“传世经典乐享版终身寿险（分红型）”，保额400万元，期缴保费5.26万元，总保费105万元。

7月31日，友邦江苏无锡中心支公司客户周某投保“传世经典尊享版终身寿险（分红型）”，保额500万元，期缴保费12.2万元，总保费244万元。

7月31日，友邦江苏无锡中心支公司客户张某投保“传世经典尊享版终身寿险（分红型）”，保额500万元，期缴保费10.5万元，总保费210万元。

8月6日，友邦江苏无锡中心支公司客户周某投保“传世经典悦享版终身寿险（分红型）”，保额400万元，期缴保费12.92万元，总保费258万元。

8月6日，友邦江苏无锡中心支公司客户周某投保“传世经典悦享版终身寿险（分红型）”，保额400万元，期缴保费12.92万元，总保费258万元。

8月27日，友邦江苏无锡中心支公司客户高某投保“传世经典乐享版终身寿险（分红型）”，保额400万元，期缴保费15.72万元，总保费314万元。

9月6日，友邦江苏无锡中心支公司客户方某投保“传世经典悦享版终身寿险（分红型）”，保额800万元，期缴保费55.6万元，总保费556万元。

10月09日，友邦江苏无锡中心支公司客户白某投保“传世经典乐享版终身寿险（分红型）”，保额400万元，期缴保费27.48万元，总保费274.8万元。

10月16日，友邦江苏无锡中心支公司客户陶某投保“传世经典乐享版终身寿险（分红型）”，保额400万元，期缴保费10.32万元，总保费206.4万元。

10月16日，友邦江苏无锡中心支公司客户徐某投保“传世经典乐享版终身寿险（分红型）”，保额400万元，期缴保费12.08万元，总保费341.6万元。

10月30日，友邦江苏无锡中心支公司客户贾某投保“传世经典悦享版终身寿险（分红型）”，保额400万元，期缴保费31.4万元，总保费314万元。

10月30日，友邦江苏无锡中心支公司客户贾某投保“传世经典悦享版终身寿险（分红型）”，保额400万元，期缴保费31.4万元，总保费314万元。

10月31日，友邦江苏无锡中心支公司客户薛某投保“传世经典乐享版终身寿险（分红型）”，保额400万元，期缴保费19.88万元，总保费198.8万元。

12月4日，友邦江苏无锡中心支公司客户强某投保“传世经典乐享版终身寿险（分红型）”，保额500万元，期缴保费15.1万元，总保费302万元。

12月15日，友邦江苏无锡中心支公司客户徐某投保“传世无忧A款高端医疗保险”，保额1800万元，期缴保费1.158万元，总保费57.9万元。

（王小明）

【重大赔付】4月29日，友邦江苏无锡中心支公司赔付被保险人李某《康悦两全保险》保险金30万元。投保人须某，公司管理人员，2012年5月21日为孩子投保了“康悦两全保险”年缴保费3533元。2015年3月24日，被保险人因急性白血病在苏大附属儿童医院住院治疗。

6月15日，友邦江苏无锡中心支公司赔付被保险人周某“尊享全佑一生＂五合一＂疾病保险”保险金50万元。投保人周某，私营业主，2014年11月11日为自已投保了“尊享全佑一生‘五合一’疾病保险”年缴保费

25650元。2015年4月17日，被险人因肺癌在上海交大附属医院住院治疗。

（王小明）

【领导班子成员】

蔡哲惟　总经理

（蒋飒飒）

【机构（部门）主要负责人】

严建宏　寿险部经理

王　娟　银保部经理

曹　钧　营运部经理

（蒋飒飒）

【公益活动】

2月6日，友邦江苏无锡中心支公司爱心人士来到无锡市夹城里中心小学，为孩子们捐赠了150本爱心图书、100个爱心笔袋以及其他学习文具用品。

（蒋飒飒）

【荣誉表彰】

3月，友邦江苏无锡中心支公司获评“2014年度无锡市保险行业先进集体”。

友邦江苏无锡中心支公司优秀营销员徐娟获得无锡市保险系统2015年度展业明星称号。

11月，友邦江苏无锡中心支公司获评“无锡市保险行业放心消费创建先进企业”。

（蒋飒飒）

瑞泰人寿保险有限公司江苏分公司无锡营销服务部

【概况】瑞泰人寿保险有限公司成立于2004年1月，是第一家总部设在北京的合资寿险公司。投资方为中国国电集团国电资本控股有限公司和英国耆卫集团耆卫人寿保险（南非）有限公司。瑞泰人寿依托中外方股东的雄厚实力，融合世界500强企业的国际化管理经验，以“打造精致的、特色的、持续盈利的瑞泰人寿”为企业愿景，坚持“高端、专业”的市场定位和品牌形象，不断推出为客户量身订做的保险理财一体化解决方案，着力打造全国性、一流的寿险公司。公司现已在北京、上海、广东、江苏、浙江、重庆、陕西、湖北等地区经营保险业务。

金融业务、控制金融风险。经营范围包括项目投资、资产管理、信息咨询。

瑞泰人寿保险有限公司江苏分公司无锡营销服务部（以下简称无锡瑞泰）是于2007年9月获准开业的。公司自成立以来，始终坚持科学发展、合规经营、严格内控、诚信服务的原则，积极承担社会责任，为促进保险业持续健康发展、树立良好的行业风气做出了积极的贡献。

（徐　璐）

【经营业绩】2015年，无锡瑞泰全年规模保费4758.18万元。在售产品包括瑞利一号终身寿险、智盛人生终身寿险、智盛人生两全保险、稳康宝两全保险附加癌症疾病保险、稳驾行两全保险、稳贷宝意外伤害保险、成长卫士少儿重大疾病保险，为各个类型的客户提供了更多的选择。

（徐 璐）

【渠道建设】无锡瑞泰在总公司、分公司的带领下，在全体员工的共同努力下，在2015年积极开拓无锡市场及销售渠道，不仅与工商银行续签合作协议，更是打破传统渠道的限制在年底努力开拓江苏银行的渠道。无锡瑞泰在销售中严格规范销售，在各银行渠道及各保险代理公司等第三方专业渠道获得一致好评。

（徐 璐）

【内部管控】无锡瑞泰不仅注重合作渠道及渠道顾问的专业知识及销售技能的培训，更是坚持贯彻监管部门及总公司相关规定，加强风险销售及操作流程中的风险控制，以合规销售为前提，提升销售团队的整体素质。

（徐 璐）

【企业文化】瑞泰人寿的总体目标与企业文化通过公司的领导力实现，包括与下属开放式坦诚的交流、清晰传达工作目标、推动工作进程和视员工成功为已任，打造精致的、特色的、持续盈利的瑞泰人寿，并通过提供世界一流的服务，为客户、合作伙伴和股东创造价值。成为目标市场的领导者、员工以及业界心目中的最佳雇主。

（徐 璐）

【重大活动】“远见，只为相见”——瑞泰互联 “微”您而来客户调研活动。

随着微信已经成为人们必不可少的沟通交流工具，为了提供便利的产品及服务，瑞泰人寿积极地推动微信平台建设，2015年，公司在微信平台陆续上线了“成长卫士”“稳驾行”等多款产品，并推出了在线保单服务和理赔服务等多项服务功能。

为进一步了解客户需求，打造更符合客户的产品。2015年12月6日下午，在南京珠江路一号国际酒店七楼会议厅，瑞泰人寿江苏分公司举行了主题为“远见，只为相见”的客户调研活动。此次调研活动内容包括“客户微信的使用情况”“对公众号的关注情况”“产品信息传播及购买情况”“稳驾行、稳康宝产品测试，了解客户对产品卖点反馈、购买意愿、购买倾向以及产品整体评价”及对家庭意外险计划、碎片化健康险（乳腺癌保险）产品进行概念测试，了解客户新产品的购买意愿。

调研活动，进一步深入地了解客户对于微信销售和服务的真实需求，为公司未来推出针对客户需求的产品和服务创造有利条件。

（徐 璐）

【公益活动】瑞泰人寿一直致力于社会公益活动，作为一家正在成长中的企业，在创造效益的同时也应该回馈社会，奉献社会。特别是中共十八大以来，公司大力培育和践行社会主义核心价值观，将社会公益活动、志愿活动常态化。为此，瑞泰人寿与“地球站”合作，开展捐赠活动，组织员工将家中闲置物品进行捐赠，经“地球站”统一分类、消毒、修缮后，义卖或捐赠至弱势群体。

“地球站”这一组织是在环保部指导下，由中国环境新闻工作者协会于2013年创办的环保公益项目组织。3年来一直被列为民政部的“中央财政支持社会组织示范项目”。旨在推进循环经济、垃圾减量、物尽其用的环保理念，通过在社区、企业及学校等安置收集箱，收集家庭闲置物品，为市民提供便捷、常态化的捐赠渠道。

捐赠活动从2015年3月初开始，短短几天的时间员工捐赠了上千件物品。这些捐赠物小到书籍、衣物，大到棉被、吸尘器、手机，品类繁多，每件捐赠物都包含了员工的爱心，这一活动既鼓励大家清理了家庭的闲置空间，也同时奉献了爱心，回报了社会。这一活动的成功举行增强了员工凝聚力,得到了大家的积极响应和认可。

（徐　璐）

【领导班子成员】

陈　磊　负责人

（徐　璐）

【荣誉先进】在新华社半月谈杂志社主办的"第六届品牌生活榜"2015金融榜评选颁奖盛典上，瑞泰人寿凭借独树一帜的业界品牌、专业周到的客户服务，荣膺"中国保险业20年新锐奖"奖项。

本次评选活动由新华社半月谈杂志社主办发起，秉承"品牌让生活更美好"的理念，旨在打造百姓品牌生活、品牌消费的"奥斯卡"奖项。活动还为纪念第一部保险法正式实施20周年，在此基础上开展"中国保险业20年辉煌成就主题宣传活动"，展示中国保险业经过20年的改革发展所取得的卓著成就，同时表彰一批优秀保险企业，发挥引领示范作用。评选活动自启动以来，通过专家推荐、企业公开数据、网络投票等途径，结合企业市场竞争力和企业社会责任等方面取得的成就和贡献，最终得出评选结果。

瑞泰人寿依托中外方股东雄厚的实力和国际化管理经验，融合市场实践和消费者需求，坚持"高端、专业"的市场定位和品牌形象，不断推出为中国客户量身订做的保险理财一体化解决方案和提供高品质的服务。为此，瑞泰人寿大力推动银保、团险、网销、电销等多元渠道的均衡发展并积极探索银行网银、ATM终端等新兴渠道。

2015年以来，瑞泰人寿紧跟移动互联大潮，积极利用微信等新媒体平台简化理赔服务流程，致力于为客户提供更便捷、高效的服务，从而获得了监管部门、业界及广大客户的信任和好评，连续被保监会评为"分类监管评价A类公司"。公司注重通过技术创新为客户提供更佳的服务体验，同时降低服务成本，使公司迈向持续盈利的新时代。

在谋求转型发展的过程中，瑞泰人寿还积极承担企业应尽的社会责任。从捐助天水市秦州区中梁乡坐崖小学，到持续帮助贫困地区学校改善教育教学设施，公司积极地履行了企业社会责任，赢得了良好的社会口碑。

"保险业20年新锐奖"正是对瑞泰人寿十余年发展征程的极大肯定。面向新征程，瑞泰人寿将再接再厉，在深化转型、稳健发展的基础上，积极构建具有瑞泰人寿特色和竞争优势的管理经营模式，为广大客户提供更加优质、更加高端、专业的产品与服务，以回报股东的大力支持和广大客户的厚爱。

（徐　璐）

中国人民健康保险股份有限公司无锡中心支公司

【概况】2015年，中国人民健康保险股份有限公司无锡中心支公司（简称“人保健康无锡中心支公司”）在总公司和省分公司的正确领导下，紧紧围绕“效益、特色、能力”三大方面下工夫，上下团结一心，勇于拼搏，敢于创新，坚持把发展作为公司的第一要务，实现了公司持续、稳健、高速发展。人保健康无锡中心支公司着力转变发展方式，凭借“健康保险”加“健康管理”的特色经营，大大提升了人保健康在当地保险市场的影响力。全年度，公司把握专业特色，积极开拓市场，团险树品牌，加大社保补充业务及意外险业务的力度，扩大公司影响力；银保创规模，加大公司市场及社会的占有率，增强产品优越性；个险打基础，加大综合素质及服务质量的历练，促使业务专业化。

经过一年的努力经营，人保健康无锡中心支公司累计实现总业务收入5.95亿元。

（储永平）

【经营业绩】2015年，无锡中支正确领会总分公司的发展方向，以全年目标任务为动力，坚持不懈推动业务全面发展。截至12月27日，累计实现保费收入5.95亿元，分渠道来看：团险完成保费4.24亿元，完成年度计划的132.4%；个险完成保费1764万元，完成年度计划的153.4%；银保完成保费9582万元，超额达成全年任务指标。

（储永平）

【渠道建设】按照2015年年初工作安排，无锡中支主要在“创规模、调结构、控风险、抓理赔、提品质”五大工作上努力，一是团险通过特色业务项目，努力提升竞争力,得到了客户的高度认同;二是银保以重点渠道为核心，将新增渠道作为新高地，充分发挥各渠道特色，深挖网点潜能，整合资源，抢占市场；三是个险通过扎实基础发展，努力提升续期业务发展。

（张般奕）

【内部管控】以创新的理念推进内部管理机制。人保健康无锡中心支公司对业务发展战略、业务经营规划、业务经营区域、目标客户群体、销售代理渠道等方面做了重点布置，对公司组织架构和业务经营活动进行计划、监督、评估和管理，同时还进行了许多有益的创新，在防范和化解经营风险和加强公司内部控制管理制度方面取得了一些成绩。

以管理为目标提高经营管理体系。人保健康无锡中心支公司通过各司其责、有序结合、分工明确和有效运作，将分散的、单个的力量聚集成为集中的、强大的集体力量。公司每位员工的工作职权在组织管理结构中以一定形式固定下来，保证公司经营活动的连续性和稳定性。这些举措有利于明确每个员工的责任和权利，避免相互推诿，提高工作效率，克服办事拖拉的弊端。

以特色为导向优化服务管理质量。随着新保险法的实施，人保健康无锡中心支公司在日益激烈的市场竞争中，跳出传统的业务框架，认真分析市场需求，建立推进产品销售的管理制度，加速创新的步伐，努力开拓各种市场空间，培养适应产品拓展的人才队伍。

（储永平）

【文化建设】企业内涵：中国人保健康企业文化内涵：坚持以人为本，践行和谐奋进的企业文化。大力弘扬中国人保尊重和依靠广大的优良传统，把关心员工、理解员工、最终员工、爱护员工作为中国人保健康企业文化建设的基本出发点。

企业使命：中国人保健康使命：人民保险，造福于民。①对客户，驾驭诚信理念，提供优质服务；②对员工，共创发展空间，实现人生价值；③对股东，尊重股东权益，提供稳定回报；④对合作伙伴，坚持平等互信，谋求合作共赢；⑤对社会，勇担社会责任，做优秀企业公民。

企业价值观：中国人保健康核心价值观：诚信立业、稳健经营、创造卓越、回报社会。

企业作风：中国人保健康作风：求真务实、规范严谨、令行禁止、艰苦奋斗、开拓创新。

企业经营理念：中国人保健康的经营理念是“以市场为导向，以客户为中心”。以市场为导向，就是市场是我们事业的舞台，市场决定一切，市场检验一切，市场证实一切。以客户为中心，就是客户是我们的衣食父母，客户的满足、客户的认同、客户的忠诚是我们工作的出发点和归宿。贯彻这一经营理念，始终坚持科学发展观、最大效益观、有序竞争观、诚信服务观、精细治理观、有效执行观、先进人才观和全员学习观。

（张殷奕）

【党建工作】中国人保健康保险股份有限公司无锡中心支公司党委成立于2008年8月，2015年年底共有党员8名，党委委员3名，预备党员1名。近几年来，支部做到突出重点，夯实基础，全面部署，扎实推进，明确任务，从严要求，从自身的特点和实际出发，认真履行党章规定的职责，在健康、有序、规范发展职工党员上狠下功夫，切实改进和加强对党员的教育、管理和监督。一方面坚持和改进过去在党员培养、发展、管理方面长期形成的思想观念、活动方式和工作方法，另一方面在加强中改进，在继承中创新，通过制度化、规范化的形式，把党员培养、发展、管理工作提高到一个新水平，努力把无锡中支党支部成建设成坚强的战斗堡垒，为党的基本路线方针政策在基层的顺利贯彻执行和党的未来干部的培养和选拔，提供了强有力的素质保证。

无锡中心支公司分别于2015年7月6日、7月13日、7月20日采取了集中学习的方式，主要对“三严三实”、习近平总书记系列重要讲话精神和总公司教育实践活动实施方案与相关要求进行了学习，并做好内容的剖析工作，切实领悟要领；另外在12月的工作日中，无锡中心支公司将有关党的群众路线教育实践活动的新闻、精髓以及书籍进行发放，进行分散性学习，让每一位员工都有所学、有所悟。

党委委员和全体党员做好了读书学习的表率作用，委员做到了一周集中学习制度，全体党员做到了一月集中学习制度，营造出良好的学习氛围。学习内容包含了理论、政策等或其他激励性书籍，并及时推荐给全体员工，达到相互学习、相互沟通，拓宽知识面的活动目标。在这些模范党员的带动下，坚持不懈地做好基层党建工作，增强基层党组织的凝聚力、战斗力和影响力，为公司稳健有序的发展提供保障。

（储永平）

【重大活动】7月1日，无锡中心支公司联合人保财险无锡市分公司，人保寿险无锡市分公司开展了迎“七一”党建系列活动，无锡中支全体正式党员、预备党员参加了活动。

活动当天参观了张闻天故居，通过大量历史图片、资料详细了解了张闻天同志的一生。参观过程中，大家被张闻天同志忠诚勇敢，无私奉献的精神所感动，切身感受到了作为一名共产党员所应担负的使命和责任。参观结束后，预备党员满怀崇敬，在故居内完成了入党宣誓仪式，在心中刻下忠诚于党，服务人民的誓言。

（储永平）

【领导班子成员】

穆　睿　总经理
郭云杰　副总经理
储永平　副总经理

（张殷奕）

【机构（部门）负责人】

储永平　人事行政部负责人
张金秀　计划财务部负责人
金　晶　业务管理部负责人
周　立　团险销售部负责人
丁秀平　个险销售部负责人
於晨曦　银行保险部负责人
杨秀兰　宜兴支公司负责人

（张殷奕）

光大永明人寿保险有限公司
无锡中心支公司

【概况】光大永明人寿保险有限公司无锡中心支公司（以下简称光大永明无锡中支）成立于2007年11月28日，至今已成立将近8年。公司开拓进取，发展壮大。依托总分公司支持，无锡中心支公司在规范经营、业务发展、渠道开拓、客户服务等方面都呈现出良好的局面，并为下一步的发展奠定了坚实的基础，如今已扎根无锡市场，受到社会公众的认可。光大永明人寿无锡中心支公司获江苏保监局批准，同意将公司经营地址由“无锡市复兴路121号益鹏大厦6楼”变更为“无锡市湖滨区金融一街10号无锡金融中心17层01单元”。

（杨　雪）

【经营业绩】光大永明人寿保险有限公司无锡中心支公司跟随总公司快速发展脚步，从2007年成立以来，公司上下贯彻精细化管理，创业求生存的工作方针，以可持续发展的管理体系不断深化落实在公司的内部管理，同时抓住市场开拓和精细化管理二个要点，取得了较好的经营业绩，2015年实现全年保费收入661.55万元，上缴税收3.66万元。

（杨 雪）

【渠道建设】2014年光大永明无锡中支开拓了银行代理、个险、团险、电话营销，2015年更是为企业多元化发展迈出了坚实的一步。

银保渠道：2011年无锡中支从银保渠道完成筹备与股东光大银行开始银行保险合作的模式以来，相继与民生银行开展保险业务合作，业务发展势头良好。

个险渠道：队伍发展建设。

（杨 雪）

【内部管控】通过建立完善的规章制度和管理流程，利用培训、沟通、调查、监督、管控等手段，以定期会议、工作讨论、现场或非现场检查、员工自查等形式，对公司内部的合规工作进行管理，以保证公司运营的合法合规性。

为了有效地落实反洗钱法律法规和监管要求，同时防范和打击非法集资，通过多种形式、渠道了解和掌握监管信息和行业动态；参加或组织开展内外部反洗钱培训和防范打击非法集资的宣传教育工作。通过这一系列的举措，来切实履行保障社会与国家金融秩序安全的企业责任。

（杨 雪）

【领导班子成员】

黄红斌　中支总经理

（杨 雪）

平安养老保险股份有限公司
无锡中心支公司

【概况】平安养老保险股份有限公司（以下简称“平安养老保险公司”），于2004年12月1日在上海应运而生。围绕建设和谐社会，完善社会保障、建立“老有所养、病有所医”的社会保障体系的时代背景和大力发展养老保障事业的历史机遇，作为中国平安保险（集团）股份有限公司的全资子公司，平安养老保险公司秉承中国平安在养老保险领域的丰富经验，肩负完善社会保障制度的社会责任，经过多年的开拓创新，锐意进取，已发展成为业内规模最大的专业养老保险公司。

无锡中心支公司2007年11月18日经中国保险监督管理委员会江苏监管局《关于同意平安养老保险股份有限公司徐州中心支公司等5家分支机构开业的批复》（苏保监复〔2007〕607号），于2007年12月7日正式开业。

2015年，无锡中心支公司在无锡市委、市政府和保监局等上级主管部门的正确领导下，坚持诚信为本、合法经营，认真贯彻全国保险监管工作会议精神，加强社会主义核心价值体系建设，培育优秀企业文化，坚持合规经营，防范和化解风险，不断实践着“服务至上、诚信保障”的诺言。各项业务发展迅速，险种结构不断优化，年金合作持续扩大，经营管理水平稳步提高。

（俞晓滨）

【经营业绩】平安养老保险股份有限公司无锡中心支公司2015年业绩经营结果如下：

保险板块：

短险保费收入：4386万元；非健险保费收入：2980万元；长险8122万元。

年金板块：

整个江苏地区企业年金缴费：6.37亿元，累计集合计划：1.63亿元，累计托管产品：4.41亿元。

（俞晓滨）

【渠道建设】2015年，平安养老无锡中心支公司大力加强渠道建设，以平安集团综合金融为依托，推动与产、寿的交叉销售。重点建设直销渠道，让业务队伍从产品推销员转型为综合金融客户经理，依靠综合金融产品方的大力支持，向客户积极宣传综合金融的优势，主动引导客户理念和行为的转变，强化客户渗透率和对平安品牌的信任度，从而进一步开拓主营业务市场。在中介渠道积极保持与经纪公司的沟通，加强合作，扩大业务规模。在公司内部，直销渠道作为重中之重，传统业务与新战略业务要有重大突破；综拓渠道保持传统业务优势；中介渠道维护现有渠道，开拓其他渠道；产银渠道要加深与当地产险银行的合作，大力促进综合金融业务发展。

（俞晓滨）

【内部管控】平安养老无锡中心支公司在日常业务开展过程中，制定了严格的内部控制管理制度，加强经营风险的事前和事中防控，防范于未然，保证公司合规经营。首先，建立健全的风险管理制度，使各业务、流程有规可依，并根据法律法规的变化、公司经营战略目标的调整和内外部经营环境的变化，及时制订、修改和梳理现行公司制度流程，持续维护制度体系的健全性、合理性和有效性，充分发挥制度流程对公司经营的规范作用、指导作用、核心技术积累作用；其次，加强合规文化建设，营造浓厚的合规文化，使员工知规学规，进而主动合规，为公司的合规经营打下坚实的基础；再次，每年开展内部控制测试和补充抽样测试，检视各流程的设计有效性和运行有效性，通过检视，可以及时发现各流程和制度存在的缺陷，并及时进行整改，充分发挥各流程和制度对风险的持续防控能力；最后，每年开展风险排查工作，排查做到不留死角，不流于形式，涵盖各业务流程，保证经营风险的早发现、早处置，及时发现内控和经营管理等方面的漏洞，有效提升公司管理水平和从业人员素质，做到从源头上控制风险。上述举措有效降低和防范公司经营活动的各种违规风险，促进各项工作合规开展。

（俞晓滨）

【企业文化】平安养老险总公司提出的“五种精神五种文化”，努力发展成为领先的养老资产管理机构、领先的医保民生福利保障服务提供商。

五种精神：使命精神，拼搏精神，奉献精神，团队精神，专业精神；

五种文化：执行文化，凝聚文化，克难文化，卓越文化，价值文化；

平安养老无锡中心支公司将紧跟公司步伐、时刻铭记使命感、责任感、紧迫感。

（俞晓滨）

【重大承保】1.单位名称：无锡市企业安全

生产意外伤害保险（共保）

承保地点：平安养老险

承保时间：2015年1月1日

承保项目：无锡建工险共保

险种：平安建筑工程团体意外伤害保险

保险费：986万元

2.单位名称：无锡市退休职工保障互助会

承保地点：平安养老险

承保时间：2015年1月1日

承保项目：退休职工补充医疗

险种：平安长期综合健康团体医疗保险

保险费：4112万元

3.单位名称：无锡市城乡居民大病保险

承保地点：平安养老险

承保时间：2015年1月1日

承保项目：城乡居民大病保险

险种：平安城乡居民大病团体医疗保险（A款）

保险费：880万元

（俞晓滨）

【重大活动】在无锡市经信委各位领导的信任及关心下，平安养老保险股份有限公司无锡中心支公司成功举办了“中国平安综合金融——无锡市重点企业业务合作说明会”。参会企业超100家，到场人数超200人，多家大中型企业客户的总经理、财务总、HR与会。客户说明会上，公司向企业详尽地介绍了平安集团包括资产管理、证券投资、期货、员工福利等等各个板块的内容。会议期间，沟通气氛良好，互动充分。此次客户说明会，不仅加深了企业与公司的了解与联系，帮助业务前线降低介入门槛，也为下一步企业信息摸排、客户关系推动等营销工作打下基础，更为平安养老险树立专业形象起到了促进作用。

（俞晓滨）

【重大赔付】4月9日，无锡维科通风机械有限公司员工国志栋在山东淄博朱台镇步行时被车辆撞击后身亡。经核实无锡维科通风机械有限公司在公司为国志栋投保了团体意外伤害险，在核实遇难者身份信息、投保信息及核实事故事实后，于2015年8月10日各险种累计赔付300414.51万元。

（俞晓滨）

【公益活动】平安养老保险股份有限公司无锡中心支公司秉承集团公司致力于承担社会责任的使命，在社会中尽到道德责任和慈善责任，将企业的核心价值观贯彻到教育等公益事业中。

9月，平安养老险联合产、寿、银行共同组织“爱我家乡”支教行动，将慢慢的爱心与温暖带去平安希望小学，为孩子们送去知识与欢乐。

（俞晓滨）

【教育培训】8月2日—8月9日，举办了2015非综拓渠道营业部主管年中会，以会代训的形式总结了15年半年以来的工作情况，对今后的工作提出了要求和希望。极大凝聚和提升了队伍的士气。

10月21日—22日，在平安大学的支持下，举办了“思维技能基础”机构班。帮助员工培养积极心态，寻求创新思维，在工作中进行高效有序的全面思考，赢取个人全面发展。

12月20日—22日，举办养老险江苏分公司2015年直销渠道中级销售人员技能提升培训班——“顾问式销售”专题培训，提升直销渠道中级销售队伍销售专业度，提升队伍的客户开拓能力和粘客能力。

（俞晓滨）

【领导班子成员】

钱平家　总经理

吴锦亚　副总经理

黄　宇　营业部经理

郭　嵘　个销部经理

黄　星　理赔部经理

（俞晓滨）

华泰人寿保险股份有限公司无锡中心支公司

【概况】华泰人寿保险股份有限公司成立于2005年，是华泰集团旗下一家全国性寿险公司，其主要股东还包括美国安达集团等知名企业。总部设在北京，目前已经在全国10多个省市开设了300余家分支机构和营业网点。

华泰人寿保险股份有限公司无锡中心支公司（以下简称无锡中支）利用华泰保险拥有的优势：即依托强大的股东队伍、现有的客户群和卓越的资产管理能力，以特色经营渠道为驱动，执行产品、服务和品牌推广战略，打造成为江苏无锡保险市场认可的在营销渠道方面最具创造性的人寿保险公司。2015年是无锡中心支公司全面推动战略转型的突破年，也是落实华泰“十二五”规划的收官之年。面对复杂多变的市场环境，无锡中支上下不畏艰难，奋力拼搏，全力推动“推转型、保效益、促发展”三大战略重点。增强进取意识、机遇意识和责任意识，求真务实，大胆实践，推动战略转型实现巨大突破，切实做好各项工作，努力实现无锡中支发展的预期目标。同时，积极响应总公司“战略转型升级年”的号召，全年总体工作思路为：以“抓机遇、推转型、促增长”为工作着力点，把握好“供给侧改革”的战略机遇，充分发挥公司多年来战略转型所形成的核心竞争优势，加速转型升级，推动提质增效，进一步巩固公司经营效益，全面落实公司价值成长目标。

（郭惠君）

【经营业绩】个险渠道。2015年，截至年末，个险新单标准保费在分公司排名第三，总公司排名第三。个险全年实收规模保费2392万元，标保1706万元；2015年在职人力3364人，月均人力280人；2016年K2指标达成97.12%，综合各项达成率均在总、分公司系统中名列前茅，超过行业平均水准。

团险渠道。无锡中支团险部在公司领导大力支持及全体伙伴的努力拼搏下，2015年度达成业务总量196万元。其中交叉销售团单165万元，卡单31万元，较上一年度有19%增幅。

交叉销售。交叉销售2015年承保标保165万元，全国排名第一。

续期工作。个险K2：86.8%，个险K3：95.55%，银保K3：94.61%，年度K2：

86.8%，年度K3：95.53%,年度应收保费：8784.9万元，截至12月31日实收8119.2万元，达成年度实收任务的92.4%，其中个险实收6803.1万元，银保实收1289.8万元。均在总、分公司系统中名列前茅，超过行业平均水平。K2达成率均在总、分公司系统中名列前茅，超过行业平均水准。

（周蓓蓓 刘晓鸣 王 利）

【内部管控】2015年，为贯彻落实中国保监会关于做好人身保险公司风险排查工作，在总、分公司统一部署下，无锡中支在全辖开展全面风险排查。排查2014年7月1日至2015年6月30日期间经营过程中可能导致公司司法案件、群体性事件以及其他损害保险消费者合法权益等系统性风险的业务环节、操作流程、内控管理等。

5月10日至6月10日，全辖开展防范和打击非法集资宣传月活动，提高从业人员非法集资风险防范意识，提高保险消费者对非法集资的认识。

5月22日，召开反洗钱培训视频会议，培训客户分类管理内容、传达人行领导讲话精神、分享优秀中支经验、部署2015年反洗钱重点工作。

2015年，为全面贯彻落实《中国保监会关于排查保险中介市场风险的通知》（保监中介〔2015〕209号）及江苏保监局相关要求，在分公司部署下，无锡中支对无锡华泰保险中介市场进行风险排查。主要针对中支分支机构、采取实地督导，核查合作对象、调查从业人员、回访客户等方式，认真开展自查，边查边改，堵塞漏洞，有效处置。对在保险中介市场清理整顿中不如实反映问题、违法违规行为未有效纠正的业务人员追究其责任。

（郭惠君）

【教育培训】

2015年培训安排汇总

名称	举办期数	参训人数	结训人数
新人职前培训	3	18	16
代资考培训	9	73	73
新人岗前班	29	247	230
精英/主管培训	4	96	96
全辖培训	5	435	435
内勤培训	1	38	38
总计	**51**	**907**	**888**

（李妍颖）

【后援队伍】1.行政方面

一是围绕战略落地，提升工作效率和员工专业化水平。根据总公司要求进行工作流程的梳理和优化，尤其是OA及单证系统的流程优化，有效提高了工作效率；合理配置资源，有力推进职场优化工作，盘活公司资产；明确岗位分工，注重员工技能的提升，加强对机构的督导和帮扶，通过直面培训和视频培训等多种培训方式，提升了全辖行政条线的工作水平。

二是加强机构规范性管理。通过会议宣导、制度建设增强规范意识，杜绝取得监管许可之前触碰红线的情况发生，同时积极做好行政许可的申报，保证公司地址变更及时，有序推进新设机构的顺利开设与投入经营。

三是在全辖强化开展安全生产检查工作，防微杜渐，确保安全生产无事故。

2.运营方面

一是启动三优项目。实现管理、品质、效率、人员技能的全面提升。

二是防范满期给付及退保风险，确保公司经营有序。通过各级机构的共同努力，全年协议退保的数量大幅度的下降，全年未发生集中退保事件。为做好2016年即将到来的首个满期给付高峰的应对工作，无锡中支在年底召开了满期给付工作分析研讨会议，并制订有效方案以应对满期给付与集中退保风险，形成全员联动，积极做好准备工作的检查、督导及应急预案的演练等。

三是全面提升客户服务品质。成功举办无锡中支2015年华泰保险“牵手华泰　健康同行”十周年客户服务节，以服务树品牌、以服务促业务，真正实现了后援力量服务于客户、服务于经营、服务于公司发展的宗旨，活动受到分公司认可。

（郭惠君）

【公益活动】5月，华泰人寿无锡中支组织员工爱心公益计划，倡议全辖内勤员工积极行动起来，开展募捐活动。该活动由总公司发起，并联合《每日经济新闻》报社举办华泰人寿“小小铅笔”爱心公益计划。小小一支铅笔，看起来不起眼，但对于贫困家庭的孩子，一只漂亮的铅笔是他们梦想的财富！

（郭惠君）

【控制经营成本和风险】

基本完成对费用审批、资金支付、行政采购、合同审批、印章管理、公文管理、人事审批等各条线的集中管理，有效控制公司经营成本和风险。

（郭惠君）

【重大赔付】华泰客户华某某，因无意中发现双上颈部肿块2月，2015年7月23日至无锡市第四人民医院查鼻咽镜，7月24日入院治疗，诊断：鼻咽非角化癌，胃溃疡恶变腹腔腹膜后淋巴结转移。公司赔付重大疾病50000元。

华泰客户过某某，因腰椎疼痛至无锡市中医医院做MRI检查，发现转移瘤可能，当日至无锡市第四人民医院入院治疗，诊断：肝癌骨转移IV期。公司赔付重大疾病100000元。

华泰客户吴某某，因感喉咙不适于2015年4月24日至无锡市人民医院检查，发现甲状腺占位，2015年5月5日至江苏省江原医院确诊，住院手术治疗，诊断：甲状腺恶性肿瘤，行甲状腺双叶切除术+双侧喉返神经探查术+双侧中央区淋巴结切除术。公司赔付重大疾病50000元。

2014年12月28日17时29分许，莫某某驾驶的电动自行车与一小型普通客车在宜兴市新庄路路口发生相撞，造成莫某某受伤，后经医院抢救无效于2014年12月30日死亡。公司赔付身故保额15万元。

2015年4月30日21时16分，吴某某驾驶电动自行车途经宜兴市X306线由东往西行驶至6.5公里处，与一小型普通客车发生相撞，造成吴某某受伤，经宜兴市和桥医院抢救无效于当日死亡。公司赔付身故保额300000元。

（季伟君）

【领导班子成员】

孟　军　总经理
刘　军　副总经理
赵　曦　总经理助理

（郭惠君）

【机构（部门）主要负责人】

陈廷娟　人事行政部经理
邵　静　财务部经理
朱　玮　运营部经理
丁卫超　滨湖营销服务部经理

王　芳　锡山营销服务部经理
吴　健　惠山支公司经理
杭凤敏　宜兴支公司经理

（郭惠君）

【荣誉先进】2月，无锡中支被江苏分公司授予“2015年度先进集体”奖。

2月，无锡中支被江苏分公司授予“2015年度先进单位”奖。

2月，无锡中支被江苏分公司授予“2015年满期给付专项”奖。

（郭惠君）

英大泰和人寿保险股份有限公司无锡中心支公司

【概况】英大泰和人寿保险股份有限公司（简称英大人寿）是由国家电网公司发起设立的一家全国性寿险公司，经中国保监会批准，于2007年6月在北京成立。2009年6月，引进境外战略投资者美国万通人寿保险公司。2010年12月，国家电网公司成立国网英大国际控股集团有限公司，业务范围涵盖银行、保险、证券、资产管理四大版块，目前下辖中国电财、英大人寿、英大财险、英大信托、英大证券等7家金融机构。英大人寿作为控股集团旗下7家金融企业之一，是国家电网公司金融平台的重要组成部分,现有注册资本40亿元，2015年公司总资产达到182亿元，目前已在全国15个省市设立了分公司、支公司和营销服务部，营销网络日益完善。

英大人寿无锡中心支公司作为公司第一批设立的三级机构，于2008年8月开业，经过7年的发展，正迈入健康、持续发展的快车道。

（田　丽）

【经营业绩】2015年年末，公司累计实现规模保费收入386万元，其中个险新契约规模保费47.98万元，个险续期业务320.25万元，银保续期业务17.4万元，支付赔给付款109.34万元。

（冯炜栋）

【内部管控】公司严抓内控管理，坚守合规经营，将内控管理和风险事项作为对所辖机构的绩效考核指标之一。

2015年公司加强内控管理，密切追踪公司的风险动态，完善风险防范措施。按照监管机构和总公司的要求开展“两个加强，两个遏制”专项检查工作，充分发挥合规创造价值的积极作用。以制度流程强化内控管理，以内控管理促进合规建设。

（田　丽）

【文化建设】公司强化企业文化建设，秉承国家电网公司“诚信、责任、创新、奉献”的核心价值观，践行“努力超越、追求卓越”的企业精神，员工坚持“立心尽则　止于至善”的工作信念；公司在实现持续、健康、快速发展的同时，积极致力于成为国内一流、国际知名的现代寿险公司。

2015年，无锡中心支公司积极参加国网系统开展的企业文化建设示范点创建工作，积极开展“践行核心价值观，争做最美英大人”活动，统一公司职场布置及企业文化宣传内容，对内外勤员工进行分层级培训，提升全体内勤员工的营销意识，增强员工对公司的归属感。以“全面提升干部员工的专业素质和综合能力”为目标，完善各项绩效考核指标，力争打造“业务领先、管控科学、结构优良”的英大人寿团队。

（田　丽）

【公益活动】3月15日，分公司开展“3·15”消费者权益保护宣传活动，通过设置咨询台、发放公司服务手册等形式，向市民介绍保险投保、理赔、维权等相关知识，为客户提供贴心、专业、优质、满意的保险服务，无锡中心支公司积极响应。

7月6日是公司成立8周年的日子，为进一步通过服务回馈客户，同时为客户提供差异化的服务，江苏分公司业管部联合个险部开展了司庆8周年高端客户大拜访活动，通过拜访加深公司与客户间的交流，搜集客户的建议，不断改进服务，无锡中心支公司积极响应。

7月8日，为加强保险宣传工作，提高社会公众的保险意识，无锡中心支公司积极响应中保协2015年保险公众宣传日的活动号召，于7月8日在社区举办“7·8全国保险公众宣传日”宣传活动。

12月，无锡中心支公司在总分公司的统一安排部署下，启动 “五彩童年 点亮人生”跨年客户服务主题活动。

（田丽、冯炜栋）

【重大活动】3月2日—5日，无锡中心支公司成立专项检查小组，围绕保监“两个加强、两个遏制”的内容和总公司的部署，对全省8家中支公司进行现场检查，对发现的问题及时进行整改，优化相关机制流程，推进公司持续健康发展。

（田丽、冯炜栋）

【领导班子成员】

孙志广　副总经理（主持工作）

（田　丽）

【机构（部门）主要负责人】

冯炜栋　运营管理部经理

田　丽　宜兴支公司经理

（田　丽）

华夏人寿保险股份有限公司
无锡分公司

【概况】华夏人寿保险股份有限公司（简称华夏保险），于2006年12月经中国保险监督管理委员会批准设立，总部设在北京，是一家全国性、股份制人寿保险公司。公司注册资本金153亿元人民币，总资产3443亿元人民币，人员队伍超10万元。华夏保险秉承“客户利益至上”的核心价值观，坚持“艰苦创业”“绩效第一”的企业精神，迅速崛起于中国保险市场，积累和创造了一系列核心竞争优势。2015年，全国总保费1609亿元，市场第四；无锡市场总保费超31亿元，位居市场前列。华夏保险坚持“投资驱动、产品创先、服务整合、移动互联”四大战略，以及“业务与养老相结合、管理与信仰相结合、发展与名企相结合、品牌与慈善相结合、创新与网络相结合”的五大发展路径，形成了“华夏”特色的经营战略。

（严　晗）

【经营业绩】2015年，华夏保险无锡分公司实现总保费31.6亿元，相比2014年增长75.5%，其中营销业务总收入2490万元，银代业务总保费收入31.4亿元。

（严　晗）

【渠道建设】华夏保险与中国工商银行、中国农业银行、中国银行、中国建设银行、中国邮政储蓄银行、民生银行、慕尼黑再保险等国内外知名金融机构和众多的建立了良好的合作伙伴关系，在企业管理、业务销售和理赔服务等多领域开展了广泛、深入的合作。

（严　晗）

【内部管控】2015年，华夏保险无锡分公司在专注于业务发展的同时，高度重视业务品质和合规经营管理，开展了多次深入的合规工作。

2015年1月，华夏保险总公司下发《关于开展“两个加强、两个遏制”专项检查的通知》，正式在全国范围内启动“两两”专项工作。无锡分公司建立了以总经理汤淏为首的自查小组，先后进行了自查自纠、深入推进、专项整改和评估等阶段工作，此项工作为分公司年度合规重点工作之一，贯穿2015全年。

2015年5月，江苏保监局先后发布《关于开展2015年防范打击非法集资宣传月活动的通知》《保险销售从业人员非法集资案件风险排查工作方案》等文件。公司第一时间响应通知要求，于5月、8月开展了打击非法集资宣传月活动10月开展了非法集资排查工作，获得了监管机构及总分公司的高度肯定。

（严　晗）

【公益活动】华夏保险始终以“爱老慈幼”为公益重点，2013年分别与中国青少年发展基金会和中国老龄事业发展基金会共同发起成立两支“华夏慈善基金”，分别用于青少年及老年人公益事业，探索实践可持续发展的慈善模式，完成了具有华夏特色的公益战略布局。多年来，华夏保险先后开展多项公益活动，在汶川、玉树和雅安、鲁甸等灾区实施“点亮行动”，长期开展地震孤儿关爱救助；在全国开展“重阳行动”“圆梦行动”，并深入开展致敬抗战老兵公益行动，在全国十省区建立“抗战老兵照护中心”，向入住照护中心的老兵提供护理费用，为老兵养老送终。华夏保险坚定为华夏文明的传承、为华夏大爱的传递贡献华夏儿女的赤诚与力量，始终践行企业使命“让华夏充满爱”。

（严　晗）

【重大活动】2月1日，分公司在山明水秀大饭店举办2014年度总结表彰大会。

2月4日，总公司监事会主席项子强、副总裁傅志超一行到无锡视察工作。

2月12日，分公司开展学习新“国十条”专项工作。

2月16日，分公司各业务渠道全面开展“两个加强、两个遏制”专项检查，分公司成立了以总经理汤淏为首的自查小组，全面落实相关工作。

3月2日，分公司开展2014年度合规自查工作。

3月31日，江阴支公司正式开业。

5月14日，分公司开展“打击非法集资宣传月”主题宣传工作。

5月23日，分公司启动2015春季客服节，开展了“圆梦行动”、“未来星”少儿才艺大赛等一系列活动。

6月23日，分公司召开“长期服务奖”表彰大会。

8月15日，分公司联合市委宣传部、市文明办、市邮政局等单位共同举办以“弘扬伟大抗战精神，培育社会主义核心价值观”为主题的纪念中国人民抗日战争暨世界反法西斯战争胜利70周年主题展览。

10月16日，分公司启动2015秋季客服节，先后组织了“慰问抗战老兵”“重阳行动”等一系列活动。

（严　晗）

【领导班子成员】

汤　淏　　总经理
王素华　　总经理助理
刘　亮　　营销渠道负责人

（严　晗）

【机构（部门）主要负责人】

张茂林　　办公室经理
　　　　　江阴支公司经理
吴　凤　　财务管理部经理
陈婷婷　　运营管理部经理
张　磊　　团险业务部经理
　　　　　崇安支公司经理
陆　婷　　本级营销服务部经理
王　伟　　宜兴支公司经理

（严　晗）

【荣誉先进】在业务高速发展的同时，公司经营管理不断升级，品牌价值持续提升。多年来，华夏保险在业务、产品、服务、品牌、公益等各方面荣获一系列重大奖项和荣誉称号，如“最具成长性保险公司”“服务最好的保险公司”“最佳保险服务创新奖”“最佳公益品牌”“最具社会责任保险品牌”“中国最值得信赖的十大寿险公司”“年度最具竞争力保险公司”“年度最受信赖寿险公司”“最受消费者喜爱保险公司”“中国最具影响力保险企业”等公司荣誉奖项。2015年，公司先后获得“年度最具价值保险品牌”“年度服务创新奖”“年度最佳财富管理寿险公司”“卓越竞争力保险公司”、中国企业社会责任榜“优秀实践奖”“大众理财突出奖”“杰出保险客户服务奖”等诸多奖项。

（严　晗）

中美联泰大都会人寿保险有限公司江苏分公司无锡营销服务部

【概况】中美联泰大都会人寿保险有限公司（以下简称“大都会人寿”）江苏分公司无锡营销服务部设有银行保险渠道、顾问行销渠道。

顾问行销渠道方面，在专业化代理人模式下，坚持以需求为导向，保险营销人员根据客户的具体状况确定保障方案，为客户提供专属的家庭安全规划。

银行保险渠道方面，用优质的服务和及时便捷的售后服务朝着专业化销售的道路上不断迈进，在业务品质、产品内涵价值等方面取得了明显的提升。

（冯　森）

【经营业绩】顾问行销渠道：顾问行销渠道共有保险营销员215人，全年实现保费收入1612万元，较2014年上涨37%。2015年无锡顾问行销渠道照顾锡城1100多个家庭，为2701人提供保障，累计主险保额逾7亿元。2015年，共举办寿险规划师培课程培训班15期，培育保险精英253人。

银行保险渠道：为银行的大客户带来全方位、更高端的保障，其中以乐享一生和乐家一生等高附加值产品为主。

（冯　森）

【渠道建设】顾问行销渠道：在专业化代理人模式下，坚持以需求为导向，以保障为根本，保险营销人员根据客户的具体状况确定保障方案，为客户提供家庭安全规划。2015年有两位精英成功入围“寿险最高荣誉殿堂”——MDRT，踏上了加拿大温哥华荣耀之旅；有三位菁英入围CEO CUP业务竞赛，达成迪拜荣耀之旅。在业务发展的同时，顾问行销渠道还强化客户增值服务，通过举办灵山祈福活动、大客户资产传承沙龙、秋季运动会、关爱老归侨结对服务活动、“宜居地球”少儿创意绘画等活动，提高公司知名度和品牌。

银行保险渠道：以专业为人才挑选的基石，注重沟通能力和培训能力，为银行理财经理带去不一样的销售体验。同时，坚持以客户需求为导向，为客户和客户的家庭量身定制全方位财富安全解决方案。并通过专业的保险解决方案，为客户和客户的家人提供灵活支付、隐私保护的财富传承选择，协助客户实现财富的保值和增值。为客户提供灵活的资产分配方式、婚姻规划、子女出国等理财需求，并有效降低债务和税务方面损失的风险，构筑坚实的财务保障。

（冯　森）

【内部管控】无锡营销服务部严格把关保险的每个环节，实施严密的内部控制。首先，合规销售、严格把控。2015年，无锡营销服务部依旧将防范销售误导作为重中之重的工作，严禁一切销售误导的言辞和行为出现。

不论在培训中还是夕会中，都会强调合规的重要性。同时，出台了合规销售的相关文件，文件中对合规的行为进行了细化和量化，真正做到有法可依，执法必严。其次，客户服务、严谨细致。2015年，无锡营销服务部切实将投保提示和客户回访制度落到实处，投保提示除销售时口头提示之外，必须要求客户在了解提示中所有内容的情况下认可并签署。制定严格的客户回访制度，每天以邮件或短信的方式将回访情况及时通知到每一位销售人员。有问题及时处理，有疑问及时解答，不断提高监管工作的有效性。第三，退保需求、以人为本。

无锡营销服务部在2015年配合总公司完成了全面的内部合规审查，销毁并停用了一批过期的展业资料，对全体内外勤进行了合规专题培训，提升了代理人对公司合规及风险管控的意识。

（冯 森）

【文化建设】大都会人寿江苏分公司无锡营销服务部的核心价值观提倡：正直与诚信，建立个人责任感。公司销售人员入职培训中，服务品质观念的建立为重点培训内容之一。所有销售过程的诚信体现均通过专业培训得以贯彻落实。

（冯 森）

【重大活动】1季度，在江苏分公司顾问行销渠道的“开门红”战役中，顾问行销的伙伴达成了315万的骄人业绩。

3月，无锡机构联合江苏银行无锡河埒支行举办“三八”妇女节女性主题沙龙，就女性在婚姻家庭中的财务健康规划做了专题讨论，现场气氛活跃。

4月，无锡机构参与了第四届无锡环太湖徒步活动，响应无锡市全民健身计划的同时，借助本次活动的影响力和宣传力，引起媒体关注，扩大公司品牌知名度，提升公司形象。

5月，浦发银行无锡分行联合无锡机构邀请著名律师王芳开展客户活动，为浦发银行高端客户提供了一场专业的法律知识课程。

5月，由浦发江阴支行行长牵头，江阴商会组织和配合，无锡机构在江阴的五星级酒店举办了“江阴企业家财富管理沙龙”。

5月，无锡机构在南京银行无锡分行开展了业务启动会，为后续训练营和渠道经营奠定了坚实的基础。

5月，江苏银行无锡宜兴支行联合无锡机构举办了高净值客户沙龙，邀请张露佳老师作为主讲人，客户现场踊跃，会后银行和客户反响良好。

5月，顾问行销渠道举办高端客户沙龙活动，共同探讨资产传承等话题，用专业的角度去解读未来的风险，帮助客户规划财富的传承与延续。

6月，无锡机构举行少儿环保赛活动，在无锡反斗城进行活动宣传，很多家庭积极参与活动。

6月，顾问行销渠道举行纵贯线大型事业说明会，邀请到近250位求职候选人参加，反响热烈。

6月，顾问行销渠道六位获得MDRT荣誉奖励人员前往美国新奥尔良，完成他们的荣耀之旅。

10月，顾问行销渠道举办以富裕养老为主题的活动，用专业的角度去解读养老风险，帮助客户规划安全、可持续的养老方式。

11月，顾问行销渠道举办第四届秋季

运动会，举办了形式多样的团队活动，通过活动增强了团队意识和荣誉感，提升了团队的战斗力和活力。

（冯 淼）

【重大赔付】吴女士，2013年4月在无锡投保了合美人生两全及附加防癌险。2015年10月下旬被确诊为甲状腺乳头状癌住院手术，于2015年12月28日报案，经调查审核后，12月28日当天即予以结案，赔付人民币10.1万元。

（冯 淼）

【领导班子成员】

何 斌 机构负责人

（冯 淼）

君康人寿保险股份有限公司无锡中心支公司

【概况】2015年是公司经营发展调整转型的一年，自2015年9月起公司名称由原“正德人寿保险股份有限公司无锡中心支公司”正式更名为：君康人寿保险股份有限公司无锡中心支公司（以下简称君康人寿无锡中支）。在2015年度按照总、分公司的战略部署和业务节奏，坚持合规经营，规模发展，防范风险，认真贯彻落实各项政策，各职能部门明确分工，完善岗位职责，在合规合法经营的准绳下，一步一个脚印努力开拓渠道，服务网点，稳步运营。

（蒋 芳）

【经营业绩】2015年，君康人寿无锡中支保费与去年同期实现正增长。其中银邮续收2015年实际达成202.3万元，达成率103.76%。个险续收2015年实际达成15.05万元，达成率100.52%。

2015年总公司进行业务结构调整，银邮销售正德龙旺两全保险、正德龙福宝两全保险（万能型）、正德龙福宝两全保险B款（万能型）、正德龙盛两全保险（万能型）、正德龙盈年金保险五款保险产品。下半年由于政策调整，对龙盈、龙盛、龙福宝进行了暂停销售。

产品结构：

正德龙盛两全保险（万能型）：一次性交付。保险期间：10年。特色：高保底，确保资金安全；稳收益，分享投资成果；持续奖，提供利上加利；易流动，投资期限灵活；高保障，彰显尊贵身价。

正德龙福宝两全保险（万能型）及龙福宝两全保险（万能型）B款：一次性交费。保险期间：10年。特色：资金安全，运作透明；投资稳定，收益共享；奖励持续，利上加利；保障高额。心系你我。

正德龙旺两全保险：一次性支付方式。保险期间：5年。一次投入，坐享收益；双重保障。安全无忧；满期给付，投资灵活。

正德龙盈年金保险：一次性交费。保险期间：10年。一次投入，长期受益；年金领取，年年有余；稳健投资，固定受益，保单贷款，方便快捷。

（蒋 芳）

【渠道建设】全面巩固邮政渠道无锡、江阴、宜兴各市区网点。做好各项服务培训工作，制订方案推动业务发展，开拓进取，努力实现保费有更大的增长。巩固江苏银行渠道，加强满期给付和退保服务工作，稳定合作关系。同时做好华夏银行、农业银行等渠道的业务合作沟通工作。

（陆海峰）

【内部管控】君康人寿始终围绕“守信用、担风险、重服务、合规范”的保险核心价值理念经营业务，在公司内部进行培训，健全内控体系，以合法守规为业务开展准绳，努力防范风险发生。积极应对各类咨询投诉，建立总经理投诉接待日制度，避免群体性上访事件出现。同时公司成立反洗钱工作领导小组，实时监控排查反洗钱可疑单，增强反保险欺诈和反商业贿赂的责任思想，打击非法集资活动，提升保险消费者权益保护意识，打造君康人寿在社会各界的优秀口碑和品牌。

（蒋 芳）

【文化建设】

工作原则：简洁 责任 创新 合规

用人原则：有所为者有其位　有所为者有所得

服务准则：领导为员工服务　二线为一线服务　全员为客户服务　公司为社会服务

公司理念：简单、快捷、价值、高效

企业愿景：致力于打造一家以“为客户提供优质金融保险服务”为目标的创新型专业化的综合保险企业。

（蒋 芳）

【重大活动】1月23日，人事行政部陆海峰、蒋芳参加关于无锡市保险业优秀信息员表彰暨新闻通讯撰写培训会议。

3月3日，总经理邓唯代表无锡中支参加保险行业协会六届二次理事会。

6月25日，无锡中支运营总监宋秀龙参加苏南养老与保险年会。

6月29日，江苏分公司领导对聘任杨晓凯为无锡中支副总经理职务通知进行宣读。

7月3日，副总经理杨晓凯和人事行政部陆海峰参加“反保险欺诈工作动员会”。

7月9日，财务部经理倪勇参加无锡市统计局金融会议。

8月14日，人事行政部陆海峰和业管部经理华琪参加保险行业组织的“举办保险实务法律知识讲座”。

8月18日，人事行政部陆海峰参加由无锡市保险行业协会组织的“金博会协调会”。

9月28日，江苏分公司召开四季度工作部署视频会议。

10月23日，副总经理杨晓凯参加“保险案件风险控制和责任追究安全培训会”。

10月29日，江苏分公司培训老师来无锡中支给内外勤员工讲解互联网金融知识。

10月30日，副总经理杨晓凯和运营总监宋秀龙参加江分公司领导干部培训。

11月27日，无锡中支和邮政达成合作，共同筹办邮政2015亲子嘉年华活动，并取得圆满成功。

（蒋 芳）

【重大承保】1月28日，无锡谈某投保龙福宝两全保险（万能型）100万元。

1月14日，无锡沈某投保龙福宝两全保险（万能型）160万元。

1月14日，无锡陆某投保龙福宝两全保险（万能型）120万元。

2月1日，无锡周某投保龙福宝两全保险（万能型）180万元。

2月2日，无锡黄某投保龙福宝两全保险（万能型）100万元。

2月5日，无锡邵某投保龙福宝两全保险（万能型）100万元。

2月12日，无锡马某投保龙福宝两全保险（万能型）220万元。

2月12日，无锡周某投保龙福宝两全保险（万能型）100万元。

2月12日，无锡王某投保龙旺两全保险100万元。

2月12日，无锡吴某投保龙福宝两全保险（万能型）100万元。

2月13日，无锡石某投保龙福宝两全保险（万能型）100万元。

2月17日，无锡周某投保龙福宝两全保险（万能型）100万元。

2月18日，无锡吴某投保龙福宝两全保险（万能型）100万元。

10月9日，无锡蒋某投保龙福宝两全保险（万能型）100万元。

10月19日，无锡陈某投保龙福宝两全保险（万能型）100万元。

10月20日，无锡潘某投保龙福宝两全保险（万能型）100万元。

10月20日，无锡史某投保龙福宝两全保险（万能型）100万元。

10月22日，无锡张某投保龙福宝两全保险（万能型）110万元。

10月22日，无锡陈某投保龙福宝两全保险（万能型）140万元。

10月26日，无锡吴某投保龙福宝两全保险（万能型）100万元。

10月28日，无锡刘某投保龙福宝两全保险（万能型）100万元。

11月30日，无锡朱某投保龙福宝两全保险（万能型）140万元。

11月19日，无锡陈某投保龙福宝两全保险（万能型）100万元。

（蒋　芳）

【重大赔付】1月9日，被保险人刘某疾病死亡，赔付金额26146.17元。

1月12日，被保险人谈某疾病死亡，赔付金额52500元。

2月10日，被保险人刘某疾病死亡，赔付金额63331.52元。

2月16日，被保险人邵某疾病死亡，赔付金额11136元。

2月16日，被保险人邵某疾病死亡，赔付金额840371元。

4月20日，被保险人高某疾病死亡，赔付金额105458.87元。

5月25日，被保险人张某意外死亡，赔付金额31966.5元。

7月9日，被保险人张某疾病死亡，赔付金额21267.66元。

7月24日，被保险人王某意外死亡，赔付金额53469.35元。

8月10日，被保险人魏某意外死亡，赔付金额31288.85元。

8月11日，被保险人钱某疾病死亡，赔付金额21331.33元。

8月18日，被保险人盛某疾病死亡，赔付金额10322.1元。

8月25日，被保险人周某疾病死亡，赔付金额107614.11元。

9月10日，被保险人陈某意外死亡，赔

付额105000元。

11月4日，被保险人薛某疾病死亡，赔付金额21702.78元。

11月6日，被保险人薛某疾病死亡，赔付金额167040元。

（蒋　芳）

【领导班子成员】

邓　唯　总经理（任职至2015年6月30日）

汤成伟　临时负责人（2015年11月9日起任职）

宋秀龙　运营总监

杨晓凯　总经理助理（任职至2015年6月25日）

副总经理（主持工作）（2015年6月26日起任职）

（蒋　芳）

【机构（部门）负责人】

杨晓凯　兼人事行政部经理

王春艳　银邮业务部经理

倪　勇　财务部经理

华　琪　业务管理部经理

（蒋　芳）

中国人民人寿保险股份有限公司
无锡中心支公司

【概况】2015年是战略转型有序推进、合规建设更上新高的一年，中国人民人寿保险股份有限公司无锡中心支公司（简称“人保寿险无锡中支”），紧紧围绕总共公司“稳增长、重价值、强基础”的经营理念，战略转型，稳扎稳打，加强团队建设、以销售中高价值期交产品为业务发展重心，为公司年度经营目标的达成奠定了良好基础。

自2009年入驻锡城以来，人保寿险无锡中支以江阴支公司、无锡本部为两大业务主力，下辖多个乡镇网点，服务区域覆盖整个无锡范围，尽心竭力为无锡市民提供全方位、高质量的保险服务。

（粘章林）

【经营业绩】2015年，人保寿险无锡中支共实现规模保费3.13亿元，其中趸缴保费2.58亿元，期缴首年保费1359.70万元，期缴续期保费3256.68万元，短险保费928.32万元。

（梁闻齐）

【渠道建设】银行代理业务中支本部、锡山支公司、惠山支公司分别引进新团队，业绩与团队建设均迈上新台阶。

个险营销业务扭转颓势，兜底反弹，价值保费实现增长。

团险业务剔除劣质业务，以高价值产品为主打，以创费为目标，积极推进法人大客户业务。

互动业务成功搭建了本部直属部，加强与人保财险公司的合作互动关系，期交业绩排名省内前列。

（粘章林）

【党建工作】2015年全年，人保寿险无锡中支党委在总、省公司党委的正确领导下，在中支党委班子成员以及党员干部的大力支持和积极配合下，落实“第一责任人”制度，坚持“围绕经济抓党建，抓好党建促发展”的工作思路，贯彻党中央从严治党、管党的要求,积极带领中支全辖员工，紧紧围绕年度责任目标，团结拼搏、开拓进取，抓基层打基础，抓班子带队伍，扎实推进基层党建工作，从实际出发、创新形式、务求实效，充分发挥共产党员的先锋模范作用，在推动科学发展、促进社会和谐、服务人民群众、加强基层组织建设的实践中较好地完成了工作任务，为促进无锡中支业务发展提供了坚实的组织保障。

（粘章林）

【内部管控】2015年，人保寿险无锡中支大力加强风险管控建设，狠抓业务品质，以流程建立执行为基础，以监督、考核为保障，对内控体系的运行有监督、有考核、有奖罚、有改进，从机制上保证了各项规章制度落实。成立中支业务品质管理委员会，对业务品质进行监督管理。

（粘章林）

【重大理赔】投保人广德直立天石钙业股份有限公司于2014年11月19日在人民人寿无锡中支为李立忠投保了团体意外伤害保险。2015年6月8日，被保险人李立忠因意外受伤，被其工友送到流洞医院抢救无效，当日身故。2015年6月到公司申请理赔，公司审核后向身故受益人共计赔付金额为30万元。

投保人无锡新诚物业管理有限公司于2014年8月28日在人民人寿无锡中支为王某投保的团体意外伤害保险。2015年6月11日被保险人王某发生交通事故，送往无锡新区凤凰医院抢救无效，当日身故。2015年6月来公司申请理赔，公司审核后向身故受益人共计赔付金额为35万元。

投保人章某于2012年6月19日在人民人寿无锡中支为自己投保了提前给付重大疾病保险。2015年1月1日被保险人章某在无锡市人民医院诊断为食管癌，住院治疗。2015年5月来公司申请理赔，公司审核后向身故受益人共计赔付金额为36.1675万元。

（王丽君）

【领导班子成员】

徐春一　总经理

朱　瑶　副总经理

万国仙　总监、党支部书记

（粘章林）

【机构（部门）主要负责人】

朱　瑶　江阴支公司负责人

钱志远　宜兴支公司负责人

华康琳　锡山支公司负责人王建良　惠山支公司负责人

曹昌华　滨湖支公司临时负责人

李　娴　银保部经理

程奕凯　团险部副经理（主持工作）

王晓江　互动部副经理（主持工作）

陶小静　综合部兼财务部副经理（主持工作）

严晓娟　业管部经理

（粘章林）

【荣誉先进】

被江苏保监局评选为“2015年保险业学雷锋活动先进集体”。

（粘章林）

国华人寿保险股份有限公司无锡中心支公司

【概况】国华人寿保险股份有限公司成立于2007年11月，总部位于上海，2010年6月，无锡中心支公司成立。自成立以来，国华人寿坚持科学发展观，科学把握寿险经营规律，寻求差异化发展路径，坚持财富管理与风险保障并举，在保险行业率先探索互联网保险发展，先后创造保险网销“三天过亿”“10分钟过亿”的销售业绩。2014年联手阿里数娱推出“娱乐宝”项目。

国华人寿无锡中支秉承总公司的信任、责任、精益、价值四个核心价值观，以让每个家庭拥有保障和幸福为使命，致力于成为最能为客户、员工、股东、社会创造价值的保险公司。

（刘兰兰）

【经营业绩】国华人寿无锡中支银行保险部自2010年成立以来，合规经营，稳定发展，探索符合自身特色的健康发展之路。到2012年，无锡中支实现保费收入5700万元；2013年，无锡中支抓住市场开拓和稳健经营，取得了突破性的发展，实现全年保费收入1.6亿元；在2014年第一季度就突破2013年全年业绩，2014年年底无锡银保实现全年保费近3.8亿的骄人业绩；2015年全年保费更上一层楼，高达7.9亿元。无锡中支业绩在稳健并持续增长。

（刘兰兰）

【理赔案件】国华人寿无锡中支随着业绩的稳步增长，理赔案件也随之增加，由2013年的3件，到2014年的13件，其中死亡案件占绝大部分达到12件，合计理赔金额为455395.7元。2015年全年理赔案件为28件，累计实际赔付金额为1606188.22元，其中有两件为“东方之星”长江沉船案件。无锡中支认真高效的对待每个理赔案件，及时结案，力求让客户满意，渠道满意。

（刘兰兰）

【重大活动】5月28日，国华人寿无锡中支机构总带领公司部分成员前往无锡芦庄社区关爱孤寡老人并送上端午节祝福及礼品：粽子和鸭蛋，传递爱与责任，感恩回馈社会。6月1日，机构总带领机构成员携爱心捐款及“六一”礼物前往无锡山北实验小学，给贫困学生送礼物，献爱心。

11月，国华人寿无锡中支第一次携手无锡邮政举办第一届亲子嘉年华活动。

（刘兰兰）

【领导班子成员】

袁亚芹　总经理

单　艳　总经理助理兼银保部经理

（刘兰兰）

【机构（部门）负责人】

吴娴婷　银保部

曹　斌　银保部

翟　羽　运营部

刘兰兰　财务综合部兼办公室

（刘兰兰）

幸福人寿保险股份有限公司无锡中心支公司

【概况】幸福人寿保险股份有限公司是一家全国性、国有企业控股的寿险公司，控股股东为中国信达资产管理股份有限公司。幸福人寿总部设在北京，现有注册资本56.3亿元。

幸福人寿保险股份有限公司无锡中心支公司（以下简称幸福人寿无锡中支）成立于2010年8月18日，开业五年来，凭借优质的产品和专业的服务推动着公司的业务规模和综合实力不断提升。主要经营各类人寿保险、健康保险以及人身意外保险等业务，全方位地满足客户的需求。

（陆蓝克）

【经营业绩】2015年，幸福人寿无锡中支实现新单规模保费17558.33万元，同比增长3倍多，保费平台呈持续上升趋势。其中银保业务发展成功转型，表现优异，全年规模保费为17482.78万元，占总体业绩的99%，超额完成公司预期目标。

（陆蓝克）

【渠道建设】幸福人寿无锡中支银行保险部借助江苏分公司渠道合作基础，在无锡当地开拓了建行、中行两个主业务渠道，合作网点资源位于系统前列。

（陆蓝克）

【文化建设】加强企业文化建设是公司发展的需要，是提升公司员工整体素质的需要，也是提升公司整体形象，塑造公司品牌的需要。幸福人寿的企业文化体系包括四个层面，即精神文化、制度文化、行为文化和物质文化。

（陆蓝克）

【险种创新】幸福人寿凭借创新的服务意识、完善的产品开发体系，一举斩获“2015中国保险创新大奖评选”中的四大奖项。其中，首款“以房养老”保险产品——幸福房来宝老年人住房反向抵押养老保险（A款）荣获最具创新力保险产品奖；幸福财富宝年金理财保险计划、幸福财富尊享年金保险计划分别荣获最佳理财保险奖；幸福安享幸福恶性肿瘤疾病保险获得最佳健康保险产品。

（陆蓝克）

【重大承保】1月22日，幸福人寿无锡中支承保了一笔462万元的幸福“福盈宝”两全保险，投保人为丁先生。

4月23日，陈女士投保了幸福“福鑫宝”三号两全保险（万能型），保额为350万元。

（陆蓝克）

【公益活动】10月17日，幸福人寿无锡中支客服人员在滨湖区朗诗未来之家小区举办了主题为“保险进社区”的保险宣传活动。通过宣传彩页、保险知识手册以及现场解答等形式向群众普及保险知识。

（陆蓝克）

【领导班子成员】

陈小松　副总经理（主持工作）

（陆蓝克）

【部门负责人】

居永生　个险负责人

丁　晶　银保负责人

陆蓝克　综合管理部负责人

（陆蓝克）

【荣誉先进】幸福人寿无锡中支获得幸福人寿江苏分公司“2015年度先进集体”荣誉称号。

陈小松荣获2015年度无锡保险行业“展业明星”称号。

（陆蓝克）

中德安联人寿保险有限公司江苏分公司无锡营销服务部

【概况】中德安联人寿保险有限公司（以下简称“中德安联”）是德国安联保险集团（Allianz SE）与中国中信信托有限责任公司(CITIC Trust)共同合资组建的人寿保险公司，于1999年1月25日在上海正式开业，是中国第一家获准成立的中欧合资保险公司。中德安联江苏分公司成立于2007年10月，是中德安联在中国成立的第六个分公司，也是公司在长三角地区布局的重要市场之一。

中德安联江苏分公司无锡营销服务部（以下简称“中德安联无锡营销服务部”）成立于2010年10月，是中德安联江苏分公司成立的第6个营销服务部，目前坐落于无锡市永和路6号君来广场。

在过去5年多的业务经营中，中德安联无锡营销服务部凭借“诚信、严谨、专业、承责”的企业精神，打造了一支专业的营销和服务团队。公司通过强大的营销网络，创新的产品，优质的服务为越来越多的江苏客户提供保险保障。同时，充分利用外资先进的管理模式和市场化的产品运作，中德安联无锡营销服务部取得了良好的业绩，已成为无锡寿险市场一颗升起的外资寿险新星。

始终秉持客户第一的经营理念，凭借外资公司先进管理经验，以及与国际同步接轨的先进产品，中德安联无锡营销服务部将努力为无锡地区的客户提供更优质、更全面的服务。

（丁一斐）

【经营业绩】中德安联无锡营销服务部全年保费收入312.18万元。其中：普通寿险保费收入94.78万元，比上年增长52.37%；分红险保费收入210.51万元，比上年增长22.85%；意外险保费收入4.71万元，比上年增长42.53%；健康险保费收入1.39万元，比上年增长23.07%。

2015年，中德安联无锡营销服务部首年保费收入109.73万元，其中，首年期交保费108.65万元；首年趸交保费1.08万元；处理赔给付案38件，支付赔给付款9.94万元，其中理赔款7.23万元。

（丁一斐）

【渠道建设】通过专业的营销员队伍，中德安联无锡营销服务部为当地客户提供最专业和优质的保险金融产品及服务，业务范围覆盖人寿、养老、投资、教育、医疗、意外等各个领域，全方位地满足客户的需求。

（丁一斐）

【内部管控】2015年，中德安联无锡营销服务部主要从控制环境、风险识别与评估、控制活动、信息与沟通、内部监督监督等几个方面来加强内部管控，严格执行总部和分公司下发和制定的各类内部管控相关政策，包括《中德安联人寿保险有限公司分支机构管理办法》《中德安联人寿保险有限公司证照管理办法》《中德安联人寿保险有限公司反舞弊政策》《中德安联人寿保险有限公司道德委员会章程及工作细则》《中德安联技术服务部部门手册》《应用信息系统账号和权限管理规范》《中德安联人寿保险有限公司江苏分公司保险司法案件管理办法》《中德安联客户信息管理及使用规范》《中德安联内部审计工作指南》《中德安联人寿保险有限公司出差管理规定》《中德安联客户信息管理及使用规定》《中德安联人寿保险有限公司非正常满期给付与集中退保应急预案》《中德安联管理授权》《中德安联系统账户管理规范》《中德安联业务单证管理办法》《中德安联客户信息真实性管理条例》《中德安联人寿保险有限公司数据安全及隐私保护准则》《中德安联人寿保险有限公司合同管理规定》《中德安联人寿保险有限公司声誉风险管理规定》《中德安联人寿保险有限公司江苏分公司保险司法案件管理办法》《中德安联人寿保险有限公司江苏分公司投诉工作目标责任制考核办法》等。中德安联江苏分公司通过组织结构、业务流程、信息安全、内部监督、系统培训等各方面来进一步加强内部管控，使各项业务持续稳定发展。

（丁一斐）

【文化建设】2015年，中德安联无锡营销服务部积极响应总部号召，践行中德安联的“企业家精神”——“自主经营 专业创新 结果导向 高效执行 合作共赢”，开展了一系列企业文化活动推广活动，通过“安联之星”评选、“企业家精神”团建活动、“员工健康关怀”活动、“中德安联学习日”活动、“员工敬业度调查”等推广活动，让每一个员工都有机会参与到公司的经营与发展中，在不同的工作领域自由创新，发挥潜能，与公司共同进步，一起成长。

（丁一斐）

【重大活动】6月，中德安联江苏分公司（以下简称“中德安联江苏分公司”）开展“2015年度员工健康关怀活动”。此项活动为期两周，围绕“我的健康，我掌握”开展了4场健康主题活动，同时也给中德安联无锡营销服务部全体员工发放了健康关怀礼物。

9月9日，中德安联人寿保险有限公司启动了“2015年度安联员工敬业度调查”活动。据2015年调查结果显示，中德安联江苏分公司各项维度和指数相较2014年都有较大程度的提升，员工敬业指数（EEI）和绩效授能指数（PEI）相较2014年，分别提升了17%和9%。

11月，中德安联江苏分公司工会与人力资源部联合举办“江苏安联2015微信乐跑PK赛”，赛程共计一个月，角逐出冠亚季军三名，中德安联无锡营销服务部全体员工均积极参与。

（丁一斐）

【重大承保】2015年中德安联无锡营销服务部前三大重大承保分别如下：

1月4日，客户李某在中德安联无锡营销服务部购买了安联安享丰年年金保险（分红型），期交保费为10.5万元；

10月13日，客户HAUFF在中德安联无锡营销服务部购买了安联超级随心两全保险（分红型），期交保费为3万元。

7月27日，客户单某在中德安联无锡营销服务部购买了安联超级随心两全保险（分红型），期交保费为2.8万元。

（丁一斐）

【重大赔付】2015年中德安联无锡营销服务部前三大赔付案件分别如下：

4月28日，被保险人因“体检发现右上肺占位5天”前往无锡市第四人民医院住院治疗，行右上肺癌根治术，术后病理结果右肺上叶中分化腺泡腺癌，赔付重疾保险金4.19万元。

9月24日，被保险人因骑电动车出车祸致右小腿外伤于解放军101医院住院治疗，赔付住院费用及意外医疗费用共0.9万元。

5月25，被保险人因会厌脓肿在无锡第四人民医院接受住院治疗，赔付住院费用及住院补贴共0.39万元。

（丁一斐）

【公益活动】1月，中德安联江苏分公司借新春联欢会之际，举办了“微笑传递　爱满安联”为唇腭裂儿童慈善募捐活动，筹款金额5850元，其中无锡营销服务部筹款金额350元。

（丁一斐）

【教育培训】1月16日，中德安联江苏分公司在南京为分公司员工举办了《沙盘模拟-沙漠掘金》的团队体验拓展培训，帮助员工更深入的体会团队目标管理重要性，中德安联无锡营销服务部全体员工参加培训。

6月1日，中德安联无锡营销服务部员工通过视频会议参加了中德安联江苏分公司在南京为分公司员工举办的“反洗钱”相关培训，通过学习让分公司员工了解各项反洗钱知识。

9月20日，中德安联江苏分公司营销员渠道在镇江句容举办“中德安联江苏分公司专业销售培训”，标志着这江苏分公司绩优文化打造项目正式落地，同时也意味着江苏营销员渠道的发展重心逐步放在了优质新人、高端绩优的长期培育上面。中德安联无锡营销服务部也积极落实分公司的发展战略和培训重点。

（丁一斐）

【领导班子成员】

丁一斐　营销服务部经理

（丁一斐）

利安人寿保险股份有限公司无锡分公司

【概况】利安人寿保险股份有限公司（简称“利安人寿”）成立于2011年7月，是经中国保险监督管理委员会批准设立的一家全国性人身保险公司。利安人寿股东由江苏交通控股有限公司、江苏省国际信托有限责任公司、南京紫金投资集团有限责任公司、江苏苏汇资产管理有限公司、江苏省信用再担保有限公司、江苏凤凰出版传媒集团有限公司、江苏汇鸿国际集团股份有限公司7家国有大型企业和雨润控股集团有限公司、远东控股集团有限公司、月星集团有限公司、红豆集团有限公司、深圳市柏霖资产管理有限公司5家知名民营企业组成。总部位于南京。

利安人寿以“利国安民”为使命，秉承“客户至上、稳健经营、创新发展、价值导向”的经营理念，坚持“诚信做人、勤勉做事、持续创新、追求卓越”的核心价值观，着力构建专业、透明、便捷的保险服务平台，积极为社会大众提供全面周到的保险保障和财富管理服务。利安人寿在帮助客户实现终身价值最大化的同时，努力为员工的职业生涯发展提供良好平台，努力为健全社会保障体系、保障民众生活安定做出积极的贡献，致力于打造“广受尊重的保险金融集团”

利安人寿保险股份有限公司无锡分公司成立于2011年9月29日，经过短短四年的发展，无锡分公司迅速崛起，下设机构有江阴支公司、宜兴支公司、锡山营销服务部、城中营销服务部以及无锡本部。

（李　苇）

【经营业绩】2015年，无锡利安进一步解放思想，更新观念，突破自我，　提升管理层次，业绩取得了较快发展，全年实现新单保费55246万元。个险方面，全年完成标保1510万元，较2014年同期增长278%；银保方面，全年趸交完成50288.4万元，期交完成标保453.7万元，较2014年同期分别增长140.9%和113.3%，在利安系统内，取得了江苏排名4、全国排名4的业绩；团险方面完成短险保费1838万元，长险720万元，在系统内业绩排名第2位。

（李　苇）

【渠道建设】2015年，无锡银保在邮政渠道展开铺开式合作，市区、江阴、宜兴三片区全面开展业务；积极对接农行市区、宜兴、江阴各支行，锁定重点支局及网点，稳定并提升农行渠道的趸交份额；拓展江阴农商行渠道，实现趸交产能与2014年相比产能翻番。期交方面以渠道经营为主，主要目标渠道为农业银行和浦发银行，通过从转变支行行长的期交理念入手，自上而下推动银保期交，以精准营销、小型沙龙、银企联动等各种活动在渠道积极开展期交，进行项目推动。

（华含白）

【内部管控】合规经营方面，内控合规全面加强，有效防范了经营风险。一是认真落实“两个加强，两个遏制”各项工作，对排查经营中可能存在的各类风险隐患，完善了相关的内控制度，对存在的问题进行了整顿修改；二是为防范化解非法集资风险隐患，保护保险消费者合法权益，提升公司风险排查及处置能力，无锡分公司积极开展了非法集资问题专项整治活动，通过大规模、深层次的非法集资专项整治工作，大大加强了无锡全辖内外勤员工甄选识别潜在性风险的能力和意识。为了及早发现和暴露苗头性风险，无锡分公司还倡导并鼓励全体内外勤积极监督和举报各类违规、违法经济犯罪活动，从而有效防范、化解公司积累的案件风险隐患，以达到“排险控案”的目的。

客户服务方面，2015年正式上线移动展业平台，客户在业务员指导下使用平板电脑，即可进行在线投保、交费，现场收阅电子保单并签署回执。这一全新的销售服务方式可以有效防止销售误导，使投保过程更便捷、进程更透明。整个投保流程都实现了标准化、规范化，系统自动核保、扣费、承保、出单，客户现场签收回执完成整个业务流程；同时，资料的保存也更方便、安全，建议书及正式保单均可采用电子文件的形式发送给客户。保险消费者还可以通过官方网站获得更多的在线服务。在2015年第四届客服节暨公益节期间，客服部还全面升级了八项服务举措，将为VIP客户提供高端专属服务；使保单停效的个人客户可以重新拥有保险保障，继续享有保单权益；将根据客户预约的时间进行回访；提高客户信息的完整性和准确性，这些服务举措的升级，是利安人寿切实维护保险消费者合法权益、持续为客户提供“专业、透明、便捷”保险服务的具体行动。

（李　苇）

【党建工作】2015年，无锡分公司在册中共党员10名，共青团员12名，党、团和工会工作也得到加强，认真组织学习了中共十八届五中全会精神，加强了党组织建设。共青团和工会组织开展了形式多样的活动，丰富了员工的业余生活，增强了员工的归属感和凝聚力。

（李　苇）

【重大活动】1月1日，无锡个险首爆日标保524万，开启无锡个险发展新台阶序幕。

3月24日，无锡个险尝试举办鼋头渚赏樱花户外早会，用行动践行着快乐营销的真谛。

3月26日，在无锡山水锦辉大酒店举行无锡分公司个险全辖增员培训暨“厉兵秣马扩军备战”启动大会。

7月17日，2015年度风险排查暨操作风险自我评估工作顺利完成。

8月23日，无锡分公司在木棉花酒店启动“健康生活，利安相伴”为主题的第四届公益客服节活动。

8月25日，在全辖范围内组织开展非法集资问题专项整治活动。

8月27日，无锡分公司举办一元公益金捐款活动，共募集善款3520元，全部善款汇至江苏省青少年发展基金会利安人寿一元公益基金的专项账户。

9月20日，在阳山桃花岛景观公园举办利安人寿无锡分公司第四届客服节活动之阳山寻宝活动顺利完成。

11月9日，无锡分公司全辖开展“119”消防宣传日活动。

（李　苇）

【领导班子成员】

刘　毅　总经理

（李　苇）

【机构（部门）主要负责人】

过　华　个险负责人

赵　玲　银保负责人

赵黎珺　团险负责人

李　苇　行政综合部经理

任旻燕　客服部经理

（李　苇）

招商信诺人寿保险有限公司江苏分公司

【概况】招商信诺人寿保险有限公司(以下简称招商信诺) 成立于2003年8月4日，是设在深圳的第一家中外合资寿险公司。招商信诺的中外股东分别是招商银行和美国信诺北美人寿保险公司，双方各占50%股份。与大多数寿险公司通过代理人销售保险产品这一模式不同的是，招商信诺采取了与机构伙伴合作，通过电话中心、银行网点销售保险产品。

招商信诺自开业以来，通过努力探索，将信诺在海外多年的成功经验与中国保险市场的实际情况相结合，取得了令人满意的成绩。目前，公司在北京、上海、浙江、江苏、四川、湖北、广东、山东、辽宁、陕西、河南、重庆设有分公司。

公司的战略目标，是成为一家通过直销渠道在保障型寿险、意外险及补充医疗保险市场中占领导地位的、盈利性成长型公司。公司将充分利用信诺集团的全球26个国家和地区经营保险业务的经验和实力，主要通过电话营销和银行网点营销等方式向销售合作伙伴的客户销售以保障型寿险、意外险和补充医疗保险为主的保险产品和服务。“诚信百年，一诺千金”是招商信诺一贯的从业准则。

招商信诺人寿保险有限公司江苏分公司无锡营销服务部（以下简称“无锡营销服务部”）成立于2012年6月，为严格控制风险，谨慎经营，无锡营销服务部采用总公司高度集中统一管理模式，主要营运和管理职能都由总公司统一管理。

（王正丹）

【经营业绩】2015年，无锡营销服务部全年保费收入8299.04万元，同比上年增长235.90%。其中：银行保险保费收入6023.05万元；直销业务保费收入210.38万元；经纪代理保费收入0.14万元；其他兼业代理保费收入2065.47万元。

2015年，首年保费收入6416.75万元，其中，首年期交保费2122.92万元，首年趸交保费4293.83万元；短期险保费275.73万元，其中意外伤害险保费8.20万元。

（王正丹）

【渠道建设】2015年，公司银行保险渠道组建和打造了一支具有凝聚力和战斗力的业务团队，招商信诺通过与招商银行的深度合作，构建了一个产品线相对完整、更适合银行客群并具有银行保险渠道销售特色的产品体系，向客户提供兼顾保障与理财，覆盖意外、健康、重疾、教育金及养老等多层次，多方位的产品。

（王正丹）

【内部管控】为严格控制风险，谨慎经营，总公司在管理模式上，实现高度集中统一的模式。公司主要业务职能如产品、客户服务、财务、人力资源、承保、理赔、保单管理、法律、合规等实务均由总公司统一集中管理，电话销售中心由总部直接管理，公司负责日常行政事务、当地银行保险业务的销售及简单客户服务事务。此类管理模式有利于总公司对分支机构的统一管理和控制，公司无相关业务权限，有利于内控管理。

（王正丹）

【文化建设】

公司使命：帮助我们的客户更加健康、更加幸福、更加有保障。

核心价值观：关怀员工，诚实正直，尊重差异，充满勇气，追求卓越。

企业精神：坚持崇高的道德和诚信标准，信守“诚信百年，一诺千金”的庄重承诺；以市场和销售为导向，以客户为中心，客户的需求就是我们努力的方向和动力，力争我们的服务超越客户的预期；汇聚优秀人才、让每一位员工都能和公司共同成长，达到双赢；努力创造高额利润，为股东带来最大的回报。积极承担企业社会责任。

（王正丹）

【险种创新】银保渠道于2015年下半年对主力重大疾病产品进行了升级，升级后的产品涵盖100种疾病保障，包括65种重大疾病，20种特定疾病，15种特定早期疾病，属行业领先；为帮助客户有效进行疾病预防和健康管理，在65周岁至80周岁的保单周年日，客户每年还可以领取一定金额的体检金；如未发生重疾或特定重疾给付，在80岁周岁保单周年日客户还可以领取相当于100%已交保费的祝寿金。

网销渠道于2015年下半年推出老年防癌保险升级版，从产品责任、投保年龄、交费方式等方面对原有产品进行了优化升级。同时，升级版产品分为A、B两款，针对不同年龄客户的消费需求，量身打造真正差异化的优质产品。

（王正丹）

【重大承保】2月2日，无锡营销服务部承保周某招商信诺稳得利五年期两全保险（分红型），保险金额670.30万元，趸交保费599.92万元。

7月21日，无锡营销服务部承保鲍某招商信诺稳得利两全保险B款（分红型），保险金额602.56万元，趸交保费538万元。

11月11日，无锡营销服务部承保马某两份传家典范(财富版)终身寿险，每份保险金额1000万元，每份年交保费45.91 万元。

（王正丹）

【重大赔付】承某，女，50岁，某企业总经理，于2015年1月通过银保渠道投保招商信诺丰硕年年投资连结保险。承某于2015年6月在家中猝死，招商信诺给付保险金20万元。

刘某，男，47岁，个体户，于2013年6月通过电话销售渠道投保招商信诺康健无忧第三代两全保险，附加康健无忧第三代重大疾病保险。刘某于2014年11月确诊患有急性心肌梗死，招商信诺给付保险金13.2万元。

陈某，男，37岁，某公司经理，于2013年9月通过电话销售渠道投保招商信诺康健无忧第三代两全保险，附加康健无忧第三代重大疾病保险。陈某于2015年5月确诊患有慢性肾脏病5期，招商信诺给付保险金13.2万元。

（王正丹）

【教育培训】无锡营销服务部在2015年加大了保险文化提升氛围的营造，通过全面的在线课程学习，使中后台员工也能够更加了解公司的前线业务及后台运营。

6月8日，无锡营销服务部参加江苏分公司组织的防范非法集资培训宣传。

7月3日，无锡营销服务部在江苏苏友宾馆参加江苏分公司组织的防范销售误导及反洗钱的培训，涵盖银保渠道销售误导的表现形式、危害、法律规定及治理模式。

11月5日，无锡营销服务部在江苏苏友宾馆参加江苏分公司组织的“案件风险防控及责任追究”培训宣导。

从12月21日起，无锡营销服务部参加江苏分公司组织的参加法律合规与信息安全必修培训，内容涵盖“2015信息安全培训”“道德守则、法律法规培训”“道德守则、法律法规考试”“道德声明确认书”及“反洗钱2015全员培训及考试”。

另外，新员工入职后6个月之内，必须要参加我公司在线的“运营知识学习”“理赔知识学习”“核保知识学习”“热销产品学习”及“法律法规学习”的培训。

（王正丹）

【公益活动】2015年，招商信诺以“梦想家计划·安全体验教室项目”向美国信诺基金会申请善款2.4万美元，通过赠与亚洲基金会直接汇到了中国儿童少年基金会，用于安全体验教室的捐建，选址定在江苏无锡，2015年11月完成选址考察工作。该安全体验教室已于2016年3月在无锡市锡山高级中学实验学校举行落成仪式。

（王正丹）

【领导班子成员】

张　丽　无锡营销服务部负责人

（王正丹）

交银康联人寿保险有限公司无锡市中心支公司

【概况】交银康联人寿保险有限公司（以下简称“交银康联”）是国务院批准的国内首家银行控股的寿险公司，是交通银行控股的中外合资保险机构，成立于2010年1月28日，注册资本金为21亿元人民币，其中交通银行持股62.5%，澳大利亚康联集团持股37.5%。公司总部位于上海，相继在江苏、河南、湖北、北京、安徽、广东、山东、四川、辽宁、陕西等省市开设了多家分支机构，形成了全国性寿险公司架构。2011—2015年，保持了良好的发展态势，业务规模日益扩大，业务质量持续提高，风险防控体系不断强化，运营管理基础不断夯实，在保监会的分类监管评价中连续获得A类最优评价。

交银康联人寿保险有限公司无锡市中心支公司，于2012年8月开业，位于无锡市北塘区中山路678号，是总公司直属管理的中心支公司。主要从事人寿保险、健康保险和意外伤害保险等数十种保险产品业务。目前以交通银行无锡分行为主渠道，开展银行代理及法人业务，并努力开拓直销渠道经营。

公司秉承“诚信为本、稳健经营、专业服务、创新发展”的宗旨，坚守“为客户增价值、为股东创财富、为员工谋发展”的原则，努力成为一家在保障型保险领域成长性和盈利性居领先地位的公司。

2015年，交银康联人寿保险有限公司无锡市中心支公司（以下简称“交银康联无锡中支”）仍然延续总公司“发展保障型保险业务，参与银行财富管理建设”的定位，以健康管理为纽带，做好客户的健康管家，为客户提供一体化全方位的健康管理服务，促进客户生活得更健康，实现物质财富和健康财富双增长。

（陈海燕）

【经营业绩】2015年，交银康联无锡中支累计实现规模保费收入13047.91万元。其中，银行代理渠道完成保费12971.81万元，营销渠道完成76.1万元。

（陈海燕）

【内部管控】交银康联无锡中支严格执行总公司制定的“反洗钱管理办法及实施细则”“反保险欺诈内控办法”及各项业务合规销售行为细则。针对风险隐患，公司每年开展自查自纠工作，总公司每年定期组织审计与风险排查活动。公司设有合规管理专岗，每部门设有兼职合规管理专员，定期组织全员的合规内容培训，确保公司各项工作有序健康发展。

（陈海燕）

【党建工作】公司认真落实党风廉政建设责任制，公司负责人及B职等干部分别签署“党风廉政建设目标责任书”“案件防控目标责任书”。开展案防目标责任制落实情况排查以确保各项工作落到实处。建设学习型团队，增强党员干部党性修养，充分发挥党员的先锋模范作用。组织开展B职等以上干部廉政学习，组织“三严三实”系列学习。

（陈海燕）

【重大活动】3月15日，为维护社会稳定和客户权益，加强公司与客户的沟通，交银康联无锡中支积极响应了消费者协会、保险协会组织的“3·15”国际消费者权益日大型广场消费咨询活动。

3月26日，交通银行无锡分行举行第八届运动会，公司员工积极参与，并在跳绳比赛中获得了女子单跳第2名及男子双跳第4名的优异成绩。

5月中旬，交银康联无锡中支开展“打击非法集资”宣传月系列活动，扎实进行宣传，保护消费者权益。

9月12日，交银康联无锡中支举办了“全力奔走，健康有你”的徒步活动，全司员工积极参与。

（陈海燕）

【领导班子成员】

刘宝泉 总经理

龚健伟 副总经理

（陈海燕）

【机构（部门）主要负责人】

陈海燕 综合管理部 副高级经理

陈 显 营运管理部 副高级经理

包雄杰 银行保险部 副高级经理

袁赛萍 法人业务部 副高级经理

（陈海燕）

东吴人寿保险股份有限公司无锡分公司

【概况】东吴人寿无锡分公司成立于2013年3月28日，公司于2016年1月1日由位于北塘区春申路与兴源北路交界处恒韵商务楼搬迁至无锡市县前东街188号国邮大厦18楼，地处市中心，交通便利，商铺林立，旁边还有国联证券、无锡农村商业银行等金融机构。东吴人寿总部位于风景秀丽、人文荟萃、经济发达的苏州市，公司成立于2012年5月，是经中国保险监督管理委员会批准的国内第一家在地级城市设立的全国性寿险公司，公司注册资本金20亿元，发起人为苏州国际发展集团有限公司、苏州工业园区经济发展有限公司、苏州高新区经济发展集团总公司、苏州沙钢集团有限公司、苏州创元投资发展（集团）有限公司等苏州主要的国有独资公司和在国内具有影响力的民营企业。

（陈佑风）

【经营业绩】无锡分公司2015年个险承保136.74万元；银保承保3.6亿元。共承保3.6671亿元。作为一家无锡市场上新星的保险公司，无锡分公司在2015年度内外勤团结一致，努力经营，取得了可喜的成绩。秉持公司“一份承诺，一生呵护”的口号，无锡分公司2015年度个险、银保共理赔27件，总赔付额114.16万元，拒赔0件。

（陈佑凤）

【内部管控】无锡分公司认真贯彻上级公司及外部监管机关的精神，制定各项合规、反洗钱管理办法。组织各部门、各四级机构深入学习相关法律法规，并结合自身业务发展特点，定期对业务进行梳理排查，确保公司的合规经营。

（陈佑凤）

【战略定位】无锡分公司将秉承总公司“社会保障服务商和财富管理供应商”的战略定位，努力遵循总公司民生保障与公司发展的新蓝海。坚持聚焦社会保障创新，围绕服务民生进行社会保障领域的纵向延伸和横向拓展，不断拓宽参与经济社会发展和民生保障体系建设范围。致力于以私人财富管理为中心，为广大居民提供丰富的财富管理工具，成为财务管理供应商。

（陈佑凤）

【领导班子成员】

吴越群　副总经理（主持工作）　2014年2月12日至2015年12月20日

吕旭南　总经理　2015年12月21日起

（陈佑凤）

建信人寿保险有限公司无锡中心支公司

【概况】建信人寿保险有限公司（以下简称建信人寿）是中国建设银行股份有限公司控股的专业化人寿保险公司。建信人寿作为国务院批准的国内首批银行控股的保险公司之一，依托建设银行业已打造完成的综合性财富管理平台，充分借鉴股东方丰富的技术和经验，深入了解广大个人客户及公司客户的保障及财务需求，在机构拓展、产品研发、服务体系等各方面创新思维、勇于开拓，力求在最短的时间内将公司发展成为国内一流的全国性人寿保险公司，为客户提供全面优质的保险产品和金融理财服务。

作为建信人寿重要战略发展机构，建信人寿无锡中心支公司开业两年多以来，秉承总公司“一朝牵手，关爱永久”的服务理念，坚持依法合规经营，稳步进行业务拓展，积极回馈服务社会，并获得客户良好的口碑。

（潘海虹）

【经营业绩】2015年度，建信人寿无锡中心支公司全年总保费突破21247.84万元，其中银行保险渠道实现总保费20443.75万元，团险渠道实现总保费804.09万元。

（潘海虹）

【渠道建设】建信人寿无锡中心支公司非常重视渠道建设与员工发展，培训内容涉及企业文化、员工守则、法律法规、监管文件、财务制度、沟通技巧、团队管理等各方面。

2015年，建信人寿无锡中心支公司银保渠道加强对建设银行无锡分行的深度合作与拓展，严格执行监管部门及建信人寿江苏分公司的要求，进一步规范银保渠道客户经理销售行为，在实现保费收入稳定增长的同时严控业务风险防范。团险渠道已与建行建立较为深厚的关系，特别是分行主要牵头部门，做到了层层对接。

（潘海虹）

【内部管控】 2015年，为进一步提高预防和控制各类突发事件、重大灾害及防范重大上访及防范群体性事件、突发大规模退保、非正常给付和退保事件，最大限度地降低和减少突发事件造成的负面影响及公司财产损失，保证公司正常运营，有效规范建信人寿无锡中心支公司对此类突发事件的应急处理，保障公司健康、稳定、有序发展，维护社会安定，防止由于处理不当导致事件升级或演变成行业系统性风险，制订了各项应急预案。包括：《无锡中支公司应对重大上访及群体性事件的应急预案》《无锡中心支公司应对一般新闻突发事件的应急预案》《无锡中心支公司应对重大灾害自防自救应急预案》《无锡中心支公司重大退保、非正常给付和退保事件应急预案》《无锡中心支公司对自然灾害、灾难事故、公共卫生事件保险业务的应急预案》《无锡中心支公司应对信息系统突发事件的应急预案》。同时，无锡中支积极开展内审工作，与江苏分公司风险管控的三道防线互相配合，共同对中支风险进行严密而有效的管理。无锡中支结合2015年反洗钱宣传月的活动，对《中华人民共和国反洗钱法》中的相关政策法规进行再次的宣导、明确。

（潘海虹）

【文化建设】 建信人寿无锡中心支公司牢固树立客户导向理念，秉承“销售高诚信、服务高质量、理赔高效率”的经营方针，努力回归保险保障本质，“保障额度高、保障范围广”的产品特性深受广大客户青睐；公司一贯坚持“诚信、专业、稳健、创新”的核心价值理念，勤奋实干、乐于奉献、持续创新、勇担责任，以打造成为一流银行系保险公司为己任，全心全意为消费者提供优质的保险产品和金融理财服务。

公司使命：提供客户贴心的保障；回报股东持续的价值；给予员工宽广的平台；助力社会和谐的发展。

宣传用语：善建者行，守信者远

服务理念：一朝牵手，关爱永久

（潘海虹）

【险种创新】 标红部分请银保各部门填写

1.建信“龙行富贵”年金保险

建信人寿针对消费者的需求，推出“龙行富贵”年金保险，为消费者的家庭财务规划提供了一款稳固财富，突出保障的新选择。该保险产品具备保障期间领取灵活、账户资产安全保证、财富增值有序传承、应对人生不同需求的特点，保障时间及保险额度也设计得十分合理。

2.“龙跃成双”年金保险（万能型）（建行私享联联B款）

建信人寿响应市场需求，联合建行为客户境外投资开通新渠道，并为客户提升身价，为财富保驾护航。该保险产品具有年金给付、满期贺岁金、身故保障的功能。

（成　果）

【重大承保】 1月19日，建信人寿无锡中心支公司为某客户承保了1000万龙跃成双年金保险（万能型）。

3月9日，建信人寿无锡中心支公司为某客户承保了2500万龙跃成双年金保险（万能型）。

（成　果）

【重大赔付】 4月13日，建信人寿无锡中心支公司为钱某家属赔付105200元身故理赔金。钱某本人在2013年2月6日在公司投保金富利两全保险（分红型）10万元，2015年1月31日钱某因胰腺癌身故。

10月28日，建信人寿无锡中心支公司为刘某赔付80600元理赔金。刘某2015年1月30日通过其单位向无锡团险渠道购买公司团体意外保险，保险金额405000元，客户于2015年2月4日因下班途中出意外，致左肩粉碎性骨折，伤残级数为9级。

6月11日，建信人寿无锡中心支公司为李某赔付80000元理赔金。李某2014年12月12日通过其单位向无锡团险渠道购买公司团体意外保险，保险金额80000元，客户于2015年5月5日因意外跌倒，颅内出血死亡。

（周曹文）

【领导班子成员】

王　敏　总经理

（潘海虹）

【机构（部门）负责人】

王　敏　建信人寿无锡中心支公司总经理

朱　进　建信人寿江阴支公司经理

成　果　建信人寿无锡中支银行保险部经理

周曹文　建信人寿无锡中支客户服务部经理

（潘海虹）

国联人寿保险股份有限公司
无锡分公司

【概况】 国联人寿保险股份有限公司无锡分公司（以下简称“国联人寿无锡分公司”）于2015年5月15日取得营业执照，公司位于无锡市中山路153号时代中心大厦。国联人寿无锡分公司作为国联人寿在全国申请设立的第一家分支机构，始终贯彻总公司提出的“做深做细，打造无锡旗舰店”的要求，以市场需求为导向，以股东资源为依托，以特色创新为突破，以风险控制为保障，满足客户多样化需求，注重保护被保险人利益，在服务地方经济发展、改善民生和完善社会治理体系等方面发挥重要作用。为发挥机构区域优势，于2015年9月18日正式成立国联人寿江阴、宜兴支公司。

2015年是国联人寿无锡公司挂牌营业的第一个年头。无锡分公司在总经理室下设个险部、银保部、团险部、运营管理部、综合管理部、财务部6 个部门,江阴支公司在总经理室下设个险部、银保部、团险部3个部门，宜兴支公司在总经理室下设个险部、银保部、团险部3个部门。截至2015年年底，无锡分公司内勤员工41人，个险渠道实现首年标准保费累计1234.34万元；银保渠道全年实现规模保费2.3亿元；团险渠道全年实现短险保费920万元、长险保费1.87亿元。

（潘冰琦）

【渠道建设】

个险外勤队伍引进以“聘才，搭建队伍框架”为工作核心，建立在行业内有竞争力的代理人管理机制，加大对营销主管的培养，按照总部要求实现队伍框架模型“345”，由上到下引进外勤团队。

团险渠道注重队伍品质，现有外勤人员10人，能够较好地满足团体业务项目的推进。

银保渠道充分吸收具有丰富从业经验和服务能力的客户经理，现有外勤人员25人，人力规模与网点数量基本匹配。

在内部管控方面，公司建立健全了合规内控组织体系，制定和完善公司合规政策及相关制度，优化公司运营流程，加强合规检查监督和考核，有效提高识别、评估、处置各类合规风险和内控缺陷的能力，提升内控管理水平，有效防范各类经营风险，确保依法合规、稳健经营、健康发展。有效控制经营风险，确保合规经营是公司经营发展的出发点和立足点。不断强化全体员工和销售人员的合规管理理念，努力培育全体员工和销售人员“合规先于利润，合规创造价值”的经营意识，大力倡导“合规人人有责，合规从我做起”的企业文化。

（潘冰琦）

【产品介绍】

康无忧

产品特色：

1.重疾保障，健康基金

50种重大疾病保障，保险期间内（等待期后）如确诊初次患50种重大疾病中的一种或多种，一经确诊立即给付重大疾病保险金，保险金和各类医疗保险相互补充，有效减轻自付医疗费用的负担。

2.轻症赔付，多重关怀

被保险人因遭受意外伤害或在等待期后因意外伤害以外的原因被确诊初次患合同约定的五种特定疾病之一，我们按基本保险金额的10%给付特定疾病额外保险金，一次为限，合同继续有效。

3.有病防病，无病养老

保险期内未发生赔付，满期领取基本保险金额，享受保障的同时积累了一笔可观的养老金。

4.红利增值，通胀无忧

专家投资，红利增值，抵御通胀。

康孝宝

产品特色：

五大“无忧”保证

1.老龄投保无忧：50~75岁均可保

2.高龄续保无忧：最高可续保至100岁

3.高发癌症无忧：肺、肝、胃癌保额增至150%

4.投保手续无忧：无须体检、想保就保

5.价格实惠无忧：保费低、保障高、更实惠

福临门

产品特色（分红型）：

1.次年领取，年年返还

在本合同生效后每年的合同生效日对应日，若被保险人生存，我们按有效保险金额的15%给付一次年金。

2.双重分红，财富增值

本产品采用双重分红的方式，年度红利用来增加有效保险金额，使每次领取的年金不断递增，帮助抵御通胀。

此外，合同终止时更有终了红利给您带来更多地利益。

附加福满堂B款两全保险（万能型）

1.保证利率添心安

本产品年结算利率保证不低于3%。

2.万能账户费用免

免初始费用、保单管理费、风险保障费、退保手续费及每一张保单年度的前两次部分领取手续费。

3.每月结算更透明

每日计息，复利累积，月度公布，月月结算，实现账户价值持续增长。

4.资金灵活便融通

本产品具有部分领取的功能，帮助您自由融通资金。

2015年，福临门承保标保为498.6万元，占比40.48%；康无忧承保标保为409.06万元，占比33.21%；康孝宝27.68万元，占比2.25%。

（陈　竹）

【文化建设】国联人寿无锡分公司在“奋发有为、开拓进取、勇往直前、永不言难”的国联精神等文化体系下，注重塑造积极向上的文化，营造家的氛围，加强团队凝聚力。营业以来，无锡分公司积极参加各类公益活动，与所在地的汤巷社区结成对子，参与社区邻里节，组织探望慰问孤寡老人、资助贫困家庭等活动，与本地百姓打成一片，得到了社区和居民的广泛赞誉。公司重视与行业协会及行业内其他公司的交流，良性竞争、寻求共赢。公司重视对广大员工的关爱，定期组织登山、羽毛球、观影等集体活动，增加员工之间的熟悉程度和工作感情，还组织了员工家访、慰问等活动，充分让员工感受到公司的人情温暖和人文关怀。

（潘冰琦）

【重大活动】3月10日,国联人寿无锡分公司获得批筹；

5月15日，正式取得营业执照；

6月18日，举行开业仪式以及“惠民生　办实事”“国联人寿进社区”活动的启动仪式；

8月27日，国联人寿无锡分公司联合汤巷社区共同举办了“书式生活，阅读人生”邻里文化节活动。国联人寿无锡分公司通过深化就业创业、扶贫帮困、民生保障、保险知识普及等形式与崇安区汤巷社区居民委员会进行深入的交流与合作。

9月3日～7日，在2015第八届中国（无锡）国际汽车博览会上成功启动了面向老人的公益活动——“孝行天下‘紫丝带’关爱老人”行动。“孝行天下暨‘紫丝带’关爱”活动得到了社会各届爱心人士的关注，也得到了无锡广播、电视等媒体的支持与报道。

9月18日，江阴、宜兴支公司取得营业执照；

11月8日，第八届中国保险文化与品牌创新论坛暨第十届中国保险创新大奖颁奖盛典在云南大理成功落幕，国联人寿推出的“康无忧B款重疾保障计划”，得到了市场和业内专家的普遍的认可，最终摘得“2015年度最具市场潜力保险产品”奖。

12月16日，国联人寿无锡分公司隆重召开2016年个险开门红启动大会，整装出发，迎战2016开门红。会议通过对市场和行业分析及产品培训、宣导的方式，正式启动了2016开门红。

（潘冰琦）

【重大承保】

6月12日，国联人寿无锡分公司承保了以无锡市某环境工程管理有限公司为投保人，为公司972名员工投保的“团体意外伤害保险”“附加意外伤害团体医疗保险”“附加意外伤害住院补贴团体医疗保险”，保费共计约52万元。

12月29日，国联人寿无锡分公司承保了以某电信股份有限公司无锡分公司为投保人，为公司1395名员工投保的“健康保障委托管理产品”的基金医疗，保费共计约434万元。

（杨 娟）

【重大赔付】

被保险人朱某，2015年6月22日投保国联人寿团体意外伤害保险，投保单位江阴市祝塘镇某村村民委员会，2015年11月17日发生车祸导致颅内损伤，经抢救无效死亡，公司赔付2万元。

（钱云雯）

【领导班子成员】

周伟民　总经理
孙利军　副总经理

（潘冰琦）

【机构（部门）主要负责人】

刘若冲　综合管理部
刘万利　财务部
郭振博　个险业务部
黄晓峰　银保业务部
张　勇　团险业务部
陈　艳　运营管理部
周宇炯　江阴支公司
周玉平　宜兴支公司

（潘冰琦）

【荣誉先进】

国联人寿无锡分公司获得国联人寿颁发的年度先进单位称号；

周宇炯、郭振博、黄晓峰荣获国联人寿年度先进个人；

江阴支公司荣获无锡分公司年度特殊贡献奖；

无锡市分公司个险业务部、银保业务部、运营管理部荣获市分公司先进单位；

陈艳、毛斌南、张敏亚、张玉、陈娟娟、徐坚敏等荣获市分公司年度先进个人称号。

（潘冰琦）

中介机构

江苏统一保险代理有限公司

【概况】江苏统一保险代理有限公司经中国保监会于2003年批准成立，专业从事保险咨询及产、寿险条款的比对、分析和销售，并代为处理相关业务的理赔事宜。公司注重为企业、私人客户量身定制专属保障方案，险种覆盖企业工伤保险、财产保险、车辆保险以及养老、疾病、意外、理财等保险业务。2015年，公司按照保监局和行业协会决策部署，牢牢把握稳中求进总基调，坚持以率先、争先确立发展目标，以创新、创造增强发展动力，真正做到全司上下统一认识、转变思路、凝聚力量、促进工作。公司业务呈现“发展快捷、结构趋优、行业领先”的良好态势。

（朱 俭）

【经营业绩】2015年，江苏统一保险代理有限公司实现保费收入8810.19万元，其中财产险保费收入7792.08万元，人身险（含个险）保费收入1018.11万元。

（朱 俭）

【基础管理】公司不断加强业务、财务、业管、理赔等岗位人员的培训及管理。在合规经营的基础上加强服务意识，为销售人员及客户提供较为满意的专业化服务。每月定期组织销售培训，学习相关政策法规及各家保险公司险种概况，了解行业发展趋势，积极关注市场动态，努力提高销售队伍的业务拓展能力，引导他们用正确的思想和方法拓展客户、服务客户，提高业务发展的稳定性。

（朱 俭）

【建设渠道】组织内勤员工每周学习、每季轮岗，做到一专多能，从根本上改变每位员工本位主义思想，树立责任意识，做各项工作深入、主动、务实，从客户角度着想，多为客户提供方便。

2015年，江苏统一保险代理有限公司不仅在业务总量上较往年有很大的提高，更着力于公司专业化的提升及业务团队的打造。继续与华泰财险和本市会计师协会合作，为全市会计师事务所量身定制会计师责任险，并在此基础上开发了税务师责任险及评估师责任险并利用自身在劳动法上的专业优势涉足企业工伤保险领域，得到业内及社会广泛认可。另一方面，公司加大投入，成立网络部，重新设计打造统一官方网站并开通微信公众平台，定期发送各类保险知识及所代理保险产品的信息，组织成立了统一保险人交流群，统一保险人学习群。2015年，江苏统一保险代理有限公司继续举办“统一大讲堂”，每周定时组织培训讲课，使得业务人员和客户能第一时间得到有关保险产品的最新资讯，提升业务人员的展业技能，为他们提供有效帮助。同时，完善了公司寿险基本法，打造寿险专属团队，团队成员在公司整个大平台上业务稳定，摆脱了以往公司经营以车险、财产险为主的格局。车险、财产险、寿险三条主线齐头并进，大大提升了统一的品牌形象，为长远发展奠定了坚实的基础。

（朱 俭）

【内部管控】根据监管部门的指导和要求，江苏统一保险代理有限公司成立由总经理室领导的监管小组，定期组织合规培训和工作会议，使合规政策、重点监管文件得到贯彻落实，从而有效的对风险进行预防、识别、评估和应对。

（朱 俭）

【文化建设】2015年，江苏统一保险代理有限公司继续倡导“用心服务”“产品创新”的理念，推进公司诚信文化、创新文化、绩效文化、和谐文化，把“用心服务”“产品创新”作为全司员工共同的价值认知和行为规范，围绕营销员及各类客户的真正需求，择优组合不同险种的优势，打造统一代理“用心”“创新”的企业氛围。

（朱 俭）

【领导班子成员】

张雪燕　总经理
朱　俭　副总经理

（朱 俭）

【机构（部门）负责人】

朱　俭　无锡分公司经理（兼）
张　宇　江阴分公司经理
黄　莹　洛社营业部负责人
石　丹　非车险经理
虞海啸　寿险部经理
范　艳　车险部经理
吴晴美　网络部经理
张静华　行政部经理

（朱 俭）

【先进集体】2015年，江苏统一保险代理有限公司被人保财险无锡分公司授予诚信经营合作优秀单位。

2015年，江苏统一保险代理有限公司被太平洋财险无锡分公司授予诚信经营合作优秀单位。

（朱 俭）

江苏首信保险代理有限公司

【概况】 江苏首信保险代理有限公司成立于2003年，属于无锡市较早的几个保险代理公司。公司秉承对客户负责，服务至上，诚信保障，开拓进取，锐意创新，积极为客户提供风险保障服务。

（于 伟）

【经营业绩】 2015年度，公司共代理保费853.06万元；实现代理手续费 128.04万元。

（于 伟）

【渠道建设】 围绕业务拓展，加强基础管理工作，适应市场竞争，强化重大客户业务续保和新项目拓展的全过程管理。积极与保险公司合作，实施强强联合战略合作。将以长远的眼光开拓发展业务，而不会以牺牲自身利益为代价发展业务。以合理的价格介入相关市场。目前，无锡经营保险的主题较多，部分保险公司以低保险价格、高手续费返还为手段来掠夺市场份额，诚然低保险价格、高手续费是介入中介市场的杠杆，但不是唯一的做法，对此公司认真分析市场价格，在公司整体运作规定范围内结合公司实际依托不同保险公司条款配合客户资源条件制定出自身适应市场的保险价格和费用，以达到最佳的平衡点。以优质服务赢得客户。以优质服务为着眼点，切实将优质服务看成公司发展的生命线，具体的来说，公司做好了签约前和签约后的优质服务，设立专人负责对签约单位服务，明确专人管理。搞好信息收集，随时掌握保险市场的发展趋势和动向，并针对具体情况，制定出符合市场运作实际的经营策略，从而为快速、稳健发展业务奠定良好的基础，加强管理。

（于 伟）

【内部管控】 2015年是保监会监管力度持续加强的一年，江苏保监局把对代理机构的管理、检查列为重点工作，严格手续费结算、严格渠道的系统管理，加强对自身的管理，严禁虚假挂靠，保证业务数据的真实性。代理业务存在着点多、从业人员杂、业务来源广和只求效益、忽视管理等因素，为此，公司着重从以下几个方面进行规范：规范代理协议的签订；规范单证管理；规范保费结算流程；规范与保险公司的沟通制度。及时研究具体措施，强化内部管理、提高盈利能力和提高优质业务占比、注重实现优化业务结构为重点，努力提升公司创造最大价值的能力。2015年，公司开展非法集资风险专项排查活动，开展重点风险排查。从业务管理、财务管理、内控管理、人员管理等方面进行了重点排查，公司也将以此次排查工作为契机，进一步加强风险防范。

（于 伟）

【领导班子成员】

袁珉芝　总经理
李惠勇　副总经理
马　坚　业务经理

（于 伟）

江苏华美保险代理有限公司

【概况】江苏华美（原无锡华美）保险代理有限公司是2003年10月22日经中国保监会批准筹建，于2004年4月7日正式开业的省级专业保险代理公司。总公司设立于无锡，下设宜兴、无锡分公司，是集财产保险和人寿保险为一体的综合性专业保险代理公司。多年来，公司始终坚持“诚信为本，服务至上”的经营理念，业务发展稳中求进，赢得了同业、客户的认可。

（党慧碧）

【经营业绩】2015年，江苏华美保险代理有限公司实现保费收入4908.94万元。其中，车险保费收入3804.52万元，非车险保费收入1104万元。非车险业务主要包含：企业财产险、货运险、船舶险、团体意外险及人寿保险等。

（党慧碧）

【内部管控】组织全体员工认真学习了《新国十条》和有关法律法规，并且要求执业人员 规范经营，诚信服务。

公司通过内部或第三方对业务、财务、业管、理赔、客服等岗位进行对口培训和专业的学习，着力提高各层面人员的综合素养；并不定期组织营销人员学习有关法律法规，提高服务意识。

（党慧碧）

【重大活动】7月8日上午，江苏华美保险代理有限公司董事长崔飒组织了由人保产险、太平洋产险、中华联合产险、美亚产险、中国人寿、泰康人寿等保险公司的服务专员及本公司保险专业人士参加的由江苏省保险专业中介协会发起百家中介走进社区—华美进北大街街道梨花家园的保险宣传活动。下面是活动场景：

8月，华美与同方全球再次合作，寿险业务正式启动。寿险事业部通过讲座、面对面交流，对新人以传帮带的方式帮助会员提高展业技能，并定期开展业务培训，提高专业素养。

12月3日，董事长崔飒被中国民主建国会无锡市委员会批准为正式会员，这不但是华美的荣誉，更是对华美提出了更高的要求。

12月19日，华美党总带领员工参加了无锡市乐高家长学校的开业典礼。活动期间，吴文红、俞咏秋、朱玲媛向现场的孩子们赠送了《新国十条引领保险新生活》的漫画，开展保险宣传活动。

（党慧碧）

【领导班子成员】

崔　飒　董事长

党慧碧　总经理

（党慧碧）

【机构（部门）负责人】

崔　飒　兼无锡分公司负责人

党激蓉　总经理助理兼产险部经理兼宜兴分公司负责人

吴文红　总经理助理兼 寿险事业部经理

朱玲媛　总经理助理兼 综合管理部经理

（党慧碧）

【荣誉先进】2015年，人保授予“江苏华美保险代理有限公司2015年度诚信合作单位”称号。

2015年，公司车险部员工陆倩被无锡市人民政府金融办公室、无锡市保险行业协会授予“服务明星”称号。

（党慧碧）

无锡诚安保险代理有限责任公司

【概况】无锡诚安保险代理有限责任公司由无锡客运有限公司、无锡市公共交通股份有限公司、无锡锡惠公共交通有限公司三家共同收购，经中国保险监督管理委员会批准，于2013年6月设立的一家省级专业保险代理公司，也是江苏省唯一一家国有企业控股的保险代理公司。

（刘红霞）

【经营业绩】2015年，公司主营业务收入460.45万元，实现利润总额253.02万元，公司经营效益稳步增长。

（刘红霞）

【渠道建设】公司主要为个人客户和企业提供财产险及人身保险等保险代理业务，业务范围包括：代理人身保险、财产保险、责任保险以及信用保险等业务；代理收取保险费；协助和代理保险公司查勘、理赔以及中国保监会批准的其他业务。公司现与中国人寿保险公司、中国人民保险公司、中国平安保险公司、中国太平洋保险公司等多家保险公司签定代理协议，建立了良好的合作关系，在业界具有良好的信誉，拥有广泛的社会优质资源，具有极强的竞争实力。

公司借鉴国际金融保险中介行业的先

进管理理念，将公司各项工作纳入规范化、专业化、科学化、法制化轨道，形成自我良性循环机制。公司将良好的企业氛围和竞争意识作为立足市场的关键所在，把“客户满意”作为服务宗旨，为客户提供量身订制的全方位“一站式、一条龙”的专业保险顾问服务。通过专业化的保险顾问团队，以专业顾问与客户一对一的一站式保险服务，为客户提供风险管理、保险咨询、保险方案，投保代理，查勘理赔，防灾防损、保单保全服务以及和保险相关的衍生服务等一条龙服务内容，并且可以按照客户需要将各保险公司的保险产品进行最佳组合，从而使客户以最小投资获取最大保险保障。公司所有员工决心将无锡诚安保险代理有限责任公司打造成保险行业内知名的服务品牌和服务企业，为江苏的老百姓及企业提供管家式保险服务为奋斗目标。

（刘红霞）

【企业文化】公司秉承“诚信、服务、专业、创新”的经营理念，将员工和合作伙伴作为根本，以诚信立足行业，以服务求得发展，以专业和创新提升竞争力，专心致力于保险代理行业，稳步发展公司人员和业务规模，建立公司的信誉和服务品牌。

（刘红霞）

【重大活动】4月，公司立足现状，以经济指标为重头，对保险市场的产品营销、竞争力等进行了详细的分析，并做深做实前期调查，同时结合自身经营性质和特点进行科学合理的编制，制订了公司“十三五”规划。

5月，组织开展“5月思廉”活动，公司党员干部认真贯彻思廉活动精神，编发廉文荐读，撰写勤廉格言，观看优秀党员纪录片，在思想上与行动上始终做到廉洁从政，清廉自律，一身正气。

9月，公司经营保险代理业务许可证到期，经申报，通过市保险行业协会的考核与验收，并通过省保监局的审核，公司经营保险代理业务许可证顺利办理延续，有效期至2018年9月28日。

（刘红霞）

【领导班子成员】

赵云峰　总经理

张子瑶　副总经理

（刘红霞）

【机构（部门）负责人】

孙庆珍　财务部主管

（刘红霞）

无锡新天地保险代理有限公司

【概况】无锡新天地保险代理有限公司成立于2005年10月13日。

自成立以来，能严格遵守金融法规，自觉执行各项监管政策，自律合规经营。特别是加入市保险行业协会组织以来，严格按照行业自律规则，依法合规开展代理业务。

公司自觉接受各级监管部门的检查和督导，成立至今未发生任何违规违纪现象。

公司严格按照批准的经营范围开展代理业务。在经营活动中坚持合规、守法、自律、诚信的指导思想和理念；在社会和客户中赢得了良好的信誉。

2015年，无锡新天地保险代理有限公司认真贯彻落实监管规定和行业自律文件，坚持诚信服务、合规合法经营。

（周小红）

【经营业绩】2015年，共实现代理保费3228万元，业务主要包含：车险、财产保险、货运险、团险意外险等。

（周小红）

【渠道建设】2015年度公司发挥业务渠道宽的特点，发挥了信息方面的优势，立足自身，积极与各家保险公司进行合作。

建立强大的网络营销体系。公司自建的网络营销平台，依托多年的网络营销优势，立足打造线上全方位的产品信息流，配合线下的服务流和支付流，形成一个完整的业务链。

建立与保险公司之间的点对点合作，针对每家不同的协议保险公司指定专员进行维护协调，确保第一时间的客服工作到位。

自建产品搜索引擎库，客户可在第一时间了解和对比不同公司不同产品。

建立客户关系管理，积极为客户介绍新业务新险种，为客户需求提供全面的解决方案。

（周小红）

【内部管控】公司目前虽然规模较小，但在业务代理和市场拓展中，严格执行各项规定，做到有序竞争，规范代理，无违规违纪现象的发生。

立于自查自纠，完善公司内部管控制度。确保规章落到实处，防范违规事件的发生，公司建立以责任制为立足点的防范体系，以及各项内控制度，切实做到制度完善、责任分明、管控有度、考核严谨。特别是公司在不同阶段，以积极的态度和较有力度的措施搞好自查自纠，由此做到遵章自觉，整改有力。

（周小红）

【教育培训】注重培训，着力提高各层面人员的综合素养。公司根据要求，针对中介代理点多面广，人员结构变化快，素质高低欠平衡等特点，着力从提高公司内部，特别是业务人员素养的提高抓起，坚持做到，周培训、月总结、季考评。对个别不守规，不守纪的人员及时进行调整并解除与公司的代理合作关系。

诚信经营，自觉维护好双方代理合作关系。为拓展市场，扩大公司业务代理规模，本公司在与相关保险公司合作过程中，立足长远、顾全大局，不计一时利益得失，把维护市场规范放在首位，尤其是在代理业务过程中，以政策中介人的身份，主动积极地协调好各保险人之间的合作关系，努力做到，规范有序、政策一致、合作共赢、互促共进。

（周小红）

【领导班子成员】

曹　斌　总经理

（周小红）

无锡市瑞达信保险代理有限公司

【概况】公司成立于2007年3月。公司宗旨：诚实守信，创新发展。创新是根本，信誉是生命，务实是宗旨，效益是目标。

（李荣燕）

【经营业绩】2015年公司完成代理保费618.3万元，其中车险219.84万元，非车险398.46万元，手续费收入94.94万元。与2014年相比，手续费增加-49.74万元。

（李荣燕）

【领导班子成员】

总经理　韩志军

（李荣燕）

江苏康安保险经纪有限公司

【概况】江苏康安保险经纪有限公司是由益多投资发展集团发起，多家民企参与并于2007年12月29日经中国保险监督管理委员会批准设立的全国性、专业性的保险中介公司。公司注册资本金为人民币1000万元，公司总部坐落于太湖之滨江苏无锡。

公司秉承“客户利益第一、股东利益第一、员工利益第一”的原则，以诚信、专业为宗旨，合规经营，经过七年努力，形成了一套行之有效的管理及市场开拓模式，始终秉承保监会提出的“社会化、市场化、专业化、国际化”的要求，规范运作，稳健经营，积极探索，经过多年的市场磨砺，公司各方面已迈上了新的发展平台。

公司形成了完善的内部管理、业务操作和客户服务规范流程及制度，有高素质的员工队伍，有全心全意为客户服务的理念。当前，康安经纪正在董事会的正确领导下，上下同心，大力提升公司现代化管理水平、金融运作水平、优质服务水平，力争再用五年的时间，把公司建成业内一流的现代化金融中介服务集团 。

公司目前拥有一批在专业保险领域具有丰富从业经验的人员并与国内主要保险公司建立了深厚的业务合作关系。

公司经营业务涉及保险经纪、企业金融资产管理咨询、风险管理评估咨询、投融资管理咨询、企业年金管理咨询等诸多领域，客户行业主要涉及金融、化工、交通、制造、运输、商业、等领域，经营业绩增长快速。

（宋杰）

【服务内容】康安公司始终坚持“以客户为中心，以可持续发展为基本点”，建立了财产险、责任险、工程险、人寿险、再保险、保险索赔等多个专业技术支持部门；建立客户关系管理部，成立了400电话服务中心，搭建了公司客户服务统一的信息化平台，利用众多的服务网络为客户构建了“高标准、零距离、随叫随到”的服务平台。康安公司拥有多名风险管理工程师、保险专家和各行业专家组成的专家技术队伍，涉及三十多个行业的国内外知名专家组成的专家网络平台为广大客户提供具有世界水平的风险管理服务，在旅游、航天、快速交通、大型工程、医疗卫生以及特殊风险等领域已经占据着主导或重要地位。

（宋 杰）

【渠道建设】在深海装备领域成功拓展了“蛟龙号”保险项目，载人潜水器的最大下潜深度达到了7062.68米。

1.水下机器人保险

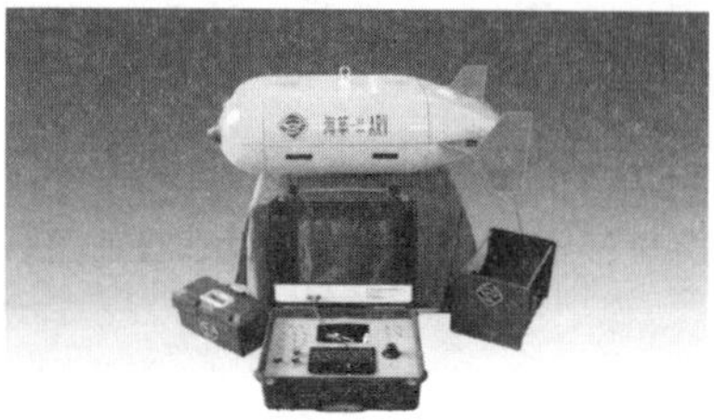

2.观光潜水器保险

3.清洁能源领域

4.煤矿及非煤矿山的相关保险

5.其他重大装备领域

6.服务民生类保险：如弱势群体护工保险。

（宋 杰）

【领导班子成员】

姚 永　总经理

（宋 杰）

【机构（部门）负责人】

徐晓东　公司业务部

宋　杰　财务部主管

（宋 杰）

江苏东沅保险代理有限公司

【概况】江苏东沅保险代理有限公司，隶属于无锡商业大厦集团东方汽车有限公司。无锡商业大厦集团东方汽车有限公司2015年营收规模突破128亿元，年汽车销售总量突破7

万辆，是无锡地区规模最大的专业汽车销售和服务公司，2015年排名中国大型汽车经销商集团百强第30位，江苏省第三位。

江苏东沅保险代理有限公司是由无锡商业大厦集团东方汽车有限公司投资5000万元，成立于2013年3月的全国性保险代理公司。成立三年来，和中国人民保险、太平洋保险、平安保险得等十多家保险公司合作，代理包括车险、寿险等众多产品。

（周梦兰）

【经营业绩】2014年公司营业收入4.7万元，2015年全年公司营业收入216.12万元，公司经营效益稳步提高。

（周梦兰）

【领导班子成员】

李　苏　总经理

（周梦兰）

人物

无锡市保险行业协会
第六届理事会领导班子成员

按照协会章程规定和现场投票选举，中国人民财产保险股份有限公司无锡市分公司总经理尤力人同志当选协会新一任理事会会长；中国太平洋财产保险股份有限公司无锡分公司、中国平安财产保险股份有限公司无锡分公司、中国人寿保险股份有限公司无锡市分公司、中国太平洋人寿保险股份有限公司无锡分公司为协会新任理事会副会长单位。

会长

尤力人，1964年11月生，男，汉族，江苏无锡人，中共党员，本科学历，高级经济师。1981年11月，入人保财险江阴支公司工作；1985年7月，任人保财险江阴支公司防理股副股长；1988年7月，任人保财险江阴支公司防理股股长；1994年3月，任人保财险江阴支公司华士办事处主任；1995年8月，先后任人保财险江阴支公司经理助理、副经理；2004年7月，任人保财险江阴支公司经理；2008年4月，任人保财险无锡市分公司副总经理兼江阴支公司经理；2012年11月，任人保财险无锡市分公司党委副书记、副总经理（主持工作）；2015年1月，任人保财险无锡市分公司党委书记、总经理。2012年4月，兼任无锡市保险学会会长；2016年4月，兼任无锡市保险行业协会会长。无锡市第十五届人大代表。

副会长

鲁强，1969年11月生，汉族，籍贯江苏，中共党员，本科学历。1991年7月，担任新疆维吾尔自治区土地管理局干部；1995年10月担任新疆维吾尔自治区土地管理局信息中心档案科副科长；1996年1月，担任中国太平洋保险公司乌鲁木齐分公司人身险部团体寿险科副科长兼团体寿险管理部业务科副科长；1997年5月中国太平洋保险公司乌鲁木齐分公司团体寿险管理部业务一科科长、经理助理；1998年5月中国太平洋保险公司乌鲁木齐分公司办公室主任助理、副主任、主任；2002年2月，担任中国太平洋财产保险股份有限公司乌鲁木齐分公司党委委员、总经理助理；2003年4月，担任中国太平洋财产保险股份有限公司乌鲁木齐分公司党委委员、副总经理；2004年1月中国太平洋财产保险股份有限公司太原分公司党委副书记、副总经理；2005年5月，担任中国太平洋保险（集团）股份有限公司驻京办主任兼重大办主任；2007年1月，担任中国太平洋保险（集团）公司战略企划部驻京办主任；2013年3月至今，担任中国太平洋财产保险股份有限公司无锡分公司党委书记、总经理。

副会长

许威，1964年10月生，男，汉族，浙江杭州人，中共党员，大学本科。1995年4月入平安产险湖州中心支公司客服部，任经理助理，先后任平安产险客服部经理、平安产险嘉兴中心支公司经理、平安产险杭州分公司（产险）杭州本部经理、平安产险浙江分公司团体客户中心团体市场营销部负责、平安产险浙江分公司团体市场营销部负责人、平安产险浙江分公司总经理助理、平安产险浙江分公司副总经理等职，2012年1月，任平安产险无锡分公司副总经理（主持工作）。

副会长

张建平，1962年9月生，男，中共党员，研究生学历，高级经济师，1980年12月参加工作。1980年12月就职于中国人民银行江都县支行；1981年6月就职于中国人保江都支公司；1983年9月就读江苏省广播电视大学金融专业；1986年9月就职于中国人保江都支公司，历任经理助理、副经理；1996年4月，担任中保人寿江都支公司经理；1998年8月，担任中保人寿扬州市分公司党委委员、总经理助理1999年5月，担任中国人寿保险股份有限公司扬州市分公司党委委员、总经理助理；2000年8月，担任中国人寿保险股份有限公司扬州市分公司党委委员、副总经理；2005年5月，担任中国人寿保险股份有限公司淮安市分公司党委副书记、副总经理（主持工作）；2006年4月，担任中国人寿保险股份有限公司淮安市分公司党委书记、总经理；2007年4月，担任中国人寿保险股份有限公司扬州市分公司党委书记、总经理；2011年5月，担任中国人寿保险股份有限公司南通市分公司党委书记、总经理；2013年11月，中国人寿保险股份有限公司无锡市分分公司党委书记、总经理；2015年3月至今，担任中国人寿保险股份有限公司江苏省分公司业务总监无锡市分公司党委书记、总经理。

副会长

陈爱国，1958年8月生，男，汉族，江苏溧阳人，中共党员，大学本科。1976年03月入伍，正团职务，中校军衔。1997年09月转业，入中国太平洋保险无锡分公司，历任寿险业务管理部副经理、人教部副经理、组织部副部长，2000年12月起先后任中国太平洋人寿保险无锡分公司总经理助理（主持工作）、副总经理（主持工作）、总经理，中国太平洋人寿保险江苏分公司纪委书记、常务副总经理，中国太平洋人寿保险广东分公司总经理，中国太平洋人寿保险无锡直属中心支公司总经理，中国太平洋人寿保险无锡分公司总经理。

先进人物

袁丹枫，女，党员，中国太平洋人寿保险股份有限公司无锡分公司营运部客户服务室经理。1997年09月进入公司，技术职称：资深客户服务官。1997年09月至2009年10月从事分公司综会柜员岗；2009年10月至今从事分公司服务品质管理岗。

2015年4月，袁丹枫荣获2012—2014年度无锡市劳动模范荣誉称号。

统计资料

表1　2015年无锡市各财产保险公司

公司名称	承保数量		承保金额		保费收入	
	本期	累计	本期	累计	本期	累计
人保公司	117478	1063704	11169705	265997593	27564	271699
太保公司	151417	3144690	6145969	96753057	14583	153015
平保公司	99526	871170	3127148	40675380	18458	159913
天安公司	5315	65469	495847	5693481	957	11760
中华联合	13836	152992	768081	11184969	2828	33848
大地公司	4330	32041	362996	4034527	745	7437
永安公司	2100	17050	114041	1292684	574	5310
华安公司	2710	23421	138093	1200495	742	6283
安邦公司	1178	9497	68556	880516	256	2183
阳光公司	5944	68986	574259	9313058	1314	16015
华泰公司	998	9232	46534	562159	270	2773
太平保险	5669	58753	398523	5420520	1428	16236
都邦保险	2450	21694	155092	1787700	705	5720
渤海保险	479	7049	8356	181688	70	1209
民安保险	697	6990	70923	631138	284	2931
人寿财险	19334	169168	1430842	16538258	5420	51489
天平汽车	10451	75994	547693	3834574	1798	12920
中银保险	1369	7800	763215	3063429	308	3443
安诚保险	1859	14129	116067	951923	723	5130
长安责任	1794	20599	559957	10751648	595	6682
紫金保险	6355	69805	625066	16648947	1201	12162
三井住友	346	3825	826023	10684266	1228	7182
英大财险	1873	17780	210877	6676534	479	7845
信达财险	226	3364	14924	449464	61	1492

业务简明统计情况

单位:万元、%

赔付金额		赔付率	市场份额	上年同期保费	同比增长率
本期赔款	累计赔款				
18295	342651	126.11	33.50	234251	15.99
8647	107735	70.41	18.87	146688	4.31
8150	83288	52.08	19.72	137536	16.27
540	6916	58.81	1.45	11251	4.52
2191	23238	68.58	4.17	34744	–2.58
767	5136	69.06	0.92	7214	3.09
411	3200	60.27	0.65	4066	30.58
446	3109	49.48	0.77	5210	20.60
180	1640	75.13	0.27	2315	–5.72
581	5763	35.98	1.97	13808	15.99
165	2271	81.89	0.34	2891	–4.09
889	8086	49.80	2.00	14750	10.08
115	2604	45.53	0.71	5256	8.82
145	1508	124.75	0.15	2407	–49.79
125	2118	72.28	0.36	2835	3.37
3170	25150	48.85	6.35	39465	30.47
749	5957	46.11	1.59	7724	67.27
170	1205	34.99	0.42	4495	–23.40
138	1980	38.60	0.63	3316	54.71
144	2904	43.46	0.82	5037	32.65
732	7125	58.59	1.50	9581	26.93
73	1022	7.14	0.89	6261	14.71
652	3043	38.78	0.97	5213	50.50
118	1173	78.62	0.18	2783	–46.40

续表1

公司名称	承保数量		承保金额		保费收入	
	本期	累计	本期	累计	本期	累计
永诚财险	629	8455	13363	826716	86	4511
浙商财险	298	1812	15929	145170	79	684
安信农险	10	3271	3424	890020	10	897
泰山财产	56	971	3145	64997	14	324
合计	458737	5949721	28774659	517135035	82779.54	811092.05

说明：1. 2015年12月全市产寿险保费收入合计为2185322.2万元。其中：产险为811092.05万元,占37.12%，寿险为1374230.15万元,占62.88%；

2. 2015年12月全市产寿险同比增长17.28%，其中：产险增长13.66%，寿险增长19.53%

表2　2015年无锡市各人寿保险公司

公司名称	保费收入本月				保费收入累计			
	首年	其中：期缴	续期	小计	首年	其中：期缴	续期	小计
国寿公司	11940.4	3415.2	15270.6	27210.9	175613.4	74389.89	238867.71	414481.07
太保寿险	1725.7	1182.38	6607.05	8332.80	68490.10	49149.15	115464.87	183954.96
平保寿险	4120.7	3566.78	8153.47	12274.16	49943.68	42701.99	100672.42	150616.10
新华人寿	605.2	522.19	1268.72	1873.97	9226.07	5875.53	23450.71	32676.79
泰康人寿	196.7	161.34	2432.91	2629.63	11234.16	9496.21	31483.01	42717.17
太平人寿	425.98	342.13	4125.03	4551.01	33792.92	11522.66	33174.23	66967.16
民生人寿	49.70	43.22	325.90	375.60	1122.06	1024.40	6421.97	7544.03
生命人寿	2326.07	378.69	154.55	2480.63	31900.19	2004.28	3773.01	35673.20
同方全球	119.94	69.94	314.85	434.79	1879.20	1820.01	4138.23	6017.43
信诚人寿	21.36	21.36	146.12	167.49	852.30	846.27	2467.01	3319.31
中宏人寿	367.65	367.65	1390.30	1757.94	4448.41	4430.90	14298.53	18746.94
合众人寿	51.70	51.70	151.96	270.86	4501.13	980.66	2567.77	8625.06
中意人寿	5726.13	531.61	508.85	6234.98	31748.71	6400.98	5188.39	36937.10
国泰人寿	29.67	29.46	78.82	108.49	389.79	375.51	1020.97	1410.76
农银人寿	4.21	1.52	75.00	80.01	5712.44	1750.48	1050.00	6762.44
北大方正	44.38	44.38	151.53	195.90	1234.28	1062.50	1636.95	2871.24
恒安标准	37.12	31.02	73.45	110.58	468.47	358.13	1279.50	1747.97
友邦人寿	711.44	560.67	623.14	1334.58	5687.80	4445.90	5209.10	10896.90
人保健康	84.34	10.17	145.63	229.97	18553.89	436.19	1105.51	19659.40
华泰人寿	63.21	55.12	334.98	398.19	2604.30	2438.94	7836.85	10441.16
光大永明	2.49	2.49	22.90	25.39	119.63	119.61	467.46	587.09
和谐健康	0.00	0.00	0.00	0.00	0.00	0.00	0.00	0.00
工银安盛	24.61	150.61	202.58	227.18	16274.74	1886.10	1686.60	17961.34
英大人寿	12.76	4.83	14.89	27.65	47.98	34.58	338.05	386.03
联泰大都会	171.63	161.42	484.58	656.20	2497.44	2466.65	4618.36	7115.80

赔付金额		赔付率	市场份额	上年同期保费	同比增长率
本期赔款	累计赔款				
190	1784	39.56	0.56	2946	–46.40
0	721	105.34	0.08	1561	–56.20
74	936	154.96	0.11	0	–
21	56	17.33	0.04	0	–
47826.38	652316.46	80.42	100.00	713605	13.66

3. 以上数据均来源于各会员公司，仅供参考。所有保费与赔款以及其他数据以江苏保监局外网公布数据为准。

（无锡市保险行业协会）

业务简明统计情况

单位：万元、%

理赔给付			其他各类给付		退保		市场份额	上年同期保费	同比增长率
本期	累计	短险赔付率	本期	累计	本期	累计			
2254.2	22830.00	56.62	3054.59	72359.72	4758.68	110656.72	30.16	373297.0	11.03
787.64	9692.31	43.21	1785.16	34862.91	1343.55	52925.09	13.39	184641.0	–0.37
652.69	7120.47	0.00	1473.87	14516.50	868.69	14786.21	10.96	131222.6	14.78
52.23	617.01	4.18	865.63	16761.50	922.16	35266.43	2.38	43326.60	–24.58
64.01	535.94	1.18	2.67	48.02	25.96	628.84	3.11	41301.25	3.43
84.79	547.98	0.82	3689.53	11852.90	931.45	12834.09	4.87	42891.44	56.13
9.96	211.94	88.35	8.50	309.17	58.74	616.34	0.55	6871.87	9.78
3.38	18.00	41.99	274.26	3311.89	68.38	6617.02	2.60	33123.12	7.70
12.85	221.75	3.69	20.81	911.03	17.82	764.76	0.44	5310.05	13.32
20.66	172.93	0.00	117.90	592.35	10.70	471.77	0.24	3222.30	3.01
140.31	1162.40	20.52	24.48	228.89	33.50	413.01	1.36	15236.87	23.04
0.48	66.47	109.19	59.04	1394.84	108.40	1686.87	0.63	3489.32	147.18
25.68	327.46	16.15	48.33	644.37	5.70	1127.52	2.69	9335.87	295.65
12.41	108.15	30.14	7.04	419.50	6.91	52.52	0.10	1282.47	10.00
12.53	15.97	0.24	10.58	422.99	121.88	1223.28	0.49	6823.66	–0.90
1.97	129.56	4.51	2.24	45.32	21.23	205.55	0.21	2123.69	35.20
4.21	404.01	23.11	10.26	126.37	14.51	99.77	0.13	2982.92	–41.40
40.50	490.63	4.50	11.71	42.93	27.78	352.22	0.79	7036.98	54.85
78.21	2245.92	0.00	102.32	149.24	51.46	11008.58	1.43	13992.24	40.50
3.00	167.41	40.22	145.49	17908.10	35.36	1248.37	0.76	9279.49	12.52
0.02	3.03	10.18	6.50	73.19	4.20	117.04	0.04	548.48	7.04
0.00	0.00	0.00	0.00	0.00	0.00	0.00	0.00	38.30	–100.00
10.29	141.74	37.81	21.25	275.95	(11.64)	7764.12	1.31	16910.75	6.21
0.00	0.50	0.13	2.31	108.84	13.07	643.55	0.03	1019.91	–62.15
14.28	54.24	3.95	14.60	151.29	94.47	1185.04	0.52	6284.81	13.22

续表2

公司名称	保费收入本月				保费收入累计			
	首年	其中：期缴	续期	小计	首年	其中：期缴	续期	小计
瑞泰人寿	1522.26	0.00	0.00	1522.26	4864.96	0.13	0.00	4865.09
长城人寿	117.95	8.71	124.28	242.23	1313.84	1181.70	2728.41	4042.24
华夏人寿	458.78	449.31	79.79	538.57	3566.16	3308.27	1163.33	4729.50
人保寿险	647.2	16.34	97.35	744.56	27748.10	1359.75	3166.70	30914.80
信泰人寿	31.78	31.78	160.88	192.66	129.12	129.12	3486.87	3615.99
君康人寿	0.00	0.00	0.00	0.00	3795.95	0.00	49.99	3845.94
阳光人寿	176.28	166.05	620.14	796.42	37394.56	3345.77	7217.40	44611.97
国华人寿	0.00	0.00	4.70	4.70	6.18	6.18	52.40	58.58
中英人寿	40.25	40.06	13.10	53.35	355.42	350.93	224.97	580.39
幸福人寿	1734.53	1.03	5.30	1739.84	17289.54	32.58	268.79	17558.33
中德安联	10.01	9.97	15.41	25.42	109.73	108.65	202.45	312.18
利安人寿	42.50	17.25	207.36	249.86	52458.14	1512.82	1650.14	54108.28
招商信诺	156.24	155.82	176.79	333.03	6416.75	2122.92	1882.29	8299.04
交银康联	434.98	220.09	36.93	471.91	10646.20	1497.99	2401.71	13047.91
东吴人寿	1.57	1.45	26.69	28.26	517.32	196.57	598.01	1115.33
建信人寿	921.84	54.14	4.18	926.02	20927.78	996.78	310.06	21247.84
国联人寿	2355.71	327.07	0.00	2355.71	44241.60	1361.22	0.00	44241.60
安邦人寿	121.50	0.00	0.00	121.50	28397.40	0.00	0.00	28397.40
太平养老	60.60	0.00	0.00	60.60	521.30	0.00	0.00	521.30
合计	37697	13205	44631	82396	739043	243529	633621	1374230

说明：以上数据均来源于各会员公司，仅供参考。所有保费与赔款以及其他数据以江苏保监局外网公布数据为准

2015年12月无锡市各产险公司

业务类别			承保数量		承保金额	
			本期	累计	本期	累计
车险（不含摩托车、拖拉机）	按业务渠道分	车商	42558	354353	1412552.605	14467032.54
		电销	97158	753628	3657196.375	30962772.53
		网销	80426	697981	3315260.4	20928070.25
		其他	93131	930625	3473655.846	35332631.85
		合计	313273	2736587	11858665.23	101690506.16
政府推动业务	农险		523	908929	46172.56	113756.75
	安全生产责任		879	20174	48332.46	1099932.11
	环境责任		308	2674	17849.93	3007727.79
	校园方责任		209	2343	45830.27487	40824482.89
	医疗责任		14	209	737.31	13104.29
	火灾公众责任		0	10	0	7700.00
	合计		1933	934339	158922.5349	45066703.83
银保业务	财险		2391	17401	2437208.731	20039752.27

说明：相关寿险公司的建工意外险也应填报，列入安全生产责任险项下银保业务财险包括车险及非车险

理赔给付			其他各类给付		退保		市场份额	上年同期保费	同比增长率
本期	累计	短险赔付率	本期	累计	本期	累计			
0.00	0.00	0.00	0.00	0.00	0.00	0.00	0.35	4864.27	0.02
0.53	61.78	3.26	78.43	4376.59	35.45	504.41	0.29	3388.20	19.30
20.06	159.71	3.38	19.99	865.68	18.92	531.39	0.34	2839.67	66.55
230.00	2516.54	149.15	1817.05	20473.83	1173.63	34907.02	2.25	33523.88	–7.78
5.14	27.95	0.00	95.55	2795.05	39.81	1030.43	0.26	17609.29	–79.47
4.01	40.77	1.06	27.23	2360.98	14.56	36114.14	0.28	35371.30	–89.13
37.54	376.78	0.00	49.56	466.42	109.66	2807.90	3.25	9505.44	369.33
24.00	148.75	0.00	93.04	301.40	1377.40	11162.20	0.00	100.80	–41.88
0.00	57.17	0.00	0.09	11.91	0.21	518.46	0.04	235.88	146.05
0.00	0.00	0.00	24.68	53.15	463.13	6947.49	1.28	5297.97	231.42
0.07	7.23	0.00	0.06	2.71	1.60	16.35	0.02	238.75	30.75
2.67	86.19	0.00	1.56	47.62	4031.09	17333.34	3.94	38692.54	39.84
10.07	95.19	0.00	2.59	74.52	26.09	299.81	0.60	2470.71	235.90
1.35	55.09	0.00	0.00	17.02	71.63	9552.17	0.95	11980.25	8.91
1.17	44.39	1.14	1.30	34.46	1.57	44.23	0.08	1068.24	4.41
0.39	55.56	0.00	1.60	5.80	1.56	21526.46	1.55	20913.45	1.60
15.60	68.93	0.00	52.10	762.22	336.61	347.12	3.22	0.00	–
0.00	0.00	0.00	0.00	1.10	30.10	122.36	2.07	0.00	–
18.60	84.30	0.00	0.00	0.00	0.00	0.00	0.04	0.00	–
4657	51172	39.95	14024	210168	17266	406460	100	1149693.61	19.53

（无锡市保险行业协会）

保费分类统计

单位:万元

保费收入		赔款支出			简单赔付率（%）	综合赔付率（%）
本期	累计	本期赔款	累计案件	累计赔款		
13967.95	119273.69	6502.83	138091	69176.20	58.00	0.00
18535.75	146787.89	9811.87	256124	92906.92	63.29	0.00
15966.27	136467.57	7713.48	186152	65787.53	48.21	0.00
25080.95	258309.14	15399.85	318128	153663.99	59.49	0.00
73550.82	660838.29	39428.33	898165	381535.09	57.74	0.00
388.71	2630.49	153.79	8429	1640.94	62.38	0.00
(18.89)	1380.29	18.79	1414	273.01	19.78	0.00
257.49	2259.57	79.22	90	572.52	25.34	0.00
15.21	308.91	11.77	440	91.11	29.49	0.00
58.70	2044.78	171.40	453	975.12	47.69	0.00
0.00	8.83	0.00	0	0.00	0.00	0.00
701.21	8632.86	434.97	10826	3552.70	41.15	0.00
1703.17	14208.43	1243.02	2070	4213.84	29.66	0.00

（无锡市保险行业协会）

表4 2015年无锡市保险行业协会

公司名称	业务类别	承保数量		承保金额		保费收入	
		本期	累计	本期	累计	本期	累计
人保财险	企业财产险	796	8387	1811605	51197199	1073	23730
	家庭财产险	1399	21857	89446	6133549	50	1857
	工程险	4	155	7014	941842	4	783
	总车辆	100071	873794	5036913	41841958	24158	211245
	商业车辆险	46834	397093	4387434	36027830	19681	171533
	电销渠道（商业险）	28133	221748	2576681	19588486	9225	73565
	交强险（汽车）	50652	434626	617954	5302437	4407	38676
	交强险（摩托车）	2208	34329	26938	418814	36	556
	交强险（拖拉机）	377	7746	4587	92877	34	480
	运输险	6091	49823	637078	8225715	248	2679
	船舶险	32	434	32172	1938046	67	1952
	责任险	3083	28260	2886443	127834560	704	13568
	保证险	160	660	148421	1113518	467	3499
	人意险	5289	75914	380854	7504875	260	5638
	健康险	15	367	3080	18531875	9	3796
	信用险	18	288	90690	629885	143	704
	农险	520	3763	45990	87928	382	2122
	其他险	0	2	0	16642	0	126
	合计	117478	1063704	11169705	265997593	27564	271699
太保产险	企业财产险	208	2802	1364685	20260107	848	11611
	家庭财产险	387	6257	64407	4520692	9	479
	工程险	6	125	946	884039	188	1017
	总车辆	55736	532916	2740062	25009827	12853	124890
	商业车辆险	27313	258097	2394375	21665722	10396	100860
	电销渠道（商业险）	16584	143821	1456400	11886598	4988	42972
	交强险（汽车）	27933	264532	339636	3218031	2449	23866
	交强险（摩托车）	490	10287	6051	126075	8	164
	交强险（拖拉机）	0	0	0	0	0	0
	运输险	8315	71534	575618	9391085	114	2481
	船舶险	87	1182	38318	610065	134	1949
	责任险	479	10572	318453	6280199	204	5391
	保证险	1	10	161	-348	-1	42
	人意险	35786	706710	950118	26466548	160	2754
	健康险	48106	907423	89484	3242924	42	1215
	信用险	1	22	1100	29115	2	661
	农险	2304	905130	122	23751	4	454
	其他险	1	7	2495	35053	26	72
	合计	151417	3144690	6145969	96753057	14583	153015

财产险公司业务情况

单位：万元、%

赔付金额		赔付率	市场份额	上年同期保费	同比增长率	上年同期赔付	同比增长率
本期	累计						
1270	199061.92	838.85	40.0	21119	12.37	7649	2502.49
120	2191.65	118.03	53.9	1573	18.04	367	497.02
103	123.47	15.76	27.4	702	11.56	187	-33.91
14278	124871.79	59.11	31.9	186220	13.44	109637	13.90
10251	93536.36	54.53	32.4	150929	13.65	82343	13.59
4408	40349.05	54.85	32.0	57164	28.69	33255	21.33
3889	30247.51	78.21	29.3	34348	12.60	26188	15.50
98	753.34	135.44	53.4	570	-2.44	799	-5.73
40	334.58	69.77	53.9	372	28.87	307	9.13
60	875.20	32.67	29.3	2744	-2.38	1275	-31.35
79	799.08	40.93	42.0	1751	11.51	988	-19.12
1199	7560.52	55.72	37.5	11439	18.61	5332	41.79
464	967.23	27.64	83.4	898	289.64	616	56.95
450	2785.44	49.40	37.2	5079	11.02	1976	40.97
238	2272.04	59.86	48.6	1198	216.94	1318	72.38
0	0.00	0.00	30.1	292	140.66	0	-
32	1099.42	51.81	80.7	1150	84.51	547	101.03
0	43.37	34.31	19.5	87	45.43	0	-
18295	342651.13	126.11	33.5	234251	15.99	129892	163.80
1022	21264.77	183.15	19.6	12615	-7.96	3684	477.22
2	43.23	9.03	13.9	634	-24.47	75	-42.39
33	190.86	18.77	35.6	451	125.23	1263	-84.89
6784	77492.96	62.05	18.8	116464	7.24	67831	14.24
5028	57453.21	56.96	19.1	93338	8.06	50021	14.86
2332	24779.26	57.66	18.7	35559	20.85	17602	40.78
1753	19972.95	83.69	18.1	22864	4.38	17660	13.10
2	66.80	40.65	15.8	262	-37.28	148	-54.81
0	0.00	-	0.0	0	-	1	-100.00
85	1006.70	40.58	27.1	2782	-10.82	1033	-2.51
22	519.75	26.67	41.9	2444	-20.27	794	-34.55
377	4349.89	80.69	14.9	6488	-16.91	3631	19.80
0	0.00	0.00	1.0	7	466.26	0	-
142	1485.37	53.94	18.2	3124	-11.85	1914	-22.38
118	1049.97	86.40	15.5	1040	16.83	1071	-1.97
0	0.00	0.00	28.3	0	-	0	-
62	331.54	73.05	17.3	506	-10.34	82	303.88
0	0.00	0.00	11.1	132	-45.14	0	-100.00
8647	107735.04	70.41	18.9	146688	4.31	81377	32.39

续表4

公司名称	业务类别	承保数量		承保金额		保费收入	
		本期	累计	本期	累计	本期	累计
平安产险	企业财产险	319	3732	978731	10964303	351	4987
	家庭财产险	199	3819	32718	643700	13	362
	工程险	21	289	1885	533109	9	484
	总车辆	84716	703561	550080	4546714	17718	147112
	商业车辆险	40768	336437	550080	4546714	14060	116442
	电销渠道（商业险）	28095	231335	341374	2781502	8033	65705
	交强险（汽车）	42972	356075	0	0	3640	30417
	交强险（摩托车）	942	9840	0	0	15	161
	交强险（拖拉机）	34	1209	0	0	3	92
	运输险	1649	16183	151585	2058632	67	883
	船舶险	0	20	0	20210	0	46
	责任险	462	2442	311005	4025803	50	2438
	保证险						
	人意险	10456	108782	930574	14085122	221	2226
	健康险	1704	32336	170571	3699524	29	834
	信用险	0	4	0	84264	0	121
	农险						
	其他险	0	2	0	14000	0	420
	合计	99526	871170	3127148	40675380	18458	159913
天安产险	企业财产险	58	871	104960	1795998	75	1781
	家庭财产险	738	16673	25230	257834	22	269
	工程险	0	18	0	163159	0	127
	总车辆	3404	30253	149162	1361608	770	8350
	商业车辆险	1630	15016	127983	1176961	586	6449
	电销渠道（商业险）	792	3694	67210	303689	223	1104
	交强险（汽车）	1752	14877	20911	180279	182	1865
	交强险（摩托车）	0	0	0	0	0	0
	交强险（拖拉机）	22	360	268	4368	2	36
	运输险	406	3866	72738	466083	25	197
	船舶险	10	194	420	9228	6	92
	责任险	67	633	97744	907191	24	542
	保证险	1	40	111	4955	0	2
	人意险	589	12321	42713	695936	22	260
	健康险	42	600	2769	31489	15	141
	信用险						
	农险						
	其他险						
	合计	5315	65469	495847	5693481	957	11760

赔付金额		赔付率	市场份额	上年同期保费	同比增长率	上年同期赔付	同比增长率
本期	累计						
132	1778.50	35.67	8.4	5062	–1.49	875	103.37
10	306.24	84.65	10.5	280	29.27	104	194.24
0	0.47	0.10	16.9	329	46.87	957	–99.95
7731	78932.00	53.65	22.2	125868	16.88	66593	18.53
5797	56166.19	48.24	22.0	99231	17.34	47674	17.81
3567	32292.90	49.15	28.6	53439	22.95	24847	29.97
1933	22718.20	74.69	23.0	26427	15.10	18879	20.33
0	41.54	25.73	15.5	110	46.42	32	28.66
0	5.83	6.33	10.3	100	–7.92	8	–26.78
25	186.77	21.14	9.7	822	7.50	588	–68.25
0	51.86	111.74	1.0	255	–81.83	15	243.30
139	1258.33	51.61	6.7	2176	12.04	1226	2.61
			0.0		–		–
69	315.26	14.16	14.7	1944	14.49	303	4.11
44	458.16	54.97	10.7	715	16.57	426	7.50
0	0.00	0.00	5.2	83	44.84	0	–
			0.0		–		–
0	0.00	0.00	64.8		–		–
8150	83287.58	52.08	19.7	137536	16.27	71087	17.16
8	782.10	43.91	3.0	1190	49.69	147	430.96
0	1.34	0.50	7.8	71	276.14	1	10.63
0	9.55	7.51	4.4	86	47.20	33	–70.99
476	5645.00	67.60	1.3	9276	–9.98	6533	–13.59
304	3726.52	57.78	1.2	7272	–11.31	4563	–18.34
31	326.52	29.57	0.5	376	193.79	288	13.31
171	1891.24	101.41	1.4	1961	–4.88	1897	–0.33
0	6.93	–	0.0	0	–	0	–
1	20.00	55.89	4.1	44	–17.40	72	–72.13
8	65.16	33.09	2.2	157	25.83	200	–67.44
0	17.02	18.60	2.0	58	57.00	41	–57.99
43	339.53	62.60	1.5	120	350.93	156	117.24
0	0.00	0.00	0.0	10	–84.13	0	–
2	21.31	8.21	1.7	142	83.14	32	–32.53
3	34.77	24.70	1.8	86	62.90	24	42.48
		–	0.0		–		–
		–	0.0		–		–
		–	0.0	54	–100.00	0	–
540	6915.79	58.81	1.4	11251	4.52	7167	–3.50

续表4

公司名称	业务类别	承保数量		承保金额		保费收入	
		本期	累计	本期	累计	本期	累计
中华联合	企业财产险	61	739	157993	3446593	99	1833
	家庭财产险	67	1074	5541	54566	1	19
	工程险		7		59631		43
	总车辆	12317	130873	415310	3749014	2609	28870
	商业车辆险	5896	63045	337450	2926685	2077	22904
	电销渠道（商业险）	3886	38223	165070	897575	1119	11166
	交强险（汽车）	6413	67278	77763	815619	532	5929
	交强险（摩托车）	8	257	98	3135	0	4
	交强险（拖拉机）		293		3575		33
	运输险	297	3597	54923	761548	26	339
	船舶险	2	37	8100	31680	29	115
	责任险	37	955	29738	1474295	30	683
	保证险		4		1900		7
	人意险	492	9217	44635	774093	25	523
	健康险	563	6443	51841	830527	10	1410
	信用险		0		0		0
	农险		36		6		0
	其他险		10		1116		5
	合计	13836	152992	768081	11184969	2828	33848
大地产险	企业财产险	19	157	16789	1147527	9	1038
	家庭财产险	119	176	2707	9187	1	4
	工程险	0	2	0	17450	0	84
	总车辆	3590	27550	163585	1243514	700	5763
	商业车辆险	1834	13963	142418	1078886	549	4454
	电销渠道（商业险）	1280	15542	91183	732142	280	1987
	交强险（汽车）	1756	13587	21167	164628	151	1309
	交强险（摩托车）	0	0	0	0	0	0
	交强险（拖拉机）	0	0	0	0	0	0
	运输险	38	628	182	58217	1	31
	船舶险	0	31	0	19252	0	23
	责任险	39	174	72404	295788	13	156.2
	保证险	0	1	0	45	0	0
	人意险	522	3233	107241	1227355	20	248.5
	健康险	0	7	0	605	0	3.1
	信用险	0	5	0	3373	0	84
	农险	0	0	0	0	0	0
	其他险	3	77	90	12216	0	2
	合计	4330	32041	362996	4034527	745	7437

赔付金额		赔付率	市场份额	上年同期保费	同比增长率	上年同期赔付	同比增长率
本期	累计						
53	1060.33	57.84	3.1	1956	-6.29	282	276.62
	4.72	24.73	0.6	13	51.50	1	225.50
	0.00	0.00	1.5	31	40.66	22	-100.00
1941	20683.00	71.56	4.4	29964	-3.65	19817	4.37
1341	14485.91	63.25	4.3	23769	-3.64	14027	3.27
1020	7273.43	65.14	4.9	10580	5.54	5932	22.62
591	6173.39	104.13	4.5	6136	-3.38	5699	8.33
10	10.27	249.45	0.4	11	-64.01	13	-19.16
	13.90	41.74	3.7	48	-30.07	78	-82.28
5	-4.46	-1.32	3.7	440	-23.05	82	-105.43
	5.14	4.47	2.5	149	-22.65	23	-77.78
145	375.74	55.02	1.9	540	26.40	177	112.67
	0.00	0.00	0.2	8	-9.44	3	-100.00
24	233.78	44.70	3.5	622	-15.96	450	-48.02
17	865.93	61.42	18.0	872	61.65	704	23.00
	0.00	-	0.0	0	-	0	-
	8.36	3294.83	0.0	149	-99.83	77	-89.17
5	4.99	98.17	0.8	0	-	882	-99.43
2191	23237.52	68.58	4.2	34744	-2.58	22519	3.19
0	14.00	1.35	1.8	677	53.34	26815	-99.95
0	0.00	0.00	0.1	0	4054.25	0	-
16	120.26	142.96	2.9	170	-50.52	198	-39.26
711	4716.51	81.84	0.9	5969	-3.45	4857	-2.89
438	2996.99	67.29	0.8	4693	-5.09	3397	-11.78
176	1260.08	63.41	0.9	1263	57.34	1020	23.54
273	1719.52	131.34	1.0	1276	2.60	1460	17.78
0	0.00	-	0.0	0	-	0	-
0	0.00	-	0.0	0	-	0	-
-1	11.43	36.99	0.3	34	-9.12	84	-86.40
4	23.86	105.48	0.5	10	126.22	0	-
3	64.07	41.01	0.4	183	-14.62	121	-47.05
0	0.00	0.00	0.0	0	-	0	-
34	172.96	69.61	1.6	154	61.33	240	-27.93
0	12.00	387.45	0.0	3	3.24	14	-14.29
0	0.00	0.00	3.6	10	740.50	0	-
0	0.00	-	0.0	0	-	0	-
0	1.00	48.72	0.3	4	-47.37	9	-88.89
767	5136.08	69.06	0.9	7214	3.09	32338	-84.12

续表4

公司名称	业务类别	承保数量		承保金额		保费收入	
		本期	累计	本期	累计	本期	累计
永安产险	企业财产险	1	49	469	265663	1	118
	家庭财产险	2	164	-335	19690	-1	1
	工程险	0	0	0	0	0	0
	总车辆	1986	16152	95380	796655	549	4935
	商业车辆险	997	8067	83583	698641	401	3666
	电销渠道（商业险）	296	1178	27343	113139	104	430
	交强险（汽车）	989	8085	11797	98015	148	1269
	交强险（摩托车）		0		0	0	0
	交强险（拖拉机）		0		0	0	0
	运输险	1	276	26	10673	0	9
	船舶险		0			0	0
	责任险	11	99	13402	103908	17	163
	保证险		0			0	0
	人意险	99	310	5098	96096	7	83
	健康险		0				
	信用险						
	农险						
	其他险						
	合计	2100	17050	114041	1292684	574	5310
华安产险	企业财产险	1	26	5303	10451	4	16
	家庭财产险	0	107	0	4952	0	-1
	工程险	1	2	5303	9803	11	13
	总车辆	2679	22517	123223	1007601	721	5988
	商业车辆险	1244	10787	105716	864495	517	4416
	电销渠道（商业险）	426	2428	36298	202453	117	671
	交强险（汽车）	1435	11730	17507	143106	204	1572
	交强险（摩托车）	0	0	0	0	0	0
	交强险（拖拉机）	0	0	0	0	0	0
	运输险	0	3		71		0
	船舶险	0	0		0		0
	责任险	4	192	2797	140619	6	222
	保证险	0	0	0	0	0	0
	人意险	25	574	1466	26998	2	44
	健康险	0				0	
	信用险	0					
	农险						
	其他险						
	合计	2710	23421	138093	1200495	742	6283

赔付金额		赔付率	市场份额	上年同期保费	同比增长率	上年同期赔付	同比增长率
本期	累计						
0	53.77	45.62	0.2	97	21.51	90	-40.53
0	0.49	41.18	0.0	-1	-283.08	0	-
0	0.00	-	0.0	0	-	0	-
406	2619.96	53.08	0.7	3576	38.00	2816	-6.97
262	1701.13	46.40	0.7	2689	36.35	1741	-2.28
10	42.29	9.83	0.2	37	1063.32	8	418.26
144	918.83	72.39	1.0	887	43.02	1076	-14.57
0	0.00	-	0.0	0	-	0	-
0	0.00	-	0.0	0	-	0	-
0	106.12	1164.87	0.1	2	333.81	13	691.70
0	0.00	-	0.0	0	-	0	-
1	136.79	83.76	0.5	90	80.83	60	128.82
0	0.00	-	0.0	0	-	0	-
3	283.19	340.58	0.5	301	-72.40	100	183.67
		-	0.0		-		-
		-	0.0		-		-
		-	0.0		-		-
		-	0.0		-		-
411	3200.32	60.27	0.7	4066	30.58	3080	3.92
0	27.59	168.23	0.0	9	88.72	632	-95.64
	0.00	0.00	0.0	-4	-79.01	0	-
	0.00	0.00	0.5	0	-	0	-
445	3066.46	51.21	0.9	5135	16.61	2876	6.61
260	1896.50	42.95	0.8	3787	16.60	1909	-0.63
34	292.14	43.54	0.3	438	53.17	195	50.02
185	1169.96	74.43	1.2	1348	16.61	968	20.89
	0.00	-	0.0	0	-	0	-
	0.00	-	0.0	0	-	0	-
	0.00	0.00	0.0	0	-	0	-
	0.00	-	0.0	0	-	0	-
1	7.50	3.37	0.6	19	1102.65	0	-
	0.00	-	0.0	0	-	0	-
0	7.13	16.27	0.3	51	-14.51	7	-2.06
		-	0.0		-		-
		-	0.0		-		-
		-	0.0		-		-
		-	0.0		-		-
446	3108.68	49.48	0.8	5210	20.60	3516	-11.58

续表4

公司名称	业务类别	承保数量		承保金额		保费收入	
		本期	累计	本期	累计	本期	累计
安邦产险	企业财产险		4	568	3940	1	7
	家庭财产险						
	工程险		1		116		0
	总车辆	1176	9459	57210	837886	247	2136
	商业车辆险	542	4370	49475	768096	195	1638
	电销渠道（商业险）	180	1075	15604	152810	57	333
	交强险（汽车）	634	5089	7735	69790	52	498
	交强险（摩托车）						
	交强险（拖拉机）						
	运输险						
	船舶险						
	责任险		3		2044		5
	保证险		2		1603		4
	人意险	1	25	278	3428	0	8
	健康险						
	信用险						
	农险						
	其他险	1	3	10500	31500	8	23
	合计	1178	9497	68556	880516	256	2183
阳光产险	企业财产险	23	357	66073	2705157	32	1217
	家庭财产险	6	267	3448	36495	1	13
	工程险	0	5	0	15002	0	49
	总车辆	4467	43015	205317	1913247	924	8940
	商业车辆险	2119	20827	177001	1644188	707	7020
	电销渠道（商业险）	1331	14196	113582	1128718	373	3953
	交强险（汽车）	2347	22178	28304	268937	216	1920
	交强险（摩托车）	1	9	12	110	0	0
	交强险（拖拉机）	0	1	0	12	0	0
	运输险	365	3990	29223	544494	9	151
	船舶险	0	5	0	680	0	7
	责任险	354	3474	143572	2325525	305	4637
	保证险	0	124	0	3577	0	361
	人意险	739	17759	126638	1769003	43	641
	健康险	0		0	0	0	0
	信用险	0		0	0	0	0
	农险	0		0	0	0	0
	其他险	0		0	0	0	0
	合计	5944	68986	574259	9313058	1314	16015

赔付金额		赔付率%	市场份额	上年同期保费	同比增长率	上年同期赔付	同比增长率
本期	累计						
0	0.15	2.09	0.0		–		–
		–	0.0		–		–
		0.00	0.0		–		–
178	1638.11	76.68	0.3	2315	–7.74	1174	39.56
108	1101.89	67.28	0.3	1737	–5.70	769	43.34
21	380.74	114.40	0.1	453	–26.49	183	108.60
70	536.22	107.57	0.4	579	–13.84	405	32.39
		–	0.0		–		–
		–	0.0		–		–
		–	0.0		–		–
		–	0.0		–		–
1	1.06	20.83	0.0		–		–
		0.00	0.1		–		–
1	0.65	8.40	0.1		–		–
		–	0.0		–		–
		–	0.0		–		–
		–	0.0		–		–
		0.00	3.5		–		–
180	1639.97	75.13	0.3	2315	–5.72	1174	39.72
9	157.69	12.96	2.1	1158	5.08	296	–46.78
0	2.53	19.32	0.4	25	–47.04	0	414.06
0	0.81	1.67	1.7	5	942.53	2	–46.82
457	4737.29	52.99	1.3	8154	9.64	4800	–1.30
301	3245.93	46.24	1.3	6381	10.02	3254	–0.24
215	2038.40	51.56	1.7	3420	15.59	1630	25.02
156	1491.36	77.69	1.5	1772	8.33	1546	–3.53
0	0.00	0.00	0.0	1	–77.31	0	–
0	0.00	0.00	0.0	0	–49.72	0	–
61	127.28	84.44	1.6	107	40.82	–1	–8776.27
0	54.66	730.49	0.2	150	–95.01	1	5301.05
34	462.15	9.97	12.8	2053	125.83	622	–25.70
0	0.00	0.00	8.6	1530	–76.42	0	–
19	220.21	34.37	4.2	627	2.22	133	65.93
0	0.00		0.0	0	–	0	–
0	0.00	–	0.0	0	–	0	–
0	0.00	–	0.0	0	–	0	–
0	0.00	–	0.0	0	–100.00	0	–
581	5762.63	35.98	2.0	13808	15.99	5852	–1.53

续表4

公司名称	业务类别	承保数量		承保金额		保费收入	
		本期	累计	本期	累计	本期	累计
华泰产险	企业财产险	5	18	9181	121024	9	137
	家庭财产险	1	31	55	1420	0	1
	工程险						
	总车辆	926	8157	12506	111897	208	1959
	商业车辆险	412	3670	6235	57155	173	1625
	电销渠道（商业险）	0	53	0	644		15
	交强险（汽车）	514	4449	6271	54278	35	334
	交强险（摩托车）		38		464		1
	交强险（拖拉机）						
	运输险	5	166	223	5597	0	5
	船舶险						
	责任险	34	346	20311	207677	49	576
	保证险						
	人意险	27	514	4258	114544	4	95
	健康险						
	信用险						
	农险						
	其他险						0
	合计	998	9232	46534	562159	270	2773
太平产险	企业财产险	40	315	74695	1045517	37	786
	家庭财产险	16	118	2852	21362	2	13
	工程险	1	4	49	12887	0	16
	总车辆	4013	44583	199903	2257577	1110	14027
	商业车辆险	1977	22134	175882	1985761	872	10911
	电销渠道（商业险）	274	4792	23229	408970	73	1449
	交强险（汽车）	2031	22385	23961	271035	237	3115
	交强险（摩托车）	5	64	61	781	0	1
	交强险（拖拉机）	0	0	0	0	0	0
	运输险	987	9447	55868	849524	230	647
	船舶险	0	5	0	3050	0	24
	责任险	506	3458	32555	284953	39	454
	保证险	0	1	1000	1000	–2	18
	人意险	104	786	31529	920990	12	245
	健康险	2	36	70	23662	0	6
	信用险	0	0	0	0	0	0
	农险	0	0	0	0	0	0
	其他险	0	0	0	0	0	0
	合计	5669	58753	398523	5420520	1428	16236

赔付金额		赔付率	市场份额	上年同期保费	同比增长率	上年同期赔付	同比增长率
本期	累计						
	206.50	150.19	0.2	253	–45.66	85	142.94
	28.06	4600.00	0.0	1	–39.00		–
	0.54	–	0.0	48	–100.00	1	–46.00
151	1953.00	99.67	0.3	2377	–17.58	1423	37.25
112	1187.67	73.10	0.3	1957	–16.98	1005	18.18
	6.33	42.89	0.0	36	–59.00	15	–57.80
39	740.54	221.94	0.3	419	–20.37	385	92.35
	24.53	3314.86	0.1	1	–26.00	33	–25.67
		–	0.0		–		–
	7.00	153.17	0.1	18	–74.61	4	75.00
		–	0.0		–		–
13	60.14	10.44	1.6	135	326.53	16	275.88
		–	0.0		–		–
1	15.59	16.43	0.6	59	60.86	42	–62.88
		–	0.0		–		–
		–	0.0		–		–
		–	0.0		–		–
		0.00	0.0		–		–
165	2270.83	81.89	0.3	2891	–4.09	1571	44.55
1	78.92	10.04	1.3	613	28.26	53	47.62
0	0.00	0.00	0.4	17	–22.98	0	–
0	0.00	0.00	0.6	15	6.67	0	–
729	6981.11	49.77	2.1	12853	9.13	6118	14.10
479	4723.96	43.30	2.1	9888	10.35	4162	13.49
101	782.64	54.03	0.6	1383	4.73	683	14.61
250	2257.07	72.47	2.4	2964	5.07	1956	15.39
0	0.08	7.79	0.1	1	19.16	0	–
0	0.00	–	0.0	0	–	0	–
111	625.95	96.76	7.1	563	14.93	105	495.63
0	80.21	329.77	0.5	12	100.68	0	–
14	242.47	53.43	1.3	286	58.73	144	68.69
0	0.00	0.00	0.4	24	–22.95	–9	–100.00
34	77.11	31.49	1.6	172	42.77	58	33.35
0	0.12	1.95	0.1	1	436.86	0	345.77
0	0.00	–	0.0	195	–100.00	156	–100.00
0	0.00	–	0.0	0	–	0	–
0	0.00	–	0.0	0	–	0	–
889	8085.90	49.80	2.0	14750	10.08	6626	22.04

续表4

公司名称	业务类别	承保数量		承保金额		保费收入	
		本期	累计	本期	累计	本期	累计
都邦产险	企业财产险	14	289	32147	474520	2	492
	家庭财产险	14	256	1461	12952	1	8
	工程险	0	1	0	1350	0	1
	总车辆	1877	14936	91600	688133	682	4666
	商业车辆险	918	7496	80193	598171	497	3492
	电销渠道（商业险）	92	522	7766	44891	25	149
	交强险（汽车）	958	7438	11395	89938	184	1174
	交强险（摩托车）	1	2	12	24	0	0
	交强险（拖拉机）	0	0	0	0	0	0
	运输险	244	2150	9143	94175	6	55
	船舶险	0	0	0	0	0	0
	责任险	77	844	13312	276395	9	337
	保证险	0	0	0	0	0	0
	人意险	224	3218	7428	240175	5	161
	健康险	0	0	0	0	0	0
	信用险	0	0	0	0	0	0
	农险	0	0	0	0	0	0
	其他险	0	0	0	0	0	0
	合计	2450	21694	155092	1787700	705	5720
渤海产险	企业财产险	0	98	0	43138	0	34
	家庭财产险						
	工程险						
	总车辆	396	5307	8269	131974	66	1057
	商业车辆险	202	2501	5902	97741	44	688
	电销渠道（商业险）	28	200	2723	17366	9	61
	交强险（汽车）	68	1052	830	12834	6	120
	交强险（摩托车）						
	交强险（拖拉机）	126	1754	1537	21399	16	249
	运输险	0	0	0	0	0	0
	船舶险						
	责任险	0	1	0	1000	0	7
	保证险						
	人意险	83	1643	87	5576	4	111
	健康险						
	信用险						
	农险						
	其他险						
	合计	479	7049	8356	181688	70	1209

赔付金额		赔付率	市场份额	上年同期保费	同比增长率	上年同期赔付	同比增长率
本期	累计						
11	475.00	96.55	0.8	434	13.37	311	52.86
0	1.36	17.64	0.2	19	-59.23	0	-
0	0.00	0.00	0.0	0	9471.43	0	-
98	2038.49	43.68	0.7	4296	8.62	2357	-13.52
67	1217.21	34.86	0.7	3273	6.69	1448	-15.94
11	32.22	21.56	0.1	17	759.40	0	9968.75
31	821.28	69.93	0.9	1023	14.78	909	-9.67
0	0.00	0.00	0.0	0	-50.00	0	-
0	0.00	0.00	0.0	0	-	0	-
0	6.81	12.31	0.6	45	23.22	5	28.01
0	0.00	0.00	0.0	0	-	0	-
6	26.67	7.92	0.9	194	73.14	82	-67.30
0	0.00	0.00	0.0	0	-	0	-
0	55.78	34.63	1.1	268	-39.90	70	-20.31
0	0.00	0.00	0.0	0	-	0	-
0	0.00	0.00	0.0	0	-	0	-
0	0.00	0.00	0.0	0	-	0	-
0	0.00	0.00	0.0	0	-	0	-
115	2604.11	45.53	0.7	5256	8.82	2825	-7.81
0	0.00	0.00	0.1		-		-
		-	0.0		-		-
		-	0.0		-		-
145	1494.42	141.39	0.2	2084	-49.28	934	60.00
71	690.58	100.40	0.1	1350	-49.05	468	47.56
2	43.70	71.24	0.0	64	-4.16	38	15.00
14	54.81	45.66	0.1	77	55.88	72	-23.88
		-	0.0		-		-
59	749.03	300.69	28.0	657	-62.09	394	90.11
0	2.22	-	0.0	5	-100.00	0	-
		-	0.0		-		-
0	10.11	148.68	0.0	0	-	0	-
		-	0.0		-		-
0	1.00	0.90	0.7	318	-65.14	1	0.00
		-	0.0		-		-
		-	0.0		-		-
		-	0.0		-		-
		-	0.0		-		-
145	1507.75	124.75	0.1	2407	-49.79	935	61.26

续表4

公司名称	业务类别	承保数量		承保金额		保费收入	
		本期	累计	本期	累计	本期	累计
民安产险	企业财产险	2	14	1091	7577	1	6
	家庭财产险	0		0		0	
	工 程 险	0		0		0	
	总 车 辆	676	6831	30694	303133	276	2864
	商业车辆险	382	4349	27242	273109	208	2278
	电销渠道（商业险）	0	4	0	37	0	1
	交强险（汽车）	293	2478	3440	29975	68	586
	交强险（摩托车）	1	4	12	49	0	0
	交强险（拖拉机）	0		0		0	
	运 输 险	0		0		0	
	船 舶 险	0		0		0	
	责 任 险	16	126	37804	300632	5	40
	保 证 险	0		0		0	
	人 意 险	3	19	1334	19796	2	21
	健 康 险						
	信 用 险						
	农 险						
	其 他 险						
	合 计	697	6990	70923	631138	284	2931
国寿财险	企业财产险	102	1646	272835	5626490	87	2983
	家庭财产险	539	5496	41555	502996	23	292
	工 程 险	2	24	19	91958	0	127
	总 车 辆	18220	155829	956446	7767578	5195	45465
	商业车辆险	8984	76774	843767	6803107	4136	36506
	电销渠道（商业险）	5662	44463	514109	3860824	1754	13976
	交强险（汽车）	9222	78765	112508	960933	1059	8955
	交强险（摩托车）	14	290	171	3538	0	5
	交强险（拖拉机）						
	运 输 险	320	3399	28466	270201	19	160
	船 舶 险	1	72	2000	129824	21	241
	责 任 险	83	1688	108336	1901012	70	1948
	保 证 险	0	0	0	0	0	0
	人 意 险	67	1014	21186	248198	6	271
	健 康 险						
	信 用 险						
	农 险						
	其 他 险	0	0	0	0	0	0
	合 计	19334	169168	1430842	16538258	5420	51489

赔付金额		赔付率	市场份额	上年同期保费	同比增长率	上年同期赔付	同比增长率
本期	累计						
0	0.00	0.00	0.0	8	-26.08	24	-100.00
0		-	0.0	0	-100.00	0	-
0		-	0.0		-		-
124	2098.72	73.28	0.4	2783	2.92	1223	71.65
99	1292.87	56.74	0.4	2101	8.46	811	59.32
0	7.35	597.56	0.0	30	-95.96	18	-59.53
25	805.05	137.47	0.4	677	-13.49	399	102.01
0	0.80	1333.33	0.0	5	-98.87	13	-93.69
0		-	0.0		-		-
0		-	0.0	1	-100.00	0	-
0		-	0.0		-		-
0	0.50	1.26	0.1	20	94.11	0	-
0		-	0.0		-		-
2	18.92	91.76	0.1	22	-4.18	7	184.51
		-	0.0		-		-
		-	0.0		-		-
		-	0.0		-		-
		-	0.0		-		-
125	2118.14	72.28	0.4	2835	3.37	1253	68.98
103	1002.37	33.60	5.0	2692	10.81	390	157.07
0	20.29	6.94	8.5	208	40.68	5	292.24
0	50.12	39.33	4.5	36	251.10	0	-
2851	22485.04	49.46	6.9	33690	34.95	17843	26.02
1957	16514.87	45.24	6.9	26573	37.38	13329	23.90
867	6557.78	46.92	6.1	9359	49.34	4508	45.45
894	5957.22	66.52	6.8	7112	25.91	4512	32.02
0	12.95	281.65	0.4	4	2.91	2	754.52
			0.0		-		-
0	38.46	23.98	1.8	206	-22.01	135	-71.41
3	33.42	13.84	5.2	468	-48.43	7	372.61
206	1363.28	69.99	5.4	1860	4.71	661	106.15
0	0.00	-	0.0	0	-	20	-100.00
7	157.43	58.02	1.8	304	-10.88	137	14.50
			0.0		-		-
			0.0		-		-
			0.0		-		-
0	0.00	-	0.0	0	-100.00	0	-
3170	25150.40	48.85	6.3	39465	30.47	19198	31.01

续表4

公司名称	业务类别	承保数量		承保金额		保费收入	
		本期	累计	本期	累计	本期	累计
安盛天平	企业财产险						
	家庭财产险						
	工程险						
	总车辆	10262	74022	541382	3739523	1795	12875
	商业车辆险	5113	36818	478564	3285635	1389	9925
	电销渠道（商业险）	4881	34625	457884	3111856	1306	9194
	交强险（汽车）	5149	37204	62818	453889	406	2950
	交强险（摩托车）						
	交强险（拖拉机）						
	运输险						
	船舶险						
	责任险						
	保证险						
	人意险	189	1972	6311	95051	3	45
	健康险						
	信用险						
	农险						
	其他险						
	合计	10451	75994	547693	3834574	1798	12920
中银产险	企业财产险	19	246	19836	1394065	33	779
	家庭财产险	13	101	97627	115910	1	12
	工程险		6		67497		30
	总车辆	780	5443	34863	222163	187	1175
	商业车辆险	395	2692	30275	190468	154	938
	电销渠道（商业险）		0		0		0
	交强险（汽车）	385	2751	4587	31696	33	237
	交强险（摩托车）		0		0		0
	交强险（拖拉机）		0		0		0
	运输险	79	972	2308	28791	2	26
	船舶险	2	50	4272	107359	5	112
	责任险	20	286	27320	347311	25	800
	保证险	57	214	4266	75885	15	252
	人意险	398	480	558629	640354	39	88
	健康险	1	1	14095	14095	1	67
	信用险		1		50000		100
	农险		0		0		0
	其他险		0		0		0
	合计	1369	7800	763215	3063429	308	3443

赔付金额		赔付率	市场份额	上年同期保费	同比增长率	上年同期赔付	同比增长率
本期	累计						
		–	0.0		–		–
		–	0.0		–		–
		–	0.0		–		–
749	5956.55	46.27	1.9	7723	66.72	3792	57.10
496	4241.52	42.74	1.9	5931	67.34	2603	62.94
454	3709.64	40.35	4.0	5230	75.79	2096	76.95
253	1715.03	58.14	2.2	1791	64.66	1189	44.30
		–	0.0		–		–
		–	0.0		–		–
		–	0.0		–		–
		–	0.0		–		–
		–	0.0		–		–
		–	0.0		–		–
0	0.00	0.00	0.3	1	3161.31	0	–
		–	0.0		–		–
		–	0.0	0	–	0	–
		–	0.0	0	–	0	–
		–	0.0		–		–
749	5956.55	46.11	1.6	7724	67.27	3792	57.10
41	183.16	23.51	1.3	619	25.90		–
0	4.62	37.84	0.4	69	–82.35		–
	0.00	0.00	1.1	38	–20.39		–
91	820.52	69.81	0.2	1240	–5.20		–
54	524.07	55.86	0.2	979	–4.16		–
	0.00	–	0.0	0	–		–
37	296.45	125.02	0.2	261	–9.06		–
	0.00	–	0.0	0	–		–
	0.00	–	0.0	0	–		–
	0.00	0.00	0.3	20	32.95		–
1	23.22	20.77	2.4	49	127.84		–
17	65.41	8.18	2.2	938	–14.72		–
	0.07	0.03	6.0	1314	–80.81		–
	5.03	5.69	0.6	67	32.34		–
5	13.26	19.78	0.9	69	–2.61		–
	0.00	0.00	4.3	72	39.71		–
	0.00	–	0.0	0	–		–
15	89.28	–	0.0	0	–		–
170	1204.57	34.99	0.4	4495	–23.40		–

续表4

公司名称	业务类别	承保数量		承保金额		保费收入	
		本期	累计	本期	累计	本期	累计
安诚产险	企业财产险	0	17	0	40518	0	44
	家庭财产险	0	2	0	25	0	0
	工 程 险	0	1	0	517	0	2
	总 车 辆	1666	12492	94392	653755	699	4904
	商业车辆险	813	6243	83985	577517	517	3690
	电销渠道（商业险）	19	91	1994	9131	6	27
	交强险（汽车）	851	6241	10382	76140	181	1214
	交强险（摩托车）	2	8	24	98	0	0
	交强险（拖拉机）	0	0	0	0	0	0
	运 输 险	1	70	250	6681	0	3
	船 舶 险	0	0	0	0	0	0
	责 任 险	152	800	8331	87878	11	79
	保 证 险	0	0	0	0	0	0
	人 意 险	40	747	13095	162550	13	99
	健 康 险	0	0	0	0	0	0
	信 用 险	0	0	0	0	0	0
	农 险	0	0	0	0	0	0
	其 他 险	0	0	0	0	0	0
	合 计	1859	14129	116067	951923	723	5130
长安责任	企业财产险	0	12	0	87240	0	77
	家庭财产险	0	8	0	1580	0	1
	工 程 险	0	0	0	0	0	0
	总 车 辆	1426	15245	71331	699289	511	5012
	商业车辆险	679	7309	62217	602470	364	3622
	电销渠道（商业险）	346	3315	18423	171444	63	620
	交强险（汽车）	747	7936	9113	96819	146	1390
	交强险（摩托车）	0	0	0	0	0	0
	交强险（拖拉机）	0	0	0	0	0	0
	运 输 险	0	0	0	0	0	0
	船 舶 险	0	0	0	0	0	0
	责 任 险	241	3609	375525	8627863	77	1086
	保 证 险	0	0	0	0	0	0
	人 意 险	127	1474	113101	1335038	8	187
	健 康 险	0	251	0	638	0	319
	信 用 险	0	0	0	0	0	0
	农 险	0	0	0	0	0	0
	其 他 险	0	0	0	0	0	0
	合 计	1794	20599	559957	10751648	595	6682

赔付金额		赔付率	市场份额	上年同期保费	同比增长率	上年同期赔付	同比增长率
本期	累计						
0	0.00	0.00	0.1	21	105.50		–
0	0.20	1000.00	0.0	0	–71.63		–
0	0.00	0.00	0.1		–		–
124	1936.77	39.49	0.7	3280	49.51		–
83	1333.90	36.15	0.7	2432	51.72		–
1	0.91	3.33	0.0		–		–
42	602.87	49.66	0.9	848	43.15		–
0	0.00	0.00	0.0		–		–
0	0.00	–	0.0		–		–
0	0.00	0.00	0.0	1	263.49		–
0	0.00	–	0.0		–		–
1	9.26	11.78	0.2	6	1184.27		–
0	0.00	–	0.0		–		–
13	34.00	34.35	0.7	8	1159.01		–
0	0.00	–	0.0		–		–
0	0.00	–	0.0		–		–
0	0.00	–	0.0		–		–
0	0.00	–	0.0		–		–
138	1980.23	38.60	0.6	3316	54.71		–
6	93.08	120.87	0.1	82	–6.35		–
0	0.00	0.00	0.0	1	–20.15		–
0	0.00	–	0.0	0	–		–
119	2214.13	44.18	0.8	3889	28.87		–
74	1446.46	39.94	0.7	2838	27.61		–
23	360.99	58.24	0.3	647	–4.20		–
45	767.67	55.22	1.1	1051	32.25		–
0	0.00	–	0.0	0	–		–
0	0.00	–	0.0	0	–		–
0	0.00	–	0.0	0	–		–
0	0.00	–	0.0	0	–		–
17	212.80	19.60	3.0	817	32.88		–
0	0.00	–	0.0	0	–		–
2	383.65	204.84	1.2	247	–24.04		–
0	0.00	0.00	4.1	1	32452.04		–
0	0.00	–	0.0	0	–		–
0	0.00	–	0.0	0	–		–
0	0.00	–	0.0	0	–		–
144	2903.66	43.46	0.8	5037	32.65		–

续表4

公司名称	业务类别	承保数量		承保金额		保费收入	
		本期	累计	本期	累计	本期	累计
紫金产险	企业财产险	51	471	103723	1417614	36	633
	家庭财产险	2	137	23	631974	0	111
	工 程 险	1	1	166	166	0	0
	总 车 辆	4866	47043	214552	1870849	1050	9347
	商业车辆险	2078	18222	180539	1519233	819	7211
	电销渠道（商业险）	448	4613	38817	367194	114	1144
	交强险（汽车）	2256	19436	27523	237119	223	1987
	交强险（摩托车）	532	9385	6490	114497	8	149
	交强险（拖拉机）	0	0	0	0	0	0
	运 输 险	138	1696	141017	1884131	3	121
	船 舶 险	0	21	0	15275	0	66
	责 任 险	30	1043	38228	8446917	41	697
	保 证 险	4	30	1870	9423	1	4
	人 意 险	1261	19336	125426	2370527	68	1127
	健 康 险	0	0	0	0	0	0
	信 用 险	0	0	0	0	0	0
	农 险	2	27	61	2072	2	55
	其 他 险	0	0	0	0	0	0
	合 计	6355	69805	625066	16648947	1201	12162
三井住友	企业财产险	50	668	630956	6329920	447	4190
	家庭财产险	0	2	0	252	0	0
	工 程 险	2	11	5583	46780	5	81
	总 车 辆	26	100	1593	7253	7	27
	商业车辆险	13	54	1458	6741	6	23
	电销渠道（商业险）						
	交强险（汽车）	13	46	134	512	1	4
	交强险（摩托车）						
	交强险（拖拉机）						
	运 输 险	169	1942	135688	3945643	104	1224
	船 舶 险						
	责 任 险	52	650	19347	209627	45	928
	保 证 险	0	1	0	200	1	7
	人 意 险	44	440	14135	121750	5	58
	健 康 险					0	
	信 用 险	3	11	18720	22841	615	667
	农 险					0	
	其 他 险					0	
	合 计	346	3825	826023	10684266	1228	7182

赔付金额		赔付率	市场份额	上年同期保费	同比增长率	上年同期赔付	同比增长率
本期	累计						
58	810.33	128.05	1.1	762	–16.92		–
77	180.30	162.20	3.2	76	45.84		–
0	0.00	0.00	0.0	2	–79.66		–
437	5192.87	55.55	1.4	7298	28.08		–
244	3393.53	47.06	1.4	5517	30.72		–
55	595.51	52.05	0.5	897	27.49		–
189	1626.07	81.84	1.5	1584	25.47		–
3	173.27	116.28	14.3	198	–24.61		–
0	0.00	–	0.0	0	–		–
2	115.33	95.02	1.3	119	2.00		–
0	11.48	17.27	1.4	119	–44.08		–
37	117.02	16.80	1.9	314	121.61		–
0	0.00	0.00	0.1	15	–73.23		–
62	495.92	44.02	7.4	489	130.46		–
0	0.00	–	0.0	0	–		–
0	0.00	–	0.0	0	–		–
59	201.61	369.79	2.1	387	–85.90		–
0	0.00	–	0.0	0	–		–
732	7124.86	58.59	1.5	9581	26.93		–
7	487.64	11.64	7.1	3273	28.03		–
			0.0	0	–		–
0	219.19	270.98	2.8	108	–24.87		–
0	1.35	4.96	0.0	11	142.49		–
0	1.35	5.85	0.0	11	105.69		–
			0.0	0	–		–
			0.0	0	–		–
			0.0	0	–		–
			0.0	0	–		–
10	220.40	18.00	13.4	1202	1.85		–
		–	0.0	2	–100.00		–
2	92.91	10.01	2.6	866	7.15		–
		0.00	0.2	2	239.35		–
0	0.88	1.52	0.4	12	369.32		–
0	0.00		0.0	0	–		–
0	0.00	0.00	28.5	785	–15.07		–
0	0.00		0.0	0	–		–
0	0.00		0.0	0	–		–
73	1022.39	7.14	0.9	6261	14.71		–

续表4

公司名称	业务类别	承保数量		承保金额		保费收入	
		本期	累计	本期	累计	本期	累计
英大产险	企业财产险	19	336	36570	4850377	10	2615
	家庭财产险		35	0	5617	0	5
	工 程 险		1	0	-3300	0	-1
	总 车 辆	1650	15927	91027	865922	422	4353
	商业车辆险	824	7995	80949	769151	337	3503
	电销渠道（商业险）	415	3679	36862	315959	128	1158
	交强险（汽车）	826	7932	10077	96770	85	850
	交强险（摩托车）			0	0	0	0
	交强险（拖拉机）			0	0	0	0
	运 输 险	147	787	47209	158165	28	119
	船 舶 险			0	0	0	0
	责 任 险	25	376	32437	673656	14	579
	保 证 险			0	0	0	0
	人 意 险	32	303	3634	120824	5	151
	健 康 险		15	0	5274	0	25
	信 用 险			0	0	0	0
	农 险			0	0	0	0
	其 他 险			0	0	0	0
	合 计	1873	17780	210877	6676534	479	7845
信达财险	企业财产险	1	14	1048	36931	1	35
	家庭财产险	0	0	0	0	0	0
	工 程 险	0	1	0	559	0	0
	总 车 辆	215	3054	7905	128206	48	900
	商业车辆险	103	1519	6576	109614	37	694
	电销渠道（商业险）	0	2	0	75	0	1
	交强险（汽车）	112	1535	1330	18593	11	207
	交强险（摩托车）	0	0	0	0	0	0
	交强险（拖拉机）	0	0	0	0	0	0
	运 输 险	0	4	0	-700	0	0
	船 舶 险	0	0	0	0	0	0
	责 任 险	8	231	6010	256945	12	506
	保 证 险	0	0	0	0	0	0
	人 意 险	2	60	-39	27523	0	50
	健 康 险	0	0	0	0	0	0
	信 用 险	0	0	0	0	0	0
	农 险	0	0	0	0	0	0
	其 他 险	0	0	0	0	0	0
	合 计	226	3364	14924	449464	61	1492

赔付金额		赔付率	市场份额	上年同期保费	同比增长率	上年同期赔付	同比增长率
本期	累计						
182	273.96	10.48	4.4	456	472.91		–
2	3.70	67.64	0.2	5	12.09		–
0	0.00		0.0	24	–104.56		–
341	2159.32	49.60	0.7	4267	2.02		–
212	1545.30		0.7	3407	2.83		–
106	596.81	51.54	0.5	1133	2.19		–
129	614.02	72.23	0.6	860	–1.15		–
0	0.00		0.0		–		–
0	0.00		0.0		–		–
0	25.82	21.77	1.3	167	–29.03		–
0	0.00		0.0	0	–		–
108	522.38	90.23	1.6	170	240.43		–
0	0.00		0.0	0	–		–
19	44.52	29.56	1.0	98	53.13		–
0	12.99	52.87	0.3	25	–2.11		–
0	0.00		0.0		–		–
0	0.00		0.0		–		–
0	0.00		0.0		–		–
652	3042.69	38.78	1.0	5213	50.50		–
3	70.05	200.31	0.1	112	–68.75		–
0	0.00	–	0.0	0	–		–
0	0.00	0.00	0.0	1	–50.98		–
58	939.73	104.37	0.1	2325	–61.27		–
39	552.93	79.70	0.1	1684	–58.79		–
0	1.55	304.35	0.0	4	–87.96		–
19	386.79	187.26	0.2	641	–67.77		–
0	0.00	–	0.0	0	–		–
0	0.00	–	0.0	0	–		–
0	0.00	0.00	0.0	22	–100.04		–
0	0.00	–	0.0	0	–		–
45	137.42	27.16	1.4	199	154.36		–
0	0.00	–	0.0	0	–		–
12	25.65	51.04	0.3	37	35.36		–
0	0.00	–	0.0	0	–		–
0	0.00	–	0.0	88	–100.00		–
0	0.00	–	0.0	0	–		–
0	0.00	–	0.0	0	–		–
118	1172.84	78.62	0.2	2783	–46.40		–

续表4

公司名称	业务类别	承保数量		承保金额		保费收入	
		本期	累计	本期	累计	本期	累计
永诚财险	企业财产险	0	6	0	79079	0	36
	家庭财产险	0	6	0	80	0	0
	工 程 险	0	1	0	439	0	1
	总 车 辆	542	7586	5762	471088	80	4294
	商业车辆险	280	4117	2565	419035	60	3023
	电销渠道（商业险）	56	455	4442	35645	15	159
	交强险（汽车）	262	3469	3196	52052	19	1271
	交强险（摩托车）	0	0	0	0	0	0
	交强险（拖拉机）	0	0	0	0	0	0
	运 输 险	83	743	3320	30660	1	8
	船 舶 险	0	18	0	16633	0	18
	责 任 险	2	64	3900	193898	5	138
	保 证 险	0	0	0	0	0	0
	人 意 险	2	21	381	32020	1	15
	健 康 险	0	10	0	2820	0	1
	信 用 险	0	0	0	0	0	0
	农　险	0	0	0	0	0	0
	其 他 险	0	0	0	0	0	0
	合　计	629	8455	13363	826716	86	4511
浙商财险	企业财产险	0	8	0	40541	0	75
	家庭财产险	0	0	0	0	0	0
	工 程 险	0	0	0	0	0	0
	总 车 辆	295	1778	13289	76466	76	547
	商业车辆险	137	882	11362	65595	58	415
	电销渠道（商业险）	5	78	426	6012	1	21
	交强险（汽车）	158	896	1928	10870	18	133
	交强险（摩托车）	0	0	0	0	0	0
	交强险（拖拉机）	0	0	0	0	0	0
	运 输 险	0	0	0	0	0	0
	船 舶 险	0	0	0	0	0	0
	责 任 险	1	14	0	17773	0	50
	保 证 险	0	0	0	0	0	0
	人 意 险	2	12	2640	10391	3	12
	健 康 险	0	0	0	0	0	0
	信 用 险	0	0	0	0	0	0
	农　险	0	0	0	0	0	0
	其 他 险	0	0	0	0	0	0
	合　计	298	1812	15929	145170	79.11	683.98

赔付金额		赔付率	市场份额	上年同期保费	同比增长率	上年同期赔付	同比增长率
本期	累计						
0	4.78	13.29	0.1	79	-54.44		-
0	0.01	12.50	0.0	1	-88.57		-
0	0.00	0.00	0.0	0	388.89		-
178	1713.38	39.90	0.6	2667	60.98		-
104	1032.99	34.17	0.6	1915	57.90		-
3	159.21	100.26	0.1	84	89.77		-
74	680.39	53.53	1.0	753	68.83		-
0	0.00	-	0.0	0	-100.00		-
0	0.00	-	0.0	0	-		-
0	0.00	0.00	0.1	3	173.84		-
0	0.00	0.00	0.4	0	-		-
0	31.48	22.85	0.4	142	-2.64		-
0	0.00	-	0.0	0	-		-
12	34.80	229.25	0.1	53	-71.35		-
0	0.00	0.00	0.0	1	-4.24		-
0	0.00	-	0.0	0	-		-
0	0.00	-	0.0	0	-		-
0	0.00	-	0.0	0	-100.00		-
190	1784.45	39.56	0.6	2946	53.14		-
0	1.66	2.22	0.1	7	1001.54		-
0	0.00	-	0.0		-		-
0	0.00	-	0.0		-		-
0	716.11	130.80	0.1	1545	-64.56		-
0	462.49	111.47	0.1	1143	-63.69		-
0	1.59	7.46	0.0		-		-
0	253.62	191.31	0.1	402	-67.06		-
0	0.00	-	0.0		-		-
0	0.00	-	0.0		-		-
0	0.00	-	0.0		-		-
0	0.00	-	0.0		-		-
0	1.02	2.03	0.1	3	1838.27		-
0	0.00	-	0.0		-		-
0	1.74	15.12	0.1	7	61.55		-
0	0.00	-	0.0		-		-
0	0.00	-	0.0		-		-
0	0.00	-	0.0		-		-
0	0.00	-	0.0		-		-
0	720.53	105.34	0.1	1561	-56.20		-

续表4

公司名称	业务类别	承保数量		承保金额		保费收入	
		本期	累计	本期	累计	本期	累计
安信农险	企业财产险	0	1		1000	0	1
	家庭财产险	0	0	0	0	0	0
	工 程 险	0	0	0	0	0	0
	总 车 辆	2	3075	24	128534	1	757
	商业车辆险	0	1607	0	110625	0	617
	电销渠道（商业险）						
	交强险（汽车）	2	1468	24	17910	0	139
	交强险（摩托车）	0	0	0	0	0	0
	交强险（拖拉机）	0	0	0	0	0	0
	运 输 险	0	0	0	0	0	0
	船 舶 险	0	0	0	0	0	0
	责 任 险	8	195	3399	760485	9	139
	保 证 险	0	0	0	0	0	0
	人 意 险	0	0	0	0	0	0
	健 康 险	0	0	0	0	0	0
	信 用 险	0	0	0	0	0	0
	农　险	0	0	0	0	0	0
	其 他 险	0	0	0	0	0	0
	合　计	10	3271	3424	890020	10	897
泰山财产	企业财产险	0	5	0	15939	0	15
	家庭财产险						
	工 程 险						
	总 车 辆	56	965	3145	48958	14	309
	商业车辆险	28	500	2804	43285	12	231
	电销渠道（商业险）						
	交强险（汽车）	28	465	342	5673	2	78
	交强险（摩托车）						
	交强险（拖拉机）						
	运 输 险						
	船 舶 险						
	责 任 险	0	1	0	100	0	0
	保 证 险						
	人 意 险						
	健 康 险						
	信 用 险						
	农　险						
	其 他 险						
	合　计	56	971	3145	64997	14	324

赔付金额		赔付率	市场份额	上年同期保费	同比增长率	上年同期赔付	同比增长率
本期	累计						
0	0.00	0.00	0.0		–		–
0	0.00	–	0.0		–		–
0	0.00	–	0.0		–		–
20	588.12	116.86	0.1		–		–
16	410.79	86.27	0.1		–		–
		–	0.0		–		–
5	177.33	252.26	0.1		–		–
0	0.00	–	0.0		–		–
0	0.00	–	0.0		–		–
0	0.00	–	0.0		–		–
0	0.00	–	0.0		–		–
54	347.63	362.88	0.4		–		–
0	0.00	–	0.0		–		–
0	0.00	–	0.0		–		–
0	0.00	–	0.0		–		–
0	0.00	–	0.0		–		–
0	0.00	–	0.0		–		–
0	0.00	–	0.0		–		–
74	935.75	154.96	0.1		–		–
0	0.00	0.00	0.0		–		–
		–	0.0		–		–
		–	0.0		–		–
21	56.07	18.16	0.0		–		–
11	37.25	16.15	0.0		–		–
		–	0.0		–		–
11	18.82	24.09	0.1		–		–
		–	0.0		–		–
		–	0.0		–		–
		–	0.0		–		–
		–	0.0		–		–
0	0.00	0.00	0.0		–		–
		–	0.0		–		–
		–	0.0		–		–
		–	0.0		–		–
		–	0.0		–		–
		–	0.0		–		–
		–	0.0		–		–
21	56.07	17.33	0.0		–		–

续表4

公司名称	业务类别	承保数量		承保金额		保费收入	
		本期	累计	本期	累计	本期	累计
合计	企业财产险	1789	21288	5689256	113408427	3157	59275.92
	家庭财产险	3502	56586	366736	12974830	122	3447.09
	工 程 险	38	655	20965	2843003	218	2858.28
	总 车 辆	318036	2812463	11914926	102480322	73673	662769.92
	商业车辆险	152515	1332584	10436030	88912628	58855	528773.48
	电销渠道（商业险）	93229	770132	5997421	46137161	28012	229861.50
	交强险（汽车）	160758	1404003	1432634	12777879	14696	132064.67
	交强险（摩托车）	4204	64513	39870	667584	68	1041.84
	交强险（拖拉机）	559	11363	6393	122230	55	890.18
	运 输 险	19335	171276	1944865	28789386	881	9138.37
	船 舶 险	134	2069	85283	2901303	261	4646.75
	责 任 险	5791	60536	4602373	165984053	1763	36168.11
	保 证 险	223	1087	155829	1211758	482	4196.48
	人 意 险	56603	966884	3492750	59114759	935	15159.95
	健 康 险	50433	947489	331909	26383433	105	7815.80
	信 用 险	22	331	110510	819478	760	2336.25
	农 险	2826	908956	46173	113757	389	2630.49
	其 他 险	5	101	13085	110527	33	648.65
	合 计	458737	5949721	28774659	517135035	82780	811092.05

说明：以上数据均来源于各会员公司，仅供参考。所有保费与赔款以及其他数据以江苏保监局外网公布数据为准。

表5 2015年无锡市保险行业协会

公司名称	地区	保费收入						
		合计	同比%	其 中				
				企财险	家财险	工程险	车辆险	运输险
人保	市区	138703.71	22	13587.88	453.94	716.10	106759.75	1027.05
	锡山	13505.84	-19	894.16	154.64	1.48	11388.64	155.08
	惠山	8843.83	16	718.04	178.02	26.67	6541.82	131.65
	滨湖	8038.36	28	392.79	25.34	19.60	6822.32	46.38
	江阴	62247.51	13	5981.19	557.11	0.00	46660.17	956.66
	宜兴	40359.74	15	2156.16	487.77	19.37	33071.92	362.02
	合计	271698.99	16	23730.22	1856.82	783.22	211244.62	2678.84

赔付金额		赔付率%	市场份额%	上年同期保费	同比增长率%	上年同期赔付	同比增长率%
本期	累计						
2907	227888.27	384.45	7.3	53293	11.23	42276	439.05
213	2788.74	80.90	0.4	2989	15.32	568	391.06
153	715.28	25.02	0.4	2047	39.65	2670	−73.21
39642	383748.78	57.90	81.7	585269	13.24	335403	14.41
28205	276920.38	52.37	65.2	464823	13.76	243158	13.88
13437	121891.03	53.03	28.3	181615	26.57	93815	29.93
11223	104614.21	79.21	16.3	118062	11.86	90218	15.96
114	1090.51	104.67	0.1	1164	−10.48	1167	−6.53
100	1123.34	126.19	0.1	1221	−27.07	860	30.59
367	3416.20	37.38	1.1	9460	−3.40	3923	−12.92
109	1619.70	34.86	0.6	5468	−15.03	1877	−13.73
2464	17796.09	49.20	4.5	29059	24.46	13053	36.34
464	967.30	23.05	0.5	3808	10.19	633	52.93
908	6877.30	45.36	1.9	14207	6.71	6695	2.72
426	4719.24	60.38	1.0	4012	94.83	3598	31.15
0	0.00	0.00	0.3	1524	53.26	156	−100.00
154	1640.93	62.38	0.3	2192	20.03	786	108.81
20	138.64	21.37	0.1	277	134.20	891	−84.43
47826	652316.46	80.42	100.0	713604.96	13.66	412528.41	58.13

（无锡市保险行业协会）

财产险公司业务情况

单位：万元

保费收入							赔款支出		
其中							合计	简单赔付率(%)	综合赔付率(%)
责任险	保证险	人意险	健康险	船舶险	农险	其他险			
6761.74	3510.66	1248.91	3768.53	813.46	55.69	0.00	258618.77	186.45	
404.42	55.64	253.58	2.35	(3.28)	199.13		10340.34	76.56	
577.35	73.51	435.81	15.18	85.25	60.53		8026.54	90.76	
487.83	138.75	83.81		5.45	16.09		4807.38	59.81	
4262.53	250.71	1731.07	9.48	995.58	716.59	126.42	37299.49	59.92	
1074.12	173.46	1885.23		55.85	1073.84		23558.61	58.37	
13567.99	4202.73	5638.41	3795.54	1952.31	2121.87	126.42	342651.13	126.11	

续表5

公司名称	地区	保费收入						
		合计	同比%	其中				
				企财险	家财险	工程险	车辆险	运输险
太保	市区	60432.34	8	4802.40	160.05	357.81	48569.20	820.36
	锡山	7175.36	–1	1271.00	120.41	337.64	4580.83	227.66
	惠山	6566.88	0	441.34	33.39	7.69	5503.56	43.82
	滨湖	4560.25	8	420.74	4.45	268.09	3098.52	200.26
	江阴	54464.70	2	3739.03	111.11	40.43	45653.83	1053.99
	宜兴	19815.90	1	936.09	49.57	4.95	17484.46	134.63
	合计	153015.43	4	11610.60	478.98	1016.61	124890.40	2480.72
平保	市区	96605	16	2553.62	190.710944	427.23	88920.23	571.54
	锡山							
	惠山							
	滨湖							
	江阴	39524	18	1890.08	138.621742	49.28	35556.78	281.62
	宜兴	23784	15	542.95	32.450301	7.28	22635.39	30.15
	合计	159913	16	4986.65	361.782987	483.80	147112.40	883.31
天安	市区	4548.90	–2	850.53	222.092695	102.42	2950.80	110.40
	锡山	1606.67	38	92.11	2.173105	0.00	1401.97	36.39
	惠山			0.00	0	0.00	0.00	0.00
	滨湖	2714.62	7	185.95	7.398043	11.24	2323.20	39.45
	江阴	1541.81	1	530.68	26.634046	0.00	622.74	5.21
	宜兴	1347.92	–3	121.71	10.344	13.50	1051.56	5.49
	合计	11759.92	5	1780.98	268.641889	127.16	8350.27	196.93
中华联合	市区	11937.44	1	693.78	13.19	39.92	8888.72	267.24
	锡山	3887.81	–3	302.75	2.12	3.43	3482.65	3.46
	惠山	5219.08	1	146.60	1.61		4909.33	0.22
	滨湖	4963.46	–16	199.96	2.45		4570.92	18.36
	江阴	3969.88	10	301.03	2.01		3405.90	49.58
	宜兴	3870.54	–9	189.02	–2.31		3612.37	
	合计	33848.20	–3	1833.15	19.08	43.35	28869.88	338.87
大地	市区	5384.53		1013.34	3.41	84.12	3795.34	28.62
	锡山							
	惠山							
	滨湖							
	江阴	693.46		4.82	0.28	0.00	645.00	1.32
	宜兴	1359.21		19.98	0.46	0.00	1323.00	1.06
	合计	7437.20		1038.14	4.15	84.12	5763.34	31.00

保费收入 / 其中 / 责任险	保证险	人意险	健康险	船舶险	农险	其他险	赔款支出 / 合计	简单赔付率(%)	综合赔付率(%)
2672.43	4.35	1136.66	494.44	953.86	453.85	6.93	50554.44	83.65	
349.12	(2.25)	70.81	22.43	197.71	0.00	0.00	4598.31	64.08	
234.82	0.00	46.06	25.05	231.15	0.00	0.00	3564.17	54.27	
340.18	0.38	78.49	33.40	115.74	0.00	0.00	1992.76	43.70	
2090.22	39.37	915.62	388.30	367.42	0.00	65.38	33748.77	61.96	
365.44	(0.18)	506.35	251.57	83.02	0.00	0.00	13276.60	67.00	
6052.21	41.67	2753.99	1215.19	1948.90	453.85	72.31	107735.04	70.41	
1695.87	120.85	1435.72	685.59	4.05			48089.11	49.46	
592.88	0.00	463.12	89.45	42.36		420.00	21916.30	55.45	
149.57	0.00	327.31	58.49	0.00			13282.17	55.85	
2438.33	120.85	2226.15	833.53	46.41		420.00	83287.58	51.88	
95.63	0.15	147.93	68.94	0.00			3309.36	72.75	
45.59	0.20	21.97	6.26	0.00			736.36	45.83	
0.00	0.00	0.00	0.00	0.00					
60.47	1.10	46.71	36.90	2.20			1271.11	46.82	
310.93	0.00	21.48	9.85	14.28			952.85	61.80	
29.72	0.08	21.62	18.85	75.05			646.11	47.93	
542.35	1.54	259.71	140.81	91.53	0.00	0.00	6915.79	58.81	
433.66	6.48	215.60	1292.10	86.50	0.25	0.00	7353.87	61.40	
44.45		27.64	21.31				2721.26	69.99	
59.25	1.00	80.54	19.28	1.23			3663.82	70.20	
70.93		46.86	22.74	26.15		5.09	3614.57	72.82	
63.95		126.27	20.43	0.70			2739.53	69.01	
10.68		26.12	34.09	0.57			3144.47	81.24	
682.92	7.48	523.03	1409.95	115.16	0.25	5.09	23237.52	68.58	68.29
156.91	0.05	213.66	3.10	0.38	0.00	85.61	3443.05	63.94	
								–	
								–	
								–	
(0.68)	0.00	20.11	0.00	22.62	0.00	0.00	550.00	79.31	
0.01	0.00	14.69	0.00	0.00	0.00	0.00	1143.00	84.09	
156.24	0.05	248.45	3.10	23.00		85.61	5136.05	69.06	

续表5

公司名称	地区	保费收入						
		合计	同比%	其中				
				企财险	家财险	工程险	车辆险	运输险
永安	市区	3780.28	29	100.07	1.21	0.00	3535.94	8.63
	锡山	66.06	-65	3.41			51.45	0.32
	惠山	200.09	30	7.95	-0.12		143.77	
	滨湖	0.00	-	0.00	0	0.00	0.00	0.00
	江阴	24.54	-61	0.00	0.08	0.00	19.01	
	宜兴	1239.08	71	6.43	0.02		1185.26	0.16
	合计	5310.05	31	117.86	1.19	0.00	4935.43	9.11
华安	市区	2711.39		0.00	-1.28		2702.98	0.07
	锡山	0.00						
	惠山							
	滨湖	0.00						
	江阴	1742.30		15.78	0.19	10.61	1538.89	0.00
	宜兴	1829.50		0.62	0.33	2.88	1745.80	0.00
	合计	6283.19		16.40	-0.76	13.49	5987.67	0.07
安邦	市区	763.42		7.16		0.11	716.78	
	锡山	192.65					192.65	
	惠山	0.00					0.00	
	滨湖	4.71					4.71	
	江阴	495.17					495.17	
	宜兴	726.94					726.94	
	合计	2182.89		7.16		0.11	2136.25	
阳光	市区	10194.39	-15	406.08	4.698973	47.97	4981.21	43.17
	锡山	1494.67	41	274.94	1.212314	0.70	984.75	74.38
	惠山	0.00	-	0.00	0	0.00	0.00	0.00
	滨湖	0.00	-	0.00	0	0.00	0.00	0.00
	江阴	2398.69	6	369.36	5.031337	0.00	1338.23	30.25
	宜兴	1927.09	7	166.43	2.17533	0.00	1635.45	2.94
	合计	16014.85	-5	1216.80	13.117954	48.67	8939.65	150.74
华泰	市区	1122.04	31	118.79	0.45		362.55	3.34
	锡山	0.00						
	惠山	0.00						
	滨湖	0.00						
	江阴	0.00						
	宜兴	1650.65	-20	18.7	0.16		1596.64	1.23
	合计	2772.69	-4	137.49	0.61	0.00	1959.19	4.57

保费收入							赔款支出		
其中							合计	简单赔付率(%)	综合赔付率(%)
责任险	保证险	人意险	健康险	船舶险	农险	其他险			
95.48	0.00	38.95	0.00	0.00	0.00	0.00	3200.32	84.66	
7.88	0.00	3.00	0.00	0.00	0.00	0.00		0.00	
45.01		3.48	0.00	0.00	0.00	0.00		0.00	
0.00	0.00	0.00	0.00	0.00	0.00	0.00		–	
		5.45	0.00	0.00	0.00	0.00		0.00	
14.94		32.27	0.00	0.00	0.00	0.00		0.00	
163.31	0.00	83.15	0.00	0.00	0.00	0.00	3200.32	60.27	52.86
5.97	0.00	3.65					1135.45	41.88	
160.55	0.00	16.28					954.69	54.79	
55.97	0.00	23.90					1018.54	55.67	
222.49	0.00	43.83					3108.68	49.48	
5.09	3.86	7.74				22.68	467.42	61.23	
							138.81	72.05	
							0.00	0.00	
							452.25	91.33	
							581.49	55.25	
5.09	3.86	7.74				22.68	1639.97	66.89	
4173.39	360.68	172.77	0.00	4.42	0.00	0.00	3021.94		
87.99	0.00	70.71	0	0.00	0.00	0.00	659.83		
0.00	0.00	0.00	0	0.00	0.00	0.00	0.00		
0.00	0.00	0.00	0	0.00	0.00	0.00	0.00		
320.24	0.00	332.52	0	3.06	0.00	0.00	1183.06		
55.34	0.00	64.75	0	0.00	0.00	0.00	897.80		
4636.96	360.68	640.75	0	7.48	0.00	0.00	5762.63		
575.15		61.66				0.10	911.18	81.18	
0.67		33.25					1359.65	82.37	
575.82	0.00	94.91	0.00	0.00	0.00	0.10	2270.83	81.89	

续表5

公司名称	地区	保费收入						
		合计	同比%	其　中				
				企财险	家财险	工程险	车辆险	运输险
太平保险	市区	2352.26	16	201.71	6.716174	0.00	1807.62	80.21
	锡山	698.54	5	35.30	0.214	15.37	605.11	16.62
	惠山	1857.05	105	73.93	0.0744	0.00	1687.42	74.35
	滨湖	2677.37	-26	0.00	0	0.00	2668.20	0.46
	江阴	5641.26	22	138.95	0.614516	0.36	4824.90	453.52
	宜兴	3009.31	3	336.31	5.51461	0.00	2433.26	21.76
	合计	16235.78	10	786.20	13.1337	15.73	14026.51	646.93
都邦	市区	3725.29	41	400.68	4.76	0.67	2887.30	14.91
	锡山							
	惠山							
	滨湖							
	江阴	1450.15	-33	91.28	1.4	0.00	1240.34	40.43
	宜兴	544.35	17	0.00	1.55	0.00	538.85	0.00
	合计	5719.79	9	491.96	7.71	0.67	4666.49	55.34
渤海	市区	326.15			33.94		258.49	
	锡山	0.00						
	惠山	0.00						
	滨湖	0.00						
	江阴	249.70					233.85	
	宜兴	632.74					564.64	
	合计	1208.59			33.94		1056.98	
民安	市区	1869.37	-14	2.52	0	0.00	1823.92	0.00
	锡山	0.00						
	惠山	0.00						
	滨湖	0.00						
	江阴	788.44	204	0.00			772.34	
	宜兴	272.70	-31	3.63			267.90	
	合计	2930.51	3	6.15			2864.16	
人寿财险	市区	17954.34	78	546.75	71.285668	106.40	16919.22	20.23
	锡山	3854.76	14	228.06	13.727788		3462.73	4.24
	惠山	2502.06	18	95.48	6.028377	0.20	2213.59	0.73
	滨湖	4203.06	0	395.99	27.7307	3.33	3360.07	7.70
	江阴	15906.96	16	1063.28	151.312902		13476.49	98.84
	宜兴	7068.18	18	653.79	22.220151	17.50	6033.18	28.68
	合计	51489.35	30	2983.36	292.305586	127.43	45465.28	160.43

保费收入							赔款支出		
其　中							合计	简单赔付率(%)	综合赔付率(%)
责任险	保证险	人意险	健康险	船舶险	农险	其他险			
179.00	0.00	74.70	2.31	0.00	0.00	0.00	1066.23	45.33	55.15
18.25	0.00	6.01	1.67	0.00	0.00	0.00	287.33	41.13	49.23
10.06	0.00	11.21	0.00	0.00	0.00	0.00	460.52	24.80	54.12
0.00	0.00	8.71	0.00	0.00	0.00	0.00	1261.79	43.37	43.00
123.82	18.36	55.13	1.29	24.32	0.00	0.00	3617.41	53.72	76.01
122.67	0.00	89.10	0.69	0.00	0.00	0.00	1392.62	46.28	44.35
453.79	18.36	244.86	5.95	24.32	0.00	0.00	8085.90	49.80	57.26
293.13	0.00	123.84	0.00	0.00	0.00	0.00	1429.04	38.36	
43.41	0.00	33.29	0.00	0.00	0.00	0.00	843.78	58.19	
0.00	0.00	3.95	0.00	0.00	0.00	0.00	331.29	60.86	
336.54	0.00	161.08	0.00	0.00	0.00	0.00	2604.11	45.53	51.31
		33.72					613.30	188.04	
		15.85					518.25	207.55	
		68.10					376.20	59.46	
		117.67					1508	455.05	0.00
33.01	0.00	9.92	0.00	0.00	0.00	0.00	1306.81	69.91	
6.20		9.90					258.68	32.81	
0.37		0.80					552.65	202.66	
39.58		20.62	0.00	0.00	0.00	0.00	2118.14	72.28	
233.07		57.37					7309.87	40.71	63.76
136.83		9.18					1983.33	51.45	59.12
180.57		5.45					1030.87	41.20	55.51
383.18		22.72		2.34			2080.35	49.50	56.03
723.83		154.06		239.14			9213.75	57.92	64.52
290.27		22.54					3532.24	49.97	61.80
1947.75		271.32		241.48			25150.40	48.85	62.69

续表5

公司名称	地区	保费收入						
		合计	同比%	其中				
				企财险	家财险	工程险	车辆险	运输险
安盛天平	市区	11810.11	53				11768.37	
	锡山							
	惠山							
	滨湖							
	江阴	1109.42	100				1106.48	
	宜兴							
	合计	12919.53	67				12874.85	
中银保险	市区	3443.04	−23	779.08	12.2092	30.48	1175.38	26.33
	锡山							
	惠山							
	滨湖							
	江阴							
	宜兴							
	合计	3443.04	−23	779.08	12.2092	30.48	1175.38	26.33
安诚保险	市区	1629.18	347	11.45	0		1496.83	3.21
	锡山	0.00		0.00	0		0.00	0.00
	惠山	0.00		0.00	0		0.00	0.00
	滨湖	0.00		0.00	0		0.00	0.00
	江阴	1271.81	16	22.81	0.01		1214.71	0.02
	宜兴	2229.42	21	11.57	0.01	2.00	2193.35	0.05
	合计	5130.41	85	45.83	0.02	2.00	4904.89	3.28
长安责任	市区	5650.20	37	70.60	0.06	0.00	4078.16	0.00
	锡山							
	惠山							
	滨湖							
	江阴	257.62	−6				233.73	
	宜兴	774.13	19	6.41	1.01		700.01	
	合计	6681.95	88	77.01	1.07	0.00	5011.90	0.00
紫金保险	市区	6963.40	18	297.76	108.38	0.00	5400.09	10.80
	锡山	497.65	−	67.51	0.03	0.00	392.84	0.70
	惠山							
	滨湖							
	江阴	2913.27	41	231.77	0	0.00	1870.64	99.83
	宜兴	1787.23	13	35.78	2.75	0.48	1683.89	10.05
	合计	12161.55	27	632.82	111.16	0.48	9347.46	121.38

保费收入							赔款支出		
其中							合计	简单赔付率(%)	综合赔付率(%)
责任险	保证险	人意险	健康险	船舶险	农险	其他险			
		41.74					5892.43	49.89	49.89
		2.94					64.12	5.78	5.78
		44.68					5956.55	46.11	46.11
800.10	252.27	88.38	67.03	111.78		100.00	1204.57	34.99	22.08
800.10	252.27	88.38	67.03	111.78	0.00	100.00	1204.57	34.99	22.08
28.82		88.87					331.75	20.35	58.54
0.00		0.00					0.00		
0.00		0.00					0.00		
0.00		0.00					0.00		
32.59		1.67					694.39	54.60	61.86
13.88		8.56					954.09	42.80	51.79
75.29	0.00	99.10	0.00	0.00	0.00	0.00	1980.23	38.60	76.93
1068.68	0.00	175.92	256.78	0.00	0.00	0.00	2160.10		
12.54		4.94	6.41				201.28		
4.45		6.43	55.82				542.28		
1085.67	0.00	187.29	319.01	0.00	0.00	0.00	2903.66	0.00	0.00
260.46	3.61	767.92	0.00	59.86	54.52	0.00	4446.83	63.86	
12.20	0.00	24.37	0.00	0.00	0.00	0.00	36.89	7.41	
417.80	0.19	286.44	0.00	6.60	0.00	0.00	1615.62	55.46	
6.19	0.28	47.81	0.00	0.00	0.00	0.00	1025.52	57.38	
696.65	4.08	1126.54	0.00	66.46	54.52	0.00	7124.86	58.59	69.00

续表5

公司名称	地区	保费收入						
		合计	同比%	其中				
				企财险	家财险	工程险	车辆险	运输险
三井住友	市区	7182.12	89	4189.78	0.32	80.89	27.28	1224.46
	锡山							
	惠山							
	滨湖							
	江阴							
	宜兴							
	合计	7182.12	89	4189.78	0.32	80.89	27.28	1224.46
英大财险	市区	4993.06	143	2432.87	0.56	(1.09)	2026.21	40.21
	锡山			0.00	0	0.00	0.00	0.00
	惠山			0.00	0	0.00	0.00	0.00
	滨湖			0.00	0	0.00	0.00	0.00
	江阴	1085.79	–24	165.43	0	0.00	709.48	64.86
	宜兴	1766.55	2	16.67	4.91	0.00	1617.63	13.56
	合计	7845.40	51	2614.97	5.47	(1.09)	4353.32	118.63
信达财险	市区	540.33	0.00	33.38	0	0.00	492.44	0.15
	锡山	0.00	0.00	0.00	0	0.00	0.00	0.00
	惠山	0.00	0.00	0.00	0	0.00	0.00	0.00
	滨湖	0.00	0.00	0.00	0	0.00	0.00	0.00
	江阴	746.36	0.00	0.00	0	0.28	207.51	(0.16)
	宜兴	205.01	0.00	1.59	0	0.00	200.40	0.00
	合计	1491.70	0.00	34.97	0	0.28	900.34	(0.01)
永诚财险	市区							
	锡山							
	惠山							
	滨湖	3677.16		34.10	0	0.88	3612.04	7.58
	江阴	833.85		1.88	0.08	0.00	682.02	0.06
	宜兴							
	合计	4511.01		35.98	0.08	0.88	4294.07	7.64
浙商财险	市区	683.98		74.76	0	0.00	547.47	0.00
	锡山							
	惠山							
	滨湖							
	江阴							
	宜兴							
	合计	683.98		74.76	0	0.00	547.47	0.00

保费收入							赔款支出		
其 中							合计	简单赔付率(%)	综合赔付率(%)
责任险	保证险	人意险	健康险	船舶险	农险	其他险			
927.84	673.87	57.68	0.00	0.00	0.00	0.00	1022.39	7.14	36.73
927.84	673.87	57.68	0.00	0.00	0.00	0.00	1022.39	7.14	36.73
474.06	0.00	20.24	0.00	0.00	0.00	0.00	1635.68	32.76	
0.00	0.00	0.00	0.00	0.00	0.00	0.00	0.00		
0.00	0.00	0.00	0.00	0.00	0.00	0.00	0.00		
0.00	0.00	0.00	0.00	0.00	0.00	0.00	0.00		
45.46	0.00	88.34	12.22	0.00	0.00	0.00	557.21	51.32	
59.42	0.00	42.01	12.35	0.00	0.00	0.00	849.80	48.11	
578.94	0.00	150.59	24.57	0.00	0.00	0.00	3042.69	38.78	
2.32	0.00	12.05	0.00	0.00	0.00	0.00	537.70	99.51	62.01
0.00	0.00	0.00	0.00	0.00	0.00	0.00	0.00	0.00	0.00
0.00	0.00	0.00	0.00	0.00	0.00	0.00	0.00	0.00	0.00
0.00	0.00	0.00	0.00	0.00	0.00	0.00	0.00	0.00	0.00
503.55	0.00	35.18	0.00	0.00	0.00	0.00	384.01	51.45	57.72
0.00	0.00	3.02	0.00	0.00	0.00	0.00	251.13	122.50	90.17
505.87	0.00	50.25	0.00	0.00	0.00	0.00	1172.84	78.62	62.84
21.78	0.00	0.78	0.00	0.00	0.00	0.00	934.44	14.48	
115.99	0.00	14.40	1.13	18.29	0.00	0.00	850.01	101.94	
137.76	0.00	15.18	1.13	18.29	0.00	0.00	1784.45	116.42	
50.24	0.00	11.51	0.00	0.00	0.00	0.00	720.53	105.34	
50.24	0.00	11.51	0.00	0.00	0.00	0.00	720.53	105.34	

续表5

公司名称	地区	保费收入						
		合计	同比%	其中				
				企财险	家财险	工程险	车辆险	运输险
安信农险	市区	897.12		1.03			756.67	
	锡山							
	惠山							
	滨湖							
	江阴							
	宜兴							
	合计	897.12		1.03			756.67	
泰山财产	市区	323.60		14.79			308.71	
	锡山							
	惠山							
	滨湖							
	江阴							
	宜兴							
	合计	323.60		14.79			308.71	
合计	市区	406527.40	19.24	33190.80	1286.71	1993.03	323957.67	4300.93
	锡山	32980.01	–4.86	3169.23	294.53	358.62	26543.62	518.85
	惠山	25188.98	11.53	1483.35	219.01	34.56	20999.49	250.77
	滨湖	30838.99	6.12	1629.54	67.37	303.14	26459.98	320.18
	江阴	199356.90	10.55	14547.36	994.49	100.96	162508.22	3136.03
	宜兴	116199.78	9.56	5223.85	618.94	67.96	102301.88	611.79
	合计	811092.05	13.66	59244.14	3481.03	2858.28	662770.87	9138.56

保费收入							赔款支出		
其　中							合计	简单赔付率(%)	综合赔付率(%)
责任险	保证险	人意险	健康险	船舶险	农险	其他险			
139.42							935.75	154.96	
139.42							935.75	154.96	
0.10							56.07	17.33	
0.10							56.07	17.33	
21161.58	4936.83	6247.11	6638.81	2034.31	564.31	215.32	410773.96	101.04	
1106.73	53.59	487.26	54.02	194.43	199.13	0.00	21502.46	65.20	
1107.06	74.51	582.56	59.51	317.63	60.53	0.00	16745.91	66.48	
1364.38	140.23	288.08	93.04	151.88	16.09	5.09	15962.40	51.76	
9825.81	308.63	4334.05	538.57	1734.38	716.59	611.80	118615.45	59.50	
2253.71	173.64	3227.81	431.86	214.49	1073.84	0.00	68716.25	59.14	
36819.25	5687.43	15166.87	7815.80	4647.13	2630.49	832.21	652316.43	80.42	

（无锡市保险行业协会）

表6　2015年无锡各产险公司

序号	公　司	签单保费	签单保费占比(%)	实收保费
1	人保公司	271698.99	33.50	269606.59
2	太保公司	153015.43	18.87	152802.02
3	平保公司	159913.21	19.72	158396.86
4	天安公司	11759.92	1.45	11737.48
5	中华联合	33848.20	4.17	33559.57
6	大地公司	7437.20	0.92	7170.00
7	永安公司	5310.05	0.65	5322.00
8	华安公司	6283.19	0.77	6269.56
9	安邦公司	2182.89	0.27	2182.89
10	阳光公司	16014.85	1.97	12030.05
11	华泰公司	2772.69	0.34	2773.85
12	太平保险	16235.78	2.00	16218.39
13	都邦保险	5719.79	0.71	5680.5
14	渤海保险	1208.59	0.15	1208.59
15	民安保险	2930.51	0.36	2930.51
16	人寿财险	51489.35	6.35	51387.79
17	安盛天平	12919.53	1.59	12919.53
18	中银保险	3443.04	0.42	3340.78
19	安诚保险	5130.41	0.63	5105.31
20	长安责任	6681.95	0.82	6681.95
21	紫金保险	12161.55	1.50	12161.55
22	三井住友	7182.12	0.89	5960.29
23	英大财险	7845.40	0.97	7642.40
24	信达财险	1491.70	0.18	1449.70
25	永诚财险	4511.01	0.56	4511.01
26	浙商财险	683.98	0.08	683.98
27	安信农险	897.1	0.11	897.12
28	泰山财险	323.6	0.04	323.60
合计		811092.06	100.00	800953.89

保费收入情况

单位：万元

签单保费占比(%)	保费到位率(%)	应收保费	应收保费率(%)
33.66	99	3229.15	1.19
19.08	100	3380.55	2.21
19.78	99	1516.35	0.95
1.47	100	1266.34	10.77
4.19	99	288.63	0.85
0.90	96	267.00	3.59
0.66	100	0.88	0.02
0.78	100	13.63	0.22
0.27	100	0.00	0.00
1.50	75	269.68	1.68
0.35	100	-1.20	-0.04
2.02	100	17.39	0.11
0.71	99	-11.2	-0.19
0.15	100	0.00	0.00
0.37	100	0.00	0.00
6.42	100	101.56	0.20
1.61	100		0.00
0.42	97	102.26	2.97
0.64	100	0.00	0.00
0.83	100	0.00	0.00
1.52	100	0.00	0.00
0.74	83	1221.83	17.01
0.95	97	203.00	2.59
0.18	97	42.00	2.82
0.56	100	0.00	0.00
0.09	100	0.00	0.00
0.11	100	0.00	0.00
0.04	100	0.00	0.00
100.00	99	11907.90	0.47

（无锡市保险行业协会）

表7　2015年无锡市各财产险公司

公司名称	业务类别			承保数量		承保金额	
				本期	累计	本期	累计
人保公司	车险（不含摩托车、拖拉机）	按业务渠道分	车商	14110.00	116845.00	432696.22	5909274.02
			电销	13655.00	116508.00	287629.83	5559876.35
			网销	41246.00	320610.00	2720427.36	16715424.69
			其他	28475.00	277756.00	1564634.99	13145692.14
			合计	97486.00	831719.00	5005388.40	41330267.20
	政府推动业务		农险	520.00	3763.00	45989.55	87927.76
			安全生产责任	219.00	4754.00	22452.46	414589.30
			环境责任	308.00	950.00	17849.93	57391.02
			校园方责任	0.00	115.00	(5.26)	40232078.56
			医疗责任	0.00	26.00	(89.49)	2221.85
			火灾公众责任	0.00	4.00	0.00	2000.00
			合计	1047.00	9612.00	86197.19	40796208.49
	银保业务		财险	696.00	4751.00	413560.07	7189525.72
太保公司	车险（不含摩托车、拖拉机）	按业务渠道分	车商	7631.00	66525.00	396207.03	3314076.59
			电销	26678.00	226557.00	1725430.80	13245323.41
			网销	54.00	2131.00	1968.53	85557.07
			其他	20883.00	227416.00	610404.92	8238795.48
			合计	55246.00	522629.00	2734011.28	24883752.55
	政府推动业务		农险	1.00	905130.00	122.01	23751.39
			安全生产责任	415.00	10023.00	18750.80	378436.75
			环境责任	0.00	779.00	0.00	5828.27
			校园方责任	1.00	6.00	80.00	1380.00
			医疗责任	2.00	56.00	60.00	7746.39
			火灾公众责任	0.00	6.00	0.00	5700.00
			合计	419.00	916000.00	19012.81	422842.80
	银保业务		财险	176.00	2744.00	370930.98	2865496.78
平保公司	车险（不含摩托车、拖拉机）	按业务渠道分	车商	10397.00	81752.00	100906.21	822647.37
			电销	27090.00	142001.00	140575.90	701595.88
			网销	29772.00	326755.00	193184.43	2023411.91
			其他	16481.00	142004.00	115412.97	999058.36
			合计	83740.00	692512.00	550079.50	4546713.51
	政府推动业务		农险				
			安全生产责任	1.00	32.00	125.00	165182.69
			环境责任	0.00	5.00	0.00	5617.00
			校园方责任				
			医疗责任	(1.00)	29.00	(13.20)	420.40
			火灾公众责任				
			合计	0.00	66.00	111.80	171220.09
	银保业务		财险	183.00	2118.00	445609.19	2771225.43

保费分类统计情况

单位：万元

保费收入		赔款支出			简单	综合	市场	上年同	同比
本期	累计	本期赔款	累计案件	累计赔款	赔付率(%)	赔付率(%)	份额(%)	期保费	增长率(%)
4450.07	38694.18	2721.99	49702.00	24956.91	64.50		32.44	43074.73	-10
2588.48	22752.67	1564.95	32442.00	11932.69	52.45		15.50	14521.46	57
8700.81	67478.60	4227.16	100172.00	39370.38	58.34		49.45	56321.28	20
8348.33	81283.39	5625.72	113536.00	47523.89	58.47		31.47	71359.92	14
24087.69	210208.84	14139.82	295852.00	123783.87	58.89		31.81	185277.40	13
382.16	2121.87	32.31	8176.00	1099.42	51.81		80.66	1150.02	85
31.05	571.12	14.99	236.00	173.67	30.41		41.38	648.36	-12
257.49	815.12	24.07	23.00	100.98	12.39		36.07	840.27	-3
0.00	104.03	5.26	75.00	35.04	33.68		33.68	102.53	1
8.96	976.21	146.93	107.00	643.16	65.88		47.74	793.47	23
0.00	2.71	0.00			0.00		30.69	1.48	83
679.66	4591.06	223.56	8617.00	2052.27	44.70		53.18	3536.13	30
829.06	5658.75	419.11	886.00	2250.77	39.78		39.83	5843.12	-3
2359.40	20547.74	1089.76	27186.00	12977.48	63.16		17.23	22364.98	-8
5775.10	49240.28	2866.35	82415.00	29249.82	59.40		33.55	40261.39	22
9.52	378.08	27.96	1074.00	297.09	78.58		0.28	469.67	-20
4701.32	54559.97	2797.50	79649.00	34901.76	63.97		21.12	53106.15	3
12845.34	124726.07	6781.57	190324.00	77426.15	62.08		18.87	116202.19	7
4.37	453.85	62.02	149.00	331.55	73.05		17.25	506.19	-10
17.77	370.35	0.00	699.00	7.00	1.89		26.83	454.52	-19
0.00	57.15	0.00	8.00	0.00	0.00		2.53	113.42	-50
0.26	1.48	0.00	0.00	0.00	0.00		0.48	4.64	-68
4.42	657.76	0.00	130.00	2.00	0.30		32.17	581.32	13
0.00	6.12	0.00	0.00	0.00	0.00		69.31	10.74	-43
26.82	1546.71	62.02	986.00	340.55	22.02		17.92	1670.82	-7
161.34	2046.67	654.77	231.00	934.14	45.64		14.40	2871.60	-29
3570.22	28513.42	1384.18	31779.00	14999.16	52.60		23.91	26556.43	7
4645.21	23896.95	1738.66	49769.00	21736.05	90.96		16.28	36216.20	-34
5564.66	60020.27	2997.14	75949.00	23713.51	39.51		43.98	32655.45	84
3919.98	34428.28	1610.68	36275.00	18435.67	53.55		13.33	30229.81	14
17700.07	146858.92	7730.66	193772.00	78884.39	53.71		22.22	125657.88	17
							0.00		-
(78.14)	233.29	1.81	152.00	44.15	18.93		16.90	245.31	-5
0.00	79.98	0.00	8.00	7.22	9.03		3.54	95.70	-16
							0.00	1.02	-100
(1.59)	55.91	0.00	85.00	56.77	101.55		2.73	47.44	18
							0.00		-
(79.74)	369.17	1.81	245.00	108.15	29.30		4.28	389.46	-5
145.84	1150.63	11.90	355.00	233.05	20.25		8.10	1363.40	-16

续表7

公司名称	业务类别			承保数量		承保金额	
				本期	累计	本期	累计
天安公司	车险（不含摩托车、拖拉机）	按业务渠道分	车商				
			电销	1519.00	7188.00	76079.23	346303.95
			网销				
			其他	1863.00	22705.00	72814.28	1010936.29
			合计	3382.00	29893.00	148893.51	1357240.24
	政府推动业务	农险					
		安全生产责任		1.00	14.00	534.00	13785.00
		环境责任					
		校园方责任					
		医疗责任					
		火灾公众责任					
		合计		1.00	14.00	534.00	13785.00
	银保业务	财险					
中华联合	车险（不含摩托车、拖拉机）	按业务渠道分	车商	1433.00	15778.00	68194.74	720456.62
			电销	2814.00	61237.00	41046.53	880686.06
			网销	4817.00	13694.00	169700.01	463774.87
			其他	3245.00	39614.00	136271.24	1677386.54
			合计	12309.00	130323.00	415212.51	3742304.09
	政府推动业务	农险			9.00		5.64
		安全生产责任		5.00	18.00	125.00	375.00
		环境责任			3.00		2930000.00
		校园方责任		208.00	2222.00	45755.53	591024.33
		医疗责任			0.00		
		火灾公众责任			0.00		
		合计		213.00	2252.00	45880.53	3521404.97
	银保业务	财险		170.00	1103.00	164569.37	1325839.09
大地公司	车险（不含摩托车、拖拉机）	按业务渠道分	车商	43.00	796.00	2857.00	41434.00
			电销	2561.00	15680.00	160738.00	711584.00
			网销				
			其他	986.00	11074.00	(10.00)	490496.00
			合计	3590.00	27550.00	163585.00	1243514.00
	政府推动业务	农险					
		安全生产责任					
		环境责任					
		校园方责任					
		医疗责任					
		火灾公众责任					
		合计					
	银保业务	财险					

保费收入		赔款支出			简单赔付率(%)	综合赔付率(%)	市场份额(%)	上年同期保费	同比增长率(%)
本期	累计	本期赔款	累计案件	累计赔款					
							0.00		–
280.69	1378.77	47.89	1285.00	433.60	31.45		0.94	467.79	195
							0.00		–
486.67	6935.45	427.44	7739.00	5184.16	74.75		2.68	8764.78	–21
767.35	8314.22	475.33	9024.00	5617.76	67.57		1.26	9232.57	–10
							0.00		–
1.25	29.09	0.26	32.00	6.05	20.81		2.11	38.73	–25
							0.00		–
							0.00		–
							0.00		–
							0.00		–
1.25	29.09	0.26	32.00	6.05	20.81		0.34	38.73	–25
							0.00		–
411.35	4510.03	349.94	7614.00	3295.43	73.07		3.78	5213.45	–13
519.51	11423.67	905.57	28935.00	9408.77	82.36		7.78	13211.89	–14
892.04	2631.46	113.98	1138.00	333.70	12.68		1.93	166.39	1482
786.06	10267.31	562.41	14314.00	7621.41	74.23		3.97	11312.76	–9
2608.96	28832.47	1931.90	52001.00	20659.31	71.65		4.36	29904.49	–4
	0.25		8.00	8.36	104.44		0.01	148.75	–100
0.28	0.95		0.00	0.00	0.00		0.07	1.69	–44
	1176.66	50.00	40.00	450.34	38.27		52.07		–
14.95	203.40	6.51	365.00	56.07	27.57		65.84		–
	0.00			0.00			0.00		–
	0.00			0.00			0.00		–
15.23	1381.25	56.51	413.00	514.77	37.27		16.00	150.44	818
135.44	940.42	29.79	129.00	156.63	16.66		6.62	623.18	51
15.00	361.00	35.00	912.00	716.00	198.34		0.30	1071.00	–66
378.00	2671.00	294.00	2742.00	1589.00	59.49		1.82	1263.00	111
							0.00		–
307.00	2731.00	382.00	3518.00	2412.00	81.92		1.06	3635.00	–25
700.00	5763.00	711.00	7172.00	4717.00	81.85		0.87	5969.00	–3
							0.00		–
							0.00		–
							0.00		–
							0.00		–
							0.00		–
							0.00		–
							0.00		–
							0.00		–

续表7

公司名称	业务类别			承保数量		承保金额	
				本期	累计	本期	累计
永安公司	车险（不含摩托车、拖拉机）	按业务渠道分	车商	330.00	3264.00		
			电销				
			网销				
			其他	1656.00	12888.00	95380.14	796655.38
			合计	1986.00	16152.00	95380.14	796655.38
	政府推动业务	农险					
		安全生产责任		0.00	1.00	0.00	22.00
		环境责任					
		校园方责任					
		医疗责任					
		火灾公众责任					
		合计		0.00	1.00	0.00	22.00
	银保业务	财险					
华安公司	车险（不含摩托车、拖拉机）	按业务渠道分	车商				
			电销	426.00	2428.00	36298.04	202452.92
			网销				
			其他	2253.00	20089.00	86925.38	805147.59
			合计	2679.00	22517.00	123223.42	1007600.51
	政府推动业务	农险					
		安全生产责任					
		环境责任					
		校园方责任					
		医疗责任					
		火灾公众责任					
		合计					
	银保业务	财险					
安邦公司	车险（不含摩托车、拖拉机）	按业务渠道分	车商	996.00	8384.00	41605.68	685075.21
			电销	180.00	1075.00	15604.36	152810.30
			网销				
			其他				
			合计	1176.00	9459.00	57210.04	837885.51
	政府推动业务	农险					
		安全生产责任					
		环境责任					
		校园方责任					
		医疗责任					
		火灾公众责任					
		合计					
	银保业务	财险					

保费收入		赔款支出			简单赔付率(%)	综合赔付率(%)	市场份额(%)	上年同期保费	同比增长率(%)
本期	累计	本期赔款	累计案件	累计赔款					
185.25	1679.99						1.41	1184.59	42
							0.00		–
							0.00		–
363.66	3255.44	406.41	4947.00	2619.96	80.48	52.86	1.26	2391.72	36
548.91	4935.43	406.41	4947.00	2619.96	53.08	52.86	0.75	3576.31	38
							0.00		–
0.00	0.30						0.02	1.20	–75
							0.00		–
							0.00		–
							0.00		–
							0.00		–
0.00	0.30	0.00	0.00	0.00	0.00	0.00	0.00	1.20	–75
							0.00		–
							0.00		–
116.72	670.93	34.07	1021.00	292.14	43.54		0.46	438.03	53
							0.00		–
603.90	5316.74	410.65	6030.00	2774.32	52.18		2.06	4696.96	13
720.62	5987.67	444.72	7051.00	3066.46	51.21		0.91	5134.99	17
							0.00		–
							0.00		–
							0.00		–
							0.00		–
							0.00		–
							0.00		–
							0.00		–
							0.00		–
189.72	1803.43	157.48	2911.00	1257.37			1.51	1820.82	–1
57.21	332.81	20.57	769.00	380.74			0.23	494.58	–33
							0.00		–
							0.00		–
246.93	2136.24	178.05	3680.00	1638.11			0.32	2315.40	–8
							0.00		–
							0.00		–
							0.00		–
							0.00		–
							0.00		–
							0.00		–
							0.00		–
							0.00		–

续表7

公司名称	业务类别			承保数量		承保金额	
				本期	累计	本期	累计
阳光公司	车险（不含摩托车、拖拉机）	按业务渠道分	车商	1269.00	10166.00	54937.18	426627.05
			电销	2089.00	19021.00	103692.24	873368.08
			网销	570.00	9295.00	26030.81	427064.68
			其他	538.00	4523.00	20644.48	186064.96
			合计	4466.00	43005.00	205304.70	1913124.78
	政府推动业务		农险	0.00		0.00	
			安全生产责任	237.00	5320.00	3508.10	73066.65
			环境责任	0.00	937.00	0.00	8891.50
			校园方责任	0.00		0.00	
			医疗责任	13.00	98.00	780.00	2715.65
			火灾公众责任	0.00		0.00	
			合计	250.00	6355.00	4288.10	84673.80
	银保业务		财险	9.00	258.00	11675.29	159754.41
华泰公司	车险（不含摩托车、拖拉机）	按业务渠道分	车商				
			电销		101.00		1241.99
			网销				
			其他	926.00	8018.00	12506.00	110191.01
			合计	926.00	8119.00	12506.00	111432.00
	政府推动业务		农险				
			安全生产责任				
			环境责任				
			校园方责任				
			医疗责任				
			火灾公众责任				
			合计				
	银保业务		财险		30.00		9760.53
太平保险	车险（不含摩托车、拖拉机）	按业务渠道分	车商	755.00	5882.00	36578.27	270639.78
			电销	538.00	9483.00	26449.87	466188.19
			网销	496.00	667.00	26493.07	34845.38
			其他	2219.00	28487.00	110321.28	1485122.61
			合计	4008.00	44519.00	199842.49	2256795.96
	政府推动业务		农险				
			安全生产责任				
			环境责任				
			校园方责任				
			医疗责任				
			火灾公众责任				
			合计				
	银保业务		财险				

保费收入		赔款支出			简单赔付率(%)	综合赔付率(%)	市场份额(%)	上年同期保费	同比增长率(%)
本期	累计	本期赔款	累计案件	累计赔款					
303.73	2450.28	80.94	4304.00	1299.84	53.05		2.05	2441.47	0
375.41	3361.06	234.62	8415.00	2195.70	65.33		2.29	3414.29	-2
100.66	1709.39	113.01	3063.00	781.82	45.74		1.25	1012.61	69
143.84	1418.92	28.41	895.00	459.92	-52.69		0.55	1284.37	10
923.55	8939.65	456.98	16677.00	4737.29	39.48		1.35	8152.75	10
0.00		0.00			–		0.00		–
4.90	100.60	0.88	174.00	28.04	27.87		7.29	103.54	-3
0.00	130.67	5.15	11.00	13.98	10.70		5.78	153.91	-15
0.00		0.00		0.00	–		0.00		–
46.91	354.90	24.47	131.00	273.19	76.98		17.36	237.07	50
0.00		0.00		0.00	–		0.00	1.58	-100
51.81	586.17	30.50	316.00	315.20	53.77		6.79	496.10	18
14.71	165.94	5.10	12.00	12.61	7.60		1.17	344.22	-52
					–		0.00	10.00	-100
	19.87			11.91	63.12		0.01	39.00	-49
							0.00		–
207.92	1939.13	151.00		1916.09	100.04		0.75	2327.00	-17
207.92	1959.00	151.00	0.00	1928.00	99.68		0.30	2376.00	-18
							0.00		–
							0.00		–
							0.00		–
							0.00		–
							0.00		–
							0.00		–
							0.00		–
0.04	27.73			5.09	18.36		0.20		–
205.06	1551.27	66.52	2630.00	1040.00	67.04	65.94	1.30	1534.65	1
93.61	1823.56	156.97	3961.00	1091.69	59.87	57.42	1.24	1746.82	4
95.58	127.52	1.51	21.00	4.82	3.78	135.20	0.09	6.03	2015
715.51	10523.12	503.76	8548.00	4844.52	46.04	51.52	4.07	9564.55	10
1109.76	14025.47	728.76	15160.00	6981.03	49.77	54.18	2.12	12852.05	9
							0.00		–
							0.00		–
							0.00		–
							0.00		–
							0.00		–
							0.00		–
							0.00		–
							0.00		–

续表7

公司名称	业务类别			承保数量 本期	承保数量 累计	承保金额 本期	承保金额 累计
都邦保险	车险（不含摩托车、拖拉机）	按业务渠道分	车商	985.00	2519.00	54786.00	142187.99
都邦保险	车险（不含摩托车、拖拉机）	按业务渠道分	电销	168.00	934.00	8692.71	49917.35
都邦保险	车险（不含摩托车、拖拉机）	按业务渠道分	网销				
都邦保险	车险（不含摩托车、拖拉机）	按业务渠道分	其他	723.00	11481.00	28109.41	496003.67
都邦保险	车险（不含摩托车、拖拉机）	按业务渠道分	合计	1876.00	14934.00	91588.12	688109.01
都邦保险	政府推动业务		农险				
都邦保险	政府推动业务		安全生产责任				
都邦保险	政府推动业务		环境责任				
都邦保险	政府推动业务		校园方责任				
都邦保险	政府推动业务		医疗责任				
都邦保险	政府推动业务		火灾公众责任				
都邦保险	政府推动业务		合计				
都邦保险	银保业务		财险	13.00	150.00	32876.07	411028.24
渤海保险	车险（不含摩托车、拖拉机）	按业务渠道分	车商				
渤海保险	车险（不含摩托车、拖拉机）	按业务渠道分	电销	28.00	200.00	2723.00	17366.00
渤海保险	车险（不含摩托车、拖拉机）	按业务渠道分	网销				
渤海保险	车险（不含摩托车、拖拉机）	按业务渠道分	其他	242.00	3353.00	4008.90	93209.00
渤海保险	车险（不含摩托车、拖拉机）	按业务渠道分	合计	270.00	3553.00	6731.90	110575.00
渤海保险	政府推动业务		农险				
渤海保险	政府推动业务		安全生产责任				
渤海保险	政府推动业务		环境责任				
渤海保险	政府推动业务		校园方责任				
渤海保险	政府推动业务		医疗责任				
渤海保险	政府推动业务		火灾公众责任				
渤海保险	政府推动业务		合计				
渤海保险	银保业务		财险				
民安保险	车险（不含摩托车、拖拉机）	按业务渠道分	车商				
民安保险	车险（不含摩托车、拖拉机）	按业务渠道分	电销	0.00	8.00	0.00	73.40
民安保险	车险（不含摩托车、拖拉机）	按业务渠道分	网销	33.00	443.00	1677.75	21137.65
民安保险	车险（不含摩托车、拖拉机）	按业务渠道分	其他	642.00	6376.00	19004.27	281873.35
民安保险	车险（不含摩托车、拖拉机）	按业务渠道分	合计	675.00	6827.00	20682.02	303084.40
民安保险	政府推动业务		农险				
民安保险	政府推动业务		安全生产责任				
民安保险	政府推动业务		环境责任				
民安保险	政府推动业务		校园方责任				
民安保险	政府推动业务		医疗责任				
民安保险	政府推动业务		火灾公众责任				
民安保险	政府推动业务		合计				
民安保险	银保业务		财险				

保费收入		赔款支出			简单	综合	市场	上年同	同比
本期	累计	本期赔款	累计案件	累计赔款	赔付率(%)	赔付率(%)	份额(%)	期保费	增长率(%)
460.94	1157.44						0.97	62.93	1739
30.75	181.28	11.44	177.00	34.85			0.12	21.57	740
							0.00		–
190.12	3327.76	86.35		2003.64	60.21		1.29	4211.68	–21
681.81	4666.48	97.79	177.00	2038.49	43.68		0.71	4296.18	9
							0.00		–
							0.00		–
							0.00		–
							0.00		–
							0.00		–
							0.00		–
							0.00		–
2.30	313.62						2.21	286.83	9
							0.00		–
9.00	61.00	2.00	152.00	44.00	71.24	124.07	0.04	64.00	–5
							0.00		–
40.64	746.88	83.32	1500.00	701.39	74.82	89.64	0.29	1363.00	–45
49.64	807.88	85.32	1652.00	745.39	146.06	213.71	0.12	1427.00	–43
							0.00		–
							0.00		–
							0.00		–
							0.00		–
							0.00		–
							0.00		–
							0.00		–
							0.00		–
							0.00		–
0.00	1.53	0.00	41.00	8.62	563.40		0.00	38.60	–96
6.19	79.04	2.26	86.00	18.28	23.13		0.06		–
270.17	2783.53	121.30	2051.00	2071.02	74.40		1.08	2739.02	2
276.36	2864.10	123.56	2178.00	2097.92	73.25		0.43	2777.62	3
							0.00		–
							0.00		–
							0.00		–
							0.00		–
							0.00		–
							0.00		–
							0.00		–
							0.00		–

续表7

公司名称	业务类别			承保数量		承保金额	
				本期	累计	本期	累计
人寿财险	车险（不含摩托车、拖拉机）	按业务渠道分	车商	1663.00	13985.00	91702.04	703583.15
			电销	10304.00	83412.00	546870.53	4223334.41
			网销	587.00	2780.00	31032.26	146583.27
			其他	5652.00	55362.00	286670.18	2690539.65
			合计	18206.00	155539.00	956275.01	7764040.47
	政府推动业务		农险				
			安全生产责任	1.00	12.00	2837.10	54474.71
			环境责任				
			校园方责任				
			医疗责任				
			火灾公众责任				
			合计	1.00	12.00	2837.10	54474.71
	银保业务		财险	638.00	4892.00	284824.75	3141305.45
安盛天平	车险（不含摩托车、拖拉机）	按业务渠道分	车商	0.00	0.00	0.00	0.00
			电销	7223.00	48291.00	387902.73	2546208.80
			网销	2553.00	21204.00	129699.94	991061.66
			其他	486.00	4527.00	23779.56	202253.00
			合计	10262.00	74022.00	541382.23	3739523.46
	政府推动业务		农险				
			安全生产责任				
			环境责任				
			校园方责任				
			医疗责任				
			火灾公众责任				
			合计				
	银保业务		财险				
中银保险	车险（不含摩托车、拖拉机）	按业务渠道分	车商				
			电销				
			网销				
			其他	780.00	5443.00	34862.61	222163.20
			合计	780.00	5443.00	34862.61	222163.20
	政府推动业务		农险				
			安全生产责任				
			环境责任				
			校园方责任				
			医疗责任				
			火灾公众责任				
			合计				
	银保业务		财险	489.00	1086.00	693260.18	1807203.18

保费收入		赔款支出			简单	综合	市场	上年同	同比
本期	累计	本期赔款	累计案件	累计赔款	赔付率(%)	赔付率(%)	份额(%)	期保费	增长率(%)
719.61	6070.27	284.57	6149.00	3767.09	62.06		5.09	5953.99	2
2059.83	16719.27	1164.92	25668.00	8396.39	50.22		11.39	11712.14	43
114.90	574.80	22.12	271.00	66.43	11.56		0.42	8.46	6692
2300.46	22096.35	1379.16	16467.00	10242.18	46.35		8.55	16010.94	38
5194.80	45460.68	2850.77	48555.00	22472.09	49.43		6.88	33685.54	35
							0.00		–
4.00	74.59	0.84	121.00	14.10	18.90		5.40	66.50	12
							0.00		–
							0.00		–
							0.00		–
							0.00		–
4.00	74.59	0.84	121.00	14.10	18.90		0.86	66.50	12
117.65	1837.21	58.45	310.00	378.56	20.60		12.93	1797.83	2
0.00	0.00	0.00	0.00	0.00	0.00	0.00	0.00	0.00	–
1261.24	8549.96	489.63	11166.00	4038.86	47.24	47.24	5.82	5671.15	51
428.97	3396.13	206.77	4283.00	1179.53	34.73	34.73	2.49	1168.26	191
105.16	928.76	52.14	1237.00	738.17	79.48	79.48	0.36	883.14	5
1795.37	12874.85	748.54	16686.00	5956.55	46.27	46.27	1.95	7722.55	67
							0.00		–
							0.00		–
							0.00		–
							0.00		–
							0.00		–
							0.00		–
							0.00		–
							0.00		–
							0.00		–
							0.00		–
							0.00	1239.79	–100
187.14	1175.38	91.23	1398.00	820.52	69.81		0.46	1239.79	–5
187.14	1175.38	91.23	1398.00	820.52	69.81		0.18		–
							0.00	8.43	–100
					–		0.00		–
							0.00		–
							0.00		–
							0.00		–
							0.00	8.43	–100
					–		0.00	3255.00	–100
290.48	1934.25	63.90	146.00	242.99	12.56		13.61	76.64	2424

续表7

公司名称	业务类别			承保数量		承保金额	
				本期	累计	本期	累计
安诚保险	车险（不含摩托车、拖拉机）	按业务渠道分	车商	1098.00	4123.00	64627.25	237724.36
			电销	19.00	91.00	1994.00	9131.00
			网销			0.00	0.00
			其他	547.00	8270.00	27746.75	406801.64
			合计	1664.00	12484.00	94368.00	653657.00
	政府推动业务	农险					
		安全生产责任					
		环境责任					
		校园方责任					
		医疗责任					
		火灾公众责任					
		合计					
	银保业务	财险					
长安责任	车险（不含摩托车、拖拉机）	按业务渠道分	车商	1014.00	11463.00	50102.48	509917.90
			电销	346.00	3315.00	18422.89	171444.06
			网销	15.00	15.00	827.20	827.20
			其他	51.00	452.00	1977.98	17100.17
			合计	1426.00	15245.00	71330.55	699289.33
	政府推动业务	农险					
		安全生产责任					
		环境责任					
		校园方责任					
		医疗责任					
		火灾公众责任					
		合计					
	银保业务	财险					
紫金保险	车险（不含摩托车、拖拉机）	按业务渠道分	车商				
			电销	901.00	8620.00	44343.12	419873.74
			网销				
			其他	3433.00	29038.00	163718.86	1336478.01
			合计	4334.00	37658.00	208061.98	1756351.75
	政府推动业务	农险		2.00	27.00	61.00	2071.96
		安全生产责任					
		环境责任					
		校园方责任					
		医疗责任					
		火灾公众责任					
		合计		2.00	27.00	61.00	2071.96
	银保业务	财险					

保费收入		赔款支出			简单	综合	市场	上年同	同比
本期	累计	本期赔款	累计案件	累计赔款	赔付率(%)	赔付率(%)	份额(%)	期保费	增长率(%)
509.06	1902.81	28.15	583.00	283.50	14.90	44.62	1.60		–
6.00	27.00	0.70	0.91	0.03	0.12		0.02		–
							0.00	3203.34	–100
183.94	2974.19	94.85	2274.00	1653.47	55.59	69.55	1.15	3279.98	–9
699.00	4904.00	124.00	2528.00	1937.00	39.50	65.95	0.74		–
							0.00		–
							0.00		–
							0.00		–
							0.00		–
							0.00		–
							0.00		–
							0.00		–
							0.00	3174.42	–100
434.63	4305.03	87.60	1920.00	1670.54				647.07	68
63.10	619.87	23.36	1136.00	360.99					–3
2.80	2.80							67.77	
10.17	84.20	8.11	77.00	182.60				3889.26	–13
510.70	5011.90	119.07	3133.00	2214.13			0.00		50
							0.00		–
							0.00		–
							0.00		–
							0.00		–
							0.00		–
							0.00		–
							0.00		–
							0.00		–
							0.00	1163.63	–100
150.80	1503.61	86.60	2881.00	773.49	51.44		1.02		–
							0.00	5936.58	–100
890.57	7694.84	346.55	9336.00	4246.11	55.18		2.98	7100.21	8
1041.37	9198.45	433.15	12217.00	5019.60	54.57		1.39	386.48	2280
2.18	54.52	59.46	96.00	201.61	369.79		2.07		–
							0.00		–
							0.00		–
							0.00		–
							0.00		–
							0.00	386.48	–100
2.18	54.52	59.46	96.00	201.61	369.79		0.63		–
							0.00		–

续表7

公司名称	业务类别			承保数量		承保金额	
				本期	累计	本期	累计
三井住友	车险（不含摩托车、拖拉机）	按业务渠道分	车商				
			电销				
			网销				
			其他	26.00	100.00	1593.00	7253.00
			合计	26.00	100.00	1593.00	7253.00
	政府推动业务		农险				
			安全生产责任				
			环境责任				
			校园方责任				
			医疗责任				
			火灾公众责任				
			合计				
	银保业务		财险				
英大财险	车险（不含摩托车、拖拉机）	按业务渠道分	车商				
			电销	558.00	6945.00	27834.17	342335.47
			网销	283.00	385.00	14219.05	18306.83
			其他	809.00	8597.00	48973.34	505279.44
			合计	1650.00	15927.00	91026.56	865921.74
	政府推动业务		农险	0.00	0.00	0.00	0.00
			安全生产责任	0.00	0.00	0.00	0.00
			环境责任	0.00	0.00	0.00	0.00
			校园方责任	0.00	0.00	0.00	0.00
			医疗责任	0.00	0.00	0.00	0.00
			火灾公众责任	0.00	0.00	0.00	0.00
			合计	0.00	0.00	0.00	0.00
	银保业务		财险	17.00	269.00	19902.82	358613.45
信达财险	车险（不含摩托车、拖拉机）	按业务渠道分	车商				
			电销				
			网销	0.00	2.00	0.00	75.03
			其他	215.00	3052.00	7905.31	128131.37
			合计	215.00	3054.00	7905.31	128206.40
	政府推动业务		农险				
			安全生产责任				
			环境责任				
			校园方责任				
			医疗责任				
			火灾公众责任				
			合计				
	银保业务		财险				

保费收入		赔款支出			简单	综合	市场	上年同	同比
本期	累计	本期赔款	累计案件	累计赔款	赔付率(%)	赔付率(%)	份额(%)	期保费	增长率(%)
							0.00		–
							0.00		–
							0.00	11.25	–100
7.00	27.00	0.00	0.00	1.35	4.96	136.48	0.01	11.25	140
7.00	27.00	0.00	0.00	1.35	4.96	136.48	0.00		–
							0.00		–
							0.00		–
							0.00		–
							0.00		–
							0.00		–
							0.00		–
							0.00		–
							0.00		–
							0.00	1352.90	–100
108.71	1372.68	166.39	2908.00	766.77	55.86		0.94	61.08	2147
50.14	68.97	1.20	83.00	20.41	29.59		0.05	2853.00	–98
262.99	2911.67	173.59	6796.00	1372.14	47.13		1.13	4266.98	–32
421.84	4353.32	341.18	9787.00	2159.32	49.60		0.66		–
0.00	0.00						0.00		–
0.00	0.00						0.00		–
0.00	0.00						0.00		–
0.00	0.00						0.00		–
0.00	0.00						0.00	0.23	–100
0.00	0.00						0.00	0.23	–100
0.00	0.00	0.00	0.00	0.00			0.00	135.55	–100
6.30	133.20	0.00	1.00	0.00			0.94		–
							0.00		–
							0.00	4.23	–100
0.00	0.51	0.38	12.00	1.55	284.99	37.45	0.00	2324.51	–100
48.39	899.84	57.27	1541.00	937.71	104.23	58.29	0.35	2324.51	–61
48.39	900.34	57.65	1553.00	939.73	104.37	58.21	0.14		–
							0.00		–
							0.00		–
							0.00		–
							0.00		–
							0.00		–
							0.00		–
							0.00		–
							0.00	2583.72	–100

续表7

公司名称	业务类别			承保数量		承保金额	
				本期	累计	本期	累计
永诚财险	车险（不含摩托车、拖拉机）	按业务渠道分	车商	486.00	7131.00	1319.62	435442.19
			电销	56.00	455.00	4442.25	35645.45
			网销				
			其他				
			合计	542.00	7586.00	5761.87	471087.64
	政府推动业务	农险					
		安全生产责任					
		环境责任					
		校园方责任					
		医疗责任					
		火灾公众责任					
		合计					
	银保业务	财险					
浙商财险	车险（不含摩托车、拖拉机）	按业务渠道分	车商	290.00	1700.00	12863.24	70453.95
			电销	5.00	78.00	426.18	6011.73
			网销				
			其他				
			合计	295.00	1778.00	13289.42	76465.68
	政府推动业务	农险					
		安全生产责任					
		环境责任					
		校园方责任					
		医疗责任					
		火灾公众责任					
		合计					
	银保业务	财险					
安信农险	车险（不含摩托车、拖拉机）	按业务渠道分	车商	2.00	3075.00	24.40	128534.49
			电销				
			网销				
			其他				
			合计	2.00	3075.00	24.40	128534.49
	政府推动业务	农险					
		安全生产责任					
		环境责任					
		校园方责任					
		医疗责任					
		火灾公众责任					
		合计					
	银保业务	财险					

保费收入		赔款支出			简单赔付率(%)	综合赔付率(%)	市场份额(%)	上年同期保费	同比增长率(%)
本期	累计	本期赔款	累计案件	累计赔款					
64.73	4135.27	174.99	1587.00	1554.17	37.58	37.58	3.47	83.68	4842
15.05	158.80	3.17	234.00	159.21	100.26	100.26	0.11		–
							0.00		–
							0.00	2667.40	–100
79.78	4294.07	178.16	1821.00	1713.38	39.90	137.84	0.65		–
							0.00	0.20	–100
							0.00		–
							0.00		–
							0.00		–
							0.00		–
							0.00	0.20	–100
							0.00		–
							0.00	1544.94	–100
74.56	526.15	0.00	662.00	714.52	135.80		0.44		–
1.33	21.32	0.00	6.00	1.59	7.46		0.01		–
							0.00		–
							0.00	1544.94	–100
75.89	547.47	0.00	668.00	716.11	130.80		0.08		–
							0.00		–
							0.00		–
							0.00		–
							0.00		–
							0.00		–
							0.00		–
							0.00		–
							0.00		–
0.59	756.67	20.32		588.12	116.86		0.63		–
							0.00		–
							0.00		–
							0.00		–
0.59	756.67	20.32		588.12	116.86		0.11		–
							0.00		–
							0.00		–
							0.00		–
							0.00		–
							0.00		–
							0.00		–
							0.00		–
							0.00		–

续表7

公司名称	业务类别			承保数量		承保金额	
				本期	累计	本期	累计
泰山财险	车险（不含摩托车、拖拉机）	按业务渠道分	车商	56.00	965.00	3145.25	48957.87
			电销	0.00	0.00	0.00	0.00
			网销	0.00	0.00	0.00	0.00
			其他	0.00	0.00	0.00	0.00
			合计	56.00	965.00	3145.25	48957.87
	政府推动业务	农险					
		安全生产责任					
		环境责任					
		校园方责任					
		医疗责任					
		火灾公众责任					
		合计					
	银保业务	财险					
产险合计	车险（不含摩托车、拖拉机）	按业务渠道分	车商	42558.00	354353.00	1412552.61	14467032.54
			电销	97158.00	753628.00	3657196.37	30962772.53
			网销	80426.00	697981.00	3315260.40	20928070.25
			其他	93131.00	930625.00	3473655.85	35332631.85
			合计	313273.00	2736587.00	11858665.23	101690506.16
	政府推动业务	农险		523.00	908929.00	46172.56	113756.75
		安全生产责任		879.00	20174.00	48332.46	1099932.11
		环境责任		308.00	2674.00	17849.93	3007727.79
		校园方责任		209.00	2343.00	45830.27	40824482.89
		医疗责任		14.00	209.00	737.31	13104.29
		火灾公众责任		0.00	10.00	0.00	7700.00
		合计		1933.00	934339.00	158922.53	45066703.83
	银保业务	财险		2391.00	17401.00	2437208.73	20039752.27

保费收入		赔款支出			简单赔付率(%)	综合赔付率(%)	市场份额(%)	上年同期保费	同比增长率(%)
本期	累计	本期赔款	累计案件	累计赔款					
14.04	308.71	21.39	152.00	56.07	18.16				
0.00	0.00								
0.00	0.00								
0.00	0.00								
14.04	308.71	21.39	152.00	56.07	18.16				
13967.95	119273.69	6502.83	138091.00	69176.20	58.00		100.00	118668.77	1
18535.75	146787.89	9811.87	256123.91	92906.92	63.29		100.00	132829.19	11
15966.27	136467.57	7713.48	186152.00	65787.53	48.21		100.00	91873.47	49
25080.95	258309.14	15399.85	318128.00	153663.99	59.49		100.00	239517.04	8
73550.82	660838.29	39428.33	898165.00	381535.09	57.74		100.00	582884.24	13
388.71	2630.49	153.79	8429.00	1640.94	62.38		100.00	2191.43	20
(18.89)	1380.29	18.79	1414.00	273.01	19.78		100.00	1568.47	−12
257.49	2259.57	79.22	90.00	572.52	25.34		100.00	1203.29	88
15.21	308.91	11.77	440.00	91.11	29.49		100.00	108.19	186
58.70	2044.78	171.40	453.00	975.12	47.69		100.00	1659.30	23
0.00	8.83	0.00	0.00	0.00	0.00		100.00	14.03	−37
701.21	8632.86	434.97	10826.00	3552.70	41.15		100.00	6744.72	28
1703.17	14208.43	1243.02	2070.00	4213.84	29.66		100.00	16520.73	−14

（无锡市保险行业协会）

表8　2015年无锡市保险行业协会

公司名称	业务类别		保费收入本月				保费收入累计			
			首年	其中:期缴	续期	小计	首年	其中:期缴	续期	小计
国寿公司	营销业务	健康险	224.83	0.00	0.00	224.83	2238.78	0.00	0.00	2238.78
		意外险	530.65	0.00	0.00	530.65	5524.99	0.00	0.00	5524.99
		一般寿险	2454.81	2454.82	6650.32	9105.13	53097.08	53097.00	55222.78	108319.86
		分红类保险	422.74	422.74	7893.08	8315.82	7566.26	7550.63	166853.77	174420.03
		万能寿险	0.00	0.00	0.00	0.00	0.00	0.00	0.00	0.00
		投连险	0.00	0.00	0.00	0.00	0.00	0.00	0.00	0.00
		小　计	3633.03	2877.56	14543.40	18176.43	68427.11	60647.63	222076.55	290503.66
	直销业务	健康险	213.20	0.00	0.00	213.20	6930.29	0.00	0.00	6930.29
		意外险	645.36	0.00	0.00	645.36	12532.53	0.00	0.00	12532.53
		一般寿险	56.35	56.36	11.03	67.38	120.40	120.18	171.71	292.11
		分红类保险	10.74	6.16	8.95	19.69	336.95	48.72	347.85	684.80
		万能寿险	0.00	0.00	0.00	0.00	0.00	0.00	0.00	0.00
		投连险	0.00	0.00	0.00	0.00	0.00	0.00	0.00	0.00
		小　计	925.65	62.52	19.98	945.63	19920.17	168.90	519.56	20439.73
	银代业务	健康险	10.04	0.00	0.00	10.04	68.92	0.00	0.00	68.92
		意外险	20.45	0.00	0.00	20.45	167.65	0.00	0.00	167.65
		一般寿险	7206.23	331.63	123.38	7329.61	83425.74	10540.29	1619.38	85045.12
		分红类保险	144.98	143.48	583.79	728.77	3603.77	3033.07	14652.22	18255.99
		万能寿险	0.00	0.00	0.00	0.00	0.00	0.00	0.00	0.00
		投连险	0.00	0.00	0.00	0.00	0.00	0.00	0.00	0.00
		小　计	7381.70	475.11	707.17	8088.87	87266.08	13573.36	16271.60	103537.68
	合　计		11940.38	3415.19	15270.55	27210.93	175613.36	74389.89	238867.71	414481.07
太保寿险	营销业务	健康险	41.09			41.09	610.68	0.00	0.00	610.68
		意外险	47.81			47.81	816.71	0.00	0.00	816.71
		一般寿险	586.65	586.23	1351.79	1938.44	8908.84	8897.46	17641.96	26550.80
		分红类保险	477.42	477.42	4695.34	5172.76	38050.51	38038.94	78322.66	116373.17
		万能寿险	0.00	0.00	1.96	1.96	0.00	0.00	13.00	13.00
		投连险				0.00				0.00
		小　计	1152.98	1063.65	6049.08	7202.06	48386.74	46936.40	95977.62	144364.36
	直销业务	健康险	27.12			27.12	5211.41	0.00	0.00	5211.41
		意外险	288.33			288.33	7949.38	0.00	0.00	7949.38
		一般寿险	49.18	30.97	124.01	173.19	1327.49	470.24	1472.46	2799.94
		分红类保险	0.00	0.00	56.78	56.78	33.80	33.80	872.51	906.31
		万能寿险				0.00				0.00
		投连险				0.00				0.00
		小　计	364.63	30.97	180.79	545.42	14522.08	504.04	2344.97	16867.04
	银代业务	健康险	0.04			0.04	39.56	0.00	0.00	39.56
		意外险	20.34			20.34	353.00	0.00	0.00	353.00
		一般寿险	2.28	2.28	23.85	26.13	150.54	150.54	507.79	658.33
		分红类保险	185.48	85.48	353.10	538.58	5038.19	1558.18	16631.59	21669.77
		万能寿险	0.00	0.00	0.23	0.23	0.00	0.00	2.91	2.91
		投连险				0.00				0.00
		小　计	208.14	87.76	377.18	585.31	5581.28	1708.71	17142.28	22723.56
	合　计		1725.75	1182.38	6607.05	8332.80	68490.10	49149.15	115464.87	183954.96

各寿险公司业务情况

单位：万元，%

理赔给付			其他给付		退保		市场份额	上年同期保费	同比增长率
本期	累计	短险赔付率	本期	累计	本期	累计			
105.06	1212.46	54.16	0.00	0.00	0.00	0.00	10.85	2043.77	9.54
249.65	2573.45	46.58	0.00	0.00	0.00	0.00	44.60	4944.45	11.74
662.24	4643.93		767.03	7489.50	272.73	3507.12	49.18	57922.99	87.01
151.70	1170.59		437.65	17846.36	1420.61	17984.94	34.43	197533.76	−11.70
0.15	6.61		0.00	0.00	34.99	247.66	0.00	0.00	–
0.00	0.00		0.00	0.00	0.00	0.00	0.00	0.00	–
1168.80	9607.04	48.76	1204.68	25335.86	1728.33	21739.72	37.66	262444.97	10.69
421.81	5168.07	74.57	0.00	0.00	0.00	0.00	40.03	6188.12	11.99
427.60	6559.37	52.34	0.00	0.00	0.00	0.00	51.73	11538.36	8.62
180.69	720.66		25.18	305.05	21.67	660.96	1.32	204.26	43.01
0.00	24.51		106.30	4646.44	23.47	573.67	2.98	804.06	−14.83
0.00	0.00		0.00	0.00	0.01	2.39	0.00	0.00	–
0.00	0.00		0.00	0.00	0.00	0.00	0.00	0.00	–
1030.10	12472.61	60.26	131.48	4951.49	45.15	1237.02	23.59	18734.80	9.10
2.16	28.34	41.12	0.00	0.00	0.00	0.00	8.29	32.51	112.00
3.57	9.17	5.47	0.00	0.00	0.00	0.00	6.80	89.32	87.70
26.09	80.40		23.56	309.31	1383.06	59228.87	26.36	62226.35	36.67
23.46	506.41		1694.87	41763.06	1600.77	28427.93	15.12	29769.02	−38.67
0.00	126.03		0.00	0.00	1.37	23.18	0.00	0.00	–
0.00	0.00		0.00	0.00	0.00	0.00	0.00	0.00	–
55.28	750.35	15.86	1718.43	42072.37	2985.20	87679.98	20.06	92117.20	12.40
2254.18	22830.00	56.62	3054.59	72359.72	4758.68	110656.72	30.16	373296.97	11.03
17.54	170.71	27.95					2.96	276.59	120.79
10.93	203.04	24.86					6.59	683.06	19.57
93.78	1496.22		996.00	8675.85	235.41	3117.37	12.05	19791.46	34.15
18.89	667.77		392.68	7637.51	186.03	3101.21	22.97	87773.77	32.58
0.68	14.97		0.00		0.00		0.12	13.53	−3.92
0.00			0.00				0.00	0.00	–
141.82	2552.71	26.18	1388.67	16313.36	421.43	6218.59	18.71	108538.42	33.01
376.87	3978.54	76.34					30.10	4967.59	4.91
208.23	2091.04	26.30					32.81	8048.42	−1.23
19.57	118.50		101.04	1175.77	10.46	165.91	12.67	2442.42	14.64
0.00	3.10		0.24	11.47	3.09	100.58	3.94	1747.87	−48.15
0.00	0.00		0.05	0.63	0.00		0.00	0.00	–
0.00			0.00		0.00		0.00	0.00	–
604.67	6191.18	46.12	101.33	1187.87	13.55	266.49	19.46	17206.30	−1.97
2.10	22.36	56.52					4.76	39.30	0.67
1.57	7.14	2.02					14.32	87.76	302.25
0.00	112.19		0.15	2.80	0.35	23399.20	0.20	24352.67	−97.30
37.49	806.73		295.00	17358.88	908.22	23040.81	17.94	34412.58	−37.03
0.00			0.00		0.00		0.00	4.03	−27.73
0.00			0.00		0.00		0.00	0.00	–
41.16	948.42	7.51	295.15	17361.68	908.57	46440.01	4.40	58896.33	−61.42
787.64	9692.31	43.21	1785.16	34862.91	1343.55	52925.09	13.39	184641.04	−0.37

续表8

公司名称	业务类别		保费收入本月				保费收入累计			
			首年	其中:期缴	续期	小计	首年	其中:期缴	续期	小计
平保寿险	营销业务	健康险	24.67	0.00	0.00	24.67	331.71			331.71
		意外险	317.60	0.00	0.00	317.60	3581.04			3581.04
		一般寿险	1777.95	1748.48	1456.56	3234.51	18381.32	18247.18	18561.68	36943.00
		分红类保险	1172.81	1172.78	5345.94	6518.75	18748.36	18741.25	64671.66	83420.02
		万能寿险	23.57	23.57	361.80	385.37	407.95	407.97	4611.25	5019.20
		投连险	0.00	0.00	19.05	19.05	0.07	0.07	283.42	283.49
		小　计	3316.60	2944.83	7183.35	10499.95	41450.45	37396.47	88128.01	129578.46
	直销业务	健康险	0.00	0.00	0.00	0.00	0.46			0.46
		意外险	75.99	0.00	0.00	75.99	771.70			771.70
		一般寿险	402.21	402.21	775.94	1178.15	4002.62	4002.62	8852.27	12854.89
		分红类保险	36.16	36.16	46.91	83.07	653.10	653.10	330.60	983.70
		万能寿险	0.00	0.00	0.00	0.00	0.00	0.00	0.00	0.00
		投连险	0.05	0.00	0.00	0.05	0.05	0.00	0.00	0.05
		小　计	514.41	438.37	822.85	1337.26	5427.93	4655.72	9182.87	14610.80
	银代业务	健康险	18.40	0.00	0.00	18.40	272.37			272.37
		意外险	56.08	0.00	0.00	56.08	899.55			899.55
		一般寿险	38.95	10.60	57.89	96.84	1563.81	368.18	655.59	2219.40
		分红类保险	172.98	172.98	89.38	262.36	281.64	281.34	2705.95	2987.59
		万能寿险	3.26	0.00	0.00	3.26	47.79	0.28	0.00	47.79
		投连险	0.01	0.00	0.00	0.01	0.14	0.00	0.00	0.14
		小　计	289.68	183.58	147.27	436.95	3065.30	649.80	3361.54	6426.84
	合　计		4120.69	3566.78	8153.47	12274.16	49943.68	42701.99	100672.42	150616.10
新华寿险	营销业务	健康险	377.52	345.35	300.62	678.14	2977.88	2868.34	3107.82	6085.70
		意外险	0.81	0.00	0.79	1.60	10.42	0.00	9.43	19.85
		一般寿险	102.89	71.77	37.02	139.91	2663.13	2370.64	477.10	3140.23
		分红类保险	101.75	101.75	445.34	547.08	385.43	385.43	7218.03	7603.47
		万能寿险	5.10	0.00	182.24	187.34	183.10	86.30	3502.49	3685.59
		投连险	0.00	0.00	0.00	0.00	0.00	0.00	0.00	0.00
		小　计	588.07	518.86	966.01	1554.08	6219.97	5710.70	14314.87	20534.84
	直销业务	健康险	6.31	2.77	0.23	6.53	115.22	3.12	0.40	115.63
		意外险	10.21	0.00	0.00	10.21	80.96	0.00	0.00	80.96
		一般寿险	0.10	0.00	0.00	0.10	0.82	0.00	0.00	0.82
		分红类保险	0.00	0.00	0.00	0.00	0.00	0.00	0.00	0.00
		万能寿险	0.00	0.00	0.00	0.00	0.00	0.00	0.00	0.00
		投连险	0.00	0.00	0.00	0.00	0.00	0.00	0.00	0.00
		小　计	16.62	2.77	0.23	16.85	197.00	3.12	0.40	197.40
	银代业务	健康险	0.56	0.56	6.87	7.42	5.20	5.20	64.71	69.92
		意外险	0.00	0.00	0.00	0.00	0.00	0.00	0.01	0.01
		一般寿险	0.00	0.00	13.69	13.69	2749.03	100.63	459.21	3208.24
		分红类保险	0.00	0.00	281.33	281.33	54.88	55.88	8565.81	8620.69
		万能寿险	0.00	0.00	0.60	0.60	0.00	0.00	45.70	45.70
		投连险	0.00	0.00	0.00	0.00	0.00	0.00	0.00	0.00
		小　计	0.56	0.56	302.49	303.04	2809.11	161.71	9135.44	11944.54
	合　计		605.24	522.19	1268.72	1873.97	9226.07	5875.53	23450.71	32676.79

理赔给付			其他给付		退保		市场份额	上年同期保费	同比增长率
本期	累计	短险赔付率	本期	累计	本期	累计			
15.83	287.94	64.17					1.61	910.77	-63.58
4.05	179.92	1.28					28.91	2010.13	78.15
455.17	4769.18		180.60	3536.13	125.70	1323.17	16.77	24067.77	53.50
51.41	489.78		1198.62	9856.74	337.85	5125.06	16.47	78285.99	6.56
27.18	444.31		50.32	657.87	0.14	1.99	44.78	4545.05	10.43
0.20	22.75		2.98	5.97	0.00	0.01	85.84	310.96	-8.83
553.84	6193.88		1432.52	14056.71	463.69	6450.23	16.80	110130.67	17.66
32.74	271.63	–					0.00	0.45	2.22
62.06	508.36	81.67					3.19	558.27	38.23
4.05	111.55		13.35	172.68	103.39	1150.80	58.19	9573.54	34.28
0.00	0.00		0.00	0.00	1.31	30.00	4.28	394.28	149.49
0.00	0.00		0.00	0.00	0.00	0.00	0.00	0.00	–
0.00	0.00		0.00	0.00	0.00	0.00	100.00	0.00	–
98.85	891.54		13.35	172.68	104.70	1180.81	16.86	10526.54	38.80
0.00	0.00	0.00					32.74	404.73	-32.70
0.00	0.00						36.49	1189.94	-24.40
0.00	0.00		0.00	0.00	1.00	3505.79	0.69	4609.37	-51.85
0.00	35.01		28.00	281.99	299.28	3648.04	2.47	4258.91	-29.85
0.00	0.04		0.00	5.12	0.02	1.33	0.07	101.87	-53.09
0.00	0.00		0.00	0.00	0.00	0.00	0.13	0.55	-74.55
0.00	35.05		28.00	287.11	300.29	7155.17	1.25	10565.37	-39.17
652.69	7120.47		1473.87	14516.50	868.69	14786.21	10.96	131222.58	14.78
27.32	202.74	3.33	0.00	0.00	28.96	173.59	29.50	3745.27	62.49
0.00	0.00	0.00	0.00	0.00	0.00	0.00	0.16	12.82	54.88
1.88	3.48	0.11	12.73	377.77	3.98	53.22	1.43	1008.08	211.51
13.88	66.77	0.88	24.37	695.55	78.81	677.46	1.50	9123.60	-16.66
0.00	14.70	0.40	0.00	0.00	0.00	0.00	32.88	61.92	5851.97
0.00	0.00	–	0.00	0.00	0.00	0.00	0.00	0.00	–
43.08	287.68	1.40	37.10	1073.31	111.75	904.26	2.66	13951.69	47.19
0.71	44.23	38.25	0.00	0.00	0.00	0.00	0.67	92.17	25.45
0.00	16.46	20.33	0.00	0.00	0.00	0.00	0.33	70.15	15.42
0.00	0.00	0.00	0.00	0.00	0.00	0.00	0.00	0.15	452.75
0.00	0.00	–	0.01	7.66	0.00	0.00	0.00	0.00	–
0.00	0.00	–	0.00	0.00	0.00	0.00	0.00	0.00	–
0.00	0.00	–	0.00	0.00	0.00	0.00	0.00	0.00	–
0.71	60.69	30.75	0.01	7.66	0.00	0.00	0.23	162.47	21.50
0.00	0.00	0.00	0.00	0.00	0.22	2.88	8.41	73.46	-4.83
0.00	0.00	0.00	0.00	0.00	0.00	0.00	0.00	0.02	-50.00
0.00	0.00	0.00	0.60	51.95	8.19	12182.41	0.99	12181.86	-73.66
8.44	264.56	3.07	819.85	15599.70	802.01	22176.87	7.14	16956.38	-49.16
0.00	4.07	8.91	8.08	28.88	0.00	0.00	0.07	0.73	6179.94
0.00	0.00	–	0.00	0.00	0.00	0.00	0.00	0.00	–
8.44	268.63	2.25	828.53	15680.53	810.42	34362.17	2.31	29212.45	-59.11
52.23	617.01	4.18	865.63	16761.50	922.16	35266.43	2.38	43326.60	-24.58

续表8

公司名称	业务类别		保费收入本月				保费收入累计			
			首年	其中:期缴	续期	小计	首年	其中:期缴	续期	小计
泰康寿险	营销业务	健康险	0.10	0.10	0.00	0.10	2.00	2.00	0.00	2.00
		意外险	0.10	0.10	0.00	0.10	1.94	1.94	0.00	1.94
		一般寿险	20.34	17.92	368.24	388.58	1267.54	1043.18	4642.09	5909.63
		分红类保险	133.13	116.68	2064.67	2197.80	8760.24	7929.10	26840.92	35601.16
		万能寿险	0.00	0.00	0.00	0.00	0.00	0.00	0.00	0.00
		投连险				0.00				0.00
		小　计	153.67	134.80	2432.91	2586.58	10031.72	8976.22	31483.01	41514.73
	直销业务	健康险	5.18	0.00	0.00	5.18	192.16	0.00	0.00	192.16
		意外险	11.33	0.00	0.00	11.33	484.76	0.00	0.00	484.76
		一般寿险								
		分红类保险	0.00			0.00	0.00			0.00
		万能寿险								
		投连险								
		小　计	16.51	0.00	0.00	16.51	676.92	0.00	0.00	676.92
	银代业务	健康险	7.66	7.66		7.66	109.87	109.87		109.87
		意外险	1.28	1.28		1.28	9.92	7.39		9.92
		一般寿险	0.00	0.00		0.00	238.23	235.23		238.23
		分红类保险	17.60	17.60	0.00	17.60	163.50	163.50	0.00	163.50
		万能寿险			0.00		4.00	4.00	0.00	4.00
		投连险			0.00				0.00	
		小　计	26.54	26.54	0.00	26.54	525.52	519.99	0.00	525.52
	合　计		196.72	161.34	2432.91	2629.63	11234.16	9496.21	31483.01	42717.17
太平寿险	营销业务	健康险	29.95	0.00	0.00	29.95	279.17	0.00	0.00	279.17
		意外险	37.05	0.00	0.00	37.05	375.64	0.00	0.00	375.64
		一般寿险	101.90	99.23	192.29	294.18	3211.08	3151.01	1425.63	4636.71
		分红类保险	163.51	163.51	3227.98	3391.49	6798.83	6783.93	18673.46	25472.29
		万能寿险	0.00	0.00	0.00	0.00	–0.02	0.00	0.00	–0.02
		投连险	0.04	0.00	0.00	0.04	0.67	0.00	0.00	0.67
		小　计	332.45	262.75	3420.26	3752.72	10665.38	9934.94	20099.09	30764.47
	直销业务	健康险	0.67	0.00	0.00	0.67	1.81	0.00	0.00	1.81
		意外险	12.89	0.00	0.00	12.89	50.78	0.00	0.00	50.78
		一般寿险	4.26	4.15	34.09	38.35	19.95	19.33	316.73	336.68
		分红类保险	0.24	0.24	0.48	0.72	0.24	0.24	196.96	197.20
		万能寿险	0.00	0.00	0.00	0.00	0.00	0.00	0.00	0.00
		投连险	0.00	0.00	0.00	0.00	0.00	0.00	0.00	0.00
		小　计	18.06	4.39	34.57	52.63	72.78	19.57	513.69	586.46
	银代业务	健康险	0.34	0.00	0.00	0.34	6.64	0.00	0.00	6.64
		意外险	0.13	0.00	0.00	0.13	0.28	0.00	0.00	0.28
		一般寿险	0.00	0.00	1.07	1.07	21497.17	17.47	29.26	21526.43
		分红类保险	75.00	75.00	669.12	744.12	1550.68	1550.68	12532.20	14082.88
		万能寿险	0.00	0.00	0.00	0.00	0.00	0.00	0.00	0.00
		投连险	0.00	0.00	0.00	0.00	0.00	0.00	0.00	0.00
		小　计	75.47	75.00	670.20	745.67	23054.76	1568.15	12561.46	35616.22
	合　计		425.98	342.13	4125.03	4551.01	33792.92	11522.66	33174.23	66967.16

理赔给付			其他给付		退保		市场份额	上年同期保费	同比增长率
本期	累计	短险赔付率	本期	累计	本期	累计			
6.02	29.01	1210.00	0.00	0.00	0.00	0.00	0.01	1.82	9.89
2.32	14.97	687.50	0.00	0.00	0.00	0.00	0.02	2.39	–18.83
33.89	261.83		0.00	0.00	0.00	0.00	2.68	4592.09	28.69
	0.00		2.67	48.02	2.79	70.05	7.03	30560.92	16.49
0.00	0.00		0.00	0.00	6.32	131.71	0.00	0.00	–
			0.00	0.00	0.00	0.00	0.00	0.00	–
42.23	305.81	952.94	2.67	48.02	9.11	201.76	5.38	35157.22	18.08
							1.11	273.86	–29.83
17.91	123.29	22.26					2.00	563.71	–14.01
							0.00		–
							0.00	0.00	–
							0.00		–
							0.00		–
17.91	123.29	15.96	0.00	0.00	0.00	0.00	0.78	837.57	–19.18
0.00	4.20						13.21	86.14	27.55
							0.40	14.67	–32.38
3.87	102.64		0.00	0.00			0.07	4830.05	–95.07
0.00	0.00	0.00	0.00	0.00	2.48	111.87	0.14	365.60	–55.28
					6.23	222.82	0.01	10.00	–60.00
			0.00	0.00	8.14	92.39	0.00	0.00	–
3.87	106.84	20.64	0.00	0.00	16.85	427.08	0.10	5306.46	–90.10
64.01	535.94	1.18	2.67	48.02	25.96	628.84	3.11	41301.25	3.43
12.35	116.36	41.68	0.00	0.00	1.47	19.28	1.35	233.53	19.54
0.04	10.34	2.75	0.00	0.00	0.02	0.28	3.03	197.65	90.05
32.22	199.20		0.00	0.00	3.46	8.49	2.11	1480.59	213.17
40.18	222.08	0.87	3689.53	11852.90	62.28	554.91	5.03	18104.25	40.70
0.00	0.00		0.00	0.00	0.00	0.00	0.00	0.00	–
0.00	0.00		0.00	0.00	0.00	0.00	0.20	0.84	–20.11
84.79	547.98	1.78	3689.53	11852.90	67.23	582.96	3.99	20016.86	53.69
0.00	0.00	0.00	0.00	0.00	0.00	37.38	0.01	0.28	550.30
0.00	0.00	0.00	0.00	0.00	0.03	0.31	0.21	23.05	120.26
0.00	0.00		0.00	0.00	1.19	12.49	1.52	302.05	11.46
0.00	0.00		0.00	0.00	0.00	0.00	0.86	29.71	563.83
0.00	0.00		0.00	0.00	0.00	0.00	0.00	0.00	–
0.00	0.00		0.00	0.00	0.00	0.00	0.00	0.00	–
0.00	0.00	0.00	0.00	0.00	1.22	50.19	0.68	355.09	65.16
0.00	0.00	0.00	0.00	0.00	4.49	5.68	0.80	29.03	–77.14
0.00	0.00	0.00	0.00	0.00	0.00	0.00	0.01	0.35	–21.00
0.00	0.00		0.00	0.00	678.37	8707.16	6.67	8517.81	152.72
0.00	0.00	0.00	0.00	0.00	180.13	3488.09	11.66	13972.29	0.79
0.00	0.00		0.00	0.00	0.00	0.00	0.00	0.00	–
0.00	0.00		0.00	0.00	0.00	0.00	0.00	0.00	–
0.00	0.00	0.00	0.00	0.00	863.00	12200.94	6.90	22519.48	58.16
84.79	547.98	0.82	3689.53	11852.90	931.45	12834.09	4.87	42891.44	56.13

续表8

公司名称	业务类别		保费收入本月				保费收入累计			
			首年	其中:期缴	续期	小计	首年	其中:期缴	续期	小计
民生寿险	营销业务	健康险	3.34	0.00	0.00	3.34	50.82	0.00	0.00	50.82
		意外险	0.67	0.53	0.00	0.67	7.22	4.35	0.00	7.22
		一般寿险	29.05	27.30	51.18	80.23	718.32	689.73	540.22	1258.54
		分红类保险	15.59	15.39	272.40	287.99	333.03	330.31	5808.19	6141.22
		万能寿险	0.00	0.00	0.00	0.00	0.00	0.00	0.00	0.00
		投连险	0.00	0.00	0.00	0.00	0.00	0.00	0.00	0.00
		小计	48.64	43.22	323.57	372.21	1109.39	1024.40	6348.41	7457.80
	直销业务	健康险	0.63	0.00	0.00	0.63	7.05	0.00	0.00	7.05
		意外险	0.12	0.00	0.00	0.12	0.70	0.00	0.00	0.70
		一般寿险	0.30	0.00	0.00	0.30	4.91	0.00	0.00	4.91
		分红类保险	0.00	0.00	0.00	0.00	0.00	0.00	0.00	0.00
		万能寿险	0.00	0.00	0.00	0.00	0.00	0.00	0.00	0.00
		投连险	0.00	0.00	0.00	0.00	0.00	0.00	0.00	0.00
		小计	1.06	0.00	0.00	1.06	12.67	0.00	0.00	12.67
	银代业务	健康险	0.00	0.00	0.00	0.00	0.00	0.00	0.00	0.00
		意外险	0.00	0.00	0.00	0.00	0.00	0.00	0.00	0.00
		一般寿险	0.00	0.00	0.33	0.33	0.00	0.00	1.96	1.96
		分红类保险	0.00	0.00	2.00	2.00	0.00	0.00	71.60	71.60
		万能寿险	0.00	0.00	0.00	0.00	0.00	0.00	0.00	0.00
		投连险	0.00	0.00	0.00	0.00	0.00	0.00	0.00	0.00
		小计	0.00	0.00	2.33	2.33	0.00	0.00	73.56	73.56
	合计		49.70	43.22	325.90	375.60	1122.06	1024.40	6421.97	7544.03
生命寿险	营销业务	健康险	4.37	4.37	0.00	4.37	38.91	38.91	0.00	38.91
		意外险	0.16	0.16	0.00	0.16	2.44	2.44	0.00	2.44
		一般寿险	16.61	16.61	19.91	36.53	147.32	147.32	249.93	397.25
		分红类保险	328.46	328.46	52.53	380.99	1431.98	1384.98	2208.85	3640.83
		万能寿险	0.01	0.01	0.31	0.31	0.07	0.07	4.03	4.10
		投连险	0.00	0.00	0.00	0.00	0.00	0.00	0.00	0.00
		小计	349.61	349.61	72.75	422.36	1620.72	1573.72	2462.81	4083.53
	直销业务	健康险	0.00	0.00	0.00	0.00	0.00	0.00	0.00	0.00
		意外险	0.19	0.19	0.00	0.19	1.52	1.52	0.00	1.52
		一般寿险	0.00	0.00	0.00	0.00	0.00	0.00	0.00	0.00
		分红类保险	0.00	0.00	0.00	0.00	0.00	0.00	0.00	0.00
		万能寿险	0.00	0.00	0.00	0.00	0.00	0.00	0.00	0.00
		投连险	0.00	0.00	0.00	0.00	0.00	0.00	0.00	0.00
		小计	0.19	0.19	0.00	0.19	1.52	1.52	0.00	1.52
	银代业务	健康险	0.00	0.00	0.00	0.00	0.00	0.00	0.00	0.00
		意外险	0.00	0.00	0.00	0.00	0.00	0.00	0.00	0.00
		一般寿险	1185.04	28.84	9.50	1194.54	3611.47	427.37	109.00	3720.47
		分红类保险	0.00	0.00	72.30	72.30	1.00	1.00	1201.20	1202.20
		万能寿险	791.20	0.01	0.00	791.20	26664.98	0.18	0.00	26664.98
		投连险	0.04	0.04	0.00	0.04	0.50	0.50	0.00	0.50
		小计	1976.28	28.89	81.80	2058.08	30277.95	429.04	1310.20	31588.15
	合计		2326.07	378.69	154.55	2480.63	31900.19	2004.28	3773.01	35673.20

理赔给付			其他给付		退保		市场份额	上年同期保费	同比增长率
本期	累计	短险赔付率	本期	累计	本期	累计			
3.29	46.24	90.99	0.00	0.00	0.00	0.00	0.25	65.31	-22.19
0.00	0.00	0.00	0.00	0.00	0.00	0.00	0.06	2.66	171.18
1.08	96.85		0.00	1.45	1.46	28.37	0.57	630.06	99.75
5.12	56.96		7.10	295.84	22.54	480.13	1.21	6059.82	1.34
0.00	0.00		0.00	0.00	0.00	0.00	0.00	0.00	–
0.00	0.00		0.00	0.00	0.00	0.00	0.00	0.00	–
9.49	200.05	79.67	7.10	297.28	23.99	508.50	0.97	6757.85	10.36
0.47	9.99	141.63	0.00	0.00	0.00	0.07	0.04	20.55	-65.69
0.00	1.90	270.33	0.00	0.00	0.00	0.00	0.00	1.40	-49.85
0.00	0.00		0.00	0.00	0.00	0.15	0.02	15.27	-67.81
0.00	0.00		0.00	0.00	0.00	0.00	0.00	0.00	–
0.00	0.00		0.00	0.00	0.00	0.00	0.00	0.00	–
0.00	0.00		0.00	0.00	0.00	0.00	0.00	0.00	–
0.47	11.89	153.30	0.00	0.00	0.00	0.22	0.01	37.22	-65.96
0.00	0.00	0.00	0.00	0.00	0.00	0.00	0.00	0.00	–
0.00	0.00	0.00	0.00	0.00	0.00	0.00	0.00	0.00	–
0.00	0.00		0.07	0.73	0.00	0.00	0.00	0.00	–
0.00	0.00		1.34	11.16	34.75	107.62	0.06	76.80	-6.77
0.00	0.00		0.00	0.00	0.00	0.00	0.00	0.00	–
0.00	0.00		0.00	0.00	0.00	0.00	0.00	0.00	–
0.00	0.00	0.00	1.41	11.89	34.75	107.62	0.01	76.80	-4.22
9.96	211.94	88.35	8.50	309.17	58.74	616.34	0.55	6871.87	9.78
3.38	17.11	43.98	0.00	0.00	0.00	0.00	0.19	36.57	6.40
0.00	0.00	0.00	0.00	0.00	0.00	0.00	0.02	2.84	-14.05
0.00	0.00	0.00	0.00	17.00	0.49	10.83	0.18	280.61	41.57
0.00	0.00	0.00	54.29	486.59	11.16	149.85	0.72	2544.64	43.08
0.00	0.00	0.00	0.00	0.00	0.00	0.00	0.04	5.31	-22.77
0.00	0.00	0.00	0.00	0.00	0.00	0.00	0.00	0.00	–
3.38	17.11	41.38	54.29	503.59	11.65	160.68	0.53	2869.97	42.28
0.00	0.08	–	0.00	0.00	0.00	0.00	0.00	0.76	-100.00
0.00	0.81	53.51	0.00	0.00	0.00	0.00	0.01	2.69	-43.49
0.00	0.00	0.00	0.00	0.00	0.00	0.00	0.00	0.78	-100.00
0.00	0.00	0.00	0.00	0.00	0.00	0.00	0.00	0.00	–
0.00	0.00	0.00	0.00	0.00	0.00	0.00	0.00	0.00	–
0.00	0.00	0.00	0.00	0.00	0.00	0.00	0.00	0.00	–
0.00	0.89	58.44	0.00	0.00	0.00	0.00	0.00	4.23	-64.07
0.00	0.00	–	0.00	0.00	0.00	0.00	0.00	0.00	–
0.00	0.00	0.00	0.00	0.00	0.00	0.00	0.00	0.00	–
0.00	0.00	0.00	1.01	36.51	12.26	87.94	1.15	6862.30	-45.78
0.00	0.00	0.00	218.96	2771.67	44.47	6368.40	1.00	7784.60	-84.56
0.00	0.00	0.00	0.00	0.12	0.00	0.00	38.47	15601.34	70.91
0.00	0.00	0.00	0.00	0.00	0.00	0.00	0.47	0.68	-26.67
0.00	0.00	0.00	219.97	2808.30	56.73	6456.34	6.12	30248.92	4.43
3.38	18.00	41.99	274.26	3311.89	68.38	6617.02	2.60	33123.12	7.70

续表8

公司名称	业务类别		保费收入本月				保费收入累计			
			首年	其中:期缴	续期	小计	首年	其中:期缴	续期	小计
同方全球寿险	营销业务	健康险	52.38	52.38	63.18	115.56	1158.27	1149.08	865.71	2023.98
		意外险	1.03	1.03	7.78	8.81	20.44	20.44	88.39	108.83
		一般寿险	-0.51	-0.51	62.47	61.96	59.43	59.43	857.87	917.30
		分红类保险	2.89	2.89	142.41	145.30	254.44	254.44	1584.96	1839.40
		万能寿险	10.20	10.20	0.00	10.20	120.41	120.41	0.00	120.41
		投连险	0.50	0.50	0.00	0.50	5.13	5.13	0.00	5.13
		小　计	66.49	66.49	275.84	342.33	1618.12	1608.93	3396.93	5015.05
	直销业务	健康险	0.42	0.42	0.71	1.13	4.91	4.91	15.75	20.66
		意外险	0.00	0.00	0.66	0.66	0.52	0.52	27.11	27.63
		一般寿险	0.14	0.14	6.70	6.84	3.53	3.53	79.37	82.90
		分红类保险	0.00	0.00	0.00	0.00	0.00	0.00	0.00	0.00
		万能寿险	0.00	0.00	0.00	0.00	0.00	0.00	0.00	0.00
		投连险	0.00	0.00	0.00	0.00	0.00	0.00	0.00	0.00
		小　计	0.56	0.56	8.07	8.63	8.96	8.96	122.23	131.19
	银代业务	健康险	2.30	2.30	0.32	2.62	54.68	54.68	23.04	77.72
		意外险	0.00	0.00	0.07	0.07	0.00	0.00	0.39	0.39
		一般寿险	0.19	0.19	14.97	15.16	10.74	10.74	87.45	98.19
		分红类保险	50.40	0.40	15.58	65.98	186.70	136.70	508.19	694.89
		万能寿险	0.00	0.00	0.00	0.00	0.00	0.00	0.00	0.00
		投连险	0.00	0.00	0.00	0.00	0.00	0.00	0.00	0.00
		小　计	52.89	2.89	30.94	83.83	252.12	202.12	619.07	871.19
	合　计		119.94	69.94	314.85	434.79	1879.20	1820.01	4138.23	6017.43
信诚寿险	营销业务	健康险	6.20	6.20	0.00	6.20	37.79	37.79	0.00	37.79
		意外险	2.31	2.31	0.00	2.31	11.67	11.67	0.00	11.67
		一般寿险	10.48	10.48	19.95	30.44	112.60	112.60	197.49	310.09
		分红类保险	1.02	1.02	89.24	90.26	62.61	62.61	951.02	1013.63
		万能寿险	0.00	0.00	0.24	0.25	0.05	0.05	2.95	3.01
		投连险	0.00	0.00	0.91	0.91	0.12	0.12	10.86	10.98
		小　计	20.02	20.02	110.34	130.36	224.84	224.84	1162.32	1387.16
	直销业务	健康险	0.00	0.00	0.00	0.00	81.12	81.12	0.00	81.12
		意外险	0.00	0.00	0.00	0.00	7.80	7.80	0.00	7.80
		一般寿险	-0.99	-0.99	0.12	-0.87	123.55	123.55	1.28	124.83
		分红类保险	0.00	0.00	0.00	0.00	0.00	0.00	0.00	0.00
		万能寿险	0.00	0.00	0.00	0.00	0.00	0.00	0.00	0.00
		投连险	0.00	0.00	0.00	0.00	0.00	0.00	0.00	0.00
		小　计	-0.99	-0.99	0.12	-0.87	212.46	212.46	1.28	213.74
	银代业务	健康险	-0.02	-0.02	0.00	-0.02	5.59	5.59	0.00	5.59
		意外险	0.77	0.77	0.00	0.77	124.82	124.82	0.00	124.82
		一般寿险	1.58	1.58	7.20	8.78	39.36	33.33	90.96	130.32
		分红类保险	0.00	0.00	26.30	26.30	245.13	245.13	1187.42	1432.55
		万能寿险	0.00	0.00	0.00	0.00	0.00	0.00	0.00	0.00
		投连险	0.01	0.01	2.16	2.17	0.09	0.09	25.02	25.11
		小　计	2.34	2.34	35.66	38.00	414.99	408.96	1303.41	1718.40
	合　计		21.36	21.36	146.12	167.49	852.30	846.27	2467.01	3319.31

理赔给付			其他给付		退保		市场份额	上年同期保费	同比增长率
本期	累计	短险赔付率	本期	累计	本期	累计			
11.78	211.65	10.46	0.00	0.00	2.22	22.89	9.81	938.10	115.75
0.00	5.00	4.59	0.00	0.00	0.21	1.34	0.88	102.61	6.06
0.00	0.00	0.00	1.16	13.24	6.42	70.72	0.42	997.73	-8.06
0.00	1.43	0.08	15.65	181.81	3.00	90.95	0.36	1684.28	9.21
0.00	0.00	0.00	0.00	0.00	1.19	0.00	1.07	115.52	4.23
0.00	0.00	0.00	0.00	0.00	0.00	0.00	1.55	5.27	-2.66
11.78	218.08	4.35	16.81	195.05	13.04	185.90	0.65	3843.51	30.48
1.04	3.39	16.41	0.00	0.00	0.01	0.04	0.12	17.10	20.82
0.00	0.00	0.00	0.00	0.00	0.00	0.00	0.11	29.14	-5.18
0.00	0.00	0.00	0.00	0.00	1.53	9.23	0.38	86.46	-4.12
0.00	0.00		0.00	0.00	0.00	0.00	0.00	0.00	–
0.00	0.00		0.00	0.00	0.00	0.00	0.00	0.00	–
0.00	0.00		0.00	0.00	0.00	0.00	0.00	0.00	–
1.04	3.39	2.58	0.00	0.00	1.54	9.27	0.15	132.70	-1.14
0.03	0.18	0.23	0.00	0.00	0.22	0.41	9.34	24.34	219.31
0.00	0.00	0.00	0.00	0.00	0.00	0.00	0.02	0.41	-4.88
0.00	0.10	0.10	0.00	0.00	0.00	23.45	0.03	89.42	9.81
0.00	0.00	0.00	4.00	715.98	-0.47	545.53	0.58	1219.67	-43.03
0.00	0.00		0.00	0.00	3.49	0.20	0.00	0.00	–
0.00	0.00		0.00	0.00	0.00	0.00	0.00	0.00	–
0.03	0.28	0.03	4.00	715.98	3.24	569.59	0.17	1333.84	-34.69
12.85	221.75	3.69	20.81	911.03	17.82	764.76	0.44	5310.05	13.32
1.46	37.60	99.51	0.00	0.00	0.00	0.00	0.18	60.37	-37.41
0.00	2.00	17.13	0.00	0.00	0.00	0.00	0.09	54.56	-78.60
1.36	7.26	0.00	0.00	0.00	0.07	3.36	0.14	205.86	50.63
0.00	7.91	0.00	4.36	56.90	2.91	81.94	0.20	965.29	5.01
0.00	0.00	0.00	0.37	2.93	0.00	0.00	0.03	3.01	-0.17
0.00	11.00	0.00	0.00	1.48	0.00	0.00	3.32	12.70	-13.52
2.83	65.77	80.07	4.73	61.31	2.99	85.30	0.18	1301.80	6.56
12.46	73.40	90.49	0.00	0.00	0.00	0.00	0.47	65.14	24.53
0.00	0.00	0.00	0.00	0.00	0.00	0.00	0.03	7.38	5.59
5.37	33.43	0.00	0.00	0.00	0.00	0.00	0.57	12.89	868.32
0.00	0.00	0.00	0.00	0.00	0.00	0.00	0.00	0.00	–
0.00	0.00	0.00	0.00	0.00	0.00	0.00	0.00	0.00	–
0.00	0.00	0.00	0.00	0.00	0.00	0.00	0.00	0.00	–
17.83	106.84	82.55	0.00	0.00	0.00	0.00	0.25	85.42	150.24
0.00	0.21	0.00	0.00	0.00	0.00	0.00	0.67	1.79	211.79
0.00	0.00	0.00	0.00	0.00	0.00	0.00	5.06	167.74	-25.59
0.00	0.00	0.00	0.00	0.00	0.14	4.61	0.04	123.18	5.80
0.00	0.00	0.00	112.96	528.59	7.58	381.87	1.19	1516.78	-5.55
0.00	0.11	0.00	0.20	1.65	0.00	0.00	0.00	0.00	–
0.00	0.00	0.00	0.00	0.80	0.00	0.00	23.73	25.60	-1.88
0.00	0.32	0.00	113.16	531.04	7.72	386.47	0.33	1835.09	-6.36
20.66	172.93	0.00	117.90	592.35	10.70	471.77	0.24	3222.30	3.01

续表8

公司名称	业务类别		保费收入本月				保费收入累计			
			首年	其中:期缴	续期	小计	首年	其中:期缴	续期	小计
中宏寿险	营销业务	健康险	153.67	153.67	320.16	473.84	1757.16	1757.16	2981.50	4738.66
		意外险	15.42	15.42	0.00	15.42	138.60	138.60	0.00	138.60
		一般寿险	59.34	59.34	43.92	103.26	700.81	689.66	291.40	992.21
		分红类保险	72.10	72.10	1018.71	1090.82	1277.55	1271.19	10975.90	12253.45
		万能寿险	0.00	0.00	0.00	0.00	0.00	0.00	0.00	0.00
		投连险	0.00	0.00	0.00	0.00	0.00	0.00	0.00	0.00
		小　计	300.53	300.53	1382.80	1683.33	3874.12	3856.61	14248.80	18122.92
	直销业务	健康险	21.64	21.64	0.00	21.64	208.83	208.83	0.00	208.83
		意外险	10.38	10.38	0.05	10.44	159.31	159.31	0.13	159.44
		一般寿险	4.39	4.39	0.65	5.05	39.03	39.03	1.65	40.68
		分红类保险								
		万能寿险	0.00	0.00	0.00	0.00	0.00	0.00	0.00	0.00
		投连险								
		小　计	36.42	36.42	0.71	37.12	407.16	407.16	1.79	408.95
	银代业务	健康险	0.24	0.24	0.00	0.24	1.32	1.32	0.10	1.42
		意外险	0.46	0.46	0.29	0.74	9.49	9.49	0.58	10.07
		一般寿险	8.01	8.01	4.01	12.01	132.97	132.97	7.78	140.74
		分红类保险	22.00	22.00	2.50	24.50	23.35	23.35	39.49	62.85
		万能寿险	0.00	0.00	0.00	0.00	0.00	0.00	0.00	0.00
		投连险	0.00	0.00	0.00	0.00	0.00	0.00	0.00	0.00
		小　计	30.70	30.70	6.79	37.49	167.13	167.13	47.95	215.08
	合　计		367.65	367.65	1390.30	1757.94	4448.41	4430.90	14298.53	18746.94
合众寿险	营销业务	健康险	18.63	18.63	9.81	28.44	94.14	94.14	119.91	214.05
		意外险	0.23	0.23	0.27	0.50	4.99	4.99	6.03	11.02
		一般寿险	4.33	4.33	22.59	26.92	188.21	188.21	234.58	422.79
		分红类保险	1.29	1.29	85.99	87.28	401.00	401.00	1533.14	1934.14
		万能寿险	26.40	26.40	26.60	53.00	278.97	278.97	479.40	758.37
		投连险								
		小　计	50.88	50.88	145.26	196.14	967.31	967.31	2373.06	3340.37
	直销业务	健康险								
		意外险	0.82	0.82	0.00	0.82	0.82	0.55	0.00	1.37
		一般寿险								
		分红类保险								
		万能寿险								
		投连险								
		小　计	0.82	0.82	0.00	0.82	0.82	0.55	0.00	1.37
	银代业务	健康险			0.00				10.00	0.00
		意外险			0.00				0.00	0.00
		一般寿险			0.00				0.00	0.00
		分红类保险	0.00	0.00	6.70	73.90	3533.00	12.80	184.71	5283.32
		万能寿险				0.00				0.00
		投连险				0.00				0.00
		小　计	0.00	0.00	6.70	73.90	3533.00	12.80	194.71	5283.32
	合　计		51.70	51.70	151.96	270.86	4501.13	980.66	2567.77	8625.06

理赔给付			其他给付		退保		市场份额	上年同期保费	同比增长率
本期	累计	短险赔付率	本期	累计	本期	累计			
129.81	951.07		0.00	0.00	3.59	29.53	22.97	3117.61	52.00
0.00	0.00		0.00	0.00	0.00	0.00	1.12	122.65	13.00
0.00	0.00		3.35	27.64	0.14	1.72	0.45	407.72	143.35
2.13	83.45		21.14	201.05	28.92	333.90	2.42	11245.38	8.96
0.00	0.00		0.00	0.00	0.00	0.00	0.00	0.00	–
0.00	0.00		0.00	0.00	0.00	0.00	0.00	0.00	–
131.94	1034.52		24.48	228.69	32.66	365.15	2.35	14893.37	21.68
3.37	103.89		0.00	0.00	0.00	0.00	1.21	167.85	24.41
5.00	24.00		0.00	0.00	0.00	0.00	0.66	108.68	46.71
0.00	0.00		0.00	0.00	0.14	0.40	0.18	11.93	240.86
							0.00		–
0.00	0.00		0.00	0.00	0.00	0.00	0.00	0.00	–
							0.00		–
8.37	127.89		0.00	0.00	0.14	0.40	0.47	288.46	41.77
0.00	0.00		0.00	0.00	0.00	0.00	0.17	0.10	1305.25
0.00	0.00		0.00	0.00	0.00	0.00	0.41	0.76	1217.15
0.00	0.00		0.00	0.00	0.71	6.32	0.04	10.20	1279.60
0.00	0.00		0.00	0.20	0.00	41.14	0.05	43.97	42.92
0.00	0.00		0.00	0.00	0.00	0.00	0.00	0.00	–
0.00	0.00		0.00	0.00	0.00	0.00	0.00	0.00	–
0.00	0.00		0.00	0.20	0.71	47.47	0.04	55.04	290.77
140.31	1162.40	20.52	24.48	228.89	33.50	413.01	1.36	15236.87	23.04
0.48	13.93	0.07	0.00	0.00	0.00	8.14	1.04	128.29	66.85
	5.12	0.46	0.00	0.00	0.00	0.04	0.09	7.97	38.27
	0.19	0.00	0.00	0.00	0.00	1.01	0.19	369.98	14.27
	7.03	0.00	6.21	72.15	5.03	156.93	0.38	1758.51	9.99
	27.42	0.00	34.60	209.06	14.12	388.97	6.77	599.60	26.48
	0.00			0.00		0.00	0.00		–
0.48	53.69	0.08	40.81	281.21	19.15	555.09	0.43	2864.35	16.62
	0.17			0.00		0.00	0.00		–
0.00	1.21	0.88		0.00		0.00	0.01	1.37	0.00
	0.00			0.00		0.00	0.00		–
	0.00			0.00		0.00	0.00		–
	0.00	0.00		0.00		0.00	0.00		–
	0.00			0.00		0.00	0.00		–
0.00	1.38	1.01		0.00		0.00	0.00	1.37	0.00
	0.00			0.00		0.00	0.00	0.00	–
	0.00			0.00		0.00	0.00	0.00	–
	0.00			0.00		0.00	0.00	0.00	–
	11.40		18.23	1113.63	89.25	1128.97	4.37	623.60	747.23
	0.00			0.00		2.81	0.00	0.00	–
	0.00			0.00		0.00	0.00	0.00	–
	11.40		18.23	1113.63	89.25	1131.78	1.02	623.60	747.23
0.48	66.47	1.09	59.04	1394.84	108.40	1686.87	0.63	3489.32	147.18

续表8

公司名称	业务类别		保费收入本月				保费收入累计			
			首年	其中:期缴	续期	小计	首年	其中:期缴	续期	小计
中意寿险	营销业务	健康险	88.34	88.34	54.16	142.49	820.56	820.56	519.68	1340.24
		意外险	5.71	5.71	8.74	14.45	51.80	51.78	100.99	152.79
		一般寿险	230.06	230.06	120.63	350.69	2250.55	2250.55	654.12	2904.67
		分红类保险	127.25	127.13	282.55	409.80	2550.80	2536.40	3304.86	5855.66
		万能寿险	0.00	0.00	0.00	0.00	0.00	0.00	0.00	0.00
		投连险	1.31	1.31	0.00	1.31	14.17	14.17	0.04	14.21
		小计	452.66	452.55	466.07	918.73	5687.88	5673.46	4579.70	10267.58
	直销业务	健康险	60.16	60.16	0.00	60.16	387.28	387.28	0.14	387.42
		意外险	7.94	7.94	0.00	7.94	83.54	83.54	0.01	83.55
		一般寿险	5.33	5.33	0.00	5.33	36.70	36.70	0.13	36.83
		分红类保险	0.00	0.00	0.00	0.00	0.00	0.00	0.00	0.00
		万能寿险	0.00	0.00	0.00	0.00	0.00	0.00	0.00	0.00
		投连险	0.00	0.00	0.00	0.00	0.00	0.00	0.00	0.00
		小计	73.42	73.42	0.00	73.42	507.52	507.52	0.28	507.79
	银代业务	健康险	0.97	0.97	0.00	0.97	12.56	12.56	0.23	12.78
		意外险	0.50	0.50	1.68	2.18	10.77	10.77	40.21	50.98
		一般寿险	5196.58	2.18	0.00	5196.58	25497.72	164.41	0.28	25498.00
		分红类保险	1.80	1.80	41.10	42.90	29.60	29.60	567.70	597.30
		万能寿险	0.06	0.06	0.00	0.06	1.04	1.04	0.00	1.04
		投连险	0.12	0.12	0.00	0.12	1.63	1.63	0.00	1.63
		小计	5200.04	5.64	42.78	5242.82	25553.31	220.00	608.42	26161.73
	合计		5726.13	531.61	508.85	6234.98	31748.71	6400.98	5188.39	36937.10
国泰寿险	营销业务	健康险	0.02	0.00	0.00	0.02	0.06	0.00	0.00	0.06
		意外险	0.19	0.00	0.23	0.42	1.28	0.27	6.23	7.51
		一般寿险	3.42	3.42	24.21	27.63	134.07	121.50	228.29	362.36
		分红类保险	5.66	5.66	38.25	43.91	18.11	18.11	573.67	591.78
		万能寿险	0.00	0.00	0.00	0.00	0.00	0.00	0.00	0.00
		投连险	0.00	0.00	0.00	0.00	0.00	0.00	0.00	0.00
		小计	9.29	9.08	62.69	71.98	153.52	139.89	808.19	961.71
	直销业务	健康险	6.54	6.54	0.00	6.54	55.87	55.85	0.00	55.87
		意外险	11.05	11.05	0.00	11.05	128.91	128.29	0.13	129.04
		一般寿险	2.79	2.79	3.97	6.76	51.49	51.49	17.93	69.42
		分红类保险	0.00	0.00	0.53	0.53	0.00	0.00	5.80	5.80
		万能寿险	0.00	0.00	0.00	0.00	0.00	0.00	0.00	0.00
		投连险	0.00	0.00	0.00	0.00	0.00	0.00	0.00	0.00
		小计	20.38	20.38	4.50	24.88	236.27	235.63	23.86	260.13
	银代业务	健康险	0.00	0.00	0.00	0.00	0.00	0.00	0.00	0.00
		意外险	0.00	0.00	0.00	0.00	0.00	0.00	0.00	0.00
		一般寿险	0.00	0.00	0.00	0.00	0.00	0.00	0.00	0.00
		分红类保险	0.00	0.00	11.63	11.63	0.00	0.00	188.88	188.88
		万能寿险	0.00	0.00	0.00	0.00	0.00	0.00	0.00	0.00
		投连险	0.00	0.00	0.00	0.00	0.00	0.00	0.04	0.04
		小计	0.00	0.00	11.63	11.63	0.00	0.00	188.93	188.93
	合计		29.67	29.46	78.82	108.49	389.79	375.51	1020.97	1410.76

理赔给付			其他给付		退保		市场份额	上年同期保费	同比增长率
本期	累计	短险赔付率	本期	累计	本期	累计			
5.48	35.34	2.64	25.03	136.25	2.35	16.64	6.50	603.51	122.07
0.15	5.38	3.52	0.00	0.00	0.00	0.00	1.23	126.73	20.57
0.00	0.00		0.03	50.36	0.13	2.00	1.32	728.14	298.92
0.00	0.00		13.80	243.76	25.69	235.40	1.16	4103.68	42.69
0.00	0.00		0.00	0.00	0.00	0.00	0.00	0.00	–
0.00	0.00		0.00	9.79	0.00	0.00	4.30	15.17	-6.36
5.63	40.72	2.73	38.86	440.16	28.18	254.04	1.33	5577.23	84.10
20.05	278.97	72.01	0.00	0.00	0.00	0.00	2.24	285.84	35.54
0.00	7.74	9.26	0.00	0.00	0.00	0.00	0.34	69.32	20.52
0.00	0.03		0.00	0.00	0.00	0.00	0.17	24.51	50.26
0.00	0.00		0.00	0.00	0.00	0.00	0.00	0.00	–
0.00	0.00		0.00	0.00	0.00	0.00	0.00	0.00	–
0.00	0.00		0.00	0.00	0.00	0.00	0.00	0.00	–
20.05	286.74	60.88	0.00	0.00	0.00	0.00	0.59	379.67	33.75
0.00	0.00	0.00	0.00	0.00	0.00	0.13	1.54	0.23	5478.01
0.00	0.00	0.00	0.00	0.00	0.00	0.00	2.07	41.84	21.83
0.00	0.00		5.56	5.88	37.53	71.39	7.90	2676.25	852.75
0.00	0.00		3.92	198.33	-60.00	801.97	0.49	656.75	-9.05
0.00	0.00		0.00	0.00	0.00	0.00	0.00	1.80	-42.30
0.00	0.00		0.00	0.00	0.00	0.00	1.54	2.09	-21.94
0.00	0.00	0.00	9.48	204.21	-22.47	873.48	5.07	3378.96	674.25
25.68	327.46	16.15	48.33	644.37	5.70	1127.52	2.69	9335.87	295.65
0.00	0.00	0.00	0.00	0.00	0.00	0.00	0.00	0.02	176.89
0.00	0.13	1.79	0.00	0.00	0.00	0.00	0.06	7.07	6.32
0.33	41.82		0.22	1.44	0.16	4.95	0.16	237.55	52.54
0.00	8.31		5.98	100.25	3.49	18.27	0.12	620.06	-4.56
0.00	0.00		0.00	0.00	0.00	0.00	0.00	0.00	–
0.00	0.00		0.00	0.00	0.00	0.00	0.00	0.00	–
0.33	50.26	1.77	6.20	101.68	3.64	23.22	0.12	864.70	11.22
5.08	36.39	65.13	0.00	0.00	0.00	0.00	0.32	45.13	23.81
7.00	21.50	16.66	0.00	0.00	0.00	0.00	0.53	112.00	15.21
0.00	0.00		0.00	0.00	0.00	0.00	0.31	19.61	254.05
0.00	0.00		0.00	0.00	0.00	0.00	0.03	6.99	-17.13
0.00	0.00		0.00	0.00	0.00	0.00	0.00	0.00	–
0.00	0.00		0.00	0.00	0.00	0.00	0.00	0.00	–
12.08	57.89	31.31	0.00	0.00	0.00	0.00	0.30	183.73	41.58
0.00	0.00	0.00	0.00	0.00	0.00	0.00	0.00	0.00	–
0.00	0.00	0.00	0.00	0.00	0.00	0.00	0.00	0.00	–
0.00	0.00		0.00	0.00	0.00	0.00	0.00	0.00	–
0.00	0.00		0.84	317.82	3.27	29.31	0.16	233.93	-19.26
0.00	0.00		0.00	0.00	0.00	0.00	0.00	0.00	–
0.00	0.00		0.00	0.00	0.00	0.00	0.04	0.10	-54.32
0.00	0.00	–	0.84	317.82	3.27	29.31	0.04	234.03	-19.27
12.41	108.15	30.14	7.04	419.50	6.91	52.52	0.10	1282.47	10.00

续表8

公司名称	业务类别		保费收入本月				保费收入累计			
			首年	其中:期缴	续期	小计	首年	其中:期缴	续期	小计
农银人寿	营销业务	健康险	0.00	0.00	0.00	0.00	0.00	0.00	0.00	0.00
		意外险	0.00	0.00	0.00	0.00	0.00	0.00	0.00	0.00
		一般寿险	0.00	0.00	0.00	0.00	6.55	5.75	0.00	6.55
		分红类保险	0.00	0.00	22.00	22.00	64.40	63.66	333.00	397.40
		万能寿险	0.00	0.00	0.00	0.00	0.00	0.00	0.00	0.00
		投连险	0.00	0.00	0.00	0.00	0.00	0.00	0.00	0.00
		小　计	0.00	0.00	22.00	22.00	70.95	69.41	333.00	403.95
	直销业务	健康险	0.00	0.00	0.00	0.00	0.00	0.00	0.00	0.00
		意外险	0.00	0.00	0.00	0.00		0.00	0.00	0.00
		一般寿险	0.00	0.00	0.00	0.00	162.50	0.00	0.00	162.50
		分红类保险	0.00	0.00	0.00	0.00	0.00	0.00	0.00	0.00
		万能寿险	0.00	0.00	0.00	0.00	0.00	0.00	0.00	0.00
		投连险	0.00	0.00	0.00	0.00	0.00	0.00	0.00	0.00
		小　计	0.00	0.00	0.00	0.00	162.50	0.00	0.00	162.50
	银代业务	健康险	0.00	0.00	0.00	0.00	0.00	0.00	0.00	0.00
		意外险	0.00	0.00	0.00	0.00	0.00	0.00	0.00	0.00
		一般寿险	2.69	0.00	0.00	2.69	7.35	7.35	0.00	7.35
		分红类保险	0.60	0.60	53.00	53.60	5469.92	1672.00	717.00	6186.92
		万能寿险	0.92	0.92	0.00	1.72	1.72	1.72	0.00	1.72
		投连险	0.00	0.00	0.00	0.00	0.00	0.00	0.00	0.00
		小　计	4.21	1.52	53.00	58.01	5478.99	1681.07	717.00	6195.99
	合　计		4.21	1.52	75.00	80.01	5712.44	1750.48	1050.00	6762.44
北大方正人寿	营销业务	健康险	13.17	13.17	50.48	63.64	250.07	250.07	339.42	589.49
		意外险	0.64	0.64	1.43	2.07	21.29	21.29	15.25	36.54
		一般寿险	11.06	11.06	36.13	47.19	192.54	192.54	192.45	384.99
		分红类保险	18.48	18.48	46.51	65.00	728.13	560.71	835.63	1563.76
		万能寿险	0.04	0.04	0.50	0.53	0.42	0.42	5.94	6.37
		投连险	0.00	0.00	0.01	0.01			0.03	0.03
		小　计	43.38	43.38	135.06	178.44	1192.46	1025.04	1388.72	2581.19
	直销业务	健康险	0.44	0.44	1.53	1.97	11.48	11.48	24.09	35.57
		意外险	0.00	0.00	0.18	0.18	0.00	0.00	2.56	2.56
		一般寿险	0.56	0.56	6.91	7.47	13.98	13.98	93.75	107.73
		分红类保险	0.00	0.00	7.85	7.85	4.36	0.00	127.83	132.18
		万能寿险	0.00	0.00	0.00	0.00				
		投连险	0.00	0.00	0.00	0.00				
		小　计	1.00	1.00	16.46	17.47	29.82	25.46	248.23	278.05
	银代业务	健康险	0.00	0.00	0.00	0.00	5.35	5.35		5.35
		意外险	0.00	0.00	0.00	0.00				0.00
		一般寿险	0.00	0.00	0.00	0.00	6.65	6.65		6.65
		分红类保险	0.00	0.00	0.00	0.00				0.00
		万能寿险	0.00	0.00	0.00	0.00				0.00
		投连险	0.00	0.00	0.00	0.00				0.00
		小　计	0.00	0.00	0.00	0.00	12.00	12.00	0.00	12.00
	合　计		44.38	44.38	151.53	195.90	1234.28	1062.50	1636.95	2871.24

理赔给付			其他给付		退保		市场份额	上年同期保费	同比增长率
本期	累计	短险赔付率	本期	累计	本期	累计			
0.00	0.00				0.00	0.00	0.00	0.00	–
					0.00	0.00	0.00	5.73	–100.00
							0.00	0.00	–
0.00	0.00		3.56	121.48	0.58	95.57	0.08	379.12	4.82
					0.00	0.00	0.00	0.00	–
							0.00	0.00	–
0.00	0.00	0.00	3.56	121.48	0.58	95.57	0.05	384.85	4.96
0.00	0.00						0.00	5.42	–100.00
	0.00						0.00	14.73	–100.00
							0.74	0.00	–
0.00	0.15						0.00	0.00	–
							0.00	0.00	–
							0.00	0.00	–
0.00	0.15	0.00	0.00	0.00	0.00	0.00	0.19	20.15	706.45
							0.00	0.00	–
							0.00	0.00	–
					0.00	0.00	0.00	0.00	–
0.00	3.29		7.02	301.51	121.30	1127.71	5.12	6418.66	–3.61
							0.00	0.00	–
12.53	12.53						0.00	0.00	–
12.53	15.82	0.26	7.02	301.51	121.30	1127.71	1.20	6418.66	–3.47
12.53	15.97	0.24	10.58	422.99	121.88	1223.28	0.49	6823.66	–0.90
1.74	77.26	13.11			1.14	9.61	2.86	382.48	54.12
		0.00					0.29	16.76	118.06
		0.00			0.17	8.44	0.17	230.53	67.00
0.00	38.06	2.43	1.74	33.37	12.64	157.39	0.31	1190.22	31.38
0.21	0.21	3.23					0.06	6.15	3.55
		0.00					0.01	0.04	–20.17
1.95	115.52	4.48	1.74	33.37	13.95	175.44	0.33	1826.18	41.34
0.02	10.21	28.70			0.36	2.31	0.21	50.37	–29.38
		0.00					0.01	4.61	–44.34
0.00	3.83	3.56			1.22	4.13	0.49	102.02	5.60
		0.00	0.50	11.95	5.70	23.67	0.57	140.51	–5.92
		–					0.00		–
		–					0.00		–
0.02	14.04	5.05	0.50	11.95	7.28	30.11	0.32	297.50	–6.54
		0.00					0.64	0.00	–
		–					0.00	0.00	–
		0.00					0.00	0.00	–
		–					0.00	0.00	–
		–					0.00	0.00	–
		–					0.00	0.00	–
0.00	0.00	0.00	0.00	0.00	0.00	0.00	0.00	0.00	–
1.97	129.56	4.51	2.24	45.32	21.23	205.55	0.21	2123.69	35.20

续表8

公司名称	业务类别		保费收入本月				保费收入累计			
			首年	其中:期缴	续期	小计	首年	其中:期缴	续期	小计
恒安标准	营销业务	健康险	0.35	0.00	0.00	0.35	5.02	0.00	0.00	5.02
		意外险	0.40	0.00	0.00	0.40	8.56	0.00	0.00	8.56
		一般寿险	10.73	10.23	18.49	29.22	153.42	145.90	268.04	421.46
		分红类保险	20.79	20.79	41.87	62.66	212.23	212.23	717.86	930.09
		万能寿险	0.00	0.00	0.00	0.00	0.00	0.00	0.00	0.00
		投连险	0.00	0.00	0.00	0.00	0.00	0.00	0.00	0.00
		小　计	32.27	31.02	60.36	92.63	379.23	358.13	985.90	1365.13
	直销业务	健康险	1.08	0.00	0.00	1.08	35.22	0.00	0.00	35.22
		意外险	3.77	0.00	0.00	3.77	52.18	0.00	0.00	52.18
		一般寿险	0.00	0.00	0.00	0.00	1.84	0.00	0.00	1.84
		分红类保险	0.00	0.00	0.00	0.00	0.00	0.00	0.00	0.00
		万能寿险	0.00	0.00	0.00	0.00	0.00	0.00	0.00	0.00
		投连险	0.00	0.00	0.00	0.00	0.00	0.00	0.00	0.00
		小　计	4.85	0.00	0.00	4.85	89.24	0.00	0.00	89.24
	银代业务	健康险	0.00	0.00	0.00	0.00	0.00	0.00	0.00	0.00
		意外险	0.00	0.00	0.00	0.00	0.00	0.00	0.00	0.00
		一般寿险	0.00	0.00	-0.06	-0.06	0.00	0.00	4.40	4.40
		分红类保险	0.00	0.00	13.16	13.16	0.00	0.00	289.20	289.20
		万能寿险	0.00	0.00	0.00	0.00	0.00	0.00	0.00	0.00
		投连险	0.00	0.00	0.00	0.00	0.00	0.00	0.00	0.00
		小　计	0.00	0.00	13.10	13.10	0.00	0.00	293.60	293.60
	合　计		37.12	31.02	73.45	110.58	468.47	358.13	1279.50	1747.97
友邦保险	营销业务	健康险	63.36	0.00	0.00	63.36	508.45	0.00	0.00	508.45
		意外险	43.69	0.00	0.00	43.69	286.09	0.00	0.00	286.09
		一般寿险	337.32	337.32	387.80	725.12	1964.71	1953.54	2567.31	4532.02
		分红类保险	189.71	189.71	157.14	346.85	1299.72	1181.78	1334.04	2633.76
		万能寿险	0.00	0.00	0.06	0.06	0.00	0.00	0.76	0.76
		投连险	0.39	0.39	0.84	1.23	1.97	1.97	7.34	9.31
		小　计	634.47	527.42	545.84	1180.31	4060.94	3137.29	3909.45	7970.39
	直销业务	健康险	27.25	0.00	0.00	27.25	123.00	0.00	0.00	123.00
		意外险	12.46	0.00	0.00	12.46	155.17	0.00	0.00	155.17
		一般寿险	4.35	4.35	0.50	4.85	14.25	14.25	5.05	19.30
		分红类保险	0.00	0.00	0.00	0.00	0.00	0.00	0.00	0.00
		万能寿险	0.00	0.00	0.00	0.00	0.00	0.00	0.00	0.00
		投连险	0.00	0.00	0.00	0.00	0.00	0.00	0.00	0.00
		小　计	44.06	4.35	0.50	44.56	292.42	14.25	5.05	297.47
	银代业务	健康险	0.84	0.00	0.00	0.84	11.80	0.00	0.00	11.80
		意外险	3.17	0.00	0.00	3.17	28.28	0.00	0.00	28.28
		一般寿险	6.92	6.92	44.00	50.92	227.29	227.29	391.20	618.49
		分红类保险	21.98	21.98	32.80	54.78	1067.07	1067.07	903.40	1970.47
		万能寿险	0.00	0.00	0.00	0.00	0.00	0.00	0.00	0.00
		投连险	0.00	0.00	0.00	0.00	0.00	0.00	0.00	0.00
		小　计	32.91	28.90	76.80	109.71	1334.44	1294.36	1294.60	2629.04
	合　计		711.44	560.67	623.14	1334.58	5687.80	4445.90	5209.10	10896.90

理赔给付			其他给付		退保		市场份额	上年同期保费	同比增长率
本期	累计	短险赔付率	本期	累计	本期	累计			
0.00	0.97	19.32	0.00	0.00	0.00	0.00	0.02	5.28	-4.92
0.00	0.00	0.00	0.00	0.00	0.00	0.00	0.07	5.58	53.41
0.49	22.36	5.31	0.00	0.00	0.58	5.95	0.19	298.67	41.11
0.00	0.04	0.00	6.51	79.48	0.90	31.15	0.18	843.25	10.30
0.00	0.00		0.00	0.00	0.00	0.00	0.00	0.00	–
0.00	0.00		0.00	0.00	0.00	0.00	0.00	0.00	–
0.49	23.37	1.71	6.51	79.48	1.48	37.10	0.18	1152.79	18.42
3.72	363.64	1032.48	0.00	0.00	0.00	0.00	0.20	1338.20	-97.37
0.00	17.00	32.58	0.00	0.00	0.00	0.00	0.22	88.75	-41.21
0.00	0.00	0.00	0.00	0.00	0.00	0.00	0.01	5.09	-63.85
0.00	0.00		0.00	0.00	0.00	0.00	0.00	0.00	–
0.00	0.00		0.00	0.00	0.00	0.00	0.00	0.00	–
0.00	0.00		0.00	0.00	0.00	0.00	0.00	0.00	–
3.72	380.64	426.54	0.00	0.00	0.00	0.00	0.10	1432.03	-93.77
0.00	0.00		0.00	0.00	0.00	0.00	0.00	0.00	–
0.00	0.00		0.00	0.00	0.00	0.00	0.00	0.00	–
0.00	0.00	0.00	0.00	0.00	0.43	0.82	0.00	5.10	-13.73
0.00	0.00	0.00	3.75	46.89	12.60	61.85	0.24	392.99	-26.41
0.00	0.00		0.00	0.00	0.00	0.00	0.00	0.00	–
0.00	0.00		0.00	0.00	0.00	0.00	0.00	0.00	–
0.00	0.00	0.00	3.75	46.89	13.03	62.67	0.06	398.10	-26.25
4.21	404.01	23.11	10.26	126.37	14.51	99.77	0.13	2982.92	-41.40
12.90	142.03	27.93	0.00	0.00	0.00	0.00	2.46	304.19	67.15
3.00	3.00	1.05	0.00	0.00	0.00	0.00	2.31	182.37	56.87
18.66	242.09	5.34	0.00	0.33	5.58	62.01	2.06	2796.95	62.03
0.00	0.00	0.00	2.09	15.44	8.12	56.22	0.52	1499.49	75.64
0.00	0.00	0.00	0.00	0.00	0.00	0.00	0.01	0.89	-14.61
0.00	0.00	0.00	0.00	0.00	0.00	0.00	2.82	7.69	21.07
34.56	387.12	4.86	2.09	15.77	13.70	118.23	1.03	4791.58	66.34
5.94	46.76	38.02	0.00	0.00	0.00	0.00	0.71	80.69	52.44
0.00	0.00	0.00	0.00	0.00	0.00	0.00	0.64	97.63	58.94
0.00	0.00	0.00	0.00	0.00	0.00	0.00	0.09	7.90	144.30
0.00	0.00		0.00	0.00	0.00	0.00	0.00	0.00	–
0.00	0.00		0.00	0.00	0.00	0.00	0.00	0.00	–
0.00	0.00		0.00	0.00	0.00	0.00	0.00	0.00	–
5.94	46.76	15.72	0.00	0.00	0.00	0.00	0.34	186.22	59.74
0.00	2.55	21.61	0.00	0.00	0.00	0.00	1.42	8.70	35.63
0.00	0.00	0.00	0.00	0.00	0.00	0.00	1.15	10.88	159.93
0.00	54.20	8.76	0.00	0.10	5.82	41.01	0.19	748.85	-17.41
0.00	0.00	0.00	9.62	27.06	8.26	192.98	1.63	1290.75	52.66
0.00	0.00		0.00	0.00	0.00	0.00	0.00	0.00	–
0.00	0.00		0.00	0.00	0.00	0.00	0.00	0.00	–
0.00	56.75	2.16	9.62	27.16	14.08	233.99	0.51	2059.18	27.67
40.50	490.63	4.50	11.71	42.93	27.78	352.22	0.79	7036.98	54.85

续表8

公司名称	业务类别		保费收入本月				保费收入累计			
			首年	其中:期缴	续期	小计	首年	其中:期缴	续期	小计
人保健康	营销业务	健康险	3.42			3.42	29.73			29.73
		意外险	2.17			2.17	71.61			71.61
		一般寿险	10.78	9.59	27.15	37.93	1043.24	361.92	346.81	1390.05
		分红类保险				0.00				0.00
		万能寿险			1.24	1.24			14.94	14.94
		投连险				0.00				0.00
		小　计	16.37	9.59	28.39	44.76	1144.58	361.92	361.75	1506.33
	直销业务	健康险	13.90			13.90	2469.27			2469.27
		意外险	14.68			14.68	192.99			192.99
		一般寿险								0.00
		分红类保险				0.00				0.00
		万能寿险				0.00				0.00
		投连险				0.00				0.00
		小　计	28.58	0.00	0.00	28.58	2662.26	0.00	0.00	2662.26
	银代业务	健康险				0.00				0.00
		意外险	0.72			0.72	58.38			58.38
		一般寿险	38.67	0.58	80.24	118.91	14650.16	36.57	106.06	14756.22
		分红类保险			37.00	37.00	37.70	37.70	637.70	675.40
		万能寿险				0.00	0.81			0.81
		投连险				0.00				0.00
		小　计	39.39	0.58	117.24	156.63	14747.05	74.27	743.76	15490.81
	合　计		84.34	10.17	145.63	229.97	18553.89	436.19	1105.51	19659.40
华泰人寿	营销业务	健康险	2.05	1.96	2.01	4.05	25.17	24.54	35.39	60.57
		意外险	2.41	2.18	0.06	2.47	30.96	29.21	3.08	34.04
		一般寿险	55.34	54.71	56.61	111.95	796.79	791.51	1025.97	1822.75
		分红类保险	-4.79	-4.79	185.70	180.91	1585.06	1585.06	5392.84	6977.91
		万能寿险	0.00	0.00	1.80	1.80	0.07	0.07	21.56	21.62
		投连险	0.00	0.00	0.00	0.00	0.00	0.00	0.00	0.00
		小　计	55.01	54.07	246.18	301.19	2438.05	2430.38	6478.84	8916.89
	直销业务	健康险	2.16	0.26	0.04	2.21	44.71	2.29	0.46	45.16
		意外险	6.03	0.79	0.00	6.04	120.93	6.15	0.00	120.93
		一般寿险	0.00	0.00	0.44	0.44	0.62	0.11	5.78	6.40
		分红类保险	0.00	0.00	0.71	0.71	0.00	0.00	9.56	9.56
		万能寿险	0.00	0.00	0.00	0.00	0.00	0.00	0.00	0.00
		投连险	0.00	0.00	0.00	0.00	0.00	0.00	0.00	0.00
		小　计	8.19	1.05	1.20	9.39	166.25	8.55	15.80	182.06
	银代业务	健康险	0.00	0.00	0.00	0.00	0.00	0.00	0.01	0.01
		意外险	0.00	0.00	0.00	0.00	0.00	0.00	0.00	0.00
		一般寿险	0.00	0.00	0.00	0.00	0.00	0.00	0.00	0.00
		分红类保险	0.00	0.00	87.60	87.60	0.00	0.00	1342.20	1342.20
		万能寿险	0.00	0.00	0.00	0.00	0.00	0.00	0.00	0.00
		投连险	0.00	0.00	0.00	0.00	0.00	0.00	0.00	0.00
		小　计	0.00	0.00	87.60	87.60	0.00	0.00	1342.21	1342.21
	合　计		63.21	55.12	334.98	398.19	2604.30	2438.94	7836.85	10441.16

理赔给付			其他给付		退保		市场份额	上年同期保费	同比增长率
本期	累计	短险赔付率	本期	累计	本期	累计			
1.24	12.16	40.90				1.82	0.14	26.44	12.44
	0.02	0.03			0.17	0.93	0.58	39.40	81.75
				27.68	8.43	698.42	0.63	1035.35	34.26
							0.00	0.00	–
				12.02			0.13	15.06	–0.80
							0.00	0.00	–
1.24	12.18	1.22	0.00	39.70	8.60	701.17	0.20	1116.25	34.95
74.96	2202.63	89.20	102.32	102.34			14.26	2236.63	10.40
2.01	31.11	16.12					0.80	178.57	8.08
							0.00	0.00	–
							0.00	0.00	–
							0.00	0.00	–
							0.00	0.00	–
76.97	2233.74	83.90	102.32	102.34	0.00	0.00	3.07	2415.20	10.23
		–					0.00	0.00	–
		0.00			0.06	9.72	2.37	36.14	61.54
				6.76	39.17	10030.87	4.57	9660.59	52.75
					3.63	266.82	0.56	758.62	–10.97
				0.44			0.00	5.44	–85.11
							0.00	0.00	–
0.00	0.00	0.00	0.00	7.20	42.86	10307.41	3.00	10460.79	48.08
78.21	2245.92		102.32	149.24	51.46	11008.58	1.43	13992.24	40.50
1.36	13.73	22.66	0.00	0.00	0.00	0.00	0.29	15.93	280.11
0.21	4.95	14.54	0.00	0.00	0.00	0.00	0.27	34.67	–1.82
0.00	37.13		0.00	0.00	0.98	14.19	0.83	1125.42	61.96
0.00	3.30		15.00	394.65	5.51	138.79	1.38	5777.31	20.78
0.00	0.00		0.00	0.00	0.00	1.60	0.19	21.24	1.79
0.00	0.00		0.00	0.00	0.00	0.00	0.00	0.00	–
1.57	59.11	19.74	15.00	394.65	6.49	154.58	1.16	6974.58	27.85
1.44	36.89	81.68	0.00	0.00	0.00	0.00	0.26	46.05	–1.93
0.00	49.30	40.77	0.00	0.00	0.00	0.00	0.50	91.55	32.09
0.00	0.00		0.00	0.00	0.00	0.35	0.03	7.45	–14.21
0.00	0.00		0.00	0.00	0.00	0.37	0.04	10.82	–11.61
0.00	0.00		0.00	0.00	0.00	0.00	0.00	0.00	–
0.00	0.00		0.00	0.00	0.00	0.00	0.00	0.00	–
1.44	86.20	51.89	0.00	0.00	0.00	0.72	0.21	155.88	16.79
0.00	0.00		0.00	0.00	0.00	0.00	0.00	0.02	–25.00
0.00	0.00		0.00	0.00	0.00	0.00	0.00	0.00	–
0.00	0.00		0.00	0.00	0.00	0.00	0.00	0.00	–
0.00	22.11		130.48	17513.45	28.87	1093.07	1.11	2149.00	–37.54
0.00	0.00		0.00	0.00	0.00	0.00	0.00	0.01	–98.47
0.00	0.00		0.00	0.00	0.00	0.00	0.00	0.00	–
0.00	22.11		130.48	17513.45	28.87	1093.07	0.26	2149.03	–37.54
3.00	167.41	40.22	145.49	17908.10	35.36	1248.37	0.76	9279.49	12.52

续表8

公司名称	业务类别		保费收入本月				保费收入累计			
			首年	其中:期缴	续期	小计	首年	其中:期缴	续期	小计
光大永明	营销业务	健康险	0.00	0.00	0.88	0.88	0.00	0.00	5.83	5.83
		意外险	0.03	0.03	0.17	0.20	0.96	0.96	0.79	1.75
		一般寿险	1.39	1.39	12.74	14.13	10.15	10.15	62.34	72.49
		分红类保险	1.07	1.07	11.08	12.15	7.45	7.45	145.64	153.09
		万能寿险	0.00	0.00	0.00	0.00	0.00	0.00	0.00	0.00
		投连险	0.00	0.00	0.00	0.00	0.00	0.00	0.02	0.02
		小计	2.49	2.49	24.87	27.36	18.56	18.56	214.62	233.18
	直销业务	健康险	0.00	0.00	0.00	0.00	3.35	3.35	0.00	3.35
		意外险	0.00	0.00	0.00	0.00	(1.66)	(1.66)	0.00	(1.66)
		一般寿险	0.00	0.00	0.00	0.00	0.04	0.04	0.00	0.04
		分红类保险	0.00	0.00	0.00	0.00	0.00	0.00	0.00	0.00
		万能寿险	0.00	0.00	0.00	0.00	0.00	0.00	0.00	0.00
		投连险	0.00	0.00	0.00	0.00	0.00	0.00	0.00	0.00
		小计	0.00	0.00	0.00	0.00	1.73	1.73	0.00	1.73
	银代业务	健康险	0.00	0.00	0.00	0.00	4.01	3.99	0.27	4.28
		意外险	0.00	0.00	0.03	0.03	16.21	16.21	0.00	16.21
		一般寿险	0.00	0.00	(3.00)	(3.00)	42.86	42.86	49.81	92.67
		分红类保险	0.00	0.00	1.00	1.00	36.26	36.26	202.76	239.02
		万能寿险	0.00	0.00	0.00	0.00	0.00	0.00	0.00	0.00
		投连险	0.00	0.00	0.00	0.00	0.00	0.00	0.00	0.00
		小计	0.00	0.00	(1.97)	(1.97)	99.34	99.32	252.84	352.18
	合计		2.49	2.49	22.90	25.39	119.63	119.61	467.46	587.09
和谐健康	营销业务	健康险								
		意外险								
		一般寿险								
		分红类保险								
		万能寿险								
		投连险								
		小计								
	直销业务	健康险								
		意外险								
		一般寿险								
		分红类保险								
		万能寿险								
		投连险								
		小计								
	银代业务	健康险								
		意外险								
		一般寿险								
		分红类保险								
		万能寿险								
		投连险								
		小计								
	合计									

理赔给付			其他给付		退保		市场份额	上年同期保费	同比增长率
本期	累计	短险赔付率	本期	累计	本期	累计			
0.00	2.76	0.47	0.00	0.00	0.00	0.00	0.03	6.61	–11.80
0.00	0.00	0.00	0.00	0.02	0.00	0.00	0.01	2.19	–20.09
0.00	0.00		0.82	15.52	0.00	2.68	0.03	59.45	21.93
0.00	0.00		5.59	38.55	0.00	18.48	0.03	138.97	10.16
0.00	0.00		0.00	(0.02)	0.00	2.07	0.00	0.00	–
0.00	0.00		0.00	0.00	0.00	0.00	0.01	0.01	100.00
0.00	2.76	0.36	6.41	54.07	0.00	23.23	0.03	207.23	12.52
0.02	0.27	0.08	0.00	0.00	0.00	0.00	0.02	0.17	1870.59
0.00	0.00	0.00	0.00	0.00	0.00	0.00	–0.01	0.09	–1944.44
0.00	0.00		0.00	0.00	0.00	0.00	0.00	0.03	33.33
0.00	0.00		0.00	0.00	0.00	0.00	0.00	0.00	–
0.00	0.00		0.00	0.00	0.00	0.00	0.00	0.00	–
0.00	0.00		0.00	0.00	0.00	0.00	0.00	0.00	–
0.02	0.27	0.16	0.00	0.00	0.00	0.00	0.00	0.29	496.55
0.00	0.00	0.00	0.00	0.00	0.00	0.00	0.51	0.72	494.44
0.00	0.00	0.00	0.00	0.00	0.00	0.00	0.66	2.65	511.70
0.00	0.00		0.04	7.32	1.11	7.17	0.03	72.03	28.65
0.00	0.00		0.05	9.54	3.09	86.64	0.20	265.56	–9.99
0.00	0.00		0.00	2.26	0.00	0.00	0.00	0.00	–
0.00	0.00		0.00	0.00	0.00	0.00	0.00	0.00	–
0.00	0.00	0.00	0.09	19.12	4.20	93.81	0.07	340.96	3.29
0.02	3.03	10.18	6.50	73.19	4.20	117.04	0.04	548.48	7.04
							0.00	0.00	–
							0.00	0.00	–100.00
							0.00	0.00	–
							0.00	0.00	–
							0.00	2.74	–100.00
							0.00	0.00	–
							0.00	2.74	–100.00
							0.00	2.70	–100.00
							0.00	20.99	–100.00
							0.00		–
							0.00		–
							0.00	0.00	–
							0.00		–
							0.00	23.69	–100.00
							0.00	0.00	–
							0.00	2.26	–100.00
							0.00	0.00	–
							0.00	0.00	–
							0.00	9.62	–100.00
							0.00	0.00	–
							0.00	11.87	–100.00
							0.00	38.30	–100.00

续表8

公司名称	业务类别		保费收入本月				保费收入累计			
			首年	其中:期缴	续期	小计	首年	其中:期缴	续期	小计
工银安盛人寿	营销业务	健康险	0.84	0.84	0.00	0.84	16.75	16.75	0.00	16.75
		意外险	0.00	0.00	0.00	0.00	10.28	10.28	0.00	10.28
		一般寿险	13.93	13.93	55.13	69.06	423.03	423.03	325.31	748.33
		分红类保险	74.38	0.38	96.74	171.11	1256.86	31.86	920.24	2177.10
		万能寿险	0.00	0.00	0.00	0.00	0.00	0.00	0.00	0.00
		投连险	0.00	0.00	0.29	0.29	0.00	0.00	3.53	3.54
		小计	89.14	15.14	152.16	241.29	1706.91	481.91	1249.08	2955.99
	直销业务	健康险	9.10	9.10	0.00	9.10	152.10	152.10	0.00	152.10
		意外险	1.38	1.38	0.00	1.38	36.19	36.19	0.00	36.19
		一般寿险	0.58	0.58	0.00	0.58	10.74	10.74	0.00	10.74
		分红类保险	-200.00	0.00	0.00	-200.00	800.00	0.00	0.00	800.00
		万能寿险	0.00	0.00	0.00	0.00	0.00	0.00	0.00	0.00
		投连险	0.00	0.00	0.00	0.00	0.00	0.00	0.00	0.00
		小计	-188.94	11.06	0.00	-188.94	999.04	199.04	0.00	999.04
	银代业务	健康险	4.01	4.01	0.00	4.01	12.32	12.32	0.00	12.32
		意外险	3.34	3.34	0.00	3.34	8.34	8.34	0.00	8.34
		一般寿险	117.05	117.05	10.45	127.50	1168.18	1167.24	35.03	1203.21
		分红类保险	0.00	0.00	39.97	39.97	12379.95	17.25	402.49	12782.44
		万能寿险	0.00	0.00	0.00	0.00	0.00	0.00	0.00	0.00
		投连险	0.00	0.00	0.00	0.00	0.00	0.00	0.00	0.00
		小计	124.41	124.41	50.42	174.83	13568.79	1205.15	437.52	14006.31
	合计		24.61	150.61	202.58	227.18	16274.74	1886.10	1686.60	17961.34
英大人寿	营销业务	健康险	0.25	0.00	0.58	0.83	2.53	0.00	15.02	17.54
		意外险	0.60	0.26	1.40	2.00	18.56	16.93	15.61	34.18
		一般寿险	6.67	0.00	4.23	10.90	7.76	6.57	3.86	11.62
		分红类保险	4.57	4.57	8.37	12.94	11.08	11.08	285.76	296.84
		万能寿险	0.68	0.00	0.00	0.68	8.05	0.00	0.00	8.05
		投连险	0.00	0.00	0.00	0.00	0.00	0.00	0.00	0.00
		小计	12.76	4.83	14.59	27.35	47.98	34.58	320.25	368.23
	直销业务	健康险	0.00	0.00	0.00	0.00	0.00	0.00	0.00	0.00
		意外险	0.00	0.00	0.00	0.00	0.00	0.00	0.00	0.00
		一般寿险	0.00	0.00	0.00	0.00	0.00	0.00	0.00	0.00
		分红类保险	0.00	0.00	0.00	0.00	0.00	0.00	0.00	0.00
		万能寿险	0.00	0.00	0.00	0.00	0.00	0.00	0.00	0.00
		投连险	0.00	0.00	0.00	0.00	0.00	0.00	0.00	0.00
		小计	0.00	0.00	0.00	0.00	0.00	0.00	0.00	0.00
	银代业务	健康险	0.00	0.00	0.00	0.00	0.00	0.00	0.00	0.00
		意外险	0.00	0.00	0.00	0.00	0.00	0.00	0.00	0.00
		一般寿险	0.00	0.00	0.00	0.00	0.00	0.00	0.00	0.00
		分红类保险	0.00	0.00	0.30	0.30	0.00	0.00	17.80	17.80
		万能寿险	0.00	0.00	0.00	0.00	0.00	0.00	0.00	0.00
		投连险	0.00	0.00	0.00	0.00	0.00	0.00	0.00	0.00
		小计	0.00	0.00	0.30	0.30	0.00	0.00	17.80	17.80
	合计		12.76	4.83	14.89	27.65	47.98	34.58	338.05	386.03

理赔给付			其他给付		退保		市场份额	上年同期保费	同比增长率
本期	累计	短险赔付率	本期	累计	本期	累计			
0.28	15.35	91.64	0.00	0.00	0.00	0.00	0.08	18.38	−8.89
0.00	0.00	0.00	0.00	0.00	0.00	0.00	0.08	15.17	−32.26
0.00	0.00	0.00	0.00	0.00	1.93	39.74	0.34	358.05	109.00
0.00	3.69	0.00	20.33	245.83	5.47	67.64	0.43	1148.28	89.60
0.00	0.00	0.00	0.00	0.00	0.00	0.00	0.00	0.00	–
0.00	20.16	0.00	0.00	0.00	0.00	0.00	1.07	4.35	−18.61
0.28	39.19	56.79	20.33	245.83	7.40	107.37	0.38	1544.23	91.42
10.01	73.88	48.57	0.00	0.00	0.00	0.00	0.88	84.57	79.85
0.00	0.00	0.00	0.00	0.00	0.00	0.00	0.15	162.69	−77.75
0.00	0.00	0.00	0.00	0.00	0.00	0.00	0.05	3.18	238.21
0.00	0.00	0.00	0.00	0.00	−200.00	0.00	3.48	0.00	–
0.00	0.00	0.00	0.00	0.00	0.00	0.00	0.00	0.00	–
0.00	0.00	0.00	0.00	0.00	0.00	0.00	0.00	0.00	–
10.01	73.88	39.24	0.00	0.00	−200.00	0.00	1.15	250.44	298.91
0.00	0.00	0.00	0.00	0.00	0.00	0.00	1.48	0.14	8718.94
0.00	0.00	0.00	0.00	0.00	0.00	0.00	0.34	0.16	5172.89
0.00	0.00	0.00	0.00	0.00	3.76	5.29	0.37	37.48	3109.96
0.00	28.66	0.00	0.91	30.12	177.20	7651.45	10.58	15078.30	−15.23
0.00	0.00	0.00	0.00	0.00	0.00	0.00	0.00	0.00	–
0.00	0.00	0.00	0.00	0.00	0.00	0.00	0.00	0.00	–
0.00	28.66	0.00	0.91	30.12	180.96	7656.74	2.71	15116.08	−7.34
10.29	141.74	37.81	21.25	275.95	−11.64	7764.12	1.31	16910.75	6.21
0.00	0.50	2.85	0.00	0.00	0.00	0.00	0.09	13.01	34.81
0.00	0.00		0.00	0.00	0.00	0.00	0.28	15.33	122.93
0.00	0.00		0.00	5.00	0.29	2.69	0.01	59.68	−80.53
0.00	0.00		1.26	22.29	0.58	9.49	0.06	237.27	25.10
0.00	0.00		0.00	0.00	0.00	0.00	0.07	7.86	2.42
0.00	0.00		0.00	0.00	0.00	0.00	0.00	0.00	–
0.00	0.50		1.26	27.29	0.87	12.18	0.05	333.16	10.53
0.00	0.00		0.00	0.00	0.00	0.00	0.00	0.00	–
0.00	0.00		0.00	0.00	0.00	0.00	0.00	0.00	–
0.00	0.00		1.03	0.00	0.00	0.00	0.00	6.55	−100.00
0.00	0.00		0.02	0.02	12.20	624.11	0.00	0.00	–
0.00	0.00		0.00	0.00	0.00	0.00	0.00	0.00	–
0.00	0.00		0.00	0.00	0.00	0.00	0.00	0.00	–
0.00	0.00	–	1.05	0.02	12.20	624.11	0.00	6.55	−100.00
0.00	0.00		0.00	0.00	0.00	0.00	0.00	0.00	–
0.00	0.00		0.00	0.00	0.00	0.00	0.00	0.00	–
0	0.00		0.00	0.00	0.00	0.00	0.00	0.00	–
0.00	0.00		0.00	81.54	0.00	7.26	0.01	680.20	−97.38
0.00	0.00		0.00	0.00	0.00	0.00	0.00	0.00	–
0.00	0.00		0.00	0.00	0.00	0.00	0.00	0.00	–
0.00	0.00		0.00	81.54	0.00	7.26	0.00	680.20	−97.38
0.00	0.50	0.13	2.31	108.84	13.07	643.55	0.03	1019.91	−62.15

续表8

公司名称	业务类别		保费收入本月				保费收入累计			
			首年	其中:期缴	续期	小计	首年	其中:期缴	续期	小计
联泰大都会	营销业务	健康险	6.27	6.27	0.00	6.27	60.04	60.04	0.00	60.04
		意外险	5.39	5.39	0.00	5.39	61.89	61.89	0.00	61.89
		一般寿险	56.28	56.28	78.75	135.02	843.16	843.16	814.02	1657.18
		分红类保险	56.75	46.57	171.96	228.71	708.42	677.71	1434.62	2143.05
		万能寿险	0.00	0.00	0.00	0.00	0.00	0.00	0.00	0.00
		投连险	0.00	0.00	0.21	0.21	0.00	0.00	2.89	2.89
		小　计	124.69	114.51	250.92	375.61	1673.52	1642.80	2251.53	3925.05
	直销业务	健康险	6.68	6.67	0.00	6.68	82.13	82.09	0.00	82.13
		意外险	24.61	24.59	0.00	24.61	274.59	274.55	0.00	274.59
		一般寿险	16.06	16.06	76.13	92.19	318.14	318.14	667.33	985.47
		分红类保险	0.09	0.09	0.00	0.09	0.57	0.57	0.00	0.57
		万能寿险	0.00	0.00	0.00	0.00	0.00	0.00	0.00	0.00
		投连险	0.00	0.00	0.00	0.00	0.00	0.00	0.00	0.00
		小　计	47.45	47.42	76.13	123.57	675.42	675.35	667.33	1342.75
	银代业务	健康险	0.07	0.07	0.00	0.07	3.59	3.59	0.00	3.59
		意外险	−1.11	−1.11	0.00	−1.11	7.53	7.53	0.00	7.53
		一般寿险	0.48	0.48	4.25	4.73	7.47	7.47	66.20	73.67
		分红类保险	0.05	0.05	153.28	153.34	129.91	129.91	1633.29	1763.21
		万能寿险	0.00	0.00	0.00	0.00	0.00	0.00	0.00	0.00
		投连险	0.00	0.00	0.00	0.00	0.00	0.00	0.00	0.00
		小　计	−0.51	−0.51	157.53	157.02	148.50	148.50	1699.50	1848.00
	合　计		171.63	161.42	484.58	656.20	2497.44	2466.65	4618.36	7115.80
瑞泰人寿	营销业务	健康险	0.00	0.00	0.00	0.00	0.00	0.00	0.00	0.00
		意外险	0.00	0.00	0.00	0.00	0.00	0.00	0.00	0.00
		一般寿险	0.00	0.00	0.00	0.00	0.00	0.00	0.00	0.00
		分红类保险	0.00	0.00	0.00	0.00	0.00	0.00	0.00	0.00
		万能寿险	0.00	0.00	0.00	0.00	0.00	0.00	0.00	0.00
		投连险	0.00	0.00	0.00	0.00	0.00	0.00	0.00	0.00
		小　计	0.00	0.00	0.00	0.00	0.00	0.00	0.00	0.00
	直销业务	健康险		0.00	0.00		1.25	0.00	0.00	1.25
		意外险		0.00	0.00		2.33	0.13	0.00	2.46
		一般寿险		0.00	0.00		0.00	0.00	0.00	0.00
		分红类保险		0.00	0.00		0.00	0.00	0.00	0.00
		万能寿险	0.52	0.00	0.00	0.52	20.52	0.00	0.00	20.52
		投连险		0.00	0.00		0.00	0.00	0.00	0.00
		小　计	0.52	0.00	0.00	0.52	24.10	0.13	0.00	24.23
	银代业务	健康险	0.04	0.00	0.00	0.04	0.15	0.00	0.00	0.15
		意外险		0.00	0.00		0.06	0.00	0.00	0.06
		一般寿险		0.00	0.00		0.00	0.00	0.00	0.00
		分红类保险		0.00	0.00		0.00	0.00	0.00	0.00
		万能寿险	1521.70	0.00	0.00	1521.70	4840.65	0.00	0.00	4840.65
		投连险		0.00	0.00		0.00	0.00	0.00	0.00
		小　计	1521.74	0.00	0.00	1521.74	4840.86	0.00	0.00	4840.86
	合　计		1522.26	0.00	0.00	1522.26	4864.96	0.13	0.00	4865.09

理赔给付			其他给付		退保		市场份额	上年同期保费	同比增长率
本期	累计	短险赔付率	本期	累计	本期	累计			
0.97	5.05	0.08	0.00	0.00	0.00	0.00	0.29	27.16	121.05
0.00	0.00	0.00	0.00	0.00	0.00	0.00	0.50	39.82	55.45
10.10	15.32		0.00	0.00	11.06	36.28	0.75	913.63	81.38
0.00	0.00		1.20	7.77	12.27	70.11	0.42	1639.41	30.72
0.00	0.00		0.00	0.00	0.00	0.00	0.00	0.00	–
0.00	0.00		0.00	0.00	0.00	0.00	0.88	3.40	–14.89
11.07	20.38	0.04	1.20	7.77	23.33	106.39	0.51	2623.42	49.62
0.30	11.31	0.14	0.00	0.00	0.00	0.00	0.47	114.55	–28.30
0.00	2.58	0.01	0.00	0.00	0.13	1.84	1.13	302.92	–9.35
0.00	0.00		3.01	42.84	9.18	154.72	4.46	1000.63	–1.52
0.00	0.00		0.00	0.00	0.00	0.00	0.00	0.00	–
0.00	0.00		0.00	0.00	0.00	0.00	0.00	0.00	–
0.00	0.00		0.00	0.00	0.00	0.00	0.00	0.00	–
0.30	13.88	0.04	3.01	42.84	9.32	156.56	1.55	1418.10	–5.31
0.00	0.20	0.05	0.00	0.00	0.00	0.00	0.43	3.44	4.32
0.00	0.00	0.00	0.00	0.00	0.00	0.00	0.31	1.96	284.11
0.00	13.69		0.00	0.00	–0.20	1.24	0.02	71.45	3.11
2.91	6.09		10.39	100.69	62.02	920.85	1.46	2166.44	–18.61
0.00	0.00		0.00	0.00	0.00	0.00	0.00	0.00	–
0.00	0.00		0.00	0.00	0.00	0.00	0.00	0.00	–
2.91	19.98	0.02	10.39	100.69	61.83	922.09	0.36	2243.29	–17.62
14.28	54.24	0.04	14.60	151.29	94.47	1185.04	0.52	6284.81	13.22
0.00	0.00		0.00	0.00	0.00	0.00	0.00	0.00	–
0.00	0.00		0.00	0.00	0.00	0.00	0.00	0.00	–
0.00	0.00		0.00	0.00	0.00	0.00	0.00	0.00	–
0.00	0.00		0.00	0.00	0.00	0.00	0.00	0.00	–
0.00	0.00		0.00	0.00	0.00	0.00	0.00	0.00	–
0.00	0.00		0.00	0.00	0.00	0.00	0.00	0.00	–
0.00	0.00	0.00	0.00	0.00	0.00	0.00	0.00	0.00	–
0.00	0.00		0.00	0.00	0.00	0.00	0.01	0.00	–
0.00	0.00		0.00	0.00	0.00	0.00	0.01	2.13	15.49
0.00	0.00		0.00	0.00	0.00	0.00	0.00	0.00	–
0.00	0.00		0.00	0.00	0.00	0.00	0.00	0.00	–
0.00	0.00		0.00	0.00	0.00	0.00	71.95	0.00	–
0.00	0.00		0.00	0.00	0.00	0.00	0.00	213.90	–100.00
0.00	0.00	0.00	0.00	0.00	0.00	0.00	0.03	216.03	–88.78
0.00	0.00		0.00	0.00	0.00	0.00	0.02	0.00	–
0.00	0.00		0.00	0.00	0.00	0.00	0.00	8.76	–99.32
0.00	0.00		0.00	0.00	0.00	0.00	0.00	0.00	–
0.00	0.00		0.00	0.00	0.00	0.00	0.00	0.00	–
0.00	0.00		0.00	0.00	0.00	0.00	6.98	4639.48	4.34
0.00	0.00		0.00	0.00	0.00	0.00	0.00	0.00	–
0.00	0.00	0.00	0.00	0.00	0.00	0.00	0.94	4648.24	4.14
0.00	0.00	0.00	0.00	0.00	0.00	0.00	0.35	4864.27	0.02

续表8

公司名称	业务类别		保费收入本月				保费收入累计			
			首年	其中:期缴	续期	小计	首年	其中:期缴	续期	小计
长城人寿	营销业务	健康险	0.08	0.00	0.00	0.08	1.54	0.00	0.00	1.54
		意外险	0.58	0.00	0.00	0.58	7.78	0.00	0.00	7.78
		一般寿险	3.06	2.36	8.92	11.98	43.17	28.24	153.57	196.74
		分红类保险	4.07	4.07	50.81	54.88	891.77	891.77	870.53	1762.29
		万能寿险				0.00				0.00
		投连险				0.00				0.00
		小　计	7.78	6.44	59.73	67.52	944.25	920.01	1024.10	1968.35
	直销业务	健康险	0.00	0.00	0.00	0.00	0.00	0.00	0.00	0.00
		意外险	0.00	0.00	0.00	0.00	0.00	0.00	0.00	0.00
		一般寿险	0.00	0.00	0.00	0.00	0.00	0.00	0.00	0.00
		分红类保险	0.00	0.00	0.00	0.00	0.00	0.00	0.00	0.00
		万能寿险	0.00	0.00	0.00	0.00	0.00	0.00	0.00	0.00
		投连险	0.00	0.00	0.00	0.00	0.00	0.00	0.00	0.00
		小　计	0.00	0.00	0.00	0.00	0.00	0.00	0.00	0.00
	银代业务	健康险				0.00				0.00
		意外险				0.00				0.00
		一般寿险	108.17	0.27	1.19	109.36	330.89	222.99	16.06	346.95
		分红类保险	2.00	2.00	63.35	65.35	38.70	38.70	1688.25	1726.95
		万能寿险				0.00				0.00
		投连险				0.00				0.00
		小　计	110.17	2.27	64.54	174.71	369.59	261.69	1704.31	2073.90
	合　计		117.95	8.71	124.28	242.23	1313.84	1181.70	2728.41	4042.24
华夏人寿	营销业务	健康险	0.30	0.00	0.00	0.30	2.90	0.99	0.00	2.90
		意外险	0.19	0.00	0.00	0.19	0.21	0.00	0.03	0.23
		一般寿险	120.30	118.25	16.74	137.04	2339.44	2313.88	590.53	2929.97
		分红类保险	0.00	0.00	59.67	59.67	0.00	0.00	309.72	309.72
		万能寿险	0.00	0.00	0.58	0.58	0.00	0.00	7.48	7.48
		投连险	0.00	0.00	0.00	0.00	0.00	0.00	0.00	0.00
		小　计	120.79	118.25	76.99	197.78	2342.55	2314.87	907.76	3250.30
	直销业务	健康险	0.88	0.00	0.00	0.88	45.18	0.00	0.00	45.18
		意外险	6.06	0.00	0.00	6.06	178.39	0.00	0.00	178.39
		一般寿险	0.00	0.00	0.00	0.00	6.63	0.00	0.00	6.63
		分红类保险	0.00	0.00	0.00	0.00	0.00	0.00	0.00	0.00
		万能寿险	0.00	0.00	0.00	0.00	0.00	0.00	0.00	0.00
		投连险	0.00	0.00	0.00	0.00	0.00	0.00	0.00	0.00
		小　计	6.94	0.00	0.00	6.94	230.20	0.00	0.00	230.20
	银代业务	健康险	0.00	0.00	0.00	0.00	0.01	0.00	0.00	0.01
		意外险	0.00	0.00	0.00	0.00	0.00	0.00	0.00	0.00
		一般寿险	331.05	331.05	0.50	331.55	993.41	993.41	46.90	1040.31
		分红类保险	0.00	0.00	2.30	2.30	0.00	0.00	208.68	208.68
		万能寿险	0.00	0.00	0.00	0.00	0.00	0.00	0.00	0.00
		投连险	0.00	0.00	0.00	0.00	0.00	0.00	0.00	0.00
		小　计	331.05	331.05	2.80	333.85	993.42	993.41	255.58	1249.00
	合　计		458.78	449.31	79.79	538.57	3566.16	3308.27	1163.33	4729.50

理赔给付			其他给付		退保		市场份额	上年同期保费	同比增长率
本期	累计	短险赔付率	本期	累计	本期	累计			
	0.28	18.44		0.00		0.00	0.01	1.43	7.98
	0.02	0.26		0.00		0.00	0.06	6.91	12.51
0.53	5.81	2.95	2.08	33.69	0.42	11.66	0.09	175.31	12.22
0.00	17.91	1.02	18.11	382.33	8.08	55.89	0.35	1085.57	62.34
		–					0.00	0.00	–
		–					0.00	0.00	–
0.53	24.02	3.26	20.19	416.02	8.50	67.55	0.26	1269.22	55.08
0.00	0.00	0.00	0.00	0.00	0.00	0.00	0.00	0.00	–
0.00	0.00	0.00	0.00	0.00	0.00	0.00	0.00	0.00	–
0.00	0.00	0.00	0.00	0.00	0.00	0.00	0.00	0.00	–
0.00	0.00	0.00	0.00	0.00	0.00	0.00	0.00	0.00	–
0.00	0.00	0.00	0.00	0.00	0.00	0.00	0.00	0.00	–
0.00	0.00	0.00	0.00	0.00	0.00	0.00	0.00	0.00	–
0.00	0.00	0.00	0.00	0.00	0.00	0.00	0.00	0.00	–
		–					0.00	0.00	–
		–					0.00	0.00	–
0.00	0.00	0.00	7.84	26.77	0.00	0.36	0.11	17.43	1890.41
0.00	19.45	1.13	50.40	3933.80	26.95	436.50	1.43	2101.55	–17.82
	18.31	–		0.00		0.00	0.00	0.00	–
		–					0.00	0.00	–
0.00	37.76	1.82	58.23	3960.57	26.95	436.86	0.40	2118.98	–2.13
0.53	61.78	3.26	78.43	4376.59	35.45	504.41	0.29	3388.20	19.30
0.07	0.54	18.78	0.00	0.00	0.00	0.00	0.01	1.61	80.34
0.00	0.00	0.00	0.00	0.00	0.00	0.00	0.00	0.21	10.33
0.00	0.00	0.00	11.31	376.98	0.53	8.65	1.33	644.58	354.55
0.00	0.00	0.00	0.00	99.46	0.00	10.36	0.06	271.17	14.22
0.00	0.00	0.00	0.00	12.00	0.00	0.00	0.07	7.39	1.23
0.00	0.00	–	0.00	0.00	0.00	0.00	0.00	0.00	–
0.07	0.54	0.02	11.31	488.44	0.53	19.01	0.42	924.96	251.40
3.80	40.96	90.67	0.00	0.00	0.00	0.00	0.26	31.84	41.88
16.20	118.20	66.26	0.00	0.00	0.00	0.00	0.74	70.61	152.63
0.00	0.00	0.00	0.00	0.00	0.00	0.05	0.03	8.64	–23.29
0.00	0.00	–	0.00	0.00	0.00	0.00	0.00	0.00	–
0.00	0.00	–	0.00	0.00	0.00	0.00	0.00	0.00	–
0.00	0.00	–	0.00	0.00	0.00	0.00	0.00	0.00	–
20.00	159.16	69.14	0.00	0.00	0.00	0.05	0.27	111.09	107.21
0.00	0.00	0.00	0.00	0.00	0.00	0.00	0.00	0.01	0.00
0.00	0.00	–	0.00	0.00	0.00	0.00	0.00	0.00	–
0.00	0.00	0.00	6.90	125.01	–0.55	7.41	0.32	722.35	44.02
0.00	0.00	0.00	0.00	206.71	18.94	504.92	0.17	1081.25	–80.70
0.00	0.00	–	1.77	45.52	0.00	0.00	0.00	0.00	–
0.00	0.00	–	0.00	0.00	0.00	0.00	0.00	0.00	–
0.00	0.00	0.00	8.68	377.24	18.39	512.33	0.24	1803.61	–30.75
20.06	159.71	3.38	19.99	865.68	18.92	531.39	0.34	2839.67	66.55

续表8

公司名称	业务类别		保费收入本月				保费收入累计			
			首年	其中:期缴	续期	小计	首年	其中:期缴	续期	小计
人保寿险	营销业务	健康险	0.02	0.00	0.26	0.28	42.40	0.00	1.85	44.25
		意外险	0.44	0.43	1.19	1.63	38.69	10.45	41.44	80.13
		一般寿险	3.78	3.78	7.14	10.92	7308.40	246.00	212.76	7521.16
		分红类保险	4.77	4.77	9.55	14.32	218.28	173.25	411.70	629.98
		万能寿险	0.39	0.00	0.00	0.39	4.89	0.00	0.00	4.89
		投连险				0.00				0.00
		小 计	9.40	8.98	18.14	27.54	7612.66	429.70	667.75	8280.41
	直销业务	健康险	29.11	0.00	0.00	29.11	406.50	0.00	0.00	406.50
		意外险	18.78	0.00	0.00	18.78	401.67	0.31	1.93	403.60
		一般寿险	13.38	0.00	0.00	13.38	2257.72	34.35	8.21	2265.93
		分红类保险	0.00	0.00	0.00	0.00	382.40	21.00	0.55	382.95
		万能寿险	0.00	0.00	0.00	0.00	0.00	0.00	0.00	0.00
		投连险				0.00				0.00
		小 计	61.27	0.00	0.00	61.27	3448.29	55.66	10.69	3458.98
	银代业务	健康险	0.00	0.00	0.00	0.00	0.90	0.00	0.00	0.90
		意外险	3.67	0.39	6.89	10.56	36.79	12.77	55.89	92.68
		一般寿险	555.35	-10.55	28.92	584.27	15215.40	256.06	194.03	15409.43
		分红类保险	17.49	17.49	43.40	60.89	1434.03	605.53	2238.34	3672.37
		万能寿险	0.03	0.03	0.00	0.03	0.03	0.03	0.00	0.03
		投连险				0.00				0.00
		小 计	576.54	7.36	79.21	655.75	16687.15	874.39	2488.26	19175.41
	合 计		647.21	16.34	97.35	744.56	27748.10	1359.75	3166.70	30914.80
信泰人寿	营销业务	健康险	1.05	1.05	9.32	10.37	13.91	13.91	101.97	115.88
		意外险	0.09	0.09	1.75	1.84	0.63	0.63	16.35	16.98
		一般寿险	27.92	27.92	6.61	34.53	46.49	46.49	62.16	108.65
		分红类保险	2.37	2.37	100.49	102.86	66.77	66.77	2000.56	2067.33
		万能寿险								
		投连险								
		小 计	31.43	31.43	118.17	149.60	127.80	127.80	2181.04	2308.84
	直销业务	健康险								
		意外险	0.00	0.00	0.00	0.00	0.00	0.00	0.00	0.00
		一般寿险								
		分红类保险								
		万能寿险								
		投连险								
		小 计	0.00	0.00	0.00	0.00	0.00	0.00	0.00	0.00
	银代业务	健康险	0.01	0.01	0.07	0.08	0.05	0.05	1.02	1.07
		意外险	0.08	0.08	3.08	3.16	0.32	0.32	46.16	46.48
		一般寿险	0.24	0.24	9.97	10.21	0.93	0.93	146.64	147.57
		分红类保险	0.02	0.02	29.50	29.52	0.02	0.02	1106.01	1106.03
		万能寿险	0.00	0.00	0.09	0.09	0.00	0.00	6.00	6.00
		投连险								
		小 计	0.35	0.35	42.71	43.06	1.32	1.32	1305.83	1307.15
	合 计		31.78	31.78	160.88	192.66	129.12	129.12	3486.87	3615.99

理赔给付			其他给付		退保		市场份额	上年同期保费	同比增长率
本期	累计	短险赔付率	本期	累计	本期	累计			
5.99	95.81	216.52	0.00	0.00	0.00	0.00	0.21	124.61	-64.49
0.00	65.22	81.39	0.00	0.00	0.12	0.19	0.65	250.09	-67.96
0.00	70.99		18.38	28.32	489.74	4518.50	3.41	4778.13	57.41
0.00	6.32		6.95	2563.78	142.17	3237.45	0.12	2283.29	-72.41
0.00	0.00		0.00	0.00	0.00	0.00	0.04	5.53	-11.57
							0.00	0.00	-
5.99	238.34	129.47	25.33	2592.10	632.03	7756.14	1.07	7441.65	11.27
45.31	947.57	233.10	0.00	0.00	0.00	0.00	2.35	1414.52	-71.26
53.44	364.13	90.22	0.00	0.00	0.00	0.00	1.67	947.11	-57.39
98.36	746.15		1.50	16.85	8.23	629.65	10.26	2140.21	5.87
0.00	0.00		3.72	102.61	0.96	1009.09	1.67	950.12	-59.69
0.00	0.00		0.00	0.00	0.00	0.00	0.00	0.00	-
							0.00	0.00	-
197.11	2057.85	161.92	5.22	119.46	9.19	1638.74	3.99	5451.96	-36.56
3.19	32.67	3630.00	0.00	0.00	0.00	0.00	0.11	50.96	-98.23
0.00	27.91	30.11	0.00	0.00	0.14	0.46	3.76	140.78	-34.17
0.00	0.00		57.98	263.89	33.55	12529.54	4.78	14516.78	6.15
23.71	159.77		1728.52	17498.38	498.72	12982.14	3.04	5921.75	-37.99
0.00	0.00		0.00	0.00	0.00	0.00	0.00	0.00	-
							0.00	0.00	-
26.90	220.35	64.74	1786.50	17762.27	532.41	25512.14	3.71	20630.27	-7.05
230.00	2516.54	149.15	1817.05	20473.83	1173.63	34907.02	2.25	33523.88	-7.78
5.09	10.89		0.00	0.00	0.10	2.02	0.56	95.36	21.52
0.00	0.00		0.00	0.00	0.02	0.28	0.14	17.60	-3.52
0.00	0.00		1.49	1.80	0.13	1.86	0.05	66.44	63.53
0.00	4.59		28.63	383.57	1.76	87.15	0.41	2469.14	-16.27
							0.00	0.00	-
							0.00	0.00	-
5.09	15.48	0.00	30.12	385.37	2.01	91.31	0.30	2648.54	-12.83
							0.00		-
0.00	0.00	0.00	0.00	0.00	0.00	0.00	0.00	0.00	-
							0.00		-
							0.00		-
							0.00		-
							0.00		-
0.00	0.00	0.00	0.00	0.00	0.00	0.00	0.00	0.00	-
0.00	0.00		0.00	0.00	0.00	0.00	0.13	0.90	18.89
0.00	0.00		0.00	0.00	0.00	0.87	1.89	44.20	5.16
0.00	0.00		0.00	0.00	0.00	3.12	0.05	182.22	-19.02
0.00	12.31		65.43	2409.68	37.80	934.94	0.92	1606.90	-31.17
0.05	0.16		0.00	0.00	0.00	0.19	0.01	13126.53	-99.95
							0.00	0.00	-
0.05	12.47		65.43	2409.68	37.80	939.12	0.25	14960.75	-91.26
5.14	27.95	0.00	95.55	2795.05	39.81	1030.43	0.26	17609.29	-79.47

续表8

公司名称	业务类别		保费收入本月				保费收入累计			
			首年	其中:期缴	续期	小计	首年	其中:期缴	续期	小计
君康人寿	营销业务	健康险				0.00	0.00	0.00	1.23	1.23
		意外险				0.00	0.00	0.00	0.00	0.00
		一般寿险				0.00	0.00	0.00	0.00	0.00
		分红类保险				0.00	0.00	0.00	18.16	18.16
		万能寿险				0.00	0.00	0.00	0.00	0.00
		投连险				0.00	0.00	0.00	0.00	0.00
		小 计	0.00	0.00	0.00	0.00	0.00	0.00	19.39	19.39
	直销业务	健康险				0.00	0.24	0.00	0.00	0.24
		意外险				0.00	0.71	0.00	0.00	0.71
		一般寿险				0.00	0.00	0.00	0.00	0.00
		分红类保险				0.00	0.00	0.00	0.00	0.00
		万能寿险				0.00	0.00	0.00	0.00	0.00
		投连险				0.00	0.00	0.00	0.00	0.00
		小 计	0.00	0.00	0.00	0.00	0.95	0.00	0.00	0.95
	银代业务	健康险				0.00	0.00	0.00	0.00	0.00
		意外险				0.00	0.00	0.00	0.00	0.00
		一般寿险				0.00	3795.00	0.00	0.00	3795.00
		分红类保险				0.00	0.00	0.00	30.60	30.60
		万能寿险				0.00	0.00	0.00	0.00	0.00
		投连险				0.00	0.00	0.00	0.00	0.00
		小 计	0.00	0.00	0.00	0.00	3795.00	0.00	30.60	3825.60
	合 计		0.00	0.00	0.00	0.00	3795.95	0.00	49.99	3845.94
阳光人寿	营销业务	健康险	12.26	12.21	30.25	42.51	120.87	118.75	350.37	471.24
		意外险	8.35	4.81	1.71	10.06	46.43	20.05	15.96	62.39
		一般寿险	117.43	119.12	269.45	386.88	1384.40	1387.23	3118.02	4502.42
		分红类保险	16.24	15.73	197.80	214.04	1646.15	1141.77	2463.84	4109.99
		万能寿险	4.78	10.01	114.08	118.86	522.46	569.46	1015.28	1537.74
		投连险	0.00	0.00	0.00	0.00	0.00	0.00	0.00	0.00
		小 计	159.06	161.88	613.29	772.35	3720.31	3237.26	6963.47	10683.78
	直销业务	健康险	0.66	0.00	0.00	0.66	247.36	0.00	0.00	247.36
		意外险	0.23	0.00	0.00	0.23	102.06	0.00	0.00	102.06
		一般寿险	2.42	2.24	0.00	2.42	20.21	14.43	0.00	20.22
		分红类保险	0.00	0.00	0.00	0.00	0.00	0.00	0.00	0.00
		万能寿险	6.00	0.00	0.00	6.00	8.00	0.00	0.00	8.00
		投连险	0.00	0.00	0.00	0.00	0.00	0.00	0.00	0.00
		小 计	9.31	2.24	0.00	9.31	377.64	14.43	0.00	377.64
	银代业务	健康险	0.00	0.00	0.00	0.00	0.00	0.00	0.00	0.00
		意外险	0.00	0.00	0.00	0.00	0.00	0.00	0.97	0.97
		一般寿险	1.93	1.93	2.09	4.02	29463.08	92.58	40.40	29503.48
		分红类保险	1.31	0.00	4.76	6.06	15.87	1.50	212.56	228.43
		万能寿险	0.47	0.00	0.00	0.47	3744.16	0.00	0.00	3744.16
		投连险	4.20	0.00	0.00	4.20	73.50	0.00	0.00	73.50
		小 计	7.91	1.93	6.85	14.75	33296.61	94.08	253.93	33550.54
	合 计		176.28	166.05	620.14	796.42	37394.56	3345.77	7217.40	44611.97

理赔给付			其他给付		退保		市场份额	上年同期保费	同比增长率
本期	累计	短险赔付率	本期	累计	本期	累计			
	0.00	0.00		0.00		0.00	0.01	1.40	−12.14
	0.00	–	0.00	0.00		0.00	0.00	0.05	−100.00
	0.00	–	0.00	0.00		0.00	0.00	0.00	–
	0.00	0.00		4.79		1.33	0.00	18.73	−3.04
	0.00	–	0.00	0.00		0.00	0.00	0.00	–
	0.00	–	0.00	0.00		0.00	0.00	0.00	–
0.00	0.00	0.00	0.00	4.79	0.00	1.33	0.00	20.18	−3.91
	0.10	41.67	0.00	0.00		0.00	0.00	0.18	33.33
	0.00	0.00	0.00	0.00		0.00	0.00	0.64	10.94
0.00	0.00	–	0.00	0.00		0.00	0.00	0.00	–
	0.00	–	0.00	0.00		0.00	0.00	0.00	–
0.00	0.00	–	0.00	0.00		0.00	0.00	0.00	–
0.00	0.00	–	0.00	0.00		0.00	0.00	0.00	–
0.00	0.10	10.53	0.00	0.00	0.00	0.00	0.00	0.82	15.85
0.00	0.00	–	0.00	0.00		0.00	0.00	0.00	–
0.00	0.00	–	0.00	0.00		0.00	0.00	0.00	–
	16.00	0.44		0.00	13.46	36098.89	1.18	35145.00	−89.20
	18.13	3.92	27.23	2356.19	1.10	13.92	0.03	205.30	−85.09
4.01	6.54	–		0.00		0.00	0.00	0.00	–
	0.00	–	0.00	0.00		0.00	0.00	0.00	–
4.01	40.67	0.53	27.23	2356.19	14.56	36112.81	0.74	35350.30	−89.18
4.01	40.77	1.06	27.23	2360.98	14.56	36114.14	0.28	35371.30	−89.13
0.74	11.64		0.00	0.00	0.00	0.00	2.28	547.65	−13.95
0.00	0.00		0.00	0.00	1.04	6.92	0.50	30.54	104.29
0.42	43.42		1.14	31.04	0.13	6.82	2.04	3486.20	29.15
20.95	107.58		45.99	387.50	38.80	691.95	0.81	2865.63	43.42
0.00	20.55		0.00	0.00	0.00	0.56	13.72	29.51	5110.92
0.00	0.00		0.00	0.00	0.00	0.00	0.00	0.00	–
22.11	183.18		47.13	418.54	39.96	706.25	1.38	6959.53	53.51
15.39	188.92		0.00	0.00	0.00	0.00	1.43	212.70	16.30
0.00	0.01		0.00	0.00	0.00	0.00	0.42	79.05	29.11
0.03	4.66		0.00	2.16	0.00	0.00	0.09	0.00	–
0.00	0.00		0.00	0.00	0.00	0.00	0.00	0.00	–
0.00	0.00		0.00	0.00	0.00	0.00	28.05	0.00	–
0.00	0.00		0.00	0.00	0.00	0.00	0.00	0.00	–
15.42	193.59		0.00	2.16	0.00	0.00	0.44	291.75	29.44
0.00	0.00		0.00	0.00	0.00	0.00	0.00	11.16	−100.00
0.00	0.00		0.00	0.00	0.00	0.00	0.04	1.21	−20.07
0.01	0.01		0.48	7.79	66.68	1984.01	9.14	1858.39	1487.58
0.00	0.00		1.95	37.94	3.01	117.64	0.19	383.40	−40.42
0.00	0.00		0.00	0.00	0.00	0.00	5.40	0.00	–
0.00	0.00		0.00	0.00	0.00	0.00	69.45	0.00	–
0.01	0.01		2.43	45.73	69.69	2101.64	6.50	2254.16	1388.38
37.54	376.78		49.56	466.42	109.66	2807.90	3.25	9505.44	369.33

续表8

公司名称	业务类别		保费收入本月				保费收入累计			
			首年	其中:期缴	续期	小计	首年	其中:期缴	续期	小计
国华人寿	营销业务	健康险								
		意外险								
		一般寿险					6.18	6.18	4.00	10.18
		分红类保险			1.20	1.20			8.20	8.20
		万能寿险								
		投连险								
		小　计	0.00	0.00	1.20	1.20	6.18	6.18	12.20	18.38
	直销业务	健康险								
		意外险								
		一般寿险								
		分红类保险								
		万能寿险								
		投连险								
		小　计								
	银代业务	健康险								
		意外险								
		一般寿险								
		分红类保险			3.50	3.50			40.20	40.20
		万能寿险								
		投连险								
		小　计			3.50	3.50			40.20	40.20
	合　计		0.00	0.00	4.70	4.70	6.18	6.18	52.40	58.58
中英人寿	营销业务	健康险	13.42	13.42	6.24	19.66	218.24	218.24	46.29	264.53
		意外险	0.16	0.16	0.16	0.32	4.63	4.63	1.29	5.92
		一般寿险	0.22	0.22	0.60	0.82	18.76	18.76	29.70	48.46
		分红类保险	0.00	0.00	5.13	5.13	62.45	62.45	10.74	73.19
		万能寿险				0.00				0.00
		投连险				0.00				0.00
		小　计	13.80	13.80	12.13	25.93	304.08	304.08	88.02	392.10
	直销业务	健康险	0.05		0.08	0.13	1.24	0.04	1.17	2.41
		意外险	0.14		0.03	0.17	3.33	0.04	0.34	3.67
		一般寿险			0.86	0.86	0.34	0.34	10.11	10.45
		分红类保险				0.00				0.00
		万能寿险				0.00				0.00
		投连险				0.00				0.00
		小　计	0.19	0.00	0.97	1.16	4.91	0.42	11.62	16.53
	银代业务	健康险				0.00	6.73	6.73	0.41	7.14
		意外险				0.00	0.08	0.08	0.04	0.12
		一般寿险	26.26	26.26		26.26	39.62	39.62	1.42	41.04
		分红类保险				0.00			123.46	123.46
		万能寿险				0.00				0.00
		投连险				0.00				0.00
		小　计	26.26	26.26	0.00	26.26	46.43	46.43	125.33	171.76
	合　计		40.25	40.06	13.10	53.35	355.42	350.93	224.97	580.39

理赔给付			其他给付		退保		市场份额	上年同期保费	同比增长率
本期	累计	短险赔付率	本期	累计	本期	累计			
							0.00		–
							0.00		–
			0.31	2.04		0.33	0.00	5.00	103.60
			0.11	0.81		53.39	0.00	9.80	-16.33
					25.77	39.01	0.00		–
							0.00		–
			0.42	2.85	25.77	92.73	0.00	14.80	24.19
							0.00		–
							0.00		–
							0.00		–
							0.00		–
							0.00		–
							0.00		–
							0.00	0.00	–
							0.00		–
							0.00		–
							0.00		–
			92.62	298.55	0.35	95.03	0.03	86.00	-53.26
49.39	148.75				1351.28	10974.44	0.00		–
							0.00		–
24.00	148.75		92.62	298.55	1351.63	11069.47	0.01	86.00	-53.26
24.00	148.75		93.04	301.40	1377.40	11162.20	0.00	100.80	-41.88
0.00	0.78	0.29			0.21	0.22	1.28	50.08	428.21
		0.00					0.05	1.68	252.38
		0.00					0.02	29.78	62.73
		0.00	0.04	0.10			0.01	10.74	581.47
		–					0.00	0.00	–
		–					0.00	0.00	–
0.00	0.78	0.29	0.04	0.10	0.21	0.22	0.05	92.28	324.90
	0.61	25.31			0.00	0.22	0.01	1.46	65.07
		0.00					0.02	0.41	795.12
		0.00					0.05	12.16	-14.06
		–					0.00	0.00	–
		–					0.00	0.00	–
		–					0.00	0.00	–
0.00	0.61	10.03	0.00	0.00	0.00	0.22	0.02	14.03	17.82
		0.00				0.07	0.86	0.49	1357.14
		0.00					0.00	0.03	300.00
		0.00				0.14	0.01	1.65	2387.27
0.00	55.78	45.18	0.05	11.81	0.00	517.81	0.10	127.40	-3.09
		–					0.00	0.00	–
		–					0.00	0.00	–
0.00	55.78	0.00	0.05	11.81	0.00	518.02	0.03	129.57	32.56
0.00	57.17	0.49	0.09	11.91	0.21	518.46	0.04	235.88	146.05

续表8

公司名称	业务类别		保费收入本月				保费收入累计			
			首年	其中:期缴	续期	小计	首年	其中:期缴	续期	小计
幸福人寿	营销业务	健康险				0.00	0.24	0.00	0.00	0.24
		意外险				0.00	0.44	0.00	-0.02	0.42
		一般寿险	0.03	0.03	0.10	0.13	10.24	10.24	2.21	12.46
		分红类保险			0.68	0.68	20.13	13.45	42.01	62.14
		万能寿险			0.02	0.02	0.00	0.00	0.29	0.29
		投连险				0.00				0.00
		小计	0.03	0.03	0.80	0.84	31.06	23.70	44.49	75.55
	直销业务	健康险				0.00				0.00
		意外险				0.00				0.00
		一般寿险				0.00				0.00
		分红类保险				0.00				0.00
		万能寿险				0.00				0.00
		投连险				0.00				0.00
		小计	0.00	0.00	0.00	0.00	0.00	0.00	0.00	0.00
	银代业务	健康险				0.00				0.00
		意外险				0.00				0.00
		一般寿险	1734.50	1.00		1734.50	17251.30	1.70	0.00	17251.30
		分红类保险			4.50	4.50	7.18	7.18	224.30	231.48
		万能寿险				0.00				0.00
		投连险				0.00				0.00
		小计	1734.50	1.00	4.50	1739.00	17258.48	8.88	224.30	17482.78
	合计		1734.53	1.03	5.30	1739.84	17289.54	32.58	268.79	17558.33
中德安联	营销业务	健康险	0.09	0.09	0.07	0.16	0.82	0.82	0.57	1.39
		意外险	0.16	0.16	0.17	0.33	2.69	2.69	2.03	4.71
		一般寿险	5.94	5.94	3.85	9.79	40.34	40.34	54.44	94.78
		分红类保险	3.82	3.78	11.32	15.13	65.89	64.80	144.62	210.51
		万能寿险	0.00	0.00	0.00	0.00	0.00	0.00	0.00	0.00
		投连险	0.00	0.00	0.00	0.00	0.00	0.00	0.00	0.00
		小计	10.01	9.97	15.41	25.42	109.73	108.65	201.66	311.39
	直销业务	健康险	0.00	0.00	0.00	0.00	0.00	0.00	0.00	0.00
		意外险	0.00	0.00	0.00	0.00	0.00	0.00	0.00	0.00
		一般寿险	0.00	0.00	0.00	0.00	0.00	0.00	0.79	0.79
		分红类保险	0.00	0.00	0.00	0.00	0.00	0.00	0.00	0.00
		万能寿险	0.00	0.00	0.00	0.00	0.00	0.00	0.00	0.00
		投连险	0.00	0.00	0.00	0.00	0.00	0.00	0.00	0.00
		小计	0.00	0.00	0.00	0.00	0.00	0.00	0.79	0.79
	银代业务	健康险	0.00	0.00	0.00	0.00	0.00	0.00	0.00	0.00
		意外险	0.00	0.00	0.00	0.00	0.00	0.00	0.00	0.00
		一般寿险	0.00	0.00	0.00	0.00	0.00	0.00	0.00	0.00
		分红类保险	0.00	0.00	0.00	0.00	0.00	0.00	0.00	0.00
		万能寿险	0.00	0.00	0.00	0.00	0.00	0.00	0.00	0.00
		投连险	0.00	0.00	0.00	0.00	0.00	0.00	0.00	0.00
		小计	0.00	0.00	0.00	0.00	0.00	0.00	0.00	0.00
	合计		10.01	9.97	15.41	25.42	109.73	108.65	202.45	312.18

理赔给付			其他给付		退保		市场份额	上年同期保费	同比增长率
本期	累计	短险赔付率	本期	累计	本期	累计			
		–					0.00	0.00	–
		–					0.00	0.00	–
				1.38	0.01	0.15	0.01	0.00	–
				3.58	0.48	8.61	0.01	98.27	–36.76
							0.00	0.00	–
							0.00	0.00	–
0.00	0.00	–	0.00	4.96	0.49	8.76	0.01	98.27	–23.12
		–					0.00	0.00	–
		–					0.00	0.00	–
							0.00	0.00	–
							0.00	0.00	–
							0.00	0.00	–
							0.00	0.00	–
0.00	0.00	–	0.00	0.00	0.00	0.00	0.00	0.00	–
		–					0.00	0.00	–
		–					0.00	0.00	–
					462.05	6908.36	5.35	0.00	–
			24.68	48.19	0.59	30.37	0.19	5199.70	–95.55
							0.00	0.00	–
							0.00	0.00	–
0.00	0.00	–	24.68	48.19	462.64	6938.73	3.39	5199.70	236.23
0.00	0.00	0.00	24.68	53.15	463.13	6947.49	1.28	5297.97	231.42
0.00	0.03	1.91	0.00	0.00	0.00	0.00	0.01	1.11	24.93
0.00	0.00	0.00	0.00	0.00	0.00	0.00	0.04	3.28	43.91
0.07	7.20		0.00	0.00	0.05	2.08	0.04	62.23	52.31
0.00	0.00		0.06	2.71	1.55	14.27	0.04	171.35	22.85
0.00	0.00		0.00	0.00	0.00	0.00	0.00	0.00	–
0.00	0.00		0.00	0.00	0.00	0.00	0.00	0.00	–
0.07	7.23	0.43	0.06	2.71	1.60	16.35	0.04	237.97	30.85
0.00	0.00		0.00	0.00	0.00	0.00	0.00	0.00	–
0.00	0.00		0.00	0.00	0.00	0.00	0.00	0.00	–
0.00	0.00		0.00	0.00	0.00	0.00	0.00	0.79	0.00
0.00	0.00		0.00	0.00	0.00	0.00	0.00	0.00	–
0.00	0.00		0.00	0.00	0.00	0.00	0.00	0.00	–
0.00	0.00		0.00	0.00	0.00	0.00	0.00	0.00	–
0.00	0.00		0.00	0.00	0.00	0.00	0.00	0.79	0.00
0.00	0.00		0.00	0.00	0.00	0.00	0.00	0.00	–
0.00	0.00		0.00	0.00	0.00	0.00	0.00	0.00	–
0.00	0.00		0.00	0.00	0.00	0.00	0.00	0.00	–
0.00	0.00		0.00	0.00	0.00	0.00	0.00	0.00	–
0.00	0.00		0.00	0.00	0.00	0.00	0.00	0.00	–
0.00	0.00		0.00	0.00	0.00	0.00	0.00	0.00	–
0.00	0.00		0.00	0.00	0.00	0.00	0.00	0.00	–
0.07	7.23	0.43	0.06	2.71	1.60	16.35	0.02	238.75	30.75

续表8

公司名称	业务类别		保费收入本月				保费收入累计			
			首年	其中:期缴	续期	小计	首年	其中:期缴	续期	小计
利安人寿	营销业务	健康险	0.00	0.00	0.00	0.00	0.00	0.00	0.00	0.00
		意外险	0.25	0.00	0.00	0.25	24.08	0.00	0.00	24.08
		一般寿险	1.26	1.26	0.00	1.26	98.34	98.34	0.00	98.34
		分红类保险	15.99	15.99	171.01	202.99	1384.48	1384.48	1208.59	2593.07
		万能寿险	0.00	0.00	0.00	0.00	0.00	0.00	0.00	0.00
		投连险	0.00	0.00	0.00	0.00	0.00	0.00	0.00	0.00
		小计	17.50	17.25	171.01	188.51	1506.90	1482.82	1208.59	2715.49
	直销业务	健康险	0.00	0.00	0.00	0.00	0.00	0.00	0.00	0.00
		意外险	0.00	0.00	0.00	0.00	0.00	0.00	0.00	0.00
		一般寿险	0.00	0.00	0.00	0.00	0.00	0.00	0.00	0.00
		分红类保险	0.00	0.00	0.00	0.00	0.00	0.00	0.00	0.00
		万能寿险	0.00	0.00	0.00	0.00	0.00	0.00	0.00	0.00
		投连险	0.00	0.00	0.00	0.00	0.00	0.00	0.00	0.00
		小计	0.00	0.00	0.00	0.00	0.00	0.00	0.00	0.00
	银代业务	健康险				0.00	0.00	0.00	0.00	0.00
		意外险				0.00	0.00	0.00	0.00	0.00
		一般寿险	24.00		3.36	27.36	39850.68	29.00	18.82	39869.49
		分红类保险	1.00		32.99	33.99	305.52	1.00	422.74	728.26
		万能寿险				0.00	10795.04	0.00	0.00	10795.04
		投连险				0.00	0.00	0.00	0.00	0.00
		小计	25.00	0.00	36.35	61.35	50951.24	30.00	441.55	51392.79
	合计		42.50	17.25	207.36	249.86	52458.14	1512.82	1650.14	54108.28
招商信诺人寿	营销业务	健康险								
		意外险								
		一般寿险								
		分红类保险								
		万能寿险								
		投连险								
		小计								
	直销业务	健康险	10.53	10.53	11.84	22.37	159.25	159.25	105.38	264.64
		意外险	8.12	8.12	7.00	15.12	88.03	88.03	67.15	155.17
		一般寿险	94.35	94.35	92.79	187.14	1004.37	1004.37	829.50	1833.87
		分红类保险	1.54	1.54	0.40	1.94	11.15	11.15	11.17	22.32
		万能寿险								
		投连险								
		小计	114.54	114.54	112.03	226.57	1262.80	1262.80	1013.20	2276.00
	银代业务	健康险	-0.06	-0.06		-0.06			2.33	2.33
		意外险			0.03	0.03			0.81	0.82
		一般寿险	37.41	37.41	18.56	55.97	402.02	339.02	201.60	603.62
		分红类保险	3.93	3.93	46.17	50.10	4747.02	521.10	664.35	5411.36
		万能寿险								
		投连险	0.42			0.42	4.91			4.91
		小计	41.70	41.28	64.76	106.46	5153.95	860.12	869.09	6023.04
	合计		156.24	155.82	176.79	333.03	6416.75	2122.92	1882.29	8299.04

理赔给付			其他给付		退保		市场份额	上年同期保费	同比增长率
本期	累计	短险赔付率	本期	累计	本期	累计			
0.00	0.00		0.00	0.00	0.00	0.00	0.00	0.00	–
0.00	0.00		0.00	0.00	0.00	0.00	0.19	11.24	114.23
0.00	0.00		0.00	0.00	0.00	0.00	0.04	74.86	31.37
0.00	0.00		0.85	35.07	1.80	16.32	0.51	1178.69	120.00
0.00	0.00		0.00	0.00	0.00	0.00	0.00	0.00	–
0.00	0.00		0.00	0.00	0.00	0.00	0.00	0.00	–
0.42	30.45		0.85	35.07	1.80	16.32	0.35	1264.79	114.70
0.00	0.00		0.00	0.00	0.00	0.00	0.00	0.00	–
0.00	0.00		0.00	0.00	0.00	0.00	0.00	0.00	–
0.00	0.00		0.00	0.00	0.00	0.00	0.00	0.00	–
0.00	0.00		0.00	0.00	0.00	0.00	0.00	0.00	–
0.00	0.00		0.00	0.00	0.00	0.00	0.00	0.00	–
0.00	0.00		0.00	0.00	0.00	0.00	0.00	0.00	–
0.00	0.00		0.00	0.00	0.00	0.00	0.00	0.00	–
0.00	0.00		0.00	0.00	0.00	0.00	0.00	1.41	–100.00
0.00	0.00		0.00	0.00	0.00	0.00	0.00	0.00	–
0.00	0.00		0.00	0.00	0.00	0.00	12.36	13334.91	198.99
0.00	0.00		0.71	12.55	4029.29	17317.02	0.60	23633.93	–96.92
0.00	0.00		0.00	0.00	0.00	0.00	15.57	457.50	2259.57
0.00	0.00		0.00	0.00	0.00	0.00	0.00	0.00	–
2.25	55.74		0.71	12.55	4029.29	17317.02	9.96	37427.75	37.31
2.67	86.19		1.56	47.62	4031.09	17333.34	3.94	38692.54	39.84
							0.00		–
							0.00		–
							0.00		–
							0.00		–
							0.00		–
							0.00		–
							0.00		–
5.68	54.64						1.53	179.73	47.24
	4.62				0.01	0.04	0.64	105.77	46.71
4.23	35.64		2.49	49.15	14.98	125.81	8.30	1050.51	74.57
					0.17	0.45	0.10	11.20	99.29
							0.00		–
							0.00		–
9.91	94.90		2.49	49.15	15.16	126.30	2.63	1347.21	68.94
0.16	0.29						0.28	4.17	–44.12
							0.03	0.82	0.00
			0.10	1.36	0.03	0.26	0.19	209.49	188.14
				4.01	10.90	173.25	4.48	907.66	496.19
							0.00		–
				20.00			4.64	1.36	261.03
0.16	0.29		0.10	25.37	10.93	173.51	1.17	1123.50	436.10
10.07	95.19		2.59	74.52	26.09	299.81	0.60	2470.71	235.90

续表8

公司名称	业务类别		保费收入本月				保费收入累计			
			首年	其中:期缴	续期	小计	首年	其中:期缴	续期	小计
交银康联	营销业务	健康险	0.36	0.36	0.00	0.36	7.18	0.93	0.01	7.19
		意外险	1.00	1.00	0.00	1.00	10.66	2.57	0.04	10.70
		一般寿险	0.95	0.95	2.43	3.38	24.93	24.29	17.83	42.76
		分红类保险	0.00	0.00	0.00	0.00	0.42	0.42	15.03	15.45
		万能寿险	0.00	0.00	0.00	0.00	0.00	0.00	0.00	0.00
		投连险	0.00	0.00	0.00	0.00	0.00	0.00	0.00	0.00
		小　计	2.31	2.31	2.43	4.74	43.19	28.21	32.91	76.10
	直销业务	健康险	0.00	0.00	0.00	0.00	0.00	0.00	0.00	0.00
		意外险	0.00	0.00	0.00	0.00	0.00	0.00	0.00	0.00
		一般寿险	0.00	0.00	0.00	0.00	0.00	0.00	0.00	0.00
		分红类保险	0.00	0.00	0.00	0.00	0.00	0.00	0.00	0.00
		万能寿险	0.00	0.00	0.00	0.00	0.00	0.00	0.00	0.00
		投连险	0.00	0.00	0.00	0.00	0.00	0.00	0.00	0.00
		小　计	0.00	0.00	0.00	0.00	0.00	0.00	0.00	0.00
	银代业务	健康险	10.85	0.00	0.00	10.85	116.75	0.00	0.00	116.75
		意外险	40.11	0.07	2.11	42.22	551.35	6.18	37.74	589.09
		一般寿险	165.17	1.17	19.08	184.25	8597.09	125.78	278.34	8875.43
		分红类保险	216.54	216.54	13.31	229.85	1337.82	1337.82	2052.72	3390.54
		万能寿险	0.00	0.00	0.00	0.00	0.00	0.00	0.00	0.00
		投连险	0.00	0.00	0.00	0.00	0.00	0.00	0.00	0.00
		小　计	432.67	217.78	34.50	467.17	10603.01	1469.78	2368.80	12971.81
	合　计		434.98	220.09	36.93	471.91	10646.20	1497.99	2401.71	13047.91
东吴人寿	营销业务	健康险	0.05	0.00	0.00	0.05	0.73	0.04	0.00	0.73
		意外险	0.07	0.00	−0.13	−0.06	3.31	2.32	10.41	13.72
		一般寿险	0.08	0.08	2.87	2.95	51.89	51.89	106.36	158.25
		分红类保险	1.06	1.06	11.86	12.92	86.18	86.18	202.43	288.61
		万能寿险	0.31	0.31	0.00	0.31	3.92	3.92	0.00	3.92
		投连险	0.00	0.00	0.00	0.00	0.00	0.00	0.00	0.00
		小　计	1.57	1.45	14.59	16.16	146.02	144.35	319.21	465.24
	直销业务	健康险	0.00	0.00	0.00	0.00	7.52	0.00	0.00	7.52
		意外险	0.00	0.00	0.00	0.00	11.56	0.00	0.00	11.56
		一般寿险	0.00	0.00	0.00	0.00	0.00	0.00	0.00	0.00
		分红类保险	0.00	0.00	0.00	0.00	0.00	0.00	0.00	0.00
		万能寿险	0.00	0.00	0.00	0.00	0.00	0.00	0.00	0.00
		投连险	0.00	0.00	0.00	0.00	0.00	0.00	0.00	0.00
		小　计	0.00	0.00	0.00	0.00	19.08	0.00	0.00	19.08
	银代业务	健康险	0.00	0.00	0.00	0.00	0.00	0.00	0.00	0.00
		意外险	0.00	0.00	0.00	0.00	0.07	0.07	0.00	0.07
		一般寿险	0.00	0.00	0.00	0.00	1.95	1.95	0.00	1.95
		分红类保险	0.00	0.00	12.10	12.10	350.20	50.20	278.80	629.00
		万能寿险	0.00	0.00	0.00	0.00	0.00	0.00	0.00	0.00
		投连险	0.00	0.00	0.00	0.00	0.00	0.00	0.00	0.00
		小　计	0.00	0.00	12.10	12.10	352.22	52.22	278.80	631.02
	合　计		1.57	1.45	26.69	28.26	517.32	196.57	598.01	1115.33

理赔给付			其他给付		退保		市场份额	上年同期保费	同比增长率
本期	累计	短险赔付率	本期	累计	本期	累计			
0.21	4.68		0.00	0.00	0.00	0.00	0.03	2.65	171.32
0.00	0.00		0.00	0.00	0.00	0.00	0.09	0.33	3142.42
0.00	0.21		0.00	0.00	0.03	2.43	0.02	26.23	63.02
0.00	0.00		0.00	0.00	1.11	1.45	0.00	18.63	–17.07
0.00	0.00		0.00	0.00	0.00	0.00	0.00	0.00	–
0.00	0.00		0.00	0.00	0.00	0.00	0.00	0.00	–
0.21	4.89		0.00	0.00	1.14	3.88	0.01	47.84	59.07
0.00	0.00		0.00	0.00	0.00	0.00	0.00	0.00	–
0.00	0.00		0.00	0.00	0.00	0.00	0.00	0.00	–
0.00	0.00		0.00	0.00	0.00	0.00	0.00	0.00	–
0.00	0.00		0.00	0.00	0.00	0.00	0.00	0.00	–
0.00	0.00		0.00	0.00	0.00	0.00	0.00	0.00	–
0.00	0.00		0.00	0.00	0.00	0.00	0.00	0.00	–
0.00	0.00		0.00	0.00	0.00	0.00	0.00	0.00	–
1.14	16.30		0.00	0.00	0.00	0.00	14.04	87.86	32.88
0.00	25.00		0.00	0.00	0.00	0.02	23.89	950.06	–37.99
0.00	8.83		0.00	0.00	0.20	8196.62	2.75	8389.71	5.79
0.00	0.07		0.00	17.02	70.29	1351.65	2.81	2504.78	35.36
0.00	0.00		0.00	0.00	0.00	0.00	0.00	0.00	–
0.00	0.00		0.00	0.00	0.00	0.00	0.00	0.00	–
1.14	50.20		0.00	17.02	70.49	9548.29	2.51	11932.41	8.71
1.35	55.09		0.00	17.02	71.63	9552.17	0.95	11980.25	8.91
0.00	1.15	158.28	0.00	0.00	0.00	0.00	0.00	1.05	–31.04
0.00	0.00	0.00	0.00	0.00	0.00	0.09	0.11	13.36	2.70
0.00	1.26	0.00	0.00	0.00	0.24	4.56	0.07	144.91	9.21
0.00	1.77	0.00	1.30	34.46	0.03	2.84	0.06	227.16	27.05
0.00	0.00	0.00	0.00	0.00	0.00	0.00	0.03	3.34	17.42
0.00	0.00	0.00	0.00	0.00	0.00	0.00	0.00	0.00	–
0.00	4.18	7.96	1.30	34.46	0.26	7.49	0.06	389.83	19.34
1.17	10.55	140.33	0.00	0.00	0.00	0.00	0.04	46.36	–83.79
0.00	26.70	0.00	0.00	0.00	0.00	0.00	0.05	68.90	–83.22
0.00	0.00	0.00	0.00	0.00	0.00	0.00	0.00	0.00	–
0.00	0.00	0.00	0.00	0.00	0.00	0.00	0.00	0.00	–
0.00	0.00	0.00	0.00	0.00	0.00	0.00	0.00	0.00	–
0.00	0.00	0.00	0.00	0.00	0.00	0.00	0.00	0.00	–
1.17	37.25	195.24	0.00	0.00	0.00	0.00	0.02	115.26	–83.45
0.00	0.00	0.00	0.00	0.00	0.00	0.00	0.00	0.00	–
0.00	0.00	0.00	0.00	0.00	0.00	0.00	0.00	2.87	–97.40
0.00	0.00	0.00	0.00	0.00	0.00	0.00	0.00	5.28	–63.17
0.00	0.00	0.00	0.00	0.00	1.31	36.74	0.52	555.00	13.33
0.00	2.96	0.00	0.00	0.00	0.00	0.00	0.00	0.00	–
0.00	0.00	0.00	0.00	0.00	0.00	0.00	0.00	0.00	–
0.00	2.96	0.00	0.00	0.00	1.31	36.74	0.12	563.16	12.05
1.17	44.39	114.27	1.30	34.46	1.57	44.23	0.08	1068.24	4.41

续表8

公司名称	业务类别		保费收入本月				保费收入累计			
			首年	其中:期缴	续期	小计	首年	其中:期缴	续期	小计
建信人寿	营销业务	健康险	1.70	1.70	0.04	1.74	66.44	66.44	0.00	66.44
		意外险	47.60	47.60	0.00	47.60	658.92	658.92	0.00	658.92
		一般寿险	4.90	4.90	0.00	4.90	78.73	78.73	0.00	78.73
		分红类保险	0.00	0.00	0.00	0.00	0.00	0.00	0.00	0.00
		万能寿险	0.00	0.00	0.00	0.00	0.00	0.00	0.00	0.00
		投连险	0.00	0.00	0.00	0.00	0.00	0.00	0.00	0.00
		小　计	54.20	54.20	0.04	54.24	804.09	804.09	0.00	804.09
	直销业务	健康险								
		意外险								
		一般寿险								
		分红类保险								
		万能寿险								
		投连险								
		小　计	0.00	0.00	0.00	0.00	0.00	0.00	0.00	0.00
	银代业务	健康险	-0.09	-0.09	0.01	-0.08	-0.23	-0.23	0.40	0.17
		意外险	-0.19	-0.19	0.00	-0.19	-0.20	-0.20	0.00	-0.20
		一般寿险	727.39	0.19	3.93	731.32	18129.14	91.70	25.62	18154.76
		分红类保险	140.53	0.03	0.20	140.73	1994.98	101.42	284.04	2279.02
		万能寿险	0.00	0.00	0.00	0.00	0.00	0.00	0.00	0.00
		投连险	0.00	0.00	0.00	0.00	0.00	0.00	0.00	0.00
		小　计	867.64	-0.06	4.14	871.78	20123.69	192.69	310.06	20443.75
	合　计		921.84	54.14	4.18	926.02	20927.78	996.78	310.06	21247.84
国联人寿	营销业务	健康险	30.22	30.77		30.22	106.18	112.77		106.18
		意外险	0.11			0.11	0.11			0.11
		一般寿险	165.88	165.88		165.88	289.23	289.23		289.23
		分红类保险	139.90	129.90		139.90	989.89	936.47		989.89
		万能寿险				0.00				0.00
		投连险				0.00				0.00
		小　计	336.12	326.55	0.00	336.12	1385.42	1338.48	0.00	1385.42
	直销业务	健康险	8.13			8.13	178.41			178.41
		意外险	16.47			16.47	254.78			254.78
		一般寿险	0.01			0.01	14.67			14.67
		分红类保险	293.56			293.56	18873.18			18873.18
		万能寿险				0.00				0.00
		投连险				0.00				0.00
		小　计	318.18	0.00	0.00	318.18	19321.04	0.00	0.00	19321.04
	银代业务	健康险	0.10	0.10		0.10	1.18			1.18
		意外险				0.00				0.00
		一般寿险	6.31	0.41		6.31	28.65	22.75		28.65
		分红类保险				0.00	343.50			343.50
		万能寿险	1695.00			1695.00	23161.81			23161.81
		投连险				0.00				0.00
		小　计	1701.41	0.51	0.00	1701.41	23535.14	22.75	0.00	23535.14
	合　计		2355.71	327.07	0.00	2355.71	44241.60	1361.22	0.00	44241.60

理赔给付			其他给付		退保		市场份额	上年同期保费	同比增长率
本期	累计	短险赔付率	本期	累计	本期	累计			
0.39	12.88	0.00	0.00	0.00	0.00	0.00	0.32	15.67	323.99
0.00	31.01	0.00	0.00	0.00	0.00	0.00	5.32	471.69	39.69
0.00	0.00	0.00	0.00	0.00	0.00	0.00	0.04	85.53	-7.95
0.00	0.00	0.00	0.00	0.00	0.00	0.00	0.00	0.00	–
0.00	0.00	0.00	0.00	0.00	0.00	0.00	0.00	0.00	–
0.00	0.00	0.00	0.00	0.00	0.00	0.00	0.00	0.00	–
0.39	43.89	0.00	0.00	0.00	0.00	0.00	0.10	572.89	40.36
							0.00		–
							0.00		–
							0.00		–
							0.00		–
							0.00		–
							0.00		–
0.00	0.00		0.00	0.00	0.00	0.00	0.00	0.00	–
0.00	0.34	0.00	0.00	0.00	0.00	0.00	0.02	1.88	-90.96
0.00	0.00	0.00	0.00	0.00	0.00	0.00	-0.01	5.91	-103.38
0.00	0.81	0.00	1.60	5.69	0.00	19511.78	5.63	19359.41	-6.22
0.00	10.52	0.00	0.00	0.11	1.56	2014.46	1.89	973.36	134.14
0.00	0.00	0.00	0.00	0.00	0.00	0.22	0.00	0.00	–
0.00	0.00	0.00	0.00	0.00	0.00	0.00	0.00	0.00	–
0.00	11.67	0.00	1.60	5.80	1.56	21526.46	3.96	20340.56	0.51
0.39	55.56	0.00	1.60	5.80	1.56	21526.46	1.55	20913.45	1.60
					0.00	0.80	0.51		–
					0.00	0.12	0.00		–
							0.13		–
					0.30	0.57	0.20		–
							0.00		–
							0.00		–
0.00	0.00		0.00	0.00	0.30	1.49	0.18		–
11.18	26.20		0.25	1.62			1.03		–
4.42	42.73		0.27	3.87	0.00	0.07	1.05		–
0.00	0.00		0.04	0.08			0.07		–
0.00	0.00		50.70	396.02			82.06		–
0.00	0.00						0.00		–
0.00	0.00						0.00		–
15.60	68.93		51.25	401.59	0.00	0.07	22.30		–
							0.14		–
							0.00		–
							0.01		–
					0.00	5.29	0.28		–
			0.85	360.63	336.31	340.27	33.41		–
							0.00		–
0.00	0.00		0.85	360.63	336.31	345.56	4.56		–
15.60	68.93		52.10	762.22	336.61	347.12	3.22		–

续表8

公司名称	业务类别		保费收入本月				保费收入累计			
			首年	其中:期缴	续期	小计	首年	其中:期缴	续期	小计
安邦人寿	营销业务	健康险								
		意外险								
		一般寿险								
		分红类保险								
		万能寿险								
		投连险								
		小计								
	直销业务	健康险								
		意外险								
		一般寿险								
		分红类保险								
		万能寿险								
		投连险								
		小计								
	银代业务	健康险								
		意外险								
		一般寿险	105.50			105.50	28349.40			28349.40
		分红类保险	16.00			16.00	48.00			48.00
		万能寿险								
		投连险								
		小计	121.50			121.50	28397.40			28397.40
	合计		121.50			121.50	28397.40			28397.40
太平养老	营销业务	健康险	19.10	0.00	0.00	19.10	261.40	0.00	0.00	261.40
		意外险	21.20	0.00	0.00	21.20	197.60	0.00	0.00	197.60
		一般寿险	20.30	0.00	0.00	20.30	62.30	0.00	0.00	62.30
		分红类保险	0.00	0.00	0.00	0.00	0.00	0.00	0.00	0.00
		万能寿险	0.00	0.00	0.00	0.00	0.00	0.00	0.00	0.00
		投连险	0.00	0.00	0.00	0.00	0.00	0.00	0.00	0.00
		小计	60.60	0.00	0.00	60.60	521.30	0.00	0.00	521.30
	直销业务	健康险								
		意外险								
		一般寿险								
		分红类保险								
		万能寿险								
		投连险								
		小计								
	银代业务	健康险								
		意外险								
		一般寿险								
		分红类保险								
		万能寿险								
		投连险								
		小计								
	合计		60.60	0.00	0.00	60.60	521.30	0.00	0.00	521.30

理赔给付			其他给付		退保		市场份额	上年同期保费	同比增长率
本期	累计	短险赔付率	本期	累计	本期	累计			
							0.00		–
							0.00		–
							0.00		–
							0.00		–
							0.00		–
							0.00		–
							0.00		–
							0.00		–
							0.00		–
							0.00		–
							0.00		–
							0.00		–
							0.00		–
							0.00		–
							0.00		–
							0.00		–
				1.10	30.10	102.69	8.79		–
						19.67	0.04		–
							0.00		–
							0.00		–
				1.10	30.10	122.36	5.50		–
				1.10	30.10	122.36	2.07		–
18.60	84.30	0.00	0.00	0.00	0.00	0.00	1.27		–
0.00	0.00	0.00	0.00	0.00	0.00	0.00	1.59		–
0.00	0.00	0.00	0.00	0.00	0.00	0.00	0.03		–
0.00	0.00	0.00	0.00	0.00	0.00	0.00	0.00		–
0.00	0.00	0.00	0.00	0.00	0.00	0.00	0.00		–
0.00	0.00	0.00	0.00	0.00	0.00	0.00	0.00		–
18.60	84.30	0.00	0.00	0.00	0.00	0.00	0.07		–
							0.00		–
							0.00		–
							0.00		–
							0.00		–
							0.00		–
							0.00		–
							0.00		–
							0.00		–
							0.00		–
							0.00		–
							0.00		–
							0.00		–
							0.00		–
							0.00		–
18.60	84.30	0.00	0.00	0.00	0.00	0.00	0.04		–

续表8

公司名称	业务类别		保费收入本月				保费收入累计			
			首年	其中:期缴	续期	小计	首年	其中:期缴	续期	小计
寿险合计	营销业务	健康险	1193.46	750.89	848.06	2041.52	12138.53	7652.25	8492.57	20631.10
		意外险	1095.26	88.23	25.72	1120.98	12055.56	1079.31	333.33	12388.89
		一般寿险	6372.86	6274.69	11416.82	17789.69	109084.49	100439.39	111182.83	220267.33
		分红类保险	3574.81	3463.28	27015.30	30606.09	97944.92	94841.66	408626.85	506571.77
		万能寿险	71.47	70.53	691.44	762.92	1530.36	1467.65	9679.37	11209.73
		投连险	2.24	2.20	21.31	23.55	22.13	21.46	308.14	330.27
		小　计	12310.10	10649.82	40018.65	52328.75	232775.99	205501.72	538623.10	771399.09
	直销业务	健康险	451.84	118.52	14.43	466.27	17164.62	1151.71	147.39	17312.03
		意外险	1187.34	65.27	7.93	1195.27	24126.47	785.27	99.37	24226.51
		一般寿险	655.79	623.50	1134.14	1789.93	9556.54	6277.42	12534.04	22090.58
		分红类保险	142.34	44.19	122.61	264.95	21095.75	768.58	1902.83	22998.57
		万能寿险	6.52	0.00	0.00	6.52	28.52	0.00	0.00	28.52
		投连险	0.05	0.00	0.00	0.05	0.05	0.00	0.00	0.05
		小　计	2443.88	851.49	1279.11	3722.99	71971.95	8982.98	14683.63	86656.26
	银代业务	健康险	56.29	15.75	7.27	63.56	739.31	221.02	102.52	831.84
		意外险	149.80	5.59	14.18	163.98	2282.69	203.78	182.79	2465.49
		一般寿险	17627.95	899.72	479.39	18107.34	317475.29	15894.06	5191.17	322666.46
		分红类保险	1091.69	781.39	2829.01	3987.90	44455.08	12715.88	74757.85	120778.54
		万能寿险	4012.64	1.03	0.92	4014.36	69262.03	7.24	54.61	69316.64
		投连险	4.80	0.17	2.16	6.96	80.77	2.22	25.07	105.84
		小　计	22943.17	1703.63	3332.92	26344.09	434295.18	29044.21	80314.02	516174.80
	合　计		37697.15	13204.94	44630.67	82395.83	739043.11	243528.91	633620.75	1374230.15

说明：以上数据均来源于各会员公司，仅供参考。所有保费与赔款以及其他数据以江苏保监局外网公布数据为准。

表9　2015年无锡市保险行业协会寿险公司

公司名称	地区	保费收入								
		寿险					意外险		健康险	
		保费	同比	投连，万能分红保费	新单保费	同比	保费	同比	保费	同比
国寿	市区	80552.59	9.32	96352.39	27323.93	37.28	3435.60	6.45	2801.84	5.44
	锡山	33101.68	18.17		13480.34	46.50	2130.85	26.49	1043.22	22.72
	惠山	39488.41	11.12		15772.51	14.92	2324.53	13.32	1610.13	72.44
	滨湖	40227.87	11.12		16585.29	24.34	2366.37	0.58	1191.05	2.15
	江阴	124643.14	12.29	66055.63	45190.24	15.40	5409.50	10.70	1363.84	-13.46
	宜兴	69004.22	7.78	30952.80	29797.89	14.85	2558.32	7.95	1227.91	13.55
	全辖	387017.91	11.07	193360.82	148150.20	22.16	18225.17	9.97	9237.99	11.78

理赔给付			其他给付		退保		市场份额	上年同期保费	同比增长率
本期	累计	短险赔付率	本期	累计	本期	累计			
389.38	3824.95	18.54	25.03	136.25	40.04	284.54	100.00	13803.66	49.46
270.34	3103.58	25.05	0.00	0.02	1.58	10.18	100.00	9441.59	31.22
1312.22	11965.75		1996.65	20714.14	1170.43	13559.78	100.00	129177.57	70.52
304.27	2965.33		6033.36	54432.43	2433.25	33887.40	100.00	473925.45	6.89
28.22	528.76		85.29	893.86	82.53	813.57	100.00	5443.65	105.92
0.20	53.91		2.98	17.25	0.00	0.01	100.00	360.42	-8.37
2305.05	22472.73	20.98	8143.30	76193.94	3727.82	48555.49	100.00	632152.35	22.03
1053.53	13983.89	80.78	102.57	103.96	0.37	40.03	100.00	17970.99	-3.67
803.87	10012.06	41.33	0.27	3.87	0.18	2.27	100.00	23371.09	3.66
312.30	1774.45		147.63	1764.58	171.98	2914.66	100.00	17039.03	29.65
0.00	27.76		161.48	5176.17	-153.09	2361.94	100.00	4095.56	461.55
0.00	0.00		0.05	0.63	0.01	2.39	100.00	0.00	-
0.00	0.00		0.00	0.00	0.00	0.00	100.00	213.90	-99.98
2169.70	25798.16	57.77	412.00	7049.20	19.45	5321.27	100.00	62690.56	38.23
8.78	107.64	12.94	0.00	0.00	4.93	9.18	100.00	863.49	-3.67
5.14	69.22	2.81	0.00	0.00	0.20	11.07	100.00	2801.50	-11.99
29.97	388.87		105.89	852.97	2777.22	202646.71	100.00	230817.58	39.79
96.01	1960.30		5351.79	125606.73	9029.54	138258.40	100.00	186379.40	-35.20
53.45	306.97		10.90	444.63	1698.70	11565.46	100.00	33958.34	104.12
12.53	12.53		0.00	20.80	8.14	92.39	100.00	30.37	248.47
182.74	2901.27	5.36	5468.58	126925.13	13518.72	352583.22	100.00	454850.70	13.48
4657.49	51172.16	39.95	14023.89	210168.27	17265.99	406459.98	100.00	1149693.61	19.53

（无锡市保险行业协会）

业务情况

单位：万元、%

销售方式						支出				每月底持证数
其中：直销		其中：营销		银行代理		赔款	满期给付	年金给付	退保金	
保费	同比	保费	同比	保费	同比					
4754.26	4.94	61035.16	7.04	21000.61	16.57	7687.14	18603.70	6176.21	30164.98	1122.00
2550.23	25.79	24089.40	12.62	9636.12	35.15	1996.06	5370.89	91.53	3318.66	842.00
3018.49	40.31	29661.06	14.73	10743.52	2.15	2137.69	2661.28	0.73	6958.25	767.00
2769.08	1.74	27905.52	7.44	13110.69	18.90	2253.34	1928.26	56.55	6791.20	502.00
4987.74	-1.35	99866.00	13.27	26562.74	9.56	5336.26	18030.50	4359.55	37056.86	2162.00
2359.93	5.00	47946.52	8.87	22484.00	6.14	3419.51	13665.28	1415.24	26366.77	1126.00
20439.73	9.10	290503.66	10.69	103537.68	12.40	22830.00	60259.91	12099.81	110656.72	6521.00

续表9

公司名称	地区	保费收入								
		寿险					意外险		健康险	
		保费	同比	投连，万能分红保费	新单保费	同比	保费	同比	保费	同比
太保	市区	55760.38	5.89	43692.98	16610.98	33.01	2817.96	1.28	791.03	3.42
	锡山	18269.74	3.77	14596.07	4789.45	2.70	1917.25	10.78	262.09	3.21
	惠山	488.46	–83.70	323.81	488.46	–83.70	707.85	34.62	205.74	14.37
	滨湖	782.36	–69.92	633.07	782.36	–69.92	108.36	–15.33	41.70	–6.17
	江阴	53492.01	1.57	45483.72	18560.73	–6.09	2559.24	–10.48	4265.21	9.73
	宜兴	40181.28	–4.36	34235.51	12277.37	–26.09	1008.42	27.07	295.89	92.77
	全辖	168974.23	–0.92	138965.16	53509.36	–9.50	9119.08	3.40	5861.66	10.94
平保	市区	105022.87	53.99	57167.16	26692.27	59.24	4784.07	85.92	–93.16	–112.91
	锡山									
	惠山									
	滨湖									
	江阴	24818.20	25.55	21818.32	9443.42	63.99	303.15	69.96	478.00	43.99
	宜兴	14918.20	30.91	13756.50	7951.16	89.51	165.08	134.50	219.70	97.90
	全辖	144759.27	45.69	92741.98	44086.85	65.02	5252.29	86.13	604.54	–48.08
新华	市区	22949.71	–24.17	18945.18	3760.29	–46.62	33.91	49.06	4927.58	46.17
	锡山									
	惠山	668.06	43.62	310.15	340.94	182.40	51.31	45.63	812.41	79.92
	滨湖									
	江阴	1964.42	–54.60	609.88	1208.36	–63.77	8.65	60.66	339.79	2777.12
	宜兴	722.54	–83.11	90.23	726.80	–83.01	6.95	–35.29	191.46	150.70
	全辖	26304.73	–33.12	19955.44	6036.38	–59.15	100.82	21.50	6271.25	60.35
泰康	市区	33533.22	3.86	28614.93	9390.16	–20.51	99.32	–14.49	60.81	–15.97
	锡山									
	惠山									
	滨湖									
	江阴	2095.83	3.86	1788.43	208.67	–20.51	99.32	–14.49	60.81	–15.97
	宜兴	6287.48	3.86	5365.30	834.68	–20.51	297.97	–14.49	182.42	–15.97
	全辖	41916.52	3.86	35768.66	10433.51	–20.51	496.62	–14.49	304.03	–15.97
太平	市区	63791.09		39753.03	31960.70		426.69		2749.38	
	锡山									
	惠山									
	滨湖									
	江阴									
	宜兴									
	全辖	63791.09		39753.03	31960.70		426.69		2749.38	

销售方式						支出				每月底持证数
其中：直销		其中：营销		银行代理		赔款	满期给付	年金给付	退保金	
保费	同比	保费	同比	保费	同比					
5980.37	13.70	43890.11	35.45	9498.88	–48.77	3026.59	3785.80	6362.00	14382.49	1795
2288.57	44.66	17243.37	9.98	917.14	–60.63	941.37	3134.84	1893.88	4310.84	418
925.91	31.52	472.57	34.66	3.57	–99.87	329.78	3154.96	117.55	3338.27	57
127.26	–19.91	805.17	83.96	0.00	–100.00	168.45	1862.63	275.92	3098.77	79
6568.26	0.62	44114.27	29.37	9633.92	–48.71	4457.33	1021.49	4847.35	14586.75	1068
976.67	36.79	37838.87	25.54	2670.05	–77.94	768.79	3963.99	4442.51	13207.97	962
16867.04	12.85	144364.36	27.63	22723.56	–59.84	9692.31	16923.71	17939.21	52925.09	4379
9786.36	89.22	75106.12	51.65	6426.84	–33.60	5165.90	8113.79	2417.93	10727.40	1660
0.00										2035
0.00										
2543.45	89.22	36007.30	44.30	0.00		1220.77	1917.39	571.39	2535.02	1540
2280.98	89.22	18465.03	60.97	0.00		733.80	1152.54	343.46	1523.80	1027
14610.80	89.22	129578.46	50.76	6426.84	–33.60	7120.47	11183.72	3332.78	14786.21	6262
142.28	29.30	17400.65	49.41	10368.28	–52.66	530.81	11557.49	635.13	22496.33	554
45.69	7.36	1486.09	63.42	0.00	–	44.69	0.00	56.92	66.09	273
3.72	–6.45	1339.17	5.37	969.97	–68.49	10.86	2166.52	79.91	5672.50	145
5.71	–3.08	308.93	147.65	606.30	–85.68	30.65	2234.75	30.78	7031.51	95
197.40	21.50	20534.84	47.19	11944.54	–59.11	617.01	15958.76	802.74	35266.43	1067
270.77	–19.18	12454.42	18.08	472.97	–90.10	160.78	28.81	0.00	377.30	577
338.46	0.00	4151.47	18.08		–	53.59	4.80	0.00	62.88	144
67.69	–19.18	24908.84	18.08	52.55	–90.10	321.56	14.41	0.00	188.65	842
676.92	–19.18	41514.73	18.08	525.52	–90.10	535.94	48.02	0.00	628.84	1563
586.46		30764.47		35616.22		547.98	5233.96	6618.94	12834.09	410
										71
										0
										849
										135
586.46		30764.47		35616.22		547.98	5233.96	6618.94	12834.09	1465

续表9

公司名称	地区	保费收入								
		寿险					意外险		健康险	
		保费	同比	投连，万能分红保费	新单保费	同比	保费	同比	保费	同比
民生	市区	7478.23		6212.82	1056.26		7.92		57.87	
	锡山									
	惠山									
	滨湖									
	江阴									
	宜兴									
	全辖	7478.23		6212.82	1056.26		7.92		57.87	
生命	市区	17701.07	98.12	13664.85	14795.86	139.53	3.96	−28.39	38.91	4.23
	锡山	0.00	–	0.00	0.00	–	0.00	–	0.00	–
	惠山	0.00	–	0.00	0.00	–	0.00	–	0.00	–
	滨湖	0.00	–	0.00	0.00	–	0.00	–	0.00	–
	江阴	13363.87	−27.49	13317.12	12873.37	−28.52	0.00	–	0.00	–
	宜兴	4565.39	−20.11	4529.43	4188.09	−21.81	0.00	–	0.00	–
	全辖	35630.33	7.71	31511.40	31857.32	7.84	3.96	−28.39	38.91	4.23
同方全球	市区	3128.72	−13.20	2203.49	512.73	−37.46	118.47	2.21	1768.76	115.16
	锡山									
	惠山									
	滨湖									
	江阴	623.88	6.53	451.54	127.22	−16.85	18.18	13.20	351.22	127.75
	宜兴	5.62	−30.62	4.80	0.42	–	0.20	0.00	2.38	−26.32
	全辖	3758.22	−10.48	2659.83	640.38	−34.18	136.85	3.54	2122.36	116.67
信诚	市区	3050.52	6.49	2485.28	477.16	−1.51	144.29	−37.18	124.50	−2.20
	锡山									
	惠山									
	滨湖									
	江阴									
	宜兴									
	全辖	3050.52	6.49	2485.28	477.16	−1.51	144.29	−37.18	124.50	−2.20
中宏	市区	13489.93	15.66	12316.30	2173.71	14.13	308.11	32.75	4948.90	50.63
	锡山									
	惠山									
	滨湖									
	江阴									
	宜兴									
	全辖	13489.93	15.66	12316.30	2173.71	14.13	308.11	32.75	4948.90	50.63

销售方式						支出				每月底持证数
其中：直销		其中：营销		银行代理		赔款	满期给付	年金给付	退保金	
保费	同比	保费	同比	保费	同比					
12.67		7457.8		73.56		211.94	309.17		616.34	136
12.67		7457.8		73.6		211.94	309.17		616.34	136
1.52	–64.07	3517.23	47.87	14225.35	115.83	18.00	1221.55		2275.14	145
0.00	–	0.00	–	0.00	–	0.00	0.00		0.00	0
0.00	–	0.00	–	0.00	–	0.00	0.00		0.00	0
0.00	–	0.00	–	0.00	–	0.00	0.00		0.00	0
0.00	–	320.08	15.25	13043.69	–28.16	0.00	920.25		2204.36	0
0.00	–	246.22	15.26	4319.11	–21.48	0.00	1170.09		2137.52	0
1.52	–64.07	4083.53	42.28	31588.15	4.43	18.00	3311.89		6617.02	145
131.19	–1.13	4013.57	30.48	871.19	–34.69	172.91		867.76	744.35	161
0.00		993.28	31.40	0.00		48.53		42.62	17.15	46
0.00		8.20		0.00		0.31		0.65	3.26	
131.19	–1.13	5015.05	30.87	871.19	–34.69	221.75		911.03	764.76	207
213.74	152.70	1387.16	6.56	1718.40	–6.36	172.93	574.56	17.79	471.77	46
213.74	152.70	1387.16	6.56	1718.40	–6.36	172.93	574.56	17.79	471.77	46
408.95	42.82	18122.92	21.68	215.08	290.77	1162.40	0.00	228.89	413.01	565
408.95	42.82	18122.92	21.68	215.08	290.77	1162.40	0.00	228.89	413.01	565

续表9

公司名称	地区	保费收入								
		寿险					意外险		健康险	
		保费	同比	投连，万能分红保费	新单保费	同比	保费	同比	保费	同比
合众	市区	8373.39	0	7952.01	4401.18	0	12.39	0	212.66	0
	锡山	1.23	0	1.23	0	0	0	0	0	0
	惠山									
	滨湖	0	0	0	0	0	0	0	0	0
	江阴	0.73	0	0.61	0	0	0	0	0.11	0
	宜兴	23.27	0	21.98	0	0	0	0	1.28	0
	全辖	8398.62	0	7975.83	4401.18	0	12.39	0	214.05	0
中意	市区	34909.34		6469.84	30382.21		287.32		1740.44	
	锡山	0.00		0.00	0.00					
	惠山									
	滨湖	0.00		0.00	0.00					
	江阴	0.00		0.00	0.00					
	宜兴	0.00		0.00	0.00					
	全辖	34909.34		6469.84	30382.21		287.32		1740.44	
国泰	市区	1218.27	–2.99	786.50	203.67	–83.78	136.55	14.68	55.93	23.88
	锡山									
	惠山									
	滨湖									
	江阴									
	宜兴									
	全辖	1218.27	–2.99	786.50	203.67	–83.78	136.55	14.68	55.93	23.88
农银人寿	市区	6762.44		6586.04	5712.44		0.00		0.00	
	锡山									
	惠山									
	滨湖									
	江阴									
	宜兴	0.00		0.00	0.00					
	全辖	6762.44	0.00	6586.04	5712.44	0.00	0.00	0.00	0.00	0.00
北大方正	市区	2201.71	31.88	1702.34	939.44	70.28	39.11	83.05	630.42	45.64
	锡山									
	惠山									
	滨湖									
	江阴									
	宜兴									
	全辖	2201.71	31.88	1702.34	939.44	70.28	39.11	83.05	630.42	45.64

销售方式						支出				每月底持证数
其中：直销		其中：营销		银行代理		赔款	满期给付	年金给付	退保金	
保费	同比	保费	同比	保费	同比					
1.37	0	3313.75	0	5283.32	0	66.47	1092.08	246.57	1638.64	114
		1.23	0				0	0.00	0.00	0
		0	0				0	0.00	0.00	0
		0.84	0				0	0.00	0.00	0
		24.55	0				13.87	42.32	48.23	63
1.37	0	3340.37	0	5283.32	0	66.47	1105.95	288.89	1686.87	177
507.79	33.75	10267.58	84.10	26161.73	674.25	327.46		644.37	1127.52	726
507.79	33.75	10267.58	84.10	26161.73	674.25	327.46		644.37	1127.52	726
260.13	65.54	961.71	11.22	188.93	−19.27	108.15	0.00	419.50	52.52	31
260.13	65.54	961.71	11.22	188.93	−19.27	108.15	0.00	419.50	52.52	31
162.50		403.95		6195.99		15.97	422.99	0.00	1223.28	23
		0.00		0.00		0.00	0.00		0.00	0
162.50	0.00	403.95	0.00	6195.99	0.00	15.97	422.99	0.00	1223.28	23
278.05	−6.54	2581.19	41.34	12.00	–	129.56	0.00	45.32	205.55	208
278.05	−6.54	2581.19	41.34	12.00	–	129.56	0.00	45.32	205.55	208

续表9

公司名称	地区	保费收入								
		寿险					意外险		健康险	
		保费	同比	投连，万能分红保费	新单保费	同比	保费	同比	保费	同比
恒安标准	市区	1646.99	106.59	1219.29	367.49	31.58	60.74	64.39	40.24	3.00
	锡山									
	惠山									
	滨湖									
	江阴									
	宜兴									
	全辖	1646.99	106.59	1219.29	367.49	31.58	60.74	64.39	40.24	3.00
友邦保险	市区	6576.68	47.78	3438.55	2903.58	48.60	301.75	80.55	324.14	70.19
	锡山	0.00	0.00	0.00		0.00		0.00		0.00
	惠山									
	滨湖	0.00	0.00	0.00		0.00		0.00		0.00
	江阴	2617.86	73.72	1034.50	1366.33	144.01	130.35	41.55	198.46	48.03
	宜兴	589.57	49.16	141.25	305.10	41.59	37.44	18.26	120.65	74.73
	全辖	9784.11	54.02	4614.30	4575.01	67.62	469.54	61.42	643.25	63.44
人保健康	市区	16837.42		691.15	15694.21		322.98		2499.00	
	锡山									
	惠山									
	滨湖									
	江阴									
	宜兴									
	全辖	16837.42		691.15	15694.21		322.98		2499.00	
华泰人寿	市区	10180.44		8351.29	2381.92		154.97		105.74	
	锡山									
	惠山									
	滨湖									
	江阴									
	宜兴									
	全辖	10180.44	0.00	8351.29	2381.92	0.00	154.97	0.00	105.74	0.00
光大永明	市区	368.15	(0.30)	328.12	62.45	(0.61)	13.40	3.35	8.68	0.47
	锡山									
	惠山									
	滨湖									
	江阴	95.36	(0.30)	36.10	19.20	(0.61)	0.00	3.35	3.54	0.47
	宜兴	93.82	(0.30)	27.91	15.11	(0.61)	2.90	3.35	1.24	0.47
	全辖	557.33	(0.30)	392.13	96.76	(0.61)	16.30	3.35	13.46	0.47

销售方式						支出				每月底持证数
其中：直销		其中：营销		银行代理		赔款	满期给付	年金给付	退保金	
保费	同比	保费	同比	保费	同比					
89.24	6.23	1365.13	118.42	293.60	73.75	404.01	0.00	126.37	99.77	60
89.24	6.23	1365.13	118.42	293.60	73.75	404.01	0.00	126.37	99.77	60
245.14	87.95	4328.39	65.31	2629.04	27.67	190.38	8.70	28.67	287.44	111
	0.00		0.00		0.00					0
	0.00		0.00		0.00					0
49.32	11.41	2897.35	71.56	0.00	0.00	222.33	0.00	4.09	61.78	75
3.01	0.00	744.65	53.71	0.00	0.00	77.95	0.00	1.45	3.00	28
297.47	59.74	7970.39	66.34	2629.04	27.67	490.66	8.70	34.21	352.22	214
2662.26		1506.33		15490.81		2245.92	149.24		11008.58	199
2662.26		1506.33		15490.81		2245.92	149.24	0.00	11008.58	199
182.06		8916.89		1342.21		167.41		17908.10	1248.37	386
										0
										0
										0
										0
182.06	0.00	8916.89	0.00	1342.21	0.00	167.41	0.00	17908.10	1248.37	386
1.10	4.87	172.69	0.16	282.34	(0.95)	3.03	42.18	0.00	97.25	406.00
0.63	0.00	34.28	0.16	37.58	–	0.00	18.34	0.00	9.15	62.00
0.00	4.87	26.21	0.16	32.26	(0.95)	0.00	12.67	0.00	10.64	852.00
1.73	4.87	233.18	0.16	352.18	(0.95)	3.03	73.19	0.00	117.04	1320.00

续表9

公司名称	地区	保费收入								
		寿险					意外险		健康险	
		保费	同比	投连，万能分红保费	新单保费	同比	保费	同比	保费	同比
和谐健康	市区									
	锡山									
	惠山									
	滨湖									
	江阴									
	宜兴									
	全辖									
工银安盛人寿	市区	17725.36	0.00	15763.08	16038.76	0.00	54.81	0.00	181.17	0.00
	锡山	0.00	0.00	0.00	0.00	0.00	0.00	0.00	0.00	0.00
	惠山									
	滨湖	0.00	0.00	0.00	0.00	0.00	0.00	0.00	0.00	0.00
	江阴	0.00	0.00	0.00	0.00	0.00	0.00	0.00	0.00	0.00
	宜兴	0.00	0.00	0.00	0.00	0.00	0.00	0.00	0.00	0.00
	全辖	17725.36	0.00	15763.08	16038.76	0.00	54.81	0.00	181.17	0.00
英大人寿	市区	334.31	33.94	8.05	47.98	6.80	34.18	222.93	17.54	134.81
	锡山	0.00		0.00	0.00		0.00		0.00	
	惠山									
	滨湖	0.00		0.00	0.00		0.00		0.00	
	江阴	0.00		0.00	0.00		0.00		0.00	
	宜兴	0.00		0.00	0.00		0.00		0.00	
	全辖	334.31	33.94	8.05	47.98	6.80	34.18	222.93	17.54	134.81
联泰大都会	市区	6626.04		3909.71	2007.68		344.01		145.75	
	锡山									
	惠山									
	滨湖									
	江阴									
	宜兴									
	全辖	6626.04		3909.71	2007.68		344.01		145.75	
瑞泰人寿	市区	4861.17	0.00	4861.17	1522.26	0.00	2.52	0.00	1.40	0.00
	锡山									
	惠山									
	滨湖									
	江阴									
	宜兴									
	全辖	4861.17	0.00	4861.17	1522.26	0.00	2.52	0.00	1.40	0.00

销售方式						支出				每月底持证数
其中：直销		其中：营销		银行代理		赔款	满期给付	年金给付	退保金	
保费	同比	保费	同比	保费	同比					
999.04	0.00	2955.99	0.00	14006.31	0.00	141.74	0.00	275.95	7764.12	187
0.00	0.00	0.00	0.00	0.00	0.00	0.00	0.00	0.00	0.00	
0.00	0.00	0.00	0.00	0.00	0.00	0.00	0.00	0.00	0.00	
0.00	0.00	0.00	0.00	0.00	0.00	0.00	0.00	0.00	0.00	
0.00	0.00	0.00	0.00	0.00	0.00	0.00	0.00	0.00	0.00	
999.04	0.00	2955.99	0.00	14006.31	0.00	141.74	0.00	275.95	7764.12	187
0.00		368.23	110.53	17.80	2.62	0.50	84.96	23.88	643.55	13
0.00		0.00		0.00		0.00	0.00	0.00	0.00	
0.00		0.00		0.00		0.00	0.00	0.00	0.00	
0.00		0.00		0.00		0.00	0.00	0.00	0.00	1
0.00		0.00		0.00		0.00	0.00	0.00	0.00	37
0.00	0.00	368.23	110.53	17.80	2.62	0.50	84.96	23.88	643.55	51
1342.75		3925.05		1848.00		54.24		151.29	1185.04	215.00
1342.75		3925.05		1848.00		54.24		151.29	1185.04	215.00
24.23	0.00	0.00		4840.86	0.00	0.00	0.00	0.00	0.00	8
24.23	0.00	0.00		4840.86	0.00	0.00	0.00	0.00	0.00	8

续表9

公司名称	地区	保费收入								
		寿险					意外险		健康险	
		保费	同比	投连，万能分红保费	新单保费	同比	保费	同比	保费	同比
长城人寿	市区	3068.93			2393.31					
	锡山									
	惠山									
	滨湖									
	江阴	719.83			679.55					
	宜兴	253.48			139.08					
	全辖	4042.24	0.00	0.00	3211.94	0.00	0.00	0.00	0.00	0.00
华夏人寿	市区	4502.78		525.88	6874.44		178.62		48.09	
	锡山									
	惠山									
	滨湖									
	江阴									
	宜兴									
	全辖	4502.78		525.88	6874.44		178.62		48.09	
人保寿险	市区	29886.71	-3.50	4690.19	2039.60	-67.37	576.41	-57.14	451.65	-72.80
	锡山									
	惠山									
	滨湖									
	江阴									
	宜兴									
	全辖	29886.71	-3.50	4690.19	2039.60	-67.37	576.41	-57.14	451.65	-72.80
信泰人寿	市区	3435.58	30.55		58.46		63.46		116.95	
	锡山									
	惠山									
	滨湖									
	江阴									
	宜兴									
	全辖	3435.58	30.55		58.46		63.46		116.95	
君康人寿	市区	3843.76		48.76	3795.00		0.71		1.47	
	锡山									
	惠山									
	滨湖									
	江阴									
	宜兴									
	全辖	3843.76	0.00	48.76	3795.00	0.00	0.71	0.00	1.47	0.00

销售方式						支出				每月底持证数
其中：直销		其中：营销		银行代理		赔款	满期给付	年金给付	退保金	
保费	同比	保费	同比	保费	同比					
		995.03		2073.90		61.78	4376.59	0.00	504.41	27
		719.83								51
		253.48								60
0.00	0.00	1968.34	0.00	2073.90	0.00	61.78	4376.59	0.00	504.41	138
230.20		3250.30		1249.00		159.71	0.00	865.68	531.39	676
230.20		3250.30		1249.00		159.71	0.00	865.68	531.39	676
3458.98	-36.67	8280.41	11.43	19175.38	-8.84	2516.54	20373.09	100.74	34907.02	495
3458.98	-36.67	8280.41	11.43	19175.38	-8.84	2516.54	20373.09	100.74	34907.02	495
0.00		2308.84		1307.15		27.95	2795.05		1030.43	
0.00		2308.84		1307.15		27.95	2795.05		1030.43	
0.95		19.39		3825.60		40.77	2360.98		36114.14	
0.95	0.00	19.39	0.00	3825.60	0.00	40.77	2360.98	0.00	36114.14	

续表9

公司名称	地区	保费收入								
		寿险					意外险		健康险	
		保费	同比	投连，万能分红保费	新单保费	同比	保费	同比	保费	同比
阳光人寿	市区	43727.94		9701.83	6010.14		165.42		718.60	
	锡山									
	惠山									
	滨湖									
	江阴									
	宜兴									
	全辖	43727.94		9701.83	6010.14		165.42		718.60	
国华人寿	市区	58.58		58.58	4.70					
	锡山									
	惠山									
	滨湖									
	江阴									
	宜兴									
	全辖	58.58		58.58	4.70					
中英人寿	市区	296.60		196.65	99.95		9.71		274.08	
	锡山	0.00								
	惠山	0.00								
	滨湖	0.00								
	江阴	0.00								
	宜兴	0.00								
	全辖	296.60		196.65	99.95		9.71		274.08	
幸福人寿	市区	17558.33		0.00	17558.33		0.00		0.00	
	锡山	0.00		0.00	0.00		0.00		0.00	
	惠山									
	滨湖	0.00		0.00	0.00		0.00		0.00	
	江阴	0.00		0.00	0.00		0.00		0.00	
	宜兴	0.00		0.00	0.00		0.00		0.00	
	全辖	17558.33		0.00	17558.33		0.00		0.00	
中德安联	市区	306.07	30.60	210.51	106.22	131.08	4.71	43.91	1.39	24.93
	锡山									
	惠山									
	滨湖									
	江阴									
	宜兴									
	全辖	306.07	30.60	210.51	106.22	131.08	4.71	43.91	1.39	24.93

销售方式						支出				每月底持证数
其中：直销		其中：营销		银行代理		赔款	满期给付	年金给付	退保金	
保费	同比	保费	同比	保费	同比					
377.64		10683.78		33550.54		376.78	466.42		2807.90	355
377.64		10683.78		33550.54		376.78	466.42		2807.90	355
		18.38	0.00	40.20	0.00	148.75	301.40		11162.20	4
		18.38	0.00	40.20	0.00	148.75	301.40		11162.20	4
16.53		392.10		171.76		57.17		11.91	518.46	90
16.53		392.10		171.76		57.17	0.00	11.91	518.46	90
0.00		75.55		17482.78		0.00	53.15	0.00	6947.49	4
0.00		0.00		0.00		0.00	0.00	0.00	0.00	0
0.00		0.00		0.00		0.00	0.00	0.00	0.00	0
0.00		0.00		0.00		0.00	0.00	0.00	0.00	0
0.00		0.00		0.00		0.00	0.00	0.00	0.00	0
0.00		75.55		17482.78		0.00	53.15	0.00	6947.49	4
0.79		311.39	30.85	0.00		7.23	1.68	1.03	16.35	45
0.79	0.00	311.39	30.85	0.00	0.00	7.23	1.68	1.03	16.35	45

续表9

公司名称	地区	保费收入								
		寿险					意外险		健康险	
		保费	同比	投连，万能分红保费	新单保费	同比	保费	同比	保费	同比
利安人寿	市区	15612.40		3762.67			13.70		0.00	
	锡山	11289.07		2594.65			6.14		0.00	
	惠山			0.00			0.00		0.00	
	滨湖			0.00			0.00		0.00	
	江阴	15878.60		4594.51			1.08		0.00	
	宜兴	11304.38		2262.34			2.91		0.00	
	全辖	54084.45		13214.17			23.83		0.00	
招商信诺	市区	7876.08	261.25	5438.59	6169.47	376.99	155.99	46.35	266.97	45.17
	锡山									
	惠山									
	滨湖									
	江阴									
	宜兴									
	全辖	7876.08		5438.59	6169.47		155.99		266.97	
交银康联	市区	12324.18		3405.99	9960.26		599.79		123.94	
	锡山									
	惠山									
	滨湖									
	江阴									
	宜兴									
	全辖	12324.18	0.00	3405.99	9960.26	0.00	599.79	0.00	123.94	
东吴人寿	市区	1081.73	0.00	7.07	1.61	0.00	25.36	0.00	8.24	0.00
	锡山	0.00		0.00	0.00		0.00		0.00	
	惠山	0.00		0.00	0.00		0.00		0.00	
	滨湖	0.00		0.00	0.00		0.00		0.00	
	江阴	0.00		0.00	0.00		0.00		0.00	
	宜兴	0.00		0.00	0.00		0.00		0.00	
	全辖	1081.73		7.07	1.61		25.36		8.24	
建信人寿	市区	20522.51					658.72		66.61	
	锡山									
	惠山									
	滨湖									
	江阴									
	宜兴									
	全辖	20522.51					658.72		66.61	

销售方式						支出				每月底持证数
其中：直销		其中：营销		银行代理		赔款	满期给付	年金给付	退保金	
保费	同比	保费	同比	保费	同比					
0.00		717.97		7035.63		48.00	0.00	47.62	15274.58	94
0.00		661.74		7197.57		0.00	0.00	0.00	0.00	72
0.00		0.00		0.00		0.00	0.00	0.00	0.00	0
0.00		0.00		0.00		0.00	0.00	0.00	0.00	0
0.00		700.43		19763.54		38.19	0.00	0.00	1579.73	85
0.00		635.35		17396.05		0.00	0.00	0.00	479.03	94
0.00		2715.49		51392.79		86.19	0.00	47.62	17333.34	345
2276.00	68.94			6023.04	436.10	95.19	74.51	0.01	299.81	7
2276.00				6023.04		95.19	74.51	0.01	299.81	7
		76.10		12971.81		55.09	17.02		9552.17	20
0.00	0.00	76.10	0.00	12971.81	0.00	55.09	17.02	0.00	9552.17	20
19.08	0.00	465.24	0.00	631.02	0.00	44.39	0.00	34.46	44.23	61
0.00		0.00		0.00		0.00	0.00	0.00	0.00	0
0.00		0.00		0.00		0.00	0.00	0.00	0.00	0
0.00		0.00		0.00		0.00	0.00	0.00	0.00	0
0.00		0.00		0.00		0.00	0.00	0.00	0.00	0
0.00		0.00		0.00		0.00	0.00	0.00	0.00	0
19.08		465.24		631.02		44.39	0.00	34.46	44.23	61
0.00		804.09		20443.75		55.56	5.80		21526.46	
0.00		804.09		20443.75		55.56	5.80		21526.46	

续表9

公司名称	地区	保费收入								
		寿险					意外险		健康险	
		保费	同比	投连，万能分红保费	新单保费	同比	保费	同比	保费	同比
国联人寿	市区	43700.95		43368.39	332.56		254.89		285.77	
	锡山									
	惠山									
	滨湖									
	江阴									
	宜兴									
	全辖	43700.95	0.00	43368.39	332.56	0.00	254.89		285.77	
安邦人寿	市区	28397.40		48.00	28397.40		0.00		0.00	
	锡山									
	惠山									
	滨湖									
	江阴									
	宜兴									
	全辖	28397.40		48.00	28397.40		0.00		0.00	
太平养老	市区	62.30					197.60		261.40	
	锡山									
	惠山									
	滨湖									
	江阴									
	宜兴									
	全辖	62.30					197.60		261.40	
合计	市区	761342.87	30.03	454938.65	301220.76	35.18	16850.12	10.60	26764.69	29.31
	锡山	62661.72	33.10	17191.95	18269.79	31.77	4054.24	18.59	1305.31	18.23
	惠山	40644.93	4.21	633.96	16601.91	−1.42	3083.69	18.04	2628.29	67.93
	滨湖	41010.23	5.01	633.07	17367.65	8.96	2474.73	−0.24	1232.75	1.85
	江阴	240313.72	10.32	155190.36	89677.09	1.35	8529.48	3.95	7060.97	13.00
	宜兴	147949.25	−3.28	91388.05	56235.70	−5.57	4080.18	11.62	2242.93	24.01
	全辖	1293922.73	19.65	719976.05	499372.91	19.61	39072.44	9.73	41234.94	26.35

销售方式						支出				每月底持证数
其中：直销		其中：营销		银行代理		赔款	满期给付	年金给付	退保金	
保费	同比	保费	同比	保费	同比					
19321.04		1385.42		23535.14		68.93		762.22	347.12	
19321.04		1385.42		23535.14		68.93	0.00	762.22	347.12	
				28397.40				1.10	122.36	
				28397.40				1.10	122.36	
		521.30				84.30				
		521.30				84.30				
54745.44	65.39	346521.77	30.70	356994.40	14.76	26560.37	82054.67	45019.42	263791.35	11736.00
4838.80	16.84	41995.74	14.67	17750.83	87.65	2937.43	8505.73	1985.41	7629.50	3438.00
3990.10	36.45	31619.72	16.74	10747.09	−18.36	2512.16	5816.24	175.20	10362.61	1097.00
2896.34	0.41	28710.69	8.73	13110.69	−0.70	2421.79	3790.89	332.47	9889.97	581.00
14491.59	−1.78	191144.30	18.73	70011.45	8.88	11387.86	24079.29	9904.90	63786.18	6228.00
5694.00	16.57	131406.86	13.34	47560.31	8.95	5352.58	22227.60	6276.42	51000.38	5321.00
86656.26	38.23	771399.08	22.03	516174.77	13.48	51172.19	146474.42	63693.82	406459.99	28401.00

文件选编

中国保监会

国家发展改革委 中国保监会关于保险业支持重大工程建设有关事项的指导意见

发改投资〔2015〕2179号

各省、自治区、直辖市及计划单列市、新疆生产建设兵团发展改革委，各保监局，各保险机构：

为深入贯彻落实《国务院关于加快发展现代保险服务业的若干意见》（国发〔2014〕29号）和《国务院关于创新重点领域投融资机制鼓励社会投资的指导意见》（国发〔2014〕60号）精神，充分发挥保险资金长期投资和保险业风险保障的独特优势，支持重点工程建设,进一步加强保险业对经济增长和结构调整的支撑作用，助推实体经济发展，经商财政部、国土资源部同意，现提出以下意见：

一、加大长期资金支持

（一）鼓励投资重大工程建设项目债券。支持保险资金购买重大工程建设主体发行的企业债券、项目收益债券、专项债券等各类债券。探索实施重大工程建设主体向保险机构定向发行债券，提高债券发行效率，促进资金供求方的有效对接。

（二）发展重大工程建设投资基金。允许专业保险资产管理机构发起设立股权基金、夹层基金、并购基金、不动产基金等私募基金，支持基础设施、棚户区改造、城镇化建设等民生工程和重大工程。鼓励保险资金参股政府出资发起设立的各类投资基金。积极发挥中国保险投资基金作用，动员保险资金积极参与国家三大战略和重大工程实施。

（三）拓宽重大工程建设投资空间。鼓励保险资金通过债权投资计划、股权投资计划等方式，投资基础设施、民生工程等重大工程。在风险可控和依法合规的前提下，进一步拓宽保险资金投资基础设施项目和非重大股权的行业范围，丰富投资计划增信措施，创新交易结构。研究放宽保险公司投资重大工程建设的单一资产集中度比例，为重大工程建设提供长期稳定的资金支持。

（四）创新重大工程建设投资方式。鼓励保险资产管理机构发起设立资产支持计划，推动铁路、公路、机场等交通项目建设企业应收账款证券化，盘活存量资产，优化金融配置。探索保险资金参与重大工程银团贷款，降低融资成本。鼓励设立不动产、基础设施、养老等专业保险资产管理机构，支持保险资金进行养老、医疗、健康等相关领域的股权和不动产投资。

二、发挥风险保障功能

（五）大力发展工程保险。鼓励保险公司为重大工程建设相关的建筑工程、安装工程及各种机器设备提供风险保障，防范自然灾害和意外事故造成物质财产损失和第三者责任风险。支持保险公司发挥专业优势，为重大工程建设提供专业化风险管理建议，采取有效防灾减灾措施，降低风险事故发生率。

（六）研究建立巨灾保险制度。研究建立巨灾保险基金、巨灾再保险等制度，逐步形成财政支持下的多层次巨灾风险分散机制，加大对重大工程建设自然灾害的保障力度。

（七）加快发展再保险市场。推动发展区域性再保险中心，加大再保险产品和技术创新，增加再保险市场主体，提高再保险对农业、交通、能源、化工、水利、地铁、航空航天、核电等国家重大工程的大型风险、特殊风险的保险保障力度。强化再保险对我国海外企业的支持保障功能，支持国内企业“走出去”。

三、完善配套支持政策

（八）建立沟通协调机制。加强保险监管部门和项目投资主管部门的沟通协调和配合，促进保险资金与重大工程建设项目的有效衔接。探索通过保险资产交易平台发布重大工程建设项目信息，实现投资信息的公开、及时、准确发布。

（九）加强信用基础设施建设。推动有条件的保险机构接入金融信用信息基础数据库，构建信用信息共享机制，提升保险机构的风险甄别水平和风险管理能力，保障保险机构投资者合法权益，推进保险信用信息接入统一的信用信息共享交换平台。

（十）落实税收政策。对保险资金参与重大工程建设的符合规定的投资收益，按照现行税收法律法规给予税收优惠。

（十一）加强投资用地保障。各地要在土地利用总体规划中统筹考虑养老产业、健康服务业发展需要，合理安排保险机构投资养老服务设施、健康服务业用地供给。对保险机构依法投资重点工程在建设用地、不动产抵质押登记等方面给予支持。

四、加强风险管控

（十二）加强保险机构能力建设。保险机构参与重大工程建设投资，要按照市场化原则，综合考虑投资的风险和收益。搭建合理的组织架构和运作流程，加强专业团队建设，提升投资管理能力。建立健全风险监测、评估、预警体系，切实加强风险管控，维护保险资金安全。

（十三）提高属地化监管水平。各保监局要根据当地监管实际，研究、反映保险资金投资重大工程建设的新情况和新问题，协调、推动和落实保险资金支持重大工程建设的政策，加强对辖区内投资项目的风险监测，加快形成上下联动的资金运用监管工作机制。

（十四）做好各地统筹协调。各地发展改革委要结合本地实际，完善重大工程建设投融资机制，推动落实项目财政资金支持等措施，为保险资金支持重大工程建设创造条件。

国家发展改革委
中国保监会
2015年9月24日

关于进一步规范保险公司关联交易有关问题的通知

保监发〔2015〕36号

各保监局，各保险集团（控股）公司、保险公司、保险资产管理公司：

为进一步规范保险公司关联交易行为，有效防范经营风险，保护保险消费者合法权益，根据《保险公司关联交易管理暂行办法》等规定，现就有关问题通知如下：

一、在过去12个月内或者根据相关协议安排在未来12月内，存在《保险公司关联交易管理暂行办法》第七条、第八条和第九条规定的情形之一的，视同保险公司关联方。

二、以下情形属于《保险公司关联交易管理暂行办法》第十条第一项所称“保险公司资金的投资运用和委托管理”：

（一）保险公司在关联方办理银行存款（活期存款及在大型国有商业银行的存款除外）业务；

（二）保险公司投资关联方的股权、不动产及其他资产；

（三）保险公司投资关联方发行的金融产品，或投资基础资产包含关联方资产的金融产品；

（四）保监会认定的其他关联交易行为。

三、保险公司资金运用关联交易应符合以下比例要求：

（一）在保险公司投资未上市权益类资产、不动产类资产、其他金融资产的账面余额中，对关联方的投资金额分别不得超过该类资产投资限额的50%。

（二）保险公司对关联方中单一法人主体的投资余额，合计不得超过保险公司上季末总资产的15%与该法人主体上季末总资产的5%二者高者。

（三）保险公司对关联方的全部投资余额，合计不得超过保险公司上季末总资产的30%，并不得超过保险公司上季末净资产。

在计算人身保险公司和再保险公司总资产时，其高现金价值产品对应的资产按50%折算。

四、保险公司重大关联交易应由董事会批准的，董事会会议所作决议须经非关联董事2/3以上通过。

已设立独立董事的保险公司与主要股东及其关联方的重大关联交易，必须获得独立董事的一致同意，同时主要股东应向保监会提交关于不存在不当利益输送的书面声明。

五、保险公司应当按照《保险公司信息披露管理办法》《保险公司资金运用信息披露准则第1号：关联交易》等有关规定，对重大关联交易和资金运用关联交易，于签订交易协议后10个工作日内（无交易协议的，自事项发生之日起10个工作日内），在保险公司网站和中国保险行业协会网站进行披露。

保险公司应当自本通知下发之日起一个月内，对2013年至2015年1季度的关联交易情况进行系统梳理和排查，并向保监会上报关联交易总体报告及统计表。对关联交易超过规定比例的，不得新增此类关联交易。自2015年2季度起，保险公司应于每季度结束后25日内向保监会报送关联交易季度报告。

六、对于保险公司未能履行相关信息披露和报告义务的，保监会可以结合相关情况，调整该保险公司分类监管的评价类别。

对于保险公司独立董事在审核关联交易过程中未能履行勤勉义务的，保监会可以对其进行监管谈话，并计入履职记录。监管谈话超过三次的，保监会可以限制其保险公司独立董事资格。

对于保险公司股东利用关联交易严重损害保险公司利益的，保监会可以按照《中华人民共和国保险法》第152条规定，采取限制股东权利、责令改正、责令转让股权等监管措施。

对会计师事务所、专业评估机构、律师事务所等中介机构未能如实反映保险公司关联交易程序合法性、定价公允性等情形的，保监会可以设立诚信档案，并将有关情况通报其行业主管部门；情节严重的，保监会可以通报保险集团（控股）公司、保险公司、保险资产管理公司，三年内不得与其从事相关业务，并商有关监管部门依法给予行政处罚。

七、保险集团（控股）公司的关联交易适用本通知。保险集团（控股）公司与其保险子公司（包括保险资产管理公司），以及保险子公司之间发生的关联交易，不适用本通知第三条和第四条。

附件：1.关联交易报告模板

2.关联交易季度报告模板

中国保监会

2015年4月1日

关于印发《相互保险组织监管试行办法》的通知

保监发〔2015〕11号

机关各部门，各保监局，培训中心，中国保险行业协会，中国保险学会，中国精算师协会，中国保险资产管理业协会，中国保险保障基金有限责任公司，中国保险信息技术管理有限责任公司：

为加强对相互保险组织的监督管理，促进相互保险组织规范健康发展，我会制定了《相互保险组织监管试行办法》，现印发给你们，请结合实际，认真遵照执行。

中国保监会

2015年1月23日

相互保险组织监管试行办法

第一章 总 则

第一条 为加强对相互保险组织的监督管理，规范相互保险组织的经营行为，根据《中华人民共和国保险法》、《农业保险条例》等相关法律、法规，制定本办法。

第二条 本办法所称相互保险是指，具有同质风险保障需求的单位或个人，通过订立合同成为会员，并缴纳保费形成互助基金，由该基金对合同约定的事故发生所造成的损失承担赔偿责任，或者当被保险人死亡、伤残、疾病或者达到合同约定的年龄、期限等条件时承担给付保险金责任的保险活动。

本办法所称相互保险组织是指，在平等自愿、民主管理的基础上，由全体会员持有并以互助合作方式为会员提供保险服务的组织，包括一般相互保险组织，专业性、区域性相互保险组织等组织形式。

第三条 中国保险监督管理委员会（以下简称“中国保监会”）根据法律、法规和国务院授权，对相互保险组织和相互保险活动进行统一监管。

中国保监会的派出机构在中国保监会授权范围内行使对相互保险组织的监督管理职能。

第四条 相互保险组织从事保险活动，必须遵守法律、法规，遵守社会公德，不得从事与章程规定无关的经营活动。

第二章 设 立

第五条 相互保险组织应当经中国保监会批准设立，并在工商行政管理部门依法登记注册。

第六条 相互保险组织名称中必须有“相互”或“互助”字样。

第七条 设立一般相互保险组织，应当具备以下条件：

（一）具有符合本办法规定的主要发起会员和一般发起会员。其中，主要发起会员负责筹集初始运营资金，一般发起会员承诺在组织成立后参保成为会员，一般发起会员数不低于500个。

（二）有不低于1亿元人民币的初始运营资金；

（三）有符合法律、法规及本办法规定的章程；

（四）有具备任职所需专业知识和业务工作经验的董（理）事、监事和高级管理人员；

（五）有健全的组织机构和管理制度；

（六）有符合要求的营业场所和与经营业务有关的其他设施；

（七）中国保监会规定的其他条件。

第八条 设立专业性、区域性相互保险组织，应当具备下列条件：

（一）具有符合本办法规定的主要发起会员和一般发起会员，一般发起会员数不低于100个；

（二）有不低于1000万元的初始运营资金；

（三）在坚持会员制和封闭性原则基础上，针对特定风险开展专门业务或经营区域限定在地市级以下行政区划；

（四）其他设立条件参照一般相互保险组织。

第九条 以农民或农村专业组织为主要服务对象的涉农相互保险组织，或其他经保险监督管理机构认可的专业性、区域性相互保险组织，可以在前款规定的基础上适当降低设立标准，但初始运营资金不得低于100万元。

第十条 初始运营资金由主要发起会员负责筹集，可以来自他人捐赠或借款，必须以实缴货币资金形式注入。

在弥补开办费之前，相互保险组织不得偿还初始运营资金。初始运营资金为债权的，在盈余公积与未分配利润之和达到初始运营资金数额后，经会员（代表）大会表决通过，并报保险监督管理机构批准，可以分期偿还初始运营资金本金和利息。当偿付能力不足时，应停止偿还初始运营资金本息。其他形式的初始运营资金偿付和回报方式由相互保险组织章程另行规定。

第十一条 相互保险组织的主要发起会员应当信誉良好，具有持续出资能力，其资质要求参照《中华人民共和国保险法》、《保险公司股权管理办法》中主要股东条件，主要发起会员为个人的除外。

第十二条 相互保险组织的设立程序，适用中国保监会关于保险公司设立的一般规定。

第十三条 一般相互保险组织董（理）事、监事和高级管理人员任职资格管理按照《中华人民共和国保险法》和中国保监会有关规定执行；专业性、区域性相互保险组织董（理）事、监事和高级管理人员任职资格标准可根据实际情况适度予以降低，但不得违反法律、法规、规章的禁止性要求。

第三章 会 员

第十四条 相互保险组织会员是指承认并遵守相互保险组织章程并向其投保的单位或个人。

第十五条 相互保险组织会员享有下列

权利：

（一）参加会员（代表）大会，并享有表决权、选举权、被选举权和参与该组织民主管理的权利；

（二）按照章程规定和会员（代表）大会决议分享盈余的权利；

（三）按照合同约定享受该组织提供的保险及相关服务的权利；

（四）对该组织工作的批评建议权及监督权；

（五）查阅组织章程、会员（代表）大会记录、董（理）事会决议、监事会决议、财务会计报告和会计账簿的权利；

（六）章程规定的其他权利。

第十六条 相互保险组织会员应履行以下义务：

（一）遵守组织章程；

（二）执行会员（代表）大会和董（理）事会的决议；

（三）按照保险合同约定缴纳保费，并以所缴纳保费为限对该组织承担责任，章程另有规定的除外；

（四）不得滥用会员权利损害相互保险组织或者其他会员的利益；

（五）章程规定的其他义务。

第十七条 主要发起会员的权利、义务可由相互保险组织章程规定。

第十八条 有下列情形之一的，会员资格自动终止：

（一）保险合同终止；

（二）章程规定事由发生。

第四章 组织机构

第十九条 相互保险组织应当设立会员（代表）大会，决定该组织重大事项。会员（代表）大会由全体会员（代表）组成，是相互保险组织的最高权力机构，原则上采取一人一票的表决方式。

除章程另有规定外，会员（代表）大会的权力和组织程序参照《中华人民共和国公司法》有关股东大会的规定。

第二十条 会员（代表）大会选举或者作出决议，应当由出席会议的会员或会员代表表决权总数过半数通过；作出修改章程或者合并、分立、解散的决议以及制定支付初始运营资金本息、分配盈余、保额调整等方案应当由出席会议的会员或会员代表表决权总数的四分之三以上通过。

第二十一条 相互保险组织章程应当包括下列事项：

（一）名称和住所；

（二）宗旨、业务范围和经营地域；

（三）发起会员与一般会员资格及其权利、义务；

（四）组织机构及其产生办法、职权、任期和议事规则；

（五）初始运营资金的筹集方式、使用条件以及偿付办法；

（六）财务管理制度和盈余分配办法；

（七）发生重大保险事故导致偿付困难时的风险控制机制；

（八）章程的修改程序；

（九）解散事由和清算办法；

（十）应当由章程规定的其他事项。

第二十二条 相互保险组织应当设立董（理）事会、监事会。一般相互保险组织董（理）事会应建立独立董（理）事制度。

除章程另有规定外，相互保险组织的董（理）事会、监事会适用《中华人民共和国公司法》关于股份有限公司董事会、监事会的规定。

第二十三条 相互保险组织召开会员（代表）大会、董（理）事会，应提前7个工作日通知保险监督管理机构，保险监督管理机构有权列席会议。

会员（代表）大会、董（理）事会决议应在会后7个工作日内报保险监督管理机构备案。

第二十四条 相互保险组织可以申请设立分支机构。根据业务发展需要，相互保险组织也可以通过提供初始运营资金和再保险支持等方式，申请设立经营同类业务的相互保险子组织，并实施统一管理。具体设立条件和方式由中国保监会另行规定。

第五章 业务规则

第二十五条 相互保险组织的业务范围由保险监督管理机构依法核定。

第二十六条 相互保险组织应当按照章程规定，加强内部管理，建立完善的内部控制制度。

第二十七条 相互保险组织应根据保障会员利益原则，按照企业会计准则和中国保监会有关规定评估保险责任准备金。

第二十八条 相互保险组织的保险条款和保险费率，适用中国保监会有关保险条款、保险费率的规定。

第二十九条 相互保险组织的资金应实行全托管制度。相互保险组织应在保证资金安全性的前提下，按照中国保监会有关规定进行资金运用。其中，专业性、区域性相互保险组织实行自行投资的，其资金运用限于下列形式：

（一）银行存款；

（二）国债及其他中国保监会认可的低风险固定收益类产品；

（三）经中国保监会批准的其他形式。

专业性、区域性相互保险组织委托经中国保监会认可的专业投资机构进行投资的不受上述形式限制。

第三十条 相互保险组织应审慎经营，严格进行风险管理，依据实际情况进行再保险分保业务，并建立重大风险事故的应对预案。

第三十一条 相互保险组织参照保险公司缴纳保险保障基金，具体缴纳方式和标准由中国保监会另行规定。

第三十二条 相互保险组织应当按照企业会计准则进行会计核算，并建立符合相互制经营特色的财务管理制度。

第三十三条 相互保险组织应当建立适合相互保险组织经营特点的信息披露制度，保障会员作为保险消费者和相互保险组织所有者的合法权益，使用通俗易懂的语言定期向会员披露产品信息、财务信息、治理信息、风险管理状况信息、偿付能力信息、重大关联交易信息及重大事项信息。

第三十四条 相互保险组织应当建立健全监督审计制度。监督审计情况应当向会员（代表）大会报告。一般相互保险组织应当聘请外部审计机构进行年度审计。高管人员离任的，应当进行离任审计。

第六章 监督管理

第三十五条 保险监督管理机构按照审慎监管要求对相互保险组织进行持续、动态监管。

第三十六条 保险监督管理机构对相互

保险组织的监督管理，采取现场监管与非现场监管相结合的方式。

第三十七条 保险监督管理机构对相互保险组织的监管包括但不限于下列事项：

（一）组织设立、变更是否依法经批准或者向保险监督管理机构报告；

（二）董（理）事、监事、高级管理人员任职资格是否依法经核准；

（三）初始运营资金、各项准备金是否真实、充足；

（四）内控制度和内部治理是否符合保险监督管理机构的规定；

（五）偿付能力是否充足；

（六）资金运用是否合法；

（七）信息披露是否充分；

（八）业务经营和财务情况是否合法，报告、报表、文件、资料是否及时、完整、真实；

（九）保险条款和费率是否按规定报经审批或者备案；

（十）需要事后报告的其他事项是否按照规定报告；

（十一）保险监督管理机构依法规定的其他事项。

第三十八条 相互保险组织偿付能力管理参照保险公司偿付能力管理规定执行，中国保监会另有规定的从其规定。当偿付能力不足时，相互保险组织应当向会员及时进行风险警示，并在两个月内召开会员（代表）大会确定改善偿付能力措施。

第三十九条 相互保险组织应当按照有关规定报送统计报表，做好保险统计工作。一般相互保险组织应当按照规定及时向保险监督管理机构报送偿付能力报告、财务会计报告、精算报告、合规报告及其他有关报告、报表、文件和资料；专业性、区域性相互保险组织应当及时向保险监督管理机构报送偿付能力报告、财务会计报告、营业报告及其他有关报告、报表、文件和资料。

第七章 附 则

第四十条 相互保险公司、合作保险组织经营保险业务，参照本办法执行。

第四十一条 本办法由中国保监会负责解释。

第四十二条 本办法自发布之日起施行。

江苏保监局

关于深入开展保险公众宣传教育工作的通知

各保险公司省级分公司、各保险中介机构，各保险行业协会、保险学会、省保险中介行业协会：

为贯彻《国务院关于加快发展现代保险服务业的若干意见》和《省政府关于加快发展现代保险服务业的实施意见》，深入推进我省保险公众宣传教育，不断提高社会公众保险知识水平、保险消费能力和保险维权技能,夯实行业发展基础,根据《中华人民共和国保险法》、《中国保监会关于加强保险消费者权益保护工作的意见》，现就我省开展保险知识公众宣传教育工作提出如下意见。

一、充分认识开展保险公众宣传教育工作的重要意义

（一）开展保险公众宣传教育工作是保护保险消费者利益的根本要求。保护保险消费者利益，不仅有赖于保险监管部门加强监管和保险机构改进服务，更重要的是要通过深入开展保险知识普及工作，不断提高保险消费者的保险基础知识水平、风险识别能力，从而提升保险消费者自我保护能力。

（二）开展保险公众宣传教育工作是保险业可持续发展的客观要求。保险消费者是行业发展的根本。只有通过广泛深入的保险知识普及工作，不断提高社会公众的保险意识，让各类社会主体都知晓并善于运用保险工具进行风险管理，使其认同保险，信任保险，潜在消费者才会转化为现实消费者，保险业也才能获得更为广阔的发展空间。

（三）开展保险公众宣传教育工作是保险业防范经营风险的现实要求。数量庞大的保险消费者是保险业的重要组成部分，如果公众不具备应有的保险知识和风险意识，消费者的个体风险也有可能发展成为保险行业的系统性风险。因此，推进保险公众教育是保持保险市场稳定的基础环节，是事关全行业稳健发展的大事。

二、深入开展保险公众宣传教育工作的指导思想、工作目标和工作任务

（一）指导思想

以保护保险消费者利益为根本出发点和落脚点，充分发挥保险监管部门的组织领导作用、行业社团组织的牵头协调作用和保险机构的主体作用，以保险“五进入”为抓手，大力普及保险知识，不断提高社会公众保险知识水平、保险消费能力和保险维权技能，构建放心保险消费环境，促进江苏保险业持续健康发展。

（二）工作目标

通过广泛深入的保险公众宣传教育工作，普及风险和保险知识，提示保险消费风险，倡导科学理性的保险消费观念，提高公众的风险意识、保险消费能力和维护自身合法权益的能力，促进行业诚信经营，形成保险监管部门、行业协会、保险公司和社会公众等多方参与的保险公众教育工作机制。

（三）主要任务

一是开展风险和保险知识的普及教育，提高保险消费者保险意识，激发潜在保险需求；二是开展保险相关法律法规教育，使保险消费者了解掌握相关法律知识，提高依法维权的能力,引导保险消费者树立依法维权的意识；三是开展风险提示，切实保护保险消费者的知情权和公平交易权和财产权。

三、以保险知识“五进入”为抓手，常态化开展保险知识公众宣传教育

各保险公司要把开展保险知识“五进入”作为开展公众教育的主要抓手，明确工作措施，做到形式多样，坚持长期持续推进，努力实现“一司一品”，切实把保险知识公众宣传教育切实抓出成效。保险公司开展“五进入”工作的具体要求是：

（一）以普及保险基本知识，倡导科学保险消费理念为重点，开展保险知识宣传教育进农村

1.在村内设置2块以上保险宣传标牌、板（墙）报，在村庄道路两侧适当位置刷写10条以上保险宣传标语。

2.在村委会或其他合适地点建立保险宣传教育固定场所，放置保险知识普及读物。

3.利用光盘、挂图、板报、广场咨询、送电影下乡以及其他农村群众喜闻乐见的形式，每季度组织村民开展一次保险知识宣传教育活动；在3.15国际消费者权益保护日、7.8保险公众宣传日举办相应的宣传教育活动。

4.利用村委会广播站等现有设施开展保险知识宣传。

5.及时解决村民保险咨询，及时办理涉及本公司的投诉，及时向当地保险行业协会转送保险投诉，为村民提供贴心服务。

（二）以丰富保险知识，树立依法维权意识为重点，开展保险知识宣传教育进社区

1.在社区内显要位置设立2条以上固定宣传标语。

2.在社区设置固定的保险知识宣传橱窗，宣传内容每月更新。

3.利用社区、居民小区的现有设施建立保险宣传固定场所，放置保险知识读物。

4.利用光盘、宣传材料、挂图、板报、展板、横幅、文艺表演等形式，每季度组织居民开展一次宣传教育活动；在3.15国际消费者权益保护日、7.8保险公众宣传日举办相应的宣传教育活动。

5.利用社区现有楼宇电视、网络等手段进行保险知识宣传。

6.及时解决居民保险咨询，及时办理涉及本公司的投诉，及时向当地保险行业协会转送保险投诉，为居民提供贴心服务。

（三）以扩大保险影响力，树立运用保险手段治理社会意识为重点，开展保险知识宣传教育进机关

1　利用机关阅览室、活动室等场所，放置保险知识读物，或展出宣传板报、展板、图片，播放保险知识宣传视频，每季度开展一次保险知识讲座，每年开展一次以保险知识宣传为主题的联谊活动。在3·15国际消费者权益保护日、7.8保险公众宣传日举办相应的宣传教育活动。

2.及时运用专业知识为该机关利用现代保险工具开展风险管理、履行职责提供辅导。

3.及时解决机关干部的保险咨询，及时办理涉及本公司的投诉，及时向当地保险行业协会转送保险投诉，为机关干部提供贴心服务。

（四）以普及保险知识，培养保险意识为重点开展保险知识宣传教育进学校

1.把保险知识教育纳入学校教育内容，每学期不少于2学时。

2.为学校配备一定数量的保险知识学习资料，包括文字、图片、影像资料等。

3.设置保险知识宣传橱窗（专栏），每季度更换一次内容；利用校园广播、有线电视、内刊等开展经常性保险知识宣传教育。

4.每年组织1次保险知识考试或征文、演讲比赛，动员在校学生给亲友写一封保险知识宣传信。

5.利用3·15国际消费者权益保护日、7.8保险公众宣传日或其他适宜时间组织学生义务宣传队向社会开展保险知识宣传活动。

6.保险机构及时解决涉及学生的保险咨询投诉，对非本公司的投诉及时向当地保险行业协会转送并跟踪处理情况，为学校提供贴心服务。

（五）以倡导保险理念，树立科学防灾防损意识为重点，开展保险知识宣传教育进企业

1.为企业配备一定数量的保险知识学习资料，包括文字、图片、影像资料等。

2.在企业设置固定的保险知识宣传橱窗，展出保险知识宣传挂图，每季度更新内容。

3.每季度开展一次保险知识、防灾防损宣讲活动；每年举办一次以保险知识宣传教育为主题的竞赛、联谊等活动。

4.及时运用专业知识为该企业利用现代保险工具开展风险管理提供技术辅导。

5.保险机构及时解决涉及企业的保险咨询投诉，对非本公司的投诉及时向当地保险行业协会转送并跟踪处理情况，为企业提供贴心服务。

各保险行业协会可以结合自身实际加强与教育部门、旅游业、其他金融业、消费者协会等单位或行业的沟通联系，探索开展保险消费者教育合作的方式方法，如开办免费的保险培训课程、派驻义务保险教师、帮助培训保险教育师资、成立义务的保险知识宣讲团体等，积极推进保险知识公众教育工作，形成协调联动的工作格局。

四、量化任务，明确分工，确保各项要求落到实处

开展保险知识公众宣传教育是保险机构应该承担的社会责任。各保险公司的地市级中心支公司（分公司）、支公司、营销服务部至少定点挂钩一个宣教对象（村委会、社区、机关单位、学校、企业单位），开展经常性保险知识宣传教育，并留存活动开展资料备保险监管部门和行业

协会检查。各保险公司省级分公司要对下辖机构（含总公司直管的分公司）开展挂钩宣传教育活动进行监督考核，掌握工作进度，及时解决工作中遇到的问题，杜绝形式主义和把公众宣传教育等同于公司产品宣传的倾向，确保工作要求落到实处。

各保险行业协会要统筹协调好会员单位的挂钩宣传工作，综合统筹本地会员公司挂钩对象的选择，实现挂钩对象数量在县区间和行业间实现大体均衡。要及时协调地方政府相关部门为保险业开展公益宣传创造良好环境，对本地区挂钩宣传工作推进情况进行监督考核。对开展宣传教育工作不到位的保险机构要予以通报批评并将名单报江苏保监局消保处。

各保险学会要及时研究分析保险知识公众宣传教育的需求，针对不同对象的保险知识普及需求、保险消费技能需求、维权能力需求等不同层次需求编制不同种类的公众宣传教育资料，努力为保险知识公众宣传教育提供智力支持。

鼓励各保险专业中介机构积极履行社会责任，结合本公司实际积极开展保险知识挂钩宣传教育活动。

各保险省级分公司、各保险行业协会在8月20日前将本公司、本地区挂钩开展宣传教育挂钩联系的具体情况通过公文传输系统报江苏保监局消保处。

各保险公司省级分公司应在向我局提交的年度消保工作报告中披露本公司开展保险知识公众宣传教育的情况。

江苏保监局

2015年7月6日

附 录

江苏保险市场

2015年江苏保险业发展概况

【市场概况】2015年，江苏省实现保费收入1989.91亿元，同比增长18.18%，保费规模位居全国第2位。其中，财产险保费672.19亿元，同比增长10.87%，规模位居全国第1位；人身险保费1317.72亿元，同比增长22.3%，规模位居全国第2位。人身险业务中，寿险保费1083.92亿元，同比增长18.24%；健康险保费179.58亿元，同比增长59.95%；意外险保费54.22亿元，同比增长11.83%。

【运行特点】财产险业务继续保持规模增长，效益有所下滑。2015年，车险业务实现保费531.15亿元，同比增长14.06%，其中互联网销售实现签单保费22.54亿元，同比增长56.8%。非车险业务中，企财、责任、货运险分别实现保费41.85亿元、28.73亿元、7.58亿元，同比增速分别为0.89%、17.93%、-1.89%。全省财产险公司累计承保盈利17.48亿元，承保利润排名全国第4位。与2014年同期相比，承保利润减少4.21亿元。车险盈利最高，达8.01亿元，比上年增长166.77%。

人身险业务平稳增长，业务结构有所优化。2015年，全省分红寿险保费529.49亿元，同比下降0.88%；万能寿险保费5.72亿元，同比增长1.26%；投连险保费2748万元，同比下降7.13%；普通寿险保费548.45亿元，同比增长45.64%。

保险市场体系进一步完善。截至2015年末，全省共有保险主体94家，其中总公司5家（紫金财险、乐爱金财险、利安人寿、东吴人寿、国联人寿），财产险公司39家，人身险公司55家。中介法人机构146家，分支机构631家，共有营销员29.8万人。

【服务经济社会】截至2015年末，江苏共有6家保险机构承办74个大病保险统筹项目，统筹区覆盖率79.6%，覆盖人群4796.16万，实际赔付39.66万人次，赔付金额8.03亿元。2013年以来，全省大病保险实际赔付100.94万人次，赔付金额20.09亿元，平均补偿水平1990.14元/人次，患者医疗费用实际报销水平平均提高10个百分点以上。积极与地方政府沟通，推动保险机构参与养老服务业发展，促进保险服务业与养老服务业融合发展。全省保险业受托经办25个统筹区新农合业务，17个城镇职工补充医疗保险项目、10个社会保险补充项目，运用保险业专业优势为群众提供优质高效的社保经办服务。

2015年，保险资金在江苏投资力度进一步加大，运用方式和手段更加丰富，为全省经济社会发展提供长周期、低成本资金支持。截至2015年末，保险资金在江苏投资余额1898.4亿元，其中投资江苏省内主体发行债券余额605.8亿元，投资江苏基础设施余额560亿元，投资不动产余额447亿元，未上市企业股权投资余额129.1亿元，投资其它金融资产余额126.4亿元，投资项目资产支持计划30亿元。

2015年，保险资金在江苏新增实际投资297.2亿元，涉及青奥场馆建设、苏州城乡一体化建设、无锡机场等一批重大项目。

创新涉农保险产品，扩大保险覆盖面，积极推进目标价格保险、天气指数保险、农作物产量保险等新型农险品种。全省开办农业保险险种49个，保费收入和农

2015年江苏省各财产保险分公司

保险机构	保费收入											保户储金及投资款
	合计	企业财产保险	机动车辆保险	货物运输保险	责任保险	工程保险	信用保证保险	农业保险	短期健康保险	意外伤害保险	其他	
人保	27207.98	1394.89	20773.79	268.48	1269.69	155.27	258.06	1272.15	729.14	516.01	570.51	241.19
太保	10999.04	907.33	8734.21	193.36	463.79	74.62	37.20	70.72	131.67	277.66	108.48	6.63
平安	11560.76	437.01	9020.94	62.45	274.41	51.10	1376.83	0.46	49.84	223.87	63.85	0.68
天安	1085.12	100.40	748.38	13.30	42.69	8.59	0.11	–	70.17	61.89	39.59	12988.15
史带	8.09	2.31	1.03	1.85	0.47	0.28	–	–	–	2.53	-0.38	–
华泰	224.38	24.64	139.35	5.41	14.60	3.84	0.09	0.00	0.05	27.83	8.57	0.17
出口信用	1042.38	–	–	–	–	–	1042.38	–	–	–	–	0.00
中华联合	1670.46	79.20	1227.45	10.32	44.59	7.54	8.15	124.07	66.82	66.73	35.60	0.00

险基金28.6亿元（不含农机保险和渔船保险保费），提供约699亿元风险保障，支付赔款14.57亿元，338万户次农民从中受益。保险条款费率不断优化，保障水平进一步提高，费率进一步降低。开展农险费率精算工作，对各险种的盈亏平衡点费率开展测算，提出精算厘定费率的建议，进一步优化农业保险产品。

下发《关于开展江苏省重大装备（首台套）保险试点工作的通知》，建立省级财政保费补偿机制。全省首台（套）保险试点逐步形成“高低搭配、互为补充”的良好运行态势。2015年，共为全省27台首台（套）重大技术装备提供6.33亿风险保障，签单保费达1690万元。2015年，科技保险共承保全省2900多家次高科技企业，提供风险保障1800亿元。

医疗责任保险、环境污染责任保险、食品安全责任保险、电梯安全责任保险等关乎社会稳定、民生安全的重点业务得到长足发展。出台《江苏省医疗纠纷处理条例》，推动医疗责任保险在医疗纠纷处理中发挥更加重要的支柱作用。南通启东市开展“医责险+”新机制试点，通过引入保险经纪公司作为专业第四方，发挥矛盾缓冲作用，防范化解医疗纠纷升级。自2014年8月试点以来，参与试点的医疗机构医闹次数、出警次数、赔款金额同比下降一半。扩大环责险试点覆盖面，全省已有11个省辖市启动环责险县（区）统保试点，2962家次企业接受专业的环境风险评估，发现问题14000条，排查较大风险隐患2000多个。积极推动食品安全责任险。保险公司积极参加全省餐饮行业食责险招标工作，12家公司组成共保体，在江苏国际餐饮博览会期间进行广泛宣传。全省已有4家餐饮集团企业（23家单位）签订投保协议，签约保费5.1万元。

业务统计表

单位：人民币百万元

赔付支出											赔案件数（万件）	未决赔款
合计	企业财产保险	机动车辆保险	货物运输保险	责任保险	工程保险	信用保证保险	农业保险	短期健康保险	意外伤害保险	其他		
17021.08	1982.75	12239.48	118.18	714.29	69.75	61.06	747.14	170.95	626.34	291.12	321.28	8833.97
6932.39	660.10	5579.42	84.09	245.28	38.92	10.37	26.77	138.89	102.64	45.92	137.06	4483.29
5692.77	140.68	4821.13	41.12	114.07	22.30	445.46	–	42.16	39.05	26.80	117.94	2698.48
615.16	102.73	426.67	2.47	20.92	4.19	–0.01	–	25.11	13.02	20.06	9.26	292.98
56.27	2.02	49.05	0.94	1.96	0.68	–	–	1.36	–	0.25	0.53	56.68
130.34	14.40	102.60	1.17	3.61	1.86	0.00	0.00	6.06	0.13	0.52	2.45	71.04
895.63	–	–	–	–	–	895.63	–	–	–	–	0.07	974.21
1082.01	35.20	842.65	1.35	20.54	1.55	0.00	63.08	27.64	64.69	25.31	24.28	317.48

续表

保险机构	保费收入											保户储金及投资款
	合计	企业财产保险	机动车辆保险	货物运输保险	责任保险	工程保险	信用保证保险	农业保险	短期健康保险	意外伤害保险	其他	
太平	892.97	47.88	738.39	27.56	33.48	2.06	3.47	0.10	3.25	34.21	2.57	0.00
大地	1073.79	45.78	880.87	8.48	18.25	4.15	14.83	–	48.37	34.72	18.34	–
永安	643.95	43.08	490.75	8.30	43.71	8.26	2.38	0.00	1.58	36.90	9.00	0.00
华安	401.07	6.74	353.53	0.48	26.60	0.50	1.52	0.00	0.28	8.64	2.78	13.49
安邦	638.92	0.52	627.02	0.35	6.53	0.01	–	–	–	4.27	0.24	–
阳光	1144.72	38.55	756.75	7.73	37.71	6.09	247.14	–	12.44	28.97	9.33	0.07
都邦	661.33	58.67	501.98	11.22	38.86	1.11	0.19	–	6.92	33.51	8.86	0.11
中银	396.45	80.90	141.00	2.64	51.62	5.39	59.74	–	18.52	21.05	15.59	–
安盛天平	454.71	–	453.20	–	0.07	0.01	–	–	0.06	1.37	0.01	–
永诚	385.26	67.01	269.66	1.78	23.64	10.59	0.00	–	0.66	7.26	4.67	0.00
亚太	191.59	3.64	160.72	0.89	4.11	1.76	0.00	0.00	0.33	16.75	3.38	0.00
国寿财险	4600.45	162.37	4140.13	11.67	133.55	19.31	2.17	0.26	–	87.49	43.50	5.17
渤海	170.65	1.07	147.86	0.24	0.90	0.01	0.00	0.00	0.58	19.28	0.71	0.00
安诚	396.11	6.42	363.00	0.55	11.45	4.88	0.00	0.00	0.06	9.66	0.09	0.00
华农	41.26	0.92	35.47	0.05	1.76	–	–	0.53	0.44	2.11	-0.02	–
长安责任	519.71	17.88	369.02	5.94	38.93	2.70	8.51	–	46.11	20.75	9.87	–
三星	155.82	84.47	38.62	19.01	2.35	2.06	0.20	–	–	9.12	–	–
紫金	1450.05	129.99	872.28	9.09	84.54	19.47	4.25	183.50	38.22	71.31	37.41	0.00
国泰	117.18	11.81	94.04	0.68	9.53	0.74	–	–	–	–	0.37	–
日本财险	94.40	52.92	1.83	15.42	20.30	1.15	0.26	–	1.41	1.10	0.00	0.00
英大	632.10	182.95	376.08	3.72	44.55	3.42	2.37	0.00	0.25	12.00	6.77	0.00
三井住友	102.03	53.63	1.15	18.78	19.31	1.12	6.98	–	0.00	1.07	0.00	–
丘博	7.35	0.00	–	1.26	5.99	–	–	–	0.02	0.08	0.00	–
信达	281.25	9.52	235.56	0.79	12.97	1.41	–	–	15.74	4.74	0.53	–
瑞再企商	1.23	0.05	0.00	0.08	0.00	0.00	0.00	0.00	0.00	1.10	0.00	0.00
东京海上	92.62	46.23	1.53	28.83	13.24	2.01	0.31	–	–	0.45	0.03	–
浙商	245.83	5.11	215.84	0.61	12.31	0.71	3.09	–	0.02	7.06	1.10	–
泰山	163.46	4.05	134.15	1.73	13.79	0.24	2.71	0.00	0.90	4.76	1.13	0.00
美亚	60.52	9.30	0.00	1.56	28.00	0.00	1.84	0.00	1.45	14.99	3.38	0.00
安信农业	99.48	0.80	68.28	0.00	14.71	0.22	0.00	0.15	0.00	14.79	0.53	0.00
乐爱金	99.93	67.02	0.00	13.01	8.16	2.79	0.10	–	4.08	4.77	0.00	0.00
富德	0.80	–	0.80	–	–	–	–	–	–	0.00	–	–
众安	160.57	–	–	0.00	1.61	–	24.31	–	0.17	17.27	117.21	–
中铁自保	1.16	–	–	–	–	1.16	–	–	–	–	–	–
泰康在线	0.01	–	–	–	–	–	–	–	–	–	0.01	–
合计	70176.94	4185.05	53114.64	757.60	2872.74	404.58	3109.19	1651.94	1249.55	1708.05	1123.61	13255.66

赔付支出											赔案件数（万件）	未决赔款
合计	企业财产保险	机动车辆保险	货物运输保险	责任保险	工程保险	信用保证保险	农业保险	短期健康保险	意外伤害保险	其他		
450.31	13.79	399.01	9.75	17.78	0.05	1.80	0.03	5.47	1.59	1.04	10.61	252.77
694.89	11.46	577.76	3.62	7.40	19.93	10.99	–	12.74	35.65	15.34	9.50	163.72
348.95	17.64	249.95	3.21	21.84	5.09	0.14	0.00	22.89	24.28	3.90	5.11	225.85
227.02	2.07	217.00	1.20	1.00	0.00	3.32	0.00	1.40	0.01	1.02	4.05	92.76
434.39	0.24	425.09	0.00	4.36	0.00	–	–	4.70	–	0.00	6.99	80.49
671.80	12.84	495.03	3.21	20.84	2.28	87.67	–	13.89	8.30	27.73	14.12	284.58
324.77	17.59	284.93	1.79	7.34	0.56	–	–	7.60	3.22	1.73	7.99	146.32
265.26	10.39	90.50	0.49	1.16	0.62	145.33	–	4.72	8.60	3.46	2.51	211.36
284.47	–	284.45	–	0.00	–	–	–	0.02	–	–	6.75	101.11
210.71	17.65	172.05	0.45	9.56	7.78	0.00	–	2.13	0.58	0.51	3.51	139.36
149.73	2.64	125.54	5.25	4.82	2.49	0.00	0.00	3.08	0.06	5.84	1.68	79.26
2361.62	57.31	2172.97	3.33	63.83	6.69	0.01	0.23	42.51	–	14.73	36.50	1060.34
98.66	0.07	94.43	1.70	0.53	0.00	0.00	0.00	1.15	0.77	0.00	1.24	42.76
210.37	0.72	202.88	0.02	3.03	1.50	0.00	0.00	2.19	0.00	0.04	3.24	98.09
55.60	0.18	54.68	0.01	0.08	–	–	0.23	0.24	0.18	–	0.60	15.63
288.53	3.97	254.30	0.84	10.44	0.00	0.00	–	8.89	6.45	3.62	4.34	109.77
33.29	7.88	20.76	1.50	0.40	–0.13	–	–	2.87	–	–	0.53	3.13
746.41	43.69	518.02	2.68	34.27	7.77	3.20	86.14	15.18	24.66	10.80	13.34	428.95
86.08	8.68	68.27	0.10	7.50	1.54	–	–	–	–	0.00	2.74	23.38
39.77	26.83	0.53	3.26	6.02	1.33	0.12	–	0.22	1.46	0.00	0.26	41.30
329.38	27.21	235.87	0.80	57.06	0.66	0.37	0.00	6.81	0.13	0.47	9.28	71.83
20.56	10.01	0.34	3.09	4.67	2.32	0.02	–	0.11	0.00	0.00	0.08	12.51
0.60	0.00	–	0.30	0.16	–	–	–	0.12	0.02	–	0.02	4.82
249.16	1.95	223.65	0.57	6.59	0.97	0.00	–	1.14	14.14	0.15	3.97	140.63
10.35	0.00	0.00	0.04	9.83	0.00	0.00	0.00	0.47	0.00	0.00	0.03	6.37
28.82	9.29	0.47	15.37	2.02	1.50	–	–	0.17	–	0.00	0.05	9.31
198.57	1.17	179.63	0.06	14.18	0.16	–	–	2.49	0.00	0.87	2.56	133.15
101.77	0.55	97.39	0.07	3.97	0.12	0.00	0.00	0.16	0.26	–0.74	1.58	59.68
19.00	0.14	0.00	0.86	14.60	0.00	0.01	0.00	2.80	0.37	0.22	0.23	4.54
102.27	0.54	88.66	0.00	7.75	0.04	0.00	0.00	4.07	0.00	1.21	1.30	77.95
301.19	289.03	0.00	4.12	3.41	0.34	0.00	–	0.48	3.80	0.00	0.45	13.52
0.13	–	0.13	–	–	–	–	–	–	–	–	0.00	0.02
99.31	–	–	–	0.24	–	28.46	–	1.37	–	69.25	844.54	0.87
											–	–
											–	0.00
41869.38	3533.44	31595.28	317.00	1467.36	202.87	1693.95	923.63	584.29	980.40	571.17	1612.57	21864.26

2015年江苏省各人身保险分公司

保险机构	保费收入													
	合计	个人业务							团体业务					
		人寿保险					意外伤害险	健康险	人寿保险					
		小计	普通寿险	分红寿险	投资连结保险	万能保险			小计	普通寿险	分红寿险	投资连结保险	万能保险
国寿股份	36682.69	30601.70	14666.34	15935.36	0.00	0.00	638.07	2751.09	125.68	83.92	41.76	0.00	0.00
太保人寿	11342.37	9560.22	1539.73	8017.02	0.00	3.47	324.66	923.61	50.22	31.82	18.40	0.00	0.00
平安人寿	12379.83	9755.91	2394.41	6850.75	19.69	491.06	385.12	2192.81	33.88	33.88	0.00	0.00	0.00
新华人寿	5128.40	4165.45	2535.70	1619.77	0.00	9.98	45.77	868.16	0.73	0.73	0.00	0.00	0.00
泰康人寿	2982.42	2733.63	491.03	2208.11	0.05	34.44	16.64	202.05	24.66	24.65	0.00	0.00	0.01
友邦人寿	1330.58	531.66	191.41	335.85	1.82	2.58	45.43	696.34	4.49	4.49	0.00	0.00	0.00
太平人寿	6226.81	5880.13	2052.16	3827.82	0.06	0.09	45.07	301.03	0.00	0.00	0.00	0.00	0.00
民生人寿	578.25	504.53	33.58	470.95	0.00	0.00	0.95	72.10	0.45	0.45	0.00	0.00	0.00
生命人寿	3545.81	3456.77	2223.62	1232.02	0.02	1.11	2.17	84.45	0.14	0.14	0.00	0.00	0.00
信诚人寿	222.28	165.89	23.57	136.86	4.47	0.99	11.94	31.30	2.78	2.78	0.00	0.00	0.00
合众人寿	794.73	685.21	317.04	365.51	0.00	2.66	23.37	85.57	0.08	0.08	0.00	0.00	0.00
同方全球	321.04	226.14	101.54	122.13	0.08	2.39	4.67	90.07	0.00	0.00	0.00	0.00	0.00
中宏人寿	712.53	517.30	57.77	459.53	0.00	0.00	7.13	168.85	0.63	0.63	0.00	0.00	0.00
国泰人寿	177.73	104.91	53.29	51.62	0.00	0.00	1.26	27.50	0.00	0.00	0.00	0.00	0.00
人保健康	1307.94	24.83	0.00	24.83	0.00	0.00	10.43	781.46	0.00	0.00	0.00	0.00	0.00
北大方正	106.01	65.87	14.27	51.31	0.00	0.29	1.05	21.38	0.15	0.15	0.00	0.00	0.00
中意人寿	1624.52	1526.59	1359.92	166.30	0.35	0.02	8.66	43.38	5.05	5.05	0.00	0.00	0.00
恒安标准	211.27	164.30	13.63	150.67	0.00	0.00	5.05	28.78	0.13	0.13	0.00	0.00	0.00
光大永明	140.30	86.29	9.74	76.53	0.02	0.00	12.04	11.86	11.81	9.98	1.83	0.00	0.00
农银人寿	918.40	874.66	25.16	847.92	0.00	1.58	0.22	5.02	0.08	0.08	0.00	0.00	0.00
和谐健康	2927.89	0.00	0.00	0.00	0.00	0.00	0.24	2919.02	0.00	0.00	0.00	0.00	0.00
平安养老	451.65	0.00	0.00	0.00	0.00	0.00	0.00	0.00	0.86	0.86	0.00	0.00	0.00
华泰人寿	810.87	637.03	51.95	581.77	0.00	3.31	6.95	142.10	0.15	0.15	0.00	0.00	0.00
招商信诺	650.94	457.22	211.56	245.46	0.20	0.00	59.84	128.56	0.01	0.01	0.00	0.00	0.00
联泰大都会	396.38	322.05	177.29	144.67	0.09	0.00	20.42	49.22	0.16	0.16	0.00	0.00	0.00
瑞泰人寿	142.76	2.93	2.03	0.88	0.02	0.00	27.52	98.42	0.00	0.00	0.00	0.00	0.00
君康人寿	1816.48	1815.15	1805.98	9.17	0.00	0.00	0.37	0.96	0.00	0.00	0.00	0.00	0.00
中德安联	122.20	111.72	12.38	98.97	0.34	0.03	0.63	8.40	0.12	0.12	0.00	0.00	0.00
华夏人寿	537.79	393.74	294.52	97.10	0.00	2.12	1.18	76.02	1.11	1.11	0.00	0.00	0.00
人保人寿	5793.13	5230.35	4472.86	755.10	0.00	2.39	54.50	83.38	76.67	4.26	72.41	0.00	0.00
英大泰和	241.20	199.12	17.10	181.05	0.00	0.97	1.44	20.12	0.09	0.09	0.00	0.00	0.00

业务统计表

单位：人民币百万元，万件

保费收入			有效保单件数	赔款及给付									退保金	保险金额
团体业务		其中:新单保费		合计	个人业务				团体业务					
意外伤害险	健康险				赔款支出	死伤医疗给付	满期给付	年金给付	赔款支出	死伤医疗给付	满期给付	年金给付		
772.13	949.71	13115.18	2437.88	12189.00	434.28	675.62	6167.96	656.59	1119.70	35.36	0.00	1.23	9584.62	4461944.42
255.20	228.46	4090.94	1740.43	2546.75	85.21	224.67	912.75	945.77	292.08	11.08	8.29	66.90	2752.63	1366338.43
9.20	2.91	3759.12	471.50	2206.44	64.41	536.08	1188.58	384.89	8.63	0.54	0.07	23.24	1383.20	830969.80
21.71	26.58	2923.39	113.10	1129.20	23.98	88.00	785.67	201.18	27.37	0.58	0.00	2.42	3392.38	208343.23
3.91	1.53	1001.85	153.41	2940.34	4.14	50.73	2627.38	238.38	16.64	0.52	0.00	2.55	438.85	103632.28
24.48	28.18	585.60	26.66	88.51	19.02	33.12	9.56	10.13	15.99	0.69	0.00	0.00	39.59	66582.23
0.00	0.58	3120.14	86.85	1349.67	15.04	46.01	925.52	362.67	0.10	0.33	0.00	0.00	2247.54	165594.01
0.19	0.03	81.55	39.70	117.48	3.76	17.53	52.23	43.64	0.32	0.00	0.00	0.00	508.98	23948.83
1.64	0.64	2877.75	42.40	425.04	3.68	16.81	402.30	0.06	2.19	0.00	0.00	0.00	412.85	29504.98
4.13	6.24	72.16	6.88	126.67	1.21	5.63	113.64	0.65	5.19	0.35	0.00	0.00	18.35	30210.14
0.18	0.32	432.29	21.89	529.30	1.36	13.69	465.04	49.04	0.17	0.00	0.00	0.00	597.20	27395.62
0.01	0.15	73.30	10.72	86.50	2.21	7.95	57.29	18.94	0.11	0.00	0.00	0.00	51.11	23876.30
7.12	11.50	194.96	11.24	37.31	0.67	24.87	0.26	7.68	3.83	0.00	0.00	0.00	16.18	29375.36
28.48	15.58	99.72	2.39	54.13	0.18	2.00	14.38	7.59	29.98	0.00	0.00	0.00	4.19	84882.99
53.55	437.67	883.73	8.26	430.01	1.33	5.80	2.11	0.00	419.75	1.02	0.00	0.00	693.06	94890.76
12.79	4.77	47.09	2.26	15.07	0.52	2.13	0.00	2.37	9.85	0.20	0.00	0.00	10.13	20516.12
6.29	34.55	1444.39	13.75	55.72	2.78	6.24	11.02	10.64	24.06	0.98	0.00	0.00	71.61	62752.80
3.98	9.03	58.49	6.77	31.67	0.22	4.62	0.00	15.80	11.03	0.00	0.00	0.00	14.49	38877.06
12.52	5.78	76.44	4.89	56.82	0.35	2.12	44.10	1.26	8.28	0.71	0.00	0.00	54.18	19964.86
18.20	20.22	842.87	5.41	40.75	0.53	5.23	30.52	3.55	0.92	0.00	0.00	0.00	151.34	23307.89
6.42	2.21	2927.25	8.12	7.15	0.09	0.40	0.17	0.00	6.48	0.00	0.01	0.00	4.23	10047.01
191.71	259.08	451.65	19.81	275.91	0.00	0.00	0.00	0.00	275.52	0.01	0.00	0.38	0.63	1156078.18
16.32	8.32	228.18	38.17	568.38	4.28	12.23	515.61	27.35	8.91	0.00	0.00	0.00	78.13	61373.63
0.00	5.31	363.51	52.83	145.71	15.27	8.22	119.04	0.04	3.14	0.00	0.00	0.00	31.62	75597.78
1.80	2.73	138.84	7.15	13.48	0.80	7.26	0.00	4.03	1.33	0.06	0.00	0.00	46.39	55576.52
0.41	13.48	136.05	33.63	6.15	2.39	0.34	0.00	0.00	3.42	0.00	0.00	0.00	0.77	178879.08
0.00	0.00	1806.66	17.25	213.24	0.07	2.07	211.10	0.00	0.00	0.00	0.00	0.00	1795.26	2998.72
0.36	0.97	38.83	1.28	34.62	0.02	1.70	27.01	5.02	0.87	0.00	0.00	0.00	5.75	2912.32
34.21	31.53	334.88	80.77	84.27	6.47	8.38	6.49	51.97	6.08	4.88	0.00	0.00	64.26	73551.93
43.98	304.25	5371.64	84.08	3279.12	16.27	45.83	3091.00	0.21	41.48	81.78	0.00	2.55	3256.54	366008.51
16.52	3.91	131.27	9.35	26.67	0.53	2.32	3.27	3.74	13.58	0.00	0.00	3.23	83.89	290889.80

续表

保险机构	保费收入												
	合计	个人业务							团体业务				
		人寿保险					意外伤害险	健康险	人寿保险				
		小计	普通寿险	分红寿险	投资连结保险	万能保险			小计	普通寿险	分红寿险	投资连结保险	万能保险
信泰人寿	279.87	262.78	47.71	213.48	0.00	1.59	1.85	11.47	0.05	0.05	0.00	0.00	0.00
中英人寿	184.24	139.19	56.01	82.45	0.00	0.73	2.49	32.98	0.82	0.82	0.00	0.00	0.00
长城人寿	316.91	303.99	25.26	278.73	0.00	0.00	1.17	11.27	0.06	0.06	0.00	0.00	0.00
工银安盛	2069.42	1718.28	110.28	1607.73	0.27	0.00	0.66	20.28	316.35	0.35	316.00	0.00	0.00
太平养老	394.18	0.00	0.00	0.00	0.00	0.00	0.00	0.00	7.93	7.93	0.00	0.00	0.00
建信人寿	2454.63	2363.60	1940.62	422.93	0.00	0.05	52.49	14.66	1.67	1.67	0.00	0.00	0.00
幸福人寿	772.26	744.74	685.69	58.91	0.00	0.14	0.15	2.51	0.75	0.75	0.00	0.00	0.00
阳光人寿	3704.99	3585.51	3136.39	440.11	0.00	9.01	11.97	87.75	1.51	0.02	1.49	0.00	0.00
长生人寿	41.18	12.98	2.38	10.60	0.00	0.00	3.95	7.15	1.82	1.82	0.00	0.00	0.00
国华人寿	287.47	92.28	81.00	11.10	0.00	0.18	0.00	0.05	0.00	0.00	0.00	0.00	0.00
平安健康	13.63	0.00	0.00	0.00	0.00	0.00	0.00	2.57	0.00	0.00	0.00	0.00	0.00
安邦人寿	3142.89	3142.79	2985.75	157.04	0.00	0.00	0.00	0.01	0.00	0.00	0.00	0.00	0.00
中邮人寿	4382.10	4369.18	3314.74	1054.44	0.00	0.00	1.04	1.81	0.00	0.00	0.00	0.00	0.00
百年人寿	373.66	335.24	294.92	40.32	0.00	0.00	9.59	17.78	2.07	2.07	0.00	0.00	0.00
交银康联	689.92	626.65	502.74	123.91	0.00	0.00	21.53	34.94	0.01	0.01	0.00	0.00	0.00
中融人寿	2197.32	2197.23	0.00	2197.23	0.00	0.00	0.00	0.00	0.00	0.00	0.00	0.00	0.00
利安人寿	5892.68	5702.61	5106.60	595.98	0.00	0.03	9.93	22.74	35.80	35.80	0.00	0.00	0.00
东吴人寿	416.57	116.67	14.57	101.65	0.00	0.45	7.49	77.38	0.00	0.00	0.00	0.00	0.00
泰康养老	148.52	7.50		7.50		0.00			7.30	3.07	4.23		
新光海航	0.43	0.25	0.02	0.23	0.00	0.00		0.02	0.02	0.02	0.00	0.00	0.00
中银三星	395.56	390.71	380.91	9.80	0.00	0.00	0.00	0.40	0.01	0.01	0.00	0.00	0.00
前海人寿	8.94	7.48	7.48					0.00	0.00	0.00			
国联人寿	22.08	16.51	3.18	13.33	0.00	0.00	0.01	1.08	0.15	0.15	0.00	0.00	0.00
合计	128814.65	106937.47	53845.83	52492.50	27.48	571.66	1887.11	13259.86	716.45	260.32	456.12	0.00	0.01

说明：1.合计栏中，中国人寿总保费一项包含了中国人寿保险（集团公司）业务保费收入844.31（百万元），此数值即为总保费与各分项和的差值；赔付支出一项包含了中国人寿保险（集团公司）赔付支出3098.26（百万元），此数值即为总赔付支出与各分项之和的差值；有效保单件数一项包含了中国人寿保险（集团公司）有效保单件数388.35（万件）；退保金一项包含了中国人寿保险（集团公司）退保金66.94（百万元）；保险金额一项包含了中国人寿保险（集团公司）保险金额64480.88（百万元）。

保费收入			有效保单件数	赔款及给付									退保金	保险金额
团体业务		其中：新单保费		合计	个人业务				团体业务					
意外伤害险	健康险				赔款支出	死伤医疗给付	满期给付	年金给付	赔款支出	死伤医疗给付	满期给付	年金给付		
3.40	0.32	30.06	18.30	506.31	0.08	10.51	476.18	12.77	6.77	0.00	0.00	0.00	114.59	29188.79
1.73	7.03	35.52	3.41	184.74	0.39	3.54	168.23	6.90	5.59	0.09	0.00	0.00	26.29	34867.94
0.07	0.35	99.91	6.41	207.46	0.37	4.76	173.41	27.97	0.95	0.00	0.00	0.00	88.00	4829.43
5.17	8.68	1902.47	5.59	24.08	0.17	3.29	0.00	13.92	6.55	0.15	0.00	0.00	466.91	14656.14
71.93	314.32	394.18	17.43	199.57	0.00	0.00	0.00	0.00	73.17	126.15	0.00	0.25	17.67	170363.55
15.58	6.63	2327.73	19.32	81.17	2.95	4.63	0.00	68.99	4.60	0.00	0.00	0.00	2367.41	421928.74
17.80	6.31	714.35	4.76	200.00	0.14	1.08	167.81	4.31	26.50	0.16	0.00	0.00	471.21	101844.88
9.24	9.01	3206.04	209.26	418.92	0.69	19.27	394.48	0.00	3.99	0.25	0.24	0.00	455.07	477293.60
1.64	13.64	27.13	0.88	13.88	0.06	0.79	0.00	1.12	11.61	0.30	0.00	0.00	0.93	10764.40
40.00	155.14	272.73	34.39	42.63	0.41	0.91	40.62	0.69	0.00	0.00	0.00	0.00	13.96	274835.36
0.45	10.61	11.06	0.17	13.32	0.39	0.70	0.00	0.00	12.23	0.00	0.00	0.00	0.04	7742.39
0.07	0.02	3139.75	18.87	1.00	0.00	1.00	0.00	0.00	0.00	0.00	0.00	0.00	20.17	5827.93
1.99	8.08	3871.66	62.70	28.89	0.01	27.66	0.02	1.07	0.13	0.00	0.00	0.00	3451.01	65845.50
6.75	2.23	344.61	2.52	8.65	2.71	0.84	0.00	2.69	2.03	0.38	0.00	0.00	98.54	307584.34
6.70	0.09	581.49	3.93	5.66	0.72	3.91	0.34	0.01	0.68	0.00	0.00	0.00	469.16	69227.72
0.01	0.08	2197.23	23.80	2.57	0.00	2.53	0.00	0.00	0.04	0.00	0.00	0.00	1028.38	4960.66
52.15	69.45	5547.05	51.41	168.06	1.78	11.86	0.00	89.82	64.60	0.00	0.00	0.00	3302.42	423750.95
20.08	194.95	347.61	32.04	154.66	1.50	3.52	0.00	10.08	139.52	0.04	0.00	0.00	45.02	233973.56
41.55	92.17	140.50	6.79	17.56					15.86	1.58		0.12	1.44	112818.44
0.10	0.04	0.28	0.01	0.02	0.00	0.00	0.00	0.01	0.01	0.00	0.00	0.00	0.01	247.20
2.35	2.09	393.25	0.40	0.12		0.04			0.08				92.32	495.80
1.26	0.20	8.94	0.30	0.01				0.00	0.01				0.00	4860.22
2.55	1.78	22.08	3.01	0.65	0.00	0.00	0.00	0.00	0.65	0.00	0.00	0.00	0.06	9270.37
1850.01	3319.44	73325.35	6084.53	31391.01	723.44	1958.44	19205.09	3293.54	2732.57	268.19	8.61	102.87	40340.56	12773999.50

2.养老险公司企业年金受托管理业务累计到账资金13655.65百万元（其中：国寿养老4654.00百万元、平安养老3543.35百万元、太平养老4713.72百万元、泰康养老744.58百万元）；投资管理业务累计到账资金规模17485.40百万元（其中：国寿养老6879.00百万元、平安养老6456.79百万元、太平养老1777.26百万元、泰康养老2372.35百万元）；账户管理业务累计个人账户161390个（其中：国寿养老48200个、平安养老7511个、泰康养老101783个、泰康养老3896个）。

南京市保险市场

南京市保险市场概述

【市场概况】截至2015年末，南京市共有保险市场主体87家，其中，总部法人机构3家，省级分公司84家；财产险公司35家，人身险公司52家；中资保险公司62家，外资保险公司25家。

2015年，南京市实现保费收入366.02亿元，同比增长18.48%，其中，财产险保费收入114.39亿元，同比增长3.31%，人身险保费收入251.63亿元，同比增长26.95%。全市保险密度4444.18元，保险深度3.77%。

【保险资金运用】2015年，南京市企业共发行10单保险资金债权计划，累计引入265亿元保险资金。截至2015年末，南京市保险资金运用合计598.8亿元，位居省内第一，全省占比32%，领先第二名苏州市14.5个百分点。

【服务经济社会】完善南京市医疗保障制度。5月，南京市社保中心出台《关于进一步加强城镇基本医疗保险门诊病种认定和登记管理工作的通知》。自6月1日起，加强门诊病种认定的信息化管理，简化部分门诊病种的认定登记流程。该文件对南京市医保门诊病种的认定登记管理做出完善，方便广大参保人员。

落实民生两险全覆盖。2014年底，南京市11个区实现户籍居民民生两险全覆盖。2015年，南京市政府将民生两险工作纳入重点工作，购买两险的资金由南京市、区两级承担，财政资金和彩票公益金共同安排。在保险有效期内，南京居民在日常生活中如果遭遇台风、雷击、龙卷风等自然灾害，造成家庭人员生命、财产损失或者在抢险救灾、见义勇为中造成伤亡，人身保险保费责任赔付每人次死亡或伤残最高15万元；因自然灾害或火灾、爆炸引发的家庭财产损失，因事故施救造成周边房屋及设施损失等，家庭财产保险保费责任赔付为每户家庭最高5万元。

加大科技型企业保险支持。3月12日，南京市金融办、市科学技术委员会、市财政局联合下发《关于印发南京市科技保险创新发展实施办法的通知》。自2011年制定出台《关于鼓励和促进科技保险发展的实施办法》以来，已累计为超过10亿元的科技型企业贷款提供融资支持和风险保障。该通知进一步明确，将继续保留对于科技型企业投保科技保险的保费补贴，鼓励科技型企业借助科技保险来提高自身风险承受能力和资信水平，提高融资可得性。

完善社保体系建设。6月，南京市金融办会同市人社局等部门联合发布《关于进一步扩大城镇职工基本医疗保险个人账户支付范围有关事项的通知》，允许南京市城镇职工利用其基本医疗保险个人账户资金余额购买商业健康医疗保险。首批入围7家商业保险公司和23个商保产品，此项工作将进一步提高南京市城镇职工基本医疗保险个人账户资金使用效率，更好地适应参保职工的医疗健康需求，逐步完善南京市内社保体系建设。

【行业自律】3月，江苏省保险行业协会组织90家保险公司以通讯形式签订《江苏省保险业消费者权益保护自律公约》。作为行业成员共同签署的文件，《公约》从规范保险业经营服务工作秩序，保护保险消费者合法权益，树立保险业良好社会形象，促进行业健康发展方面要求公司严格遵守，保证保险消费者合法权益不受损害。

7月27日，江苏省保险行业协会组织召开第十三届财产险总经理峰会，会议上人保财险、太保财险等9家公司就依法合规经营规范保险秩序做发言，参会的各总经理签字响应《江苏财产险业务依法合规经营自律倡议书》。

2015年南京市各财产保险分公司

保险机构	保费收入											保户储金及投资款
	合计	企业财产保险	机动车辆保险	货物运输保险	责任保险	工程保险	信用保证保险	农业保险	短期健康保险	意外伤害保险	其他	
人保	5120.14	196.96	4260.62	73.79	194.60	36.52	47.57	72.13	40.56	71.10	126.29	17.76
太保	918.28	136.04	678.76	17.68	38.83	7.05	11.67	–	3.98	13.69	10.59	1.25
平安	1773.72	79.70	1261.64	15.21	46.32	11.17	295.05	0.00	8.86	39.66	16.11	0.38
天安	168.29	18.07	52.62	1.43	14.09	0.22	0.10	–	46.04	23.59	12.14	1590.70
史带	3.90	0.15	0.80	0.13	0.19	0.28	–	–	–	2.34	0.00	–
华泰	43.42	12.05	15.13	4.71	3.12	1.50	0.02	0.00	0.00	3.21	3.68	0.00
出口信用	1042.38	–	–	–	–	–	1042.38	–	–	–	0.00	–
中华联合	176.46	11.25	128.50	2.55	7.00	2.68	0.05	0.00	3.87	8.37	12.19	0.00
太平	74.00	7.02	48.99	6.04	5.50	0.50	0.82	0.00	1.63	3.31	0.19	0.00
大地	139.92	9.10	112.20	0.77	1.57	0.22	–0.36	0.00	7.91	4.60	3.91	0.00
永安	84.16	16.15	51.97	3.47	6.62	0.47	0.02	0.00	0.06	4.80	0.60	0.00
华安	74.76	1.52	49.21	0.20	18.94	0.43	1.24	0.00	0.10	3.02	0.10	175.88
安邦	37.29	0.03	32.28	0.34	2.91	0.00	–	–	–	1.73	0.00	–
阳光	124.61	3.69	71.17	1.13	5.74	0.64	34.91	–	1.31	3.33	2.70	0.07
都邦	115.50	9.92	77.51	7.44	12.04	0.22	0.23	–	0.97	6.88	0.29	–
中银	75.22	15.58	13.63	0.17	6.37	1.57	26.09	–	1.21	5.82	4.79	–
安盛天平	71.45	–	71.15	–	0.07	0.01	–	–	0.03	0.20	0.00	–
永诚	112.13	43.99	58.39	0.49	1.32	6.11	0.00	–	0.04	1.47	0.31	0.00
亚太	63.71	0.43	50.46	0.46	0.90	1.67	0.00	0.00	0.02	6.40	3.38	0.00
国寿财险	398.79	21.10	346.58	0.50	17.57	3.54	0.21	–	–	8.42	0.87	–
渤海	5.57	0.21	5.10	0.12	0.04	0.00	0.00	0.00	0.01	0.08	0.01	0.00
安诚	88.09	2.22	79.99	0.07	0.40	3.74	0.00	0.00	0.06	1.58	0.02	0.00
华农	4.24	0.10	3.41	0.03	0.11	–	–	–	0.28	0.33	–0.02	–
长安责任	56.03	5.54	23.64	1.83	9.06	0.16	0.08	–	11.78	2.96	0.98	–
紫金	344.58	49.01	183.35	3.31	27.45	6.71	2.49	43.19	5.43	8.92	14.72	0.00
国泰	86.00	1.89	81.47	0.18	2.12	0.02	–	–	–	–	0.33	–
英大	76.66	32.46	37.13	0.96	4.75	1.37	0.02	0.00	0.00	–0.04	0.01	0.00
三井住友	71.82	41.91	0.27	12.25	9.31	0.81	6.70	–	0.00	0.58	0.00	–
丘博	7.35	0.00	–	1.26	5.99	–	–	–	0.02	0.08	0.00	–
信达	51.00	0.86	45.14	0.70	0.76	0.63	–	–	1.68	0.97	0.27	–

业务统计表

单位：人民币百万元

赔付支出											赔案件数（万件）	未决赔款
合计	企业财产保险	机动车辆保险	货物运输保险	责任保险	工程保险	信用保证保险	农业保险	短期健康保险	意外伤害保险	其他		
2995.49	68.21	2531.37	29.10	93.66	33.39	8.37	39.86	24.40	65.86	101.27	71.55	1731.92
596.06	111.30	416.17	6.74	28.24	7.31	1.76	0.08	11.45	5.06	7.96	11.47	429.69
811.83	24.64	618.28	5.60	23.52	9.72	100.22	–	7.79	8.10	13.96	18.36	367.92
83.07	3.49	41.65	0.02	8.18	0.92	–0.01	–	6.96	4.10	17.76	1.38	27.80
9.73	1.06	6.79	0.87	0.52	0.00	–	–	0.48	–	0.00	0.09	9.36
27.78	6.44	15.85	1.11	0.95	1.86	0.00	0.00	1.37	0.11	0.09	0.39	14.42
895.63	–	–	–	–	–	895.63	–	–	–	–	0.07	974.21
124.83	0.87	100.11	0.28	1.08	0.09	0.00	0.78	1.43	3.00	17.19	2.65	52.67
38.71	1.51	29.91	0.14	5.71	0.00	0.23	0.01	0.54	0.61	0.05	1.17	20.84
68.11	3.44	47.63	0.57	2.51	6.03	1.79	–	0.74	3.70	1.70	1.16	16.61
43.50	3.20	32.62	0.74	1.83	1.47	0.14	0.00	2.63	0.40	0.47	0.62	30.38
32.30	1.22	28.91	1.21	0.52	0.00	0.32	0.00	0.11	0.00	0.01	0.59	9.69
27.88	0.04	22.81	0.00	2.66	–	–	–	2.37	–	0.00	0.50	5.05
101.10	0.33	50.00	0.14	3.15	1.89	20.20	–	1.75	2.53	21.11	1.41	40.79
57.69	3.09	47.45	1.07	2.69	0.31	0.00	–	2.27	0.40	0.41	1.81	24.82
32.20	1.48	5.99	0.07	0.27	0.48	18.07	–	1.29	2.08	2.47	0.26	18.49
48.68	–	48.66	–	0.00	–	–	–	0.02	–	–	1.19	9.17
60.71	4.33	47.87	0.16	2.31	5.90	0.00	–	0.09	0.00	0.05	0.86	37.38
47.58	0.25	29.12	5.19	4.13	2.44	0.00	0.00	0.59	0.02	5.84	0.42	28.07
226.00	2.70	204.03	0.29	9.58	2.21	–0.07	0.12	5.25	–	1.89	3.59	91.54
4.74	0.07	3.08	1.44	0.06	0.00	0.00	0.00	0.07	0.02	0.00	0.05	0.97
56.09	0.11	54.37	0.00	0.63	0.83	0.00	0.00	0.15	0.00	0.01	0.71	25.11
30.11	0.11	29.69	0.01	0.00	–	–	0.00	0.20	0.09	–	0.21	6.95
27.51	0.81	18.46	0.09	4.57	0.00	0.00	–	0.18	3.12	0.28	0.67	8.30
173.53	12.85	107.94	0.43	11.44	4.42	2.99	22.66	1.82	4.64	4.34	3.12	98.06
63.00	0.19	61.94	0.01	0.85	–	–	–	–	–	–	2.43	16.96
54.90	8.65	27.32	0.12	15.40	0.32	0.00	0.00	3.10	0.00	0.00	1.23	6.85
11.25	5.28	0.17	2.43	1.04	2.32	0.01	–	0.01	0.00	0.00	0.04	10.66
0.60	0.00	–	0.30	0.16	–	–	–	0.12	0.02	–	0.02	4.82
70.09	0.15	65.11	0.56	0.21	0.73	–	–	0.73	2.53	0.07	0.94	35.12

续表

保险机构	保费收入											保户储金及投资款
	合计	企业财产保险	机动车辆保险	货物运输保险	责任保险	工程保险	信用保证保险	农业保险	短期健康保险	意外伤害保险	其他	
瑞再企商	1.23	0.05	0.00	0.08	0.00	0.00	0.00	0.00	0.00	1.10	0.00	0.00
浙商	46.54	0.41	38.11	0.13	3.08	0.00	3.09	–	0.02	0.63	1.06	–
泰山	63.59	1.66	52.00	1.26	2.60	0.24	2.71	0.00	0.16	1.64	1.32	0.00
美亚	57.28	8.93	0.00	1.32	25.80	0.00	1.84	0.00	1.27	14.74	3.37	0.00
安信农业	37.30	0.28	18.56	0.00	10.35	0.20	0.00	0.07	0.00	7.84	0.00	0.00
乐爱金	72.54	50.13	0.00	11.85	4.00	2.69	0.00	–	0.94	2.93	0.00	0.00
富德	0.80	–	0.80	–	–	–	–	–	–	0.00	–	–
众安	160.56	–	–	0.00	1.61	–	24.31	–	0.17	17.27	117.20	–
中铁自保	1.16	–	–	–	–	1.16	–	–	–	–	–	–
泰康在线	0.01	–	–	–	–	–	–	–	–	–	0.01	–
小计	11850.48	778.39	7950.58	171.84	491.13	92.54	1501.24	115.39	138.41	273.54	337.42	1786.04

南京市保险收入含苏分本级业务数据的公司有：人保-31.85百万元、大地7.05百万元、华泰23.00百万元、永安17.51百万元、国寿财险11.69百万元。

南京市赔付支出含苏分本级业务数据的公司有：人保57.47百万元、平安19.48百万元、大地14.33百万元、华泰10.96百万元、永安12.95百万元、国寿财险16.83百万元。

2015年南京市人身保险分公司

保险机构	保费收入												
	合计	个人业务							团体业务				
		人寿保险					意外伤害险	健康险	人寿保险				
		小计	普通寿险	分红寿险	投资连结保险	万能保险			小计	普通寿险	分红寿险	投资连结保险	万能保险
国寿股份	3386.89	2830.57	1390.52	1440.05			54.36	264.87	24.12	17.61	6.51		
太保人寿	893.55	743.24	155.46	587.58		0.20	38.91	84.92	4.52	4.52	0.00		
平安人寿	1832.52	1380.81	333.75	975.99	5.17	65.90	46.53	371.64	33.52	33.52			
新华人寿	772.57	603.83	303.03	298.99		1.81	1.81	150.16	0.61	0.61			
泰康人寿	562.05	506.57	65.93	438.33	0.00	2.31	5.96	45.95	0.08	0.07	0.00	0.00	0.01
友邦人寿	133.50	63.69	23.85	39.57	0.19	0.08	3.69	60.49	0.37	0.37	0.00	0.00	0.00
太平人寿	613.78	559.32	143.45	415.78	0.00	0.09	6.75	47.72	0.00				
民生人寿	16.39	12.16	0.16	12.00			0.02	4.12	0.04	0.04			
生命人寿	171.53	158.17	84.01	74.10	0.00	0.06	1.26	10.36	0.11	0.11			

赔付支出											赔案件数（万件）	未决赔款
合计	企业财产保险	机动车辆保险	货物运输保险	责任保险	工程保险	信用保证保险	农业保险	短期健康保险	意外伤害保险	其他		
10.35	0.00	0.00	0.04	9.83	0.00	0.00	0.00	0.47	0.00	0.00	0.03	6.37
63.06	0.21	58.90	0.03	2.80	–	–	–	0.25	0.00	0.87	0.69	31.99
55.12	0.13	53.75	0.07	0.38	0.12	0.00	0.00	0.03	0.02	0.62	0.77	37.82
18.83	0.13	0.00	0.85	14.46	0.00	0.01	0.00	2.80	0.36	0.22	0.23	4.35
62.82	0.50	55.12	0.00	3.82	0.00	0.00	0.00	3.38	0.00	0.00	0.62	45.04
117.76	110.90	0.00	3.76	1.80	0.00	0.00	–	0.36	0.94	0.00	0.15	8.03
0.13	–	0.13	–	–	–	–	–	–	–	–	0.00	0.02
99.31	–	–	–	0.24	–	28.46	–	1.37	–	69.25	844.54	0.87
0.00						0.00				0.00	–	–
0.00						0.00				0.00	–	0.00
7248.07	377.68	4861.23	63.42	259.21	82.74	1078.12	63.51	86.55	107.72	267.89	975.98	4289.10

南京市赔案件数含苏分本级业务数据的公司有：大地0.05万件、华泰0.08万件、永安0.14万件、国寿财险0.11万件。

南京市未决赔款含苏分本级业务数据的公司有：华泰5.54百万元；大地0.92百万元；永安4.60百万元；国寿财险4.14百万元。

业务统计表

单位：人民币百万元，万件

保费收入			有效保单件数	赔款及给付									退保金	保险金额
团体业务		其中：新单保费		合计	个人业务				团体业务					
意外伤害险	健康险				赔款支出	死伤医疗给付	满期给付	年金给付	赔款支出	死伤医疗给付	满期给付	年金给付		
86.37	126.60	1319.14	182.38	826.48	40.74	70.80	509.62	59.49	141.72	3.55		0.56	881.19	651289.39
17.35	4.61	322.55	119.98	164.56	3.92	17.67	38.50	59.18	7.57	5.52	2.96	29.24	185.95	240680.48
0.01	0.01	495.45	72.16	537.39	10.44	84.56	304.87	120.31	0.13	0.45	0.02	16.61	213.48	115230.81
3.36	12.80	363.48	15.32	253.82	3.28	14.09	189.31	31.53	12.81	0.58	0.00	2.22	569.50	40402.25
2.62	0.87	159.48	23.71	228.80	0.92	6.92	173.09	36.05	9.27	0.50	0.00	2.05	84.39	43137.70
2.21	3.05	57.31	2.12	8.00	2.07	2.16	0.47	0.81	2.41	0.08	0.00	0.00	4.09	6594.13
0.00	(0.01)	260.94	10.68	218.37	1.70	5.81	177.10	33.44	0.00	0.32	0.00	0.00	104.73	19316.34
0.05	0.00	0.48	2.03	7.16	0.19	0.78	2.95	3.24	0.00	0.00	0.00	0.00	73.29	1773.83
1.12	0.51	102.20	5.26	47.82	0.29	1.44	44.43	0.00	1.66				11.59	14503.30

续表

保险机构	保费收入												
	合计	个人业务							团体业务				
		人寿保险					意外伤害险	健康险	人寿保险				
		小计	普通寿险	分红寿险	投资连结保险	万能保险			小计	普通寿险	分红寿险	投资连结保险	万能保险
信诚人寿	56.29	44.95	9.11	33.72	1.83	0.29	1.07	9.16	0.26	0.26			
合众人寿	139.13	71.38	46.00	25.27		0.11	21.08	46.29	0.08	0.08			
同方全球	213.09	150.02	83.44	65.61	0.03	0.94	2.95	59.96	0.00	0.00	0.00	0.00	0.00
中宏人寿	266.35	199.79	21.78	178.01			2.23	58.23	0.25	0.25	0.00		
国泰人寿	52.94	40.22	30.06	10.16	0.00	0.00	0.13	3.99	0.00				
人保健康	257.35	3.04		3.04			4.37	136.79	0.00				
北大方正	53.30	27.17	5.29	21.79		0.09	0.48	8.53	0.08	0.08			
中意人寿	295.40	254.62	218.23	36.25	0.14	0.00	3.23	14.81	2.60	2.60			
恒安标准	47.30	32.11	1.76	30.35			3.97	1.51	0.04	0.04			
光大永明	33.21	10.89	4.14	6.74	0.01	0.00	2.78	2.49	9.93	9.30	0.63	0.00	0.00
农银人寿	77.92	69.79	2.78	66.90	0.00	0.11	0.02	0.62	0.03	0.03	0.00	0.00	0.00
和谐健康	1430.97	0.00					0.12	1428.96	0.00				
平安养老	142.28	0.00							0.00				
华泰人寿	90.64	58.35	5.11	52.79		0.45	0.57	13.07	0.07	0.07	0.00		0.00
招商信诺	536.33	357.00	185.18	171.68	0.14		58.28	115.73	0.01	0.01	0.00	0.00	
联泰大都会	271.46	216.47	149.30	67.12	0.05	0.00	16.65	33.65	0.16	0.16	0.00	0.00	0.00
瑞泰人寿	142.66	2.85	2.00	0.83	0.02		27.51	98.41	0.00				
君康人寿	56.27	55.67	54.96	0.71			0.36	0.24	0.00				
中德安联	45.33	39.57	6.82	32.63	0.09	0.03	0.24	4.07	0.12	0.12	0.00	0.00	0.00
华夏人寿	125.39	97.56	72.91	24.45		0.20	0.46	22.29	0.19	0.19			
人保人寿	612.10	382.58	357.77	24.64		0.17	15.02	3.23	68.91	0.11	68.80		
英大泰和	120.63	98.72	0.49	98.18		0.05	0.02	1.37	0.09	0.09	0.00	0.00	0.00
信泰人寿	92.23	85.50	10.24	75.04	0.00	0.22	1.78	1.21	0.05	0.05	0.00	0.00	0.00
中英人寿	147.91	111.23	48.99	61.51		0.73	2.05	25.09	0.82	0.82			
长城人寿	62.35	61.06	3.84	57.22			0.04	0.77	0.06	0.06			
工银安盛	779.92	564.37	23.04	541.17	0.16	0.00	0.13	3.82	204.17	0.17	204.00	0.00	0.00
太平养老	328.88	0.00							6.51	6.51			
建信人寿	403.54	391.74	373.61	18.08	0.00	0.05	3.90	1.91	0.51	0.51	0.00	0.00	0.00
幸福人寿	149.22	134.85	105.84	29.00		0.01	0.08	0.23	0.30	0.30			
阳光人寿	280.92	258.11	141.93	115.01		1.17	0.89	15.31	1.37	0.02	1.35		
长生人寿	22.35	1.20	0.17	1.03			3.68	0.37	1.82	1.82			
国华人寿	205.29	10.15	3.67	6.32		0.16	0.00	0.00	0.00				
平安健康	13.63	0.00					0.00	2.57	0.00				
安邦人寿	1605.52	1605.42	1500.23	105.19		0.00		0.01	0.00				
中邮人寿	4382.10	4369.18	3314.74	1054.44			1.04	1.81	0.00				

保费收入			有效保单件数	赔款及给付									退保金	保险金额
团体业务		其中:新单保费		合计	个人业务				团体业务					
意外伤害险	健康险				赔款支出	死伤医疗给付	满期给付	年金给付	赔款支出	死伤医疗给付	满期给付	年金给付		
0.39	0.46	10.64	2.33	63.50	0.31	1.61	60.66	0.15	0.77				2.59	6510.34
0.06	0.24	110.33	3.61	166.22	0.03	1.39	160.22	4.49	0.09				23.47	10824.46
0.01	0.15	43.29	6.68	32.12	0.96	5.27	13.22	12.56	0.11	0.00	0.00	0.00	23.22	12657.51
2.06	3.79	69.09	3.67	11.38	0.43	6.65	0.23	3.50	0.57	0.00	0.00	0.00	6.24	9657.35
4.22	4.38	38.00	0.33	9.45	0.01	0.52	3.06	1.59	4.27				1.06	19585.34
37.98	75.17	234.54	2.56	84.32	0.84	4.43	0.74		78.31				122.05	50876.92
12.63	4.41	23.99	0.90	11.63	0.24	0.22		1.65	9.32	0.20			6.26	17996.87
3.50	16.64	238.69	7.29	22.15	0.55	2.33	6.31	2.43	10.28	0.25			11.87	26041.58
2.43	7.24	6.95	2.15	9.64	0.00	1.29		3.50	4.85				3.79	30325.88
3.17	3.95	10.87	0.57	43.81	0.05	1.01	37.99	0.02	4.14	0.60	0.00	0.00	5.89	10002.61
6.45	1.01	74.26	0.80	14.71	0.01	0.51	13.52	0.24	0.43	0.00	0.00	0.00	14.92	3785.12
0.73	1.16	1430.70	6.21	1.01	0.00	0.30	0.00		0.70	0.00	0.01		2.72	3379.39
73.74	68.54	142.28	4.49	66.07					65.85	0.01		0.21	0.21	526098.63
12.19	6.39	32.56	4.19	111.19	0.43	1.37	101.28	2.40	5.71	0.00	0.00	0.00	14.03	36114.85
0.00	5.31	267.72	49.86	144.01	14.32	7.47	119.04	0.04	3.14				28.61	72069.34
1.80	2.73	90.78	5.26	9.21	0.57	5.90	0.00	1.35	1.33	0.06	0.00	0.00	25.91	45015.82
0.41	13.48	136.02	33.53	6.15	2.39	0.34			3.42	0.00			0.76	178865.68
		55.63	2.89	97.02	0.07	0.33	96.62						367.07	576.81
0.36	0.97	15.11	0.48	2.84	0.00	0.50	0.25	1.22	0.87	0.00	0.00	0.00	1.21	1810.94
4.18	0.71	76.65	7.98	12.46	1.36	0.63	0.59	9.02	0.59	0.27			11.15	17604.01
1.99	140.37	590.17	5.07	518.12	0.05	3.23	488.94	0.01	3.69	20.83		1.37	141.66	59174.76
16.52	3.91	74.79	2.34	19.55	0.06	0.21	2.47		13.58	0.00		3.23	73.34	281108.82
3.37	0.32	5.06	2.71	105.95	0.01	4.81	92.12	2.26	6.75	0.00	0.00	0.00	28.12	13889.91
1.70	7.02	22.94	2.73	113.00	0.30	3.31	98.05	5.66	5.59	0.09			14.01	32585.82
0.07	0.35	14.06	1.17	72.26	0.00	0.71	68.64	1.96	0.95	0.00			24.74	851.89
3.70	3.73	743.89	1.65	5.24	0.01	1.75		2.34	1.14				56.12	5728.86
48.00	274.37	328.88	10.04	187.52					61.14	126.13	0.00	0.25	16.06	127602.33
3.38	2.10	382.15	2.30	62.49	0.31	0.96		60.14	1.08	0.00		0.00	690.32	135878.97
10.29	3.47	115.99	1.71	156.16	0.00	0.75	149.59	0.29	5.47	0.06			137.61	94929.90
3.82	1.42	170.45	7.11	128.47	0.03	2.24	125.13	0.00	0.65	0.20	0.22	0.00	52.31	13502.58
1.64	13.64	20.85	0.46	12.08	0.01	0.02		0.14	11.61	0.30			0.26	8050.66
40.00	155.14	195.80	15.96	22.11	0.41	0.37	20.91	0.42	0.00	0.00	0.00	0.00	4.28	267174.45
0.45	10.61	11.06	0.17	13.32	0.39	0.70			12.23	0.00			0.04	7742.39
0.07	0.02	1604.02	8.12	0.35		0.35		0.00	0.00				12.23	3135.37
1.99	8.08	3871.66	62.70	28.89	0.01	27.66	0.02	1.07	0.13				3451.01	65845.50

续表

保险机构	保费收入													
	合计	个人业务							团体业务					
		人寿保险					意外伤害险	健康险	人寿保险					
		小计	普通寿险	分红寿险	投资连结保险	万能保险			小计	普通寿险	分红寿险	投资连结保险	万能保险
百年人寿	53.02	36.82	31.29	5.53			6.45	3.22	1.94	1.94	0.00		
交银康联	338.36	306.55	264.76	41.79	0.00	0.00	4.88	21.58	0.01	0.01	0.00	0.00	0.00
中融人寿	1044.61	1044.52		1044.52					0.00				
利安人寿	831.44	781.45	682.31	99.14			3.02	2.64	2.69	2.69			
东吴人寿	7.52	3.59	0.51	3.06		0.02	0.17	1.07	0.00				
泰康养老	148.52	7.50		7.50		0.00			7.30	3.07	4.23		
新光海航	0.43	0.25	0.02	0.23	0.00	0.00		0.02	0.02	0.02	0.00	0.00	0.00
中银三星	395.56	390.71	380.91	9.80	0.00	0.00	0.00	0.40	0.01	0.01	0.00	0.00	0.00
前海人寿	8.94	7.48	7.48					0.00	0.00	0.00			
合计	24751.38	19242.79	10650.87	8508.84	7.83	75.25	348.94	3185.66	373.77	88.24	285.52	0.00	0.01

常州市保险市场

常州市保险市场概述

【市场概况】截至2015年末，常州市保费收入156.56亿元，同比增长15.74%，保费规模居全省第5位，财产险保费51.7亿元，同比增长13.23%；人身险保费104.86亿元，同比增长17.02%。保险深度2.95%，同比增长0.1个百分点，保险密度3330元，同比增加450元。

2015年底，全市保险主体增加至67家，其中财产险公司28家，人身险公司39家，另有产寿险各1家在筹。专业保险中介机构23家，其中法人机构5家，市级分支机构18家；保险从业队伍不断壮大，从业人员2.1万人。

2015年，财产保险业承担风险保障2.91万亿元，财产险公司共支付赔款33.43亿元，同比增长29.51%，人身险公司共支付赔款4.52亿元，给付满期保险金17.16亿元，各项合计55.11亿元，同比增长12.47%。全年赔案和给付件数92.41万件，工作日平均每天处理约3711.43件，理赔结案时间平均为15天，理赔结案率超过95%，对促进经济建设和安定人民生活发挥积极作用。

【行业自律】2015年，常州市保险行业协会按照江苏保监局工作要求，推出各项自律举

保费收入			有效保单件数	赔款及给付									退保金	保险金额
团体业务		其中:新单保费		合计	个人业务				团体业务					
意外伤害险	健康险				赔款支出	死伤医疗给付	满期给付	年金给付	赔款支出	死伤医疗给付	满期给付	年金给付		
3.25	1.34	46.14	0.62	3.62	1.12	0.05		0.55	1.64	0.26		0.00	23.01	283522.72
5.31	0.03	292.40	2.42	2.52	0.00	2.05	0.00	0.01	0.46	0.00	0.00	0.00	216.36	34705.25
0.01	0.08	1044.52	9.85	0.84		0.80			0.04				288.96	2237.61
10.85	30.79	753.44	8.68	31.47	0.61	2.66		17.49	10.71				395.68	212092.47
1.05	1.64	4.50	2.48	1.14	0.01	0.27		0.20	0.66	0.00			3.51	6149.75
41.55	92.17	140.50	6.79	17.56					15.86	1.58		0.12	1.44	112818.44
0.10	0.04	0.28	0.01	0.02	0.00	0.00	0.00	0.01	0.01	0.00	0.00	0.00	0.01	247.20
2.35	2.09	393.25	0.40	0.12		0.04			0.08				92.32	495.80
1.26	0.20	8.94	0.30	0.01				0.00	0.01				0.00	4860.22
482.12	1118.10	17024.87	735.21	4714.10	89.45	299.24	3099.94	480.76	523.80	161.84	3.21	55.86	8524.64	3987059.35

措，重点工作由传统的费率自律向提升行业服务能力转变，推动全行业有序合规自律。以“巩固自律成果，扩展自律范围，维护消费权益”为总体目标，关注车险费改政策落地前市场异动情况，开展车险自律检查，有效遏制车险经营中违规违约行为。重点治理车险理赔难。以贯彻落实2014版车险理赔自律公约为基本要求，不定期针对理赔服务中心开展服务评比，先后开展两次车险理赔服务现场模拟测评工作，鼓励保险机构推出便民服务新举措，为建立全行业理赔服务标准打下坚实基础。以治理人身险销售误导为中心工作，建立健全银行保险信息共享机制，密切关注保险公司、银行业兼业代理机构销售行为，与银监部门、公安内保支队联动，防范化解满期给付和集中退保风险。在江苏保监局统一部署和具体指导下，完成中介市场全面清理整顿工作，不间断开展涉嫌非法集资排查清理工作。

【诉调对接】在武进区交警大队试点开展人伤事故驻点调解工作，保险公司参与人伤事故调解前置，缩短人伤事故处理周期，缓解诉讼压力。参与医患纠纷调解工作，融入交通事故赔偿纠纷调解各环节，在行政调解与司法调解间发挥缓冲和辅助作用。推进诉调对接工作，聘请第三方公估机构开展交通事故医保内外用药费用比例测算工作，提升测算结果的公正性、真实性。在与武进、新北、金坛等法院建立交通事故联动调解机制的基础上，与钟楼法院建立保险案件诉调对接机制，保险公司提前参与案件调处。发挥协会投诉处理中心（保险合同纠纷调处中心、保险消费者权益保护部）功能作用，优化处理流程，加强保险消费权益保护工作。全年共接到各类投诉咨询212件，其中有效投诉案件179件，人身险67件，财产险112

件，办结178件，办结率99%。投诉中心坚持不扩大，不扩散，不刺激的原则，争取合理解决，化解矛盾和分歧，避免发生群体上访、群体退保等恶性事件，避免因处理不及时而产生不良后果，影响行业形象。行业投诉站被市消协评为2014年消费者权益保护先进单位。

【服务经济社会】全市农业保险覆盖面不断扩大，为全市403.85万亩农作物和8635.52万头（只）家畜提供保险保障。城乡居民大病保险机制试点运行情况良好，保费标准平均为47.44元/人，受惠民众307.47万人，保费规模1.46亿元，补偿总人数为10.32万人（次），补偿总金额为1.26亿元，平均1218元/人（次）。道路救助基金制度全面运行，截至2015年末，累积垫付1281件，总金

2015年常州市各财产保险分公司

保险机构	保费收入											保户储金及投资款
	合计	企业财产保险	机动车辆保险	货物运输保险	责任保险	工程保险	信用保证保险	农业保险	短期健康保险	意外伤害保险	其他	
人保	1829.28	139.02	1389.65	18.98	117.29	18.03	24.34	50.93	22.19	33.03	15.81	16.41
太保	1156.15	79.36	949.80	21.40	31.91	11.72	0.61	0.01	11.87	40.68	8.79	–0.19
平安	785.35	14.04	579.15	6.94	14.98	0.23	146.58	0.42	2.13	17.88	3.01	0.01
天安	108.64	6.37	84.53	1.10	3.82	2.34	–	–	2.61	4.71	3.16	1233.28
史带	–0.02	–	0.00	–	–	–	–	–	–	–	–0.02	–
中华联合	138.99	11.12	112.64	0.13	4.06	0.79	0.36	4.32	1.31	3.43	0.84	0.00
太平	39.41	1.39	31.92	0.81	2.66	0.00	0.00	0.00	0.03	2.00	0.59	0.00
大地	156.84	7.85	135.45	0.95	3.60	0.07	0.26	–	1.86	4.69	2.12	–
永安	62.09	2.85	43.91	1.58	6.93	0.01	0.00	0.00	0.54	5.40	0.88	0.00
华安	20.21	0.60	18.08	0.11	0.20	0.00	0.00	0.00	0.14	1.07	0.01	0.53
安邦	57.45	0.05	57.39	–	–	–	–	–	–	0.01	–	–
阳光	96.51	0.83	59.29	0.10	1.84	2.38	30.58	–	0.26	1.06	0.16	–
都邦	41.41	3.12	27.14	0.10	6.02	–	0.00	–	1.72	2.99	0.32	0.10
中银	14.89	6.40	6.43	0.01	0.69	–	0.24	–	0.53	0.37	0.23	–
安盛天平	45.36	–	45.25	–	–	–	–	–	–	0.10	–	–
永诚	24.15	0.74	22.90	0.09	0.10	0.00	0.00	–	0.00	0.22	0.10	0.00
亚太	25.28	0.67	23.55	0.04	0.14	0.00	0.00	0.00	0.30	0.58	0.00	0.00
国寿财险	334.13	14.27	286.62	0.45	8.20	7.46	0.35	–	–	15.74	1.04	–
渤海	30.17	0.00	30.02	0.00	0.00	0.00	0.00	0.00	0.06	0.08	0.00	0.00
安诚	42.30	0.36	40.84	0.00	0.45	0.22	0.00	0.00	0.00	0.43	0.00	0.00
华农	20.51	0.46	18.02	0.02	1.59	–	–	–	0.15	0.27	0.00	–

额3638.85万元，其中2015年共垫付356件，垫付金额1135.82万元，同比增长24.08%。完善重大自然灾害、安全事故的快速反应机制和协同工作机制，2015年分别完成1次雹灾、3次暴雨洪灾和“东方之星”游轮翻沉事件的理赔工作，帮助受灾企业和群众恢复生产生活。

【消费者权益保护】推进放心消费创建三年计划。截至2015年末，全市保险业共获得26个省级放心消费创建先进行业、先进（示范）单位称号、40个市级放心消费创建先进单位称号。

2015年，18家单位参与市级放心消费创建，在已获市级先进的单位中选择4家参与省级先进单位创建，在已获省级先进的单位中选择1家参与省级示范单位创建。

业务统计表

单位：人民币百万元

赔付支出											赔案件数（万件）	未决赔款
合计	企业财产保险	机动车辆保险	货物运输保险	责任保险	工程保险	信用保证保险	农业保险	短期健康保险	意外伤害保险	其他		
1283.26	170.87	914.66	15.04	87.04	1.07	0.28	40.75	18.80	12.36	22.39	21.48	636.50
817.76	95.41	661.12	9.64	13.83	1.97	0.00	–	19.60	9.34	6.86	13.45	401.40
423.81	4.88	335.90	11.77	12.98	0.04	53.58	–	2.46	1.14	1.06	8.09	205.12
69.29	13.73	51.86	0.20	0.20	0.03	–	–	1.83	0.90	0.53	1.10	29.68
2.47	0.31	2.09	–	–	–	–	–	0.07	–	–	0.01	1.89
116.70	10.19	86.63	0.00	3.94	0.03	0.00	2.83	8.86	3.95	0.27	1.96	25.10
18.51	0.28	17.77	–0.04	0.45	0.00	0.00	0.00	0.03	0.00	0.02	0.51	13.12
120.52	3.28	113.75	0.07	0.31	–	–	–	1.22	0.61	1.28	1.82	36.02
41.79	6.56	26.87	0.22	3.91	0.00	0.00	0.00	1.80	2.21	0.20	0.57	21.40
19.61	0.24	18.89	0.00	0.02	0.00	0.00	0.00	0.46	0.00	0.00	0.31	8.14
35.79	–	35.79	–	–	–	–	–	–	–	–	0.79	5.36
65.06	0.10	40.35	0.00	8.60	0.01	15.76	–	0.15	0.06	0.02	1.07	19.24
18.97	0.96	15.38	–	0.85	–	–	–	0.84	0.90	0.03	0.38	7.81
15.35	1.44	5.45	–	0.03	–	7.60	–	0.03	0.61	0.18	0.14	26.83
38.73	–	38.73	–	–	–	–	–	–	–	–	0.85	17.40
21.55	1.12	19.97	0.19	0.00	0.00	0.00	–	0.27	0.00	0.01	0.40	15.90
17.54	0.96	16.09	0.00	0.10	0.05	0.00	0.00	0.28	0.04	0.00	0.24	6.46
176.15	2.81	149.74	0.00	10.13	0.05	0.00	–	13.05	–	0.37	2.93	55.28
15.39	0.00	14.27	0.00	0.03	0.00	0.00	0.00	0.77	0.32	0.00	0.20	6.04
19.32	0.19	18.94	0.00	0.08	0.02	0.00	0.00	0.08	0.00	0.02	0.33	8.12
11.13	–	11.04	–	0.07	–	–	–	0.00	0.02	–	0.20	3.77

续表

保险机构	保费收入											保户储金及投资款
	合计	企业财产保险	机动车辆保险	货物运输保险	责任保险	工程保险	信用保证保险	农业保险	短期健康保险	意外伤害保险	其他	
长安责任	54.77	1.15	41.47	0.14	5.12	0.01	1.71	–	3.10	1.90	0.18	–
紫金	106.45	12.31	52.60	1.04	6.81	4.84	0.17	8.24	3.16	13.05	4.24	0.00
国泰	1.05	0.03	0.97	–	0.05	–	–	–	–	–	–	–
英大	65.16	20.06	35.80	0.13	8.03	0.02	0.00	0.00	0.00	1.12	0.00	0.00
信达	39.21	0.83	36.63	–	0.79	0.00	–	–	0.74	0.22	–	–
浙商	17.45	0.04	16.57	–	0.77	0.00	–	–	–	0.07	–	–
泰山	19.62	0.57	17.49	0.39	0.58	0.00	0.00	0.00	0.29	0.29	0.00	0.00
安信农业	12.35	0.08	10.09	0.00	0.82	0.00	0.00	0.01	0.00	1.11	0.24	0.00
小计	5345.14	324.56	4174.22	54.49	227.45	48.13	205.20	63.92	53.00	152.48	41.70	1250.14

2015年常州市人身保险分公司

保险机构	保费收入												
	合计	个人业务							团体业务				
		人寿保险					意外伤害险	健康险	人寿保险				
		小计	普通寿险	分红寿险	投资连结保险	万能保险			小计	普通寿险	分红寿险	投资连结保险	万能保险
国寿股份	2161.54	1894.17	955.64	938.53			34.14	147.83	4.24	4.11	0.13		
太保人寿	1721.31	1458.09	195.13	1262.36		0.60	31.40	127.94	15.29	4.45	10.84		
平安人寿	1061.21	850.21	246.13	572.22	1.47	30.39	33.99	176.97	0.04	0.04			
新华人寿	603.76	512.56	347.97	163.92		0.67	0.89	87.43	0.00	0.00			
泰康人寿	351.86	329.86	81.17	245.22	0.00	3.47	0.93	20.96	0.00	0.00	0.00	0.00	0.00
友邦人寿	20.30	9.11	2.45	6.61	0.02	0.03	0.63	9.24	0.08	0.08	0.00	0.00	0.00
太平人寿	313.39	299.48	120.79	178.69	0.00		1.67	12.24	0.00				
民生人寿	15.04	12.64	0.52	12.12			0.03	2.33	0.02	0.02			
生命人寿	425.76	403.87	223.52	180.23	0	0.12	0.38	21.49	0.00	0.00			
信诚人寿	23.29	18.67	1.84	16.20	0.61	0.02	0.20	2.57	0.41	0.41			
合众人寿	128.83	118.02	52.52	65.31		0.19	0.46	10.27	0.00	0.00			
同方全球	24.74	18.71	3.55	15.02	0.00	0.14	0.28	5.75	0.00	0.00	0.00	0.00	0.00
中宏人寿	48.81	38.05	2.79	35.26			0.39	8.54	0.11	0.11	0.00		
国泰人寿	8.48	6.52	1.52	5.00	0.00	0.00	0.09	1.49	0.00				
人保健康	52.74	0.63		0.63			0.17	47.41	0.00				

赔付支出											赔案件数（万件）	未决赔款
合计	企业财产保险	机动车辆保险	货物运输保险	责任保险	工程保险	信用保证保险	农业保险	短期健康保险	意外伤害保险	其他		
31.68	0.74	29.68	0.00	0.44	–	–	–	0.29	0.44	0.08	0.62	15.21
54.78	7.41	37.73	0.07	1.43	0.02	0.00	2.39	2.10	2.00	1.63	1.11	26.27
0.00	–	–	–	0.00	–	–	–	–	–	–	0.00	0.01
44.11	3.12	25.86	0.00	14.88	0.00	0.00	0.00	0.22	0.00	0.03	0.99	15.24
39.79	0.35	38.43	–	0.02	0.00	–	–	0.37	0.62	–	0.69	17.66
6.24	–	6.23	–	0.00	–	–	–	0.01	–	–	0.14	6.87
14.44	0.12	14.32	0.00	0.27	0.00	0.00	0.00	0.01	0.13	–0.40	0.26	5.42
9.01	0.02	7.37	0.00	0.09	0.00	0.00	0.00	0.33	0.00	1.19	0.18	4.23
3548.77	325.10	2754.91	37.16	159.72	3.29	77.22	45.98	73.93	35.68	35.77	60.82	1641.49

业务统计表

单位：人民币百万元，万件

保费收入			有效保单件数	赔款及给付									退保金	保险金额
团体业务		其中:新单保费		合计	个人业务				团体业务					
意外伤害险	健康险				赔款支出	死伤医疗给付	满期给付	年金给付	赔款支出	死伤医疗给付	满期给付	年金给付		
41.17	39.99	828.61	88.74	553.93	30.66	40.85	390.10	47.16	44.38	0.78		0.00	712.94	190070.46
19.61	68.98	641.32	135.95	349.48	7.82	32.70	24.96	179.31	97.57	0.63	0.36	6.13	202.71	94140.65
0.00	0.00	371.34	34.28	153.12	4.92	36.98	74.92	35.54	0.00	0.00	0.00	0.76	174.79	61818.01
1.02	1.86	383.57	8.34	105.25	2.37	8.04	69.21	24.69	0.93	0.00	0.00	0.01	631.77	9699.53
0.00	0.11	133.37	11.50	229.78	0.37	5.09	198.80	25.12	0.33	0.01	0.00	0.06	24.41	6465.90
0.61	0.63	7.32	0.32	1.17	0.19	0.37	0.02	0.10	0.49	0.00	0.00	0.00	1.46	922.70
0.00	0.00	160.41	4.55	35.25	1.04	2.73	8.18	23.30	0.00	0.00	0.00	0.00	256.32	3766.04
0.02	0.00	1.52	0.80	1.33	0.05	0.10	0.00	1.18	0.00	0.00	0.00	0.00	1.18	697.41
0.02	0.00	280.61	5.15	34.94	1.15	3.31	30.45	0.02	0.01				16.00	3185.94
0.63	0.81	4.20	0.70	16.83	0.10	1.45	14.38	0.24	0.66				0.88	3240.46
0.05	0.03	65.75	2.46	32.87	0.08	1.88	23.44	7.41	0.06				129.17	3485.89
0.00	0.00	6.80	0.72	14.35	0.14	0.25	12.88	1.08	0.00	0.00	0.00	0.00	3.76	2236.85
1.01	0.71	12.18	0.70	1.96	0.00	1.07	0.03	0.55	0.31	0.00	0.00	0.00	1.78	2583.84
0.19	0.19	2.34	0.24	2.26	0.01	0.09	1.43	0.59	0.14				0.54	445.57
0.26	4.27	51.88	0.18	3.50	0.03		0.06		3.41				55.80	448.25

续表

保险机构	保费收入												
	合计	个人业务							团体业务				
		人寿保险					意外伤害险	健康险	人寿保险				
		小计	普通寿险	分红寿险	投资连结保险	万能保险			小计	普通寿险	分红寿险	投资连结保险	万能保险
北大方正	10.09	7.56	1.27	6.23		0.06	0.14	2.38	0.00	0.00			
恒安标准	9.78	7.12	0.53	6.59			0.06	1.18	0.07	0.07			
光大永明	4.47	2.58	0.23	2.35			0.84	0.00	0.21	0.20	0.01		
农银人寿	98.09	96.51	1.58	94.93	0.00	0.00	0.00	0.05	0.00	0.00	0.00	0.00	0.00
和谐健康	467.20	0.00					0.01	467.10	0.00				
平安养老	87.81	0.00							0.61	0.61			
华泰人寿	163.15	130.45	11.59	118.51		0.35	1.66	29.97	0.01	0.01	0.00		0.00
招商信诺	31.62	31.03	11.58	19.44	0.01		0.00	0.59	0.00	0.00	0.00	0.00	
联泰大都会	26.89	20.92	7.50	13.41	0.01	0.00	0.28	5.69	0.00	0.00	0.00	0.00	0.00
中德安联	11.72	10.79	1.76	8.95	0.08	0.00	0.09	0.84	0.00	0.00	0.00	0.00	0.00
华夏人寿	18.48	13.49	9.99	3.39		0.11	0.01	2.35	0.12	0.12			
人保人寿	353.78	310.15	289.80	20.11		0.24	2.99	4.14	0.06	0.06	0.00		
英大泰和	12.99	11.65	1.36	10.29		0.00	0.04	1.30	0.00				
信泰人寿	23.52	22.53	6.94	15.44	0.00	0.15	0.01	0.98	0.00				
长城人寿	24.55	23.55	1.01	22.54			0.09	0.91	0.00				
工银安盛	233.27	215.01	17.37	197.60	0.04		0.11	5.02	13.00	0.00	13.00		
建信人寿	376.54	371.17	305.46	65.71			2.66	0.88	0.11	0.11	0.00		
幸福人寿	31.38	31.34	30.82	0.52		0.00		0.04	0.00				
阳光人寿	458.65	448.56	424.72	23.39		0.45	0.49	6.16	0.00	0.00	0.00		
长生人寿	8.79	5.10	0.95	4.15			0.17	3.52	0.00	0.00			
国华人寿	0.16	0.15	0.12	0.03		0.00	0.00	0.01	0.00				
安邦人寿	198.78	198.78	161.03	37.75					0.00				
利安人寿	930.25	916.45	828.48	87.97			1.20	2.54	0.00				
东吴人寿	6.80	2.74	0.47	2.26		0.01	0.21	3.44	0.00				
合计	10549.82	8848.22	4350.10	4458.88	2.24	37.00	116.71	1221.55	34.38	10.40	23.98	0.00	0.00

保费收入			有效保单件数	赔款及给付									退保金	保险金额
团体业务		其中:新单保费		合计	个人业务				团体业务					
意外伤害险	健康险				赔款支出	死伤医疗给付	满期给付	年金给付	赔款支出	死伤医疗给付	满期给付	年金给付		
0.01	0.00	2.66	0.28	0.96	0.05	0.71		0.20	0.00	0.00			1.00	399.70
0.52	0.83	0.99	0.61	1.79	0.11	0.06		1.13	0.49				0.48	1003.43
0.00	0.84	2.37	0.24	0.24	0.00	0.05	0.08	0.06	0.05	0.00	0.00	0.00	3.55	505.69
1.19	0.34	96.21	0.21	0.17	0.00	0.00	0.00	0.01	0.16	0.00	0.00	0.00	12.54	715.89
0.09	0.00	467.17	0.29	0.08	0.00	0.08			0.00	0.00			0.96	690.85
11.74	75.46	87.81	0.74	62.33					62.24			0.09	0.02	41368.08
0.76	0.30	50.39	4.90	49.73	0.52	1.32	40.59	7.11	0.19	0.00	0.00	0.00	5.16	4798.71
0.00	0.00	31.62	0.14	0.00	0.00	0.00	0.00	0.00	0.00				0.01	194.42
0.00	0.00	14.15	0.47	1.08	0.04	0.86	0.00	0.18	0.00	0.00	0.00	0.00	2.61	2477.75
0.00	0.00	0.50	0.27	10.23	0.02	0.33	9.34	0.54	0.00	0.00	0.00	0.00	2.12	271.79
0.84	1.67	12.08	6.54	3.12	0.37	0.22	0.26	1.44	0.59	0.24			4.99	5536.29
0.56	35.88	328.35	3.94	226.49	1.16	4.75	188.03	0.20	0.76	31.55		0.04	303.63	6629.73
		6.21	0.18	0.65	0.00			0.65					1.41	276.57
		2.63	1.49	63.42	0.01	0.72	61.49	1.20	0.00				4.86	2713.12
		6.16	0.36	4.34	0.04	0.83	0.00	3.47					4.60	312.36
0.03	0.10	193.89	0.89	3.99	0.02	0.31		3.61	0.05				113.74	1389.09
0.82	0.90	342.73	1.87	3.10	0.54	0.81		0.13	1.62	0.00		0.00	254.39	58271.01
0.00	0.00	30.92	0.10	0.02				0.02					13.83	65.56
0.84	2.60	426.82	4.91	15.10	0.01	0.48	14.35	0.00	0.26	0.00	0.00	0.00	127.85	8374.43
0.00	0.00	3.40	0.18	1.01	0.03	0.57		0.41	0.00	0.00			0.26	975.66
0.00	0.00	0.15	2.48	0.00	0.00	0.00	0.00	0.00	0.00	0.00	0.00	0.00	0.08	1189.85
		198.77	1.37	0.25		0.25		0.00					1.26	431.55
7.55	2.51	890.46	5.99	20.67	0.08	0.93		10.45	9.21				564.83	49263.92
0.36	0.05	4.89	1.44	0.58	0.03	0.11		0.30	0.14	0.00			0.05	1102.69
89.90	239.06	6152.55	334.52	2005.37	51.96	148.30	1163.00	377.40	224.05	33.21	0.36	7.09	3637.74	572165.64

苏州市保险市场

苏州市保险市场概述

【市场概况】截至2015年末，苏州市共有保险主体75家。其中，财产险公司34家，人身险公司41家；中资公司52家，外资公司23家。保险中介机构88家。全市共有894家保险公司分支机构。其中，总公司1家，省级分公司3家，苏州分公司20家（其中总公司直管分公司15家），中心支公司51家（其中总公司直管中心支公司8家），支公司210家，营业部73家，营销服务部533家，财产险电销中心1家，人身险电销中心2家。

2015年，苏州市实现保费368.28亿元，保费规模居全省第一，占全省总保费的18.51%，同比增长18.12%。累计赔付支出136.59亿元，同比增长23.51%，占全省赔付支出18.58%。全市财产险公司实现保费165.44亿元，同比增长11.26%，保费规模继续列全省第一位，占全省财产险公司保费收入23.57%。财产险赔款支出94.18亿元，同比上升18.49%；全市人身险公司实现保费202.84亿元，保费规模列全省第二位，同比增长24.38%，增速高于全省平均水平1.83个百分点，占全省人身险公司总保费的15.75%。人身险赔付支出42.41亿元，同比上升36.34%。

【行业自律】3月，苏州市保险行业协会组织保险公司签订《苏州保险业保险消费者权益保护自律公约》《苏州市机动车辆保险理赔服务行业自律公约（补充约定）》；8月，组织各财产险公司签订《苏州财产险业务依法合规经营自律倡议书》，为构筑更加规范的市场秩序夯实基础。

【运行特点】财产险盈利能力不断增强。2015年，全市财产险公司累计实现承保利润10.55亿元，占全省财产险公司承保利润60.37%，同比增长1.73亿元。财产险公司平均承保利润率为7.63%，高于全省平均水平。市场集中度较高。苏州规模最大的三家财产险公司仍然是人保财险、太保财险和平安财险，累计市场份额达到80.87%，超过全省平均水平9.95个百分点。经营秩序不断规范。苏州财产险综合成本率比全省平均水平低4.72个百分点。车险综合成本率、综合费用率和手续费率指标均低于全省平均水平，车险保费充足率进一步提高，车均保费同比增加16.83元。

人身险银代渠道业务增速慢于全省水

平，个代渠道业务增速快于全省水平，直销渠道业务降幅小于全省水平。分红险业务增速略快于全省水平，普通寿险增速明显超过全省水平，万能寿险增速略高于全省水平。人身险市场集中度略高于全省平均水平。规模最大的三家公司为国寿股份、太保寿险和太平人寿，累计市场份额达到47.67%，比全省平均水平高1.43个百分点。

【反保险欺诈】积极与公安各部门沟通，争取最大限度支持。针对通过“碰瓷”等手段制造交通事故96起、涉案213万元的以“陶某某”为首的车险诈骗团伙，协会收集有力证据，多次上门沟通，获得市公安局领导的高度重视。最终抓获犯罪嫌疑人8人，极大震慑该类案件的发生，净化车险经营环境。

【诉调对接】2015年，共计受理有效投诉327件，电话咨询718件，涉及金额289万元，调解成功率达96%。通过诉前调解机制共受理案件891件，其中调解成功513件，调解结案金额5127万元；接受委托调解1件，涉案金额8万元。

【服务社会】启动“智慧保险”项目。7月8日，苏州保险业正式启动“智慧保险”项目。“智慧保险”建成后，市民通过手机即可进行保险信息查询、在线诉调、保单理赔查询等操作。通过搭建保险消费者与保险业的互联网交流平台，推动行业逐步适应“互联网+”时代的消费习惯。

成立反扒义警分队。协会主动联系市公安局公交分局，成立苏州保险业反扒义警分队，成员共计53人，充分体现保险业的社会责任感。11月，保险业反扒义警分队共有150多人次参加为期九天的反扒专项活动，遍布苏州市区20多个景点，向市民发放宣传资料2000多份。

【行业宣传】突出宣传重点。苏州市政府出台《关于加快发展现代保险服务业实施意见》（以下简称《实施意见》）后，协会制定学习宣传方案，组织各会员公司进行贯彻落实，举办围绕“新国十条”及《实施意见》的知识竞赛，共有32家公司报名参加，推动保险从业人员深入领会政策精神。把握宣传节点。以“3·15国际消费者权益保护日”和“7·8全国保险公众宣传日”为契机，组织保险公司签订诚信自律公约并向社会公布，表明保险行业自我规范、诚信经营的信心和决心。引导宣传热点。坚持“保险与民生”、“保险直播间”等电视、广播保险专栏的同时，围绕“责任保险”、“反保险欺诈”、“人身险销售过程影像记录”、“个人税优商业健康险”等内容，分阶段组织不同主题的宣传月活动。全年累计刊（播）出各类专栏64期，74名保险从业人员走进演（直）播室。年初，协会将原《苏州保险信息》改版为《苏州保险》。

2015年苏州市各财产保险分公司

保险机构	保费收入											保户储金及投资款
	合计	企业财产保险	机动车辆保险	货物运输保险	责任保险	工程保险	信用保证保险	农业保险	短期健康保险	意外伤害保险	其他	
人保	5618.82	404.96	4252.22	63.01	455.69	52.46	55.07	22.64	59.55	81.24	171.98	73.33
太保	4325.41	401.24	3269.21	86.64	259.80	31.36	15.79	29.00	71.40	131.50	29.46	3.54
平安	3434.12	204.73	2611.62	20.36	125.33	26.63	349.94	–	18.59	63.09	13.82	0.04
天安	145.93	22.39	100.64	2.99	8.67	2.98	–0.06	–	2.65	4.07	1.61	1078.70
史带	1.97	0.90	0.17	0.49	0.27	0.00	–	–	–	0.17	–0.03	–
华泰	34.66	1.45	3.01	0.13	4.18	1.70	0.06	0.00	0.00	19.49	4.64	0.00
中华联合	217.74	12.23	183.70	1.01	8.86	0.69	–0.10	0.00	3.23	7.80	0.32	0.00
太平	275.29	17.21	217.75	10.51	12.38	0.85	2.46	0.00	1.37	12.32	0.44	0.00
大地	95.49	4.16	78.31	0.29	1.60	2.38	3.81	–	1.27	3.64	0.04	–
永安	134.41	10.50	107.37	0.49	3.93	6.51	0.00	0.00	0.33	4.74	0.53	0.00
华安	18.99	0.47	14.86	0.04	2.80	0.00	0.00	0.00	0.00	0.73	0.10	1.21
安邦	15.95	0.07	15.04	0.00	0.75	0.00	–	–	–	0.09	0.00	–
阳光	183.90	9.58	58.80	1.37	7.33	2.05	94.41	–	2.95	6.60	0.81	–
都邦	186.42	24.66	142.48	1.84	6.16	0.27	0.00	–	1.81	6.92	2.28	–
中银	106.10	15.98	16.89	1.85	29.48	3.50	24.79	–	9.88	0.78	2.95	–
安盛天平	98.02	–	97.74	–	–	–	–	–	0.03	0.25	0.00	–
永诚	101.58	19.98	55.99	0.51	16.71	4.09	0.00	–	0.56	2.18	1.55	0.00
亚太	18.50	0.55	16.86	0.05	0.45	0.03	0.00	0.00	0.01	0.54	0.00	0.00
国寿财险	555.90	36.67	471.19	2.83	24.00	1.88	0.07	0.02	–	10.74	8.51	–
渤海	10.87	0.00	9.42	0.00	0.00	0.00	0.00	0.00	0.00	1.45	0.00	0.00
安诚	52.29	0.95	44.49	0.01	6.02	0.11	0.00	0.00	0.00	0.70	0.00	0.00
华农	0.84	–	0.51	–	–	–	–	–	0.00	0.32	0.00	–
长安责任	63.19	1.85	42.16	0.01	2.15	2.44	6.71	–	5.95	1.63	0.31	–
三星	155.82	84.47	38.62	19.01	2.35	2.06	0.20	–	–	9.12	–	–
紫金	196.29	24.18	132.16	1.38	16.54	3.45	1.14	0.00	6.17	10.09	1.18	0.00
国泰	30.13	9.89	11.61	0.49	7.37	0.72	–	–	–	–	0.05	–
日本财险	94.40	52.92	1.83	15.42	20.30	1.15	0.26	–	1.41	1.10	0.00	0.00
英大	79.53	33.87	39.68	0.00	4.97	0.30	0.25	0.00	0.00	0.30	0.15	0.00
三井住友	30.21	11.73	0.87	6.53	9.99	0.31	0.28	–	0.00	0.49	0.00	–
信达	92.15	5.21	70.20	0.08	3.72	0.37	–	–	11.07	1.25	0.25	–

业务统计表

单位：人民币百万元

赔付支出											赔案件数（万件）	未决赔款
合计	企业财产保险	机动车辆保险	货物运输保险	责任保险	工程保险	信用保证保险	农业保险	短期健康保险	意外伤害保险	其他		
3379.67	214.02	2664.17	36.55	272.29	19.62	21.36	12.85	31.20	42.62	64.99	74.19	1804.26
2565.02	155.53	2082.49	30.12	126.61	22.76	8.14	8.03	62.84	60.34	8.16	64.95	1450.50
1696.81	58.55	1446.81	1.22	40.98	10.38	113.76	–	9.56	13.77	1.78	39.33	828.81
72.61	5.14	61.26	0.53	1.11	1.60	–	–	1.76	1.07	0.15	1.48	37.75
14.78	0.35	12.70	0.07	0.52	0.68	–	–	0.44	–	0.02	0.18	8.75
9.84	0.23	4.58	–0.09	1.03	0.00	0.00	0.00	4.01	0.00	0.08	0.56	4.00
130.25	1.70	116.20	0.29	5.94	0.05	0.00	0.00	2.21	3.79	0.07	3.42	38.88
140.34	6.93	122.85	2.96	3.76	0.03	1.56	0.00	1.26	0.96	0.03	3.79	79.31
51.92	0.45	47.30	0.00	0.32	1.11	0.17	–	1.82	0.74	–	1.06	13.66
60.22	2.31	46.22	0.06	2.51	3.19	0.00	0.00	4.21	1.67	0.05	1.12	40.69
8.65	0.00	8.47	–0.05	0.07	0.00	0.00	0.00	0.14	0.00	0.02	0.25	3.77
9.22	0.13	8.58	–	0.00	–	–	–	0.51	–	–	0.27	2.33
68.05	6.67	34.43	0.06	2.03	0.37	22.02	–	0.98	1.41	0.08	1.49	16.53
95.52	4.01	88.67	0.61	0.88	0.00	–	–	0.71	0.53	0.10	2.81	37.65
102.17	3.11	11.79	0.37	0.05	0.14	83.72	–	0.00	2.84	0.15	0.51	79.79
66.04	–	66.04	–	–	–	–	–	0.00	–	–	1.61	19.97
45.52	2.57	39.99	0.08	1.60	0.97	0.00	–	0.12	0.07	0.10	0.91	37.52
22.82	0.03	22.45	0.00	0.30	0.00	0.00	0.00	0.04	0.00	0.00	0.30	12.04
285.97	22.64	244.22	0.54	10.76	0.94	0.00	0.00	6.12	–	0.76	5.87	75.67
4.00	0.00	3.78	0.22	0.00	0.00	0.00	0.00	0.00	0.00	0.00	0.06	3.81
14.22	0.07	13.86	0.00	0.21	0.03	0.00	0.00	0.04	0.00	0.00	0.36	11.63
1.34	–	1.30	–	0.00	–	–	–	0.02	0.01	–	0.02	0.55
28.57	0.12	27.75	–	0.28	0.00	–	–	0.18	0.23	0.01	0.61	10.39
33.29	7.88	20.76	1.50	0.40	–0.13	–	–	2.87	–	–	0.53	3.13
105.43	10.24	77.52	0.21	10.10	1.74	0.00	0.00	1.54	3.68	0.41	2.03	62.30
23.08	8.49	6.32	0.09	6.65	1.54	–	–	–	–	0.00	0.31	6.40
39.77	26.83	0.53	3.26	6.02	1.33	0.12	–	0.22	1.46	0.00	0.26	41.30
28.65	4.54	18.29	0.00	5.71	0.00	0.00	0.00	0.05	0.00	0.06	0.95	2.79
9.31	4.72	0.17	0.67	3.64	0.00	0.01	–	0.10	0.00	0.00	0.04	1.85
70.32	0.60	54.84	0.00	4.68	0.00	–	–	–0.08	10.23	0.05	1.11	50.55

续表

保险机构	保费收入											保户储金及投资款
	合计	企业财产保险	机动车辆保险	货物运输保险	责任保险	工程保险	信用保证保险	农业保险	短期健康保险	意外伤害保险	其他	
东京海上	92.62	46.23	1.53	28.83	13.24	2.01	0.31	–	–	0.45	0.03	–
浙商	45.66	0.84	37.19	0.12	6.82	0.38	–	–	0.00	0.31	0.00	–
美亚	3.25	0.37	0.00	0.24	2.20	0.00	0.00	0.00	0.17	0.25	0.01	0.00
乐爱金	27.38	16.90	0.00	1.16	4.16	0.10	0.09	–	3.13	1.84	0.00	0.00
小计	16543.82	1477.15	12144.13	267.69	1068.20	150.80	555.48	51.66	201.53	386.20	240.99	1156.81

2015年苏州市人身保险分公司

保险机构	保费收入												
	合计	个人业务							团体业务				
		人寿保险					意外伤害险	健康险	人寿保险				
		小计	普通寿险	分红寿险	投资连结保险	万能保险			小计	普通寿险	分红寿险	投资连结保险	万能保险
国寿股份	4355.75	3663.42	1793.25	1870.17			60.34	317.97	28.64	21.08	7.56		
太保人寿	2660.24	2203.50	258.07	1944.75		0.68	73.43	190.42	11.54	9.51	2.03		
平安人寿	2542.69	2044.93	515.44	1449.12	4.38	75.99	94.98	401.96	0.01	0.01			
新华人寿	844.54	736.99	467.78	268.53		0.68	1.27	97.04	0.02	0.02			
泰康人寿	195.91	150.05	0.12	148.52	0.01	1.40	3.20	17.63	24.53	24.53	0.00	0.00	0.00
友邦人寿	923.53	358.11	140.30	214.11	1.27	2.43	31.89	490.69	3.69	3.69	0.00	0.00	0.00
太平人寿	2652.49	2519.36	851.07	1668.26	0.03		18.88	113.72	0.00				
民生人寿	22.13	18.59	0.86	17.73			0.05	3.49	0.00	0.00			
生命人寿	879.62	876.75	363.77	512.92	0.01	0.05	0.06	2.55	0.03	0.03			
信诚人寿	68.15	48.80	5.71	42.03	0.97	0.09	8.11	6.18	1.17	1.17			
中宏人寿	115.45	77.40	13.74	63.66			2.04	30.33	0.09	0.09	0.00		
国泰人寿	78.17	32.37	14.72	17.65	0.00	0.00	0.78	13.56	0.00				
人保健康	123.88	0.14		0.14				73.62	0.00				
北大方正	2.66	1.51	0.29	1.18		0.04	0.05	0.68	0.07	0.07			
中意人寿	125.63	100.44	78.25	22.18	0.01	0.00	1.41	5.85	2.09	2.09			
恒安标准	22.58	19.36	1.88	17.48			0.12	3.08	0.00	0.00			
光大永明	66.57	48.82	3.20	45.62	0.00	0.00	5.80	5.90	0.25	0.09	0.16	0.00	0.00
农银人寿	246.88	229.29	12.93	216.36					0.00				
和谐健康	397.45	0.00					0.04	392.89	0.00				
平安养老	52.41	0.00							0.00				

赔付支出											赔案件数（万件）	未决赔款
合计	企业财产保险	机动车辆保险	货物运输保险	责任保险	工程保险	信用保证保险	农业保险	短期健康保险	意外伤害保险	其他		
28.83	9.29	0.47	15.37	2.02	1.50	–	–	0.17	–	0.01	0.05	9.31
52.46	0.36	40.10	0.01	11.36	–	–	–	0.63	–	–	0.59	36.37
0.17	0.02	0.00	0.00	0.14	0.00	0.00	0.00	0.00	0.01	0.00	0.01	0.18
183.43	178.14	0.00	0.36	1.61	0.34	0.00	–	0.12	2.86	0.00	0.30	5.49
9448.30	735.70	7394.91	94.99	523.56	68.20	250.86	20.88	133.79	148.31	77.08	211.32	4837.93

业务统计表

单位：人民币百万元，万件

保费收入			有效保单件数	赔款及给付									退保金	保险金额
团体业务		其中：新单保费		合计	个人业务				团体业务					
意外伤害险	健康险				赔款支出	死伤医疗给付	满期给付	年金给付	赔款支出	死伤医疗给付	满期给付	年金给付		
140.95	144.43	1717.16	155.88	1042.64	33.80	57.62	642.67	102.72	194.15	11.65		0.03	1029.26	477589.22
111.85	69.50	1165.82	530.71	585.69	20.86	31.60	193.37	234.77	88.07	2.38	1.02	13.62	776.31	498107.93
0.64	0.17	768.47	69.07	301.52	10.92	81.82	163.46	42.28	2.65	0.01	0.00	0.38	190.14	170466.23
7.21	2.01	492.64	12.69	107.16	1.07	10.63	61.95	32.69	0.72	0.00	0.00	0.10	403.81	50769.40
0.23	0.27	62.38	9.87	127.96	0.21	2.11	104.30	18.08	3.08	0.00	0.00	0.18	11.57	8549.69
17.70	21.45	392.89	19.37	53.50	9.11	22.52	1.26	8.13	11.89	0.59	0.00	0.00	19.89	48663.33
0.00	0.53	1371.51	27.06	521.53	2.38	12.69	342.98	163.48	0.00	0.00	0.00	0.00	1115.66	37848.04
0.00	0.00	2.40	1.07	3.53	0.07	0.18	1.64	1.64	0.00	0.00	0.00	0.00	1.89	724.88
0.13	0.10	843.88	4.64	28.44	0.04	0.46	27.61	0.00	0.33				193.93	1589.26
1.69	2.20	27.20	1.55	13.87	0.35	0.60	11.07	0.07	1.78				8.27	9913.33
1.90	3.69	40.69	1.91	4.86	0.01	2.92		0.70	1.23	0.00		0.00	2.09	6972.08
21.70	9.76	48.38	1.15	29.89	0.06	0.49	2.34	2.54	24.46				1.26	60540.61
0.42	49.70	119.45	0.24	35.11	0.03	0.06	0.78		34.24				66.33	1798.37
0.03	0.32	0.85	0.08	0.49	0.00	0.00		0.03	0.46	0.00			0.15	146.50
1.90	13.94	99.11	0.98	16.15	1.40	0.40	1.13	1.60	10.89	0.73			4.33	15608.70
0.01	0.01	2.77	0.42	3.38	0.00	1.07		2.04	0.27				0.78	849.14
5.80	0.00	55.68	0.49	6.18	0.03	0.09	3.18	0.32	2.46	0.10	0.00	0.00	28.84	6361.57
	17.59	224.94	0.28	0.91	0.20	0.56		0.15					54.68	11475.82
3.93	0.59	397.37	0.30	4.99	0.05		0.07		4.87		0.00		0.09	3199.03
27.62	24.79	52.41	4.50	21.62					21.62			0.00	0.38	101159.33

续表

保险机构	保费收入												
	合计	个人业务							团体业务				
		人寿保险					意外伤害险	健康险	人寿保险				
		小计	普通寿险	分红寿险	投资连结保险	万能保险			小计	普通寿险	分红寿险	投资连结保险	万能保险
华泰人寿	32.54	27.69	2.09	25.48		0.12	0.27	4.51	0.00	0.00	0.00		0.00
联泰大都会	13.23	12.77	1.11	11.66	0.00	0.00	0.14	0.32	0.00	0.00	0.00	0.00	0.00
瑞泰人寿	0.00	0.00	0.00	0.00	0.00	0.00	0.00	0.00	0.00				
中德安联	50.45	48.63	1.80	46.81	0.02	0.00	0.18	1.64	0.00	0.00	0.00	0.00	0.00
华夏人寿	109.00	54.06	47.88	6.10		0.08	0.01	7.39	0.44	0.44			
人保人寿	1028.57	953.15	614.68	338.04		0.43	4.94	15.92	0.64	0.64	0.00		
信泰人寿	12.38	11.61	6.53	4.86	0.00	0.22	0.00	0.77	0.00				
长城人寿	9.68	9.33	1.89	7.44			0.03	0.32	0.00				
工银安盛	430.21	353.91	23.60	330.28	0.03		0.11	2.71	72.56	0.06	72.50		
太平养老	50.03	0.00							1.14	1.14			
建信人寿	456.44	430.54	268.02	162.52		0.00	15.62	3.06	0.43	0.43	0.00		0.00
幸福人寿	142.78	130.87	111.38	19.46		0.03	0.05	1.52	0.43	0.43			
阳光人寿	67.48	60.35	29.40	30.61		0.34	0.58	6.49	0.00	0.00	0.00		
长生人寿	1.23	0.85	0.05	0.80			0.03	0.35	0.00	0.00			
国华人寿	0.05	0.04	0.04	0.00		0.00	0.00	0.01	0.00				
安邦人寿	0.17	0.17		0.17					0.00				
百年人寿	120.08	116.05	110.77	5.28			0.14	3.86	0.01	0.01	0.00		
交银康联	126.08	113.26	76.67	36.59			6.52	6.30	0.00				
中融人寿	514.83	514.83		514.83					0.00				
利安人寿	328.42	315.07	246.60	68.46		0.01	0.66	1.71	1.11	1.11			
东吴人寿	277.78	40.67	6.57	33.96		0.14	3.45	28.25	0.00				
合计	20148.16	16323.68	6070.46	10163.76	6.73	82.73	335.18	2252.69	148.89	66.64	82.25	0.00	0.00

保费收入			有效保单件数	赔款及给付									退保金	保险金额
团体业务		其中:新单保费		合计	个人业务				团体业务					
意外伤害险	健康险				赔款支出	死伤医疗给付	满期给付	年金给付	赔款支出	死伤医疗给付	满期给付	年金给付		
0.05	0.02	8.75	1.16	7.62	0.19	0.40	5.45	1.57	0.01	0.00	0.00	0.00	1.55	850.68
0.00	0.00	5.75	0.11	0.96	0.00	0.00	0.00	0.96	0.00	0.00	0.00	0.00	3.56	523.13
		0.00	0.00	0.00	0.00	0.00			0.00	0.00			0.00	0.01
0.00	0.00	18.63	0.12	3.03	0.00	0.33	0.16	2.54	0.00	0.00	0.00	0.00	0.59	402.16
22.33	24.77	90.31	6.86	12.61	1.58	0.31	0.15	7.18	2.68	0.71			4.10	12744.26
6.12	47.80	974.65	5.42	398.78	1.06	4.82	380.19	0.00	9.13	3.56		0.02	628.95	40773.65
		2.35	1.38	0.54	0.00	0.10	0.00	0.44	0.00				6.69	2296.92
		1.46	0.18	5.36	0.01	0.12	4.09	1.14					1.53	148.36
0.04	0.88	402.53	0.76	5.25				2.48	2.62	0.15			156.56	2064.01
17.58	31.31	50.03	6.86	9.38					9.38	0.00	0.00	0.00	0.14	32181.22
4.43	2.36	429.08	5.54	10.34	0.51	0.24		8.36	1.23				275.37	47898.70
7.13	2.78	125.02	1.18	36.61	0.04	0.15	12.09	3.20	21.03	0.10			81.18	5406.91
0.03	0.03	12.56	3.08	42.17	0.00	1.28	40.87	0.00	0.02	0.00	0.00	0.00	6.49	2360.55
0.00	0.00	0.08	0.04	0.11	0.00	0.00		0.11	0.00	0.00			0.06	114.50
0.00	0.00	0.01	1.08	0.01	0.00	0.00	0.00	0.01	0.00	0.00	0.00	0.00	0.00	482.50
		0.17	0.25	0.00										159.20
0.00	0.02	115.94	0.24	0.73	0.04	0.12		0.57	0.00	0.00		0.00	1.97	966.56
		97.90	0.61	1.91	0.26	1.48	0.17	0.00					102.83	15035.82
		514.83	3.34	0.22		0.22							354.05	1011.79
5.32	4.55	308.41	2.34	14.82		0.13		6.43	8.26				121.29	7335.51
14.09	191.32	255.69	12.76	140.29	0.71	1.97		2.73	134.88	0.00			32.30	218827.24
420.83	666.89	11300.15	895.57	3600.16	84.99	237.49	2000.98	648.96	592.41	19.98	1.02	14.33	5688.87	1903916.14

南通市保险市场

南通市保险市场概述

【市场概况】截至2015年末，南通市有保险市场主体75家，其中财产险公司29家，人身险公司46家，主体中外资机构15家，比上年同期增加2家。保险专业中介机构34家，兼业代理机构615家，保险销售从业人员2.39万人。

2015年，南通市人身险保费收入123.44亿元，同比增长16.69%，占全市总保费收入68.83%。支付赔给付款41.75亿元。财产险业务保费收入55.88亿元，同比增长14.96%，占全市总保费收入31.17%。车险保费收入45.66亿元，同比增长16.20%。非车险保费收入10.22亿元，同比增长9.66%。赔款支出30.82亿元。

【消费者权益保护】南通市保险行业协会先后召开第六届五次常务理事会和第六届一次全体会员大会，通过并签订《南通保险业消费者权益保护自律公约》，于1月1日起生效。提高财产险理赔服务质量，提升查勘定损人员合规意识，净化南通财产险理赔环境，建立南通市车险查勘定损人员信息库，将违规人员列入行业黑名单。要求各公司加强查勘定损人员队伍建设，提高查勘定损人员准入门槛和岗位技能，提升服务水平和客户体验。各签约公司恪守公约，保险消费者合法权益得到保护，保险服务质量和水平以及保险业社会形象得到提升，促进行业健康发展。

【反欺诈工作】2015年，南通市保险行业协会反欺诈工作站在江苏保监局的领导和南通市公安局的支持配合下，破获大量故意造假欺诈案件，为保险公司挽回经济损失。全年共接到举报案件120件，涉案金额500万元，查破假案68件，减损金额350万元。“安宁2015”行动中，工作站联合公安局经侦支队联合打击保险诈骗，排查南通市24家涉嫌保险欺诈汽修厂案件，破获团伙案件9起，涉案人员共24人，已被公安机关刑拘，其中有两起案件上报省公安厅申请为督办案件，5人已移交检察院准备起诉。9月30日，启东市公安局正式逮捕长期涉及保险诈骗团伙5人，12月3日，移交检察院向法院起诉。此案被省公安厅列为十大督办案件之一。

【服务经济社会】引进保险资金，支持城市建设和经济发展。全年累计引入资金80.8亿元，用于南通城市基础设施建设。

扎实做好农业保险，补偿农业灾害损失。按照“联办共保、市场运作、风险共担、保本微利”的农业保险模式。2015年，农业保险覆盖农、牧、渔各个产业，覆盖全市各个区县乡镇区域，保费规模突破3亿元。

参与社会管理，因地制宜做好大病保险保障工作。2014年8月，由启东市政法委推动，独立第三方参与，实现“保、调、赔、防”有机结合的医疗责任保险创新发展“启东模式”取得效果。截至2015年末，共受理医疗纠纷案件80余起，涉及赔偿诉求1400万元，经调解后实际赔付金额约350万元。

【行业自律】做客“政风行风”热线。11月初，南通市保险行业协会主要负责人员走进南通广播电台“政风行风热线”栏目直播间，通过热线电话，与广大听众进行互动交流、听取群众对南通保险业政风行风的意见建议。针对提出的问题，协会工作人员均给予详细解答。对听众反映的仍需进一步调查核实的问题，进行详细记录，承诺直播结束后联系相关公司及时予以答复。

签订南通财产险业务依法合规经营自律倡议书。7月下旬，南通市保险行业协会召开29家财产险公司总经理座谈会。对市场存在的问题进行交流讨论，订立《南通财产保险业务依法合规经营自律倡议书》，由各公司总经理签字。增强合规意识，遏制不良竞争，促进商车险改革后市场发展。

做好理赔综合测评工作。2015年上半年，南通市保险行业协会对南通全辖28家财产险公司进行三次模拟事故现场抽样测评。各公司查勘员均在半小时内到达现场，统一着装并且佩戴工作牌，理赔服务态度较好，理赔服务水平有明显提高。

抓好综合治理销售误导工作。南通市保险行业协会成立治理销售误导自律检查小组，不定期对各商业银行的网点代理销售保险产品情况进行暗访检查。建设销售误导类投诉处理机制。市协会和各公司专人负责，建立投诉受理台账，记录投诉信息，及时反馈具体处理及解决办法。

【满期给付工作】截至2015年末，南通全市人身险公司满期给付14.79万件，给付金额37.71亿元，给付完成率接近95%，无一起3人以上的群体性事件发生。

【行业文化建设】9月，南通市保险行业协会被授予南通市放心消费创建示范行业；全市13家保险公司被授予“南通市放心消费创建活动示范企业或行业”。12月，南通市保险行业协会被南通市文明办授予“南通市文明单位”称号。

2015年南通市各财产保险分公司

保险机构	保费收入											保户储金及投资款
	合计	企业财产保险	机动车辆保险	货物运输保险	责任保险	工程保险	信用保证保险	农业保险	短期健康保险	意外伤害保险	其他	
人保	2189.46	79.19	1676.99	8.27	84.68	8.72	17.62	166.14	49.95	55.90	41.99	33.95
太保	480.93	29.35	412.28	5.16	8.37	3.18	0.80	0.21	3.58	12.03	5.97	0.10
平安	927.55	24.26	748.39	4.10	16.03	0.50	108.75	–	1.29	15.68	8.54	0.10
天安	129.07	15.02	91.56	0.54	3.74	0.39	–	–	5.94	7.93	3.94	866.41
史带	2.43	1.22	0.00	1.21	0.01	–	–	–	–	0.00	0.00	–
华泰	10.53	0.25	9.74	0.00	0.00	0.00	0.00	0.00	0.00	0.44	0.09	0.00
中华联合	130.80	3.44	93.15	1.56	1.89	0.44	0.01	15.87	0.65	11.05	2.76	0.00
太平	71.77	3.82	59.74	1.58	3.64	0.19	0.00	0.00	0.00	2.73	0.07	0.00
大地	91.06	2.74	73.19	3.22	2.18	0.30	–	–	1.19	6.57	1.67	–
永安	84.09	6.38	47.32	0.63	14.50	0.32	2.34	0.00	0.28	9.72	2.59	0.00
华安	34.82	1.44	31.83	0.05	1.03	0.02	0.00	0.00	0.00	0.41	0.04	0.96
安邦	94.15	0.12	90.75	–	2.68	–	–	–	–	0.60	–	–
阳光	173.07	6.50	135.43	2.01	5.08	0.14	13.15	–	1.67	5.62	3.49	–
都邦	36.46	2.10	30.41	0.22	0.40	–	–	–	0.45	2.35	0.54	–
中银	47.76	6.08	28.89	0.02	0.08	0.02	1.81	–	1.69	6.62	2.55	–
安盛天平	37.18	–	37.08	–	–	–	–	–	–	0.10	–	–
永诚	60.21	0.54	54.84	0.19	2.49	0.00	0.00	–	0.00	0.92	1.22	0.00
亚太	18.89	0.22	14.24	0.07	1.78	0.00	0.00	0.00	0.00	2.59	0.00	0.00
国寿财险	639.01	17.48	591.95	1.64	12.16	0.99	0.07	0.11	–	11.22	3.38	–
渤海	5.79	0.03	5.75	0.00	0.00	0.00	0.00	0.00	0.00	0.01	0.00	0.00
安诚	42.52	0.62	39.97	0.06	0.60	0.01	0.00	0.00	0.00	1.21	0.05	0.00
华农	9.09	0.15	7.22	–	0.04	–	–	0.53	0.01	1.14	–	–
长安责任	44.56	1.65	37.49	0.02	0.61	0.03	0.01	–	2.98	1.62	0.16	–
紫金	87.13	4.78	62.53	0.29	3.49	0.27	0.08	4.36	2.31	5.90	3.13	0.00
英大	147.28	27.98	101.66	0.84	5.76	0.25	0.38	0.00	0.00	4.91	5.52	0.00
信达	50.28	1.36	43.34	0.00	2.11	0.30	–	–	1.00	2.16	0.00	–
浙商	22.32	1.01	19.62	0.20	0.13	0.00	–	–	–	1.34	0.01	–
泰山	18.34	0.21	17.10	0.00	0.52	0.00	0.00	0.00	0.12	0.39	0.00	0.00
安信农业	8.79	0.01	7.42	0.00	0.67	0.03	0.00	0.00	0.00	0.68	0.00	0.00
小计	5695.37	237.94	4569.88	31.90	174.66	16.10	145.02	187.22	73.10	171.83	87.71	901.53

业务统计表

单位：人民币百万元

赔付支出											赔案件数（万件）	未决赔款
合计	企业财产保险	机动车辆保险	货物运输保险	责任保险	工程保险	信用保证保险	农业保险	短期健康保险	意外伤害保险	其他		
1181.30	22.36	960.76	2.80	40.83	4.27	2.86	87.32	15.41	36.82	7.88	24.64	630.98
296.56	7.05	266.37	6.84	2.35	1.47	–	0.20	8.60	2.17	1.52	5.13	220.15
470.31	6.93	397.27	8.31	3.57	1.24	40.14	–	6.24	5.33	1.28	8.35	211.19
132.51	63.35	56.56	0.16	1.48	–	–	–	7.69	2.74	0.54	1.27	40.89
10.52	0.20	9.34	0.00	0.72	–	–	–	0.06	–	0.20	0.08	7.97
8.03	0.00	7.80	0.00	0.00	0.00	0.00	0.00	0.22	0.00	0.01	0.13	4.29
89.00	4.03	68.49	0.43	1.99	0.97	0.00	7.84	2.96	1.17	1.12	5.61	23.76
43.33	0.63	40.17	0.25	2.05	0.00	0.00	0.00	0.21	0.00	0.01	1.09	21.17
66.82	0.36	39.70	1.99	0.40	11.38	–	–	2.73	1.03	9.23	0.68	15.61
59.83	4.17	30.17	0.03	6.35	0.26	0.00	0.00	7.89	10.66	0.31	0.63	24.04
22.63	0.15	22.34	0.00	0.11	0.00	0.00	0.00	0.03	0.00	0.00	0.47	11.54
65.34	0.00	61.98	–	1.66	–	–	–	1.70	–	–	1.19	10.48
108.76	1.95	91.77	0.31	1.57	–	7.94	–	2.27	0.86	2.08	2.48	37.37
19.59	2.03	16.52	0.01	0.06	–	–	–	0.58	0.39	0.01	0.44	4.33
27.82	0.44	20.10	–	0.02	–	5.68	–	0.90	0.62	0.07	0.44	14.76
27.07	–	27.07	–	–	–	–	–	–	–	–	0.54	10.67
25.87	1.73	21.35	0.01	1.84	0.00	0.00	–	0.39	0.41	0.14	0.78	31.10
12.44	0.54	11.12	0.07	0.14	0.00	0.00	0.00	0.57	0.00	0.00	0.17	6.38
331.46	9.63	306.99	0.67	2.86	1.25	0.00	0.00	3.75	–	6.31	5.70	138.95
2.73	0.00	2.73	0.00	0.00	0.00	0.00	0.00	0.00	0.00	0.00	0.05	1.04
31.18	0.13	30.60	0.00	0.06	0.00	0.00	0.00	0.38	0.00	0.01	0.50	8.42
3.99	0.00	3.73	–	–	–	–	0.23	0.00	0.02	–	0.10	1.47
28.89	0.03	26.57	0.00	0.00	0.00	0.00	–	1.90	0.38	0.02	0.43	12.08
48.18	0.70	40.27	0.01	0.85	0.66	0.00	2.18	1.94	0.98	0.58	0.87	23.81
79.78	3.34	68.55	0.41	6.03	0.00	0.30	0.00	1.15	0.00	0.00	1.99	14.56
31.32	0.05	30.71	0.00	0.21	0.00	–	–	0.07	0.27	0.00	0.64	21.27
13.39	0.33	11.61	–	0.00	–	–	–	1.44	–	–	0.25	6.01
16.05	0.00	13.89	0.00	2.43	0.00	0.00	0.00	0.11	0.03	–0.41	0.23	6.15
4.20	0.00	3.97	0.00	0.12	0.04	0.00	0.00	0.07	0.00	0.00	0.08	4.02
3258.88	130.13	2688.49	22.28	77.73	21.54	56.92	97.77	69.26	63.86	30.91	64.97	1564.43

2015年南通市人身保险分公司

保险机构	保费收入												
	合计	个人业务							团体业务				
		人寿保险					意外伤害险	健康险	人寿保险				
		小计	普通寿险	分红寿险	投资连结保险	万能保险			小计	普通寿险	分红寿险	投资连结保险	万能保险
国寿股份	3399.06	2943.07	1359.20	1583.87			77.56	198.35	3.18	3.18	0.00		
太保人寿	453.93	378.87	51.18	327.45		0.24	27.17	27.23	6.27	0.74	5.53		
平安人寿	1888.55	1548.76	333.44	1126.33	3.04	85.95	48.34	291.38	0.05	0.05			
新华人寿	896.29	699.04	411.30	285.93		1.81	7.59	181.21	0.00	0.00			
泰康人寿	251.15	235.26	100.57	132.89	0.02	1.78	2.25	13.58	0.00	0.00	0.00	0.00	0.00
友邦人寿	27.38	10.88	3.97	6.81	0.08	0.02	0.99	14.23	0.05	0.05	0.00	0.00	0.00
太平人寿	263.44	252.94	75.06	177.87	0.01		1.01	9.49	0.00				
民生人寿	172.47	159.48	12.99	146.49			0.22	12.34	0.30	0.30			
生命人寿	115.38	110.63	56.99	53.49	0.00	0.15	0.06	4.69	0.00	0.00			
信诚人寿	13.33	9.69	1.81	7.45	0.28	0.15	0.14	2.57	0.18	0.18			
合众人寿	115.16	110.12	46.19	63.44		0.49	0.42	4.61	0.00	0.00			
同方全球	12.06	10.53	2.57	7.90	0.00	0.06	0.04	1.49	0.00	0.00	0.00	0.00	0.00
中宏人寿	34.40	23.61	3.53	20.08			0.34	9.74	0.01	0.01	0.00		
国泰人寿	10.04	6.68	1.73	4.95			0.08	2.17	0.00				
人保健康	190.48	5.02		5.02			2.30	97.80	0.00				
北大方正	4.03	2.78	0.97	1.81		0.00	0.03	1.22	0.00	0.00			
中意人寿	241.89	238.62	229.05	9.57	0.00	0.00	0.78	2.47	0.00	0.00			
恒安标准	40.64	32.71	2.32	30.39			0.18	6.66	0.00	0.00			
光大永明	10.74	8.13	0.90	7.22	0.01		0.05	1.62	0.94	0.05	0.89	0.00	
农银人寿	106.78	103.30	1.62	101.26	0.00	0.42	0.03	0.81	0.00	0.00	0.00	0.00	0.00
和谐健康	276.37	0.00					0.00	276.10	0.00				
平安养老	46.48	0.00							0.17	0.17			
华泰人寿	10.12	8.61	0.59	8.01		0.01	0.04	1.30	0.02	0.02	0.00		0.00
联泰大都会	13.62	13.41	0.00	13.41	0.00	0.00	(0.10)	0.31	0.00	0.00	0.00	0.00	0.00
君康人寿	172.52	172.41	171.18	1.23				0.11	0.00				
中德安联	3.89	3.52	0.66	2.80	0.06	0.00	0.02	0.35	0.00	0.00	0.00	0.00	0.00
华夏人寿	9.61	8.44	4.53	3.87		0.04	0.01	1.01	0.00				
人保人寿	850.11	800.23	677.84	121.91		0.48	9.37	15.90	0.24	0.24	0.00		
英大泰和	34.62	28.89	4.36	24.36		0.17	0.35	5.38	0.00				
信泰人寿	15.18	14.11	3.20	10.63	0.00	0.28	0.00	1.07	0.00				
中英人寿	11.05	8.83	2.13	6.70			0.14	2.08	0.00				

业务统计表

单位：人民币百万元，万件

保费收入			有效保单件数（万件）	赔款及给付									退保金	保险金额
团体业务		其中：新单保费		合计	个人业务				团体业务					
意外伤害险	健康险				赔款支出	死伤医疗给付	满期给付	年金给付	赔款支出	死伤医疗给付	满期给付	年金给付		
72.89	104.01	1256.73	189.03	947.54	45.77	59.61	647.23	64.11	129.72	1.09		0.01	894.45	403106.18
11.43	2.96	164.89	92.46	199.43	5.15	15.54	133.98	35.37	5.81	0.09	2.30	1.19	242.62	40903.94
0.01	0.01	601.53	70.83	355.84	7.73	83.98	218.18	43.38	0.00	0.08	0.00	2.49	311.56	114506.76
4.59	3.86	496.56	19.95	148.87	7.28	17.02	73.71	44.33	6.46	0.00	0.00	0.07	459.05	23691.39
0.06	0.00	122.31	14.13	632.17	0.40	6.43	610.85	13.80	0.69	0.00	0.00	0.00	59.95	5411.94
0.71	0.52	12.72	0.56	8.16	0.66	0.63	6.39	0.16	0.32	0.00	0.00	0.00	7.08	1227.63
0.00	0.00	116.47	4.11	102.41	0.89	2.43	82.28	16.80	0.00	0.01	0.00	0.00	96.29	2798.77
0.10	0.03	29.75	11.05	43.73	0.88	5.81	18.58	18.38	0.08	0.00	0.00	0.00	249.25	6139.95
0.00	0.00	61.84	3.47	79.78	0.15	1.76	77.74	0.00	0.13				16.76	1035.95
0.28	0.47	5.48	0.49	19.96	0.09	0.83	18.63	0.00	0.41				0.64	1933.86
0.01	0.00	52.11	4.62	180.64	0.31	2.05	163.58	14.70	0.00				41.78	3100.18
0.00	0.00	2.96	0.52	22.43	0.02	1.19	20.31	0.91	0.00	0.00	0.00	0.00	6.09	1635.42
0.23	0.47	10.70	0.57	1.69	0.00	1.29		0.34	0.06	0.00		0.00	0.57	1187.12
0.67	0.44	2.57	0.17	4.42	0.01	0.13	3.20	0.70	0.38				0.38	1287.53
4.31	81.05		1.36	84.59	0.03	0.25	0.16		84.15				131.02	16315.64
0.00	0.00	2.61	0.13	0.02	0.01	0.00		0.01	0.00	0.00			0.03	211.30
0.01	0.01	230.82	1.05	1.01	0.09	0.32	0.00	0.59	0.01	0.00			5.90	2501.04
0.50	0.59	21.67	1.37	5.37	0.05	0.53		3.19	1.60				3.53	2626.71
0.00	0.00	2.04	2.51	2.69	0.04	0.38	1.07	0.09	1.11	0.00	0.00	0.00	6.08	1237.07
2.47	0.17	95.11	0.83	5.79	0.08	0.65	3.97	1.05	0.04	0.00	0.00	0.00	20.15	985.49
0.22	0.05	276.24	0.24	0.18	0.00		0.08		0.10		0.00		0.26	553.07
25.83	20.48	46.48	1.63	49.28					49.22			0.06	0.02	291263.47
0.03	0.12	2.06	0.46	18.04	0.03	0.25	17.34	0.37	0.05	0.00	0.00	0.00	1.63	292.01
0.00	0.00	3.19	0.10	0.18	0.00	0.15	0.00	0.03	0.00	0.00	0.00	0.00	2.46	237.51
		171.18	3.12	27.86		0.03	27.83						95.39	263.08
0.00	0.00	1.15	0.15	14.08	0.00	0.05	13.71	0.32	0.00	0.00	0.00	0.00	0.82	104.96
0.09	0.06	4.06	9.06	6.61	0.19	1.97	0.56	2.96	0.08	0.85			7.07	2801.02
8.96	15.41	751.60	18.48	445.56	1.99	11.78	423.42	0.00	6.12	2.18		0.07	354.07	38188.73
		15.05	1.80	1.05	0.17	0.47		0.41					0.51	2155.57
		1.43	3.59	86.76	0.01	1.15	85.09	0.51	0.00				14.26	1611.75
		2.03	0.26	21.63	0.04	0.04	21.18	0.37					2.24	716.74

续表

保险机构	保费收入													
	合计	个人业务							团体业务					
		人寿保险					意外伤害险	健康险	人寿保险					
		小计	普通寿险	分红寿险	投资连结保险	万能保险			小计	普通寿险	分红寿险	投资连结保险	万能保险
长城人寿	23.74	23.32	1.96	21.36			0.05	0.37	0.00				
工银安盛	281.28	260.87	20.54	240.33	0.00		0.16	4.38	13.51	0.01	13.50		
太平养老	10.05	0.00							0.07	0.07			
建信人寿	345.33	333.18	292.37	40.81			6.85	2.55	0.07	0.07	0.00		
幸福人寿	135.36	134.82	134.04	0.73		0.05	0.01	0.10	0.02	0.02			
阳光人寿	481.89	466.32	394.90	69.63		1.79	4.90	10.58	0.00	0.00	0.00		
长生人寿	4.61	3.37	0.46	2.91			0.03	1.21	0.00	0.00			
国华人寿	0.86	0.84	0.37	0.45		0.02	0.00	0.02	0.00				
安邦人寿	773.50	773.50	773.50						0.00				
百年人寿	0.00	0.00							0.00				
交银康联	8.91	6.11	1.94	4.17	0.00	0.00	0.74	0.61	0.00	0.00	0.00	0.00	0.00
中融人寿	119.56	119.56		119.56					0.00				
利安人寿	315.77	282.13	251.34	30.79			0.55	1.71	6.71	6.71			
东吴人寿	8.01	5.05	0.61	4.43		0.01	0.34	2.60	0.00				
国联人寿	0.00	0.00	0.00	0.00	0.00	0.00			0.00	0.00	0.00	0.00	0.00
合计	12199.64	10357.64	5431.91	4828.31	3.50	93.92	193.04	1211.40	31.79	11.87	19.92	0.00	0.00

扬州市保险市场

扬州市保险市场概述

【市场概况】截至2015年末，扬州市有保险市场主体63家，其中，财产险公司25家，人身险公司38家。2015年，全市保费收入123.65亿元，较上年净增26.98亿元，同比增长27.9%。其中财产险保费收入31.55亿元，较上年净增4.08亿元，同比增长14.9%；人身险保费收入92.1亿元，比上年净增22.9亿元，同比增长33%。全年共支付各类赔款18.71亿元，同比增长9.35%。

【行业自律】积极开展自律检查。扬州市保险行业协会组织全市所有财产险公司对上半年承保、财务、理赔情况进行自律检查。重点检查是否存在给予或者承诺给予投保人保险合同约定以外的保险费回扣或

保费收入			有效保单件数（万件）	赔款及给付									退保金	保险金额
团体业务		其中：新单保费		合计	个人业务				团体业务					
意外伤害险	健康险				赔款支出	死伤医疗给付	满期给付	年金给付	赔款支出	死伤医疗给付	满期给付	年金给付		
		0.95	0.62	49.09	0.03	0.38	47.78	0.90					7.77	293.28
0.38	1.98	244.38	1.00	4.33	0.07	0.41		1.92	1.93				45.55	2155.97
4.37	5.61	10.05	0.15	1.81					1.81	0.00	0.00	0.00	1.47	647.41
2.56	0.12	331.78	2.44	2.27	1.25	0.81		0.20	0.01	0.00		0.00	294.08	35475.92
0.35	0.06	134.71	0.39	5.30	0.00	0.06	5.09	0.15					76.90	626.54
0.05	0.04	419.61	8.27	93.42	0.11	3.31	89.97	0.00	0.03	0.00	0.00	0.00	95.51	4260.63
0.00	0.00	0.66	0.11	0.51	0.02	0.06		0.43	0.00	0.00			0.17	857.07
0.00	0.00	0.21	4.26	17.30	0.00	0.52	16.69	0.09	0.00	0.00	0.00	0.00	2.28	1531.70
		773.50	4.62	0.31		0.31							2.31	1040.36
		0.00	0.00	0.00	0.00	0.00		0.00	0.00	0.00		0.00	0.00	0.00
1.39	0.06	7.67	0.00	0.00	0.00	0.00	0.00	0.00	0.00	0.00	0.00	0.00	0.00	0.00
		119.56	5.65	1.00		1.00							327.15	835.74
3.34	21.33	289.78	3.66	26.44	0.14	2.11		3.38	20.81				197.46	26000.55
0.01	0.01	4.00	1.92	1.03	0.04	0.51		0.48	0.00	0.00			2.33	350.30
		0.00	0.00	0.00					0.00				0.00	0.00
145.85	259.92	6900.20	491.19	3720.58	73.73	226.20	2828.60	270.43	311.13	4.30	2.30	3.89	4084.89	1044107.25

投保人保险合同约定以外的保险费回扣或者其他利益，以及财务列支的真实性和是否存在未按《保险法》规定履行理赔义务、遵守理赔时效等问题。积极应对寿险满期给付高峰。为了应对2016年满期给付高峰，妥善做好给付工作，避免群体事件的发生，维护行业形象和社会稳定，扬州市保险行业协会主动向市金融办汇报情况，市政府召开相关部门协调会，要求有关人身险公司成立满期给付应急处置领导小组，加强对满期给付、退保和投诉处理等工作的领导和督查。规范中介市场发展。2015年以来，中介市场的监管力度加大，扬州市保险行业协会在江苏保监局的统一部署下，组织开展中介法人机构的审计、市场清理整顿、非法集资宣传等工作，推动全市中介市场健康发展。

【诉调对接】2015年，扬州市保险行业协会共接到各类投诉33件，同比下降48%。33件投诉中网络投诉2件、上门投诉3件、电话投诉28件。在日常的投诉处理工作中，扬州市保险行业协会以“服务第一”为原则，与投诉人做好倾听、解释，与公司做好核实、跟踪，公平公正地处理每一个投诉，努力让投诉人和公司双满意。主动与广陵区人民法院联系，本着着力化解矛盾纠纷，解决当事人之间的纷争，维护保险消费者合法权益的原则，努力做到能调不诉。

【**服务经济社会**】开展“安宁2015”行动，打击保险欺诈。根据江苏保监局和江苏省公安厅的统一部署，扬州市保险行业协会制定实施方案，明确“以打促建、以打促防”原则，通过集中时间、集中力量，分阶段、分步骤、有重点地开展专项打击。组成由秘书长任组长，各保险公司总经理任副组长的领导工作小组，明确岗位职责、工作内容和要求。号召公司开展集中宣传活动，以“远离保险欺诈、共创美好生活”为内容，在服务大厅利用电子屏、横幅等形式进行宣传。

参与平安金融创建。作为平安金融创建的牵头部门，扬州市保险行业协会认真开展创建工作，对达标机构组织回头看，对未达标单位开展培训，进行手把手指导，争取全市所有保险机构达到平安金融创建标准。

配合农工办开展农险检查。2015年上半年，扬州市保险行业协会配合市财政局、农工办对市内四个县以及广陵区开展农险专项检查，重点关注政府资金的落实和使用情况，倾听老百姓对政策性农业保险的需求、意见和建议。

【**消费者权益保护**】签订消保自律公约。

2015年扬州市各财产保险分公司

保险机构	保费收入											保户储金及投资款
	合计	企业财产保险	机动车辆保险	货物运输保险	责任保险	工程保险	信用保证保险	农业保险	短期健康保险	意外伤害保险	其他	
人保	1533.06	65.43	1109.81	18.14	60.26	4.79	18.45	131.87	40.57	32.27	51.48	12.75
太保	210.02	17.96	161.39	2.75	11.95	3.55	0.90	–	0.74	3.04	7.73	0.62
平安	505.20	7.64	390.07	1.81	5.14	0.14	82.54	–	1.08	13.12	3.66	–0.01
天安	32.70	2.00	16.55	0.03	0.70	0.10	0.00	–	5.40	6.26	1.67	619.54
史带	0.03	0.01	0.00	0.02	0.00	–	–	–	–	–	0.00	–
华泰	31.52	0.68	30.18	0.10	0.08	0.00	0.00	0.00	0.00	0.44	0.04	0.00
中华联合	70.71	2.06	54.95	0.42	1.98	0.12	0.07	0.00	0.74	6.82	3.55	0.00
太平	33.73	5.35	24.88	0.64	0.93	0.01	0.00	0.00	0.04	1.43	0.45	0.00
大地	106.09	3.20	70.56	0.53	2.03	0.13	0.01	–	23.53	4.98	1.13	–
永安	21.69	1.39	15.87	0.08	0.70	0.13	0.01	0.00	0.10	1.90	1.52	0.00
华安	26.82	0.66	25.82	0.03	0.09	0.00	0.00	0.00	0.00	0.19	0.04	0.16
安邦	16.12	0.04	16.00	0.00	–	0.00	–	–	–	0.08	0.01	–
阳光	64.00	1.15	48.26	0.03	1.08	0.01	11.90	–	0.32	1.21	0.05	–
都邦	20.95	1.81	15.96	0.20	0.15	–	0.00	–	0.17	0.96	1.70	–
中银	9.62	1.81	5.01	–	0.43	–	0.15	–	1.46	0.52	0.24	–

2015年，扬州市保险行业协会组织签订《扬州市消费者权益保护自律公约》，要求各公司依法合规经营，以积极的态度、文明的形象，向保险消费者提供优质服务。

参加市消协举办的“3·15携手共治畅享消费”广场咨询活动。活动现场发放保险知识宣传资料，接受消费者的各类咨询投诉。

与市消协联合组织“一周客服接待日”活动。人保财险、国寿财险、阳光财险、利安人寿、君康人寿五家公司报名参加此次活动，五天时间各派一名投诉处理人员进驻市消协办公一天，进行现场接待工作。由消协工作人员“点对点”开展培训，促进投诉处理人员熟悉新“消法”等法律法规，了解消协投诉处理流程，学习工作方法，提升自身的投诉处理实战能力。

放心消费创建工作开展以来，市内中国人寿、太平洋人寿两家单位被省创建办授予“江苏省放心消费创建先进单位”，人保财险、太平洋财险、平安财险、阳光财险四家公司被市创建办授予“扬州市放心消费创建活动示范单位”，紫金财险、国寿财险、华泰人寿、华夏人寿、友邦保险五家公司被授予“扬州市放心消费创建活动先进单位”。

业务统计表

单位：人民币百万元

赔付支出											赔案件数（万件）	未决赔款
合计	企业财产保险	机动车辆保险	货物运输保险	责任保险	工程保险	信用保证保险	农业保险	短期健康保险	意外伤害保险	其他		
841.07	25.74	650.91	3.51	38.37	0.60	1.12	65.03	12.60	27.93	15.26	12.22	584.92
143.88	18.55	107.96	2.15	9.90	1.53	0.83	–	1.21	0.98	0.77	1.84	118.84
247.78	1.62	208.40	0.24	2.03	0.00	32.81	–	1.17	0.56	0.97	4.15	126.11
12.13	0.66	8.14	0.08	0.32	–	–	–	1.58	1.28	0.07	0.18	7.32
5.05	0.01	5.04	0.00	0.00	–	–	–	–	–	0.00	0.03	2.84
17.80	0.01	17.39	0.00	0.36	0.00	0.00	0.00	0.03	0.00	0.01	0.30	12.71
42.90	0.32	36.84	0.06	0.68	0.02	0.00	0.00	2.33	1.30	1.36	0.44	23.38
17.60	2.12	14.16	0.07	0.12	0.00	0.00	0.00	1.09	0.00	0.03	0.33	10.11
74.99	0.77	50.08	0.42	0.57	–	–	–	2.50	20.64	0.02	0.99	12.71
7.64	0.03	5.72	0.05	0.01	0.00	0.00	0.00	0.13	1.11	0.59	0.13	5.10
17.63	0.00	17.62	0.00	0.00	0.00	0.00	0.00	0.01	0.00	0.00	0.27	7.97
8.43	0.00	8.40	–	–	–	–	–	0.03	–	0.00	0.15	2.17
34.26	0.03	24.12	–	0.02	–	9.61	–	0.35	0.12	0.00	0.68	12.94
5.71	0.03	5.43	–	0.00	–	–	–	0.06	0.10	0.10	0.14	6.91
5.59	0.04	3.15	–	0.00	–	1.82	–	0.25	0.33	0.00	0.12	2.78

续表

保险机构	保费收入											保户储金及投资款
	合计	企业财产保险	机动车辆保险	货物运输保险	责任保险	工程保险	信用保证保险	农业保险	短期健康保险	意外伤害保险	其他	
安盛天平	19.57	–	19.51	–	–	–	–	–	–	0.07	0.00	–
永诚	20.24	0.49	16.73	0.29	0.23	0.00	0.00	–	0.00	1.72	0.78	0.00
亚太	12.69	0.16	10.78	0.14	0.21	0.00	0.00	0.00	0.00	1.40	0.00	0.00
国寿财险	312.81	11.20	253.74	1.33	16.22	1.60	–	0.10	–	17.24	11.37	0.12
渤海	5.32	0.08	4.89	0.00	0.07	0.01	0.00	0.00	0.04	0.23	0.00	0.00
安诚	31.90	0.33	29.45	0.00	1.25	0.00	0.00	0.00	0.00	0.86	0.00	0.00
华农	5.85	0.21	5.56	–	0.02	–	–	–	0.00	0.04	0.00	–
长安责任	27.34	0.40	22.15	0.38	0.41	0.04	–	–	2.43	1.13	0.39	–
紫金	66.48	3.78	40.20	0.27	3.89	1.62	0.04	4.31	2.26	5.46	4.64	0.00
英大	33.49	8.23	21.38	0.08	1.68	0.55	0.00	0.00	0.00	1.27	0.30	0.00
安信农业	6.08	0.01	5.79	0.00	0.00	0.00	0.00	0.00	0.00	0.27	0.00	0.00
小计	3224.02	136.07	2415.50	27.26	109.52	12.79	114.07	136.28	78.88	78.88	90.75	633.17

2015年扬州市人身保险分公司

保险机构	保费收入													
	合计	个人业务							团体业务					
		人寿保险					意外伤害险	健康险	人寿保险					
		小计	普通寿险	分红寿险	投资连结保险	万能保险			小计	普通寿险	分红寿险	投资连结保险	万能保险	
国寿股份	3152.45	2717.82	1214.59	1503.23			48.61	260.61	8.18	5.63	2.55			
太保人寿	498.47	411.46	66.07	345.15		0.24	17.99	50.64	0.51	0.51	0.00			
平安人寿	359.12	269.43	69.11	186.24	0.62	13.46	8.48	81.16	0.05	0.05				
新华人寿	526.57	482.07	386.93	94.52		0.62	0.66	43.39	0.00	0.00				
泰康人寿	121.58	112.68	28.48	81.64	0.00	2.56	0.22	8.27	0.05	0.05	0.00	0.00	0.00	
友邦人寿	23.86	5.63	1.68	3.88	0.07	0.00	1.11	16.35	0.02	0.02	0.00	0.00	0.00	
太平人寿	400.61	382.71	170.15	212.56	0.00		1.63	16.27	0.00					
民生人寿	44.97	38.25	1.86	36.39			0.14	6.58	0.00	0.00				
生命人寿	158.52	153.29	110.43	42.81	0.00	0.05	0.07	5.16	0.00	0.00				
合众人寿	41.97	38.44	8.90	29.29		0.25	0.15	3.36	0.00	0.00				
同方全球	3.36	2.95	0.19	2.73	0.00	0.03	0.01	0.40	0.00	0.00	0.00	0.00	0.00	
中宏人寿	15.32	11.11	1.15	9.96			0.13	3.79	0.00	0.00	0.00			
国泰人寿	6.94	4.47	2.00	2.47			0.06	1.96	0.00					

赔付支出											赔案件数（万件）	未决赔款
合计	企业财产保险	机动车辆保险	货物运输保险	责任保险	工程保险	信用保证保险	农业保险	短期健康保险	意外伤害保险	其他		
14.30	–	14.30	–	–	–	–	–	–	–	–	0.26	3.87
11.88	0.03	10.33	0.00	0.73	0.00	0.00	–	0.76	0.00	0.02	0.19	7.98
11.18	0.00	10.97	0.00	0.08	0.00	0.00	0.00	0.13	0.00	0.00	0.12	5.77
144.12	0.67	130.87	0.31	5.50	0.41	–	0.00	3.77	–	2.60	1.98	91.51
3.31	0.00	3.27	0.00	0.00	0.00	0.00	0.00	0.01	0.03	0.00	0.05	2.98
16.51	0.00	16.29	0.00	0.13	0.00	0.00	0.00	0.08	0.00	0.00	0.29	5.02
7.52	0.07	7.40	–	0.00	–	–	–	0.01	0.03	–	0.06	2.84
19.34	0.16	18.24	0.00	0.12	0.00	–	–	0.40	0.11	0.31	0.26	10.32
28.64	0.08	22.53	0.21	1.47	0.02	0.00	2.14	0.38	1.49	0.32	0.51	20.64
16.29	0.83	12.29	0.00	1.77	0.01	0.00	0.00	1.35	0.00	0.03	0.64	3.62
2.95	0.00	2.92	0.00	0.00	0.00	0.00	0.00	0.03	0.00	0.00	0.05	3.82
1758.48	51.78	1412.74	7.10	62.19	2.60	46.19	67.17	30.27	55.99	22.46	26.39	1095.19

业务统计表

单位：人民币百万元，万件

保费收入			有效保单件数(万件)	赔款及给付									退保金	保险金额
团体业务		其中:新单保费		合计	个人业务				团体业务					
意外伤害险	健康险				赔款支出	死伤医疗给付	满期给付	年金给付	赔款支出	死伤医疗给付	满期给付	年金给付		
57.07	60.16	1140.12	178.31	901.03	35.14	57.00	683.91	51.96	69.22	3.80		0.00	907.99	794623.94
13.64	4.23	174.18	117.68	103.61	5.64	11.51	22.49	54.95	7.18	0.08	0.52	1.24	89.24	42252.24
0.00	0.00	81.64	19.11	71.85	2.79	17.14	30.94	20.61	0.00	0.00	0.01	0.36	41.19	21700.71
0.22	0.23	401.70	7.49	78.51	1.84	6.88	62.80	5.52	1.47	0.00	0.00	0.00	302.18	4342.22
0.13	0.23	36.86	7.86	183.30	0.22	4.48	167.33	10.76	0.49	0.01	0.00	0.01	22.61	4121.25
0.46	0.29	14.68	0.62	0.86	0.36	0.61	0.00	0.02	(0.13)	0.00	0.00	0.00	0.72	1218.25
0.00	0.00	213.41	6.48	76.98	0.74	3.66	51.91	20.67	0.00	0.00	0.00	0.00	149.77	4357.38
0.00	0.00	4.21	2.88	13.25	0.35	0.76	9.96	2.18	0.00	0.00	0.00	0.00	10.09	1526.89
0.00	0.00	125.13	2.60	37.10	0.28	1.60	35.22	0.00	0.00				16.99	850.23
0.01	0.01	13.20	1.59	13.72	0.12	1.43	8.58	3.58	0.01				33.46	1356.66
0.00	0.00	0.74	0.15	0.46	0.01	0.00	0.10	0.35	0.00	0.00	0.00	0.00	1.18	407.55
0.10	0.19	4.58	0.29	0.63	0.00	0.50		0.06	0.07	0.00		0.00	0.41	570.36
0.28	0.17	2.26	0.11	0.75	0.01	0.12	0.09	0.43	0.10				0.13	625.43

续表

保险机构	保费收入													
	合计	个人业务							团体业务					
		人寿保险					意外伤害险	健康险	人寿保险					
		小计	普通寿险	分红寿险	投资连结保险	万能保险			小计	普通寿险	分红寿险	投资连结保险	万能保险
人保健康	88.25	0.26		0.26			0.01	38.32	0.00				
北大方正	7.23	4.84	1.46	3.34		0.04	0.08	2.31	0.00	0.00			
中意人寿	287.83	283.81	260.84	22.92	0.04	0.01	0.72	3.23	0.00	0.00			
恒安标准	11.66	8.97	0.87	8.10			0.17	2.51	0.00	0.00			
光大永明	9.05	5.76	0.07	5.69			0.82	0.80	0.00	0.00	0.00		
农银人寿	34.59	31.57	0.39	31.07	0.00	0.11	0.01	0.21	0.05	0.05	0.00	0.00	0.00
和谐健康	1.54	0.00					0.00	1.08	0.00				
平安养老	9.85	0.00							0.00				
华泰人寿	25.95	21.52	2.10	19.21		0.21	0.15	4.25	0.00	0.00	0.00		0.00
君康人寿	490.36	490.36	490.36						0.00				
华夏人寿	11.76	9.27	8.63	0.64		0.00	0.00	1.43	0.00	0.00			
人保人寿	417.24	403.91	367.01	36.77		0.13	2.24	3.99	0.07	0.07	0.00		
英大泰和	14.64	12.63	1.40	11.13		0.10	0.10	1.91	0.00				
信泰人寿	20.58	18.95	3.47	15.35	0.00	0.13	0.00	1.60	0.00				
中英人寿	9.41	8.05	1.27	6.78			0.06	1.30	0.00				
长城人寿	7.02	6.72	0.63	6.09			0.02	0.28	0.00				
工银安盛	88.40	87.46	6.74	80.72	0.00		0.02	0.84	0.00				
建信人寿	77.73	73.17	54.00	19.17			2.77	0.69	0.05	0.05	0.00		
幸福人寿	62.23	61.93	60.01	1.91		0.01	0.00	0.28	0.00				
阳光人寿	402.52	394.06	364.97	28.53		0.56	0.53	4.74	0.00	0.00	0.00		
国华人寿	0.35	0.35	0.22	0.13		0.00	0.00	0.00	0.00				
百年人寿	53.47	48.76	43.60	5.16			0.12	2.49	0.01	0.01	0.00		
利安人寿	369.07	357.52	318.21	39.30		0.01	0.88	4.42	3.07	3.07			
东吴人寿	5.88	3.20	0.20	2.99		0.01	0.10	1.58	0.00				
合计		6963.38	4047.99	2896.13	0.73	18.53	88.06	576.20	12.06	9.51	2.55	0.00	0.00

保费收入			有效保单件数(万件)	赔款及给付									退保金	保险金额
团体业务		其中:新单保费		合计	个人业务				团体业务					
意外伤害险	健康险				赔款支出	死伤医疗给付	满期给付	年金给付	赔款支出	死伤医疗给付	满期给付	年金给付		
1.26	48.40	85.83	0.45	43.96	0.02	0.17	0.11		43.66				22.81	2589.29
0.00	0.00	4.64	0.21	0.22	0.03	0.16		0.03	0.00	0.00			0.63	465.02
0.03	0.04	262.36	0.96	4.55	0.09	0.59	2.03	1.83	0.01	0.00			9.46	2726.10
0.00	0.01	3.53	0.39	0.97	0.01	0.15		0.81	0.00				0.81	548.04
0.90	0.77	0.81	0.22	1.19	0.13	0.06	0.47	0.38	0.15	0.00	0.00	0.00	1.36	621.32
2.26	0.49	31.61	0.43	2.47	0.01	0.30	1.88	0.10	0.18	0.00	0.00	0.00	7.87	837.91
0.24	0.22	1.54	0.01	0.03	0.00				0.03					336.46
5.94	3.91	9.85	0.37	4.78					4.78					20928.68
0.01	0.02	5.63	1.21	35.90	0.15	0.70	34.19	0.85	0.01	0.00	0.00	0.00	2.30	742.84
		490.36	1.36	0.86		0.86							145.21	584.72
0.87	0.19	9.76	4.13	1.02	0.11	0.17	0.00	0.62	0.05	0.07			0.08	2848.34
2.15	4.88	389.15	6.40	245.14	0.44	3.46	239.75	0.00	1.31	0.14		0.04	170.65	8429.25
		5.35	1.13	0.95	0.03	0.18		0.74					0.90	1443.20
0.03		4.30	1.03	41.37	0.02	0.53	39.20	1.60	0.02				5.44	1568.54
		4.29	0.16	27.57	0.02	0.02	27.23	0.30					3.83	391.12
		1.69	0.13	1.16	0.01	0.12	0.00	1.03					0.86	76.78
0.05	0.03	80.79	0.35	0.94	0.01	0.19		0.67	0.07				9.30	594.66
0.85	0.20	75.49	0.80	0.12	0.01	0.07		0.01	0.03	0.00		0.00	69.75	19068.32
0.02	0.00	61.31	0.30	0.38				0.38	0.00				15.49	348.01
1.74	1.45	369.72	3.57	4.93	0.02	1.25	3.17	0.00	0.49	0.00	0.00	0.00	21.52	7360.25
0.00	0.00	0.18	3.26	0.02	0.00	0.00	0.00	0.02	0.00	0.00	0.00	0.00	0.14	1318.07
1.60	0.49	50.08	0.32	0.98	0.09	0.05		0.39	0.34	0.11		0.00	1.48	10851.92
1.83	1.35	348.86	2.93	5.27	0.27	0.62		3.25	1.13				159.09	6950.60
0.60	0.40	4.54	1.13	1.13		0.24		0.18	0.71	0.00			0.98	494.76
92.29	128.36	4514.38	376.42	1907.96	48.97	115.58	1421.36	184.28	131.38	4.21	0.53	1.65	2225.92	970077.31

镇江市保险市场

镇江市保险市场概述

【市场概况】截至2015年末，镇江市有财产险主体27家，人身险主体28家，主体中外资机构5家。保险专业中介机构5家，兼业代理机构757家，保险销售从业人员1.6万人。

2015年，镇江市人身险保费收入57.17亿元，同比增长16.4%，占全市总保费收入71.42%。其中，首年保费收入32.17亿元，首年期交保费9.15亿元，首年趸交保费23.02亿元。处理赔给付案9.57万件，支付赔给付款14.04亿元。财产险保费收入22.88亿元，同比增长11.1%，占全市总保费收入28.58%。车险保费收入18.77亿元，同比增长16.1%。非车险保费收入4.11亿元，同比降低7.1%。处理赔案21.36万件，赔款支出13.36亿元。

2015年，镇江市保险深度2.3%，保险密度2941元，人均拥有保单2.8份。上缴地方税收3.46亿元，其中代收车船税1.48亿元。

【服务经济社会】实现城乡居民大病保险二次补偿。镇江市中国人寿和人保财险公司中标承办镇江市区、扬中、丹徒、丹阳地区城乡居民大病保险服务。保险公司组成专项服务团队，确保参保人大病保险补偿报销款及时、准确到账。在基本医疗保障的基础上，符合大病保险的人群获得二次补偿，2015年上述地区累计大病补偿5048人次，补偿金额1976万元，有效减轻城乡居民的经济负担。

运用保险工具，化解农业发展“融资难”。2015年，镇江市财政部门与江苏银行、人保财险、都邦财险开展合作，成立“镇江市农业产业发展风险补偿基金”（简称“镇农贷”），由保险公司对银行发放给农业新型经营主体的贷款进行独立审核并提供保证保险，撬动金融机构以10倍杠杆对农业新型经营主体发放贷款。有效化解农业农村发展“融资难”、“融资贵”问题。

“政银保”引入新主体，“科技贷”迎来新机遇。5月，市科技局、江苏银行镇江分行、中国银行镇江分行、镇江人保财险公司举行科技型中小企业履约保证保险贷款合作签约仪式。在政府、银行和保险公司的共同努力下，一批科技企业小额贷款通过保险公司提供的履约保证保险获得银行信贷资金的扶持，全年镇江人保财险公司共签单承保28笔，提供5409万元风险保障。

【行业自律】开展车险业务行业自律检查，维护车险市场秩序。8月下旬，协会按照江苏保监局的部署，依据《2015年度镇江财产保险市场自律检查方案》成立自律检查组，抽查12家财产保险公司1–6月车险承保、财务、理赔方面合规情况。对检查中发现的主要违规、违约情况逐一审议和反馈，下发自律检查通报和建议，违约金罚款合计6.3万元。每季度向各财产险公司通报江苏保监局监管指标和省协会理赔服务指标，敦促各公司不断改善经营管理。

【诉调对接】参与社会大调解，发挥诉调对接和化解保险矛盾纠纷的作用。7月，镇江市保险业在2014年成功试点的基础上，协会与中级人民法院联合召开全市保险纠纷诉调对接总结推广会议。句容道交事故处理中心和金山湖法庭先后设立保险诉讼调解工作室。为完善行业调解流程，统一调解尺度，市保险协会与京口法院、乐凡公司制定出台行业诉调对接调解标准指导意见。全年在各基层法院受理调解案件311件、调解成功207件，调解成功率为66.6%；其中庭前调解成功153件，庭前调解率达73.9%，庭前调解已成为诉调对接的主要结案方式。全年达成调解协议赔偿金额1097.8万元，保险公司100%履行调解协议。聘请第三方机构成立保险理赔工作室进驻京口、新区、丹徒、丹阳、句容交警大队，调处保险纠纷2388件，调解成功率为91%，极大方便了事故双方当事人，体现保险便民利民的服务宗旨。

协会和市卫生局等6部门联合下发《关于推进医疗责任险和医疗意外险完善医疗风险共担机制的实施意见》，6月，医疗责任险通过政府招投标，太保财险主承保公司直接参与纠纷调处全过程，构建医疗纠纷一站式调处模式，做到保险理赔与医患纠纷调处无缝衔接。自8月份进驻调处中心以来，共处理医患纠纷34件，成功调解赔付52.9万元，积极发挥化解医患纠纷作用。

【消费者权益保护】加强保险消费者权益保护，做好银保产品满期给付。协会组织全市保险公司制定实施行业消费者权益保护自律公约，通过消费报发布镇江十大保险典型理赔案例，组织保险公司参加市放心办、工商局、消协举办的“携手共治、畅享消费”3·15广场宣传咨询服务活动。各保险公司深入社区、街道，厂矿企业开展形式多样的主题宣传，以实际行动维护保险消费者权益。协会秘书处专门成立消费者权益保护部，负责保险消费者维权投诉处理和诉调对接工作，对接市工商、市消协、市政府热线和行风监督等部门。全年受理咨询350人次，办理有效投诉18件，比上年减少64%，处理完结率100%。

2015年，镇江市平稳处理寿险满期给付、退保约19亿元。全年满期给付投诉纠纷较上年有所减少。市金融办召开银行、保险公司、公安、宣传部门满付维稳工作会议，银行与保险公司落实监管文件要求，规范银保产品销售行为，完善电话回访要求，加强销售前端管控。协会秘书处保持与工商、消协、政府热线和各新闻媒体密切沟通联系，发生个别群访群诉时积极协调有关方面，做好保险消费者投诉纠纷化解工作。

【改革创新】引入信用管理制度，构建保险业社会信用体系，协会对接市政府信用建设办公室，行业引入信用管理制度，下发《建立镇江保险行业守信管理制度的通知》和《镇江市保险当事人失信行为分类管理实施办法》，在各公司营业大厅张贴行业宣传海报，明确告知保险当事人索赔过程中如发生虚假、隐瞒、欺诈等失信行为，将纳入保险行业失信人员信息，情节严重的列入镇江市个人公共信用征信系统，予以失信惩戒。同时对全市保险代理人个人信息进行归档整理并报送市个人公共信用征信系统数据库。

创新保险产品，破解保全难题。2015

2015年镇江市各财产保险分公司

保险机构	保费收入											保户储金及投资款
	合计	企业财产保险	机动车辆保险	货物运输保险	责任保险	工程保险	信用保证保险	农业保险	短期健康保险	意外伤害保险	其他	
人保	811.05	41.37	636.40	6.15	19.69	4.15	4.78	44.06	27.01	23.40	4.04	5.37
太保	281.41	30.85	220.27	7.83	8.94	0.16	-0.01	-	1.29	8.90	3.18	0.50
平安	382.79	19.18	295.56	1.24	7.31	0.49	49.08	0.00	0.96	7.54	1.43	0.00
天安	58.39	7.99	42.70	2.76	1.04	0.01	0.02	-	0.83	2.47	0.56	766.81
史带	0.07	-	0.07	-	-	-	-	-	-	-	0.00	-
华泰	22.48	0.01	21.78	0.28	0.08	0.01	0.00	0.00	0.00	0.33	0.00	0.08
中华联合	61.51	2.81	50.59	0.25	2.05	0.14	0.00	0.03	0.64	4.35	0.65	0.00
太平	60.70	2.97	52.20	0.04	0.70	0.32	0.00	0.09	0.07	4.23	0.08	0.00
大地	50.27	1.15	46.53	0.18	0.84	0.17	-	-	0.21	1.08	0.10	-
永安	39.32	1.03	34.22	0.44	1.73	0.60	0.00	0.00	0.04	0.95	0.32	0.00
华安	19.28	0.05	18.98	0.00	0.02	0.00	0.00	0.00	0.03	0.19	0.00	0.56
安邦	16.25	0.01	16.12	0.01	0.03	0.00	-	-	-	0.09	0.00	-
阳光	80.24	0.84	73.35	0.01	0.96	0.01	1.84	-	0.50	2.29	0.44	-
都邦	24.22	1.70	19.06	0.13	2.34	-	-	-	0.23	0.66	0.10	-
中银	27.78	7.09	14.99	0.25	1.27	-	0.25	-	0.71	2.88	0.34	-
永诚	11.25	0.10	10.48	0.06	0.33	0.05	0.00	-	0.00	0.08	0.15	0.00
亚太	17.36	1.43	10.90	0.02	0.20	0.04	0.00	0.00	0.00	4.77	0.00	0.00
国寿财险	195.27	5.85	180.65	0.17	6.13	0.15	-	-	-	1.40	0.91	0.03
渤海	2.58	0.19	1.81	0.00	0.00	0.00	0.00	0.00	0.01	0.58	0.00	0.00
安诚	23.32	1.01	19.32	0.36	0.58	0.76	0.00	0.00	0.00	1.29	0.00	0.00
长安责任	29.81	0.83	23.27	0.01	0.74	-	-	-	2.60	2.29	0.08	-
紫金	48.68	2.64	35.03	0.24	0.56	0.01	0.07	8.03	0.20	1.60	0.30	0.00

年，平安财险镇江中心支公司与市中级人民法院、各辖区市人民法院沟通协作。截至2015年末，平安财险已为镇江市当事人提供超过5000万元诉讼保全担保保障。为当事人申请诉讼财产保全提供便利，降低诉讼成本，节约司法资源，有效破解保全难、执行难问题，提高司法权威。年底，诉讼财产保全责任险获江苏省高级人民法院认可。

业务统计表

单位：人民币百万元

赔付支出											赔案件数（万件）	未决赔款
合计	企业财产保险	机动车辆保险	货物运输保险	责任保险	工程保险	信用保证保险	农业保险	短期健康保险	意外伤害保险	其他		
485.59	32.70	361.43	2.32	8.52	0.86	2.77	34.91	7.86	22.53	11.69	7.98	302.91
198.96	26.46	162.55	2.86	4.25	0.12	–	–	1.46	0.88	0.38	2.48	219.30
183.84	8.58	160.86	0.19	2.36	0.00	10.23	–	0.82	0.75	0.04	2.85	94.07
28.02	3.81	19.22	0.26	3.05	0.02	–	–	1.36	0.18	0.11	0.41	20.42
2.76	0.00	2.76	–	–	–	–	–	–	–	0.00	0.01	2.47
13.86	0.00	13.74	0.04	0.01	0.00	0.00	0.00	0.07	0.00	0.01	0.22	7.93
27.55	0.23	24.68	0.05	0.40	0.00	0.00	0.00	1.53	0.66	0.00	0.52	8.19
37.18	1.00	34.00	0.00	1.72	0.00	0.00	0.00	0.43	0.00	0.01	0.75	19.50
40.09	1.65	37.93	0.01	0.16	–	–	–	0.28	0.05	–	0.40	11.92
23.10	0.13	20.74	0.10	0.57	0.17	0.00	0.00	0.93	0.39	0.07	0.34	16.45
17.67	0.03	17.57	0.00	0.01	0.00	0.00	0.00	0.05	0.01	0.00	0.23	7.32
10.44	0.01	10.43	0.00	0.00	0.00	–	–	0.01	–	0.00	0.16	1.90
56.45	0.38	48.65	0.00	0.16	0.00	–	–	5.92	1.33	0.01	1.16	22.85
12.35	0.90	10.32	0.01	0.84	–	–	–	0.20	0.07	0.00	0.22	7.53
21.19	0.56	13.34	0.00	0.02	–	6.40	–	0.43	0.27	0.17	0.21	16.11
10.90	2.58	7.37	0.00	0.04	0.90	0.00	–	0.00	0.00	0.00	0.15	4.14
10.66	0.86	8.52	0.00	0.05	0.00	0.00	0.00	1.22	0.00	0.00	0.12	6.42
110.79	1.74	104.64	0.10	3.06	0.10	–	–	1.08	–	0.07	1.31	38.32
2.57	0.00	2.57	0.00	0.00	0.00	0.00	0.00	0.00	0.00	0.00	0.02	0.60
14.64	0.23	13.11	0.02	0.31	0.55	0.00	0.00	0.43	0.00	0.00	0.21	4.99
20.09	0.20	18.89	–	0.45	–	–	–	0.29	0.26	–	0.25	5.17
35.00	1.13	19.06	0.15	3.78	0.00	0.00	9.80	0.87	0.11	0.12	0.43	23.35

续表

保险机构	保费收入											保户储金及投资款
	合计	企业财产保险	机动车辆保险	货物运输保险	责任保险	工程保险	信用保证保险	农业保险	短期健康保险	意外伤害保险	其他	
英大	36.23	8.88	22.83	0.02	1.87	0.21	1.72	0.00	0.00	0.38	0.32	0.00
信达	2.93	0.15	2.60	0.01	0.09	–	–	–	0.09	0.00	0.00	–
浙商	10.11	0.02	9.90	0.04	0.01	–	–	–	–	0.13	0.02	–
泰山	10.55	0.16	9.27	0.00	0.19	0.00	0.00	0.00	0.06	0.87	0.00	0.00
安信农业	9.17	0.03	8.48	0.00	0.25	0.00	0.00	0.01	0.00	0.39	0.01	0.00
小计	2333.02	138.35	1877.36	20.50	57.93	7.28	57.75	52.21	35.48	73.13	13.03	773.35

2015年镇江市人身保险分公司

保险机构	保费收入												
	合计	个人业务							团体业务				
		人寿保险					意外伤害险	健康险	人寿保险				
		小计	普通寿险	分红寿险	投资连结保险	万能保险			小计	普通寿险	分红寿险	投资连结保险	万能保险
国寿股份	1983.87	1732.63	892.94	839.69			34.96	141.91	11.64	8.13	3.51		
太保人寿	411.37	340.58	54.19	286.00		0.39	11.65	39.18	2.85	2.85	0.00		
平安人寿	543.58	417.77	115.33	273.84	0.77	27.83	14.82	110.96	0.03	0.03			
新华人寿	188.33	134.72	65.99	68.09		0.64	1.08	49.64	0.07	0.07			
泰康人寿	200.05	185.60	26.19	155.45	0.00	3.96	0.40	13.28	0.00	0.00	0.00	0.00	0.00
友邦人寿	2.12	0.94	0.07	0.87	0.00	0.00	0.06	1.07	0.00	0.00	0.00	0.00	0.00
太平人寿	230.28	216.13	54.04	162.09	0.00		1.45	12.70	0.00				
民生人寿	40.65	35.25	1.13	34.12			0.06	5.33	0.01	0.01			
生命人寿	285.15	272.32	148.73	123.46	0.00	0.13	0.05	12.73	0.00	0.00			
信诚人寿	13.14	8.77	0.89	7.52	0.15	0.21	0.15	3.20	0.18	0.18			
合众人寿	5.44	4.97	0.18	4.73		0.06	0.01	0.46	0.00	0.00			
同方全球	4.22	3.78	0.06	3.72	0.00	0.00	0.00	0.44	0.00	0.00	0.00	0.00	0.00
中宏人寿	39.43	28.85	2.71	26.14			0.39	9.41	0.03	0.03	0.00		
国泰人寿	4.45	3.27	0.94	2.33			0.02	1.13	0.00				
人保健康	94.31	7.96		7.96			0.18	52.16	0.00				
农银人寿	79.72	76.85	1.04	75.63	0.00	0.18	0.02	0.81	0.00	0.00	0.00	0.00	0.00
平安养老	14.50	0.00							0.00				
华泰人寿	38.01	32.76	2.60	30.09		0.07	0.35	4.63	0.00	0.00	0.00		0.00
君康人寿	218.97	218.90	218.40	0.50				0.07	0.00				

赔付支出											赔案件数（万件）	未决赔款
合计	企业财产保险	机动车辆保险	货物运输保险	责任保险	工程保险	信用保证保险	农业保险	短期健康保险	意外伤害保险	其他		
19.35	0.86	16.41	0.02	1.94	0.00	0.07	0.00	0.01	0.00	0.04	0.61	6.53
0.69	0.09	0.59	0.00	0.00	0.00	0.00	–	0.00	0.00	0.00	0.01	0.23
4.54	–	4.54	–	–	–	–	–	0.00	–	–	0.12	4.77
4.63	0.00	4.75	0.00	0.00	0.00	0.00	0.00	0.00	0.01	–0.14	0.10	1.02
3.81	0.01	3.62	0.00	0.01	0.00	0.00	0.00	0.15	0.00	0.02	0.08	2.26
1396.69	84.13	1142.30	6.13	31.71	2.73	19.47	44.71	25.40	27.51	12.60	21.33	856.66

业务统计表

单位：人民币百万元，万件

保费收入			有效保单件数	赔款及给付									退保金	保险金额
团体业务		其中：新单保费		合计	个人业务				团体业务					
意外伤害险	健康险				赔款支出	死伤医疗给付	满期给付	年金给付	赔款支出	死伤医疗给付	满期给付	年金给付		
36.00	26.73	747.29	111.39	440.60	20.40	47.71	295.94	44.15	30.09	2.31		0.00	618.17	124920.82
14.77	2.34	124.58	133.98	133.08	2.90	11.89	68.54	40.17	6.33	0.96	0.75	1.54	53.74	31014.40
0.00	0.00	165.86	25.13	79.24	2.16	26.98	35.73	14.17	0.00	0.00	0.00	0.20	62.22	34322.61
0.96	1.86	88.95	4.69	32.73	1.26	4.24	16.52	9.26	1.45	0.00	0.00	0.00	74.47	6148.32
0.77	0.00	64.70	10.75	162.94	0.27	3.84	140.69	17.56	0.49	0.00	0.00	0.09	24.08	5340.81
0.03	0.02	1.95	0.03	2.41	2.40	0.01	0.00	0.00	0.00	0.00	0.00	0.00	0.00	65.31
0.00	0.00	103.86	3.54	48.83	0.47	3.17	31.61	13.58	0.00	0.00	0.00	0.00	39.52	59107.77
0.00	0.00	3.51	3.03	10.07	0.10	1.59	2.14	6.24	0.00	0.00	0.00	0.00	92.32	1679.72
0.03	0.02	168.92	3.24	44.78	0.30	2.21	42.27	0.00	0.00				18.43	1742.86
0.18	0.66	6.04	0.44	4.15	0.13	0.37	3.14	0.00	0.41	0.10			0.94	1930.67
0.00	0.00	0.31	0.32	2.01	0.00	0.34	1.26	0.41	0.00				25.25	273.34
0.00	0.00	1.56	0.24	3.40	0.00	0.03	2.60	0.77	0.00	0.00	0.00	0.00	6.09	676.73
0.22	0.53	11.04	0.72	2.73	0.00	2.20		0.22	0.31	0.00		0.00	0.81	1452.11
0.02	0.01	1.55	0.09	1.67	0.07	0.04	1.29	0.27	0.00				0.18	85.36
0.06	33.95	89.04	0.37	51.57		0.06			51.51				65.16	1261.52
1.86	0.18	72.28	0.58	5.67	0.10	0.46	4.51	0.54	0.06	0.00	0.00	0.00	7.80	659.01
9.72	4.78	14.50	0.86	6.24					6.22			0.02		32767.89
0.18	0.09	5.54	1.59	15.61	0.24	0.29	13.87	0.82	0.39	0.00	0.00	0.00	2.72	1409.43
		218.40	1.53	8.39		0.10	8.29						291.70	297.17

续表

保险机构	保费收入												
	合计	个人业务							团体业务				
		人寿保险					意外伤害险	健康险	人寿保险				
		小计	普通寿险	分红寿险	投资连结保险	万能保险			小计	普通寿险	分红寿险	投资连结保险	万能保险
华夏人寿	52.11	41.93	22.75	18.53		0.65	0.03	8.32	0.00	0.00			
人保人寿	321.11	306.47	277.19	29.27		0.01	1.77	3.13	0.02	0.02	0.00		
英大人寿	2.00	1.56	0.75	0.81			0.03	0.41	0.00				
信泰人寿	22.17	20.49	4.87	15.54	0.00	0.08	0.01	1.67	0.00				
长城人寿	17.14	15.59	2.47	13.12			0.09	1.46	0.00				
建信人寿	127.61	122.04	117.99	4.05			4.58	0.30	0.01	0.01	0.00		
阳光人寿	380.06	369.38	325.90	42.32		1.16	0.75	8.74	0.14	0.00	0.14		
国华人寿	74.29	74.29	74.27	0.02		0.00	0.00	0.00	0.00				
利安人寿	238.83	232.72	195.80	36.92			0.27	0.66	2.54	2.54			
东吴人寿	10.90	6.16	0.88	5.25		0.03	0.41	4.26	0.00				
合计	5643.81	4912.68	2608.30	2268.06	0.92	35.40	73.59	488.06	17.52	13.87	3.65	0.00	0.00

保费收入			有效保单件数	赔款及给付									退保金	保险金额
团体业务		其中:新单保费		合计	个人业务				团体业务					
意外伤害险	健康险				赔款支出	死伤医疗给付	满期给付	年金给付	赔款支出	死伤医疗给付	满期给付	年金给付		
0.82	1.01	21.00	5.00	11.49	0.77	1.51	2.26	5.97	0.33	0.65			3.25	3525.68
7.58	2.14	299.53	4.57	200.21	1.21	3.92	189.97	0.00	5.04	0.07		0.00	167.58	27967.22
		1.99		0.16	0.10			0.06						
		6.11	1.29	31.97	0.00	0.59	30.79	0.59	0.00				8.24	1426.37
		4.25	0.33	2.75	0.02	0.59	0.00	2.14					1.22	325.94
0.57	0.11	123.25	1.20	0.15	0.03	0.08		0.01	0.03	0.00		0.00	111.61	22684.30
0.74	0.31	333.82	5.43	68.41	0.07	2.71	65.43	0.00	0.20	0.00	0.00	0.00	67.11	6091.85
0.00	0.00	74.27	1.52	0.01	0.00	0.00	0.00	0.01	0.00	0.00	0.00	0.00	1.24	667.03
1.88	0.76	216.89	1.33	6.25		0.28		4.78	1.19				185.03	6549.51
0.04	0.03	6.92	1.31	0.89	0.11	0.02		0.65	0.11	0.00			0.14	512.30
76.43	75.53	2977.91	324.50	1378.41	33.11	115.23	956.85	162.37	104.16	4.09	0.75	1.85	1929.02	374906.05

全国各地区原保险保费收入情况表（2015年）

2015年1~12月全国各地区原保险保费收入情况表

单位：人民币万元

地区	合计	财产保险	寿险	意外险	健康险
全国合计	242825194.63	79949687.36	132415207.17	6355584.95	24104715.15
集团、总公司本级	806496.97	786984.49	1285.25	16235.34	1991.89
北 京	14038901.29	3446649.51	7781985.23	377053.52	2433213.03
天 津	3983408.65	1202803.38	2366594.64	74569.23	339441.40
河 北	11631030.64	3994957.45	6422086.33	229484.00	984502.86
辽 宁	7080081.04	2068999.04	4026944.91	116978.67	867158.42
大 连	2333485.13	709862.11	1387373.79	47943.69	188305.54
上 海	11251647.05	3553973.62	6076312.24	457056.75	1164304.44
江 苏	19899158.14	6721934.09	10839243.41	542182.50	1795798.14
浙 江	12070831.26	5254235.25	5414002.53	376779.73	1025813.75
宁 波	2282538.57	1212935.38	907646.83	59861.67	102094.69
福 建	6312162.80	1992618.87	3441834.60	181329.41	696379.92
厦 门	1463618.67	613608.21	639256.06	50592.28	160162.12
山 东	15434858.04	4737634.46	8818538.65	321986.93	1556698.00
青 岛	2441171.77	932328.51	1250997.39	56119.25	201726.62
广 东	21668206.24	6653167.29	12059461.18	614617.78	2340959.99
深 圳	6475513.65	2145496.30	3311631.51	254141.83	764244.01
海 南	1142452.81	442772.96	588744.16	28874.58	82061.11
山 西	5867255.26	1595491.13	3771798.42	91469.88	408495.83
吉 林	4313187.53	1205666.08	2707837.87	62942.96	336740.62
黑龙江	5917671.39	1335653.50	4033168.58	101307.88	447541.43
安 徽	6989189.97	2733522.99	3536980.11	132582.32	586104.55
江 西	5084283.90	1620151.06	2950243.66	105528.13	408361.05
河 南	12487602.35	3201643.57	7947224.55	224373.69	1114360.54
湖 北	8436266.49	2382445.20	4953978.83	220137.80	879704.66

续表 单位：人民币万元

地区	合计	财产保险	寿险	意外险	健康险
湖 南	7121767.22	2432107.72	3891866.15	197668.26	600125.09
重 庆	5145768.25	1559253.45	2761990.44	177479.82	647044.54
四 川	12673045.07	4214378.98	6908325.57	328901.57	1221438.95
贵 州	2577966.03	1339472.45	970773.19	98977.23	168743.16
云 南	4346000.57	2011861.98	1704550.76	170645.92	458941.91
西 藏	173570.50	111390.46	34997.42	14702.63	12479.99
陕 西	5724484.00	1767528.65	3294875.93	134642.38	527437.04
甘 肃	2568881.04	902985.37	1327356.37	78928.09	259611.21
青 海	562953.62	261190.27	226650.50	16396.43	58716.42
宁 夏	1033149.03	410097.52	474334.69	29693.63	119023.19
新 疆	3674347.88	1429641.68	1694327.18	131824.69	418554.33
内蒙古	3954784.50	1492821.65	2035791.49	79438.21	346733.15
广 西	3857457.32	1471422.73	1854196.74	152136.27	379701.58

说明：1、本表数据是保险业执行《关于印发<保险合同相关会计处理规定〉的通知》（财会[2009]15号）后，各保险公司按照相关口径要求报送的数据。

2、集团、总公司本级是指集团、总公司开展的业务，不计入任何地区。

3、上述数据来源于各公司报送的保险数据，未经审计。

2015年财产保险公司原保险保费收入情况表

单位：人民币万元

资本结构	公司名称	原保险保费收入	资本结构	公司名称	原保险保费收入
中资	人保股份	28101000.13	中资	国寿财产	5036918.16
	大地财产	2658874.26		安诚	316251.74
	出口信用	1648748.72		长安责任	278100.94
	中华联合	3936990.06		国元农业	317086.12
	太保财	9443884.33		鼎和财产	266519.08
	平安财	16364086.99		中煤财产	93299.15
	华泰	633052.91		英大财产	734147.46
	天安	1309647.96		浙商财产	332449.60
	华安	858077.94		紫金财产	418986.33
	永安	813067.32		泰山财险	125160.24
	太平保险	1561498.80		众诚保险	100952.54
	民安	240287.09		锦泰财产	131991.42
	中银保险	452836.60		诚泰财产	75180.83
	安信农业	105459.07		长江财产	67518.93
	永诚	669697.28		富德财产	98578.82
	安邦	524999.44		鑫安汽车	41463.25
	信达财险	310096.75		北部湾财产	128673.53
	安华农业	387791.72		中石油专属保险	41539.51
	阳光财产	2581660.93		众安财产	228304.23
	阳光农业	276773.97		恒邦财产	21552.47
	都邦	398524.86		合众财产	330.21
	渤海	239131.53		燕赵财产	5703.92
	华农	62165.97		华海财产	37861.57

续表

资本结构	公司名称	原保险保费收入	资本结构	公司名称	原保险保费收入
中资	中原农业	7540.48	中资	泰康在线	43.57
	中路财产	1351.90		安心财产	0
	中铁自保	1609.72		小计	82487470.36

资本结构	公司名称	原保险保费收入	资本结构	公司名称	原保险保费收入
外资	史带财产	25121.83	外资	苏黎世	51381.29
	美亚	144004.25		现代财产	12681.11
	东京海上	48990.64		劳合社	7191.58
	瑞再企商	15293.69		中意财产	31547.83
	丘博保险	12831.37		爱和谊	5469.85
	三井住友	55142.44		国泰财产	64423.65
	三星	84339.60		日本兴亚	5904.52
	安联	81560.29		乐爱金	11657.64
	日本财产	35237.13		富邦财险	83431.25
	利宝互助	88724.42		信利保险	2978.98
	中航安盟	160802.43		小计	1745177.05
	安盛天平	716461.26	合计		84232647.41

说明：1、本表数据是保险业执行《关于印发<保险合同相关会计处理规定〉的通知》（财会[2009]15号）后，各保险公司按照相关口径要求报送的数据。

2、原保险保费收入为本年累计数，数据来源于各产险公司报送保监会月报数据。

3、原保险保费收入为各产险公司内部管理报表数据，未经审计，各产险公司不对该数据的用途及由此带来的后果承担任何法律责任。

4、由于计算的四舍五入问题，各产险公司原保险保费收入可能存在细微的误差。

2015年人身保险公司原保险保费收入情况表

单位：人民币万元

资本结构	公司名称	原保险保费收入	保户投资款新增交费	投连险独立账户新增交费
中资	国寿股份	36405442.37	4334678.70	
	太保寿	10858930.52	658629.46	2335.60
	平安寿	20844762.96	8406534.13	361039.74
	新华	11185858.53	275124.60	451.04
	泰康	7602935.85	2115354.94	392967.52
	太平人寿	7992272.48	334499.32	2735.70
	建信人寿	2052671.40	1101368.98	739916.53
	天安人寿	1912901.09	1200702.05	
	光大永明	312153.95	301923.63	2404649.31
	民生人寿	951010.01	55633.53	20816.79
	富德生命人寿	7899826.69	8592718.22	26884.35
	国寿存续	1135194.83		
	平安养老	1308560.24	608843.48	
	中融人寿	345033.34	1427802.60	
	合众人寿	1233484.49	621213.43	
	太平养老	329945.93	37659.58	
	人保健康	1609817.90	260990.73	
	华夏人寿	522383.61	15198963.32	
	正德人寿	465974.16	2004634.20	
	信泰	136452.48	661947.19	
	农银人寿	1443024.16	373047.68	
	长城	268138.24	729439.12	
	昆仑健康	13592.26	271217.13	
	和谐健康	3080551.47	1821351.10	
	人保寿险	8943062.96	609898.92	

续表

资本结构	公司名称	原保险保费收入	保户投资款新增交费	投连险独立账户新增交费
中资	国华	2366686.63	2182296.92	223165.15
	国寿养老			
	长江养老			
	英大人寿	213746.94	361048.45	
	泰康养老	204395.06	182572.66	
	幸福人寿	1074843.02	1623800.50	
	阳光人寿	3104998.55	1909066.27	4244.77
	百年人寿	1591858.10	105138.31	
	中邮人寿	2474242.36		
	安邦人寿	5452722.49	4052604.96	
	利安人寿	672854.49	146217.46	
	前海人寿	1737593.83	6055373.06	
	华汇人寿	40147.61		
	东吴人寿	44350.17	285823.67	
	珠江人寿	11873.60	2100823.66	
	弘康人寿	219134.40	67663.41	1982417.75
	吉祥人寿	132844.18	270952.60	
	安邦养老	23.17	838885.80	
	渤海人寿	41215.22	292053.06	
	国联人寿	2208.15	133501.09	
	太保安联健康	590.79		
	上海人寿	440125.66	1008782.50	
	小计	148680436.37	73620780.40	6161624.25
外资	中宏人寿	395527.63	9715.70	1231.09
	中德安联	256103.59	11302.49	47479.93
	工银安盛	2353838.08	6333.94	27270.55
	信诚	621760.53	388797.31	264711.52
	交银康联	407203.65	379.76	
	中意	917980.17	65402.96	7566.92
	友邦	1257122.64	99485.41	35533.04

续表

资本结构	公司名称	原保险保费收入	保户投资款新增交费	投连险独立账户新增交费
外资	北大方正人寿	89340.59	66367.54	162.33
	中荷人寿	233779.06	42761.90	77.85
	中英人寿	425232.60	51588.43	
	海康人寿	140984.72	107123.62	363.04
	招商信诺	784715.28	102.74	19615.47
	长生人寿	24689.06	43926.34	
	恒安标准	135686.21	18263.66	7.20
	瑞泰人寿	54753.24	202185.05	93263.76
	中法人寿	2.50	5141.90	
	华泰人寿	300472.68	43462.94	23.25
	陆家嘴国泰	60824.45	11620.93	316.90
	中美联泰	754376.53	20226.96	67123.47
	平安健康	52327.56	5790.58	
	中银三星	305532.17	177649.56	
	中新大东方	130539.00	1368314.57	
	新光海航	15232.03	17.09	
	汇丰人寿	85213.02	917.87	52462.17
	君龙人寿	58437.02	763.94	
	复星保德信	5724.00	92088.04	
	中韩人寿	36424.05		
	德华安顾	7052.03	5128.22	
	小计	9910874.10	2844859.46	617208.50
合计		158591310.46	76465639.86	6778832.75

说明：1、本表数据是保险业执行《关于印发<保险合同相关会计处理规定〉的通知》（财会[2009]15号）后，各保险公司按照相关口径要求报送的数据。

2、原保险保费收入为本年累计数，数据来源于各寿险公司报送保监会月报数据。

3、原保险保费收入为各寿险公司内部管理报表数据，未经审计，各寿险公司不对该数据的用途及由此带来的后果承担任何法律责任。

4、友邦合计包括友邦上海、友邦广州、友邦深圳、友邦北京、友邦苏州、友邦东莞和友邦江门。

5、由于计算的四舍五入问题，各寿险公司原保险保费收入可能存在细微的误差。

6、本表不含中华控股寿险业务原保险保费收入1236.76万元。

通讯录

行业组织

机构名称	机构地址	联系电话	负责人
无锡市保险学会	无锡市中山路58号	0510-68865676	华　晓
无锡市保险行业协会	无锡市滨湖区金融一街10号国联大厦17楼1701室	0510-82759483	尤玲娜

财产保险公司

序号	机构名称	机构地址	联系电话	负责人
1	中国人民财产保险股份有限公司无锡分公司	无锡市中山路58号	0510-68865998	尤力人
2	中国太平洋财产保险股份有限公司无锡分公司	无锡市崇宁路8号	0510-81898811	鲁　强
3	中国平安财产保险股份有限公司无锡分公司	无锡市滨湖区太湖新城金融一街平安财富中心19层	0510-82831177	许　威
4	天安财产保险股份有限公司无锡中心支公司	无锡市太湖西大道258号金星睦邻中心附楼5楼	0510-66961058	徐　芳
5	中华联合财产保险股份有限公司无锡中心支公司	无锡市清扬路228号地铁控制中心配套综合楼地上8/9层	0510-82799861	徐　锋
6	永安财产保险股份有限公司无锡中心支公司	无锡市五星家园787-1号6号楼	0510-82767113	陈　祺
7	中国大地财产保险股份有限公司无锡中心支公司	无锡市清扬路137-1601（恒威大厦16楼）	0510-85119108	林　峻
8	华安财产保险股份有限公司无锡中心支公司	无锡市太湖新城金融一街1号昌兴国际金融大厦1213-1216	0510-81009186	史　辉
9	安邦财产保险股份有限公司无锡中心支公司	无锡市崇安区解放北路21号锡银大厦13楼A	0510-82830060	陈　勇
10	阳光财产保险股份有限公司无锡中心支公司	无锡市滨湖区金融一街10号楼801、802、808	0510-82733208	沈晓明
11	华泰财产保险股份有限公司无锡中心支公司	无锡新区长江北路6号百仕达大厦8楼825-827室	0510-81819601	边文斌
12	太平财产保险有限公司无锡中心支公司	无锡市建筑西路599号蠡园开发区创业园三期A栋10楼1001室	0510-82809088	周振冬
13	都邦财产保险股份有限公司无锡中心支公司	无锡市惠山区惠山大道108-4-802-2室	0510-85859989	邓永东
14	中国人寿财产保险股份有限公司无锡市中心支公司	无锡市优谷商务园2号楼、3号楼	0510-68061118	杨　伟
15	亚太财产保险有限公司无锡中心支公司	无锡市广益路188号崇安区广益街道行政办公楼13楼	0510-82798511	叶新伟
16	渤海财产保险股份有限公司无锡中心支公司	无锡市崇安区解放北路16号CEPA大厦616室	0510-85410518	冯拥军
17	中银保险有限公司无锡中心支公司	无锡市梁清路2号中行4楼	0510-85805878	华永康

序号	机构名称	机构地址	联系电话	负责人
18	安盛天平保险股份有限公司 无锡中心支公司	无锡市滨湖区金融一街10号 无锡国联金融大厦701	0510-82739696	曹红菊
19	安诚财产保险股份有限公司 无锡中心支公司	无锡市建筑西路567号 宝通大厦17楼	0510-66057886	丁　琰
20	长安责任保险股份有限公司 无锡市中心支公司	无锡市清扬路333号 南长创业大厦16楼	0510-66072788	陈锁君
21	紫金财产保险股份有限公司 无锡中心支公司	无锡市湖滨路688号 华东大厦6、7楼	0510-82710022	房　恒
22	三井住友海上火灾保险（中国） 有限公司江苏分公司	无锡市新区龙山路4号旺庄科技 创业中心C幢1001-1004室	0510-81122377	海司昌宏
23	英大泰和财产保险股份有限公司 无锡中心支公司	无锡市建筑西路567号 宝通大厦21楼	0510-66613366	郑　采
24	信达财产保险股份有限公司 无锡中心支公司	无锡市隐秀路150号 中南发展大厦501-503室	0510-81807666	许　俊
25	浙商财险保险股份有限公司 无锡中心支公司	无锡市太湖新城金融一街1号9层 918-922号	0510-85858237	丁瑞锋
26	永诚财险保险股份有限公司 无锡中心支公司	无锡市滨湖区金融一街10号 704单元	0510-81179827	孙长山
27	安信农业保险股份有限公司 无锡中心支公司	无锡市南长区南湖大道855号 扬名科技创业中心1111室	0510-85410820	王尊鹏
28	泰山财产保险股份有限公司 无锡中心支公司	无锡市滨湖区观山路金融一街 昌兴国际金融大厦15楼	0510-66055829	汪　健

人身保险公司

序号	机构名称	机构地址	联系电话	负责人
01	国联人寿保险股份有限公司	无锡市滨湖区金融一街8号13、 16楼	0510-81186601	丁武斌
02	中国人寿保险股份有限公司 无锡分公司	无锡市梁清路4号	0510-85808188	张建平
03	中国太平洋人寿保险股份有限公司 无锡分公司	无锡市县前东街86号	0510-82750105	陈爱国
04	中国平安人寿保险股份有限公司 无锡中心支公司	无锡市太湖新城金融一街11号 6/7楼	0510-82709108	侯　勇
05	新华人寿保险股份有限公司 无锡中心支公司	无锡市人民中路139号恒隆广场 办公楼8层801-809室	0510-85059821	谢　丹
06	泰康人寿保险股份有限公司 无锡中心支公司	无锡市梁清路58-1号华邸国际 大厦10楼	0510-87926678	狄秀英
07	太平人寿保险有限公司 无锡中心支公司	无锡市北大街1号华锦大厦6楼	0510-68869118	王廷宏
08	民生人寿保险股份有限公司 无锡中心支公司	无锡市北塘区兴源北路600号 2501	0510-82710700	陆　晶
09	富德生命人寿保险股份有限公司 无锡中心支公司	无锡市健康路6号华岳大厦6楼	0510-88662596	赵鹏涛
10	同方全球人寿保险有限公司 江苏分公司无锡中心支公司	无锡市永和路6号君来广场9楼 905室	0510-82804868	戴安杰
11	合众人寿保险股份有限公司 无锡中心支公司	无锡市兴源北路401号北创科技 创业园305、306室	0510-82715658	李天明

序号	机构名称	机构地址	联系电话	负责人
12	信诚人寿保险有限公司 江苏省分公司无锡营销服务部	无锡市兴源北路401号20楼	0510-82610042	徐　芳
13	中宏人寿保险有限公司 江苏分公司无锡中心支公司	无锡市人民中路97号 佳福国际贸易中心有限公司10楼	0510-82762109	吴公荣
14	北大方正人寿保险有限公司 无锡分公司无锡中心支公司	无锡市南长区永乐路6号君来洲际 酒店办公楼15楼1509-1512室	0510-85031678	殷　文
15	中意人寿保险有限公司 江苏省分公司无锡中心支公司	无锡市中山路359号 东方广场B座8楼	0510-80186706	张莉萍
16	陆家嘴国泰人寿保险有限责任公司 江苏分公司无锡营销服务部	无锡市崇安区新生路107号 新鼎球大厦5楼	0510-82326899	张海波
17	农银人寿保险股份有限公司 无锡中心支公司	无锡市县前东街188号 国邮大厦4楼	0510-68552080	任百川
18	恒安标准人寿保险有限公司 江苏分公司无锡营销服务部	无锡市北大街1号A座 华锦大厦11楼	0510-66678601	施　开
19	友邦保险有限公司 江苏分公司无锡营销服务部	无锡市县前东街1号 金陵大饭店25楼	0510-82327558	蔡哲惟
20	瑞泰人寿保险有限公司 江苏分公司无锡营销服务部	无锡市人民中路109号 苏宁广场北塔2103-2104室	0510-82747298	陈　磊
21	中国人民健康保险股份有限公司 无锡中心支公司	无锡市中山路58号保险大厦12楼	0510-82728580	穆　睿
22	光大永明人寿保险有限公司 江苏分公司无锡中心支公司	无锡市滨湖区金融一街10号 1701单元	0510-66678999	周幼幼
23	平安养老保险股份有限公司 无锡中心支公司	无锡市滨湖区金融一街11号 15单元17层1704号	0510-82718688	钱平家
24	华泰人寿保险股份有限公司 无锡中心支公司	无锡市滨湖区湖滨路625-6 苏豪国际大厦裙楼二楼	0510-82811758	孟　军
25	和谐健康保险股份有限公司 无锡中心支公司	无锡市复兴路155号机械大楼10楼	0510-80212909	符　纳
26	长城人寿保险股份有限公司 无锡中心支公司	无锡市鸿桥路801号 现代国际工业设计大厦1201	0510-82790592	冯伟华
27	英大泰和人寿保险股份有限公司 无锡中心支公司	无锡市崇安区新生路107号 新鼎球大厦9楼	0510-66076001	张　瑄
28	华夏人寿保险股份有限公司 无锡中心支公司	无锡市梁溪区清扬路118号27楼	0510-68552001	汤　淏
29	工银安盛人寿江苏分公司 无锡营销服务部	无锡市人民中路220号 财富大厦26F	0510-82210888	杨艳华
30	中美联泰大都会人寿保险有限公司 江苏分公司无锡营销服务部	无锡市中山路343号 东方广场A座9楼	0510-666962399	何　斌
31	阳光人寿保险股份有限公司 无锡中心支公司	无锡市北塘区兴源北路401号 北创科技有20楼	0510-82718669	陈　伟
32	君康人寿保险股份有限公司 无锡中心支公司	无锡市解放西路195、197号 华通大厦4楼	0510-82706193	汤成伟
33	中国人民人寿保险股份有限公司 无锡中心支公司	无锡市中山路58号保险大厦13楼	0510-66968001	朱　瑶
34	信泰人寿保险股份有限公司 无锡中心支公司	无锡市通扬南路251号 汇普金融大厦16层	0510-68000086	孙　宾
35	国华人寿保险股份有限公司 无锡中心支公司	无锡市滨湖区太湖新城 国联金融大厦10号楼703室	0510-85043001	袁亚芹

序号	机构名称	机构地址	联系电话	负责人
36	中英人寿保险有限公司江苏分公司无锡营销服务部	无锡市兴源北路401号北创科技园719室	0510-66613631	黄　美
37	幸福人寿保险股份有限公司无锡中心支公司	无锡市新生路107号新鼎球大厦8楼	0510-66682666	陈小松
38	中德安联人寿保险有限公司江苏分公司无锡营销服务部	无锡市南长区永乐路6号君来广场写字楼8层3、4单元	0510-81807337	丁一斐
39	利安人寿保险股份有限公司无锡分公司	无锡市太湖新城金融一街1号1209-1212单元	0510-81139600	刘　毅
40	招商信诺人寿保险有限公司江苏分公司无锡营销服务部	无锡市滨湖区梁溪路51号万达广场903室	0510-85867005	张　丽
41	交银康联人寿保险有限公司无锡市中心支公司	无锡市北塘区中山路678号8-9楼	0510-81187700	龚建伟
42	东吴人寿保险股份有限公司无锡分公司	无锡市县前东街188号国邮大厦18楼	0510-82622277	吕旭楠
43	建信人寿保险有限公司无锡中心支公司	无锡市滨湖区金融一街10号楼702	0510-85510308	邱文莲
44	国联人寿保险股份有限公司无锡分公司	无锡市崇安区中山路153号时代中心大厦1、2层	0510-81903528	周伟民
45	太平养老保险股份有限公司无锡中心支公司	无锡市中山路601-1华锦大厦6楼	0510-68869995	徐　红
46	安邦人寿保险股份有限公司无锡中心支公司	无锡市崇安区解放北路21-13A1301室	0510-82830256	何冬益
47	前海人寿保险股份有限公司无锡分公司	无锡市太湖广场钟书路99号国金中心63楼	025-86950701	康　震

中介机构

序号	机构名称	机构地址	联系电话	负责人
01	江苏统一保险代理有限公司	无锡市惠山经济开发区智慧路5号北—605室	0510-85101363	张雪燕
02	江苏首信保险代理有限公司	无锡市通扬路280-1号五星大厦1111室	0510-82833303	袁珉芝
03	江苏华美保险代理有限公司	无锡市人民东路29号1708室	0510-82827760	崔　飒
04	无锡诚安保险代理有限责任公司	无锡惠山区钱桥街道盛岸西路605号	0510-82722133	赵云峰
05	无锡新天地保险代理有限公司	无锡市清扬路27号永丰大厦1108	0510-85016553	曹　斌
06	无锡市瑞达信保险代理有限公司	无锡市解放南路758号	0510-82825100	韩志军
07	恒泰保险经纪有限公司无锡分公司	无锡市滨湖区建筑西路586号建苑大厦5楼	0510-81833899	朱国强
08	大童保险销售服务有限公司无锡营业部	无锡市崇安区中山路270号天安大厦2302	0510-82618330	徐锡林
09	江苏华邦保险代理有限公司无锡市惠山分公司	无锡市沁园新村679-6号	0510-88881919	花　燕

序号	机构名称	机构地址	联系电话	负责人
10	上海恒量保险公估有限公司 无锡分公司	无锡市锡山区东亭科创中心	0510–88223619	高　鉴
11	平安保险代理有限公司	无锡市人民中路139号 恒隆广场办公楼2905单元	0510–82730568	王小斌
12	紫金保险销售有限公司无锡分公司	无锡市南长区通扬路91–99 太湖明珠数码大厦4005室	0510–85803665	李　汝
13	江苏万舜保险代理股份有限公司	无锡市惠山区惠山大道108号 4–901–2	0510–83505308	许振芳
14	江苏宁价保险公估有限公司 无锡市分公司	无锡市梁溪区凤宾路联东U谷18 栋506	0510–85555575	薛红兵
15	江苏徽商保险公估有限公司 无锡分公司	无锡市惠山区金惠路103–21号	0510–83880600	任志新
16	江苏东沅保险代理有限公司	无锡市新区金城路290号	0510–82127326	徐　辉

索 引

说明：本索引为综合性主题索引。索引标目按汉语拼音字母顺序排列，同音字按声调顺序，同音同声者按第二字拼音字母顺序排列。标目后数字为页码，字母a为左栏，b为右栏。

A

B

C

D

F

G

H

J

K

L

M

P

Q

R

S

T

W

X

Y

Z

中国人民财产保险股份有限公司 无锡市分公司
PICC Property and Casualty Company Limited Wuxi Branch

总经理尤力人

4月15日，集团公司庄超英副总裁在人保财险总公司总裁助理兼江苏省分公司总经理华山陪同下，对无锡人保财险开展基层内控体系建设调研。调研组采用座谈、访谈、实地跟踪、调阅材料等方法，对公司内控建设情况进行了全面的评估，并对此次调研工作及初步成果予以了充分肯定。

6月21日，2015斯诺克世界杯决赛在无锡落下帷幕，无锡人保财险作为本届赛事的独家保险合作伙伴，为运动员、裁判员、相关工作人员和观众提供每位500万元的保险保障。

9月15日，无锡人保财险会同无锡市民政局、江阴市民政局在长泾镇召开“6.26”暴雨灾害民生保险理赔兑现大会，集中向长泾镇9个受灾村委（社区）受灾户支付85.45万元救助慰问金和理赔款，这标志无锡人保财险对全市6月中下旬的暴雨灾害理赔工作基本结束。

11月14日，在“2015为爱行走”大型徒步公益活动现场，无锡人保财险180名员工与来自全国各地600个团队的3500名行者汇聚无锡灵山胜境，与挚友、亲人携手为爱筹款、为爱挑战、为爱行走。

12月23日，无锡人保财险成功举行车险年度保费跨越20亿客户体验活动。无锡市金融办、市文明办、市消委会、市保险行业协会、市保险学会、市交警支队、市运管处等单位领导，无锡各大主流媒体记者、公司大客户及个人客户代表等共100多人参加了客户体验活动。

中国人寿保险股份有限公司 无锡市分公司
China Life Insurance Company Limited Wuxi Branch

总经理张建平

省分公司业务总监、无锡市分公司总经理张建平参加无锡市广播电视台“政风热线”直播栏目，向广大市民解答保险方面的疑惑及部分客户在公司相关产品及业务办理方面的咨询。

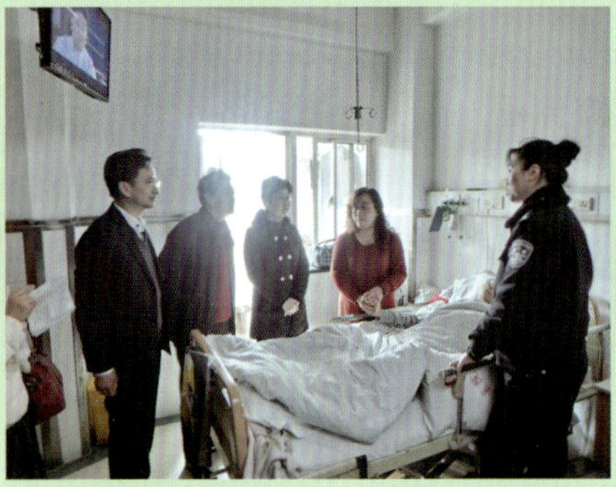

人力资源与社会保障局副局长洪雅、社会保险基金管理中心副主任严雪峰、中国人寿无锡市分公司副总经理毕玉祥走访慰问大病保险受益人员。

中国人寿杯“未来之星”江苏省少儿才艺大赛无锡赛区启动，市委宣传部、团市委、滨湖区委等政府领导，江苏教育频道、无锡当地美术、舞蹈等协会领导出席启动仪式，无锡当地文艺界文化名人特邀参加启动仪式。

中国人寿无锡市分公司2015年全市系统工作会议顺利召开。

太平洋保险 CPIC　中国太平洋财产保险股份有限公司 China Pacific Property Insurance Co.,Ltd.　无锡分公司

总经理鲁强

太平洋产险无锡分公司举行锡山“五星级示范门店”揭牌仪式。

由无锡市食品药品监督管理局组织、太平洋产险无锡分公司冠名的“太平洋保险”杯“医疗器械健康直通车暨体外诊断试剂质量万里行”系列活动启动仪式5月9日上午在二泉广场举行。在启动仪式的最后阶段，由无锡市委宣传部副部长张波涛、无锡市机关党工委副书记陆东、无锡市科协副主席陆伟忠、无锡市食品药品监督管理局局长谢寿坤及我司党委书记、总经理鲁强共同按下启动球，开启“医疗器械健康直通车暨体外诊断试剂质量万里行”活动。

太平洋产险无锡分公司举办“感恩2015”车险星级客户回馈活动——“相聚马山、优享品摘”。

2015年，太平洋产险无锡分公司开展了“一站到底”综合知识竞赛。

太平洋产险无锡分公司领导看望儿童福利院孤残儿童。

太平洋保险 CPIC　中国太平洋人寿保险股份有限公司 China Pacific Life Insurance Co.,Ltd.　无锡分公司

党委书记、总经理陈爱国

3·15当天,太平洋寿险无锡分公司党委书记、总经理陈爱国走向柜面，与客户零距离接触，听取客户心声。

4月16日，太平洋寿险无锡分公司党委书记、总经理陈爱国走进无锡新闻广播《政风面对面》电台直播室，现场接听和解答广大市民提出的有关保险保障、理赔服务、保全变更等诸多问题。

8月3日，太平洋寿险无锡分公司向沂蒙山革命老区贫困学生捐资助学20万元。

12月30日晚，太平洋产、寿险无锡分公司联合举办“第21届太平洋保险2016无锡新年音乐会”，为无锡市民奉上音乐大餐。

“六·一”儿童节期间，太平洋产、寿险无锡分公司相关领导前往市儿福院看望残疾孤儿，并捐出助5万元爱心款，为改变残疾孤儿们的居住环境奉献爱心。

中国平安 PING AN
保险·银行·投资

中国平安财产保险股份有限公司无锡分公司

总经理许威

2015明星员工

汇聚点滴让爱启航公益活动

员工技能大比武

平安一家亲

马拉松

中国平安 PING AN
保险 · 银行 · 投资

中国平安人寿保险股份有限公司
PING AN LIFE INSURANCE COMPANY OF CHINA,LTD.

无锡中心支公司

总经理侯勇

新生活跑团启动仪式

平安夜联欢晚会

四国足球联谊赛

平安一家亲运动会

中华联合财产保险股份有限公司 无锡中心支公司

2015年6月19日，中华财险无锡中支组织车险查勘定损员理论考试。

2015年7月22日，中华财险无锡中支在无锡电信公司总部开展保险宣传活动。

2015年7月23日，中华财险无锡中支召开中支党委中心组学习扩大会，会上中支党委书记徐锋部署了“三严三实”专题教育活动。

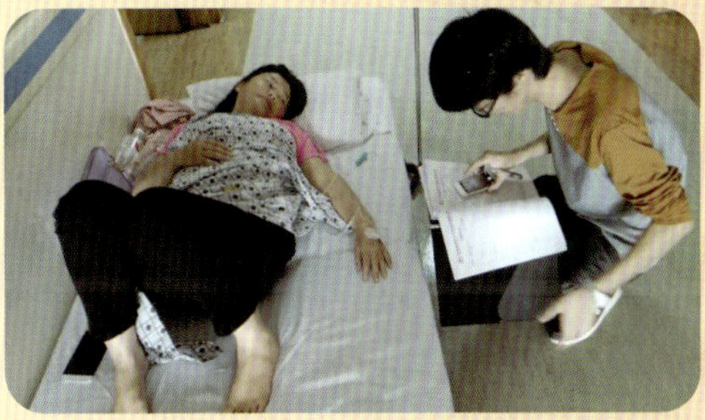

2015年8月25日，山东日照发生特重大交通事故后，中华财险无锡中支快速反应，理赔工作小组前往事发地医院看望伤者，开展理赔工作。

2015年10月17日，中华财险无锡中支团委举办“扬中华文化　展青年风采”包饺子主题活动。

2015年10月24日，中华财险无锡中支工会组织全体员工开展了“驿路同行 中华有你”主题活动。

阳光保险集团 阳光财产保险股份有限公司 无锡中心支公司

Sunshine Insurance Group　Sunshine Property and Casualty Insurance Co., Ltd.

总经理徐竹逸

4月22日，无锡阳光、人保、平安、太平洋、中华联合等五家产险公司总经理一起走进无锡新闻广播《政风面对面》直播间，与电台主持人萧阳、张岚共同解答听众疑问，树立产险行业新风。

7月7日，无锡市保险行业协会联合无锡市放心办、无锡市消委会举办“一键保险，呵护无限——2015年全国保险公众宣传日活动”，无锡中支更是积极参加演出，并博得了满堂喝彩。

8月20日，阳光产险锡山营销服务部盛大开业。

9月24日，无锡市新一轮环境污染责任保险共保体签约大会召开，人保、太平洋、阳光、长安、紫金等五家产险公司组成无锡市环境污染责任保险共保体，无锡阳光以份额第三，B组第一名成绩入围，新一轮环境污染责任保险工作全面启动。

10月22日，阳光产险无锡中支召开成立十周年纪念座谈会。

11月19日，阳光产险无锡中支组织理赔服务部全体人员前往无锡市检察院雪浪苑廉政警示教育基地参观，接受预防职务犯罪警示教育。

天安财产保险股份有限公司
TIANAN PROPERTY INSURANCE CO.,LTD.

无锡中心支公司

总经理徐芳

2015年7月1日，正值中国共产党建党94周年之际，天安财险无锡中支党总支组织全体党员来到常熟沙家浜革命纪念馆参观学习，开展了一次学习革命精神，重温入党誓词活动。

2015年7月7日晚，天安财险无锡中支安排相关工作人员参加了在无锡茂业百货举行的“一键保险，呵护无限”全国保险公众宣传日活动。

2015年9月21日，天安财险无锡中支进行第四届工会会员代表大会，进行工会委员选举。

12月23日，天安财险无锡中支召开2016年销售工作会议暨开门红启动大会。

中国人寿财产保险股份有限公司 无锡市中心支公司
China Life Property and Casualty Insurance Company Limited

坚持诚信经营，确保依法合规，公司总经理杨伟同志从无锡市消保会滕晓红副秘书长手中接过“诚信单位”的牌匾。

让每一个VIP客户都能享受到中国人寿财险的多元化服务，公司会同3M公司对重点客户开展安全知识培训。

公司在八一建军节来临前组织复转军人座谈。

公司领导暑期慰问理赔查勘人员。

主动深入广场社区，积极宣传保险理念，3·15期间，公司员工开展广场保险咨询，为广大市民的保险咨询答疑解惑。

打造核心团队，弘扬民俗文化，公司工会组织员工开展包粽子比赛。

职工冷暖时刻牵挂着公司领导的心，省公司党委书记、总经理邱家洋同志借到无锡工作调研之机，专门看望并慰问困难职工。

继承先烈遗志，共圆华夏梦想，清明前夕，公司组织党员干部到无锡烈士陵园扫墓。

注重实效，不走过场，中支党委班子召开了高质量的“三严三实”专题民主生活会。

JUNELIFE 君康人寿

君康人寿保险股份有限公司
无锡中心支公司

副总经理杨晓凯

君康人寿无锡中支联手邮政
举办亲子嘉年华活动

紫金保险
ZKING INSURANCE
责任·精细

紫金财产保险股份有限公司 无锡分公司

总经理房恒

2015年5月4日，无锡分公司组织大家齐聚惠山国家森林公园，参加“欢度五四青年节、喜登惠山迎司庆”为主题的登山活动。

2015年4月10日，公司董事长、党委书记黄东峰，公司副总裁、江苏分公司总经理陈加明赴无锡分公司调研指导工作。

2015年 6月13日，无锡分公司利用周六休息时间组织开展新员工培训，36名新员工参加了此次培训。

2015年7月7日，无锡分公司应邀参加由无锡市放心办、无锡市消委会、无锡保险行业协会在无锡茂业天地购物中心联合举办“7.8全国保险公众宣传日”活动。

2015年7月21日上午，江苏省财政厅副厅长宋义武，紫金保险党委书记崔瑞华，江苏省公安局交巡警总队交通安全管理处副处长黄文松等一行在紫金保险路救中心总经理王旭的陪同下专程赴无锡就道路交通事故社会救助基金立法的相关工作进行调研。市政府、市卫生局、市中级法院、市交警支队的领导、部分医院的代表以及无锡路救办相关负责人陪同调研。

2015年6月11日，无锡分公司全体员工，以环湖竞走的绿色环保形式，庆祝分公司成立五周年。随后大家进行了茶话座谈，无锡市金融办鲁振平主任、无锡市保险行业协会尤玲娜秘书长、无锡市保险学会华晓秘书长受邀参加座谈会。

国网英大集团　英大财险无锡中心支公司

STATE GRID YINGDA GROUP　YDPIC WUXI CENTER SUB-BRANCH

总经理郑采

2015年11月5日，总公司副总经理周全亮在分公司总经理周小丹、总经理助理谈蓓陪同下来锡进行调研，随行一同调研的还有分公司综合管理部张建新、电网业务部莫少云。

2015年12月，按照英大财险公司的统一部署，无锡中支举办了“国网职工七周年庆抽奖”活动，活动从宣传、开展至奖品发放完毕持续了2月有余。其中续保客户有19名中奖，奖品包括48英寸海信彩电、捷安特自行车、博朗电动剃须刀等。

2015年6月30日，英大财险无锡中支工会组织开展“2015夏日送清凉”活动，公司领导看望慰问在酷暑中仍坚守岗位的查勘定损人员和一线销售人员。

真生活 真伙伴
THE REAL LIFE COMPANY
AIA 友邦保险

友邦保险有限公司

江苏分公司无锡营销服务部

总经理蔡哲惟

2015年4月，友邦无锡高峰竞赛启动会。

2015年5月，友邦无锡精英参加友邦中国2015年度寿险大会。

2015年7月，友邦无锡精英泰州溱湖出行。

2015年12月，友邦无锡高峰竞赛达标人员泰国出游。

2015年9月，友邦无锡精英参加企业家论坛参观香港总公司。